Wilhelm Köller
Der Zauberstab der Analogie

Studia Linguistica Germanica

Herausgegeben von
Christa Dürscheid, Andreas Gardt
und Oskar Reichmann

Band 141

Wilhelm Köller

Der Zauberstab der Analogie

Untersuchungen zu den Erscheinungsweisen und Funktionen von Analogien in sprachlichen Sinnbildungsprozessen

DE GRUYTER

Studia Linguistica Germanica
Begründet von Ludwig Erich Schmitt und Stefan Sonderegger

Die freie Verfügbarkeit der E-Book-Ausgabe dieser Publikation wurde durch 40 wissenschaftliche Bibliotheken und Initiativen ermöglicht, die die Open-Access-Transformation in der Germanistischen Linguistik fördern.

ISBN 978-3-11-078443-5
e-ISBN (PDF) 978-3-11-078444-2
e-ISBN (EPUB) 978-3-11-078446-6
ISSN 1861-5651
DOI https://doi.org/10.1515/9783110784442

Library of Congress Control Number: 2023941756

Bibliografische Information der Deutschen Nationalbibliothek
Die Deutsche Nationalbibliothek verzeichnet diese Publikation in der Deutschen Nationalbibliografie; detaillierte bibliografische Daten sind im Internet über http://dnb.dnb.de abrufbar.

© 2023 bei den Autorinnen und Autoren, publiziert von Walter de Gruyter GmbH, Berlin/Boston
Dieses Buch ist als Open-Access-Publikation verfügbar über www.degruyter.com

Druck und Bindung: CPI books GmbH, Leck

www.degruyter.com

Open-Access-Transformation in der Linguistik

Open Access für exzellente Publikationen aus der Germanistischen Linguistik: Dank der Unterstützung von 40 wissenschaftlichen Bibliotheken und Initiativen können 2023 insgesamt neun sprachwissenschaftliche Neuerscheinungen transformiert und unmittelbar im Open Access veröffentlicht werden, ohne dass für Autorinnen und Autoren Publikationskosten entstehen.

Folgende Einrichtungen und Initiativen haben durch ihren Beitrag die Open-Access-Veröffentlichung dieses Titels ermöglicht:

Dachinitiative „Hochschule.digital Niedersachsen" des Landes Niedersachsen
Universitätsbibliothek Augsburg
Freie Universität Berlin
Staatsbibliothek zu Berlin – Preußischer Kulturbesitz
Technische Universität Berlin / Universitätsbibliothek
Universitätsbibliothek der Humboldt-Universität zu Berlin
Universität Bern
Universitätsbibliothek Bielefeld
Universitätsbibliothek Bochum
Universitäts- und Landesbibliothek Bonn
Staats- und Universitätsbibliothek Bremen
Universitäts- und Landesbibliothek Darmstadt
Sächsische Landesbibliothek – Staats- und Universitätsbibliothek Dresden
Universitätsbibliothek Duisburg-Essen
Universitäts- und Landesbibliothek Düsseldorf
Universitätsbibliothek Eichstätt-Ingolstadt
Universitätsbibliothek Johann Christian Senckenberg, Frankfurt a. M.
Albert-Ludwigs-Universität Freiburg – Universitätsbibliothek
Niedersächsische Staats- und Universitätsbibliothek Göttingen
Fernuniversität Hagen, Universitätsbibliothek
Gottfried Wilhelm Leibniz Bibliothek – Niedersächsische Landesbibliothek, Hannover
Technische Informationsbibliothek (TIB) Hannover
Universitätsbibliothek Hildesheim
Universitätsbibliothek Kassel – Landesbibliothek und Murhardsche Bibliothek der Stadt Kassel
Universitäts- und Stadtbibliothek Köln
Université de Lausanne
Zentral- und Hochschulbibliothek Luzern
Bibliothek des Leibniz-Instituts für Deutsche Sprache, Mannheim
Universitätsbibliothek Marburg
Universitätsbibliothek der Ludwig-Maximilians-Universität München
Universitäts- und Landesbibliothek Münster
Bibliotheks- und Informationssystem (BIS) der Carl von Ossietzky Universität Oldenburg
Universitätsbibliothek Osnabrück
Universität Potsdam
Universitätsbibliothek Trier
Universitätsbibliothek Vechta
Herzog August Bibliothek Wolfenbüttel
Universitätsbibliothek Wuppertal
ZHAW Zürcher Hochschule für Angewandte Wissenschaften, Hochschulbibliothek
Zentralbibliothek Zürich

Was man liebt, findet man überall und sieht nur Ähnlichkeiten.
Novalis

Wer alles durchschaut, sieht nichts mehr.
Clive Stapels Lewis

Das Erkennenswerte wird daran erkannt, daß es nicht erkannt werden kann.
Erwin Chargaff

Es gibt Bemerkungen, die säen, und Bemerkungen, die ernten.
Ludwig Wittgenstein

Wer fragt die These und die Antithese, ob sie eine Synthese werden wollen?
Stanislaw Lec

Das Werden hat immer den Anschein des Gesetzlosen.
Friedrich Georg Jünger

Wo alle dasselbe Denken, wird nicht viel gedacht.
Karl Valentin

Für Hans-Ulrich Werner,
den unersetzlichen Helfer bei der druckfertigen Einrichtung des Textes
und den anregenden Mitdenker in allen Sachfragen

Inhalt

1 Der Problem- und Intentionszusammenhang

Der Titel dieses Buches verdankt sich einer recht unscheinbaren Nebenbemerkung von Novalis zum Verständnis der *Französischen Revolution* von 1789, der allerdings wegen ihres aphoristischen Grundcharakters sicherlich ein sehr umfassender Sinn zugebilligt werden kann. In ihr repräsentiert sich nämlich zugleich eine heuristische Maxime für das Verstehen von komplexen Erfahrungsphänomenen aller Art, zu denen sicherlich auch alle sprachlichen Musterbildungen gehören. In seinem geschichtsphilosophischen Aufsatz *Christenheit oder Europa* aus dem Jahre 1799 gibt Novalis nämlich zum Verständnis der Bedeutung der revolutionären Umwälzungen in Frankreich folgende allgemeine Denkempfehlung: „*An die Geschichte verweise ich euch, forscht in ihrem belebenden Zusammenhang, nach ähnlichen Zeitpunkten, und lernt, den Zauberstab der Analogie gebrauchen.*"[1]

Auf den ersten Blick scheint es sich bei dieser Anregung nur um eine schlichte methodische Empfehlung zu handeln, sich die vielschichtige *Französische Revolution* als ein historisches Phänomen nicht monoperspektivisch zu erschließen, sondern polyperspektivisch im Hinblick auf ihre Analogien zu ähnlichen historischen Umbrüchen. Das ist für das historische Denken eigentlich ein recht trivialer Vorschlag. Auf den zweiten Blick beinhaltet diese Empfehlung aber eine heuristische Formel, die uns nachdrücklich darauf aufmerksam macht, dass wir komplexe Phänomene aller Art letztlich nie *an sich* und *für sich* verstehen können, sondern immer nur in Analogie und Differenz zu den geistigen Denkbildern, die wir uns schon vorab von ähnlichen Phänomenen gemacht haben.

Auch das klingt zunächst noch ziemlich selbstverständlich, aber faktisch ist es keineswegs leicht, so zu verfahren. Mit dieser Maxime werden wir nämlich auf das grundsätzliche erkenntnistheoretische Problem aufmerksam gemacht, dass wir in allen konkreten Wahrnehmungsprozessen die jeweilige Objektsphäre der Welt immer nur im Rahmen unserer eigenen individuellen und kulturellen Subjektsphäre bzw. unseres Vorwissens wahrnehmen können, aber nicht isoliert *an sich* und *für sich*. Konkrete geistige Objektwelten können sich nämlich als solche erst über ihre Korrelationen und Interaktionen zu konkreten Subjektwelten konstituieren. Es bedeutet weiter, dass all unsere Erkenntnisinhalte letztlich immer aus konkreten menschlichen und kulturellen Interpretations- und Vermittlungsanstrengungen resultieren, bei denen Analogisierungs-

---

1 Novalis: Werke, Tagebücher und Briefe Friedrich von Hardenbergs. Bd. 2, S. 743.

und Konstrastierungsprozesse immer eine ganz zentrale Rolle spielen. Das soll hier am Beispiel unserer vielfältigen sprachlichen Objektivierungs- und Vermittlungsmuster veranschaulicht werden, die ja zugleich auch immer als erschließende Perspektivierungsverfahren in Erscheinung treten.

1.1 Die Analogie als Zauberstab

Wenn wir das Analogiephänomen als einen operativen Zauberstab verstehen, dann ist damit gleichsam schon vorentschieden, dass uns dieses Phänomen primär nicht als ein vorgegebenes Substanzphänomen interessiert, sondern vielmehr als ein Funktions- bzw. Werkzeugphänomen. Wir wollen dann nämlich nicht den möglichen ontischen Seinscharakter des Analogiephänomens erfassen, sondern vielmehr dessen operativen Werkzeugcharakter im Sinne eines *Wozuphänomens* beim Umgang mit unseren möglichen Erfahrungswelten. Auf diese Weise machen wir dann das Analogiephänomen nicht nur zu einem unverzichtbaren heuristischen Hilfsmittel zur Erschließung unserer materiellen und kulturellen Erfahrungswelt, sondern zugleich auch zu einem genuinen anthropologischen Phänomen mit weitreichenden erkenntnistheoretischen Implikationen und pragmatischen Konsequenzen.

Das schließt dann natürlich nicht aus, dass wir das Analogiephänomen auf einer anderen Abstraktionsebene mit ganz anderen Erkenntnisinteressen hypothetisch auch als ein ontisches Seinsphänomen ins Auge fassen können. Das ist beispielsweise im mittelalterlichen Denken geschehen, als man von einer vorgegebenen Seinsanalogie (analogia entis) zwischen sehr unterschiedlichen empirischen Erfahrungsphänomenen gesprochen hat, die faktisch schon im Schöpfungsplan Gottes verankert sei. Eine solche Betrachtungsweise des Analogiephänomens ist natürlich denkbar, aber sie impliziert zugleich die Gefahr, dass dabei die anthropologischen Aspekte dieses Phänomens zugunsten von sehr allgemeinen ontologischen Spekulationen ganz in den Hintergrund treten. Es bedeutet weiter, dass das Analogiephänomen dann auch nicht mehr als ein genuin zeichentheoretisches bzw. semiotisches Phänomen wahrgenommen wird, das auf ganz selbstverständliche Weise zur menschlichen Lebenswelt gehört, sondern eher als ein ontologisches Theoriephänomen, das nur auf einer recht abstrakten und spekulativen Betrachtungsebene zur menschlichen Lebenswelt gehört.

Gleichwohl lässt sich nun aber schwerlich leugnen, dass menschliche Lebens- und Theoriewelten sich nicht so klar voneinander trennen lassen, wie es üblicherweise meist naheliegt. Eine solche Trennung wäre zwar für animalische Lebensformen und Welterfassungsmöglichkeiten ziemlich plausibel, aber für menschliche sehr viel weniger. Für Tiere spielt die Verwendung von konventionalisierten Zeichen bei der Objektivierung und dem Umgang mit der Welt nämlich eine sehr viel geringere Rolle als bei Menschen. Deshalb hat Cassirer den Menschen dann ja auch ausdrücklich als ein zeichenverwendendes Lebewesen (animal symbolicum) bestimmt, das nicht nur in einer Welt von Sachen lebe, sondern in einem sehr hohen Maße auch immer in einer Welt von kulturell erzeugten Zeichen für die geistige Repräsentation von Sachen.[2]

Tiere verfügen zwar auch über ein genetisch oder lebensgeschichtlich erworbenes Zeichenrepertoire für den Umgang mit ihren Lebenswelten, aber über keine vielfältige und variable Verbalsprache, die sowohl objektsprachliche Repräsentationsfunktionen als auch metasprachliche Interpretationsfunktionen für objektsprachlich thematisierte Inhalte hat. Diese selbstbezüglichen Funktionen der menschlichen Verbalsprache kommen nicht nur explizit in Interpretationssätzen über objektbezogene Repräsentationssätze zum Ausdruck, sondern auch implizit über spezifische metaphorische, fiktionale, ironische und stilistische Verwendungsweisen der natürlichen Sprache. Durch alle diese Gebrauchsweisen von Sprache, die sich auch als unterschiedlich strukturierte *Sprachspiele* verstehen lassen, kommt es in der natürlichen Sprache im Gegensatz zu den formalisierten Fachsprachen nicht nur zu einem Fremdbezug des Sprechens, sondern immer auch zu einem latenten Selbstbezug, welcher der natürlichen Sprache eine bemerkenswerte funktionale Flexibilität verleiht. Das lässt sich schon an der Formel vom *Zauberstab der Analogie* selbst demonstrieren.

Der sprachliche Ausdruck *Zauberstab der Analogie* ist nämlich eine sprachlich verschleierte Form einer prädikativen Sachbehauptung, die sich stilistisch allerdings in der Form eines anscheinend ganz harmlosen Genitivattributs versteckt hat. Das wird offensichtlich, wenn wir die implizite Determinationsfunktion des Genitivattributs in die Gestalt eines expliziten Satzes transformieren. Dann ergibt sich nämlich eine behauptende Prädikation, die sich dadurch herausbildet, dass ein Aussagegegenstand bzw. ein grammatisches Subjekt über die Kopula *sein* als mehr oder weniger identisch mit einem substantivisch objektivierten Prädikat erklärt wird, das uns dann grammatisch in der Form eines sogenannten Gleichsetzungsnominativs entgegentritt. Auf diese Weise konstituiert sich dann eine prädikative Behauptung, die man recht leicht mit einer direkten Wahrheitsfrage konfrontieren könnte: *Die Analogie ist ein Zauberstab*.

Diese Transformation eines ehemaligen präzisierenden Genitivattributs zu dem grammatischen Subjekt eines expliziten Aussagesatzes legt uns in einem

---

2 E. Cassirer: Versuch über den Menschen. 2007², S. 51.

sehr viel höherem Maße als die ursprüngliche Fassung informativ nahe, beide Vorstellungsgrößen als nahezu identisch anzusehen bzw. sogar als miteinander austauschbar. Das offenbart zugleich, dass die so transformierte Mitteilungsform als eine Ausdrucksform eines kategorisierenden und analysierenden Denkens anzusehen ist, während der ursprüngliche sprachliche Mitteilungsform eher eine etwas lockere Assoziationsfunktion zugeschrieben werden kann, die das synthetisierende Denken begünstigt, insofern dabei eine ziemlich abstrakte Denkgröße (Analogie) mit Hilfe einer sehr viel konkreteren Denkgröße (Zauberstab) besser vorstellbar gemacht wird, was ja ein Grundprinzip des metaphorischen Sprachgebrauchs ist.

Das verdeutlicht dann, dass die transformierte prädikative sprachliche Mitteilungsform eines Sachverhalts ein sehr viel größerer sprachlicher Stolperstein sein kann als die attributive, weil etwas direkt aufeinander bezogen wird, was sachlich üblicherweise strikt auseinander gehalten wird. Das zeigt dann auch, dass es inhaltlich durchaus wichtig ist, ob eine Analogie- bzw. Korrelationshypothese in prädikativer oder in attributiver Form versprachlicht wird. Diese Struktur dokumentiert sich auch darin, dass prädeterminierende adjektivische Attribute flexivisch mit ihrem jeweiligen Bezugswort in der Regel zu einer einheitlichen Vorstellungsgröße verwachsen. Das trifft außerdem auch bei Kompositabildungen zu, wo das zuerst genannte Bestimmungswort mit ihrem jeweiligen Grundwort nahezu vollständig miteinander verwächst (Haustür). Das ist bei den syntaktischen Korrelationen von Subjektgrößen und Prädikatsgrößen in Aussagesätzen allerdings weniger der Fall, weshalb diese dann auch pragmatisch gesehen sehr deutlich als sprachliche Behauptungen in Erscheinung treten, die entweder wahr oder falsch sind, aber nicht nur in bestimmten Hinsichten motiviert wie beispielsweise attributive Erläuterungen (Genitivattribute, adjektivische Attribute, Präpositionalattribute).

Die Frage bei diesen synthetisierenden Verschmelzungsprozessen von Attributen mit ihren jeweiligen Bezugsgrößen ist allerdings, ob beide Denkgrößen tatsächlich immer als Denkgrößen faktisch ganz eng zusammengehören oder ob das nur eine bloße Wunschvorstellung des jeweiligen Sprechers ist, nach der das so sein möge. Dann könnten gerade Determinationsrelationen, die mit Hilfe von Genitivkonstruktionen in Erscheinung treten, sprachliche Ausdrucksformen von Wunschvorstellungen sein, die man eigentlich nicht mit der Wahrheitsfrage konfrontieren dürfte, weil sie pragmatisch bzw. sprechakttheoretisch oft eher als sprachliche Ausdrucksformen von rhetorischen Überredungskünsten oder als Wunschvorstellungen anzusehen sind und weniger als sprachliche Ausdrucksformen von sachadäquaten Tatsachenfeststellungen.

Unbeschadet von dieser Kritik an der informativen Ambivalenz der sprachlichen Formel vom *Zauberstab der Analogie* bleibt aber, dass diese für uns eine Denkfigur repräsentiert, die uns auf mögliche Zusammengehörigkeiten oder sogar mögliche substanzielle Ähnlichkeiten zwischen zwei durchaus trennbaren Phänomenen aufmerksam machen kann. Worin diese Ähnlichkeiten aber konkret liegen, das bleibt allerdings weitgehend offen. Sie müssen nämlich keineswegs immer auf einer substanziellen Sachebene liegen. Sie können auch auf der Ebene einer funktionalen Zusammengehörigkeit in konstruktiven Denk- und Handlungsprozessen liegen oder auf der Ebene einer ähnlichen emotionalen Wertschätzung.

Wenn man so denkt, dann ist es auch nicht überraschend, dass die amerikanischen Kognitionswissenschaftler Douglas Hofstadter und Emmanuel Sander das Phänomen *Analogie* als das *„Herz des Denkens"*[3] bezeichnet haben, weil Analogieannahmen in allen Formen unseres integrativen und interpretierenden Denkens immer eine ganz zentrale Rolle spielen, insofern hier nämlich nicht Abgrenzungs-, sondern vielmehr Korrelations- und Amalgamierungsprozesse im Mittelpunkt der Aufmerksamkeit stehen. Für diese Wertung der Analogievorstellung als einer ganz natürlichen menschlichen Denkform machen beide Theoretiker auch geltend, dass es ohne Begriffe kein Denken gebe und ohne Analogieannahmen auch keine Begriffe. Begriffsbildungen setzten nämlich immer voraus, dass die mit ihnen zusammengefassten Einzelphänomene immer eine innere Ähnlichkeit bzw. substanzielle Verwandtschaft miteinander hätten, die uns entweder direkt in die Augen fallen könne oder die man hypothetisch postulieren könne. Erst durch unsere Begriffsbildungen bzw. durch die Annahme offensichtlicher oder verdeckter Analogien zwischen mehr oder weniger unterschiedlichen Erfahrungsgegenständen erhielte sich unser Denken nämlich faktisch lebendig. Diese Wahrnehmungsweise des Analogiephänomens und ihres Funktionspotentials legitimiert sich dann auch dadurch, dass sich Analogiehypothesen operativ auch als wirksame Hilfsmittel oder gar Zauberstäbe des objektivierenden Denkens ansehen lassen, über die man dann deskriptive und heuristische Denkprozesse miteinander in Verbindung bringen kann.

Wenn man in dieser Weise das Analogiephänomen als ein mögliches polyfunktionales Instrument des Wahrnehmens und Denkens ansieht, mit dem sowohl synthetisierende als auch analysierende Wahrnehmungsanstrengungen verbunden sein können, dann hat die Formel vom Zauberstab der Analogie natürlich nicht nur eine heuristische Relevanz für das Verständnis der Geschichte, sondern auch eine für das Verständnis aller komplexen Kultur- und

---

3 D. Hofstadter / E. Sander: Die Analogie. Das Herz des Denkens. 2014.

Naturphänomene sowie für das Verständnis von Evolutionsphänomenen aller Art. Insbesondere wird das Analogiekonzept unverzichtbar für das heuristische Verständnis von sprachlichen Denkmustern vielerlei Art sowie für Sinnbildungsprozesse mittels kulturell entwickelter Objektivierungsformen unterschiedlicher Art.

In diesem Zusammenhang ist nun auch nicht überraschend, dass schon Kant in seinen erkenntnistheoretischen Überlegungen darauf aufmerksam gemacht hat, dass in allen Denkprozessen über Sachphänomene auch Metareflexionen zu Zeichen als Mitteln des Denkens gehören. Dazu gehören dann natürlich auch Analogieannahmen aller Art, mit deren Hilfe wir uns auf bestimmte Ähnlichkeiten zwischen eigentlich unterscheidbaren Denkgegenständen aufmerksam machen können. Dadurch wird dann auch deutlich, dass Analogien keineswegs nur Funktionen in ästhetischen Gestaltungsprozessen haben, sondern durchaus auch in theoretischen Feststellungsprozessen, insofern sich in Analogiebehauptungen immer Affirmations- und Negationsprozesse dialektisch miteinander verschränken können. So gesehen sind Analogien dann nicht nur als methodische Hilfsmittel des Wahrnehmens und Denkens unter anderen anzusehen, sondern auch als grundlegende Denkuniversalien, ohne die wir uns keine belastbaren Vorstellungen von realen und kulturellen Tatbeständen machen können. Das lässt sich sehr schön durch eine erkenntnistheoretische Basisthese Kants exemplifizieren. Diese besagt, dass man zu kurz greife, wenn man das Denken nur als ein rein abbildendes Denken im Sinne eines begrifflichen Gipsabdrucks von vorgegebenen Objekten verstehe. Man müsse das Denken vielmehr als ein erschließendes und intersubjektiv verständliches Nachdenken über prinzipiell widerständige und interpretationsbedürftige Erfahrungsphänomenen unterschiedlicher Art ins Auge fassen.

In seiner *Kritik der reinen Vernunft* formuliert Kant für das sinnvolle philosophische Denken nämlich folgendes grundlegendes Postulat: *„Das: Ich denke muß alle meine Vorstellungen begleiten können.“* [4] Wenn man auf diese Weise die Frage nach dem Inhalt und nach der Struktur von konkreten Vorstellungsbildungen mit der Frage nach deren jeweiliger Genese verknüpft, dann kann es in Denkprozessen eigentlich nie zu absolut gültigen inhaltlichen Dogmenbildungen kommen, die eine voraussetzungslose Geltung beanspruchen können. Jeder Denkinhalt sollte nämlich nur im Kontext seiner Prämissen und Intentionen verstanden werden, wozu dann nicht nur begriffliche Feststellungsprozesse gehören, sondern auch Analogisierungsprozesse aller Art. Deshalb ist dann auch jedes *Wahrnehmen von etwas* letztlich immer im Sinne eines methodisch

---

4 I. Kant: Kritik der reinen Vernunft B 132. Werke Bd. 3, S. 136.

regulierten *Sehens als* zu verstehen und damit als ein Annäherungsprozess an konkrete Phänomene unter ganz bestimmten Wahrnehmungsprämissen.

Diese erkenntnistheoretische Basisthese Kants, welche die Genese von Denkinhalten nicht aus den Augen verliert, kommt auch in Kants Tauben-gleichnis zum Ausdruck, in dem auf ganz selbstverständliche Weise vom soge-nannten *Zauberstab der Analogie* Gebrauch gemacht wird. Nach diesem Gleich-nis fand es nämlich eine Taube höchst beschwerlich und deprimierend, ständig gegen den Widerstand der Luft anzufliegen. Deshalb habe sie dann die aparte Vorstellung entwickelt, dass sie in einem luftleeren Raum doch sehr viel besser vorankommen könne. Dabei hat sie dann aber völlig übersehen, dass das, was sie eigentlich als hinderlich und störend empfand, eigentlich die konstitutive Voraussetzung dafür ist, überhaupt fliegen zu können.[5] Ähnlich ließe sich kraft Analogie auch im Hinblick auf die Menschen folgendes sagen. Ohne die Vo-raussetzung seiner verbalen Sprache und seiner analogisierenden Denkverfah-ren gäbe es für Menschen nämlich überhaupt keine Lebens- und Denkformen, die die Qualifizierung *menschlich* verdienten.

Das Taubengleichnis Kants legt in seiner analogisierenden und zugleich selbstbezüglichen Denkweise eindrucksvoll nahe, Analogieannahmen nicht als gänzlich abzuschaffende Krücken oder gar als verzerrende Formen des mensch-lichen Denkens und Wahrnehmens zu verstehen und statt dessen erkenntnis-mäßig ganz auf das begriffliche bzw. kategorisierende Denken zu setzen. Ohne das bildliche bzw. vergleichende Denken gäbe es nämlich für Menschen keine kulturelle Existenzweise, die diesen Namen wirklich verdiente. Ohne die Nut-zung ikonischer bzw. bildlicher Objektivierungsmittel würde der Mensch näm-lich seine möglichen Denk- und Vermittlungswerkzeuge kontraproduktiv ein-schränken und dadurch auch das produktive Wechselspiel zwischen ana-lysierenden und synthetisierenden Denkverfahren ziemlich unmöglich machen. Ebenso wie die Taube die hinderliche Luft braucht, um überhaupt fliegen zu können, so braucht der Mensch offenbar den natürlich nicht immer unproble-matischen *Zauberstab der Analogie*, um in seiner Lebenswelt sinnvoll existieren zu können.

Wenn wir das analogisierende und sinnbildliche Denken und Sprechen prinzipiell in Frage stellten, was das positivistische Denken ja durchaus nahe-legt, dann müssten wir auch das Konzept des *Zauberstabs der Analogie* als ein anthropologisch fundamentales Denkprinzip in Frage stellen. Aber das ließe sich wohl kaum wirklich rechtfertigen. Es wäre wohl ziemlich unrealistisch anzunehmen, dass der Mensch zu einem göttlichen Blick von *nirgendwo* auf die

---

5 I. Kant: a.a.O. B 9. Werke Bd. 3, S. 51.

gegebene Welt fähig sein könnte. Als menschliche Wesen sind wir in unseren Wahrnehmungs- und Verständigungsprozessen immer an die Sinnbildungsprinzipien und Sinnbildungsformen gebunden, die wir uns mit Hilfe der Termini *Sprache, Perspektive* und *Analogie* als Denkuniversalien vergegenwärtigen können. Diese sind gleichsam Grundpfeiler der Existenzweise des Menschen als *animal symbolicum.* All die genannten Ordnungsformen gibt es zwar in rudimentärer Weise auch in tierischen Lebensformen, aber nicht in so vielfältigen konkreten Ausprägungs- und Interaktionsformen wie beim Menschen.

Eine ganz andere Frage ist nun aber, ob wir diese Strukturbedingungen des geistigen menschlichen Lebens metareflexiv so kontrollieren können, dass sie praktisch auch gut handhabbar werden und uns nicht in die Irre führen, was natürlich vor allem auch für Analogieannahmen gilt. Das soll hier insbesondere im Hinblick auf die sprachlichen Formen geschehen, in denen sich der *Zauberstab der Analogie* semiotisch konkretisieren kann. Dabei soll dann auch verdeutlicht werden, dass dieses Sinnbildungsverfahren sich als eine unverzichtbare *sprachliche Universalie* ansehen lässt, mit der allerdings nicht nur hilfreiche, sondern durchaus auch problematische Vereinfachungsfunktionen verbunden sein können.

1.2 Die Analogie als Kulturphänomen

Obwohl wir sicherlich zunächst immer dazu neigen, Analogien als natürliche Ähnlichkeiten zwischen unterscheidbaren Größen anzusehen, die in der schon gegebenen Natur der jeweils korrelierten Phänomene liegen und die sich eben deshalb dann auch als vorgegebene Wesensähnlichkeiten ansehen lassen, so müssen wir sicherlich doch auch in Betracht ziehen, dass sich Analogien nicht nur als Naturphänomene betrachten lassen, sondern durchaus auch als Kulturphänomene, die immer etwas mit den ganz spezifischen menschlichen Wahrnehmungsinteressen und Gestaltungsanstrengungen zu tun haben. Das würde dann wiederum bedeuten, dass wir auch die Frage zu stellen haben, ob das Analogiephänomen nicht nur ontische, sondern auch anthropologische Wurzeln bzw. Dimensionen hat. Dann hätten wir Analogien nämlich nicht nur als Seinsphänomene ins Auge zu fassen, sondern auch als Kulturphänomene, die zugleich immer auch wichtige semiotische und kulturhistorische Aspekte und Implikationen haben.

Diese Sichtweise würde beinhalten, dass wir die sinnstiftenden Funktionen von Analogien nicht zureichend erfassen, wenn wir uns nicht auch mit dem Problem beschäftigten, ob oder inwieweit die Wahrnehmung und Postulierung von Analogien auch etwas mit den historisch variablen Erkenntniszielen und

Denkverfahren von Menschen zu tun haben und nicht nur etwas mit schon vorgegebenen Seinsgegebenheiten. Unsere Wahrnehmung von physischen bzw. von materiellen Welten hätte dann nämlich nicht nur etwas mit bloßen Feststellungsanstrengungen zu tun, sondern auch immer etwas mit interpretativen Sinnbildungsanstrengungen. Das bedeutet dann auch, dass wir zu kurz greifen, wenn wir unsere Vorstellung von Analogien nur der Sphäre einer vorgegebenen Realität zuordnen und nicht auch der Sphäre der von Menschen zu gestaltenden Kultur und deren Einfluss auf deren faktische Weltwahrnehmungen.

Aus dem Verständnis des Analogiephänomens als eines genuin menschlichen Gestaltungsphänomens ergeben sich dann natürliche Konsequenzen dafür, in welchen Perspektiven und Kontexten wir dieses Phänomen zu diskutieren haben. Dabei wird dann insbesondere wichtig, welche Faktoren unsere Analogieannahmen bestimmen. Diese lassen sich natürlich nicht nur im Rahmen von rein objektorientierten Erkenntnisinteressen diskutieren, sondern müssen notwendigerweise auch auf subjektorientierte Bezug nehmen. Nur dann können nämlich Analogien auch als anthropologische und kulturelle Phänomene deutlich hervortreten, in denen sowohl Beziehungen zu ganz bestimmten Bestätigungsprozessen als auch zu ganz bestimmten Abgrenzungsprozessen hergestellt werden. Diese Beziehungen können dann allerdings in den unterschiedlichen Kulturen auch in recht unterschiedlichen Formen und Intensitäten hervortreten.

Der besondere Charme des Analogisierens bzw. des Vernetzens von Teilerfahrungen liegt nun in folgenden Umständen. Jede konkrete Analogisierung ist natürlich historisierbar und damit in ihrem Geltungsanspruch auch relativierbar. Sie ist aber als eine genuine menschliche Wahrnehmungsstrategie nicht einfach aus der Welt zu schaffen, sondern nur unterschiedlich auszugestalten. Das fällt insbesondere dann auf, wenn wir diesen Gestaltungsprozess in der natürlichen Sprache mit denen in den formalisierten Fachsprachen vergleichen, die im Prinzip den bildlichen bzw. analogisierenden Sprachgebrauch als zu ungenau ablehnen und deshalb den begrifflichen favorisieren, ohne diesen immer wirklich durchhalten zu können.

Der analogisierende bzw. ikonische Sprachgebrauch wird in den Fachsprachen zwar aus didaktischen Gründen partiell toleriert, wenn wissenschaftliche Erkenntnisse einem breiten Publikum vermittelt werden sollen. Aber gleichwohl wird in allen Fachsprachen der rein begriffliche oder gar der digitalisierte mathematische Zeichengebrauch wegen seiner Informationsgenauigkeit prinzipiell bevorzugt, da dieser sich weitgehend von allen subjektorientierten Implikationen zu befreien versucht und sich idealiter auch ganz auf die empirischen Sachverhalte selbst zu konzentrieren scheint bzw. auf das Kausalprinzip als

Vernetzungsstrategie von Einzelgrößen. So einfach lässt sich aber auch in den formalisierten Fachsprachen der bildliche Zeichengebrauch bzw. das Analogisierungsverfahren in sprachlichen Vermittlungsstrategien nicht beseitigen. Das hat der Physiker und Philosoph Carl Friedrich von Weizsäcker in sehr überzeugender Weise thematisiert, wobei er zugleich betont hat, dass die digital orientierte Informationsgenauigkeit nicht der einzige Maßstab sein könne, um die Relevanz bestimmter Wissensinhalte kenntlich zu machen. Besonders aufschlussreich ist dabei auch, wie von Weizsäcker mit Hilfe des *Zauberstabs der Analogie* seinen begrifflichen und argumentativen mit seinem bildlichen und erläuternden Sprachgebrauch zu amalgamieren versteht.

> Die ganz in Information verwandelte Sprache ist die gehärtete Spitze einer nicht gehärteten Masse. Daß es Sprache als Information gibt, darf niemand vergessen, der über Sprache redet. Daß Sprache als Information uns nur möglich ist auf dem Hintergrund einer Sprache, die nicht in eindeutige Information verwandelt ist, darf niemand vergessen, der über Information redet. Was Sprache ist, ist damit nicht ausgesprochen, sondern nur von einer bestimmten Seite her als Frage aufgeworfen.[6]

Mit diesen sprachlichen und semiotischen Grundüberlegungen zu den Grundbedingungen der kulturspezifischen Manifestation von Wissen steht von Weizsäcker keineswegs allein. Aufschlussreich ist in diesem Zusammenhang auch ein Bekenntnis des Physikers und Nobelpreisträgers Werner Heisenberg. Auf die Frage, ob er die Relativitätstheorie und die Rolle der Zeit für einen unbewegten und bewegten Beobachter verstanden habe, hat er die folgende und für einen Physiker sehr aparte metaphorische Antwort gegeben. Das mathematische Gerüst der Theorie Einsteins sei ihm völlig klar, aber er fühle sich dennoch von der Logik dieses Gerüstes irgendwie betrogen, denn er habe „*die Theorie mit dem Kopf, aber noch nicht mit dem Herzen verstanden.*"[7] Diese Antwort ist für die kulturelle Funktionalität des analogisierenden bildlichen Denkens insofern sehr interessant, weil Heisenberg offenbar das Vorstellungsbild *Herz* als ein bildliches Zeichen versteht, mit dem sich unser anthropologisch relevantes menschliches Wissen als ein sehr umfassendes Vernetzungswissen thematisieren lässt, da es vielfältige Analogisierungen erlaubt. Deshalb kann es dann auch in bestimmten Beziehungen dem digitalisierten mathematischen Wissen überlegen sein, obwohl es informationell sehr viel ungenauer ist.

Das harmoniert dann auch mit der gegenwärtigen erkenntnistheoretischen Auffassung des physikalischen Denkens, dass unsere Welt der Objekte eigent-

---

6 C. F. von Weizsäcker: Die Einheit der Natur. 1982², S. 60.
7 W. Heisenberg: Der Teil und das Ganze. 1996, S. 41 f.

lich nicht mehr als eine Welt von stabilen Seinsdingen angesehen werden könne, die grundsätzlich immer mit sich selbst identisch bleiben, sondern eher als eine Welt von Wechselwirkungsprozessen mit je unterschiedlichen Eigenzeiten. So ist beispielsweise für den Physiker Carlo Rovelli auch der „*härteste Stein*" keine eindeutig beschreibbare ewige Substanz, sondern vielmehr ein komplexes Schwingen von Quantenfeldern, also ein Prozess, dem es für einen Augenblick gelinge, in einem mit sich selbst ähnlichen Gleichgewicht zu verharren, bevor er wieder zu Staub zerfalle.

> Er ist ein flüchtiges Kapitel in der Geschichte von Wechselwirkungen der Elemente des Planeten, eine Spur der steinzeitlichen Menschheit, eine Waffe für Lausbuben, ein Musterbeispiel in einem Buch über die Zeit, eine Metapher für eine Ontologie, ein Bestandteil der Einteilung der Welt, der eher von der Struktur unserer physischen Wahrnehmungsfähigkeit als vom wahrgenommenen Objekt abhängt. Und letztlich ist er ein verwickelter Knoten in diesem flüchtigen kosmischen Spiel, das die Realität ausmacht.[8]

Die Wörter *Stein* und *Analogie* legen uns als substantivische Begriffsbildungen zwar habituell nahe, dass das von ihnen Objektivierte als eine zeitenthobene Substanz zu verstehen sei, die dann wieder Träger unselbstständiger Eigenschaften bzw. Akzidenzien sein könne. Aber wenn man dem ontologischen Denkansatz Rovellis folgt, dann liegt es eigentlich nahe, beide Wörter eher als Bezeichnungen für perspektivisch und zeitlich bedingte Korrelations- und Interaktionsphänomene zu verstehen, aber nicht als Bezeichnungen von eigenständigen Substanzen bzw. von Wesensphänomenen. Das bedeutet dann auch, dass Begriffe faktisch eher einen heuristischen bzw. perspektivierenden Status haben als einen ontischen bzw. abbildenden. In ihnen manifestiert sich dann auch kein rein objektbedingtes Wesenswissen, sondern eher ein subjektbedingtes hypothetisches Interpretationswissen, das letztlich als eine Wissenssynthese anzusehen ist, weil es einerseits aus objektbedingten Alltags- und Wissenschaftserfahrungen und andererseits aus subjekt- und kulturbedingten Wissenshypothesen besteht. Es bedeutet weiter, dass sich letztlich unsere substantivischen Begriffsbildungen funktional als Zauberstäbe ansehen lassen, mit deren Hilfe sich auch ganz bestimmte subjektbedingte Vernetzungsziele sprachlich thematisieren und objektivieren lassen.

Es bedeutet außerdem, dass mit dem substantivisch manifestierten Analogiebegriff je nach eingenommener Denkperspektive faktisch sowohl systemsprengende als auch systemstabilisierende Denkfunktionen verbunden sein können, wodurch dieser dann natürlich eine große kulturgeschichtliche Flexibi-

---

8 C. Rovelli: Die Ordnung der Zeit. 2018, S, 85 f.

lität und Polyfunktionalität bekommt. Rein formal motiviert sich diese These auch schon dadurch, dass nicht nur Poeten und Künstler wie Goethe, Jean Paul, Novalis oder Picasso gerade in Form von Aphorismen vom *Zauberstab der Analogie* Gebrauch gemacht haben, sondern auch große Naturwissenschaftler wie Lichtenberg, Einstein oder Chargaff. Sie alle haben Aphorismen formuliert, deren Sinngehalt in Form einer rein begrifflichen Aussageform sicherlich kaum so prägnant und einprägsam objektivierbar gewesen wäre. Dasselbe trifft dann wohl auch auf die metaphorischen Vermittlungsformen von Wissen zu. Daher rechtfertigt sich dann auch die erkenntnistheoretische Basisthese, dass wir uns Unbekanntes im Prinzip nur über die Brücke des schon Bekannten zugänglich machen können bzw. über Affirmationen und Negationen unseres jeweiligen Vorwissens.

Diese Grundüberzeugung dokumentiert sich ja auch in dem Wahrnehmungsverfahren, das als hermeneutischer Zirkel bekannt geworden ist. Ein solches Interpretationsverfahren für die methodischen Wahrnehmung von komplexen Sachverhalten und insbesondere von schwerverständlichen Texten besteht darin, sich auf kontrollierte Weise mit Hilfe eines schon vorhandenen Vorwissen bzw. von vorab schon erarbeiteten Sachurteilen unverständliche, aber gleichwohl doch als relevant empfundene Sachverhalte, etwas verständlicher zu machen, also im Neuen im Prinzip immer auch etwas schon längst Bekanntes in anderer Gestalt wiederzuentdecken.

Deshalb haben Hermeneutiker dann ja auch postuliert, dass es im Prinzip nicht so sehr darauf ankomme, den hermeneutische Zirkel gänzlich zu vermeiden, weil das faktisch gar nicht möglich sei, sondern auf fruchtbare Weise in einen solchen einzutreten. Wissensbildungen könnten prinzipiell nie auf einer absoluten Nullstufe beginnen, sondern benötigten immer schon ein ähnlich strukturiertes Vorwissen, das man dann immer auch zu bestätigen anstrebe. Das hermeneutische Interpretationsverfahren zielt daher auch darauf ab, dieses Vorwissen in konkreten Sinnbildungsprozessen im Hinblick auf seinen jeweiligen Stellenwert so genau wie möglich metareflexiv zu qualifizieren und zu kontrollieren. Auf diese Weise kann man dann auch den hermeneutischen Zirkel zu einer *hermeneutischen Spirale* transformieren, insofern man sein jeweils eingesetztes Vorwissen samt den darin eingeschlossenen Vorurteilen von einer höheren Betrachtungsebene aus wirksam auf seine jeweiligen Prämissen und Intentionen hin kontrollieren kann, wodurch dann ein durchstrukturierteres und belastbareres Gesamtwissen auf einer höheren Ebene entstehen kann.

Daraus folgt dann auch, dass man in anspruchsvollen hermeneutischen Verstehensprozessen keineswegs nur etwas eigentlich schon längst Bekanntes wiederfindet, sondern durchaus auch Neuland entdecken kann, bzw. dass man durch seine eigene Selbstbeweglichkeit auch ganz neuartige Aspekte an etwas schon grob Bekanntem wahrnimmt, insofern man altes Wissen in neuartigen Konstellationen und Interaktionen kennenlernt und eben dadurch dann in seiner tradierten Gestalt auch wieder transzendiert. Es bedeutet zugleich, dass man mit Hilfe der Zauberstäbe der Analogie nicht immer Neuland entdeckt, sondern dass man sich auch sein verschwommenes Wissen deutlicher und umfassender in neuen Perspektiven zugänglich machen kann als vorher.

Diese Überlegungen verdeutlichen zugleich, warum man die Formel vom *Zauberstab der Analogie* nicht nur für das bessere Verständnis der Geschichte nutzen kann, wie es Novalis zunächst postuliert hat, sondern auch für ein umfassenderes Verständnis aller komplexen Erfahrungsinhalte und Zeichenformen. Das rechtfertigt dann auch, das Analogiephänomen als eine *semiotische Universalie* anzusehen, welche ihren genuinen Ausdruck in allen Tatbeständen findet, die man als *ikonische Zeichen* verstehen kann, denn gerade diese haben ja immer sehr deutliche Bezüge sowohl zur Welt der Objekte als auch zu der Welt der Subjekte. Ikonische Zeichen spielen deshalb auch eine konstitutive Funktion in allen kulturellen Tatbeständen, zu denen natürlich auch die Geschichtsschreibung gehört. Darauf hat etwa der amerikanische Theoretiker der Geschichtsschreibung Hayden White sehr eindringlich verwiesen. Er hat nämlich darauf aufmerksam gemacht, dass sich die Geschichtsschreibung beispielsweise immer wieder gewollt oder ungewollt an literarischen Mustern wie dem *Roman*, der *Komödie*, der *Tragödie* oder der *Satire* orientiert habe.[9]

Hier wird sich das Hauptinteresse nun darauf ausrichten, wie sich die Formel vom *Zauberstab der Analogie* dazu nutzen lässt, um die Ordnungsformen der Sprache hinsichtlich ihrer Strukturen und Funktionen als kulturell und evolutionär entwickelte Denkmuster exemplarisch näher zu beschreiben. Diese haben nämlich allesamt sowohl analysierende als auch synthetisierende Ordnungsfunktionen, die sich über den Analogiebegriff dann recht gut verständlich machen lassen. Das lässt sich auch dadurch ganz gut kenntlich machen, dass man sich vergegenwärtigt, dass die Sprache prinzipiell eine Vermittlungs- bzw. Brückenfunktion zwischen unterschiedlichen Welten wahrzunehmen hat. Deshalb ist die Denkfigur vom Zauberstab der Analogie auch als ein Modell zu verstehen, dessen strukturierende Zauberkraft darin besteht, uns sensibel für Übergänge, Unterschiede, Überschneidungen, Entfaltungsmöglichkeiten und Wachstumsprozesse zu machen.

---

9 H. White: Metahistory. 1991. H. White: Auch Klio dichtet oder die Fiktion des Faktischen, 1986.

Das verdeutlicht, dass uns das Analogiephänomen nicht nur für die relativ statischen Ordnungsstrukturen der Welt und Kultur aufmerksam machen kann, sondern auch für deren dynamischen Ordnungszusammenhänge und Wachstumsmöglichkeiten. Der Biologe Ludwig von Bertalanffy hat deshalb darauf aufmerksam, dass es in der Welt der Natur sowohl relativ gleichbleibende Ordnungsstrukturen gebe, die sich allerdings bei genauerer Betrachtung durchaus als langsame Prozesswellen erweisen könnten, als auch dynamische Ordnungsstrukturen, die für uns eher als schnelle Prozesswellen in Erscheinung träten.[10] Dasselbe gilt wohl auch im Hinblick auf die Kultur in ihren unterschiedlichen Manifestationsformen und insbesondere für die Sprache, in der sich schnelle und langsame Veränderungswellen überlagern, wofür gerade die lexikalischen und grammatischen Formen gute Beispiele sind.

Die Denkfigur vom *Zauberstab der Analogie* macht uns außerdem darauf aufmerksam, dass die Unschärfe von Ordnungen, Vorstellungen und Begriffen keineswegs immer nur als Nachteile für das Wahrnehmen und Denken anzusehen sind, sondern durchaus auch als Vorteile. Durch diese Unschärfe von Mustern können wir uns nämlich auch immer vor leichtfertigen Klassifizierungen, Abstraktionen und Vereinfachungen schützen. Das Analogiephänomen macht uns nämlich indirekt immer darauf aufmerksam, dass die Spannung zwischen Affirmations- und Negationsannahmen bzw. zwischen Wahrheit und Irrtum immer notwendige Implikationen des menschlichen Wahrnehmens und Denkens sind, die sich nicht einfach methodisch wegdisputieren lassen. Durch eine explizite Wertschätzung von Analogieannahmen lässt sich diese Spannung nämlich auf fruchtbare Weise nutzen, um zu verdeutlichen, dass unser Denken nicht nur feststellende pragmatische Funktionen hat, sondern auch interpretierende, erschließende und hypothetisierende.

Daraus ergibt sich, dass der Denkkategorie der Analogie keineswegs nur eine ästhetische, sondern auch eine erkenntnistheoretische Relevanz zugebilligt werden kann, insofern sie Denkprozesse faktisch nie vollständig abschließt, sondern immer auch anregt. Dadurch verweist sie zugleich indirekt auch auf die Grenzen des klassifizierenden begrifflichen Denkens und Wahrnehmens bzw. auf die Notwendigkeit, sich ebenfalls mit dem Problem der begrenzten Sinnbildungsfunktionen von konkreten einzelnen sprachlichen Denkmustern und Zeichen zu beschäftigen. Einerseits macht das analogisierende Denken nämlich immanent ständig auf die Vorstellung der Substanz als heuristisches Denkmodell aufmerksam, weil sie ja immanente Wesensähnlichkeiten aufzudecken versucht. Andererseits lenkt dieses Denken unsere Aufmerksamkeit aber auch

---

10 L. von Bertalanffy: Das biologische Weltbild. 1949, S. 129.

immer auf neuartige Korrelations- und Interaktionszusammenhänge zwischen Einzelphänomenen, wodurch dann unser Denken ständig in Fluss gehalten wird. Das exemplifiziert insbesondere der metaphorische Sprachgebrauch sowohl im natürlichen als auch im wissenschaftlichen Sprachgebrauch. Das offenbart sich insbesondere dann, wenn die beiden unterschiedlichen Sprachverwendungsweisen bzw. Sprachspiele an die Grenzen ihrer sprachlichen Objektivierungs- und Mitteilungsmöglichkeiten kommen und sich dann wechselseitig ablösen bzw. ergänzen müssen.

Wenn das Denken und Sprechen auf den *Zauberstab der Analogie* verzichtete, würde es sich selbst verzwergen, weil dadurch nämlich auch die hypothesenfreundliche und inspirierende *Wenn-Dann-Struktur* des Denkens entscheidend geschwächt würde. Diesbezüglich ist der analogisierende Sprachgebrauch dann auch eng mit dem ironischen verwandt, weil beide Gebrauchsformen der Sprache letztlich als ein Ausdruck der kognitiven Bescheidenheit beim sprachlichen Objektivieren von Sachverhalten verstanden werden können. Das exemplifiziert nicht nur die *sokratische Ironie*, die sowohl als Ausdruck einer Angriffslust gegen das besserwisserische dogmatische Denken als auch als Geste der Bescheidenheit beim Umgang mit sehr komplexen Sachverhalten gedeutet werden kann. Das wird ganz besonders deutlich, wenn die Ironie auch in der Form der Selbstironie in Erscheinung tritt.

Wenn man an die Grenze seiner sprachlichen Objektivierungs- und Vermittlungsmöglichkeiten kommt, dann werden der analogisierende, der metaphorisierende und der ironisierende Sprachgebrauch faktisch unverzichtbar. Unter diesen Umständen muss man nämlich seine Sprachmittel sowohl sachthematisch als auch reflexionsthematisch verwenden, um ihre objektbezogenen Inhaltsaspekte und ihre subjektbezogenen Beziehungsaspekte in ein kommunikatives Fließgleichgewicht zu bringen. Wenn das gelingt, dann kann die natürliche Sprache ihre große perspektivische und semantische Flexibilität erreichen, durch die sie allerdings nicht nur eine beträchtliche Funktionsuniversalität bekommt, sondern auch eine gewisse semantische Ambivalenz.

1.3 Die Ambivalenz von Analogien

Die bisherigen Überlegungen zum Phänomen der Analogie haben sich vorerst darauf konzentriert, auf die positiven Funktionen von Analogieannahmen für das Denken und Sprechen aufmerksam zu machen und damit dann auch auf ihre Unverzichtbarkeit beim Gebrauch der universal einsetzbaren natürlichen Sprache. Darüber sollte nun aber nicht vergessen werden, dass die Nutzung von Analogien erkenntnistheoretisch auch problematisch werden kann, da durch sie auch dogmatische Denkweisen gefördert und stabilisiert werden können. Über Analogieannahmen kann nämlich auch ein bestimmter Sog entstehen, die Welt monoperspektivisch wahrzunehmen und den von Wittgenstein thematisierten Spielcharakter bei der Nutzung von Sprache zu vernachlässigen. Diesbezüglich hat Gottfried Keller in seinem Roman *Der grüne Heinrich* eine aufschlussreiche Nebenbemerkung gemacht, die aparterweise selbst vom *Zauberstab der Analogie* Gebrauch macht.

> Andere wiederum, als Knechte ihrer eigenen Leidenschaften, witterten überall nichts als Knechtschaft und Verrat, gleich einem armen Hunde, dem man die Nase mit Quarkkäse verstrichen hat und der deshalb die ganze Welt für einen solchen hält.[11]

Keller macht in dieser Bemerkung sehr plastisch darauf aufmerksam, dass sprachliche Denkmuster uns keineswegs immer von der Dominanz unserer individuellen Einzelerfahrungen befreien können, sondern diese auch vorschnell generalisieren. Auf diese Weise können dann unsere sprachlichen Ordnungsbegriffe durchaus zu Gefängnissen werden, aus denen sich die einzelnen Individuen oft schwer befreien können, weil diese leicht zu dogmatischen Denk- und Wahrnehmungsmustern für die kognitive Erfassung von Erfahrungswelten werden. Zwar lassen sich diese Muster als habituelle Interpretationsmuster über Metareflexionen nicht generell aus der Welt schaffen, aber wir können sie doch durch die Aufklärung ihrer Entstehungsgeschichte sowie ihrer kognitiven Funktionen durchaus relativieren und auf sinnvolle Weise näher qualifizieren. Gleichwohl bleiben aber bestimmte Analogieannahmen prinzipiell immer nur heuristische Hilfsmittel, die wir einerseits zwar bis zu einem gewissen Grade methodisch beherrschen können, die wir aber andererseits hinsichtlich ihrer prinzipiellen Vereinfachungsfunktionen nie gänzlich überwinden können. Ludwig Wittgenstein hat die immanente erkenntnistheoretische Ambivalenz von Sprach- und Denkformen, zu denen sicherlich auch Analogieannahmen gehören, folgendermaßen auf aphoristische Weise sehr prägnant gekennzeichnet.

> Die Sprache hat für Alle die gleichen Fallen bereit; das ungeheure Netz gut gangbare Irrwege [...]. Ich sollte also an allen Stellen, wo falsche Wege abzweigen, Tafeln aufstellen, die über die gefährlichen Punkte hinweghelfen.[12]

---

11 G. Keller: Der grüne Heinrich. Sämtliche Werke. Bd. 3, 2006. 4. Band, 16. Kap. Der Tisch Gottes, S. 267.
12 L. Wittgenstein: Vermischte Bemerkungen. Werkausgabe, Bd. 8, S. 474 f.

Die Gefahren, die über unsere Analogieannahmen heraufbeschworen werden können, sollten allerdings auch nicht überbewertet werden. Es ist nämlich auch zu bedenken, dass wir durch die innere Dynamik und Spontaneität von sprachlichen Sinnbildungsprozessen insbesondere im Operationsgebiet der natürlichen Sprache auch immer davor bewahrt werden, die Welt monoperspektivisch wahrzunehmen und dabei dann nur naheliegende und tradierte Wahrnehmungsmuster und Wahrnehmungsstrategien zu nutzen. Das hat Wittgenstein durch seinen Sprachspielgedanken auf metaphorische Weise sehr klar verdeutlicht.

Diese komplexen Strukturverhältnisse für das sprachliche Sinnbildungspotenzial der natürlichen Sprache lassen sich sehr gut durch die sogenannte *Hufeisenanekdote* verdeutlichen, in der nicht nur die Person des Physikers und Nobelpreisträgers Niels Bohr eine zentrale Rolle spielt, sondern auch die Differenz zwischen dem naturwissenschaftlichen Denken einerseits, das leichtfertige Analogisierungen immer zu vermeiden versucht, um die Suche nach Gesetzmäßigkeiten nicht zu erschweren, und dem alltäglichen und spontanem Denken andererseits, das analogisierende Sinnbilder liebt, weil dadurch unsere subjektiv orientierte Weltwahrnehmung sehr erleichtert wird.

Diese Hufeisenanekdote ist zudem auch kulturgeschichtlich interessant. Zum einen wird in ihr nämlich das Problem angesprochen, welche Korrelationen und Interaktionsmöglichkeiten zwischen zwei sehr unterschiedlichen Erfahrungswelten bestehen, die grob als *Welt der Natur* und als *Welt der Kultur* bezeichnet werden können. Zum anderen wird in ihr auch das Problem thematisiert, wie man intersubjektiv nachvollziehbar sinnvoll über das Analogieproblem sprechen kann, ohne vorschnell Partei ergreifen zu müssen, ob tradierte Analogieannahmen sinnvolle Korrelationsannahmen sind oder nur Hirngespinste ohne jeglichen Erkenntniswert.

Von dieser Anekdote und über die möglichen Funktionen des Anbringens von Hufeisen über der Haustür sind mehre Versionen in Umlauf gekommen. In der wohl spektakulärsten Version wird sogar behauptet, dass Niels Bohr selbst ein Hufeisen über seiner Haustür angebracht habe und eben deshalb von einem anderen Physiker zur Rede gestellt worden sei, woraufhin Bohr selbst einen sehr aparten Rechtfertigungsgrund ins Spiel gebracht habe. In der wohl authentischsten und zugleich auch interessantesten Version dieser Anekdote, die von Bohrs Freund und Kollegen Werner Heisenberg überliefert worden ist, werden die Akzente allerdings etwas anders gesetzt, wodurch sie dann auch ein ganz besonderes zeichentheoretisches und anthropologisches Profil bekommen hat. Nach dieser Version erzählt der durchaus als schalkhaft bekannte Niels Bohr nach einer langen Diskussion mit Kollegen über erkenntnistheoretische Grundprobleme der Physik sowie über den Stellenwert und die mögliche Funktionalität von Religionen als Objektivierungsformen für Wertewelten nach dem Zeugnis Heisenbergs die folgende Geschichte.

> Niels schloß das Gespräch ab mit einer jener Geschichten, die er bei solchen Gelegenheiten gern erzählte: „In der Nähe unseres Ferienhauses in Tisvilde wohnt ein Mann, der hat über der Eingangstür seines Hauses ein Hufeisen angebracht, das nach einem alten Volksglauben Glück bringen soll. Als ein Bekannter ihn fragte: ‚Aber bist du denn so abergläubisch? Glaubst du wirklich, daß das Hufeisen dir Glück bringt?', antwortete er: ‚Natürlich nicht, aber man sagt doch, daß es auch dann hilft, wenn man nicht daran glaubt'."[13]

Die kognitive und kommunikative Funktion dieser Anekdote sowie ihr deutlicher Spielcharakter liegt darin, dass sie unsere Aufmerksamkeit primär nicht darauf lenkt, ob ein Hufeneisen über der Tür tatsächlich die Funktion eines Glückbringers ausüben könne oder nicht, sondern eher darin, dass sie uns auf das Problem aufmerksam macht, welche sozialen und kulturellen Sinnbildungs- und Integrationsfunktionen Zeichen dieses Typs zukommen können. Es geht also weniger um das Problem, ob ein Hufeisen über der Tür das wahrmachen kann, was es traditionell zu versprechen scheint, sondern vielmehr darum, welchen Beitrag es dazu leistet, dass soziale Gruppen einen inneren Zusammenhang auch dadurch bekommen, dass sie gemeinsame Denktraditionen pflegen. Selbst wenn die einzelnen Menschen solchen Zeichen skeptisch gegenüberstehen, können sie diese nämlich durchaus auf eine ironische Weise liebgewinnen und deshalb auch spielerisch tradieren und pflegen. Dadurch wird dann natürlich ein rigides eindimensionales Kausaldenken auf einer einzigen Ebene relativiert, das kein Sensorium mehr für die sozial relevanten Spielfunktionen von Zeichen bzw. von Analogieannahmen mehr hat.

Ein solches spielerisches Verständnis von Zeichen als semiotischen Ausdrucksformen von indexikalischen Symptomrelationen, von ikonischen Abbildungsfunktionen oder von konventionalisierten Symbolrelationen ist natürlich ein höchst ambivalentes Phänomen, weil die Stiftung von mehrschichtigen und mehrdeutigen Kohärenzen zwischen einem Zeichenträger und einem Zeicheninhalt natürlich auch problematische Konsequenzen haben kann. Auf diese Weise wird es nämlich schwierig, über Zeichen eindeutige Wahrheiten zu objektivieren und intersubjektiv verständlich zu fixieren. Dieses Problem entschärft sich allerdings, wenn wir unseren Zeichen prinzipiell eine hypothetisierende

---

13 W. Heisenberg: Der Teil und das Ganze. Gespräche im Umkreis der Atomphysik. 1996, S. 112f. Kap. 7: Erste Gespräche über das Verhältnis von Naturwissenschaft und Religion.

Spielfunktion zuordnen und Zeichen nicht nur *an sich* und *für sich* zu verstehen versuchen, sondern im Kontext ihrer jeweiligen situativen und pragmatischen Sinnbildungsintentionen. Das schließt dann allerdings weitgehend aus, mit ihnen zeit-, situations- und personenenthobene allgemeingültige Wahrheiten fixieren zu können.

Ein solches spielnahes Verständnis von Zeichenbildungen und Analogieannahmen liegt dem streng auf die Formulierung von zeitenthobenen Gesetzlichkeiten bezogenen naturwissenschaftlichen Denken natürlich nicht sehr nahe, da es zum historischen Selbstverständnis dieses Denkens gehört, gegen Illusionen, Fiktionen und Fetischbildungen beim Verständnis der Natur bzw. bei anderen Sach- und Zeichenerfahrungen anzukämpfen. Dem kulturwissenschaftlichen Denken ist ein solches spielorientiertes Verständnis bei der Bildung und dem Gebrauch von Zeichen dagegen längst nicht so fremd und problematisch, da seine Denkgegenstände in sehr viel höherem Maße von vornherein einem historischen Wandel bzw. individuellen Variationen unterliegen und daher eher mit Hilfe des Interpretations- als mit Hilfe des Gesetzesbegriffs zu fassen sind. Das erschwert es dem kulturwissenschaftlichen Denken dann allerdings auch, bei dem Verständnis von Zeichen bzw. bei Wahrheitsfeststellungen mit der zweiwertigen Logik von *wahr* und *falsch* zu operieren. Deshalb sind für die Kulturwissenschaften im Gegensatz zu den Naturwissenschaften auch Fiktionen und Analogieannahmen aller Art immer legitime Denkstrategien gewesen, eben weil sie sich eher damit beschäftigen, wie Menschen mit ihrer Erfahrungswelt interpretativ umgehen können, und weniger damit, wie man deren verborgene Gesetzlichkeiten auf abstrakte und möglichst mathematische Weise erschöpfend objektivieren kann.

Das kulturwissenschaftliche Denken kann nämlich die Individualität und Historizität von Erfahrungen längst nicht so leicht wegabstrahieren wie das naturwissenschaftliche. Historische und kulturelle Wahrnehmungsweisen von Phänomenen können nämlich eine kulturelle Wirksamkeit entwickeln, selbst wenn sie sich bei einer genaueren Prüfung als bloße Fiktionen erweisen. Außerdem kann die soziale Relevanz solcher Fiktionen auch auf einer ganz anderen Ebene liegen, als man auf den ersten Blick annimmt. Das lässt sich auf recht deutliche Weise nicht nur an fetischträchtigen Phänomenen wie Hufeisen, vierblättrigen Kleeblättern und zerbrochenen Spiegeln auf der Ebene von Dingen exemplifizieren, sondern auch an gesellschaftlichen und religiösen Ritualen auf der Ebene von sozialen Handlungen und Sitten.

Dieses Verständnis der historischen und kulturellen Erfahrungswelt ist nämlich dadurch bedingt, dass die jeweiligen kulturellen Vorstellungsinhalte in der Regel keine neutralen, sondern vielmehr wertbesetzte Vorstellungsgegenstände sind, die auch immer eine gewisse emotionale Qualität haben und nicht nur eine rein sachliche. Deshalb spielt in kulturellen Zusammenhängen dann auch nicht nur eine Rolle, was Zeichen referenziell benennen, sondern auch welche Werte mit ihrer Hilfe intersubjektiv präsent gemacht werden können bzw. wie sie materiell in Erscheinung treten. Was aus Gold besteht und nicht aus profanem Eisen, das hat nämlich von vornherein einen ganz anderen Stellenwert, selbst wenn es praktisch weniger brauchbar ist. Rituale haben in Religionen und kulturellen Handlungswelten eine Ordnungsfunktion, die selten begrifflich überzeugend objektivierbar ist, die aber dennoch soziale Gruppenbildung befördern können, weil sie intersubjektiv eine gewisse soziale Wärme ausstrahlen, obwohl kaum jemand klar begründen kann, wodurch das jeweils bedingt ist. Dieses Wissen ist nämlich weniger durch ein Wissen von der Benennungsfunktion von Zeichen bedingt, sondern eher durch ein mehr oder weniger diffuses Gefühl von der intersubjektiven Relevanz bzw. von dem sozialen Sinn dieser Zeichen. Nicht zufällig erfassen wir ja auch den Sinn einer metaphorischen Rede eher über unser Sprachgefühl als über unser konventionell fixiertes Sprachwissen.

Solche komplexen Habitusformen beim Umgang mit Zeichen gibt es natürlich auch in den Naturwissenschaften, aber sie sind hier natürlich ungleich eingeschränkter als in den Kulturwissenschaften, weil erstere in der Regel auf die Feststellung und Respektierung von Gesetzlichkeiten ausgerichtet sind, aber nicht auf die Frage, über welche Mittel Gesellschaften ihre Identität und Kohärenz bekommen bzw. welche Zeichen-, Denk-, und Handlungsformen in Gesellschaften eher eine zentripetale als eine zentrifugale Wirkung entfalten. Deshalb spielen im alltäglichen und kulturellen Sprachgebrauch auch Analogieannahmen eine ungleich größere Rolle als im wissenschaftlichen, da der alltägliche und kulturelle Sprachgebrauch prinzipiell polyfunktionaler und damit auch informationell ungenauer strukturiert ist und sein muss als der wissenschaftliche Sprach- bzw. Zeichengebrauch. Letzterer muss nämlich von vornherein methodisch und informationell ungleich strenger reguliert sein, um seine spezifischen kognitiven und informativen Funktionen erfüllen zu können.

Deshalb lag es für den kulturell sensiblen und zugleich hypothesenfreudigen Niels Bohr nach einem Gespräch mit Kollegen über das Verhältnis von Naturwissenschaften und Religion auch nahe, seine aufschlussreiche Hufeisenanekdote zu erzählen, über die er recht gut das ambivalente Korrelationsverhältnis zwischen Religion und Naturwissenschaft verdeutlichen konnte. Nach Max Planck resultiert dieses ambivalente Verhältnis nämlich insbesondere daraus, dass diese beiden unterschiedlichen menschlichen Typen von Sinnbildungsanstrengungen sich überhaupt nicht auf dieselbe Welt bzw. dieselbe

Ebene der Welt beziehen, sondern vielmehr auf ganz unterschiedliche Teilaspekte der menschlichen Lebenswelt. Für Plank beziehen sich nämlich die Sinnbildungsanstrengungen der Religion auf die Welt der Werte und die der Naturwissenschaften auf die Welt der materiellen Gegebenheiten.

Der geniale Zugriff von Bohrs Anekdote über das spezifische Spannungsverhältnis von Naturwissenschaft und Religion liegt nun darin, dass er selbst nicht gleich Partei für eine der beiden Objektivierungsweisen von Welt ergreift bzw. die eine für zulässig und die andere für unzulässig erklärt, sondern dass er dieses Spannungsverhältnis nur narrativ darstellt. Das verschafft ihm nämlich den Vorteil, eine ironisch gebrochene Geschichte über das prekäre Verhältnis von naturwissenschaftlichem Wissen und religiösen oder quasireligiösen Annahmen zu erzählen. Dabei muss er sich nämlich nur als Überbringer einer denkbaren Botschaft präsentieren, aber nicht als deren Anhänger, insofern er in dieser Rolle ja den inneren Wahrheitsgehalt seiner Botschaft nicht begründen muss. Auf diese Weise kann er nämlich eine Gesprächsatmosphäre erzeugen, in der eine Problemlage sachthematisch und reflexionsthematisch weiter diskutiert werden kann, weil nun sowohl die methodische Notwendigkeit von ambivalenten Analogiebildungen für das begrenzte menschliche Denken und Wahrnehmen thematisierbar ist als auch die sich daraus ergebenden argumentativen Konsequenzen bzw. erkenntnistheoretischen Probleme. Das macht dann auch verständlich, warum diese Hufeisengeschichte nach den Erinnerungen von Odo Marquard *„der Anekdotenrenner des Heidelberger Philosophenkongresses von 1966"* gewesen sei.[14]

1.4 Die methodische Funktionalität von Analogien

Die Frage nach der methodischen Berechtigung und Leistung von Analogieannahmen ist kaum schlüssig zu diskutieren, bevor man nicht auch thematisiert hat, ob bzw. inwieweit die angenommenen Analogien auf substanziellen Ähnlichkeiten zwischen prinzipiell unterscheidbaren Phänomenen zurückzuführen sind oder auf bloße heuristische menschliche Konstrukte, um sich Unbekanntes und Unübersichtliches mit Hilfe von Ähnlichem besser verständlich machen zu können. Auf jeden Fall lassen sich Analogieannahmen als heuristische Verfahren ansehen, die es erleichtern, Unübersichtliches oder aspektuell Vielgestaltiges sich selbst und anderen besser verständlich zu machen. Auf diese Weise

---

14 O. Marquard: Religion und Skepsis. In: P. Koslowski (Hrsg.): Die religiöse Dimension der Gesellschaft, 1985, S. 45.

können wir dann Analogieannahmen als Hilfsmittel verstehen, um in den *Zirkel* oder in die *Spirale* des hermeneutischen Verstehens einzusteigen und sich auf asymptotische Weise unübersichtlichen und sehr komplexen Denkgegenständen anzunähern.

So gesehen lassen sich dann Analogieannahmen auch als spezifische Formen des Problemlösens werten, die allerdings nicht beanspruchen können, in einem überzeitlichen und voraussetzungslosen göttlichen Blick von *nirgendwo* konkrete Verstehensprobleme zu lösen. Diese Auffassung steht auch in Harmonie mit Poppers anthropologischer Grundthese, dass das menschliche Leben letztlich als eine Erscheinungsform des Problemlösens anzusehen sei, die sich auf evolutionäre Weise und in variablen Formen in allen Kulturen recht fest verankert habe.[15]

Analogieannahmen lassen sich daher auch auf eine doppelte Weise der Dynamik des menschlichen Lebens und Denkens zuordnen, insofern über sie nicht nur bestimmte Objektbegegnungen, sondern auch ganz bestimmte Selbst- bzw. Subjektbegegnungen möglich werden. Gerade weil Analogien immer mehrdeutig sind und weil in konkreten menschlichen Wissensbildungen immer auch Kompromisse notwendig werden, ist der Gebrauch von Analogien aus menschlichen Wahrnehmungs- und Denkprozessen faktisch überhaupt nicht zu beseitigen. Analogien sind nämlich insbesondere deshalb methodisch so hilfreich, weil sie einerseits alle traditionell vorgegebenen Grenzziehungen problematisieren, wenn auch nicht beseitigen können, und weil sie andererseits die Notwendigkeit aufzeigen, neue Abgrenzungen vorzunehmen, um Phänomene aus ihren üblich Kontexten herauszulösen und in andere einzuordnen. Das verdeutlicht, dass unsere Analogieannahmen, in welcher Form auch immer, zur Grundstruktur des menschlichen Wahrnehmens und Denkens gehören.

Diese grundlegenden methodischen Funktionen können Analogien allerdings nur dann erfüllen, wenn die an den Wahrnehmungsprozessen von materiellen und kulturellen Welten beteiligten Menschen auch bereit sind, sich kreativ an den dafür notwendigen Welt- und Selbsterzeugungsprozessen zu beteiligen, indem sie neuartige Wahrnehmungsperspektiven für andere und für sich selbst entwerfen. Wer seine Sehepunkte für materielle und kulturelle Welten bzw. für seine eigenen Aktivitäten nicht variieren kann bzw. wer zu Selbstbewegungsprozessen nicht fähig oder willens ist, der kann den *Zauberstab der Analogie* auch nicht zu heuristischen Zwecken einsetzen. Das lässt sich allerdings durch begriffliche Argumentationen schwerer plausibel machen als durch erzählende und analogisierende Mitteilungen. Solche selbstbezüglichen Verfah-

---

15 K. R. Popper: Alles Leben ist Problemlösen, 1994.

ren sind in argumentativen Sinnbildungsprozessen zwar sehr verpönt, aber in heuristischen und ikonischen durchaus üblich. Das lässt sich an einem erkenntnistheoretischen Aphorismus von Gabriel Laub recht gut exemplifizieren: *„Aphorismen entstehen nach dem gleichen Rezept wie Statuen: Man nehme ein Stück Marmor und schlage alles ab, was man nicht unbedingt braucht."*[16]

Die Notwendigkeit, kreatives Wahrnehmen und Denken strukturell mit Hilfe von Analogien zu veranschaulichen und zu rechtfertigen, lässt sich auch noch durch zwei andere Denkbilder plausibel machen. Analogien haben ebenso wie Spiegel insofern auch eine ganz grundlegende Erkenntnisfunktion, da sie uns etwas sichtbar machen können, was wir üblicherweise gar nicht sehen, nämlich unser eigenes Gesicht bzw. unsere eigenen Augen als Wahrnehmungsmittel. Spiegel ermöglichen uns außerdem, etwas wahrzunehmen, was zwar hinter uns liegt, aber dennoch für die Gestaltung unserer Wahrnehmungsprozesse von konstitutiver Funktionalität ist. Gute Beispiele dafür sind nicht nur die Rückspiegel in Autos, sondern auch die Spiegelungen der Geschichte in der Geschichtsschreibung. Beide Phänomene exemplifizieren nämlich sehr prägnant, welche methodische und pragmatische Relevanz der *Zauberspiegel der Analogie* für unsere faktische Weltwahrnehmung und kulturelle Weltgestaltung hat.

Die Notwendigkeit, sich beim Verständnis der Welt bzw. beim Verständnis von Analogien als wahrnehmende Person auch selbst zu bewegen und seine üblichen Sehepunkte zu variieren, kann man sich auch noch durch ein anderes Denkbild verständlich machen, das sicherlich einen hohen Grad an Plausibilität hat. Wenn wir um eine Skulptur bzw. Statue herumgehen, dann nehmen wir diese immer von anderen Sehpunkten her wahr. Diese variable perspektivische Wahrnehmung von Einzelphänomenen hat zur Folge, dass wir unser jeweiliges Wahrnehmungsobjekt nicht nur hinsichtlich anderer Aspekte sehen, sondern auch hinsichtlich anderer situativer Einbettungen und Lichtverhältnisse, ohne dass wir dadurch an der faktischen Identität oder gar Wesenhaftigkeit unseres jeweiligen Wahrnehmungsgegenstandes irgendwie zweifeln müssten.

Aus dieser Erfahrung lässt sich ableiten, dass wir unsere jeweiligen Denkobjekte nicht zwangsläufig verfehlen, wenn wir uns selbst bewegen bzw. wenn wir uns diese jeweils mit Hilfe unterschiedlicher Analogieannahmen vergegenwärtigen. Das setzt allerdings voraus, dass wir in der Lage sind, uns bei jeder sprachlichen Objektivierung eines Denkgegenstandes getreu der schon zitierten Wahrnehmungsmaxime von Kant Rechenschaft darüber ablegen können, welche Erkenntnisziele wir jeweils haben und wie sich unsere jeweiligen

---

16 G. Laub: Verärgerte Logik. Aphorismen. 1969, S. 5.

Denkgegenstände im Rahmen dieser Prämissen konstituieren lassen. Nur wenn wir auch berücksichtigen, durch welche eigenen methodischen Aktivitäten bzw. durch welche Denkmittel bzw. Zeichenbildungen wir uns unsere Denkgegenstände objektivieren, dann können wir uns diese auch als anthropologisch relevante Objekte zweckdienlich vergegenwärtigen. Das legt dann auch nahe, das Phänomen der Analogie nicht allein als ein Substanzphänomen wahrzunehmen, sondern immer auch als ein Korrelations-, Funktions- und Konstruktionsphänomen.

Dieses Verständnis des *Zauberstabs der Analogie* als eines polyfunktionalen heuristischen menschlichen Erschließungswerkzeugs, das einerseits auf der Denkprämisse und der Hoffnung aufbaut, dass sich in unterschiedlichen Phänomen dennoch dieselbe Grundsubstanz oder zumindest eine ähnliche Grundstruktur repräsentieren könne, und andererseits auf der Erfahrung, dass der wahrnehmende und denkende Mensch immer an der Konstitution und Strukturierung dieser Ähnlichkeitsannahmen selbst aktiv beteiligt ist, lässt sich am Beispiel sprachlicher Zeichenbildungen unterschiedlicher Komplexität und Funktionalität recht gut exemplifizieren und beschreiben. Deshalb sollen im Folgenden zunächst etwas allgemeinere Überlegungen zum Phänomen der Analogie bzw. zu ihrem Verständnis in bestimmten kulturellen Kontexten angestellt werden. Anschließend sollen dann Überlegungen zu konkreten Erscheinungsformen des Analogieproblems in der Sprache thematisiert werden, und zwar aufsteigend von sprachlichen Elementarformen bis hin zu komplexen Textformen.

Die funktionale Wirksamkeit von Analogisierungsprozessen im Bereich der Zeichenbildungen in der Welt der Kultur und in der Welt der Sprache hat eine Parallele in der Wirksamkeit von Gestaltbildungen und Verhaltensweisen im Reiche der Natur. Sprachformen müssen funktional auf die Differenzierungs- und Objektivierungsbedürfnisse in der menschliche Lebenswelt passen wie der Huf des Pferdes auf die Steppe und die Flosse des Fisches in das Wasser. Wie das im Detail zu bewerkstelligen ist, steht nicht von vornherein fest, sondern muss über Mutations- und Selektionsprozesse empirisch erprobt werden, wobei Fruchtbarkeitskriterien in der Regel eine größere Rolle spielen als abstrakte Wahrheitskriterien im Sinne einer direkten Korrespondenz zwischen Sachen einerseits und deren Objektivierungen mit Hilfe von Zeichen bzw. mentalen Vorstellungen andererseits.

Der *Zauberstab der Analogie* ist im Bereich der Kulturformen so gesehen dann auch keine geheimnisvolle magische Kraft, sondern eher ein Sinnbild für eine biologisch bzw. anthropologisch konstruktive Kraft zur Bewältigung des menschlichen Lebens, die sich konkret auf ganz unterschiedliche Weisen manifestieren kann und muss, um lebensrelevanten anthropologischen Wahrnehmungs- und Differenzierungsbedürfnissen pragmatisch gerecht werden zu können. Diese können sich dann sowohl auf das Reich der wahrzunehmenden Denkgegenstände selbst beziehen als auch auf das Reich der wahrnehmenden Subjekte und deren historisch wandelbaren Unterscheidungsbedürfnissen.

Wenn man sich Phänomene mit Hilfe von Begriffen objektiviert, dann läuft man immer Gefahr, sie in definierte Ordnungssysteme einzuordnen und sie so wahrzunehmen, dass sie in die jeweiligen begrifflichen Prokrustesbetten passen. Wenn man sich Phänomene auch mit Hilfe von Analogien erschließt, dann hat man die Chance, diese vielfältiger, wenn auch ungenauer, wahrzunehmen, weil man nun sowohl ihre objekt- als auch ihre subjektrelevanten Aspekte in den Blick bekommt. Der analogisierende kognitive Zauberstab hat prinzipiell auch sehr viel ambivalentere Konsequenzen als der begriffliche, weil der damit erzielbare Zuwachs an Einsichten nicht eindeutig bestimmt werden kann, sondern nur dann, wenn beide Erkenntniswege auch wirklich beschritten, erprobt und hinsichtlich ihrer jeweiligen Fruchtbarkeiten und Gefahren kontrastiv verglichen werden können. Das ist natürlich immer nur in einem vorläufigen Sinne möglich und nicht in einem abschließenden.

2 Das Analogiephänomen

Die bisherigen Überlegungen zum Analogiephänomen sollten verdeutlichten, dass es sich um ein aspektreiches Phänomen von großer anthropologischer und semiotischer Relevanz handelt. Es lässt sich insbesondere deswegen nicht so leicht kognitiv bewältigen, weil es sowohl als ein gegebenes Seinsphänomen als auch als ein konstruktives Denkphänomen wahrgenommen werden kann. Gerade weil es im Überschneidungsfeld von Natur und Kultur einzuordnen ist, wird seine übersichtliche theoretische Erfassung einerseits schwierig, aber andererseits auch besonders aufschlussreich, weil wir uns dabei auch mit den Interaktionsmöglichkeiten von Natur und Kultur zu beschäftigen haben.

Auf jeden Fall haben wir zu beachten, dass wir uns die Dimensionen des Analogiephänomens nicht in der Wahrnehmungsperspektive einer statischen Kontemplation vergegenwärtigen können, sondern nur im Kontext einer dynamischen Interaktion zwischen etwas ontisch Vorgegebenem und dessen ontologischer und pragmatischer Interpretation. Daraus ergibt sich dann auch, dass wir das Analogiephänomen ohne zeichentheoretische bzw. semiotische Überlegungen nicht befriedigend bewältigen können.

2.1 Die Herkunft und Funktion des Analogiebegriffs

Wenn wir uns die Struktur und Funktion von komplexen Begriffsbildungen näher vergegenwärtigen wollen, dann empfiehlt es sich, nach deren jeweiliger Entstehungsgeschichte zu fragen. Über die Frage nach der historischen Genese von Begriffen lässt sich nämlich klären, aus welchen Evolutionsprozessen und Differenzierungsinteressen diese Begriffe hervorgegangen sind und was daraus selbst später noch semantisch durchschimmert, ohne dass das den jeweiligen Nutzern dieser Begriffe immer bewusst wird. Deshalb ist die Frage nach der Genese des Analogiebegriffs auch nicht nur von einem antiquarischen, sondern auch von einem systematischen und erkenntnistheoretischen Interesse. Dadurch lassen sich nämlich insbesondere die anthropologischen Dimensionen und Profile von Begriffen klarer erfassen sowie deren kulturelle Implikationen.

Der Terminus *Analogie* geht etymologisch auf den griechischen Terminus *analogos* (gleich dem logos, dem logos entsprechend) zurück. Er wurde zunächst im Bereich der Mathematik verwendet, um hervorzuheben, dass es zwischen zwei ganz unterschiedlichen Zeichenpaaren intern dieselben strukturellen Relationsverhältnisse geben kann (2 : 4 = 4 : 8). Deshalb wurde der griechische Terminus *analogia* im Lateinischen dann auch mit *proportio* (Entsprechung) übersetzt, um auf die Gleichheit von Relationszusammenhängen in vordergründig ganz unterschiedlichen Einzelvorstellungen aufmerksam zu machen.

So gesehen verweist uns der Analogiebegriff dann auch kraft Abstraktion darauf, dass es in oberflächlich unterschiedlichen Phänomenen tiefenstrukturell gleichwohl doch Ähnlichkeiten geben kann. Das ist insofern prinzipiell bedeutsam, da jede abstrahierende Begriffsbildung auf derselben erkenntnistheoretischen Grundannahme beruht. Diese besteht darin, dass sich Einzelphänomene auf verschiedenen Abstraktionsstufen zu Klassen zusammenfassen lassen, deren Mitglieder neben gemeinsamen auch sehr unterschiedliche Merkmale aufweisen können. So werden dann beispielsweise *Mäuse* und *Wale* wegen ihres selben Fortpflanzungsverfahrens der Kategorie der *Säugetiere* zugeordnet, obwohl sie ansonsten ganz erhebliche Unterschiede aufweisen. Diese Abstraktionsfähigkeit des Menschen dokumentiert sich nicht nur in den üblichen Begriffsbildungen, sondern auch bei der Metaphernbildung (*scharfes Messer, scharfes Denken*; *begreifen eines Steins, begreifen eines Problems*). Ohne solche abstrahierenden und damit auch perspektivierenden Vereinfachungsprozesse bzw. Musterbildungsprozesse könnten weder Tiere noch Menschen sich in ihren jeweiligen Umwelten zurechtfinden und überleben.

Unter diesen Umständen ist es dann auch kein Wunder, dass bei der Erläuterung der Funktion von Analogien immer wieder auf die Korrelationszusammenhänge zwischen Spiegelbildern und ihren jeweiligen Originalen verwiesen worden ist. Auch hier liegt nämlich keine vollständige Identität zwischen zwei Größen vor, aber sehr wohl eine Entsprechung im Hinblick auf ganz bestimmte Aspekte und Strukturverhältnisse. Über diese Ähnlichkeiten wird es dann möglich, sich auch ein Vorstellungsbild von einem weniger bekannten bzw. von einem unübersichtlichen Phänomen zu machen, da ja Spiegelbilder gewisse Strukturmerkmale von ihren gespiegelten Originalen teilen, aber keineswegs alle. So wird beispielsweise die Dreidimensionalität von Originalen in eine Zweidimensionalität transformiert. Außerdem werden auch die kontextuellen Bezüge von Spiegelbildern im Vergleich mit denen der jeweiligen Originale entscheidend reduziert. Außerdem kann es je nach Qualität des Spiegels auch zu konkreten Verzerrungen bei Spiegelbildern kommen. Spiegelbilder leben zwar vom Pathos der Ebenbildlichkeit mit ihren Originalen, aber sie können diese immer nur partiell veranschaulichen, jedoch nie vollständig, da es zu ihrer pragmatischen Funktionalität gehört, die Komplexität von Originalen zu vereinfachen, um eben dadurch unsere Wahrnehmung von Originalen methodisch auf ganz bestimmte Aspekte und Strukturen zu konzentrieren.

Eine ähnliche abstrahierende und konzentrierende pragmatische Funktion wie Spiegelbildern kommt auch gegebenen oder postulierten Analogien zu, eben weil sie dem angenommenen *Logos* der jeweilig ins Auge gefassten Originale nur entsprechen sollen, aber nicht identisch mit diesem sein sollen. Diese Sachlage wird allerdings oft beim Gebrauch von Analogien vergessen oder als Problem vernachlässigt. Außerdem ist in diesem Zusammenhang auch zu beachten, dass der Logosbegriff im Griechischen eine weitgespannte Bedeutung hat, die von *natürliche Ordnung* bis zu *Sinn* und *vernünftige Rede* reicht. Das hat dann auch zur Folge gehabt, dass die Vorstellung von einem analogisierenden Sprachgebrauch im Prinzip meist sehr positiv konnotiert ist und daher Wahrheitsvorstellungen näher steht als Verzerrungs- oder gar Täuschungsabsichten. Analogisierungen werden daher auch eher Erschließungs- und Erkenntnisfunktionen zugeordnet als Verschleierungs- oder gar Verzerrungs- oder Lügenfunktionen.

Die mit dem Analogiebegriff verbundene positive Konnotation ist auch dem deutschen Begriff *Ähnlichkeit* eigen, der dem Analogiebegriff weitgehend entspricht. Der Ähnlichkeitsbegriff hat allerdings etymologisch gesehen eine sehr viel größere Nähe zum Substanzbegriff als der griechische Logosbegriff, welcher historisch immer eine Nähe zum Relationsbegriff gehabt hat, wenn auch eher im Sinne einer Entsprechung als im Sinne einer weitgehenden Identität. Das deutsche Wort *Ähnlichkeit* geht nämlich etymologisch auf die Vorstellung zurück, die man sich heute mit der etwas umständlichen Formulierung – *eine Gestalt, die dem Ahnen gleich ist* – umschreiben kann. Im dem deutschen Begriff der Ähnlichkeit wird nämlich noch sehr viel deutlicher als in dem griechischen Begriff der Analogie nicht nur auf sachliche Entsprechungen zwischen zwei Denkinhalten aufmerksam gemacht, sondern auch auf eine innere substanzielle Verwandtschaft zwischen zwei Denkgrößen, die ungeachtet aller äußeren Unterschiede besteht.

Trotz der unterschiedlichen etymologischen Herkunft der Wörter *Analogie* und *Ähnlichkeit* wird man aber doch feststellen können, dass heute beide Wörter als ziemlich gleichbedeutend angesehen werden können. Gleichwohl ist aber auch zu beachten, dass der Analogiebegriff eher auf strukturelle und funktionale Entsprechungen zwischen unterscheidbaren Phänomenen aufmerksam zu machen versucht und der Ähnlichkeitsbegriff eher auf verdeckte substanzielle Verwandtschaftsverhältnisse zwischen unterschiedlichen Sachvorstellungen. Dennoch gibt es beispielsweise insbesondere im religiösen Denken ontologische Theorien, in denen auch der Analogiebegriff im Sinne eines substanziellen Verwandtschafts- bzw. Ähnlichkeitsverhältnisses verstanden wird. Das exemplifiziert sich beispielsweise sehr deutlich in der mittelalterlichen theologischontologischen Theorie von einer *Seinsanalogie* (analogia entis), auf die noch näher eingegangen werden wird.

Im gegenwärtigen Sprachgebrauch werden der Analogie- und der Ähnlichkeitsbegriff aber sicherlich als weitgehend gleichbedeutend angesehen, insofern beide als erkenntnistheoretische Ordnungsbegriffe verstanden werden, die dann allerdings weniger auf substanzielle Überschneidungen zwischen zwei unterscheidbaren Seinsgrößen aufmerksam machen wollen, sondern eher darauf, dass mit beiden auf nützliche erkenntnistheoretische Postulate und Hypothesen für die praktische und theoretische Weltwahrnehmung aufmerksam gemacht werden kann. Das impliziert dann auch immer, dass Analogieannahmen immer mit metareflexiven Kontrollen konfrontiert werden können, deren Ergebnisse dann allerdings eher nach Plausibilitätskriterien als nach Kohärenzprinzipien zu prüfen sind. Solche Kontrollen lassen sich dann auch als evolutionäre Selektionsprozesse verstehen, deren Ergebnisse allerdings wegen ihrer Vielschichtigkeiten nicht direkt berechenbar und beherrschbar sind, weil die damit verbindbaren Beurteilungsprozesse sich eher im Rahmen von variablen Interaktionsprozessen beurteilen lassen als in dem von stringenten Schlussfolgerungsprozessen.

Auf jeden Fall legt die Nutzung von Analogien bei der sprachlichen Objektivierung von komplexen Denkinhalten nahe, seien es nun Metaphern, Gleichnisse, Sprichwörter oder andere lexikalische bzw. grammatische Objektivierungsmuster, diese Denkmuster nicht nur als historisch oder ästhetisch zu beurteilende Gestaltungsmuster zu verstehen, sondern zugleich auch als genuine systematische Erkenntnismittel. Sie alle leisten nämlich wichtige Beiträge zur semiotischen Erschließung und Objektivierung der menschlichen Erfahrungs- und Denkwelten. Die alltäglichen sprachlich Denk- und Gestaltungsformen der natürlichen Sprache sind insbesondere deshalb so wichtig, weil sie im Gegensatz zu denen in den formalisierten Fachsprachen keine immanente Tendenz zu einer dogmatischen Verhärtung von Denkinhalten und Denkprozessen haben. Wir sollten sie nämlich weniger als Ergebnisse von begrifflichen Repräsentationsprozessen begreifen, sondern eher als Versuche von Sinnbildungsprozessen, welche ständig auf Fortsetzung und Präzisierung drängen, insofern sie pragmatisch gesehen eher eine erschließende Brückenfunktion für den Zugang zu unseren Erfahrungswelten haben als eine verfestigende Abbildungsfunktion für diese.

Deshalb rechtfertigt es sich dann auch, das Analogisieren als eine anthropologisch fundierte Lebens- und Denkform des Menschen zu verstehen, die eine genuine Verwandtschaft zur menschlichen Fähigkeit zum Spielen hat. Der denkfähige Mensch (homo sapiens) ist in diesem Denkrahmen immer auch der spielfähige Mensch (homo ludens), der sprechfähige Mensch (homo loquens) oder der erzählfähige Mensch (homo narrans), insofern nicht nur die Benennung von Phänomenen, sondern auch die analogisierende Korrelation von Phänomenen zu seinem geistigen Grundvermögen gehört bzw. das Sehen von etwas *als* etwas.

Auch Tiere haben natürlich die Fähigkeit zur abstrahierenden Musterbildungen bzw. zur Bildung von Analogien in Wahrnehmungsprozessen. Aber ihre Freiheitsgrade bei diesen Bemühungen sind natürlich sehr viel begrenzter als die der Menschen. Das liegt nicht zuletzt auch darin begründet, dass Tiere nicht über eine flexible Verbalsprache verfügen, die nahezu unbegrenzte Möglichkeiten bietet, alles mit allem in Verbindung zu bringen, was dann natürlich auch zu bewussten und unbewussten Täuschungen anderer wirksam werden kann.

2.2 Die Polyfunktionalität von Analogien

Gerade wenn man das Analogiephänomen als Denkuniversalie ansieht, dann hat man auch zu berücksichtigen, dass mit Analogieannahmen nicht nur Erkenntnishilfen, sondern durchaus auch Erkenntnisprobleme verbunden sein können. Deshalb werden Analogien im wissenschaftlichen Denken zwar insbesondere zu Erläuterungszwecken immer wieder gern benutzt, aber in Argumentationszusammenhängen und in Schlussfolgerungsprozessen werden sie in der Regel strikt vermieden, weil ihr Erkenntnisinhalt notwendigerweise immer irgendwie im Vagen bleibt. Im Gegensatz dazu sind Analogien im spielerischen und ästhetischen, aber auch im philosophischen Denken nahezu unvermeidlich, weil hier nicht nur der Wirklichkeitssinn der Menschen eine konstitutive Rolle spielt, sondern auch ihr Möglichkeits- und Spekulationssinn, der eng mit dem menschlichen Spielbedürfnis verbunden ist bzw. mit dem menschlichen Gestaltungsbedürfnis, das natürlich gerne traditionsbedingte Grenzen zu überschreiten versucht.

Immer wenn es darum geht, Wissen nicht nur für argumentative Zwecke zu präzisieren, sondern auch darum, Wissen zu erweitern, sind Analogieannahmen wegen ihrer Polyfunktionalität und Anregungskraft sehr gefragt und oft sogar unverzichtbar. Analogieannahmen schließen nämlich in der Regel Wissensbildungsprozesse nicht ab, sondern befeuern diese, weil sie neuartige Wahrnehmungsperspektiven eröffnen, deren Relevanz noch genauer ergründet werden kann und muss. Solche Prozesse müssen Ambivalenzen nicht unbedingt vermeiden, sondern können auch dazu genutzt werden, solche zu suchen, um den Aspektreichtum von Phänomenen zu erfassen. Analogiebildungen erzeugen deshalb in der Regel auch mehr Fragen als sie beantworten können. Sie konfrontieren uns eher mit neuartigen Fragen als mit abschließenden Antworten. Sie konfrontieren uns immer mit der menschlichen Grundfrage, mit welchem Wahrheitsverständnis wir unser Wahrnehmen und Denken regulieren und beurteilen wollen bzw. ob wir unser Wahrheitsverständnis nur auf prädikative Aussagen oder auch auf Vorstellungen beziehen können.

Unter diesen Umständen stellen sich dann folgende Fragen: Sind diejenigen Aussagen oder Vorstellungen wahr, die vorgegebenen Seinstatbeständen entsprechen (Korrespondenztheorie der Wahrheit), oder diejenigen, die mit unserem unbezweifelten Vorwissen harmonieren (Kohärenztheorie)? Lassen sich diejenigen Aussagen und Vorstellungen für wahr halten, über die unter allen vernünftigen Menschen nach ausreichender Prüfung Einverständnis erzielt werden kann (Konsensustheorie), oder sollen wir nur diejenigen als wahr anerkennen, die sich dauerhaft im Denken und Handeln der Menschen bewähren (pragmatische Wahrheitstheorie)? Über all diese Fragestellungen lässt sich nicht nur auf die anthropologische Relevanz des Analogieproblems aufmerksam machen, sondern zugleich auch immer auf dessen Ambivalenz bei der geistigen Bewältigung unserer Erfahrungswelt. Es bedeutet weiter, dass die Frage nach der Analogie auch die Frage nach der Gestaltungskraft unserer Zeichen und insbesondere unserer sprachlichen Zeichen bei der intersubjektiv verständlichen Objektivierung unseres Weltwissens beinhaltet.

Auf jeden Fall haben wir uns unter diesen Umständen mit dem Problem zu beschäftigen, welche sprachlichen und bildlichen Vorstellungsformen wir zulassen, um das Phänomen der Wahrheit intersubjektiv verständlich zu objektivieren und zu diskutieren bzw. welche Funktionen dabei Analogien oder Ähnlichkeitsvorstellungen spielen. Diesbezüglich ist dann der Beginn eines Gedichtes von Wilhelm Busch recht aufschlussreich.

Beruhigt

Zwei mal zwei gleich vier ist Wahrheit.
Schade, daß sie leicht und leer ist,
Denn ich wollte lieber Klarheit
Über das, was voll und schwer ist.[17]

Busch thematisiert hier sehr schön, dass die Frage nach der Wahrheit einer Aussage umso leichter zu beantworten ist, je mehr man von der anthropologischen Relevanz der Wahrheitsfrage abstrahiert bzw. von dem Problem, dass Wahrheitsfragen auch immer etwas mit der sinnvollen Korrelation von Objekt-

---

17 W. Busch: Schein und Sein. Gedichte. 1940, S. 28.

welten und Subjektwelten zu tun hat. Wenn wir banale eindimensionale Tatsachen feststellen, dann haben wir sicherlich nicht das zur Sprache gebracht, was wir in einem anthropologischen Sinne unter dem Phänomen der Wahrheit verstehen möchten.

Selbst Bertrand Russell, der ziemlich unverdächtig ist, methodisch streng regulierte formale Denkanstrengungen bei der Wahrheitssuche vorschnell gering zu achten, sah sich zu einem bemerkenswerten Eingeständnis gezwungen. Alle Arten von begrifflichen Denkmustern könnten wir nach dem Vorbild der mittelalterlichen Nominalisten als bloße Namen bzw. als bloße menschliche Konstrukte ohne reale Korrespondenz zur vorgegebenen Welt in Frage stellen oder wegdisputieren bis auf eines, nämlich das Denkmuster *Ähnlichkeit* (similiarity).[18] Dieses Denkmuster sei für den Menschen unverzichtbar, da wir ohne dieses Ordnungsmuster unsere jeweiligen Erfahrungsphänomene sprachlich nur mit Hilfe von Eigennamen objektivieren könnten, aber nicht mit Hilfe von vereinfachenden Ordnungsbegriffen bzw. Kategorien, die es uns gestatteten, im faktisch Unterschiedlichen dennoch auch auf Gemeinsames aufmerksam zu machen.

Mit dem Hinweis darauf, dass wir ohne das Denkmuster der Analogie bzw. der Ähnlichkeit überhaupt nicht sinnvoll wahrnehmen und denken könnten, hat Russell hinsichtlich menschlicher Wahrnehmungs- und Denkprozesse sicherlich den Nagel auf den Kopf getroffen. Ohne die affirmierenden und negierenden Implikationen von Begriffen bei der Konstitution von konkreten Wissensinhalten könnten wir nämlich weder neues Wissen in schon vorhandenes integrieren (Assimilation) noch unsere schon vorhandenen Denkmuster und Denkverfahren so konkretisieren und verändern, dass wir fähig werden, mit unseren neuen Erfahrungen sinnvoll umzugehen (Akkommodation). Das haben auch naturwissenschaftlich geschulte Literaten wie etwa Robert Musil recht klar erkannt. *„Selbst in jeder Analogie steckt ja ein Rest des Zaubers, gleich und nicht gleich zu sein."*[19]

Die Verwendung und Postulierung von Analogien wird faktisch immer von einer spezifischen Dialektik geprägt, insofern sie einerseits Ähnlichkeiten entschleiern und damit offenbar machen können und weil sie andererseits auch Gegebenheiten verzerren und verdecken können. Über sie können bestimmte Korrelationsverhältnisse herausgearbeitet werden, die nicht für jedermann auf der Hand liegen, aber durchaus eine bestimmte Berechtigung haben, was allerdings nicht ausschließt, dass sie ins Reich der bloßen Spekulation und Phanta-

---

18 B. Russell: An inquiry into meaning and truth. 1980, S. 344.
19 R. Musil: Der Mann ohne Eigenschaften. Gesammelte Werke. Bd. 3, S. 906.

sie gehören können. Gerade dieses dialektische Spannungsverhältnis ist nun aber für das menschliche Wahrnehmen und Denken unverzichtbar, weil gerade über heuristische Analogisierungsverfahren die Objektsphäre und die Subjektsphäre der Welt immer wieder auf neue Weise miteinander in Kontakt gebracht werden können. Das schließt allerdings auch nicht aus, dass Analogiepostulate sowohl trivial als auch kreativ, verdunkelnd als auch erhellend, dogmatisch als auch inspirierend, systemerhaltend als auch systemsprengend sein können. Auf jeden Fall offenbaren sie, dass etwas nicht *an sich* und *für sich* sprachlich bzw. semiotisch objektiviert werden kann, sondern immer nur perspektivisch von einem ganz bestimmten Sehepunkt mit ganz bestimmten Wahrnehmungsinteressen her. Auf jeden Fall ist festzuhalten, dass die Fähigkeit, Analogien zu bilden und zu nutzen, immer ein Anzeichen für ein kreatives Wahrnehmen und Denken ist.

Analogien verlieren ihre pragmatische Funktionalität, wenn man sie für bare Münze nimmt, aber sie werden lebendig, wenn man ihre operativen Funktionen als einen fruchtbaren Zugang zu komplexen oder ganz neuartigen Wahrnehmungsgegenständen versteht. Deshalb sollten sie dann auch weder als Indizien für ein leichtfertiges Denken gewertet werden noch als ein Mittel, endgültige Wahrheiten zu verkünden, da ihre pragmatische Funktion darin besteht, Hypothesen zu entwerfen und diese im Hinblick auf ihre Leistungsfunktionen für das *Wenn-Dann-Denken* im alltäglichen und wissenschaftlichen Denken zu überprüfen. Sie objektivieren zwar nicht endgültige Wahrheiten, sie sind aber in der Lage, Unterschiedliches in ein labiles Gleichgewicht zu bringen. Deshalb haben Analogiebildungen auch eine konstitutive innere Verwandtschaft mit den Phänomenen des Spiels und der Dialektik.

Ebenso wie Seiltänzer oder Stelzengänger sich nur dadurch im Gleichgewicht halten können, wenn sie sich ständig bewegen und kein statisches Gleichgewicht anstreben, so kann sich das Denken auch nur dadurch lebendig und anpassungsfähig halten, wenn es sich ständig modifiziert und neuen Rahmenbedingungen anpasst bzw. wenn es neuartige Analogisierungsmöglichkeiten erprobt. Auf diese Weise wird dann auch ermöglicht, die Welt nicht als einen statischen, sondern vielmehr als einen dynamischen Ordnungszusammenhang anzusehen und Analogien als Zauberstäbe zu betrachten, die für die Erschließung der Komplexität von Welt unabdingbar sind, insofern sie für Menschen keine Abbildungs-, sondern vielmehr Erschließungsfunktionen haben.

Wenn man so denkt, dann vermindert sich auch die Diskrepanz zwischen dem wissenschaftlichen und dem alltäglichen Sprachgebrauch, insofern beide Sprachgebrauchsformen auf die kreative Kraft des analogisierenden und heuristischen Sprachgebrauch angewiesen sind, wenn sie Kontakt mit ihren möglichen Erfahrungswelten aufnehmen wollen. Analogien lassen sich so gesehen als Mittel verstehen, die eine Brückenfunktion zwischen Objektwelten und Subjektwelten bzw. zwischen Sachwelten und Kulturwelten übernehmen können.

Diesbezüglich lässt sich nun auch auf die analogisierende Erläuterung der Wahrheitsproblematik durch Robert Musil aufmerksam machen. Dieser versucht nämlich unser Wahrheitsverständnis nicht im Denkrahmen von Korrespondenz- oder Kohärenzvorstellungen zu strukturieren, sondern über Handlungsvorstellungen. Deshalb hat er dann auch auf folgende Weise vom Zauberstab der Analogie Gebrauch gemacht. *„Die Wahrheit ist eben kein Kristall, den man in die Tasche stecken kann, sondern eine unendliche Flüssigkeit, in die man hineinfällt."* [20]

In dieser perspektivierenden Analogisierung wird das Wahrheitsphänomen nicht mit Hilfe von Substanzvorstellungen zu erfassen versucht, sondern vielmehr mit Hilfe von Relations- und Interaktionsvorstellungen. Die Wahrheit wird nicht als eine substanziell fassbare Größe verstanden, die mit Hilfe von repräsentierenden Zeichen objektivierbar ist, sondern als eine fluide und wandelbare Größe, die erst dadurch funktional tragfähig bzw. pragmatisch fruchtbar wird, dass man sich in ihr auf angemessen Weise bewegt. Zur Wahrheit bekommt man dementsprechend dann auch nur dadurch einen sinnvollen Kontakt, dass man sachgerecht mit ihren Funktions- und Ordnungszielen kooperiert, aber nicht dadurch, dass man sie in seine Gewalt zu bekommen versucht. Sobald man glaubt, einen mentalen bzw. semiotischen Gipsabdruck von ihr herzustellen entschwindet sie. Das bedeutet dann auch, dass man die Wahrheit verfehlt, wenn man versucht, sich in ein rein kontemplatives Verhältnis zu ihr zu bringen, aber nicht auch in ein handelndes.

Musils Verständnis von Wahrheit als einer unendlichen Flüssigkeit, in der man untergehen kann oder in der man auch überleben kann, sofern man sinnvoll mit ihr kooperiert, dokumentiert sich im Deutschen auch in der historischen Entwicklung des sprachlichen Wahrheitsbegriffs. Die Etymologie des Wortes *Wahrheit* offenbart nämlich, wie man bestimmte alltägliche soziale Erfahrungen genutzt hat, um sich kraft Analogie eine Vorstellung von der eigentlich recht abstrakten Denkkategorie *Wahrheit* machen zu können, wobei dann elementare soziale und pragmatische Erfahrungen durchaus ineinander greifen können.

Das heutige Wort *Wahrheit* war nämlich ursprünglich ein Kompositum aus einem Adjektiv und einem Substantiv. In ihm repräsentierte sich einerseits das ahd. Adjektiv *wār* (vertrauensvoll, zuverlässig), welches stammverwandt mit

---

20 R. Musil: Der Mann ohne Eigenschaften. Gesammelte Werke. Bd. 2, S. 533 f.

dem ahd. Wort *wāra* (Vertrag, Bündnis, Treue) ist, und andererseits das ursprünglich selbstständige Substantiv *heit,* das sich auch im gotischen Wort *haidus* (Beschaffenheit, Gestalt) repräsentiert. Das offenbart, dass ursprünglich mit dem Wort *Wahrheit* eine Vorstellung bezeichnet worden ist, von der man annahm, dass sie verlässlich und tragfähig sei. Dieses Verständnis von *Wahrheit* bzw. *wahr* spiegelt sich auch heute noch darin wieder, dass wir nicht nur von der Wahrheit von *Aussagen* sprechen, sondern auch von der Wahrheit eines *Wortes,* einer *Theorie* oder eines *Buches* bzw. von einem *wahren Freund* oder *wahrer Liebe,* wobei im Kontext dieses Sprachgebrauchs der Gedanke einer abbildenden begrifflichen Repräsentation eines Sachverhalts eine weniger wichtige Rolle spielt als der Gedanke der Zuverlässigkeit und der Tragfähigkeit eines bestimmten Handelns.

Diese Überlegungen zur Ambivalenz von Analogievorstellungen und ihren möglichen Wahrheitsimplikationen sollten verdeutlichen, welche anthropologische und pragmatische Relevanz Analogien haben. Direkte und indirekte Analogieannahmen haben nämlich sehr vielfältige Wirksamkeiten, weil sie einerseits auf Ähnlichkeiten zwischen Unterscheidbarem aufmerksam machen, aber andererseits auch dazu zwingen, die Aufmerksamkeit auch auf die Differenzen zwischen den jeweils analogisierten Vorstellungen zu richten, die ja nicht identische Größen sind. Dadurch legen alle Analogisierungen indirekt die Fortsetzung von Wahrnehmungs- und Denkanstrengungen nahe, die man deshalb im Prinzip allerdings nur methodisch, aber nicht sachlich beenden kann.

Die explizite und implizite Postulierung von Analogien und ihre metareflexive Überprüfung macht eigentlich unmissverständlich deutlich, dass das Denken mit Hilfe von Analogien und Metaphern ebenso notwendig ist wie das mit Hilfe von Begriffen und begrifflichen Schlussfolgerungen, weil beide Typen von Sinnbildungsprozessen sich wechselseitig motivieren, stützen und fortzeugen. Der analogisierende Gebrauch der Sprache ist so gesehen dann auch immer eine Versicherung gegen die Verhärtungstendenzen des begrifflichen oder gar des dogmatischen Denkens. Das zeigt der metaphorische Sprachgebrauch besonders deutlich, insofern dieser sowohl eine abschattende als auch eine erhellende Funktion bei der semiotischen Objektivierung von Wissen haben kann.

Ebenso wie der pragmatische Wert von Spiegeln letztlich nicht aus der Genauigkeit ihrer jeweiligen Spiegelbilder resultiert, sondern daraus, dass wir durch Spiegelbilder auf etwas aufmerksam gemacht werden können, was wir in unseren üblichen Wahrnehmungsperspektiven nicht sehen, nämlich unser eigenes Gesicht bzw. unsere eigenen Augen als Wahrnehmungsorgane, so machen uns Analogien auch noch auf etwas aufmerksam, was üblicherweise nicht im Fokus unserer üblichen Aufmerksamkeit liegt, nämlich auf die Funktionalität unseres Vorwissens für die Ausbildung neuen Wissens. Das rechtfertigt die Annahme, dass Analogieannahmen sich auch als perspektivierende Sinnbildungsanstrengungen verstehen lassen. Analogisierungen gehören somit zu der Fähigkeit des Menschen, von endlichen sprachlichen Objektivierungsmittel ganz im Sinne Humboldts einen unendlichen Gebrauch zu machen.

Analogisierungen lassen sich außerdem als Erscheinungsformen des genetischen Prinzips in Sinnbildungsprozessen verstehen. Dieses will nämlich darauf aufmerksam machen, dass man Wissensinhalte nicht zureichend versteht, wenn man sich nicht auch mit deren jeweiliger Entstehungsgeschichte beschäftigt, zu der sowohl explizite als auch implizite Analogisierungsprozesse gehören. Solche Parallelisierungsprozesse konzentrieren sich dabei weniger auf die kontemplative Wahrnehmung von etwas, sondern eher auf die funktionale Korrelation zwischen den Faktoren, aus denen sich komplexe mehrschichtige Vorstellungen herausbilden. Es geht bei der Nutzung von Analogien dann weniger um eine barbarische Genauigkeit von sprachlich objektivierten Vorstellungen, durch die ein Wissen tendenziell statisch wird, da wir zu deduktiven Schlussfolgerungen animiert werden, sondern vielmehr um eine sinnvolle Korrelation und Interaktion von konkreten Einzelfaktoren in Sinnbildungsprozessen. Darauf hat Lichtenberg sehr prägnant in folgendem Aphorismus hingewiesen: *„Durch das Planlose Umherstreifen durch die planlosen Streifzüge der Phantasie wird nicht selten das Wild aufgejagt, das die planvolle Philosophie in ihrer wohlgeordneten Haushaltung gebrauchen kann."*[21]

2.3 Das Selbstbezüglichkeitsproblem bei Analogien

Wenn wir das Analogiephänomen als eine Denk- und Sprachuniversalie verstehen, ohne die wir komplexe Denkgegenstände und Denkprozesse kaum umfassend erfassen und beschreiben können, dann müssen wir uns zwangsläufig auch mit dem Problem der Selbstbezüglichkeit unserer Denkmittel und Denkstrategien beschäftigen, zu denen sicherlich auch das Phänomen der Analogie gehört. Dieses Problem ist insofern bedeutsam, da es auch die Flexibilität des Zeichengebrauchs betrifft, sich nicht nur auf anderes beziehen zu können, sondern immer auch auf sich selbst. Das verdichtet sich dann beispielsweise in der Frage, ob es zulässig ist, das Phänomen der Analogie auch mit Hilfe von Analogien zu thematisieren, zu strukturieren und zu analysieren. Diese Selbstbezüglichkeit ist für die Liebhaber der klassischen Logik und der Fachwissen-

---

21 G. Chr. Lichtenberg: Sudelbücher. Bd. 2, S. 286, J 1550.

schaft eigentlich ein Horrorbild, insofern damit etwas auf unzulässige Weise mit Hilfe seiner selbst zu erklären versucht wird. Auf diese Weise gerät man nämlich leicht in die Gefahr, sich wie Münchhausen am eigenen Schopf aus dem Sumpf zu ziehen oder sich durch sich selbst am Leben zu erhalten, was beispielsweise auch durch das Sinnbild der Schlange thematisiert wird, die sich selbst in den Schwanz beißt.

Das Selbstbezüglichkeitsverbot ist beim Gebrauch von Denkmitteln und Denkverfahren im Rahmen der klassischen Deduktions- und Argumentationslogik natürlich völlig verständlich, weil wegen solcher Doppelbödigkeit von Denkstrategien unklar ist, welche faktische Referenz deskriptive Aussagen haben sollen und wie sie wahrheitstheoretisch zu beurteilen sind. Das illustrieren ja metaphorische und ironische Aussagen sehr deutlich, bei denen oft nicht klar ist, welchen konkrete Sachbezug diese haben oder haben sollen bzw. was mit ihnen eigentlich gesagt werden soll. Deshalb stellt sich dann natürlich auch das Problem, ob man Metaphern verwenden darf, um die kognitive und kommunikative Funktion von Metaphern sprachlich zu objektivieren oder zu thematisieren.

Die Selbstbezüglichkeitsproblematik ist nicht nur ein sprachlogisches Problem, sondern auch ein praktisches. Beispielsweise stellt sich die Frage, wie es möglich ist, dass ein tüchtiger Segler mit Hilfe des Windes gegen den Wind ansegeln kann. Um das zu erreichen braucht er nämlich die Fähigkeit, seine konkreten Arbeitsmittel (bauchiges Segel, funktionsfähiges Steuerruder und ausgeprägter Schiffskiel zur Vermeidung seitlichen Abtriebs) so aufeinander abzustimmen, dass er beim Segeln Effekte erzielen kann, die im Rahmen eines rein linearen kausalen Denkens gar nicht zu erwarten sind. In diesem wird nämlich kaum Rücksicht auf die komplexen Interaktionsmöglichkeiten zwischen Einzelfaktoren genommen, die auf merkwürdige Weise so miteinander kooperieren können, dass man Effekte erzielen kann, die auf den erste Blick gar nicht zu erwarten sind.

Deshalb hat man im hermeneutischen Denken auch immer wieder betont, dass man bestimmte Zirkelstrukturen in Verstehensprozessen nie gänzlich vermeiden könne. Vielmehr komme es letztlich darauf an, auf fruchtbare Weise so in einen hermeneutischen Interpretationszirkel hineinzukommen, dass aus ihm dann eine hermeneutische Spirale werden könne, mit deren Hilfe man nicht nur das wahrnimmt, was man irgendwie schon weiß, sondern auch Aspekte von etwas entdeckt, die erst von einem etwas anderen Sehepunkt her wahrnehmbar werden. Nicht zufällig ist dann ja auch die Schlange zum Sinnbild für Intellektualität geworden, die sich nicht nur ständig häutet, sondern sich auch selbst in den Schwanz beißt bzw. sich von sich selbst ernährt.

Kulturgeschichtlich ist weiterhin auch nicht überraschend, dass die Polyfunktionalität und Selbstbezüglichkeit von Analogien immer wieder mit Hilfe von Aphorismen thematisiert und erläutert worden sind, die bestimmte Denkgegenstände mit Verweis auf ähnliche Phänomene punktuell zu erhellen versuchen und dabei gänzlich darauf verzichten, diese in ein ganz bestimmtes Kategoriensystem einzuordnen. Das lässt sich durch die folgenden aphoristischen Denkbilder aus ganz unterschiedlichen Zeiten recht gut illustrieren.

> Der Herrscher, dem das Orakel in Delphi gehört, verkündet nichts und verbirgt nichts, sondern er deutet nur an.[22]
> Indeß sind wir nicht Wesen mit Göttlichem Blicke. Wir sehn von außen, ordnen nach Ähnlichkeiten und begreifen nichts ganz.[23]
> Nach Analogien zu denken ist nicht zu schelten: die Analogie hat den Vorteil, daß sie nicht abschließt und eigentlich nichts Letztes will; dagegen die Induktion verderblich ist, die einen vorgesetzten Zweck im Auge trägt und, auf denselben losarbeitend, Falsches und Wahres mit sich fortreißt.[24]
> Alles, was mir in den Weg kommt, wird mir zum Bilde dessen, worüber ich noch denke. (Ist dies eine gewisse Weiblichkeit der Einstellung?)[25]

All diese Äußerungen zur Analogieproblematik verdeutlichen zweierlei. Einerseits wird durch sie darauf aufmerksam gemacht, dass Analogien ein unverzichtbares Mittel der menschlichen Weltwahrnehmung und Informationsverarbeitung sind. Aber andererseits wird durch sie auch thematisiert, dass damit sowohl erhellende als auch verschleiernde Erkenntnisfunktionen verbunden sein können. Auf jeden Fall wird aber hervorgehoben, dass Analogien eine Brückenfunktion zwischen den wahrnehmenden Subjekten einerseits und den wahrgenommenen Objekten andererseits ausüben und eben dadurch dann auch eine Konkretisierungsfunktion, die für jede faktische Objektkonstitution unumgänglich ist.

Im Prinzip können wir nämlich von dem Umstand ausgehen, dass Objekte und Subjekte als vorgegebene Größen von Wahrnehmungsprozessen nicht einfach da sind, sondern sich als profilierte Größen erst in diesen selbst sukzessiv herausbilden, wobei dann natürlich auch Selbstbezüglichkeiten wichtig werden können. Dabei spielen dann sowohl die sachlichen Besonderheiten der jeweils korrelierten Objektgrößen eine wichtige Rolle als auch die immanenten Spielbedürfnisse der jeweiligen Subjektgrößen in den jeweiligen Interaktionsprozes-

---

22 Heraklit. In: W. Capelle (Hrsg.): Die Vorsokratiker. 1968, S. 138.
23 J. H. Herder: Sämmtliche Werke, hrsg. von B. Suphan. Bd. 8, S. 315.
24 J. W. von Goethe: Maximen und Reflexionen Nr. 26. Goethes Werke. Bd.12, S. 368f.
25 L. Wittgenstein: Vermischte Bemerkungen (1937). Werkausgabe 1984. Bd. 8, S, 492.

sen. Es bedeutet weiter, dass die Vorstellung, es könnte so etwas geben wie die *Dinge an sich* eigentlich nur eine sehr abstrakte Vorstellung sein kann, aber keine realitätsnahe, und dass bei der interpretativen Vorstellungsbildung Selbstbezüglichkeiten faktisch überhaupt nicht auszuschließen sind, sondern allenfalls methodisch eingedämmt werden können.

Wenn man alle Wahrnehmungsprozesse mit Einschluss von Analogisierungsprozessen so versteht, dann lassen sich Selbstbezüglichkeiten in diesen natürlich nie gänzlich ausschließen, sondern nur dadurch dämpfen, dass wir das Begleitbewusstsein wachhalten, dass Fakten in Wahrnehmungsprozessen auch gemachte Fakten bzw. semiotisch objektivierte Denkgegenstände sind, die man als Zeichen *lesen* können muss. Die Vorstellung von einem *Ding an sich* kann deshalb allenfalls nach Kant nur eine *regulative Idee* sein, aber keine realistische Annahme. Dieses Verständnis von Objekten als von Menschen konstituierten Objekten kann dann natürlich auch paradoxe Implikationen bekommen.

Heinrich Heine hat den Tatbestand, dass Menschen in ihrem Handeln faktisch immer versuchen, Objekte ganz in ihre kognitive und faktische Gewalt zu bringen, aber gerade dabei sehr oft erfahren müssen, dass sie selbst als vermeintliche Handlungssubjekte in die Gewalt ihrer jeweils konstituierten Objekte geraten, auf sehr witzige Weise durch den *Zauberstab der Analogie* folgendermaßen in ein prägnantes Vorstellungsbild gebracht. Dabei geht es um das fiktive Gespräch eines Rekruten mit seinem Hauptmann.

> „Ich habe einen Gefangenen gemacht." – „So bring ihn zu mir her", antwortete der Hauptmann. „Ich kann nicht", erwiderte der arme Rekrut, „denn mein Gefangener läßt mich nicht mehr los."[26]

Ein solcher Rollentausch zwischen dem handelnden Subjekt und dem behandelten Objekt in menschlichen Handlungsprozessen erscheint uns logisch natürlich sehr problematisch. In der Sichtweise der Handlungspsychologie ist ein solcher Rollentausch aber keineswegs sehr außergewöhnlich. Das kommt auch in der anthropologischen These zum Ausdruck, dass der Mensch sowohl Schöpfer als auch Geschöpf der Kultur sei, eben weil Menschen in natürlichen Wahrnehmungsprozessen immer mit Rückkopplungsprozessen unterschiedlicher Art und Intensität zu rechnen hätten, was sich natürlich sehr gut über den Analogiebegriff veranschaulichen lässt.

---

26 H. Heine: Shakespeares Mädchen und die Frauen. Sämtliche Schriften, 1976. Band 7, S. 222.

Analogisierungsprozesse sind erkenntnistheoretisch und kulturhistorisch insbesondere deshalb so wichtig, weil durch sie vielfältige Wechselspiele zwischen Analyse und Synthese bzw. zwischen Empirie und Theorie möglich werden. Diese offenbaren allesamt, dass einerseits Einzelvorstellungen nicht nur zu ganz bestimmten Korrelationsannahmen führen, sondern andererseits Korrelationsannahmen auch immer zu ganz bestimmten Einzelvorstellungen. Deshalb lassen sich dann auch alle Analogieannahmen prinzipiell als methodische Zauberstäbe ansehen. Sie haben nämlich gerade wegen ihrer natürlichen Vagheiten und Selbstbezüglichkeiten weder das Ziel, uns auf statische Identitäten zwischen zwei Gegenstandsbereichen aufmerksam zu machen, noch das Ziel, unsere Aufmerksamkeit auf die prinzipiellen Differenzen zwischen zwei Gegenstandbereichen zu lenken. Sie wollen nämlich vielmehr auf die medialen bzw. semiotischen Prämissen und Implikationen unserer konkreten Vorstellungsbildungen aufmerksam machen sowie auf die pragmatischen Funktionen von Analogien, Phänomene nicht als statische Gegebenheiten ins Auge zu fassen, sondern als Denkinhalte, die mit anderen in ein Fließgleichgewicht gebracht werden müssen, wodurch diese dann allerdings zugleich auch wieder eine bestimmte kognitive Unschärfe bekommen, die wir kontextual wieder ausbalancieren müssen.

Die Unschärfen von Analogienannahmen sind aus diesem Grunde auch nicht nur als prinzipielle Unzulänglichkeiten zu bewerten oder als bloße Vorstufen des begrifflichen Wahrnehmens und Denkens, was sie natürlich auch sein können, sondern auch als Quellkräfte für ein kreativen Denkens und einen flexiblen Zeichengebrauch. Sie fördern nämlich die Dynamik von Wahrnehmungsprozessen und dämmen alle statischen Kategorisierungstendenzen ein, insofern sie neue Korrelationen nicht nur aufdecken, sondern auch stiften können.

So gesehen entspricht die semantische Unschärfe von Analogieannahmen in der Kultur auch der Unschärfe von evolutionären Reproduktionsprozessen in der Natur, über die durch Mutations- und Selektionsprozesse neue Ordnungsformen entstehen können, mit deren Hilfe Lebewesen mit neuartigen Lebensbedingungen besser fertig werden als mit den alten. Auf diese Weise lassen sich dann über neue Analogieannahmen auch neue Fließgleichgewichte zwischen prinzipiell unterscheidbaren Denkgrößen herstellen, die dann sowohl neue Unübersichtlichkeiten als auch neue Synthesen zwischen dem bereits Bekannten ermöglichen. Auf jeden Fall können Analogien dabei helfen, neuartige Perspektiven auf etwas schon Bekanntes zu eröffnen. Deshalb sind die Unschärfen von Analogieannahmen auch nicht nur als prinzipielle Defizite des menschlichen Denkens anzusehen, sondern durchaus auch als Innovationskräfte dieses Denkens. Ohne das unscharfe analogisierende Denken müsste man sich im

Denken immer auf denselben schon gefestigten Bahnen bewegen bzw. in denselben konventionalisierten Kategorisierungsprozessen und Paradigmen. Das macht sich dann insbesondere in der Metaphernbildung bemerkbar, die einerseits natürlich ein ständiges Ärgernis für das begriffliche Denken darstellt, aber andererseits auch immer eine große Anregungskraft für dieses.

Ohne die semantische Unschärfe, Doppeldeutigkeit und Unausweichlichkeit des analogisierenden Sprachgebrauchs würde die Sprache ihre seiltänzerische Faszination bei der Objektivierung und Vermittlung von Denkinhalten verlieren. Es würde uns nämlich ziemlich unmöglich werden, beim Sprechen bereits erworbene Gedächtnisinhalte mit aktuellen Sinnbildungsintentionen innovativ zu verknüpfen. So gesehen haben Analogieannahmen eine Fensterfunktion, insofern sie uns immer in ein perspektivierendes Wahrnehmen und Denken verwickeln, das sich im Prinzip ständig selbst fortzeugt, was die schon erwähnte Hufeisenanekdote von Niels Bohr ja sehr plastisch illustriert. Vielleicht kann man die ganz Analogieproblematik mit ihren selbstbezüglichen Implikationen auch mit Kants These in Verbindung bringen, dass das Dasein Gottes *„als ein Postulat der reinen praktischen Vernunft"* anzusehen sei, das mit Hilfe der theoretischen Vernunft eigentlich nicht zu bewältigen sei.[27]

Nach Kant beweist ja die Existenz eines Begriffs keineswegs, dass auch die Sache existiert, die dieser thematisiert. Allenfalls ließe sich sagen, dass die Existenz eines Begriffs darauf schließen lasse, dass die damit benannte Sache eine praktische Relevanz für diejenigen Menschen haben könne, die diesen geprägt haben bzw. die ihn nutzen. Deshalb hat Kant ja auch betont, dass zwei Dinge das Gemüt eines jeden Menschen mit Bewunderung und Ehrfurcht erfüllten: *„Der bestirnte Himmel über mir, und das moralische Gesetz in mir."*[28]

Diese These Kants ließe sich als eine Manifestation der praktischen Vernunft auf sinnbildliche Weise mit Hilfe des *Zauberstabs der Analogie* vielleicht folgendermaßen deuten. Mit der Vorstellung des *gestirnten Himmels über mir* könnte auf die Menge der unabweisbaren praktischen Erfahrungen Bezug genommen werden, die eine natürliche Plausibilität haben bzw. eine vom Menschen unabhängige Realität. Die Vorstellung von dem *moralischen Gesetz in mir* ließe sich vielleicht mit der Vorstellung in Beziehung setzen, dass unsere Vorstellung von Wahrheit letztlich nicht aus der Abbildungsgenauigkeit der sprachlichen Objektivierung der Welt der Dinge resultiere, sondern eher aus der Brauchbarkeit und Fruchtbarkeit von geistigen Vorstellungen für das Denken und Handeln von Menschen.

---

27 I. Kant: Kritik der praktischen Vernunft. Kap. V, A.223. Werkausgabe Bd. 7, S. 254 ff.
28 I. Kant: a.a.O. Bd. 7, S. 300.

Das würde dann auch bedeuten, dass sich die Wahrheit von Vorstellungen, die sich mit Hilfe des *Zauberstabs der Analogie* erzeugen lassen, sich letztlich nicht aus deren Abbildungsgenauigkeit für eine gegebene Realität bzw. aus der Kohärenz mit anderen Grundüberzeugen ableiten lassen, sondern vielmehr aus den fruchtbaren Konsequenzen für das praktische Handeln von Menschen. Es bedeutete dann zugleich auch, dass metareflexive mentale Rückkoppelungsschleifen im Denken durchaus auch mit expliziten oder impliziten Analogiepostulaten oder mit Analogiehypothesen verbunden werden können, die sich historisch natürlich durchaus ändern können, was der Wandel des metaphorischen Sprachgebrauchs ja schlagend exemplifiziert.

Ohne seine semantischen Unschärfen und ohne seine lebendigen Transformationsfähigkeiten verlöre der *Zauberstab der Analogie* dann auch seine mögliche heuristische Kraft, weil dadurch seine operative Flexibilität nämlich entscheidend geschwächt würde. Diese beruht nämlich auf der Fähigkeit der wahrnehmenden Subjekte zur Eigenbeweglichkeit, durch die Objektwelten und Subjektwelten über Zeichenwelten immer wieder neu in Beziehung miteinander gesetzt werden können. Die dynamische und heuristische Kraft von Analogieannahmen zeigt sich nicht nur im ästhetischen und literarischen Gebrauch sprachlicher Zeichen, sondern auch in ihrem begrifflichen und philosophischen, obwohl der gestalterische, der spielerische und der selbstbezügliche Sprach- und Zeichengebrauch hier nicht ganz so klar ausgeprägt ist.

2.4 Die sprachlichen Erscheinungsformen von Analogien

Wenn man die Fähigkeit zum Analogisieren als eine Grundfähigkeit aller Lebewesen betrachtet, die diese dazu befähigt, mit ihren jeweiligen Erfahrungswelten pragmatisch fertig zu werden, dann liegt die Annahme nahe, dass die Grundlage dieser Fähigkeit bereits genetisch verankert ist und dass sie sich zudem evolutionär ausdifferenzieren kann. Bei den Menschen ist diese Fähigkeit sicherlich noch über die zusätzlichen Hilfen von Sprache und Kultur ausgesprochen vielfältig entfaltet worden. Deshalb hat Cassirer den Menschen dann auch als *animal symbolicum* bestimmt, weil dessen ganzes Denken und Handeln durch eben diese Fähigkeit grundlegend bestimmt werde. Aus diesem Grunde lohnt es sich dann auch, die kulturellen und insbesondere die sprachlichen Formen näher zu untersuchen, mit denen die Menschen diese Fähigkeit historisch auf evolutionäre Weise sowohl spezifiziert als auch konventionalisiert haben.

Unter diesen Rahmenbedingungen wird dann auch verständlich, warum Menschen eine ganz natürliche Neigung haben, etwas sinnlich oder mental

Fassbares nicht nur als etwas bloß Vorhandenes zu verstehen, sondern auch als Zeichen, die uns auch noch auf etwas verweisen, was aktuell zwar nicht unmittelbar fassbar ist, was sich aber über das jeweils Fassbare dennoch erschließen und strukturieren lässt. Eben dadurch können dann Analogien für Subjekte dann auch zu faktischen Gegenständen der Wahrnehmung bzw. der Erkenntnis werden. Mit Hilfe von Zeichen lassen sich daher auch selbst fiktive Vorstellungen zum Thema des Denkens machen. Deshalb rechtfertigt sich dann auch die These, dass kulturelle und insbesondere sprachliche Zeichen nicht nur auf etwas anderes aufmerksam machen, sondern zugleich auch immer auf sich selbst als Vermittlungswerkzeuge. Die Grenze zwischen Zeichen, die kraft Natur oder kraft Konvention und Einbildungskraft auf etwas anderes verweisen, sowie den faktischen Gegenständen in der Welt selbst ist sicherlich nicht immer klar und eindeutig zu ziehen. Hier gibt es sicherlich fließende Übergänge, weil Analogievorstellungen ja sowohl als Werke der Natur als auch als Werke der Kultur in Erscheinung treten können. Deshalb muss die Welt der Zeichen dann auch sowohl in der Welt der Natur als auch in der der Kultur verankert werden. Das hat dann wiederum zur Folge, dass bestimmte Zeichen mehr oder weniger spontan verstanden werden können und andere nur kraft erlernter Konventionen bzw. kraft erworbenen Sachwissens.

All das bedeutet nun, dass Zeichen nicht immer eindeutig von Nicht-Zeichen bzw. empirischen Gegenständen unterschieden werden können und dass Menschen eine Neigung entwickelt haben, bestimmte Wahrnehmungsinhalte nicht nur als solche zur Kenntnis zu nehmen, sondern immer auch als semiotische Hinweise auf etwas von ihnen Unterscheidbares, aber doch auch Ähnliches oder gar Verwandtes. Das bedeutet, dass die Menge der möglichen Zeichen nicht vollständig aufzulisten ist, da sie sich auch dadurch konstituieren können, dass intentional nach Ähnlichkeiten mit etwas anderem gesucht wird. Diese Korrelationen können dann allerdings auch als intentionale Projektionen in Erscheinung treten und nicht nur als Erfassung von faktischen Ähnlichkeiten zwischen Einzelgrößen. Das verdeutlicht dann auch, dass der *Zauberstab der Analogie* immer auch grundlegende anthropologische Dimensionen hat und keineswegs nur auf magische Bedürfnisse zurückzuführen ist. All das motiviert nun dazu, sich auch etwas genauer mit den vielfältigen semiotischen und insbesondere sprachlichen Erscheinungsformen von Analogien zu beschäftigen, da diese nämlich sowohl als objektbedingte Seinsstrukturen als auch als subjektbedingte Intentionsstrukturen in Erscheinung treten können.

Wenn man sein Hauptinteresse auf die sprachlichen Dimensionen der Analogieproblematik richtet, dann spielt es natürlich eine wichtige Rolle, ob Analogien in Form von expliziten Prädikationen behauptet werden oder ob sie durch andere sprachliche Korrelations- und Determinationsrelationen nahegelegt werden wie etwa durch sprachliche Attributsrelationen, die sich in Attributsätze transformieren lassen, oder in Form von Komposita, die ebenfalls bestimmte interne Determinationsrelationen zwischen einem Gegenstandsbegriff und einem Bestimmungsbegriff aufweisen. Dabei ist gerade bei Komposita auffällig, dass hier der Bestimmungsbegriff im Gegensatz zu expliziten Aussagesätzen nicht an zweiter Stelle steht, sondern an erster und daher sehr viel stärker mit diesem syntaktisch und mental zu einer Gesamtvorstellung verschmilzt als in expliziten Aussagen.

Wenn Analogiepostulate nicht in Form von expliziten Aussagesätzen in Erscheinung treten, sondern in Form von subsumierenden Begriffsbildungen oder in Form von bestimmten Satzgliedern, dann können diese gleichsam auf unauffällige Weise analogisierende Konterbande in explizite Aussagesätze einschmuggeln, da sich ja unsere Hauptaufmerksamkeit in der Regel immer auf die expliziten prädikativen Sachverhaltsbehauptungen richtet und nicht auf die impliziten Nebenbehauptungen in sprachlichen Äußerungen wie etwa Attributsrelationen, Kompositabildungen oder Wortbildungsstrategien. Das alles lässt sich auf exemplarische Weise recht gut an der grammatisch-syntaktischen Struktur der Formel vom *Zauberstab der Analogie* selbst demonstrieren.

Kennzeichnend für diese Formel ist nämlich, dass Novalis sie nicht in Form einer expliziten Prädikation bzw. eines Behauptungssatzes in die Welt gesetzt hat (Die Analogie ist ein Zauberstab.), sondern in Form eines Aufforderungssatzes, bei dem ein Akkusativobjekt ganz unauffällig mit einem präzisierenden Genitivattribut angereichert wird („...*lernt, den Zauberstab der Analogie gebrauchen.*"). Novalis behauptet also nicht direkt, dass ein ganz bestimmter ontischer Zusammenhang in der Welt existiert (Die Analogie ist ein Zauberstab.), sondern legt nur implizit durch ein Genitivattribut nahe, einen ganz bestimmten Korrelationszusammenhang von zwei Denkgrößen anzunehmen, ohne dabei schon eine ganz konkrete Tatsachenbehauptung in die Welt zu setzen.

Das bedeutet, dass Novalis die Vorstellung von einer Zauberkraft der Analogie nicht direkt prädikativ behauptet, sondern nur indirekt als ein eigentlich selbstverständliches Denkverfahren geistig präsent machen möchte. Auf diese Weise schwächt er die pragmatische Relevanz dieser Vorstellung als eine methodische Interpretationshypothese aber keineswegs ab, sondern bekräftigt sie eher als ein ganz natürliches Verfahren der Erkenntnisgewinnung. Durch diese indirekte sprachliche Darstellungsform einer Behauptung relativiert er deren pragmatische Relevanz aber keineswegs. Er entzieht sich nur der Erwartung, seine These argumentativ zu rechtfertigen bzw. in ihrer konkreten Leistungsfähigkeit zu präzisieren, da er sie ja nur als mehr oder weniger selbstverständliche

Denkprämisse ins Spiel bringt. Deshalb kommt es bei dem Verständnis der These dann auch eher zu einem Aha-Effekt im Sinne eines Wiedererkennens eines plausiblen Wahrnehmungsverfahrens als zu einem Überraschungseffekt durch die Eröffnung einer völlig neuen Wahrnehmungsperspektive.

So gesehen könnte man die Kurzformel von Novalis vom Zauberstab der Analogie dann auch mit dem platonischen Gedanken der Wiederbelebung eines ursprünglich schon vorhandenen Wissens (anamnesis) in Verbindung bringen oder mit dem Gedanken eines angeborenen menschlich Basiswissens, das auf geheimnisvolle Weise als Resultante aus der Gesamtheit aller sinnvollen menschlichen Erfahrungen und Denkgewohnheiten resultiert und sich in evolutionären Siebungsprozessen faktisch immer schon bewährt hat.

Aus diesem Grunde bekommt die Formel vom Zauberstab der Analogie dann auch nicht nur den Status einer methodisch legitimierten Erkenntnisfunktion, sondern auch den einer pragmatischen Verstärkungsfunktion, die oft aus schon bewährten habituellen Wahrnehmungs- und Handlungsgewohnheiten resultiert. Der Begriff *Analogie* wird nämlich in dieser Formel nicht als ein expliziter Gegenstandsbegriff einer Prädikation verwendet, sondern vielmehr als ein attributiver Bestimmungsbegriff für den Grundbegriff *Zauberstab*. Auf diese Weise wird dessen Determinationsfunktion dann auch eher nahelegt und motiviert als faktisch behauptet. Das hat dann zur Folge, dass bei dieser syntaktischen Verwendungsweise des Substantivs *Analogie* eine Äußerung oft einen gewissen tautologischen Charakter bekommt, insofern ein schon irgendwie vorausgesetztes plausibles Vorwissen nur ausdrücklich bekräftigt wird.

Das schließt nun aber nicht aus, dass im Einzelfall das über Analogierelationen erzeugte oder postulierte Wissen für ein ganz bestimmtes Individuum durchaus überraschend oder ganz neuartig sein kann, obwohl unsere Denktraditionen es eigentlich habituell immer schon nahelegen oder sogar legitimieren. Auf jeden Fall lässt sich sagen, dass das über Analogien erzeugte oder postulierte Wissen immer in einem recht engen Kontakt zu unserem komplexen Erfahrungswissen steht, obwohl es dieses gleichzeitig immer auch auszuweiten und zu präzisieren versucht. Das veranschaulichen beispielsweise neugebildete Metaphern sehr schlagend, insofern auch diese in der Regel spontan verstanden werden können, selbst wenn sie auf ganz neuartige Analogien aufmerksam machen.

Wenn analogisierende Korrelationen sprachlich nicht in expliziten Aussagesätzen in Erscheinung treten, in denen die Existenz bestimmter Ähnlichkeiten explizit behauptet wird, sondern nur implizit durch bestimmte Attributsrelationen, Kompositabildungen oder Adverbialrelationen heuristisch nahegelegt werden, dann regt sich in der Regel kein Widerstand gegen solche ungewohnten Determinationsvorschläge. Solche Sinnbildungsmöglichkeiten werden dann gleichsam als Konterbande in die expliziten Aussagen eingeschmuggelt, was ihre Wirksamkeit aber keineswegs vermindern muss, da dadurch bestimmte Denkmöglichkeiten in die Welt gesetzt werden, die nicht mehr verschwinden, wenn sie als plausibel anerkannt werden können oder wenn sie sich gut in unsere üblichen Sprachspiele integrieren lassen.

Im alltäglichen Sprachgebrauch sind analogisierende Sprachverwendungsweisen ebenso wie ästhetisierende, ironisierende, negierende und spielerische überhaupt nicht zu vermeiden, um die pragmatische Flexibilität der natürlichen Sprache lebendig zu halten. Das erklärt sich dadurch, dass hier die Sprache im Sinne Humboldts für den sprachlichen Ausdruck des Gedankens immer wieder neu hergerichtet werden muss. Deshalb haben Äußerungen in der natürlichen Sprache auch nicht nur einen Objektbezug, sondern immer auch einen Subjektbezug, da sie den jeweiligen Sprecher immer in seiner konkreten sprachlichen Interpretations- und Sinnbildungsarbeit zeigen. Die Sprache wird hier nämlich nicht nur als ein verbales Spiegelungsmittel von Vorgegebenheiten genutzt, sondern auch als ein spezifisches Gestaltungsmittel für die intentionale Konkretisierung von individuellen Sinnbildungsintentionen. Unter diesen Umständen tritt die Sprache dann auch nicht als ein rein mechanisch abbildender Spiegel in Erscheinung, sondern vielmehr als ein akzentuierender Spiegel, dessen Leistungsprofil von der Selbstbeweglichkeit ihrer jeweiligen Nutzer abhängt. Das bedeutet dann, dass unter diesen Umständen Analogiebildungen aller Art für den faktischen Sprachgebrauch nicht nur eine ornamentale, sondern immer auch eine kognitive bzw. eine konstitutive Funktion haben, auf die man überhaupt nicht verzichten kann.

Das analogisierende und bildliche Denken ist zwar insbesondere von positivistisch orientierten Denkern immer wieder als ein Verrat am rationalen Denken gegeißelt worden. Aber im religiösen, ästhetischen und philosophischen Denken ist es immer wieder auch als unverzichtbar angesehen worden. Hier hat es dann zwar keine rein analysierende Funktion, sondern immer auch eine synthetisierende. Deshalb ist das Analogiephänomen dann auch immer wieder als ein sehr ambivalentes Phänomen qualifiziert worden, das sowohl verführerisch als auch hilfreich sein könne. Wenn man diese These ernst nimmt, dann ist es natürlich wichtig, sich insbesondere mit den impliziten bzw. verdeckten Formen sprachlicher Analogiepostulate zu beschäftigen. Dazu sind dann natürlich umfassende zeichentheoretische Überlegungen anzustellen, um die weitreichenden heuristischen, aber auch objektivierenden Funktionen von Analogieannahmen herauszuarbeiten.

3 Die Analogie als semiotisches Phänomen

Die bisherigen Überlegungen haben wohl schon verdeutlicht, dass das Analogiephänomen nicht nur als ein Sach-, sondern auch als ein Zeichenproblem angesehen werden muss, da es eng mit der Objektivierungs- und Vermittlungsproblematik von Denkinhalten verwachsen ist. Die Dimensionen des Analogiephänomens lassen sich nicht erfassen, wenn man sich nicht zugleich auch mit dem Problem beschäftigt, welche Identität und Stabilität konkrete Wahrnehmungsgegenstände für uns haben bzw. ob sie sich darüber hinaus auch noch dafür eignen, für uns als Hinweise auf etwas anderes in Erscheinung zu treten. In diesem Zusammenhang wird dann natürlich nicht die Konventionalität von Zeichen aktuell, sondern vielmehr ihr ikonisches bzw. bildliches Repräsentationspotential für ähnliche Denkinhalte.

Das Bestreben von Menschen, sich ihre Lebenswelt mit Hilfe von Ähnlichkeitsbeziehungen zu erschließen, ist letztlich auch eine Ausdrucksform der menschlichen Sehnsucht nach einer persönlichen Nähe zu ihren möglichen Wahrnehmungsgegenständen bzw. eine Sehnsucht nach der Wahrnehmung von Familienähnlichkeiten zwischen seinen jeweiligen Erfahrungsgegenständen. Unser Interesse an den möglichen Analogien zwischen unseren Wahrnehmungsgegenständen ist zugleich auch immer ein Interesse an Übergängen und Verwandtschaften zwischen unterscheidbaren Phänomenen und nicht immer ein Ausdruck von direkten Beherrschungsabsichten. Die Suche nach Analogien zwischen unterschiedlichen Phänomenen hat deshalb auch ganz andere anthropologische Implikationen als die Suche nach passenden Begriffen für sie. Aus diesem Grunde ist die semantische Unschärfe von Analogien dann auch nicht als ein prinzipieller Mangel zu bewerten, sondern eher als ein Bemühen, unterschiedliche Welten auf fruchtbare und inspirierende Weise miteinander in Beziehung miteinander zu bringen.

3.1 Das Zeichenverständnis von Charles Sanders Peirce

Unter den vielfältigen Zeichentheorien ist wohl die von Charles Sanders Peirce besonders hilfreich, um sich die komplexe pragmatische Funktionalität und Flexibilität von Zeichen aller Art theoretisch zu vergegenwärtigen bzw. sich fruchtbare Vorstellungen darüber zu machen, wie sich das Analogieproblem am besten mit dem Zeichenproblem in Verbindung bringen lässt. Diese These rechtfertigt sich insbesondere dadurch, dass Peirce seine Semiotik prinzipiell als Lehre von Zeichen als Mitteln der Sinnkonstitution und Sinnzirkulation unter

Menschen konzipiert hat. Seine Zeichenlehre soll nicht nur eine bloße Lehre von der Struktur von Zeichensystemen sein, sondern vielmehr eine Lehre von den erkenntnistheoretischen, anthropologischen und pragmatischen Funktionen von Zeichen aller Art. Das impliziert dann auch ein natürliches Interesse für das Analogiephänomen, was sich dann insbesondere in seiner Theorie der ikonischen bzw. bildlichen Zeichen verdeutlicht.

Dieses Interesse ist auch dadurch motiviert, dass das analogisierende Denken von ihm nicht nur als eine bloße Vorstufe des begrifflichen Denkens verstanden wird, sondern als eine Möglichkeit, das vereinfachende abstraktive theoretische Denken auch durch ein komplexes gestaltbildendes Denken zu ergänzen. Das analogisierende bzw. bildliche Denken und Sprechen ist einerseits zwar immer wieder als ein vorwissenschaftliches Gemurmel abgetan worden, aber andererseits auch immer wieder als ein transzendierendes Denken wertgeschätzt worden, das insbesondere dann unverzichtbar werde, wenn es um die Objektivierung und Vermittlung sehr komplexer Denkinhalte geht.

Das analogisierende Denken ist zwar insbesondere im positivistischen Denken immer wieder als Verrat am rationalen begrifflichen Denken gegeißelt worden, aber im religiösen, ästhetischen und philosophischen Denken ist es auch immer wieder als ein unverzichtbares Denken angesehen worden, eben weil es nicht nur analysierende, sondern auch synthetisierende und heuristische Funktionen habe. Deshalb schlössen sich beide Denkformen auch nicht prinzipiell aus, sondern ergänzten sich eher. Gleichwohl ist aber auch immer wieder auf die Ambivalenz des analogisierenden Denkens aufmerksam gemacht worden. So hat beispielsweise Francis Bacon darauf aufmerksam gemacht, dass der menschliche Geist leicht dazu neige, *„bei den Dingen eine größere Ordnung und Gleichheit"* vorauszusetzen, *„als darin wirklich zu finden ist"*, und dass er sich deshalb gern *„Parallelen und correspondirende Verhältnisse"* zusammendichte, *„die gar nicht vorhanden sind."* [29] André Gide hat sogar postuliert, dass der schärfste Feind des Denkens der *„Dämon der Analogie"* sei.[30]

Bei der Korrelation des Analogiephänomens mit der Vorstellung eines Dämons sollte man sich allerdings auch immer vergegenwärtigen, dass die Vorstellung eines Dämons bei den Griechen meist ziemlich doppeldeutig war. Bei ihnen wurde dieses Wort nämlich ursprünglich dazu benutzt, eine unbegreifliche Macht zu bezeichnen, die ambivalente Vermittlungsfunktionen zwischen der göttlichen und der menschlichen Sphäre habe, insofern diese Macht für

---

29 F. Bacon: Neues Organon der Wissenschaften, 1989, S. 34, Nr. 45.
30 A. Gide: Journal 1889-1939. 1951, S. 822. „Il n´y a pas pire ennemie de la pensée, que le démon de l´analogie."

Menschen sowohl hilfreich als auch bösartig sein könne. Diesbezüglich ist dann auch aufschlussreich, dass Sokrates die Stimme seines Gewissens, die ihn davor warnte, Böses zu tun, *daimonion* genannt hat. Nicht zufällig wurde dann auch in der Antike der Begriff *Eudämonie* auch im Sinne von Lebensfülle und Glück verstanden. Erst im Christentum hat sich diese Ambivalenz der Dämonenvorstellung aufgelöst, weil nun die Dämonen als Gehilfen des Teufels verstanden wurden. Das schloss dann auch die Vorstellung aus, dass Dämonen sowohl einen positiven als auch einen negativen Einfluss auf das menschliche Leben und Denken ausüben könnten.

Vor dem Hintergrund dieser ambivalenten kulturgeschichtlichen Deutungen des Analogiephänomens ergeben sich nun folgende Konsequenzen für die Beurteilung der Leistungsfähigkeit von Zeichen, die uns auf Analogien aufmerksam machen. Alle Zeichentheorien verlieren an Erklärungskraft, welche Zeichen als zweistellige Relationsverhältnisse thematisieren, bei denen ein sinnlich fassbarer Zeichenträger einen von ihm vollständig unterscheidbaren Zeicheninhalt ins Bewusstsein ruft, insofern er faktisch ja nur eine konventionalisierte Stellvertreterfunktion für etwas völlig anderes übernehmen kann.

Eine solche Stellvertretungsfunktion von Zeichen bzw. genauer von Zeichenträgern lässt sich nämlich leicht als eine Verdoppelungsfunktion missverstehen, bei der der interpretative Vermittlungsgedanke von Zeichen keine konstitutive Rolle mehr spielt bzw. in das Vorfeld des konkreten Zeichengebrauchs verlegt wird. Das ist dann beispielsweise für das zweistellige sprachliche Zeichenmodell von de Saussure typisch. Dieses ist daher für formalisierte Fachsprachen durchaus brauchbar, aber weniger für das vielschichtige Funktionsspektrum der natürlichen Sprache bzw. der natürlichen Zeichen mit ihren sehr flexiblen Objektivierungs- und Sinnbildungsfunktionen.[31]

Der zeichentheoretische Denkansatz von Peirce, der seine pragmatischen und anthropologischen Wurzeln überhaupt nicht verleugnet, impliziert auch ein ganz spezifisches Wahrheitsverständnis, das weder korrespondenz- noch kohärenztheoretischer Natur ist, sondern sich eher an dem alltäglichen Wahrheitsverständnis orientiert, in dem der Verlässlichkeits- und Fruchtbarkeitsgedanke eine zentrale Rolle spielt, auf den im Zusammenhang mit den Überlegungen zu den etymologischen Wurzeln des deutschen Wortes *Wahrheit* ja schon aufmerksam gemacht worden ist. Peirce erläutert sein Wahrheitsverständnis deshalb auch mit der biblischen These, dass man den Wert von Vorstellungen, Aussagen und Handlungen insbesondere an ihren jeweiligen Früch-

---

31 Vgl. W. Köller: Der sprachtheoretische Wert des semiotischen Zeichenmodells. In: K. H. Spinner: Zeichen, Text, Sinn. 1977. S. 7–77.

ten erkennen könne.[32] Diese pragmatische Orientierung des Wahrheitsverständnisses an dem Fruchtbarkeitsgedanken und nicht an dem Abbildungs- oder Stellvertretungsgedanken erlaubt es dann auch, die Formel vom *Zauberstab der Analogie* hinsichtlich seiner Fruchtbarkeitsimplikationen wahrheitstheoretisch zu qualifizieren.

Der heuristische und pragmatische Wert des Zeichenkonzeptes von Peirce ist nämlich maßgeblich durch seine Dreistelligkeit bedingt. Zeichen sind für ihn nämlich nicht als zweistellige Relationsverhältnisse zwischen einem sinnlich fassbaren *Zeichenträger* und einem kognitiv fassbaren *Zeicheninhalt* bestimmt, wie es de Saussure für die Verbalsprache postuliert hat, sondern prinzipiell durch ein dreistelliges Relationsverhältnis zwischen einem *Zeichenträger* (representamen), einem *Zeichenobjekt* (object) und einem *Zeicheninterpretanten* (interpretant).

Das Postulat von Peirce, dass einem Zeichen kein zweistelliges, sondern ein dreistelliges Relationsverhältnis zugrunde liege, bedingt dann, Zeichen nicht als vorgegebene Bausteine des Denkens und Sprechens zu verstehen, sondern vielmehr als interpretationsbedürftige und wandelbare Werkzeuge von Sinnbildungsprozessen mit unterschiedlichen Zielsetzungen und Funktionen und damit dann gleichsam auch als dynamische Ereignisse. Das steht dann auch im Einklang mit Humboldts These, dass Zeichen und Wörter zum Ausdruck des Gedankens dienlich seien und semantisch immer wieder neu konkreten Sinnbildungsintentionen anzupassen seien, da sie ja nicht dazu dienten, Vorgegebenes bloß zu benennen, sondern vielmehr auch dazu, dieses hinsichtlich seiner vielfältigen Aspekte interpretativ auf sinnvolle Weise zu erschließen.

Die Dreistelligkeit des Zeichenkonzeptes von Peirce gibt diesem dann von vornherein eine innere Dynamik, insofern das Relationsverhältnis von zwei Größen immer im Lichte bzw. im Kontext einer dritten Größe verstanden werden muss. Auf diese Weise bekommen Zeichen bei Peirce einen großen semantischen Spielraum, weil sie von vornherein als dynamische Ereignisse anzusehen sind, denen man dann durchaus eine operative Zauberstabsfunktion zubilligen kann, eben weil Zeichen nicht als fest vorgegebene natürliche oder konventionelle Größen in Erscheinung treten, sondern als flexibel nutzbare und veränderungsfähige Werkzeuge in Sinnbildungsprozessen.

Auf die immanente Leistungskraft dreistelliger Relationsverhältnissen im Vergleich zu zweistelligen lässt sich recht gut auch durch folgende Beispiele aufmerksam machen. Ein funktionsfähiger Hocker braucht drei Beine und ein brauchbarer Zopf braucht drei Einzelstränge, um seine praktischen Aufgaben

---

32 Ch. S. Peirce: Collected Papers: 5.402.

erfüllen zu können. Das Verhältnis von Mann und Frau kann vielschichtiger werden, wenn es durch Kinder erweitert wird. Die Besonderheit von Wachen und Schlafen bekommt schärfere Konturen, wenn diese Korrelation durch das Träumen erweitert wird. Die Opposition von These und Antithese wird fruchtbarer, wenn sie auch im Kontext einer Synthese wahrgenommen wird. Das Verhältnis von Exekutive und Legislative wird eindeutiger, wenn es durch eine Judikative ergänzt wird. Das Entweder-oder-Denken ist meist unfruchtbarer als dasjenige Denken, welches auch auf Kompromisse und Balancen ausgerichtet ist. Wenn man mögliche dreistellige Relationsverhältnisse abstraktiv auf zweistellige verkürzt, dann vereinfacht man diese in der Regel so, dass sie zumindest in einem pragmatischen Sinne unfruchtbarer werden.[33]

Dreistellige Relationsverhältnisse besitzen prinzipiell meist eine größere innere Dynamik als zweistellige, weil sie vielfältigere Verstehensprozesse provozieren, insofern die beteiligten Elemente vielfältiger wahrnehmbar werden. Das bedeutet, dass sie das Wissen ihrer jeweiligen Verwender nicht nur quantitativ, sondern auch qualitativ ausweiten, weil vielfältigere Korrelationsprozesse zwischen ihren Teilelementen hervortreten können, wodurch dann auch die spezifischen abstraktiven Vereinfachungen von zweistelligen Relationsverhältnissen deutlicher hervortreten.

Die erkenntnistheoretische und praktische Relevanz des dreistelligen Zeichenmodells von Peirce wird deutlich, wenn wir die drei Teilgrößen näher betrachten, die Peirce für das interne Relationsverhältnis von fruchtbaren Zeichen postuliert. Dadurch wird dann auch seine These verständlicher, dass praktisch alles als Zeichen in Erscheinung treten kann, was sinnvoll als Zeichen verstehbar ist. Diese These erscheint wegen ihrer Selbstbezüglichkeit und Allgemeinheit auf den ersten Blick ziemlich sinnlos. Sie wird aber anthropologisch sinnvoll, wenn man mit Cassirer den Menschen als *animal symbolicum* versteht, der nicht nur in einer sich evolutionär entwickelnden Welt lebt, sondern auch in einer Welt variabler Zeichenbildungen, was faktisch dann dazu führt, dass der Mensch in einem gewissen Sinne zum Geschöpf und Schöpfer seiner eigenen Welt werden kann.[34]

---

33 Zu der Problematik von zwei- und dreistelligen Relationsverhältnissen vgl. G. Révész: Die Trias. Analyse der dualen und trialen Systeme. Bayrische Akademie der Wissenschaften, phil.-hist. Klasse 1956, H. 10, 1957.
34 Vgl. M. Landmann: Der Mensch als Schöpfer und Geschöpf der Kultur. 1961.

3.2 Das dreistellige Zeichenmodell von Peirce

Wenn man ein Zeichen nicht als eine zweistellige Relationsgröße aus Zeichenträger und Zeicheninhalt betrachtet, sondern im Sinne von Peirce als eine dreistellige Relationsgröße aus Zeichenträger, Zeichenobjekt und Zeicheninterpretant, dann hat das natürlich entscheidende Rückwirkungen auf unser Verständnis von Zeichen insbesondere in sprachlichen Sinnstiftungsprozessen. Diese lassen sich nun nämlich nicht mehr als bloße Dekodierungsprozesse zur Erfassung von ganz bestimmten Inhalten bzw. Informationen verstehen, sondern nur noch als Manifestationen von sinnbildenden Interaktionsprozessen zwischen drei unterschiedlichen Wirkungsfaktoren, bei denen man durchaus zu ganz unterschiedlichen Interpretationsergebnissen kommen kann. Diese Flexibilität macht dann auch den heuristischen Wert des dreistelligen Zeichenmodells aus.

Als Zeichenträger kann für Peirce im Prinzip jedes sinnliche oder mentale Wahrnehmungsphänomen dienlich sein, das für uns als identifizierbare und stabile Größe in Erscheinung tritt, die sich von anderen Größen gut unterscheiden lässt. Das hat zur Folge, dass sich die Menge der möglichen Zeichenträger nicht faktisch, sondern allenfalls methodisch eingrenzen lässt, da ja jeder einfache oder komplexe Wahrnehmungsgegenstand zu einem potentiellen Zeichenträger werden kann, der nicht nur auf sich selbst, sondern auch noch auf etwas anderes aufmerksam machen kann. Je nach der Struktur seiner möglichen Verweisungsweisen unterscheidet Peirce dann auch zwischen drei unterschiedlichen Zeichentypen, nämlich zwischen einem bildlichen bzw. ikonischen Zeichen (icon), einem auf natürliche Weise verweisenden indexikalischen Zeichen (index) und einem sozial konventionalisierten Zeichen (symbol).

Bei ikonischen Zeichen verweist der jeweilige Zeichenträger kraft Ähnlichkeit oder Analogie auf etwas anderes. Deshalb sind diese Zeichen in der Regel auch auf der Basis unserer Weltkenntnis und Lebenserfahrung spontan verständlich. Bilder sind deshalb auch als prototypische ikonische Zeichen anzusehen, obwohl ihr Verständnis natürlich auch von kulturell geprägten Sehgewohnheiten abhängig sein kann und nicht nur von biologisch fundierten Sehfähigkeiten. Im sprachlichen Bereich ist bei diesen Zeichen nicht nur an lautmalerische Wörter zu denken wie etwa an das Wort *Wau-Wau* als Bezeichnung für einen Hund, sondern auch an die zeitliche Reihenfolge von Wörtern in Aussagen als ein ikonisches Darstellungsmittel für die zeitliche Reihenfolge von konkreten Wahrnehmungsinhalten, an die Reihenfolge von Aussagen als einer ikonische Objektivierung der Reihenfolge von Vorstellungsabläufen oder an bestimmte Textmuster wie etwa Drama, Roman und Lyrik als Repräsentanten von bestimmten natürlichen literarischen Gattungen bzw. Sinnbildungstypen.

Als indexikalische Zeichen lassen sich nach Peirce diejenigen Zeichen ansehen, bei denen der Zeichenträger kraft Kausalität auf natürliche Weise mit seinem Zeicheninhalt verbunden ist. So verweist beispielsweise das Phänomen *Rauch* indexikalisch auf das Phänomen *Feuer* oder eine *erhöhte Temperatur* auf das Phänomen *Fieber* bzw. *Entzündung*. Die Wahrnehmung von indexikalischen Zeichen ist demzufolge immer abhängig von einem bestimmten Sachwissen. In der Sprache repräsentieren sich diese Zeichen beispielsweise dadurch, dass der Wortschatz eines Sprechers auf seine regionale oder soziale Herkunft verweist bzw. auf sein spezifisches Sachwissen.

Als symbolische Zeichen lassen sich nach Peirce, bedingt durch den angelsächsischen Sprachgebrauch, diejenigen Zeichen klassifizieren, die kraft sozialer Konventionen auf etwas anderes verweisen, wofür die formalisierten Fachsprachen sehr deutliche Beispiele sind. Im deutschen Sprachgebrauch werden demgegenüber symbolische Zeichen eher im Sinne von ikonischen Zeichen verstanden, die nicht kraft Konvention auf etwas anderes verweisen, sondern kraft Ähnlichkeit bzw. Analogie.

Diese Klassifizierung von Zeichen ist nun allerdings zu differenzieren, wenn wir auf die historische und kulturelle Entwicklung von Zeichen blicken und insbesondere auf die Entstehungsgeschichte sprachlicher Zeichen bzw. Begriffsbildungen. Beispielsweise würden wir heute das deutsche Wort *Elend* als ein konventionalisiertes Abstraktum verstehen bzw. im Sinne der Semiotik von Peirce als ein symbolisches Zeichen. Etymologisch gesehen lässt es sich aber durchaus auch als ein ikonisch zu verstehendes sprachliches Zeichen betrachten. Es geht nämlich etymologisch auf die ahd. Wortprägung *eli-lenti* (fremdes Land) zurück und verdeutlicht kraft Analogie, dass derjenige, der in ein fremdes Land verschlagen worden ist, sich zugleich auch im Elend befindet. Ganz Ähnliches gilt für das deutsche Wort *Sinn*, das etymologisch auf das ahd. Wort *sind* (Reise, Weg) zurückgeht, eben weil jede Sinnbildung ursprünglich immer auch als eine Wegbildung in einer faktischen Verstehensanstrengung angesehen wurde. Abstrakte Wortbildungen, die für uns heute einen rein konventionellen Charakter zu haben scheinen, haben ursprünglich sehr oft einen ikonischen bzw. bildlichen Grundcharakter gehabt, dessen Inhalt sich aber nach und nach abstraktiv verselbstständigt hat.

Unter den Rahmenbedingungen des dreistelligen Zeichenmodells von Peirce und seiner Vorstellung von möglichen Zeichenträgern wird nun auch besser verständlich, was Peirce unter einem *Zeichenobjekt* versteht. Zeichenobjekte sind für Peirce nämlich nicht klar vorgegebene ontische Tatbestände, die durch Zeichenträger nur ins Bewusstsein gerufen werden. Sie sind vielmehr konstituierte Größen, die aus einem Kontinuum von menschlichen Erfahrungen in

Sinnbildungsprozessen herauspräpariert werden. Deshalb haben dann Objekt-bildungen für Peirce auch immer bestimmte intentionale und kulturelle Hinter-gründe, die verhindern, dass man Objektbildungen als rein willkürliche Denk-größen ansehen kann, da sie ihren genuinen Platz ja in pragmatisch orien-tierten Wahrnehmungs- und Handlungsprozessen haben.

Dementsprechend müssen die Objektbildungen mittels Zeichenträgern im-mer zwei grundsätzliche Bedingungen erfüllen. Einerseits muss bei jeder semio-tischen Objektbildung gewährleistet sein, dass durch Zeichenbildungen nicht willkürliche, sondern begründbare Differenzierungen vorgenommen werden, die gegebenen Erfahrungsstrukturen nicht widersprechen. Andererseits müssen die jeweiligen Objektbildungen auch subjektbedingten Differenzierungsbedürf-nissen entsprechen, um intersubjektiv anerkannt und tradiert zu werden. Des-halb versteht Peirce Zeichenobjekte dann auch nicht als ontische Größen, die nachträglich durch einen Zeichenträger nur etikettiert werden, sondern viel-mehr als Größen, die über Zeichenträger faktisch als pragmatisch sinnvolle Größen kulturell stabilisiert werden. Aus diesem Grunde spielt für Peirce bei der Objektbildung in Zeichenprozessen auch der Funktionsgedanke eine dominan-tere Rolle als der Abbildungsgedanke im Sinne eines sprachlichen Verdopp-lungsgedankens.[35]

Dieses Verständnis des Zeichenobjekts ermöglicht es Peirce dann auch, jede abgrenzbare sinnvolle Vorstellungsgröße in der sinnlichen und geistigen Welt als ein mögliches Zeichenobjekt zu verstehen, eben weil seine Zeichenlehre auf keiner zeit- oder kulturlosen Ontologie aufbaut, sondern nur das pragmatische Ziel hat, sich mit Hilfe von konkreten Zeichenbildungen einer vorausgesetzten Realität asymptotisch anzunähern, aber diese nicht auf der Ebene von Zeichen abzubilden. Deshalb sind für Peirce semiotische Objektivierungsprozesse auch weder direkte Widerspiegelungsprozesse noch freie Konstruktionsprozesse, sondern vielmehr geistige Gestaltbildungsprozesse, durch die Sachwelten in einen fruchtbaren Kontakt zu Denkwelten gebracht werden können. Das ist wiederum möglich, weil für Peirce der Geist (mind) und die Materie (matter) sich nicht wie bei Descartes konträr gegenüberstehen, sondern sich vielmehr wechselseitig bedingen und konkretisieren.

Vor dem Hintergrund dieser Überlegungen wird dann auch verständlich, warum Peirce zwischen einem unmittelbaren Objekt (immediate object), wie es uns das Zeichen suggestiv repräsentiert, und einem realen Objekt (real object), auf welche das Zeichen auf dynamische und variable Weise Bezug nimmt, un-

---

35 Ch. S. Peirce: Collected Papers. 5.473. „That thing wich causes a sign as such is called the *object* [...] represented by the sign."

terscheidet.[36] Für Peirce wird nämlich jede semiotische Objektbildung strukturell durch das Spannungsverhältnis zwischen dem mehr oder weniger naiven Vorwissen eines Zeichenverwenders und dessen wandelbarem Erfahrungswissen geprägt. Deshalb bleibt für Peirce auch jede konkrete Objektbildung prinzipiell interpretationsbedürftig und revisionsbedürftig und darf keinen dogmatischen Endgültigkeitsstatus beanspruchen. Das bedeutet dann, dass die Konstitution von Objekten und die damit verbundenen Analogieannahmen in allen Zeichenprozessen eine konstitutive Rolle spielen, da diese zwar einerseits immer zu einem konkreten Ergebnis tendieren, aber andererseits auch immer zu einer interpretativen Variationen von tradierten Objektbildungen.

Um auf die prinzipiell variablen Korrelationen zwischen Zeichenträgern und ihren möglichen Zeichenobjekten aufmerksam zu machen, hat Peirce als dritten konstitutiven Faktor dann den Begriff *Zeicheninterpretant* eingeführt. Mit diesem will er nicht auf konkrete Zeicheninterpreten aufmerksam machen, wie zuweilen fälschlich angenommen wird, sondern vielmehr auf die Menge von Vorstellungen, Analogien, Zeichen und Verfahren, mit denen wir das flexible Relationsverhältnis zwischen Zeichenträgern und Zeichenobjekten interpretieren und konkretisieren können. Daher lässt sich der Zeicheninterpretant dann auch als zusammenfassende Bezeichnung für die Interpretationsperspektiven und Interpretationsmittel verstehen, mit denen die Objektivierungsfunktion eines Zeichenträgers näher bestimmt werden kann. Dementsprechend werden für ihn dann auch die die Begriffe *Erkennbarkeit* und *Sein* weitgehend zu synonymen Begriffen.[37]

Durch die Einführung des Zeicheninterpretanten will Peirce das Verständnis von Zeichen sowohl stabilisieren als auch flexibilisieren, weil er dieses sowohl an Konventionen und Traditionen bindet als auch die Spontaneität und Kreativität der individuellen Interpretationen von Zeichen in den jeweiligen aktuellen Sinnbildungsprozessen. Zugleich kann er mit dem Interpretantenbegriff dann auch darauf aufmerksam machen, dass das Verstehen von Zeichen weder mit Hilfe des Codebegriffs noch mit Hilfe eines vorgegebenen Wissen vollständig erfasst werden kann, da es bei allen Verstehensprozessen ja letztlich auch auf die geistigen Beweglichkeiten und die Verstehensziele der jeweiligen Zeichennutzer ankommt, die nicht nur individuell, sondern auch kulturell sehr unterschiedlich ausfallen können.

---

36 Ch. S. Peirce: Collected Papers. 8.314.
37 Ch. S. Peirce: Collected Papers. 5.257. „In short, *cognizability* (in its widest sense) and *being* are not merely metaphysically the same, but are synonymous terms."

Über die Vorstellung des Zeicheninterpretanten kommt bei Peirce unmiss-verständlich zum Ausdruck, dass es bei seinem Zeichenverständnis keine semi-otische Repräsentation bzw. Objektivierung ohne perspektivierende Interpreta-tion geben kann und dass man die pragmatische Funktionen von Zeichen nur sehr verkürzt versteht, wenn man sie im Rahmen des Stellvertretergedankens ins Auge fasst, was bei zweistelligen Zeichenmodellen natürlich sehr naheliegt. Hier fallen nämlich die innovativen Verstehensmöglichkeiten von Zeichen na-türlich weitgehend unter den Tisch.

Da für Peirce die Prinzipien der *Vermittlung* (mediation), der *Relationalität* (relationship) und der *Kontinuität* (continuity) im Mittelpunkt seines semioti-schen Denkens stehen, ist auch nicht überraschend, dass er bei seinen zeichen-theoretischen Überlegungen aspektuell von einem *unmittelbaren* (immediate), einem *dynamischen* (dynamic) und einem *finalen* (final) Interpretanten spricht, um die erkenntnistheoretischen Implikationen seines Interpretantenkonzeptes zu verdeutlichen. Deshalb ergeben sich dann auch sehr viele Gemeinsamkeiten zwischen den zeichentheoretischen Überlegungen von Peirce und denen von Humboldt und Cassirer sowie von denen des Biologen und Psychologen Piaget. Letzterer hat in seiner *genetischen Erkenntnistheorie* nämlich ausdrücklich her-vorgehoben, dass es bei konkreten Wissensbildungen nicht nur um *Assimilati-onsprozesse* im Sinne der Übernahme von etwas Neuem und Fremdartigem in das eigene Denken geht, sondern auch um *Akkommodationsprozesse* im Sinne von Anpassungsvorgängen des eigenen Denkens an das jeweils übernommenen Denkens.[38]

Es ist nun ziemlich offensichtlich, dass die Postulierung und die Nutzung von Analogien zwischen unterschiedlichen Wahrnehmungsgegenständen eine unverzichtbare Rolle in allen Begriffs- und Zeichenbildungsprozessen spielt. Begriffe haben nämlich die pragmatische Funktion, unterschiedliche Erfah-rungstatbestände als gleichartig zu behandeln, wenn sie auf einer bestimmten Abstraktionsstufe durch dieselben Merkmale geprägt werden, also als einander ähnlich erscheinen. Diese Ähnlichkeiten können dabei aus sinnlich fassbaren Gemeinsamkeiten resultieren oder funktionellen. Beispielsweise kann ein Stein, ein Hammer und eine Säge unter dem Begriff *Werkzeug* zusammengefasst wer-den, obwohl sie phänomenal sehr unterschiedlich in Erscheinung treten. Ähn-lichkeiten können sich auch daraus ergeben, dass phänomenal Unterschiedli-ches dieselbe emotionale Qualität hat, was sich insbesondere bei der Meta-phernbildung zeigt: *Deine Aktentasche ist der Mercedes unter den Aktentaschen.*

---

38 J. Piaget: Einführung in die genetische Erkenntnistheorie. 1973, S. 22 ff.

Wenn wir darauf verzichten würden, solche abstrahierenden Klassifikationen mit Hilfe des Zauberstabs der Analogie vorzunehmen, ergäbe sich daraus letztlich die absurde Konsequenz, alle konkreten Einzelgegenstände mit einem Eigennamen oder einer Nummer zu versehen, um deren Eigenständigkeit herauszustellen, was natürlich kognitiv und kommunikativ absurd wäre. Je komplexer die jeweiligen Erfahrungsgegenstände werden, desto schwieriger wird es natürlich, die jeweiligen begrifflich Typisierungen argumentativ zu begründen bzw. die Interpretanten zu benennen, die bei solchen Zeichenbildungen wirksam werden, weil diese nicht nur sachbezogener Natur sind, sondern auch wertender (Pferd – Gaul).

Mit dem Zauberstab der Analogie bei der Begriffs- und Zeichenbildung ist sicherlich ein gewisser Ikaroseffekt verbunden. Mit den Schwingen der Abstraktion und der Analogiebildung kann man bei Begriffs- und Analogiebildungen hoch aufsteigen und etwas in Erfahrung bringen, was man üblicherweise nicht sieht. Aber bei dieser Art von Höhenflügen kann man auch leicht seine Erdung verlieren bzw. seinen Kontakt zu den realen menschlichen Lebenswelten, die uns auch vor allzu großen Spekulationen und Analogisierungen schützt bzw. vor zu allzu kühnen Interpretantenbildungen.

Das bedeutet dann auch, dass wir uns bei allen Wahrnehmungsprozessen und Zeichenbildungsprozessen mit dem Problem zu beschäftigen haben, welche Grenzen wir uns bei Analogisierungen ziehen müssen, damit sie ihren pragmatischen Fruchtbarkeitscharakter nicht verlieren und rein spekulativ werden. Um das zu gewährleisten, hat Peirce deshalb darauf verwiesen, dass wir unsere klassische Deduktions- und Induktionslogik durch eine Abduktionslogik zu ergänzen haben. Das bedeutet dann, dass wir semiotisch gesehen die Analogie durchaus als eine Denkuniversalie bzw. als einen Zauberstab in Interpretationsprozessen sinnvoll nutzen können.

3.3 Die Abduktion in der semiotischen Logik

Die klassische Logik lässt sich weitgehend mit der sogenannten Deduktionslogik identifizieren. Bei ihr wird nämlich aus einem gesicherten Vorwissen auf zwingende Weise ein anderes gesichertes Wissen abgeleitet, das keiner empirischen Überprüfung mehr bedarf. Wenn gilt, dass in einem Sack alle Bohnen weiß sind, dann gilt auch, dass jede aus diesem Sack entnommene Bohne weiß ist. Aus einem gesicherten Vorwissen ist dementsprechend ein gesichertes Zusatzwissen abzuleiten. Durch den deduktiven Schluss wir dementsprechend kein wirklich neues Wissen erzeugt, sondern lediglich ein Vorwissen hinsichtlich seiner Implikationen präzisiert. Das gilt allerdings nur, solange die jeweils verwendeten Zeichen für die Repräsentation des Wissens eine stabile Semantik beinhalten.

Aus diesen Strukturverhältnissen ergibt sich, dass die Deduktionslogik nur analytisch präzisiert, was wir meist ohnehin schon wissen, sofern wir die konventionalisierte Bedeutung der jeweils verwendeten Sprachzeichen genau kennen. Das ist für die natürliche Sprache sicherlich keine realistische Annahme, sondern allenfalls für formalisierte Fachsprachen. Es bedeutet weiter, dass alle Wahrscheinlichkeitsschlüsse bzw. Analogieannahmen im Denkrahmen der Deduktionslogik keine tatsächlichen Neuigkeiten erschließen, weil sie nur als bloße Spekulationen angesehen werden müssen, die nicht in das Reich der Logik fallen, sondern allenfalls in das Reich der Phantasie oder der Ästhetik.

Daraus lässt sich nun weiter ableiten, dass die Deduktionslogik ihr genuines Operationsgebiet nicht im Rahmen der natürlichen Sprache hat, sondern im Rahmen der formalisierten Fachsprachen, in denen jedes Zeichen bzw. jeder Begriff idealiter nach Umfang und Inhalt klar definiert ist. Das exemplifiziert sehr schön die juristische Fachsprache, in der beispielsweise die Begriffe *Mord* oder *Totschlag* im Gegensatz zur natürlichen Umgangssprache normativ definiert sind, was natürlich absolut notwendig ist, um aus einem entsprechenden Tatbestand ganz bestimmte strafrechtliche Folgen abzuleiten.

Aus diesen Umständen ergibt sich weiter, dass sich mit Hilfe von formalisierten Sprachen aus einem sicheren Vorwissen auch ein wahres bzw. sicheres Nachwissen herleiten lässt, das allerdings lebenspraktisch mit dem alltäglichen Wahrheitsverständnis kaum in Verbindung zu bringen ist, was ja schon das zitierte Gedicht von Wilhelm Busch sehr schön verdeutlicht hat. Deshalb lässt sich der Formel vom Zauberstab der Analogie im Rahmen der analytischen Deduktionslogik auch keine tatsächliche Erkenntnisleistung zubilligen, weil sie in diesem Denkrahmen nur als ein verführerisches Teufelswerk gebrandmarkt werden kann, vor dem sich alle streng analytisch orientierten Wissenschaften zu hüten haben. Dabei stellt sich dann allerdings auch die Frage, ob dem rein analytischen Denken überhaupt ein normativer Stellenwert in einem anthropologischen Sinne zuzubilligen ist oder nur ein abstrahierender Ordnungswert, den das semiotische Denken zwar in bestimmten Hinsichten methodisch goutieren, aber keineswegs bedingungslos pragmatisch und anthropologisch wertschätzen kann.

Auch in der klassischen Induktionslogik ist die Zauberstabsformel im Prinzip nicht sonderlich gut gelitten, obwohl diese Erscheinungsform der Logik das Phänomen der Vermutung natürlich nicht gänzlich aus ihrem Reich verbannen kann. Wenn die Induktionslogik nämlich annimmt, dass nach Entnahme von 100 weißen Bohnen aus einem Sack auch die nächste Bohne weiß sein wird, so ist das kein sicherer Schluss, sondern nur ein wahrscheinlich gültiger, da ja auch hierbei mit dem Analogieprinzip operiert wird. Auf jeden Fall bedarf dieser Schluss einer empirischen Wahrheits- bzw. Wahrscheinlichkeitskontrolle.

Auf jeden Fall ist Peirce im Rahmen seiner semiotischen Untersuchungen zu der Überzeugung gekommen, dass menschliche Denkprozesse, die einen sinnvollen Umgang mit Lebensproblemen anstreben, sich nicht nur auf deduktive und induktive Schlussfolgerungsprozesse reduzieren dürfen, sondern sich auch mit der Frage zu beschäftigen haben, welche pragmatischen bzw. anthropologischen Zielsetzungen das menschlich Denken überhaupt hat bzw. wie zeichenbasierte Denkprozesse ausgelöst und sinnvoll organisiert werden können, um lebenspraktisches Wissen zu konkretisieren.

Deshalb hat dann das Streben nach faktisch unfehlbaren und sicheren Aussagen auch in den Wissenschaften für Peirce immer einen gewissen komischen Grundcharakter, da für ihn unser ganzes Wissen letztlich immer einen hypothetischen und keinen unfehlbaren Charakter hat, da es ja durchaus auf wandelbaren Erkenntnisinteressen beruht. Jedes wahre Wissen muss sich für ihn nämlich letztlich als lebensdienlich erweisen und nicht nur als begrifflich vollständig kohärent bzw. als weltabbildend in einem direkten Sinne. Vor allem muss es sich ganz im Sinne von Kant immer mit seinen eigenen Konstitutionsbedingungen beschäftigen, weil es sonst in Gefahr gerät, komisch zu werden, wenn es einen unfehlbaren Geltungsanspruch stellt.[39]

Aus diesen Grundbedingungen des Denkens und des Zeichengebrauchs ergibt sich für Peirce, dass Menschen sich in ihrem Zeichengebrauch nicht nur Rechenschaft darüber abzulegen haben, dass unsere Denkinhalte einen hypothetischen Grundcharakter haben, sondern sich auch mit dem Problem zu beschäftigen haben, wie es im Denken überhaupt zu aufklärenden Hypothesen kommt. Deshalb haben wir dann nach Peirce nicht nur eine Deduktions- uns Induktionslogik zu entwickeln, sondern auch eine Logik, die er als *Abduktionslogik* bezeichnet. Diese habe uns ein Wissen darüber zu liefern, wie wir überhaupt erklärende Hypothesen entwerfen können und wie das dann in unserem Verständnis von Zeichen zu berücksichtigen ist. Die Deduktion zeige, dass etwas auf Grund unseres Vorwissens sein muss, und die Induktion zeige, dass etwas auf Grund unseres Vorwissens höchstwahrscheinlich sein könne, weshalb es dann auch operativ zu nutzen sei. Die Abduktion lege uns dagegen na-

---

39 Ch. S. Peirce: Collected Papers. 1.9. „Though infallibility in scientific matters seems to me irresistibly comical […]."

he, dass etwas sein könne, womit es dann unseren Denkhorizont natürlich kreativ erweitert.[40]

Diese Überlegungen von Peirce zum Stellenwert der Abduktion in Denkprozessen ermutigen dazu, Abduktionen als Zauberstäbe zu verstehen mit deren
Hilfe wir uns neues Wissen erschließen können, weil abduktive Analogieannahmen ganz im Sinne von Lichtenberg dazu dienlich sind, das Wild aufzustö-
bern, das wir in der Haushaltung unseres kreativen Denkens unbedingt benötigen. Das gilt umso mehr, wenn wir mit Peirce die Logik nicht bloß als Lehre vom
deduktiven und induktiven Denken verstehen, sondern vielmehr als Lehre vom
Denken schlechthin, die auch die Lehre vom kreativen Denken einschließt,
gerade weil dieses sich nicht schematisch regulieren lässt, da es ja insbesondere
von überraschenden Einfällen lebt. So gesehen kann man dann auch die Abduktion als eine Form des Staunens ansehen, das ja seit der Antike und insbesondere seit Sokrates als Anfang aller Philosophie angesehen worden ist.

Abduktionen sind im Denken von Peirce auf ganz natürliche Weise mit seinem Interpretantenkonzept für die Aufklärung der Struktur und die Funktionsanalyse von Zeichen aller Art verwachsen, insofern beide Konzepte insbesondere
auf die Synthesefunktion des Denkens aufmerksam machen wollen und nicht nur
auf dessen Analysefunktion sowie auf das Zusammenspiel beider Denkintentionen. Mit Hilfe von Abduktionen und Analogieannahmen kann man nämlich verhindern, dass wir unsere jeweiligen Denkgegenstände durch normative Begriffe
allzu früh abstraktiv vereinfachen, indem wir sie in das Prokrustesbett von konventionalisierten Begriffsbildungen einpassen und sie dadurch ihrer Besonderheiten und ihres individuellen und aspektuellen Reichtums vorschnell berauben.

Abduktionen und Analogien helfen dabei, Unverständliches zu verstehen
bzw. Überraschendes kognitiv leichter zu bewältigen, weil wir uns dabei eher
an pragmatischen als an theoretischen Denkzielen orientieren. Deshalb ist das
Phänomen der Abduktion ähnlich wie das der Analogie auch die Grundlage
bzw. das Herz unseres geistigen Lebens, weil beide dazu dienlich sind, konventionalisierte Denkmuster nicht einfach zu verwenden, sondern diese immer
auch faktisch umzugestalten oder gar zu erzeugen.

Abduktive Einfälle haben für Peirce einen blitzartigen Erhellungscharakter
und ermöglichen so eine unersetzliche und fruchtbare neue Sicht auf altbe-

---

40 Ch. S. Peirce: Collected Papers. 5.171. „Abduction is the process of forming an explanatory
hypothesis. It is the only logical operation which introduces any new idea; for induction does
nothing but determine a value, and deduction merely evolves the necessary consequences of a
pure hypothesis. Deduction proves that something *must* be; Induction shows that something
actually is operative; Abduction merely suggests that something *may be*."

kannte und neuartige Erfahrungsphänomene, weil sie als Lichtspender und Bewegungskräfte in Erscheinung treten können. Gleichwohl sind sie wie alle Hypothesen natürlich immer irrtumsfähig, wenn nicht irrtumsträchtig.[41] Mit diesem Hinweis will Peirce auch hervorheben, dass fruchtbare Denkinhalte letztlich nicht aus passiven kontemplativen Betrachtungen resultieren, sondern aus intentionalen.

Denkprozesse, die versuchen, Wahrnehmungsrätsel zu lösen, müssen eben deshalb auch jede bloße empirische Beobachtung transzendieren. Abduktionsinhalte sind zunächst bloße Vermutungen, die aber zunehmend plausibel werden können, wenn sie sich durch weitere Erfahrungen erhärten lassen. Das bedeutet, dass Abduktionen immer auch als methodische Formen der Annäherung an komplexe Denkgegenstände verstanden werden müssen.[42]

Die Peircesche Theorie der Abduktion hat dann auch verständlicherweise ihre Parallelen in der Evolutionstheorie, in der Neurologie und in der Psychologie gefunden. Konrad Lorenz verwendet beispielsweise den Begriff der *Fulguration* (lat. fulgur = Blitz), um zu veranschaulichen, dass in Evolutionsprozessen durch Mutationen bzw. durch zufällige Neukombinationen von Teilelementen ganz neuartige Gestaltformen entstehen können, die weder deduktiv noch induktiv aus den jeweiligen Vorformen ableitbar sind.[43] Auch Neurologen haben betont, dass ein kreatives Denken erst dann möglich wird, wenn sich die Möglichkeit eröffnet, aus den konventionalisierten Wahrnehmungsformen und Denkmethoden auszubrechen und neuartige synaptische Verschaltungen von Neuronen im Gehirn herzustellen. Nur dadurch eröffneten sich Chancen, die alten Trampelpfade bei der Verarbeitung von Wahrnehmungsreizen zu verlassen und eben dadurch neue Wahrnehmungsweisen auf Kosten der tradierten zu konkretisieren. All das streben dann ja auch nicht nur die Mystiker, sondern auch die Künstler an, die sich allesamt darum bemühen, sich von etablierten objekt- und subjektorientierten Wahrnehmungsgewohnheiten zugunsten ganz neuartiger zu lösen.

In diesem Zusammenhang ließe sich dann auch auf die etwas anarchistische Erkenntnistheorie von Paul Feyerabend verweisen, die gewisse Ähnlichkeiten mit dem Abduktionskonzept von Peirce hat. In dieser wird nämlich dafür unter dem Stichwort *anything goes* dafür plädiert, alle Denkmöglichkeiten bzw.

---

41 Ch. S. Peirce: Collected Papers. 5.181. „The abductive suggestion comes to us like a flash. It is an act of *insight*, although of extremly fallible insight."
42 Ch. S. Peirce: Collected Papers. 5.197 „[...] the question of Pragmatism is the question of Abduction [...].
43 K. Lorenz: Die Rückseite des Spiegels. 1977, S. 47 ff.

Abduktionen auszuprobieren, um seine eigenen Wahrnehmungsmöglichkeiten nicht vorschnell zu kanalisieren und damit dann auch einzuschränken.[44] Das hat natürlich auch immer die Konsequenz, dass unser Wissen keineswegs nur von den jeweiligen Wahrnehmungsgegenständen selbst abhängig gemacht werden kann, sondern auch von den Formen ihrer methodischen bzw. semiotischen Erschließung. Das setzt dann natürlich voraus, dass wir ständig von unserer Fähigkeit Gebrauch machen müssen, in Metareflexionen über die Formen unserer Wissenserschließung und Wissensobjektivierung einzutreten, was dann sicherlich auch immer Sympathien für die Nutzung der Zauberstäbe von abduktiven Analogiebildungen voraussetzt.

Grundsätzlich lässt sich konstatieren, dass Abduktionen bzw. die Postulierung von Analogien einerseits aus einer Sehnsucht nach einer Nähe zu den jeweiligen Wahrnehmungsgegenständen resultiert, da man eben dadurch ja auch das Gefühl der Bedrohung durch das Unverstandene und Fremde reduzieren kann, und andererseits aus einem Spielbedürfnis, da geistige Sinnbildungsspiele als Strukturierungsspiele die Freude an den eigenen Gestaltungskräften stärken. Beide Bestrebungen lassen sich sicherlich auch einem Phänomen zuordnen, das in früheren Zeiten mit dem Stichwort *Witz* thematisiert worden ist. Das hat beispielsweise Jean Paul auf folgende Weise sehr prägnant herausgearbeitet.

> Der Witz, aber nur im engern Sinn, findet das Verhältnis der Ähnlichkeit, d. h. teilweise Gleichheit, unter größere Ungleichheit versteckt; der Scharfsinn findet das Verhältnis der Unähnlichkeit, d. h. teilweise Ungleichheit, unter größere Gleichheit verborgen; der Tiefsinn findet trotz allem Scheine gänzliche Gleichheit. (Gänzliche Ungleichheit ist ein Widerspruch und also undenkbar.)[45]

Bezeichnenderweise postuliert Jean Paul auch noch eine andere Analogie für die Erläuterung des Witzes bzw. der Fähigkeit, Analogien der verschiedensten Art zu entwerfen und auf abduktive Weise zu nutzen. Der Witz ist nämlich für ihn *„der verkleidete Priester, der jedes Paar kopuliert"*, wenn auch *„mit verschiedenen Trauformeln"*.[46] Ganz ähnlich hatte schon Herder vor Jean Paul argumentiert: *„Scharfsinn sondert und Witz verbindet, damit eben ein helles wichtiges Eins wird."*[47]

---

44 P. Feyerabend: Wider den Methodenzwang. 1976.
45 J. Paul: Vorschule der Ästhetik, § 43, Werke Bd. 9, S. 171 f.
46 J. Paul: a.a.O. § 44, S. 173.
47 J. G. Herder: Sämmtliche Werke, Bd. 8, S.196. Vgl. auch S. 321.

4 Die Analogie als Spielphänomen

Die bisherigen Überlegungen zum Analogiephänomen haben nahegelegt, dieses nicht nur als eine Universalie der Zeichenbildung anzusehen, sondern auch als eine Universalie der menschlichen Weltorientierung. Das ermutigt dann auch dazu, die Analogie als ein Spielphänomen ins Auge zu fassen, das ja auch immer wieder als ein Grundphänomen des menschlichen Umgangs mit der Welt verstanden worden ist. Deshalb ist der Mensch ja auch nicht nur als ein sprechendes Wesen (homo loquens), sondern auch als ein spielendes Wesen (homo ludens) thematisiert worden.

Diese These ist inzwischen zwar schon ziemlich trivial geworden, sie bekommt allerdings einen gewissen abduktiven Überraschungswert, wenn man ihre sprachlichen Implikationen hinsichtlich von Begriffs-, Satz- und Textmustern näher ins Auge fasst. Diese sind uns im Rahmen unseres Sprachgefühls zwar meist schon ziemlich vertraut, aber im Rahmen unseres expliziten begrifflichen Sprachwissens sehr viel weniger. Deshalb lohnt es sich, das Analogiephänomen im Kontext des Spielphänomens etwas näher zu untersuchen und eben damit dann zugleich einen näheren Einblick in die interne Dynamik menschlicher Sinnbildungsanstrengungen zu gewinnen.

4.1 Die Analogien zwischen Spiel und Sprache

Die Phänomene *Spiel* und *Sprache* sind zweifellos sowohl entstehungsgeschichtlich als auch pragmatisch sehr eng miteinander verwachsen und können sich eben deshalb durchaus wechselseitig sehr gut erhellen und spiegeln. Schon das Leben der Tiere wird sicherlich durch spielerische und semiotische Handlungsweisen sehr deutlich geprägt, wenn auch nicht in dem Ausmaße und der Intensität, wie das bei Menschen der Fall ist. Dennoch lohnt es sich, etwas intensiver danach zu fragen, welche sinnbildenden Abduktionsleistungen mit unserem Spiel-. Zeichen- und Sprachwissen verbunden sind.[48]

Spielwelten und Sprachwelten haben gemeinsam, dass sie in Form von *Als-ob-Welten* in Erscheinung treten, insofern sie uns einerseits zwar als Eigenwelten gegenübertreten, aber andererseits auch als Spiegelbilder, die sowohl auf sich selbst als auch auf etwas anderes verweisen, um uns die Struktur unsere faktischen Lebenswelten besser verständlich und handhabbar zu machen. Das wird

---

48 Vgl. W. Köller: Sinnbilder für Sprache. 2012, S. 567–633.

dadurch möglich, dass Spielwelten und Sprachwelten in vielen Hinsichten einander ähnlich sind.

Auf diese Weise wird es dann auch möglich, dass Menschen mit Hilfe ihrer Spiel- und Sprachformen ihre Lebenswelt nicht nur besser kennenlernen, da sie ja bestimmte Modelle von diesen erzeugen können, sondern dass sie ihre Handlungs- und Denkformen auch so verändern, dass sie sich selbst besser in ihre faktischen Lebenswelten zu integrieren vermögen. Das bedeutet dann auch, dass es mit veränderten Spiel- und Sprachformen möglich wird, unfruchtbare Versteifungen in Handlungs- und Denkformen aufzulösen bzw. sinnvoller zu gestalten. So gesehen sind dann alle Spiel- und Sprachformen als natürliche Gegenkräfte zu allen Erscheinungsformen eines monistischen Wahrnehmens und Denkens anzusehen oder sogar als Erscheinungsformen der Kunst, insofern sie dabei helfen, neuartige Synthesen zwischen prinzipiell Trennbarem herzustellen und das mechanische und additive Denken und Wahrnehmen zugunsten eines integrierenden zu überwinden.

Das hat dann zur Konsequenz, dass sowohl das Spiel als auch die Sprache als eine konstitutive Voraussetzung dafür angesehen werden kann, dass Menschen sich nicht nur etwas vergegenwärtigen können, was jenseits ihrer aktuellen Erfahrungswelt liegt bzw. diese transzendiert, sondern auch etwas, was vor jeder möglichen konkreten Erfahrungswelt liegt, weil es auf eine transzendentale Weise deren faktische Wahrnehmung bedingt. Spiele und Sprache haben so gesehen dann auf doppelte Weise eine anthropologische Relevanz. Beide Phänomene verdeutlichen nämlich, dass menschliche Lebewesen faktisch durchaus in ganz unterschiedlichen Welten leben können, insofern sie habituell durch ihre jeweiligen kulturellen und sprachlichen Wahrnehmungsformen in unterschiedlicher Weise in ihrem Erkennen, Denken und Handeln vorgeprägt werden.

Wenn man nun die Phänomene *Spiel* und *Sprache* hinsichtlich ihrer anthropologischen Implikationen miteinander analogisiert, dann ist von vornherein klar, dass es dabei nicht sehr weit führt, allein auf den Abbild- und Systemgedanken Bezug zu nehmen. Vielmehr liegt es nahe, beide Phänomene auch mit Hilfe des Gestaltungs- und Handlungsgedankens näher ins Auge zu fassen. Deswegen sind dann ja auch die Kategorien *Korrelation* und *Interaktion* sowohl für die Beschreibung von Spiel- und Sprachstrukturen als auch für die von Analogie- und Synthesestrukturen besonders wichtig geworden. Nietzsche hat daher auch folgende These sehr kategorisch vermerkt: *„Ich kenne keine andre Art, mit großen Aufgaben zu verkehren als das Spiel."* [49]

---

49 F. Nietzsche: Ecce Homo. Werke Bd. 2, Nr. 10, S. 1097.

Wenn man in dieser Weise die Gestaltbildung und den Gestaltwandel zum Grundprinzip des Spielens bzw. des Gebrauchs von Zeichen und Sprache macht, dann ergeben sich daraus auch sehr spezifische Konsequenzen für die anthropologische Qualifizierung von impliziten und expliziten Analogieannahmen, was Gadamer folgendermaßen thematisiert hat: *„Das Subjekt des Spieles sind nicht die Spieler, sondern das Spiel kommt durch die Spielenden lediglich zur Darstellung."*[50] Ebenso wichtig wie zweifellos Regeln für die Konstitution von Spielen bzw. sprachlichen Handlungen sind, ebenso wichtig können dann auch Zufälle und Variationen von Regeln für die Lebendigkeit von Spielen und von Sprachverwendungsweisen werden. Ebenso wie es bei Spielen Wettkampfspiele mit strengen Regularitäten gibt sowie Strukturierungsspiele als recht freie Gestaltungsspiele ohne strenge Regelvorgaben, so gibt es auch beim Sprachgebrauch Argumentationsspiele mit recht strengen Regelvorgaben und Gestaltungsspiele mit recht variablen Regelvorgaben. Nicht zufällig wird deshalb im Englischen dann auch begrifflich zwischen relativ streng regulierten Wettkampfspielen (games) und recht freien Gestaltungsspielen (plays) unterschieden. Daher wird im Englischen dann ja auch das *Wortspiel*, das gerade im analogisierenden Sprachgebrauch eine wichtige Rolle spielt, *play of /upon words* genannt.

Im Deutschen werden Spielformen typologisch nicht so klar wie im Englischen unterschieden, was Nachteile und Vorteile hat. Dadurch wird zugleich auch deutlich, dass das Spielphänomen als ein sehr aspektreiches Phänomen verstanden werden muss, das in sehr vielfältigen Ausprägungen in Erscheinung treten kann: *ins Spiel finden, aus dem Spiel lassen, die Hand im Spiel haben* usw. Diese Redeweisen dokumentieren nämlich, dass das Spiel nicht nur als ein Produkt der Aktivitäten von Spielern verstanden werden sollte, sondern dass die Spieler sich auch in ihre jeweiligen Spiele integrieren müssen und auf diese Weise dann sogar auf dialektische Weise sogar Produkte ihrer eigenen Aktivitäten bzw. Produkte werden können. Diese Vorstellung wird ja auch schon durch den Interaktionsgedanken nahegelegt, der aus dem Verständnis von Spielen überhaupt nicht zu eliminieren ist, sei es als Interaktion zwischen den einzelnen Spielern oder als Interaktionen zwischen den Spielern und ihren Spielmitteln bzw. Spielregeln.

Auf jeden Fall ist festzuhalten, dass Spiele ohne Spielräume kaum vorstellbar sind und dass Spiele sowohl in der Hand der Spieler sein können als auch Spieler in der Hand von Spielen. Das verdeutlicht im Deutschen dann auch der Umstand, dass das Verb *spielen* syntaktisch sowohl transitiv mit einem direkten grammatischen Akkusativobjekt verbunden werden kann (Er spielt den Ball in das Tor.) als

---

50 H.-G. Gadamer. Wahrheit und Methode. 1965², S. 98.

auch intransitiv ohne ein direktes Objekt (Er spielt den ganzen Tag.). Auf jeden Fall lässt sich sagen, dass ein Spieler ein Spiel nie so in der eigenen Hand hat wie ein Werkzeug oder eine Waffe. Ohne die Interaktion und Dialektik zwischen Spielern und Spiel gibt es keine Spiele, weil Spiele sich erst im Rahmen dieser Prämissen konstituieren. Ähnliches gilt auch für die Wahrnehmung einer Analogie zwischen zwei unterschiedlichen Phänomenen, eben weil sich Analogien ebenso wie Spiele erst aus dem spannungsvollen Zusammenspiel von unterschiedlichen strukturbildenden Faktoren konstituieren.

Aufschlussreich ist in diesem Zusammenhang, dass Biologen und Psychologen immer wieder darauf aufmerksam gemacht haben, dass Spiele aus einem Überschuss an Kraft (surplus of vigour) entstehen, womit sowohl körperliche als auch geistige Kräfte gemeint sein können.[51] Die Freude am Spiel resultiert aus der Überwindung von Schwierigkeiten und der Integration von Einzelelementen in größere Zusammenhänge im Sinne des Mottos: *Wer einen Nagel hat, dem kann vieles zum Hammer werden.* Deshalb hat Novalis auch folgende These formuliert: *„Spielen ist experimentiren mit dem Zufall."*[52] Bühler hat daher auch zu Recht von einer *„Funktionslust"* beim Spielen gesprochen, die immanent auf Fortsetzung dränge.[53]

Das Spielen kann es deshalb auch lieben, die Lust am Spielen gerade dadurch zu steigern, dass besondere Schwierigkeiten beim Spielen eingeführt werden wie etwa das Hüpfen auf einem Bein oder die Erschwerung des Sprachgebrauchs durch Verwendung von Reimen oder Rhythmen, eben weil Spieler und Spielmittel Partner werden sollen, mit deren Unterstützung die jeweiligen Spieler ihre motorischen, sensiblen und kognitiven Fähigkeiten auf die Probe stellen bzw. entfalten können. Deshalb haben Spielregeln auch immer eine ganz bestimmte Entfaltungsgeschichte, weil Zufälle und Notwendigkeiten, Impulse und Gegenimpulse, Intentionen und Widerstände immer wieder in einen anderen Korrelationszusammenhang gebracht werden müssen oder können. Im Spiel muss die Respektierung und das Überschreiten von Grenzen immer wieder in ein neues Gleichgewicht gebracht werden, weil man nur dadurch die eigenen Kräfte entwickeln und ausprobieren kann. Auf dieses Weise kann dann das Spielen trotz seiner Anstrengungsanforderungen zu einer Gegenkraft zum Arbeiten und dessen immanenter Zweckrationalität werden. Deshalb hat das Spielen auch eine genuine Tendenz zur Fortsetzung, was die Arbeit nur dann hat, wenn sie deutliche

---

51 H. Spencer: The principles of psychology. Zitiert nach H. Scheuerl: Das Spiel, Bd. 2: Theorien des Spiels 1991[11], S. 56.
52 Novalis: Werke, Bd. 2. Fragmente und Studien, 1799/1810, S. 771, Nr. 141.
53 K. Bühler: Sprachtheorie, 1965[2], S. 136 und 374.

Spielimplikationen hat. Im Spiel wird daher dann auch jedes Ergebnis zu einem Zwischenergebnis, eben weil der Vollzug des Spiels eigentlich wichtiger ist als sein konkretes Endergebnis.

Aus diesem Grunde haben Spiele auch immer eine strukturelle Analogie zu der Institution von Hofnarren, weil beide Phänomene eine wichtige Regulationsfunktion haben, insofern beide dazu dienen, verfestigte Ordnungsstrukturen zu korrigieren oder zumindest zu flexibilisieren. Deshalb hat Schiller in seinen Überlegungen zur Ästhetik auch betont, dass es beim Menschen zwei gegenläufige Energien gebe, nämlich den sogenannten „*Stofftrieb*", der sich auf die direkte Anteilnahme des Menschen an der realen Welt und an der Fülle der faktischen Lebensmöglichkeiten richte, und den sogenannten „*Formtrieb*", der sich darauf richte, die Vielfalt des Erfahrbaren in übersichtlichen Gestalten zu objektivieren bzw. den Reichtum des sinnlich Erfahrbaren mit Hilfe von Mustern in übersichtlich Formen zu bringen und eben dadurch dann auch geistig zu strukturieren.

Nach Schiller lassen sich diese gegenläufigen Triebe bzw. Intentionen allerdings im faktischen Leben nur schwerlich zum Ausgleich bringen, obwohl die Vernunft das immer anstrebe. Eine Möglichkeit zur Versöhnung beider Triebe sieht er nur im Reiche der Kunst bzw. im Reiche der Aktivitäten, die er unter dem Begriff „*Spieltrieb*" zusammenfasst. Daher ist für ihn die Kunst auch die höchste Form der Entfaltung des Spieltriebs. Dieses Konzept Schillers lässt sich dann vielleicht auch auf menschlichen Trieb zur Herstellung und Nutzung von Analogien im geistigen Leben ausdehnen. Das würde dann auch bedeuten, die geistigen Aktivitäten bei Analogiebildungen nicht nur als eine Form geistiger Arbeit zu verstehen, sondern auch als eine besondere Form der Kunst oder des Spiels, bei der die Menschen ihre Gestaltungs- und Formbildungskräfte nicht nur variabel gestalten, sondern auch genießen können. „*Denn, um es auf einmal herauszusagen, der Mensch spielt nur, wo er in voller Bedeutung des Wortes Mensch ist, und er ist nur da ganz Mensch, wo er spielt.*" [54]

4.2 Der Sprachspielgedanke Wittgensteins

Obwohl die anthropologische und kulturelle Relevanz des Spielphänomens schon früh von Herder, Schiller und Huizinga gewürdigt worden ist, so ist das Sprachphänomen erst durch Wittgenstein ganz ausdrücklich mit dem Spielphänomen in Verbindung gebracht worden. Das exemplifiziert sich besonders

---

[54] F. von Schiller: Über die ästhetische Erziehung des Menschen in einer Reihe von Briefen. Nationalausgabe Bd. 20, 15. Brief, S. 339.

prägnant in der folgenden These: *„Und der Begriff ist daher im Sprachspiel zu Hause."* [55] Diese aphoristische These muss natürlich allen sehr provokativ erscheinen, die richtig gebildete Begriffe als sprachliche Abbildungen vorgegebener Seinsmuster bzw. als vorgegebene Bausteine des weltabbildenden Denkens verstehen, aber nicht als Produkte der menschlichen Einbildungskraft, die im Prinzip aus spielerischen Denkoperationen resultieren.

Der Sprachspielgedanke spielt in der Sprachphilosophie Wittgensteins insofern eine ganz zentrale Rolle, als er exemplarisch dokumentiert, dass Wittgenstein sein sprachtheoretisches Denken, wie es sich zunächst in seinem *Tractatus logico-philosophicus* repräsentiert, später ziemlich grundlegend revidiert hat. Dieses Sprachdenken war nämlich anfangs dadurch geprägt, dass nach dem Vorbild des wissenschaftlichen Sprachgebrauchs das Phänomen *Satz* zunächst für ihn von primärem Interesse war, insofern nur Sätzen bzw. Prädikationen für ihn eine Abbildungsfunktion für ganz bestimmte Sachverhalte zukam: *„Der Satz ist ein Bild der Wirklichkeit. Der Satz ist ein Modell der Wirklichkeit, so wie wir sie uns denken."* [56]

Aus dieser normativen Vorstellung der Funktion sprachlicher Objektivierungsformen hat Wittgenstein dann folgenden Schluss gezogen, der seine anfängliche Nähe zu einem positivistischen Wissenschafts- und Sprachverständnis deutlich dokumentiert. *„Die Möglichkeit des Satzes beruht auf der Vertretung von Gegenständen durch Zeichen."* [57] Diese These verdeutlicht, dass Wittgenstein zunächst von einer möglichen Isomorphie zwischen dem Inhalt eines Satzes (Proposition) und einer gegebenen Tatsache ausgegangen ist, was nur denkbar ist, wenn sprachliche Begriffe als stabile ontische Bausteine des Denkens angesehen werden und nicht als hypothetische und variable Produkte von Spielprozessen. Erst in seinen *Philosophischen Untersuchungen* hat Wittgenstein seine Wahrnehmungsperspektive für Sprache recht radikal geändert, insofern er jetzt nicht mehr die formalisierten Sprachen der Wissenschaften zum Ausgangspunkt seines Interesses an der Sprache gemacht hat, sondern vielmehr die natürliche Umgangssprache. Dadurch kommt er dann zu der Einsicht, dass das Phänomen der Analogie bei sprachlichen Begriffsbildungen ein ganz besonderes sprachtheoretisches Interesse beanspruchen darf: *„Steckt uns da nicht die Analogie der Sprache mit dem Spiel ein Licht auf?"* [58]

---

55 L. Wittgenstein: Zettel Nr. 391. Werkausgabe Bd. 8, S. 363.
56 L. Wittgenstein: Tractatus logico-philosophicus. 1968[5], S. 33, 4.01.
57 L. Wittgenstein: a.a.O., S. 37, 4.0312.
58 L. Wittgenstein: Philosophische Untersuchungen. 1967, S. 57, § 83.

Dieser Wechsel der Wahrnehmungsperspektive für Sprache vom formalisierten Sprachgebrauch in den Wissenschaften zu dem spontanen und polyfunktionalen Sprachgebrauch im alltäglichen Leben hat Wittgensteins Interesse an der Sprache grundlegend verändert. Nun bekommen nämlich die vielfältigen und mehrschichtigen Sinnbildungsfunktionen der Sprache für Wittgenstein ein sehr viel größeres Gewicht als ihre potentiellen Abbildungsfunktionen für eine außersprachliche Realität, die zuvor im Fokus seines Interesses an der Sprache gestanden hatte, was dann natürlich auch eine Analogisierung von Sprache und Spiel weitgehend ausgeschlossen hat.

Durch diesen neuen Denkansatz wurde es nun möglich, dem wissenschaftlichen Sprachgebrauch, dem Wittgenstein anfangs einen normativen Geltungsanspruch zugeschrieben hatte, nur noch als eine spezifische Spielform der Sprache unter anderen anzusehen, den man nicht überschätzen dürfe. Zugleich lag es ihm nun auch näher, die anthropologische Relevanz der Sprache deutlicher herauszuarbeiten und die Sensibilität für ihre umfassenden kognitiven und kommunikativen Funktionen zu steigern, wie sie beispielsweise im ästhetischen, bildlichen, metaphorischen, fiktiven und analogisierenden Sprachgebrauch zum Ausdruck kommen.

Wittgensteins Verzicht auf eine monolithische Sprachtheorie und sein Interesse, die Sprache über ihre Polyfunktionalität aufzuklären, ist natürlich nicht unproblematisch. Dieser Denkansatz erschwert es nämlich, sich intersubjektiv auf argumentative Weise über das Sprachphänomen abschließend zu verständigen. Nun kann nämlich allen möglichen Wahrnehmungsansätzen für Sprache ein Lebensrecht zugesprochen werden, da sich nun die Sprache als Sprachspiel und damit als Teil „*einer Tätigkeit, oder einer Lebensform*" bzw. als „*ein Labyrinth von Wegen*" betrachten lässt.[59]

Gleichwohl muss nun aber auch festgehalten werden, dass das Verständnis von Sprache als Spielform und nicht als Abbildungsform unsere Sensibilität für die Polyfunktionalität der Sprache sehr nachdrücklich gestärkt hat, insofern sie sich nun in sehr unterschiedlichen Perspektiven und Korrelationen hinsichtlich ihrer Sinnbildungs- bzw. Wegbildungsmöglichkeiten betrachten lässt und weil nun insbesondere der kreative Kraftüberschuss des menschlichen Wahrnehmens und Denkens sehr gut in ihr hervortreten kann. Durch den Sprachspielgedanken wird nämlich die menschliche Fähigkeit ungemein gestärkt, mit der Tücke der Objekte und der anthropologischen Funktion von Grenzen fertig zu werden, insofern nun der Sprache im Rahmen des Spielgedankens auf ganz natürliche Weise sehr unterschiedliche Spielräume zugeordnet werden können. Spiele

---

59 L. Wittgenstein a.a.O. 1967. S. 24, § 23; S. 106, § 203.

haben von Natur aus immer eine recht große Spannweite, die von Wettkampf-spielen mit recht strengen Regeln bis zu flexiblen Strukturierungsspielen reicht, in denen Ordnungsverfahren erst erprobt werden. Gerade weil sich Spielwelten als eigene Welten in Realwelten ansehen lassen, sind sie natürlich auch immer dazu befähigt, uns kraft Analogie dabei zu helfen, vielfältige und vielgestaltige Ordnungsstrukturen in der gegebenen Realwelt nicht nur perspektivisch zu er-schließen, sondern auch semiotisch zu objektivieren.

Gerade weil der späte Wittgenstein sich die Sprache nicht als Systemgebilde mit einer Abbildungsfunktion erschließen möchte, sondern als Teil einer Tätig-keit oder Lebensform, liegt es ihm auch nahe, sie sich auf analogisierende Weise mit Hilfe des Sprachspielgedankens vorzustellen. Dementsprechend haben dann auch die unterschiedlichen Gebrauchsformen von Sprache eine gewisse Fami-lienähnlichkeit miteinander, die aufgespürt werden sollte (Brettspiele, Karten-spiele, Ballspiele, Kampfspiele, Gestaltungsspiele, Verführungsspiele usw.). Da-her haben dann auch alle Spiele unbeschadet ihrer faktischen Differenzen immer auch eine gewisse Ähnlichkeit miteinander, insofern in ihnen immer Regelge-bundenheiten mit Regeltranszendierungen in ein Fließgleichgewicht gebracht werden müssen. Die Regelgebundenheit von Sprachspielen ist nämlich die Vo-raussetzung dafür, dass die jeweiligen Sprachspiele intersubjektiv verständlich werden und nicht zu privaten Sprachspielen degenerieren und damit ihren Sta-tus als intersubjektiv verständliche Weg- und Sinnbildungsspiele verlieren.

Ohne konkrete Kontexteinbindungen und intentionale Zielsetzungen gibt es für Wittgenstein keine funktionierenden Sprachspiele. Sprachregeln müssen deshalb für ihn immer eine konstitutive Beziehung zu den jeweiligen Mitteilungs- und Strukturierungsintentionen haben. Das betrifft dann auch das Problem, wel-ches faktische Analogisierungspotential den jeweiligen Sprachspielen zugeord-net werden kann. Dieses ist natürlich bei einem metaphorischen Sprachspiel sehr viel höher als bei einem begrifflich orientierten. Deshalb läuft die begrifflich ori-entierte Sprachverwendung auch immer Gefahr, ihr Analogisierungspotential einzuschränken oder gar zu verlieren, weil dadurch die Spielräume der Sprache methodisch eingeschränkt werden. *„Zum Staunen muß der der Mensch – und viel-leicht Völker – aufwachen. Die Wissenschaft ist ein Mittel um ihn wieder einzuschlä-fern.“* [60]

Die Grundintention des Sprachspielgedankens ist ganz unabhängig von Wittgenstein auch von anderen Sprachtheoretikern vertreten worden. So hat bei-spielsweise der Phänomenologe und Jurist Wilhelm Schapp die Auffassung ver-treten, dass wir die Bedeutung von Wörtern am besten erfassten, wenn wir

---

60 L. Wittgenstein: Vermischte Bemerkungen (1930), Werkausgabe Bd. 8, S. 457.

zugleich wüssten, in welche Geschichten sie jeweils verstrickt seien bzw. verstrickt werden könnten. Sowohl Menschen als auch Dinge und Vorstellungsphänomene lernten wir nämlich am besten über die Geschichten kennen, in denen sie verstrickt gewesen seien oder sich verstricken ließen. Ähnlich wie für Wittgenstein aus dem faktischen Gebrauch von Wörtern deren jeweiliges Sinnbildungspotential resultiert, so sind für Schapp die Geschichten die Grundlage für das Verständnis von Wörtern, weil für ihn Geschichten die primären Tatbestände sind, aus denen Menschen und Sachverhalte erst wirklich für uns hervorträten.

Deshalb möchte Schapp dann auch einzelne Wörter gern als Überschriften von Geschichten verstanden wissen, über die wir einen Kontakt zu den von ihnen thematisierten Phänomenen bekämen. Die Semantik von Wörtern stabilisiert sich für ihn nämlich dadurch, dass sich die Geschichten ähneln, in denen sie vorkommen. Je mehr Geschichten wir kennenlernten, in denen diese Wörter verstrickt seien, desto aspektreicher und vielschichtiger werde dann auch ihr Bedeutungsprofil bzw. ihr Bedeutungspotential für uns.[61] Zu den Sinnbildungspotentialen von Wörtern gehören deshalb sicherlich auch deren Analogisierungspotentiale. Das exemplifizieren dann insbesondere die metaphorischen Gebrauchsweisen von Wörtern, die ja verdeutlichen, dass wir Wörter potentiell in ganz unterschiedliche Geschichten verstricken können.

In ähnlicher Weise wie Wittgenstein und Schapp hat auch der Biologe Lenneberg postuliert, dass die Wörter der natürlichen Sprache eigentlich nicht auf in sich stabile und klar definierbare Begriffe verwiesen, sondern eher auf variable Begriffsbildungs- bzw. Sinnbildungsprozesse. Die Bedeutung bzw. der Sinn von Wörtern sei deshalb auch nicht in einem statisch akzentuierten Denkrahmen zu diskutieren, sondern eher in einem dynamischen und spielerischen Rahmen, der sich kontextuell immer wieder ändern könne.

> Die Aufgabe kognitiver Organisation erreicht nie ein Ende und ist niemals vollendet, „um später gebraucht zu werden". Wörter sind nicht Namen für früher einmal abgeschlossene und eingelagerte Begriffe; sie sind die Namen für einen *Kategorisierungsprozeß oder eine Familie solcher Prozesse*. Aufgrund der dynamischen Natur des zugrunde liegenden Prozesses können die Referenten von Wörtern so leicht wechseln, lassen sich Bedeutungen erweitern und sind Kategorien immer offen. *Wörter bezeichnen (etikettieren) die Prozesse des kognitiven Umgangs einer Art mit ihrer Umwelt.*[62]

Traditionell sind wir sicherlich dazu geneigt, sprachliche Kategorisierungsprozesse als sprachliche Begriffsbildungsprozesse zu verstehen, die idealerweise auf

---

61 W. Schapp: In Geschichten verstrickt, 2012⁵.
62 E. H. Lenneberg: Biologische Grundlagen der Sprache. 1972, S. 407.

in sich stabile abbildende Denkmuster hinauslaufen sollen und können. Wenn man aber sprachliche Kategorisierungsprozesse in einer evolutionären bzw. historischen Perspektive betrachtet, dann können ihre Ergebnisse überhaupt nicht auf übergeschichtliche und in sich stabile Denkbausteine hinauslaufen, sondern nur auf variable im Sinne Wittgensteins. Ihr spielerischer Gebrauch impliziert Analogisierungsverfahren, die nicht immer voraussehbar sind, weil sie aus bestimmten intentionalen Denkbewegungen resultieren, die sich allerdings pragmatisch bewähren und weiterentwickeln müssen. Sie schließen dann auch Analogieannahmen ein, deren Plausibilität und Reichweite zunächst noch offen bleibt bzw. sich historisch bewähren muss.

Wenn Wittgenstein den konkreten Sprachgebrauch als eine Lebens- und Spielform ansieht, dann muss er den dabei praktizierten Regularitäten natürlich eine große Flexibilität zuordnen. Der konkrete Sprachgebrauch als Lebens- und Spielform muss sich einerseits nämlich an sozialen Konventionen halten, um intersubjektiv verständlich zu bleiben, aber zugleich muss er auch individuellen Differenzierungsintentionen Raum geben, um innovativ werden zu können. Das bedeutet, dass der konkrete Sprachgebrauch sich einerseits Regeln geben muss, um objektsprachlich verständlich zu werden, dass er andererseits aber durchaus auch neuartige Metaregulierungen vornehmen kann, um beim Gebrauch von konventionellen Regeln innovativ wirksam werden zu können.

Wenn das nämlich nicht so wäre, dann könnten wir weder von Sprachspielen sprechen noch von der Universalität der natürlichen Sprache als Sinnbildungsmittel. Das bedeutet konkret, dass im Rahmen der natürlichen Sprache Sprachspiele nur dann gelingen, wenn diese sich flexibel neuen Denk- und Mitteilungsspielen anpassen können, was der metaphorische bzw. ikonische Sprachgebrauch schlagend exemplifiziert, bei dem die Sprache gleichsam im Gebrauch modifiziert oder partiell sogar neu geschaffen wird. Die natürliche Sprache muss gleichsam ihre Grundfähigkeit im Sinne Humboldts lebendig erhalten, *„von endlichen Mitteln einen unendlichen Gebrauch"* [63] machen zu können. Das verleiht ihr dann natürlich einen chamäleonartigen Grundcharakter, wenn sie sich neuartigen kognitiven und kommunikativen Herausforderungen anzupassen versucht. Wenn die formalisierten Fachsprachen den analogisierenden bzw. ikonischen Sprachgebrauch prinzipiell auszuschließen versuchen, um ihre Informationsgenauigkeit nicht zu gefährden und um individuelle semantische Einfärbungen zu verhindern, dann vermindern sie dadurch zugleich ihre evolutionären Anpassungsfähigkeiten bzw. ihre flexiblen Interpretations- und Spielfähigkeiten.

---

63 W. von Humboldt: Werke. Bd. 3, S. 477.

4.3   Das Analogiephänomen im dialogischen Sprachgebrauch

Der dialogische Sprachgebrauch unterscheidet sich vom monologischen intentional sowie strukturell insbesondere dadurch, dass er von vornherein eher einen Spiel- als einen Abbildungs- oder Repräsentationscharakter hat. Der Dialog lebt nämlich wie jedes Spiel von einem Hin und Her von Sichtweisen, von Aktion und Reaktion, von einem Perspektivenaufbau und einer Perspektivenvariation, von Sachbehauptungen und Behauptungsrelativierungen. Während zum Monolog eher das Bestreben zu einem systematischen Aufbau und zur Ausgestaltung von Wahrnehmungsperspektiven gehört, wird der Dialog eher durch den ständigen Wechsel von Denk- und Wahrnehmungsperspektiven geprägt. Das hat dann zur Folge, dass zum Dialog eher die Konkretisierung und Variation von Differenzen gehört und zum Monolog eher deren Beseitigung bzw. Harmonisierung.

Wenn man diese sehr idealtypische Charakterisierung von Dialogen und Monologen akzeptiert, dann ergeben sich dadurch wichtige Konsequenzen für die Wahrnehmung der Analogieproblematik in monologischen und dialogischen Sprachverwendungsweisen, die beide zweifellos in einer dialektischen Spannung zueinander stehen. Dabei ist dann zu beachten, dass der dialogische Sprachgebrauch im Prinzip eher eine größere Nähe zum begrifflichen als zum bildlichen Sprachgebrauch hat, sofern er keine narrativen, sondern argumentative Zielsetzungen hat und den jeweiligen Gesprächspartner nicht suggestiv durch bestimmte Sprachbilder überzeugen will. Das schließt allerdings nicht aus, dass immer wieder Exempel verwendet werden, um die eigene begriffliche Argumentation plausibler zu machen.

Das beinhaltet dann zugleich auch, dass im Dialog nicht nur mit begrifflichen Waffen gekämpft wird, sondern auch mit ikonisch wirksamen Beispielen, die natürlich auch eine suggestive und emotionale Überzeugungsfunktion ausüben sollen. Eine solche kann nämlich insbesondere dann wirksam werden, wenn die jeweilige Argumentation auf einen ganz konkreten Adressaten abgestimmt wird und nicht nur auf eine adäquate deskriptive Entfaltung eines bestimmten Sachverhalts. Im monologischen Sprachgebrauch kommt es demgegenüber sehr viel stärker auf die Überzeugungskraft globaler struktureller Analogien an. Das ist etwa der Fall, wenn Max Weber die protestantisch-calvinistische Arbeitsethik mit Industrialisierungsprozessen korreliert und analogisiert.

Die semiotische Logik als Lehre von Denk- und Zeichenstrukturen aller Art kommt so gesehen gar nicht darum herum, sich auch mit dem Phänomen der Analogie als einem konstitutiven und regulativen Denkfaktor zu beschäftigen, der sowohl in einer umfassenden monologischen Theoriebildung vorkommen kann, als auch in einem kleinflächigeren dialogischen Sprachgebrauch, der auf ganz bestimmte Adressaten abgestimmt ist. Gerade hier ist nämlich das analogisierende Denken sehr offensichtlich mit dem Handlungs- bzw. Interaktionsgedanken sowie mit den Strategien zur Konstituierung von konkreten Wahrnehmungsperspektiven verwachsen.

Spätestens seit Sokrates wissen wir, dass der Dialog neben dem Monolog nicht nur eine ganz bestimmte formale Gebrauchsform von Sprache ist, sondern zugleich auch eine ganz bestimmte Denkform, die immanent sehr nachhaltig mit dem Perspektivierungs-, Abduktions- und Spielphänomen korreliert ist. Der dialogische Sprachgebrauch hat nämlich tendenziell weniger Repräsentations- und Abbildungsaufgaben, sondern eher Annäherungs- und Erschließungsaufgaben, die sich sowohl auf bestimmte Sachverhalte als auch auf bestimmte Personen beziehen können.

Jeder Dialog lebt letztlich von einem Frage- und Antwortspiel, selbst wenn dieses formal nicht direkt als ein Spiel von konkreten Fragen und Antworten in Erscheinung tritt. Insbesondere in komplexen philosophischen und persönlichen Dialogen geht es nämlich meist weniger um den Ausgleich von individuellen Wissensdefiziten, sondern eher um die Möglichkeiten der Wissensbildung mit Hilfe der sukzessiven Ausformung bestimmter Wahrnehmungsperspektiven und Erkenntnisinteressen, also um ganz genuine Abduktionsprobleme in Wissensbildungsprozessen.

Das lässt sich sehr schön an den berüchtigten *Wesensfragen* bzw. *Was-ist-Fragen* von Sokrates exemplifizieren. Wenn dieser den Priester Euthyphron nach dem Wesen der Frömmigkeit fragt und den Feldherren Laches nach dem der Tapferkeit, dann scheint das auf den ersten Blick so, als ob Sokrates seine eigenen Wissensdefizite durch die Auskünfte von Fachleuten beseitigen möchte. Das erscheint uns zunächst auch sehr plausibel, aber faktisch ist es dann doch ein ziemlich ironisches Spiel, in dem die Betriebsblindheit von vermeintlichen Fachleuten entlarvt werden soll. Diese sind nämlich oft nicht mehr fähig, die strukturierenden Grundbegriffe ihrer Tätigkeiten von außen wahrzunehmen, da sie oft selbst so in diese verstrickt sind, dass sie deren jeweiligen Stellenwert ohne gravierende einseitige Vorurteile nicht mehr erfassen können. Deshalb scheitern sie dann auch daran, umfassende sinnvolle Wesensdefinitionen von ihnen zu entwickeln. Statt die Phänomene *Frömmigkeit* und *Tapferkeit* nach ihren jeweiligen Hauptaspekten so präzise wie möglich, begrifflich näher zu bestimmen, fangen sie nämlich an, Beispielsgeschichten für diese Phänomene zu erzählen. Das ist angesichts der Komplexität dieser Phänomene zwar verständlich, weil dabei ja auch der Zauberstab der Analogie eingesetzt werden kann, aber dieser heuristische Ausweg findet bei Sokrates natürlich keine wirkliche Zustimmung, da er im Prinzip auf einer begrifflichen Definition dieser Phänomene besteht. Eine solche normative Definition liefert Sokrates allerdings selbst auch nicht ab, weil er damit dann ja auch sein eigenes perspektivierendes Denken in Frage stellte und eben dadurch unversehens in die Rolle eines Dogmatikers überwechseln würde, der nicht mehr Probleme zu strukturieren versucht, sondern allgemeingültige Behauptungen in die Welt setzt, wie es beispielsweise die von ihm verachteten Sophisten gegen Bezahlung gemacht haben.

Sokrates glänzt in seien Dialogen dann auch nicht durch belastbare Begriffsdefinitionen bzw. durch sein enzyklopädisches Sachwissen, sondern durch seine operativen Fähigkeiten, mit komplexen Sachverhalten denkerisch adäquat umzugehen bzw. durch bestimmte geistige Eigenbeweglichkeiten diese perspektivisch und sprachlich sinnvoll zu bewältigen. Deshalb enden die sokratischen Dialoge auch nicht mit konkret fassbaren Endergebnissen, sondern allenfalls mit Zwischenergebnissen bzw. mit einer gesteigerten Sensibilität für die jeweils thematisierten Phänomene oder nur mit einer Vertröstung auf weitere Gespräche. Deshalb hat Sokrates sich dann ja auch beharrlich geweigert, sein Denken schriftlich zu fixieren, weil eben dadurch Zwischenergebnisse immer leicht eine Endgültigkeitsfarbe bekommen würden.

Obwohl Sokrates in seinen Dialogen immer auf einer belastbaren begrifflichen Klärung der zur Debatte gestellten Probleme im Rahmen einer Deduktions- und Induktionslogik besteht, scheut er sich selbst auch nicht, vom *Zauberstab der Analogie* Gebrauch zu machen, wenn es um die geistige Strukturierung von komplexen Problemzusammenhängen geht. So präsentiert er immer wieder gern bestimmte Mythen oder erfundene Geschichten, um bestimmte Strukturzusammenhänge ikonisch zu exemplifizieren. Allerdings macht er sich dabei nie für deren möglichen historischen Wahrheitswert stark, sondern nur für deren heuristische Erschließungskraft für komplexe Wahrnehmungsgegenstände.

Beispielsweise erzählt Sokrates in dem von Platon überlieferten und strukturierten Dialog *Phaidros* einen Mythos über die Erfindung der Schrift durch den altägyptischen Lokalgott Theuth. Anhand dieser Geschichte diskutiert er dann die Vor- und Nachteile des schriftlichen Sprachgebrauchs mit seinem Gesprächspartner Phaidros. Dabei stellt er dann ausdrücklich klar, dass es sich bei dem Verweis auf diesen Mythos nicht um dessen historische und faktische Wahrheit gehe, sondern vielmehr um dessen heuristische Erläuterungsfunktionen für die Erfassung der Funktionen der Schrift beim Gebrauch von Sprache.[64] Ähnliches gilt auch für das platonische Höhlengleichnis, mit dessen Hilfe die Struktur der menschlichen Wahrnehmungs- und Erkenntnisleistungen objektiviert und erläutert wird. Auch hier wird darauf verzichtet, ein Problem begrifflich zu ana-

---

64 Platon: Phaidros 274c–277, Werke, Bd. 4, S. 54–57. Vgl. auch: W. Köller: Narrative Formen der Sprachreflexion. 2006, S. 158–189.

lysieren. Stattdessen wird in dialogischer Form eine Geschichte erzählt, die nicht begrifflich, sondern narrativ und ikonisch einen bestimmten Problemzusammenhang veranschaulicht, weil dieses Verfahren der Komplexität des Themas für ihn eher angemessen erscheint als eine rein begriffliche Analyse.[65]

Obwohl sich Sokrates in seinen begrifflichen Argumentationen natürlich der begrifflichen Deduktions- und Induktionslogik verpflichtet fühlt, so ist er sich als Liebhaber der Weisheit keineswegs zu schade, von Denk- und Sprachverwendungsweisen Gebrauch zu machen, die Peirce später mit Hilfe des heuristisch zu verstehenden Abduktionsbegriffs thematisiert hat. Dieses Denkverfahren ist natürlich besonders für den mündlichen bzw. dialogischen Sprachgebrauch prädestiniert, weil in diesem die Sprache polyfunktionaler einsetzbar ist als im schriftlichen, der sehr viel stärker normativ reguliert ist. Im mündlichen Sprachgebrauch wird nämlich in der Regel nicht nur auf bestimmte Sachverhalte selbst Bezug genommen, sondern zugleich auch auf die persönliche Verwicklung der Kommunikanten in diese. Dadurch tritt die Sprache natürlich nicht nur intentional als Repräsentationsmittel für bestimmte außersprachlich Sachverhalte in Erscheinung, sondern immer auch als ein sehr vielfältiges Mittel für die Herstellung von sozialen Beziehungen zwischen den jeweiligen Kommunikanten, also auch als ein spezifisches Spielmittel.

In Dialogen spielen naturgemäß auch Fragen eine viel größere Rolle als in Monologen. Deren Spezifik lässt sich im Gegensatz zu Sachaussagen nicht direkt mit der Wahrheitsfrage in einem korrespondenztheoretischen Sinne konfrontieren, da Fragen ja pragmatisch gesehen keine deskriptive Aussagefunktion haben, sondern eher eine Aufforderungs- und Interaktionsfunktion, bei der zwar immer auch bestimmte Wissensbestände thematisiert, aber nicht prädikativ behauptet werden.[66] Zurecht sind deshalb Fragen auch immer wieder mit dem anthropologischen Phänomen des Staunens in Verbindung gebracht worden, insofern sie immer mit dem Problem zu tun haben, wie man ein schon gegebenes Wissen transzendieren bzw. wie man seiner spezifischen Neugierhaltung einen sprachlichen Ausdruck geben kann. Deshalb stehen Fragen auch mit denjenigen Formen des Denkens in einer engen Beziehung, die sich nicht nur mit dem gegenwärtig Vorhandenen oder Gewussten beschäftigen, sondern auch mit allen Formen des Denkbaren und Möglichen. Daher hat Platon dann ja auch das Denken und das Fragen als ein *„Gespräch der Seele mit sich selbst"* thematisiert.[67]

---

65 Platon: Politeia, 7. Buch 514a-517a, S. 224-226. Vgl. auch: W. Köller: Narrative Formen der Sprachreflexion, 2006, 190–221.
66 Vgl. W. Köller: Perspektivität und Sprache. 2004, S. 660–685.
67 Platon: Sophistes 263e. Werke Bd. 4, S. 239.

Auf jeden Fall ist das Fragen nicht nur eine bloße Ausdrucksform des Suchens nach verlorenen oder fehlenden Wissensbeständen, sondern eher eine Suche nach verborgenen Ordnungsformen bzw. nach der Präzisierung eines vagen Vorwissens und eben damit dann auch eine Suche nach verborgenen Analogien mit dem, was einem schon vorher irgendwie in Umrissen bekannt gewesen ist. Mit Fragen ist deshalb auch meist eine gewisse Paradoxie verbunden. Was man weiß, das braucht man eigentlich nicht mehr zu suchen. Was man nicht weiß, danach lässt sich eigentlich nicht wirklich suchen, weil man ja nicht weiß, was man eigentlich suchen soll.[68] Das bedeutet, dass jede Frage schon auf einem vagen Vorwissen beruht, das auf eine Präzisierung hinsichtlich seiner möglichen Inhalte durch Affirmationen oder Negationen wartet.

In der Jurisprudenz dokumentiert sich diese Grundstruktur sehr deutlich in der Suche nach Präzedenzfällen für einen neuen konkreten Einzelfall. Dabei hofft man dann, über Analogien und Differenzen zwischen den früheren Fällen und jeweiligen aktuellen Fall verborgene Ordnungsstrukturen herauszuarbeiten, um auf diese Weise eine angemessene Entscheidung über die Behandlung des neuen Falls treffen zu können. Das spielt insbesondere im angelsächsischen Rechtswesen eine dominante Rolle, weil hier der Buchstabe des Gesetzes keine so dominante Rolle spielt wie im kontinentalen Kodexrecht.

Analogisierungen aller Art spielen natürlich ebenso wie fruchtbare Fragestellungen in allen Spielarten der Hermeneutik eine ganz zentrale Rolle. Deshalb hat Gadamer dann auch betont, dass in hermeneutischen Denkoperationen erschließende Fragen immer einen Vorrang gegenüber faktischen Antworten hätten. Das dokumentiert sich auch schon klar in den letztlich unbeantwortbaren *Was-ist-Fragen* von Kindern, die ja bei ihnen auch nicht spontan vom Himmel fallen, sondern immer dann aktuell werden, wenn in konkreten Situationen ein grobes Vorwissen als faktisch ungenügend in Erscheinung tritt. Eine plausible Antwort wird dann meist schon als befriedigend empfunden, weil dadurch bei ihnen in der Regel ein Problem schon als gelöst angesehen wird, obwohl es natürlich letztlich keineswegs immer als gelöst zu verstehen ist.

So gesehen sind die *Was-ist-Fragen* von Kindern und Philosophen auch dann wertvoll, wenn sie faktisch eigentlich unbeantwortbar sind, aber gleichwohl als ein Einstieg in den hermeneutischen Zirkel von Verstehensprozessen angesehen werden können. Ohne Fragen, Hypothesen und Analogieannahmen lassen sich Erkenntnisprozesse weder eröffnen noch konkretisieren, da diese ja immer auch als Grundlagen von Abduktionsprozessen im Sinne von Peirce zu verstehen sind. Diese sind ja auch für Peirce nicht abzuschließen, sondern nur vielfältig auf

---

68 Platon: Menon 80e. Werke Bd. 2, S. 21.

spielerische Weise auszugestalten, um sich auf diese Weise asymptotisch bestimmten Wahrnehmungsobjekten anzunähern. Das hat Nietzsche etwas sarkastisch folgendermaßen formuliert. *„Man hört nur die Fragen, auf welche man imstande ist, eine Antwort zu finden."*[69]

Die faktischen Überschneidungen bzw. das dialektische Verhältnis von Fragen und Antworten sowie von Suchprozessen und Suchinhalten ist sicherlich in anthropologischer und abduktiver Hinsicht recht gut nachvollziehbar, aber in Rahmen der klassischen Logik sehr viel weniger. Im semiotischen und pragmatischen Denken zeigt sich nämlich sehr deutlich, dass Fragen keine einfachen operativen Hilfsmittel des Denkens sind, weil sie recht unterschiedliche pragmatische Funktionen haben können. Das dokumentiert sich auch dann sehr deutlich, wenn wir unsere üblichen Differenzierungsbegriffe für die Subdifferenzierung von Fragen etwas genauer ins Auge fassen: *Ergänzungsfragen, Entscheidungsfragen, Alternativfragen, Akzentuierungsfragen, hypothetische Fragen* usw. Besonders berüchtigt sind diesbezüglich natürlich *rhetorische Fragen,* die gar nicht bejaht oder verneint werden können, da sie pragmatisch ja als Behauptungen zu verstehen sind, die sich nur als Fragen verkleidet haben: *Betrügen sie ihre Frau immer noch?*

Als wissenschaftliche Fragen werden meist nur diejenigen Fragen anerkannt, bei denen erwartbar ist, dass sie in einem ganz bestimmten Rahmen abschließend beantwortbar sind, aber nicht solche, die wegen ihrer Globalität oder ihrer Mehrdimensionalität faktisch nicht befriedigend beantwortet werden können, sondern allenfalls ironisch. Zu diesen gehören sicherlich die *Was-ist-Fragen,* die bei Kindern und Philosophen sehr beliebt sind, aber bei Fachwissenschaftlern überhaupt nicht, weil es kaum allgemein anerkannten Methoden gibt, die darauf gegebenen Antworten überzeugend zu verifizieren oder zu falsifizieren. Dementsprechend wären dann auch globale Wesensfragen folgenden Typs für Fachwissenschaftler letztlich ziemlich sinnlos und unzulässig: *Was ist Zeit?* Dagegen wäre für sie die folgende Frage zulässig, da sie sich pragmatisch sinnvoll beantworten lässt: *Wie kann man Zeit messen?*

Anthropologisch gesehen sind beantwortbare Fragen allerdings zuweilen weniger relevant als unbeantwortbare, weil sie den jeweiligen Wissenserwerb oft abstraktiv so einschränken, dass er kognitiv eher als banal, aber kaum als inspirierend angesehen wird. Wissenschaftlich beantwortbare Fragen werden dagegen anthropologisch oft als ziemlich banal angesehen, weil die möglichen Antworten darauf zwar unser praktisches Funktionswissen bereichern, aber nicht

---

69 F. Nietzsche: die fröhliche Wissenschaft. Werke Bd. 2, 1973[7], S. 148, Nr. 196.

die heimliche menschliche Sehnsucht nach einem umfassenden Substanzwissen erfüllen.

Zugleich wird man aber auch einräumen müssen, dass in ganz bestimmten praktischen Lebenszusammenhängen *Was-ist-Fragen* bzw. *Wesensfragen* faktisch ziemlich unfruchtbar bzw. pragmatisch kaum zielführend werden können. Beispielsweise gibt es in Strafprozessen das Problem, ob man sich auf das substanzielle Wesen konkreter Straftaten konzentrieren kann, darf oder soll, das dann von einem ganz bestimmten juristischen Ordnungsbegriff erfasst werden soll. Beispielsweise können die Begriffe *Mord*, *Totschlag* oder *fahrlässige Tötung* terminologisch zwar klar definiert und unterschieden werden, aber ob sie in einer eindeutigen Strukturanalogie zu faktischen Sachverhalten stehen, ist dann eine ganz andere Frage, die Richter zwar lösen müssen, aber keineswegs immer stringent lösen können, weil dabei natürlich auch immer Wissens- und Interpretationsprobleme entstehen.

Die pragmatisch denkenden englischen Juristen haben deshalb in ihrem Verfahrensrecht eine interessante Lösung gefunden, die den Richter bei seiner strafrechtlichen Bearbeitung insbesondere von Todesdelikten entlastet. Bei der Beurteilung von Fällen tragen nämlich hier Ankläger und Verteidiger als Parteien ihre jeweiligen Versionen eines Tathergangs vor und versuchen dann, die Version der jeweiligen Gegenpartei in Form eines argumentativen Wettkampfspieles zu entkräften, um für die jeweiligen Geschworenen die eigene Geschichte eines Tathergangs plausibel zu machen. Ein Praktiker des englischen Strafrechts hat deshalb für die Gestaltung von Befragungen in Kreuzverhören eine durchaus plausible Maxime entwickelt: *Stelle nie eine Frage, die du selbst nicht eindeutig beantworten kannst!* Das ist pragmatisch gesehen auch sehr einleuchtend, weil durch offene Fragen natürlich immer die Gefahr heraufbeschworen wird, dass ganz neue Tatbestände ins Spiel kommen können, die den jeweiligen Fall dann auch in einem ganz anderen Licht erscheinen lassen können.[70]

Verständlich ist nun aber auch, dass man bei der Bearbeitung von philosophischen Grundsatzfragen auf substanziell orientierte Wesensfragen kaum verzichten kann, bei deren Beantwortung man sich natürlich immer auch mit der Analogie zwischen faktischen Tatbeständen und ihren jeweiligen sprachlichen Objektivierungen auseinandersetzen muss. Das impliziert dann zwangsläufig, dass jede Sachreflexion zwangsläufig in eine Metareflexion über ihre jeweiligen Konstitutionsbedingungen und ihre pragmatischen Intentionen übergehen muss, wobei natürlich Analogiehypothesen zwangsläufig immer einen sehr großen operativen Funktionswert bekommen können.

---

70 Vgl. H. Woodbury: The strategic use of questions in court. Semiotica, 48, 1984, S.197–228.

Der Psychiater Bodenheimer hat deshalb im Zusammenhang mit sehr zielgerichteten Fragen an eine konkrete Person auch von einer *„Obszönität des Fragens"* gesprochen, die die Lösung von Problemen eher erschweren als begünstigen könne. Bei konkreten Fragen nach den Motiven seines Handelns könne sich der Befragte nämlich sehr leicht ganz fremden Mächten preisgegeben fühlen. Seine Erfahrung von dreißig Jahren gemeinsamen Redens und Schweigens habe ihm gezeigt, dass er besser habe helfen können, seit er *„zu fragen aufgehört und zu sagen begonnen habe."*[71]

---

71 A. R. Bodenheimer: Warum? Von der Obszönität des Fragens. 1984, S. 8.

5 Das Analogiephänomen im nicht-verbalen Bereich

Natürlich ist die Denkfigur vom Zauberstab der Analogie nicht nur für den Gebrauch sprachlicher Zeichen aufschlussreich, sondern auch für den aller natürlichen und kulturellen Zeichen. Überall, wo wir bestimmte Wahrnehmungsphänomene nicht nur als Sachphänomene wahrnehmen, sondern auch als Zeichenphänomene, haben wir zu prüfen, ob diese uns auf eine ikonische bzw. analogisierende, auf eine indexikalische bzw. hinweisende oder auf eine symbolische bzw. konventionalisierte Weise noch auf etwas anderes aufmerksam machen können. Obwohl sich hier das Hauptinteresse auf die Wirksamkeit des Analogiephänomens auf den Bereich der Sprache konzentrieren wird, ist es dennoch wichtig, die Aufmerksamkeit auf exemplarische Weise auch noch auf andere Bereiche unserer Wahrnehmungen zu lenken, in denen das Analogisierungsprinzip semiotisch wirksam werden kann.

Diesbezüglich wäre dann insbesondere daran zu denken, welche Rolle der Zauberstab der Analogie in der Malerei und insbesondere in der Ikonenmalerei spielt sowie in den mittelalterlichen Vorstellungen von dem *Buch der Natur* und dem *Buch der Geschichte*, in denen man im Prinzip genauso lesen könne wie in der Bibel als *Buch der Schrift*. Nicht ohne Grund spricht man ja auch heute noch von der Sprache der Malerei, der Architektur, des Films oder der gesellschaftlichen Rituale und Traditionen usw., weil auch hier der Zauberstab der Analogie eine wichtige, wenn auch sehr interpretationsbedürftige Rolle spielt.

5.1 Das Analogieproblem in der Malerei

Zumindest die traditionelle gegenständliche Malerei, aber sicherlich auch die abstrakte Malerei mit ihrem oft schwer verständlichen Spiel der Formen und Farben lässt sich semiotisch als eine Welt ikonischer Zeichen verstehen, in der sinnlich wahrnehmbare Phänomene nicht nur auf sich selbst aufmerksam machen, sondern als Zeichenträger immer auch noch auf etwas anderes, mit dem sie in einer ganz spezifischen Analogierelation stehen. Gleichwohl haben wir uns aber auch grundsätzlich die Frage zu stellen, auf welche Ähnlichkeiten solche Zeichenträger uns aufmerksam machen wollen oder können bzw. auf welche konkreten Zeichenobjekte sie uns verweisen wollen und können. Zeichentheoretisch werden wir auf diese Weise nämlich immer mit der Frage konfrontiert, wo die Analogien und Differenzen zwischen den jeweiligen Zeichenträgern und den jeweiligen Zeichenobjekten liegen, da diese Korrelationen ja nicht nur naturbedingt, sondern oft auch kultur- oder traditionsbedingt sind, eben weil alle Zeichen prinzipiell eine Interpretations-, Erschließungs- und Gestaltungsfunktion haben und eben deswegen auch nicht auf eine individuelle Verdopplungsfunktion reduzierbar sind.

Das beinhaltet dann konkret, dass wir bei der Wahrnehmung von Bildern als Zeichen immer mit der Frage konfrontiert werden, wie sich die jeweiligen Bilder von ihren Originalen bzw. Urbildern unterscheiden, auf die sie uns gegenständlich oder strukturell aufmerksam machen wollen, bzw. ob es diese Originale faktisch überhaupt gibt oder ob sie bloß menschliche Konstrukte sind, die aus bestimmten Sinnbildungsanstrengungen resultieren. Semiotisch gesehen haben Zeichen keine reine Verdoppelungsfunktion, sondern prinzipiell immer auch eine gestaltbildende Interpretationsfunktion. Selbst naturalistisch oder gar fotorealistisch gemalte Bilder verstehen wir semiotisch nicht sachadäquat, wenn wir sie als faktische Verdoppelung vorgegebener Originale ansehen. Die pragmatische und erkenntnistheoretische Funktion von Bildern besteht nämlich nicht darin, uns bestimmte Phänomene spiegelbildlich zu verdoppeln, sondern vielmehr darin, uns diese auf Weisen zugänglich zu machen, die uns im alltäglichen Umgang mit ihnen oft gar nicht ins Auge fallen. Anders ausgedrückt: Bilder sollen uns helfen, bestimmte Phänomene anders als üblich wahrzunehmen, indem sie ihre jeweiligen Betrachter auch dazu zwingen, sich selbst so zu bewegen, dass sie auch neue Wahrnehmungsperspektiven für anscheinend Bekanntes ausbilden können, wodurch sie dann natürlich ihr übliches Wissen immer transzendieren müssen.

Aus diesen Rahmenbedingungen für den Umgang mit Bildern bzw. mit ikonischen Zeichen können wir die Konsequenz ziehen, dass sich Bilder ebenso wie Sprache letztlich immer auch als Spielphänomene ansehen lassen, bei denen Subjekte erproben können, welche konkreten Interaktionsmöglichkeiten sie mit bestimmten Wahrnehmungsgegenständen haben und wie sich eben dadurch ihre eigenen Wahrnehmungsformen für diese auch ändern lassen. So gesehen lassen sich sowohl Bild- als auch Sprachformen im Sinne von *Als-ob-Formen* verstehen. Diese können vordergründig durchaus eine Abbildungsfunktion haben, aber hintergründig haben sie immer auch eine Erschließungs- bzw. Interpretationsfunktion, insofern diese uns zu perspektivierenden Wahrnehmungen ermutigen, in denen ihre eigenen Konstitutionsbedingungen mitzubedenken sind.

Sowohl bei der Herstellung als auch bei ihrem Verständnis von Bildern geraten die Menschen in die Situation, ihr substanzorientiertes Wesensdenken bzw. ihr Vorwissen über ihre jeweiligen Wahrnehmungsgegenstände mit einem etwas anders akzentuierten aktuellen Funktions- und Intentionsdenken in Einklang zu bringen. Diese Bemühungen können allerdings immer nur zu vorläufigen Ergebnissen führen, aber nicht zu abschließenden oder gar zu dogmatisch verwendbaren. Je nach Wahl von Interpretanten bzw. von Interpretationsstrategien bei der Wahrnehmung von Bildern gewinnen unsere mentalen Objektkonstitutionen von Bildern ein jeweils anderes Profil, eben weil dabei sehr unterschiedliche Erkenntnisinteressen ins Spiel kommen können bzw. sehr unterschiedliche Nutzungen des Zauberstabs der Analogie.

Bilder verlieren ihre interpretative Zeichenfunktion, wenn wir ihre Ähnlichkeiten mit den von ihnen thematisierten Sachverhalten bzw. Originalen im Sinne einer substanziellen Identität verstehen, was das magische Verständnis von Bildern sehr deutlich veranschaulicht. Bei diesem Verständnis verschwinden nämlich die Differenzen zwischen Bildern und ihren jeweiligen Bezugsgegenständen, weil beide faktisch ja als nahezu identisch angesehen werden. Eben dadurch werden dann auch die Chancen auf einen Wechsel von Wahrnehmungsperspektiven für sie eingeschränkt. Deshalb sollte die Ähnlichkeit zwischen einem Bild als Zeichenträger und seinem jeweils intendierten Objektivierungsgegenstand zwei Bedingungen erfüllen.

Einerseits sollte die Korrelation zwischen einem Bild und seinem jeweiligen Bezugsgegenstand im Prinzip als intentional angesehen werden und nicht als selbstverständlich. Andererseits sollte diese Korrelation immer unvollständig und damit auch ausbaufähig sein, da diese nur unter diesen Bedingungen eine fruchtbare Erkenntnisfunktion für ihre Produzenten und Rezipienten bekommt. Wenn Bilder von ihren jeweiligen Bezugsobjekten ununterscheidbar wären, dann verlören sie ihre semiotische Funktion, als perspektivierende Sinnbildungsmittel in Erscheinung treten zu können und unsere Aufmerksamkeit auf ganz bestimmte Aspekte der jeweils thematisierten Phänomene zu richten und andere abzuschatten. Dadurch würden dann die Bildrezipienten ganz in die Gewalt ihrer jeweiligen Betrachtungsobjekte geraten und Bilder ihre Brückenfunktionen für ihre Rezipienten verlieren.

Diesen semiotischen Strukturzusammenhang illustriert eine Anekdote über den antiken Maler Zeuxis sehr schön. Dieser soll nämlich in der Lage gewesen sein, von bestimmten Gegenständen so genaue Abbilder herzustellen, dass sie von ihren Originalen nicht mehr unterschieden werden konnten. Beispielsweise habe er von Weintrauben so genaue Abbilder herstellen können, dass sogar Vögel gekommen wären, um an ihnen zu picken. Der Maler Parrhasios wollte diese Abbildungskunst von Zeuxis dann allerdings noch überbieten. Er lud deshalb Zeuxis ein, um ihm ein eigenes Meisterwerk zu vorzuführen. Als man ihm dieses dann allerdings nicht gleich präsentierte, da habe er von Zeuxis ungeduldig verlangt, doch endlich den Vorhang wegzuziehen, der ihm den Blick auf das Bild verwehre. Darauf wurde ihm dann allerdings bedeutet, dass der Vorhang kein wirklicher Vorhang sei, sondern vielmehr ein gemalter. Daraufhin habe sich Zeuxis hinsichtlich seiner abbildenden Malkunst geschlagen gegeben, da er selbst mit dieser Kunst nur die Vögel haben täuschen können, während es Parrhasios gelungen sei, ihn als Maler zu täuschen.[72]

Faktisch können Bilder ebenso wenig wie Begriffe ihre Bezugsobjekte originalgetreu abbilden, sondern nur abstraktiv vereinfacht und perspektivisch akzentuiert, weil sie ansonsten ihren Zeichencharakter verlören. Als Zeichen können Bilder von ihren Originalen prinzipiell nur hinsichtlich ganz bestimmter Aspekte ins menschliche Bewusstsein gerufen werden, aber nie vollständig, weil sie ansonsten ihre pragmatische Funktion verlören, Phänomene hinsichtlich ganz bestimmter Eigenschaften und Korrelationsfähigkeiten wahrzunehmen. Diese Grundfunktion von Bildern setzt nämlich voraus, dass diese ebenso wie Zeichen ihre Bezugsobjekte nicht verdoppeln, sondern nur auf analogisierende Weise hinsichtlich ganz bestimmter Charakteristika ins Bewusstsein rufen.

Diese pragmatische Grundfunktion von Bildern hat beispielsweise Picasso immer wieder nachdrücklich betont: *„Wir wissen alle, daß die Kunst nicht Wahrheit ist. Kunst ist eine Lüge, die uns die Wahrheit begreifen lehrt, wenigstens die Wahrheit, die wir als Menschen begreifen können."*[73] Diesen Gedanken hat er auch noch auf etwas andere Weise formuliert: *„Es gibt den Maler, der aus der Sonne einen gelben Fleck macht, aber es gibt auch den, der mit Überlegung und Handwerk aus einem gelben Fleck eine Sonne macht."*[74]

Das Problem der Analogisierung spielt natürlich nicht nur bei der Herstellung von Bildern eine Rolle, sondern auch bei der Rezeption von Bildern. Das exemplifiziert sehr schön der Umgang mit Kippbildern. Je nachdem mit welchen Erwartungen ein Betrachter einen ganz bestimmten Konstellationszusammenhang von Teilelementen wahrnimmt, kann sich für ihn ein ganz anderes Wahrnehmungsobjekt konstituieren. Das offenbart, dass schon unsere visuellen Wahrnehmungsvorgänge nicht als ein Sehen von etwas zu verstehen sind, sondern als ein Sehen von etwas als etwas, was natürlich bei verschiedenen Personen dann auch ganz unterschiedlich ausfallen kann, weil dahinter sowohl bewusste als auch unbewusste Wahrnehmungsdispositionen stehen können. Der englische Kognitionspsychologe Bartlett hat diese Sinnbildungsanstrengung in Wahrnehmungsprozessen sehr treffend als *„effort after meaning"* bezeichnet.[75]

---

72 C. Plinius: Naturalis historia – Naturkunde. 1978, Buch XXXV, Kap. 65, S. 55.

73 P. Picasso: Wort und Bekenntnis, 1954, S. 9.

74 P. Picasso: a.a.O., S. 22.

75 F.C. Bartlett: Remembering 1932/1967. S. 227. „Hence it is legitimate to say that all the cognitive processes which have been considered, from perceiving to thinking, are ways in which some

Eine Kippfigur wie die sogenannte *Rubinsche Vase* lässt sich beispielsweise sowohl als Vase wahrnehmen als auch als zwei einander zugewandte Gesichtsprofile, je nachdem was man als thematisierte Figur oder als einen kontrastierenden Hintergrund der Figur ansieht. Diese beiden Wahrnehmungsweisen kann man nie zugleich konkretisieren, sondern nur alternativ. Eine einfache Skizze des Psychologen Joseph Jastrow von 1892 lässt sich mit gleichem Recht deshalb sowohl als ein Entenkopf als auch als ein Hasenkopf wahrnehmen, je nachdem ob man zwei länglich Gebilde als zwei Hasenohren oder als einen geöffneten Entenschnabel wahrnimmt. Kippfiguren exemplifizieren sehr nachdrücklich, dass schon rein optische Wahrnehmungsprozesse von Anfang an interpretative Gestaltungsprozesse beim Rezipienten voraussetzen, eben weil sie mehr sind als die bloße Registrierung von Sinnesdaten.

Verständlicherweise hat Wittgenstein das Hasen- bzw. Entenbild von Jastrow auch zur Illustration seiner These genutzt, dass das Sehen bzw. Wahrnehmen *von etwas* immer ein Sehen bzw. Wahrnehmen von *etwas als etwas* sei, wozu in differenzierten Wahrnehmungsprozessen dann natürlich auch immer der Aspektwechsel bzw. die räumliche oder geistige Eigenbewegung des Sehenden gehört. Deshalb vergleicht er die Unfähigkeit zum Aspektwechsel in Wahrnehmungsprozessen auch mit der Farbenblindheit als einem Defizit an potentiellen Wahrnehmungsmöglichkeiten. Das Wahrnehmen von etwas ist deshalb für ihn auch kein bloß registrierender Akt, sondern vielmehr ein heuristischer Akt der spezifischen Verarbeitung von Einzelreizen im Rahmen bestimmter Wahrnehmungsziele und Sinnbildungsanstrengungen vorbewusster und bewusster Art. *„Und darum erscheint das Aufleuchten des Aspekts halb Seherlebnis, halb ein Denken."*[76]

Dieses Verständnis von Bildwahrnehmungen durch Wittgenstein steht im Einklang mit dem semiotischen Interpretanten- und Abduktionskonzept von Peirce beim Verstehen von Zeichen aller Art. In jeder Wahrnehmung von etwas als etwas sind wir nämlich auf der Basis unseres Vorwissens und unserer Wahrnehmungsintentionen dazu disponiert, zugleich auch das wahrzunehmen, was damit irgendwie analogisierbar oder zumindest korrelierbar ist. Deshalb ist es auch kein Wunder, dass Kinder bei Tests zur Osterzeit in der Skizze von Jastrow primär ein Hasenbild wahrgenommen haben und nicht ein Entenbild.

Die vorbewussten und bewussten Strategien zur Komposition und zur Wahrnehmung von Bildern können sich evolutionär, kulturell und systematisch natürlich in sehr unterschiedlicher Weise ausdifferenzieren. Dabei kann sich dann

---

fundamental ‚effort after meaning' seeks expression. Speaking very broadly, such effort is simply the attempt to connect something that is given with to something other than itself."
76 L. Wittgenstein: Philosophische Untersuchungen, 1967, S. 231.

das Kriterium der Ähnlichkeit zwischen Bild und Bezugsgegenstand des Bildes bzw. Original auch sehr unterschiedlich konkretisieren, da es ja Analogien natürlich auf ganz unterschiedlichen Ebenen geben kann. Das ist auch verständlich, wenn man sich vergegenwärtigt, dass im Rahmen des Substanzdenkens Ähnlichkeiten auf ganz andere Weise fassbar werden können als im Rahmen des Funktionsdenkens.

Sowohl phylogenetisch bzw. kulturhistorisch als auch ontogenetisch bzw. entwicklungspsychologisch scheinen Bilder zunächst dazu bestimmt gewesen zu sein, eher ein substanzielles Wesenswissen über bestimmte Dinge zu thematisieren als einen ganz bestimmten authentischen Seheindruck. Das hat dann natürlich für die konkrete Gestaltung von Bildern auch ganz erhebliche Konsequenzen gehabt, insofern nun nicht nur ganz konkrete Seheindrücke von etwas eine konstitutive Rolle spielen, sondern auch das substanzorientierte oder kulturelle Sachwissen von bestimmten Phänomenen. Das Objektivierungsziel von Bildern bestand zunächst offenbar vor allem darin, die ontische Natur der jeweiligen Dinge zu erfassen und weniger darin, konkrete optische Seheindrücke von ihnen zu objektivieren.

Das dokumentiert sich auch darin, dass Kinder beispielsweise Autos immer mit vier Rädern malen, obwohl sie faktisch immer nur zwei oder höchstens drei Räder zugleich von Autos sehen können, da es für sie bei der Herstellung von Bildern nicht um die analogisierende Repräsentation von optischen Seheindrücken geht, sondern vielmehr um die Objektivierung eines ontischen Sachwissens von Gegenständen und Sachverhalten. Ähnliches ist auch bei mittelalterlichen Familienbildern zu beobachten, auf denen beispielsweise Familienmitglieder optisch mit einander vereinigt werden, die aus chronologischen Gründen faktisch nie als Gruppe zusammenkommen konnten. Auch hier geht es nämlich nicht um die Objektivierung möglicher empirischer Seheindrücke, sondern vielmehr um die Objektivierung des begrifflichen Denkmusters *Familie*.

Das änderte sich dann kulturgeschichtlich erheblich, als es in der Malerei der Renaissance zur Entwicklung der zentralperspektivischen Objektivierung von Sachverhalten im Sinne der Verbildlichung von möglichen konkreten Seheindrücken gekommen ist. Leonardo da Vinci hat deshalb auch die Maxime formuliert, dass sich die Malerei normativ an der Qualität von Spiegelbildern orientieren solle. *„Man muß den Spiegel zum Meister nehmen* [...].“[77] Das bedeutet, dass alle Dinge und Sachverhalte auf einem Bild so objektiviert bzw. miteinander korreliert werden, wie sie von einem bestimmten Sehepunkt her für einen Betrachter

---

77 Leonardo da Vinci: Der Denker, Forscher und Poet. 1904, S. 149.

tatsächlich in Erscheinung treten oder treten können, aber nicht so, wie es das kulturelle oder individuelle Wissen nahelegt.

Dieses Gestaltungspostulat von da Vinci, dass Bilder sich normativ an der Struktur von Spiegelbildern bzw. an konkreten möglichen optischen Seheindrücken zu orientieren hätten, hat sich natürlich nicht lange als sinnvoll erwiesen und wurde in der Malerei deshalb auch nur partiell befolgt, weil dabei gleichsam ein rein optisch orientiertes Verständnis des Analogie- bzw. des Objektivierungsgedankens wirksam wurde, in dem die Interpretations- und Gestaltungsfunktion der Malerei ganz in den Hintergrund trat. Insbesondere nach der Erfindung der Fotografie wurde dann die zentralperspektivische Gestaltungsweise von Bildern im Rahmen eines künstlerischen Gestaltungsanspruchs ziemlich obsolet, obwohl der sogenannte *Fotorealismus* in der Malerei zeitweise auch wieder in Mode kam. Dieser verkürzte nämlich den semiotischen Repräsentations- bzw. den ikonischen Analogisierungsanspruch bei der Objektbildung ganz erheblich, weil bei dieser Gestaltungsform von Bildern der Interpretations- bzw. der Abduktionsanspruch von Bildern keine maßgebliche Rolle mehr spielte.

Für einen Künstler ist in der Regel die darstellbare Welt natürlich nie identisch mit dem, was uns rein optische Wahrnehmungseindrücke zugänglich machen können. Die zentralperspektivische Objektivierungsweise von Welt auf Bildern ist deshalb in der Malerei auch kein generell gültiges Gestaltungspostulat geworden, sondern allenfalls ein historisch mögliches bzw. ein kulturell erarbeitetes neben anderen, das sich nicht normativ verabsolutieren lässt. Grundsätzlich ist nämlich festzuhalten, dass für einen Künstler die von ihm objektiviert Welt nie identisch mit dem ist, was uns schon unsere rein optischen Seheindrücke zugänglich machen.

Die zentralperspektivische Objektivierung von Welt ist deshalb auch nur als ein spezifischer Indikator für eine ganz bestimmte kulturgeschichtliche Gestaltungsweise von Bildern bzw. von ikonischen Zeichen anzusehen, aber nicht als eine transkulturell gültige. Die ikonischen Bilder der Kunst sollen nicht standortbedingte Seheindrücke eines bestimmten Subjekts objektivieren, sondern eher mögliche Zugangsweisen zu Erfahrungs- und Denkphänomenen. Deshalb ist die zentralperspektivische Gestaltungsweise von Bildern im Sinne des kulturgeschichtlichen Denkens von Cassirer auch nur eine *symbolische Form* unter anderen. Im Sinne des semiotischen Denkens von Peirce (Abduktion, Interpretant) ist sie dann natürlich auch nur eine ganz bestimmte Form der Bildgestaltung, da sie nur eine historische Gestaltungsform von Bildern und anderen ist.

Diese Grundstruktur von Bildern wird vielleicht auf kontrastive Weise ganz besonders deutlich, wenn wir die zentralperspektivisch gestaltete Malerei mit der Ikonenmalerei bzw. mit dem Bildverständnis von Heiligenbildern im orthodoxen byzantinischen Christentum vergleichen. Hier haben nämlich die sogenannten Ikonen einen ganz anderen Stellenwert als die Heiligen- und Christusbilder in der Westkirche. Die Ikonen sind nämlich religiöse gesehen keine bloßen vergegenwärtigenden Erinnerungsbilder, sondern Bilder, die so etwas wie eine Realpräsenz der jeweils objektivierten Personen beinhalten. Das gibt Ikonen dann natürlich einen ganz besonderen ontologischen und religiösen Stellenwert, der dann natürlich auch den konkreten Umgang mit ihnen prägt.

5.2 Das Analogieproblem in der Ikonenmalerei

Im Zusammenhang mit der Herstellung und der Verwendung von Heiligen- und insbesondere von Christusbildern ist es im oströmischen Reich bzw. im byzantinischen Christentum über die Frage, in welcher Analogie das gemalte Abbild zu seinem jeweiligen Urbild bzw. Original stehe, zwischen 730 und 843 zu sehr heftigen bürgerkriegsähnlichen Auseinandersetzungen gekommen. Diese sind uns heute im Zeitalter der alltäglichen Überflutung mit Bildern in ihrer Brisanz kaum noch verständlich, da sich gerade in der Ikonenmalerei ontologische, semiotische, kulturgeschichtliche und soziale Aspekte in einer äußerst brisanten Weise so ineinander verschlungen haben, die uns heute kaum noch nachvollziehbar ist. Deshalb erweist es sich dann auch als notwendig, sich etwas genauer mit den Hintergründen dieses *byzantinischen Bilderstreites* (Ikonoklasmus) zu beschäftigen.

In diesem über hundert Jahre währenden Bilderstreit standen sich der niedere Klerus und das gemeine Kirchenvolk auf der einen Seite und der höhere Klerus und die meisten Vertreter des Kaisertums in Byzanz nahezu unversöhnlich gegenüber, wobei nicht nur zeichentheoretische und theologische Grundüberzeugungen eine große Rolle spielten, sondern auch soziale, kulturelle, politische und psychologische. Die Bilderfreunde verteidigten die religiöse und kultische Bilderverehrung, weil sie zwischen dem Urbild bzw. Original und dem Abbild eine sehr weitgehende Analogie als gegeben ansahen, die faktisch als Mitgegenwart des Urbildes im Abbild verstanden wurde. Daraus leiteten sie dann das Recht und sogar die Verpflichtung zu einer religiösen und kultischen Verehrung von Heiligenbildern und insbesondere von Christusbildern ab. Die Bilderfeinde lehnten diese Verehrung von Ikonen strikt ab, weil sie darin einen biblisch verbotenen Götzendienst sahen, der einen heidnischen Grundcharakter habe. Dabei spielte dann auch eine wichtige Rolle, dass die jüdischen und islamischen Reichsbewohner die religiöse Verehrung von Bildern als Götzendienst scharf verurteilten, weil so etwas mit monotheistischen religiösen Grundüberzeugungen prinzipiell unvereinbar sei.

Als dann 843 die Bilderfreunde in den politischen und religiösen Auseinandersetzungen endgültig siegten und die Bilderverehrung dann von einer Synode sogar zu einer religiösen Pflicht gemacht wurde, da kam es nicht nur im politischen, sondern auch im religiösen und theologischen Bereich zu einer endgültigen Trennung zwischen dem oströmischen und dem weströmischen Reich. Im Westreich hatte nämlich die kultische Bilderverehrung nie eine wichtige Rolle gespielt, weil man hier die Relation zwischen Urbild und Abbild in einem ganz anderen Denkrahmen verstand als im Ostreich. Heiligenbilder sah man im Westreich nur als Erinnerungsbilder an, aber nicht als Manifestationsformen der realen Mitpräsenz des jeweiligen Urbildes. Das machte es dann nach und nach sogar möglich, selbst Gott bildlich zu objektivieren, obwohl es ja ein striktes alttestamentliches Verbot der bildlichen Darstellung von Gott gab.

Da die Schriften der Bilderfeinde nach 843 weitgehend vernichtet wurden, können wir deren Denkpositionen heute nicht mehr befriedigend mit Hilfe von schriftlich überlieferten Zeugnissen rekonstruieren, sondern allenfalls hypothetisch über die Schriften und Gegenargumente der Bilderfreunde sowie über die Praxis der Ikonenverehrung in der orthodoxen Kirche. Dadurch ergeben sich dann wichtige Einsichten über die zeichentheoretischen Hintergründe des byzantinischen Bilderstreites und die Funktionen des Analogiegedankens in diesem Bilderstreit, der ja im Prinzip auch die denkbaren Relationen zwischen einem Zeichenträger, einem Zeichenobjekt und einem Zeicheninterpretanten beim Verständnis bildlicher Zeichen betrifft.[78]

Die kultische Verehrung von Bildern setzt ontologisch voraus, dass dieser Typ von Zeichen nicht wie die üblichen Zeichen eine konventionelle instrumentale Verweis- bzw. Interpretationsfunktion hat, sondern eher eine Verdoppelungsfunktion für das jeweils thematisierte Original, und dass infolgedessen dann auch die Umgangsformen mit einer Ikone zugleich weitgehend identisch mit den Umgangsformen sein müssten, die man dem jeweiligen Original schulde. Dieses Verständnis von Bildern liegt uns im Zeitalter der Massenherstellung von Bildern natürlich ganz fern. Es hat in früheren Kulturepochen, als Bilder noch einen ausgesprochenen Seltenheitswert hatten, den damaligen Menschen aber durchaus nahegelegen, da hier Bildern eine ganz besondere Nähe bzw. substanzielle Ähnlichkeit mit ihren jeweiligen Originalen zugeschrieben wurde und nicht nur eine bloße operative Verweisfunktion auf sie. Deshalb lag es nämlich durchaus nahe, Bilder so zu verstehen, dass durch sie eine faktische Mitpräsenz

---

78 Vgl. zum byzantinischen Bilderstreit folgende Literatur: G. Ostrogorski: Studien zum byzantinischen Bilderstreit. 1929/1968. K. Schwarzlose: Der Bilderstreit. 1890/1970. H. Belting: Bild und Kult. 1991².

der von ihnen repräsentierten Personen erzeugt werden könne. Die Repräsentationsfunktion von Bildern wurde deshalb auch nicht im Sinne eines Anwaltes verstanden, der seinen jeweiligen Mandanten nur in ganz bestimmten Hinsichten vertritt, sondern vielmehr in einem ganzheitlichen Sinne, insofern die Differenz zwischen Bild und Original weitgehend negiert wurde. Bei diesem Grundverständnis von Bildern wurden dann natürlich auch der interpretativen Brückenfunktion von Bildern sehr enge Grenzen gesetzt, insofern Bildern nahezu dieselbe Seinsfülle zugeschrieben wurde wie ihren jeweiligen Originalen bzw. Urbildern. Deshalb unterlag die Herstellung von Ikonen in der orthodoxen Kirche nicht nur ganz bestimmten Herstellungsritualen, sondern auch ganz bestimmten Gestaltungstraditionen, um den herausragenden Stellenwert von Bildern auch rituell ausdrücklich kenntlich zu machen.

Bei diesem semiotischen Verständnis von Heiligen- und Christusbildern als genuinen ikonischen Zeichen haben wir nämlich zu beachten, dass dieser Typ von Zeichen nicht denselben Grad von Konventionalität oder gar Willkürlichkeit in Bezug auf seine jeweiligen Zeichenobjekte hat wie unsere üblichen Zeichen, sondern einen extrem hohen Grad von Motiviertheit bzw. von substanzieller Analogie. Darin spiegelt sich dann auch ein ganz bestimmtes ontologisches und anthropologisches Verständnis gerade von den Bildern wider, die als religiöse Ikonen verstanden werden. Generell werden diese Ikonen nämlich als Bilder rezipiert, die nicht nur auf religiös wichtige Personen aufmerksam machen sollen, sondern die zugleich auch einen hohen Grad von wesenhafter Ähnlichkeit mit diesen Personen haben, was dann keineswegs nur optisch verstanden wird. Dieses Bildverständnis lässt sich ganz gut an dem Unterschied zwischen gemalten Porträts und fotografischen Passbildern veranschaulichen. Ein gemaltes Porträt soll uns nämlich eine Person wesenhafter und zugleich auch prägnanter objektivieren als ein Foto, weil es uns eine Person nicht bloß nach den Gesetzen der Optik objektivieren soll, sondern nach ganz bestimmten menschlichen Wahrnehmungsinteressen an der jeweiligen Person, die eher ganzheitlich und typologisch als optisch und situativ bedingt sind. Das bedingt dann wiederum, dass das Analogiephänomen bei Porträts sehr viel umfassendere Dimension bekommt als etwa bei Passbildern.

Der byzantinische Bilderstreit, der sich insbesondere auf die Möglichkeit der bildlichen Objektivierung von Jesus als Christus bzw. als Heilsbringer und Gottessohn sowie als Vermittler zwischen unterschiedlichen Welten konzentriert, exemplifiziert diese Problematik sehr deutlich. Ein solches Verständnis von Jesus als Christus lässt sich sprachlich sehr leicht behaupten, aber schwerlich auf sinnliche fassbar Weise unmittelbar objektivieren. Es stellt sich aber zwangsläufig bei jeder bildlichen Objektivierung von Jesus als Christus. Diese Wahrnehmung der angenommenen Doppelnatur der Gestalt von Jesus als Christus lässt sich allerdings heuristisch dadurch etwas erleichtern, dass die möglichen Reaktionen der Menschen auf Jesus als Christus so in den Umgang mit dessen bildlicher Darstellung integriert werden, dass diese Doppelfunktion mental leichter präsent werden kann. Das ist faktisch allerdings nur dann möglich, wenn die Herstellung und der Umgang mit Christusbildern rituell so geregelt wird, dass die Besonderheit dieser bildlich objektivierten Person schon immer deutlich dadurch mitsignalisiert wird, wie Menschen mit Christusbildern bei der Herstellung und beim faktischen Umgang mit ihnen zu verfahren haben.

Der rituelle Umgang mit Christusikonen transzendiert dann natürlich immer unsere rein optische Wahrnehmung von Christusbildern als einer Repräsentation eines ganz bestimmten Menschen zu einer ganz bestimmten Zeit, weil nun ganz andere Zeicheninterpretanten bei der Wahrnehmung von Christusbildern ins Spiel kommen als bei der Wahrnehmung der üblichen Bilder von Menschen. Das bedingt dann auch, dass Christusbilder und Heiligenbilder dann ganz selbstverständlich den Status einer verehrungswürdigen religiösen Ikone bekommen können. Während bei Christusbildern solche zusätzlichen rituellen Objektivierungsimplikationen von Bildern noch verständlich sind, verbietet sich das bei der bildlichen Objektivierung monotheistischer Gottesvorstellungen gleichsam von selbst. Dem Phänomen *Gott* lässt sich nämlich im monotheistischen Denken theologisch nämlich kaum eine innerweltliche Vermittlungs- bzw. Zeichenfunktion zuschreiben. Gottesvorstellungen lassen sich in diesem Denken allenfalls begrifflich, aber sicherlich nicht bildlich objektivieren.

Im Urchristentum wurde deshalb das Verbot von optischen Gottesbildern ebenso wie im Judentum und im Islam sehr ernst genommen, um sich auch deutlich vom polytheistischen Heidentum abzusetzen, das diesbezüglich überhaupt keine Einschränkungen kannte, um es den Menschen zu erleichtern, sich alle schwer verständlichen Phänomene in Gestalt von Göttern mit konkreten Herrschaftsbereichen und Handlungskompetenzen vorstellbar und erklärbar zu machen. Deshalb kollidierte die jüdische, christliche und islamische Religion auch von Anfang an in einem erheblichen Maße mit den religiösen Vorstellungen des antiken Griechentums, das überhaupt keine Scheu hatte, sich ihre Götter anthropomorph über konkrete Bilder und menschliche Verhaltensweisen zugänglich und vorstellbar zu machen. Das hat den Vorsokratiker Xenophanes dann auch dazu motiviert, über die anthropomorphen Göttervorstellungen der Griechen zu spotten: *„Die Äthiopen stellen sich ihre Götter schwarz und stumpfnasig vor, die Thraker dagegen blauäugig und rothaarig. [...] Wenn Kühe, Pferde oder Löwen*

Hände hätten,[...] dann würden die Pferde pferde-, die Kühe kuhähnliche Götterbilder malen und solche Gestalten schaffen, wie sie selber haben."[79]

Aufgrund der altgriechischen polytheistischen Denktraditionen lag es dann den Menschen im hellenistisch geprägten Osten des römischen Reiches dann auch sehr viel näher, die kultische Verehrung von Bildern zu tolerieren als im Westreich. Dennoch wurde aus theologischen Überlegungen sowie auf Grund von islamischen Vorwürfen, dass eine kultische Bilderverehrung ein Fremdköper in einer monotheistischen Buchreligion sei, 730 von der christlichen Kirche die immer mehr um sich greifende Bilderverehrung grundsätzlich als eine nicht legitimierbare Form des Götzendienstes grundsätzlich verboten.

Dieses Verbot ließ sich aber im römischen Ostreich faktisch nicht mehr durchsetzen, eben weil der niedere Klerus oft von der Ikonenmalerei lebte und das Kirchenvolk das Verbot der kultischen Bilderverehrung weitgehend ignorierte. Die religiöse Bilderverehrung ging hier soweit, dass Heiligenbildern sogar die Rolle von Taufpaten übertragen wurde. Der Streit zwischen den Bilderfreunden und den Bilderfeinden ging dann sogar quer durch die Vertreter des oströmischen Kaisertums ganz zu schweigen davon, dass es zwischen den beiden religiösen Parteien zu blutigen bürgerkriegsähnlichen Auseinandersetzungen kam. Schließlich setzten sich die Bilderfreunde politisch, militärisch und religiös durch. 843 wurde in der Ostkirche dann auf einer Synode die religiöse Bilderverehrung nicht nur theologisch legitimiert, sondern sogar zu einer religiösen Pflicht gemacht. Das führte dann auch theologisch zur Trennung der orthodoxen christlichen Kirche im Ostreich von der katholischen Kirche im Westreich, die beide beanspruchten, die wahre christliche Kirche zu repräsentieren. Welche Beweggründe sind nun für den Streit über den religiösen und theologischen Stellenwert von Bildern maßgeblich? Warum hat sich dieser Streit gerade an Christusbildern entzündet? Welche Relevanz kommt diesbezüglich insbesondere dem Analogiephänomen zu?

Auf der theologischen Ebene spitzte sich dieser Streit auf die ontologische Grundfrage zu, ob es überhaupt eine ikonische Abbildung von Christus geben könne und dürfe. Die Bilderfeinde waren der Auffassung, dass das prinzipiell nicht möglich wäre, weil allenfalls die menschliche Natur von Christus bildlich darstellbar wäre, aber nicht seine göttliche. Das Geheimnis der Verbindung beider Naturen könne nur geglaubt und bekannt werden, aber nicht optisch objektiviert werden. Deshalb sei auch nur eine sprachliche bzw. begriffliche Objektivierung von Christus zulässig, aber keine bildliche, weil sprachliche Zeichen im Gegensatz zu bildlichen nicht dazu verführten, mit dem identifiziert zu werden,

---

79 W. Capelle (Hrsg.): Die Vorsokratiker. 1968, S. 121.

was sie uns optisch und mental präsent machten. Für unser heutiges Verständnis von Bildern besteht diese Identifizierungsgefahr sicherlich nicht mehr, weil Bilder für uns heute nur noch eine operative pragmatische Verweisungsfunktion haben, die immer stärker konventionell und nicht substanziell verstanden wird. Gleichwohl offenbart aber auch heute noch die rituelle Verbrennung von Abbildern von verhassten Personen ein ganz archaisches Bildverständnis, bei dem eine bestimmte Person mehr oder weniger auch mit ihrem Abbild identifiziert wird. Welches Bildverständnis haben nun die Bilderfreunde im byzantinischen Bilderstreit entwickelt bzw. welches Analogieverständnis von Bild und abgebildeter Person war für sie maßgeblich.

Das Bildverständnis der Bilderfreunde war damals weitgehend dadurch bestimmt, dass Bilder nicht nur kraft äußerlicher Ähnlichkeit auf etwas anderes aufmerksam machen, sondern dass Bilder auch substanziell bzw. ideell in einem platonischen Sinne an dem teilhaben, was sie ikonisch darstellen. Das bedeutet, dass in diesem Bildverständnis weniger der uns heute vertraute Repräsentationsgedanke eine tragende Rolle spielt, sondern vor allem ein substanziell orientierter Partizipationsgedanke bzw. sogar ein Emanationsgedanke im Sinne des neuplatonischen Denkens von Plotin. Die ikonische Vergegenwärtigungsfunktion von Bildern wird infolgedessen auch nicht nur als eine bloße denkstrategische Konstruktionsleistung des Menschen mit einer Brückenfunktion verstanden bzw. als eine konventionalisierte Assoziationsleistung des jeweiligen Bildbetrachters, sondern vielmehr als eine faktische Realpräsenz des Abgebildeten in dem jeweiligen Bild.

Das hat dann zur Folge, dass das Bild seinem inneren Wesen nach nicht von dem erzeugt wird, der es faktisch gemalt hat, sondern von dem Original, aus dem es substanziell auf geheimnisvolle Weise entlassen bzw. hervorgegangen ist. Es bedeutet weiter, dass das Bild von etwas eigentlich nicht als Artefakt oder gar Manufakt zu verstehen ist, sondern vielmehr als ein Emanationsphänomen seines jeweiligen Originals, das gleichsam als eine produktive Substanz hinter dem faktisch sichtbaren Bild steht und das der jeweilige Maler nur zu einer Erscheinung verhilft.

Es ist nun recht offensichtlich, dass ein solches partizipatives Bildverständnis bei Heiligenbildern und insbesondere bei Christusbildern ontologisch höchst brisant ist, weil der Schritt zu einem magischen Bildverständnis natürlich nicht weit ist. Zwar haben die reflektierten und gebildeten Bilderfreunde immer wieder betont, dass der Partizipationsgedanke nicht im Sinne eines Identitätsgedankens zu verstehen sei, aber in der Volksfrömmigkeit gab es gleichwohl immer wieder die Vorstellung einer Realpräsenz der abgebildeten Person in dem faktisch gegebenen Bild, was dann natürlich die kultische Verehrung von Bildern sehr motivierte.

Dieses Bildverständnis insbesondere von Christusbildern legt nun nahe, dass die Herstellung von Ikonen eigentlich nichts mit einer individuellen künstlerischen Kreativität zu tun habe, sondern eher ganz bestimmten normativen Vorgaben entsprechen müsse, bzw. dass die Herstellung von Ikonen sehr strengen Regularitäten zu unterwerfen sei. Dazu gehören dann auch religiöse Exerzitien wie etwa ein vorausgegangenes Fasten, eben weil die Herstellung von Ikonen immer auch als ein religiöser Akt angesehen wurde und nicht als ein bloßer malerischer bzw. künstlerischer Schaffensakt.

Die philosophisch und theologisch gebildeten Bilderfreunde leugneten natürlich nicht die faktische Differenz zwischen einem Bild und dem darauf Abgebildeten, aber diese Differenz spielt angesichts der ideellen Partizipation bzw. Analogie zwischen dem Bild und dem Original eine recht untergeordnete Rolle. Deshalb sahen die Bilderfreunde die religiöse Bilderverehrung auch als legitim an, weil sich diese nicht auf das Bild als materielles Gebilde bezog, sondern auf das, was das Bild als geistige Größe bzw. als geistige Substanz präsent machen soll. Das hat der Bilderfreund Theodorus von Studion folgendermaßen sehr prägnant formuliert: *„Das Bild Christi ist im Grunde nichts anderes als Christus selbst, abgesehen von der ‚Verschiedenheit der Materie‘."*[80]

Wenn man auf diese Weise bei Ikonen die Relation zwischen dem repräsentierten Original und dem repräsentierenden Bild nicht als ein traditionelles Repräsentationsverhältnis von Urbild und Abbild versteht, sondern als eine Art emanatives Selbsterzeugungsverhältnis, bei dem eine Grundsubstanz Bilder von sich aus sich selbst entlässt, dann haben Bilder natürlich ein ganz spezifisches Seinsgewicht, dem auch eine eigenständige ontische Wirkungspotenz zugeordnet werden kann, deren Legitimität aus ihrer inneren Verwandtschaft bzw. Analogie zum Original resultiert. Das muss sich dann natürlich auch in der Respektierung der strengen Rituale bei der Herstellung von Ikonen manifestieren. Diese dürfen im Prinzip nämlich keinem Stilwandel unterliegen, weil sie ja keine Produkte eines Künstlers sind, sondern vielmehr Emanationen von Originalen. Es hat außerdem zur Folge, dass die Personen auf Ikonen (Christus, Maria, Heilige) nicht in eine bestimmte Szenerie von Personen bzw. in bestimmte Kontexte eingeordnet werden, sondern in der Regel nur von einem neutralen Goldgrund abgesetzt werden.

Hierzu passt dann auch, dass schon bald Legenden in Umlauf kamen, dass beispielsweise alle Christusikonen eigentlich Kopien eines ursprünglichen

---

80 Zitiert nach K. Schwarzlose: Der Bilderstreit. 1890/1970, S. 186.

Christusbildes seien. Eine dieser Legenden besagt, dass der König Abgar von Edessa in Mesopotamien bei dem Maler Anasias ein authentisches Porträt von Christus in Auftrag gegeben habe und dass alle Christusbilder Kopien eben dieses ursprünglichen Bildes seien, das eigentlich auf einem direkten Abdruck des Gesichts von Christus auf einem Handtuch beruhe. Eine andere Legende besagt, dass das erste Bild von Jesus auf den Apostel Lukas, dem Maler unter den Aposteln, zurückgeführt werden könne, *„der nach der Überlieferung das authentische Urbild der gottmenschlichen Erscheinung Christi im Bild festgehalten hat.“* [81]

Diese religiösen und theologischen Hintergründe der Ikonenmalerei verdeutlichen, dass hier der Analogiegedanke nicht konstruktiv und heuristisch im Sinne von Novalis verstanden wird, sondern eher in einem ausstrahlenden Sinne, der eher mit Substanz-und Authentizitätsgedanken zu verbinden ist als mit Konstruktions- und Kreativitätsgedanken. Analogien werden in dieser Sichtweise nicht als Hilfsmittel für interpretative Sinnbildungsanstrengungen verstanden, sondern eher als ontisch fundierte substanzielle Ähnlichkeiten zwischen zwei unterscheidbaren Phänomenen, die es erlauben, analoge Seinsstrukturen nicht nur heuristisch zu postulieren, sondern auch faktisch freizulegen bzw. für konkrete Wahrnehmungsprozesse zu festigen.

5.3 Das Buch der Natur

Die mittelalterliche Vorstellung vom *Buch der Natur* (liber naturae), in dem man als Offenbarungsbuch Gottes genauso lesen könne wie in der Bibel als *Buch der Schrift* (liber scripturae) hat eine lange Vor- und Nachgeschichte in metaphysischen Spekulationen, in denen natürlich Analogievorstellungen immer eine ganz zentrale Rolle spielen. All diese bauen nämlich darauf auf, dass man die Natur bzw. ihre konkreten Manifestationsformen nicht nur als ein Reich von empirischen Tatsachen zur Kenntnis nehmen könne, sondern auch als ein Reich von ikonischen Zeichen, über die man sich kraft Analogie auch geistige und insbesondere religiöse Sachverhalte erschließen könne, die sich begrifflich nicht oder nicht so einleuchtend objektivieren ließen.

Hinter dieser Grundüberzeugung steht die metaphysische Denkprämisse, dass die materielle und empirisch fassbare Welt der Natur keine vollständig isolierbare rein materielle Welt sei, sondern zugleich auch eine Zeichenwelt, die kraft Analogie auf eine geistige bzw. spirituelle Welt verweisen könne. Diese Denkprämisse war dann natürlich nicht nur für das religiöse und spekulative

---

81 E. Benz: Geist und Leben der Ostkirche, 1957, S. 11.

philosophische Denk höchst attraktiv, sondern auch für das ästhetische und literarische, weil sich dadurch die Chance eröffnete, sich etwas schwer Objektivierbares im Bilde von etwas sinnlich Fassbaren auf ikonische Weise zugänglich und intersubjektiv verständlich zu machen.[82]

Dieses Denkverfahren, sich metaphysische Zusammenhänge über physisch und sinnlich fassbare Phänomene verständlich zu machen, ist zwar im Prinzip hochspekulativ und konstruktivistisch, aber semiotisch durchaus nachvollziehbar, um beobachtbare empirische Sachverhalte als eine Brücke zu nutzen, über die sich etwas sinnlich nicht Beobachtbares geistig erschließen lässt. Dieses Verfahren mag erkenntnistheoretisch höchst problematisch und spekulativ sein, aber es ist kulturgeschichtlich und pragmatisch nicht aus menschlichen Sinnbildungsanstrengungen zu eliminieren. In den neuzeitlichen Naturwissenschaften wird es zwar als degoutant empfunden, aber dennoch verwendet, wenn die mathematischen Objektivierungsverfahren anthropologisch an ihre Grenzen stoßen bzw. wenn Denkziele ins Auge gefasst werden, die mathematisch nicht erfassbar und objektivierbar sind. Für das Operationsgebiet der natürlichen Sprache ist jedenfalls die Idee der ikonischen Lesbarkeit der Welt bzw. die Idee vom Buch der Natur unverzichtbar, weil Kulturwelten ihre anthropologische Relevanz ohne die Nutzung dieses Konzeptes schnell an Bedeutsamkeit verlieren würden.

Die kulturellen Sinnbildungsfunktionen der Denkfigur vom Buch der Natur lassen sich vielleicht durch folgende Überlegungen plausibel machen. Der Idee dieses Konzeptes liegt der metaphysische Grundgedanke nahe, der auch semiotisch von Bedeutung ist, dass nämlich die Natur ein steigerungsfähiges Phänomen sei, das Stufen von unterschiedlicher Komplexität aufweise. Diese Steigerungsstufen wurden im Mittelalter theologisch dann auch als Steigerung der Wahrnehmungsmöglichkeiten von Gott verstanden. Deshalb hat man auch bei der Natur hierarchisch die Stufen des *Mineralischen*, des *Animalischen*, des *Humanen* und des *Geistigen* unterschieden, die alle in unterschiedlichen Intensitäten am absoluten Sein bzw. an Gott teilhätten.

Aus der Perspektive Gottes bzw. des höchsten Seins gebe es deshalb die Struktur der Mitteilung (communicatio) zu den unteren Seinsstufen. Aus der Perspektive der niederen Seinsstufen gebe es die Struktur der Anteilnahme (partici-

---

82 Vgl. zu dieser Problematik: H. Rombach: Substanz, System, Struktur. Bd. 1, 1965, S. 57–75. E. Rothacker: Das „Buch der Natur", 1979. H. Blumenberg: Die Lesbarkeit der Welt der Welt 1981. H. Herkommer: Buch der Schrift und Buch der Natur. Zeitschrift für Schweizerische Archäologie und Kunstgeschichte Bd. 43, H. 1, S. 167–178. F. Ohly: Zum Buch der Natur. In: F. Ohly: Ausgewählte und neue Schriften zur Literaturgeschichte und zur Bedeutungsforschung. 1995, S. 727–843. W. Köller: Perspektivität und Sprache, 2004, S. 177–181. W. Köller: Narrative Formen der Sprachreflexion. 2006, 243–249.

patio) an den höheren Seinsstufen. Das bedeutet dann, dass alles von Gott Geschaffene vertikal und horizontal aufeinander verweisen könne. Das bedeutet dann, dass auf diese Weise etwas nicht nur auf etwas anderes verweisen kann, sondern sich auch selbst hinsichtlich seines eigenen ontischen Stellenwertes interpretieren kann. Diese ontologische Grundvorstellung lässt sich natürlich sehr leicht als eine ontische Grundlage von ikonischen Zeichenbildungen ansehen, selbst wenn dabei natürlich auch konstruktive oder auch konventionelle Interpretationsformen ins Spiel kommen können. Jedenfalls lassen sich alle konkreten sinnlichen Beobachtungen sehr leicht als mögliche Zeichenträger für etwas anderes ansehen.

Mit Hilfe des Partizipations- und Kommunikationsgedankens lässt sich dabei sowohl auf Ähnlichkeiten als auch auf Unähnlichkeiten zwischen bestimmten Denkinhalten aufmerksam machen. Im Rahmen des Denkmodells von der Analogie des Seins bzw. vom Buch der Natur können somit alle gut abgrenzbaren Beobachtungsphänomene prinzipiell auch als Zeichenträger für etwas anderes genutzt werden, da sie ja prinzipiell nicht nur auf sich selbst aufmerksam machen, sondern auch noch auf etwas anderes. Deshalb kann dann auch die Sprache der Wörter (voces) in die Sprache der Dinge (res) übergehen und umgekehrt, weil im Prinzip alles mit allem irgendwie ontisch verwoben ist. Deshalb liegt dann natürlich auch der Gedanke nahe, dass die Philologie der Wörter in der Sprache auch in die Philologie der Dinge in der Natur übergehen könne und umgekehrt, was ja die metaphorische und gleichnishafte Sprachverwendung exemplarisch veranschaulicht. Als ein frühes Zeugnis für das Konzept vom Buch der Natur lässt sich sicherlich Augustins Kommentar zur Schöpfungsgeschichte in der Bibel ansehen, der sich in seinen *Confessiones* findet.[83]

Durch Augustins Überlegungen wurde sicherlich auch das mittelalterliche Interpretationskonzept der *Allegorese* angeregt, bei dem Dinge und Dingkonstellationen als ikonische Zeichen im Hinblick auf die semiotische Objektivierung bestimmter religiöser und geistiger Inhalte interpretiert wurden.[84] Dieses mittelalterliche Interpretationsverfahren hat Huizinga sehr plastisch folgendermaßen beschrieben:

> Im symbolischen Denken ist Raum für eine unermeßliche Vielfältigkeit von Beziehungen der Dinge zueinander. Denn jedes Ding kann mit seinen verschiedenen Eigenschaften gleichzeitig Symbol für vielerlei sein, es kann auch mit ein und derselben Eigenschaft verschiedenes bezeichnen; die höchsten Dinge haben tausenderlei Symbole. Kein Ding ist zu niedrig, als daß es nicht das Höchste bedeuten und zu seiner Verherrlichung dienen könnte. Die Walnuß bedeutet Christus: der süße Kern ist die göttliche Natur, die fleischige

---

83 A. Augustinus: Confessiones/ Bekenntnisse. 1966[3], Buch 11–13, S. 601 ff.
84 Vgl. Konrad von Megenberg: Buch der Natur. 1990.

äußere Schale die menschliche, und die holzige Schale dazwischen ist das Kreuz. Alle Dinge bieten dem Emporsteigen des Gedankens zum Ewigen Stütze und Halt; alle heben einander von Stufe zu Stufe empor.[85]

Das *Buch der Natur* kann man einerseits nun als das ansehen, was man sinnlich direkt wahrnehmen kann, man kann es aber auch noch sehr viel abstrakter wahrnehmen, nämlich als Welt der Naturgesetze. Das dokumentiert sich beispielsweise darin, dass Kepler sich bei seinen Bemühungen um die Erfassung von astronomischen Gesetzlichkeiten als Priester Gottes am Buch der Natur verstanden hat.[86] Auch Galilei hat vom Buch der Natur gesprochen und dabei die These vertreten, dass dieses in der Sprache der Mathematik geschrieben sei. Es könne allerdings gelesen werden, wenn man *„zuvor die Chiffern, in denen es verfaßt ist, d.h. die mathematischen Figuren und deren notwendige Verknüpfung zu verstehen gelernt hat."*[87]

Die Vorstellung vom Buch der Natur ist natürlich aus dem religiösen und auch naturwissenschaftlichen Denken sehr schnell in das poetische und ästhetische Denken übernommen worden. Hier gab es aber natürlich auch schon eine sehr lange Tradition, Naturphänomene und bestimmte menschliche Handlungsweisen kraft Analogie als ikonische Zeichen für geistige Phänomene zu verstehen bzw. als Mittel, etwas geistig präsent zu machen, was sich wegen seiner internen Mehrdimensionalität einer rein begrifflichen Objektivierung entzieht. Beispielsweise lebt für Hamann die Poesie davon, dass es hinter der Sprache der Wörter immer auch eine Sprache der Bilder gebe. *„Poesie ist die Muttersprache des menschlichen Geschlechts [...] Sinne und Leidenschaften reden und verstehen nichts als Bilder. In Bildern besteht der ganze Schatz menschlicher Erkenntnis und Glückseeligkeit."*[88]

Das Verfahren, im Buch der Natur zu lesen, kann nun allerdings unbewusst oder bewusst überdehnt werden. Ein eindrucksvolles Beispiel dafür ist der sogenannte spätantike *Physiologus,* wo ein angeblicher antiker Naturforscher (physiologus) Steine, Pflanzen und Tiere hinsichtlich ihrer jeweiligen physischen Gestalt auf allegorische Weise heilsgeschichtlich ausdeutet. Ein besonders apartes Beispiel dafür ist etwa der *Hase,* der hinsichtlich seiner Gestalt und seinen Ver-

---

85 J. Huizinga: Herbst des Mittelalters. 1975[11], S. 291.

86 Vgl. H. M. Nobis: Buch der Natur. Historisches Wörterbuch der Philosophie, Bd. 1. 1971, Sp. 958.

87 Galilei: Il saggiatori. Zitiert nach E. Cassirer: Individuum und Kosmos in der Philosophie der Renaissance, 1987[6]. S. 165. Vgl. auch H. Blumenberg: Die Lesbarkeit der Welt. 1981, S. 74ff. E. Rothacker: Das Buch der Natur. 1979, S.45.

88 J. G. Hamann: Aesthetica in Nuce. In Schriften zur Sprache. 1967, S. 107.

haltensweisen heilsgeschichtlich kraft Analogie im Hinblick auf den Menschen ausgedeutet wird. Solange der Hase in den Bergen aufwärts laufe, entkomme er wegen seiner langen Hinterbeine dem Teufel, aber wenn er abwärts laufe und nur auf das Irdische schaue, dann überstürze er sich und verfalle dem Bösen, da er eben dafür überhaupt nicht geschaffen sei.[89]

In der Gegenwart haben drei Satiriker das Verfahren des Physiologus, heilsgeschichtlich im Buch der Natur zu lesen auf aparte Weise genutzt, um das bekannte *Hasenbild* von Dürer auszudeuten, indem sie folgende Geschichte in Form eines fiktiven Dialogs zwischen dem Kaufmann Jakob Fugger und dem Maler Albrecht Dürer erzählen. Danach hat der reiche Kaufmann Fugger bei Dürer ein Bild von weihnachtlicher Prägung bestellt. Als er es abholen will, präsentiert Dürer ihm sein Hasenbild. Als Fugger sich enttäuscht zeigt, deutet ihm Dürer nun sein Hasenbild allegorisch im Sinne des Konzepts vom *Buch der Natur* als Sinnbild für das Weihnachtsfest. Das ist natürlich nicht ganz einfach, aber überzeugt Fugger merkwürdigerweise doch so, dass er eine stattliche Summe dafür bezahlt, weil er mit Hilfe Dürers gelernt hat, im *Buch der Natur* auf heilsgeschichtliche Weise zu lesen.[90] In diesem verweisen dann etwa die Hasenohren auf die weihnachtliche Botschaft, der geschlossene Mund auf die unsagbare frohe Botschaft, das dichte Fell auf die gesamte Christenheit und die vier Hasenpfoten auf die heilige Vierfaltigkeit von Gott, Vater, Sohn und heiligem Geist.

5.4 Das Buch der Geschichte

Ganz ähnlich wie die Welt der Natur wegen ihrer Komplexität und anthropologischen Relevanz nie als bloße Ansammlung empirisch fassbarer Einzelphänomene wahrgenommen worden ist, sondern immer auch als Welt von interpretationsbedürftigen Zeichen, so ist auch die Welt der Geschichte immer wieder auf ähnliche Weise wahrgenommen. Deshalb lag es dann auch nahe, dass man sich im Laufe der Kulturgeschichte darum bemüht hat, nicht nur im Buch der Natur zu lesen, sondern auch in dem der Geschichte. Darauf gründete sich dann natürlich auch immer die Hoffnung, dass man aus der Erfahrung der Geschichte Lehren ableiten könne bzw. dass sich diese als Lehrmeisterin des Lebens (magistra vitae) verstehen lasse, sofern man ihre Zeichen richtig deute.

---

89 Der Physiologus. Übertragen und erläutert von Otto Seel. 1960, S. 47–48. Zu den semiotischen Hintergründen der Geschichten des Physiologus vgl. auch: W. Köller: Narrative Formen der Sprachreflexion. 2006, S. 222–249.
90 R. Gernhardt / B. Eilert / Peter Knorr: Es ist ein Has' entsprungen. Der Weihnachtshase. 1999, S. 7–15.

Dieses ambivalente Verständnis der Geschichte exemplifiziert sich schon in der grammatischen Verwendung des Wortes *Geschichte,* das sich syntaktisch sowohl als ein handlungsfähiges Subjekt als auch als ein handlungsbetroffenes Objekt verwenden lässt: *Die Geschichte formt den Menschen. Der Mensch formt die Geschichte.* Wenn wir uns das Phänomen *Geschichte* nun sowohl als ein *grammatisches Subjekt* als auch als ein *handelndes Subjekt* vorstellbar machen können, dann können wir sie natürlich auch sowohl als eine sprachliche Größe verstehen, die einer Aussage jeweils zugrunde liegt (hypokeimenon / subiectum) als auch als eine sachliche Größe, die pragmatisch zu eigenen Handlungen befähigt ist bzw. die auf andere Größen einwirken kann. Damit liegt die *Geschichte* dann auch nicht völlig in der Hand und in der Deutungshoheit des Menschen, da sie ja auch als eine eigenständige Kraft verstanden wird, die der Mensch ebenso wenig vollständig beherrschen kann wie die Natur.

Dieser sprachliche Umgang mit den Phänomenen *Natur* und *Geschichte* offenbart, dass beide Phänomene höchst interpretationsbedürftig sind, eben weil sie für den Menschen nicht nur als passive Wahrnehmungsgegenstände in Erscheinung treten, sondern auch als eigenständige Handlungsgrößen, die nicht nur auf passive empirische Sachgrößen verweisen, sondern auch auf aktive Handlungskräfte, die nur partiell vom Menschen beherrschbar sind. Das impliziert zeichentheoretisch, dass wir nicht nur das Phänomen *Natur,* sondern auch das Phänomen *Geschichte* potenziell als einen Zeichenträger verstehen können, der auf eine eigenständige Handlungsgröße als Zeichenobjekt verweisen kann, dessen mögliche Zeicheninterpretanten aber nicht einfach und problemlos zu ermitteln sind. Das rechtfertigt dann auch in einem hermeneutisch-heuristischen Sinne, sowohl vom Buch der Natur als auch von dem Buch der Geschichte zu sprechen, da beide Phänomene keine einfachen Zeichenträger sind, sondern höchst komplexe Zeichenträger, die in einem umfassenden anthropologischen Sinne nicht unmittelbar und vollständig zu verstehen sind.

Wenn man beispielsweise die Geschichte in einem religiösen Kontext als eine Konsequenz des Essens der Früchte vom Baum der Erkenntnis oder als ein Weltgericht ansieht, dann wird man das Buch der Geschichte natürlich ganz anders lesen, als wenn man sie als Feld von Klassenkämpfen oder als Manifestation eines ungeplanten Evolutionsgeschehens im Rahmen der Auseinandersetzung von unterschiedlichen natürlichen und kulturellen Kräften betrachtet. In den beiden letzteren Fällen muss man bei der Wahrnehmung von Geschichte sicherlich ganz andere Zeichenwelten und Interpretanten ins Auge fassen als in den beiden ersteren Fällen. Diese unterschiedlichen perspektivischen und semiotischen Zugangsmöglichkeiten zur Wahrnehmung von Geschichte lösen dann natürlich eine gewisse Skepsis aus, ob man sich das Phänomen der Geschichte überhaupt gegenstandsgetreu sprachlich objektivieren kann, da ja jede kognitive Eigenbewegung des Geschichtsbetrachters ein anderes Bild des Phänomens *Geschichte* erzeugt.

Die prinzipielle Skepsis gegenüber einer sachadäquaten kognitiven Erfassung des Geschichtsphänomens hat der Geschichtstheoretiker Theodor Lessing schon vor hundert Jahren programmatisch in seiner Abhandlung „*Geschichte als Sinngebung des Sinnlosen*" bereits auf die Spitze getrieben.[91] Ähnliches gilt auch von einem Aphorismus des italienischen Schriftstellers, Malers und Politikers Carlo Levi (1919–1983), dessen genauer Veröffentlichungsort leider nicht ermittelt werden konnte: „*Geschichte ist das Muster, das man hinterher in das Chaos webt.*"

Das Phänomen *Geschichte* lässt sich wahrscheinlich nie mit Hilfe eines statischen Begriffs objektivieren, weil es ein chamäleonartiges Phänomen ist, das in unterschiedlichen Kontexten unterschiedlich in Erscheinung tritt und über das wir deshalb dann auch unterschiedliche Aussagen bzw. Erzählungen machen können. Daher haben Historiker sich dann auch immer wieder auf die Denkfigur zurückgezogen, dass der Begriff der Geschichte sprachlich eigentlich nur als ein *Kollektivsingular* zu verwenden sei, was das Problem zwar nicht löst, aber plastisch veranschaulicht. Auf dieses Problem hat auch schon Nietzsche im Hinblick auf unsere ganzen sprachlichen Begriffsbildungen aufmerksam gemacht: „*alle Begriffe, in denen sich ein ganzer Prozeß semiotisch zusammenfaßt, entziehn sich der Definition; definierbar ist nur das, was keine Geschichte hat.*"[92]

Das bedeutet nun, dass man im Buch der Geschichte nur dann wirklich lesen kann, wenn man bereit und fähig ist, diese nicht monoperspektivisch, sondern polyperspektivisch und analogisierend zu erschließen, weil das die einzig realistische Wahrnehmungsform von ihr ist. Das verdeutlicht auch ein Blick auf die Begriffsgeschichten, die mit den Termini *Historie* und *Geschichte* verbunden sind. Der griechische bzw. lateinische Terminus *historia* und der deutsche Terminus *Geschichte* stehen nämlich in einer aufschlussreichen Spannung zueinander.

Der Terminus *historia* diente den Griechen nämlich zunächst nur dazu, Erkundungen aller Art in Natur, Kultur, Geografie usw. zu benennen. Bei Herodot konzentrierte sich dieser Begriff dann schwerpunktmäßig auf die Erkundung geschichtlicher Ereignisse im engeren und weiteren Sinne, wobei sich dann das Hauptinteresse von der Tätigkeit des Erkundens selbst mehr und mehr auf die Ergebnisse des jeweiligen Erkundens verschob. Deshalb gilt Herodot dann auch als Vater der Geschichtsschreibung im Allgemeinen und Thukydides als Vater der kritischen Geschichtsschreibung im Besonderen. Dieses Verständnis der

---

91 Th. Lessing: Geschichte als Sinngebung des Sinnlosen. 1919/1983.
92 F. Nietzsche: Zur Genealogie der Moral. Werke, Bd. 2, S. 820.

Geschichte als Historie wurde dann auch noch dadurch unterstützt, dass Aristoteles die Geschichtsschreibung prinzipiell von der Dichtung abzugrenzen versucht hat, die für ihn kein faktisches Geschehen objektiviere, sondern vielmehr ein rein fiktives bzw. imaginäres. Dieses wissensbezogene Verständnis der Geschichte ermöglichte es Cicero dann später, von der Historie als *Lehrmeisterin des Lebens* (magistra vitae) zu sprechen, eben weil es in ihr letztlich nicht nur um die Erkundung und Versprachlichung von faktischen Phänomenen und Tatsachen ginge, sondern letztlich auch um die begriffliche Objektivierung von pragmatisch lebenswichtigen Erkenntnissen.

Der deutsche Begriff *Geschichte* geht dagegen auf das mhd. Substantiv *geschiht* zurück, das eine substantivische Femininbildung aus dem Verb *giskehan* darstellt. Das Substantiv *geschiht* fungiert dabei nicht als Übersetzung des lat. Substantivs *historia* als einer begrifflich interpretierenden Geschichtsdarstellung selbst, sondern eher als Bezeichnung für die zutreffende narrative Darstellung eines konkreten Einzelereignisses. Das bedeutet, dass es zunächst im Deutschen eine gewisse Spannung zwischen dem Terminus *Historie* einerseits und dem Terminus *Geschichte* andererseits gegeben hat, die Konrad von Megenburg um 1350 folgendermaßen formuliert hat: *„Historien daz sint die gschrift von den geschihten in den landen und zeiten.“*[93]

Es gab dann aber eine zunehmende Tendenz, den Terminus *Geschichte* im Deutschen nicht mehr nur als eine zusammenfassende sprachliche Objektivierung für ein mehr oder minder zufälliges faktisches Geschehen (casus) zu verstehen, sondern auch für ein Geschehen, dem eine ganz bestimmte inhaltliche Motiviertheit und innere Kohärenz zugeordnet werden kann, die dann insbesondere auf schriftliche Weise überzeugend und begrifflich durchstrukturiert objektivierbar ist. Im Rahmen dieses Sprachgebrauchs wurden dann die Wörter *Historie* und *Geschichte* allmählich zu Synonymen, die aber im Deutschen dennoch wegen ihrer unterschiedlichen Vorgeschichten auch noch in einem ganz bestimmten Spannungsverhältnis zu einander stehen können.

Im 18. Jh. wird dann das Wort *Geschichte* sowohl zur Bezeichnung für die sprachliche Objektivierung von Einzelereignissen verwendet als auch für die interpretative Thematisierung von übergeordneten Sinnzusammenhängen zwischen Einzeltatsachen, bei der natürlich immer auch mit interpretierenden Analogie- und Differenzvorstellungen gearbeitet werden kann und muss. Das hatte zur Folge, dass der Terminus *Geschichte* sowohl dazu genutzt werden konnte, den chronologischen Ablauf von faktischen Einzelereignissen zu benennen als auch einen gegebenen Sinnzusammenhang zwischen diesen. Das hat dann auch

---

93 Zitiert nach: H. Rupp/O. Köhler: Historia – Geschichte. Saeculum 2, 1951. S. 633.

dazu geführt, dass unter dem Begriff der Geschichte nicht nur die narrative Objektivierung von vergangenen Ereignissen verstanden werden konnte, sondern immer auch deren Sinninterpretation in einem übergeordneten interpretativen Denkrahmen.

Deshalb wurde von einem Historiker dann auch immer erwartet, dass er nicht nur faktische Ereignisse sachadäquat rekonstruiert, sondern dass er auch den Stellenwert dieser Ereignisse auf sinnvolle Weise qualifiziert. Das konnte sich dann nicht nur in der Wortwahl seiner sprachlichen Objektivierung von Geschichte dokumentierten, sondern auch in seinen expliziten und impliziten Kommentaren zu den jeweilig geäußerten Sachverhalten. Anders ausgedrückt: Der jeweilige Historiker musste bei der Objektivierung von geschichtlichen Prozessen, nicht nur seine Kenntnisse über faktische Tatbestände unter Beweis stellen, sondern auch seine semiotischen Fähigkeiten zur Bildung von Interpretanten für konkrete historische Objektbildung. Das rechtfertigt dann auch die These, dass die *Geschichte* kein wirklich abgeschlossenes Phänomen ist, das nur im Detail immer umfassender und vollständiger rekonstruiert werden kann, sondern dass sie sich vielmehr auch als ein komplexes Zeichen betrachten lässt, das sich im Lichte neuer Erfahrungen und Erkenntnisinteressen auf je andere Weise interpretieren lässt bzw. sogar interpretiert werden muss. Es impliziert weiter, dass es zur Natur der Geschichte gehört, dass sie von Zeit zu Zeit umgeschrieben werden muss, weil sich das anthropologische und kulturelle Interesse an ihr im Lichte neuer Erfahrungen und Wahrnehmungsinteressen durchaus ändern kann.

Dieses Verständnis von Geschichte dokumentiert sich sehr eindrucksvoll in einer These von Droysen, eines herausragenden Theoretikers der Geschichtsschreibung in der 2. Hälfte des 19. Jahrhunderts, der den Zeichencharakter des Geschichtsphänomens unmissverständlich thematisiert hat: *„Aber über den Geschichten ist die Geschichte."*[94] Mit dieser These nimmt Droysen eine Geschichtsauffassung von Chladenius aus dem 18. Jh. wieder auf, der im Hinblick auf die sprachliche Darstellung der Geschichte von einem *„Urbild der Geschichte"* gesprochen hatte, auf das bei einer Geschichtserzählung Bezug zu nehmen sei, insofern diese ja immer eine *„Verwandlung der Geschichte ins Sinnreiche"* sei.[95]

Wenn man nun aber das Phänomen der Geschichte nicht nur als einen bloßen Beobachtungstatbestand versteht, den man nur sprachlich zu rekonstruieren hat, sondern auch als ein interpretationsbedürftiges Phänomen bzw. als ein Zeichen, das kraft Analogie immer über konkrete faktische Ereignisse hinausweist,

---

94 F. G. Droysen: Historik. 1937. S. 354.
95 J.M. Chladenius: Allgemeine Geschichtswissenschaft, 1752/1985. Kap. 6, § 12, S. 127; § 14, S. 129.

dann wird auch gut verständlich, warum die Geschichte immer einen objekt- und einen subjektbezogenen Aspekt hat und sogar haben muss. Das hat dann auch dazu geführt, dass Hegel zwischen der *Geschichte* als einer faktischen Abfolge von Ereignissen (res gestae) einerseits und der *Geschichte* als einer intentionalen Interpretation von Ereignissen im Hinblick auf deren inneren Struktur- und Sinnzusammenhang (historia rerum gestarum) andererseits unterschieden hat.[96] Bei dieser Sichtweise auf das Phänomen *Geschichte* wird dann offensichtlich, dass man sich diese nicht als einen bloßen additiven Aggregatzusammenhang, sondern vielmehr als einen dynamischen Interaktionszusammenhang vorstellen sollte, durch den sich dann sehr vielfältige Korrelationen zwischen Unterschiedlichem ergeben können. Dabei können dann natürlich Analogiebildungen eine große Rolle spielen, weil man ansonsten gar keine strukturierenden Typologien konkretisieren könnte. Das fällt deutlich ins Auge, wenn wir etwa die großen Revolutionen in der Geschichte auf einen gemeinsamen Nenner zu bringen versuchen, ohne dabei ihre jeweiligen Unterschiede zu vernachlässigen.

Bei der typisierenden und analogisierenden Betrachtung historischer Ereignisse und Strukturen stellt sich natürlich immer die brennende Frage, welche Einzelphänomene wir überhaupt unter dem Oberbegriff *Geschichte* zusammenfassen können. Gehören zur Geschichte nur die Entscheidungen und Handlungen auf der Ebene von Personen oder auch noch andere Interaktions- und Korrelationszusammenhänge. Beispielsweise haben die Historiker der französischen *Annales-Schule* nachdrücklich darauf aufmerksam gemacht, dass zu den konstitutiven Faktoren der Geschichte nicht nur die Handlungen von Personen gehörten, sondern auch noch ganz andere geschichtliche Kräfte und Faktoren wie etwa geographische Gegebenheiten, Handelsstrukturen, Produktionsverfahren, Sozialordnungen, Besteuerungsformen, Geburtenzahlen, Schulverhältnisse usw., die alle Einflüsse auf geschichtliche Prozesse ausübten. Infolgedessen unterscheidet man in dieser Historikerschule dann auch zwischen langsamen und schnellen historischen Entwicklungsprozessen, die dann natürlich auch ganz unterschiedliche Analogiebildungen bei historischen Analysen erforderlich machen.

Gerade wenn man mit Max Scheler einen historischen Tatbestand als unfertig ansieht, weil er erst am *„Ende der Weltgeschichte fertig sein"* werde,[97] dann wird offensichtlich, dass man aus dem *Buch der Geschichte* nicht nur Tatsachen zur Kenntnis nehmen darf, sondern dass man bei der Wahrnehmung von Geschichte immer auch vor der Herausforderung steht, alles Objektivierte kraft

---

96 G. W. F. Hegel: Vorlesungen über die Philosophie der Geschichte. Werke, Bd. 12, S. 83.
97 M. Scheler: Die Wissensformen und die Gesellschaft. Gesammelte Werke Bd. 8. 1960², S. 150.

Analogie, Differenz und Genese mit anderem Objektivierbaren in Beziehung zu setzen. Es bedeutet weiter, dass der Mensch bei der Wahrnehmung der Geschichte nicht nur als Schöpfer und Geschöpf der Kultur in Erscheinung tritt, sondern auch als Schöpfer und Geschöpf der Geschichte, da er ja bei der *Lektüre* der Geschichte anderes und sich selbst kennenlernen kann.

Das alles entbindet die Geschichtsschreibung natürlich nicht von dem Postulat Rankes, dass man bei der Wahrnehmung von Geschichte immer zu erkunden habe, wie es *eigentlich* gewesen sei. Das macht es dann natürlich auch erforderlich, die Quellenerkundung und Quellenverwertung ständig zu verbessern. Es verbietet aber zugleich auch, letzte Wahrheitsansprüche für bestimmte geschichtliche Aussagen zu beanspruchen, eben weil alle historischen Sinnbildungsansprüche immer nur als asymptotische Annäherungsprozesse an das Phänomen der Geschichte anzusehen sind und weil Kausalitäten sich auf sehr unterschiedlichen Ebenen konkretisieren lassen.

Die Wahrnehmung von Geschichte vollzieht sich ebenso wie die von anderen komplexen Phänomenen immer im Spannungsfeld einer Objekt- und Subjektorientierung bzw. in dem Spannungsfeld von Erfahrungen aus der Vergangenheit und solchen aus der Gegenwart, was dann natürlich sehr unterschiedliche Analogieannahmen einschließen kann. Deswegen ist dann auch der zweite konstitutive Wunsch Rankes, dass er als Historiker bei Objektivierung der Geschichte, sein eigenes individuelles Selbst gleichsam auslöschen möchte, um „*nur die Dinge reden, die mächtigen Kräfte erscheinen zu lassen*", kein faktisch wirklich erfüllbarer Wunsch.[98] Diese Intention ist allenfalls eine methodische Zielorientierung, die den Historiker dazu auffordert, seine jeweiligen Objektivierungen des Phänomens Geschichte immer metareflexiv so zu begleiten und zu gestalten, dass diese auch für andere Subjekte verständlich und nachvollziehbar werden. Dadurch wird die Geschichte zu einem Phänomen, dessen Konstitution auf exemplarische Weise sowohl von außersprachlichen als auch von innersprachlichen Analogiebeziehungen abhängig ist.

---

98 L. von Ranke: Englische Geschichte, Bd. 1. Einleitung zum 5. Buch. 1955, S. 449.

6 Das Analogiephänomen in der Lexik

Es ist sicherlich unmittelbar verständlich, dass wir optisch fassbare Bilder als Zeichenträger verwenden, um uns abstrakte Denkinhalte auf ikonische Weise ins Bewusstsein zu rufen. Etwas komplizierter wird es allerdings, wenn wir zu diesem Zweck sprachliche Zeichen lexikalischer, grammatischer und textueller Art verwenden. Diese können wir nämlich, abgesehen von lautmalerischen Zeichen, in der Regel nicht spontan hinsichtlich ihrer jeweiligen Objektbezüge verstehen, weil deren referentielle Bezüge auf erlernten sozialen Konventionen beruhen und außerdem in einem sehr hohen Maße durch typisierende Musterbildungen geprägt werden, die eine interpretierende und heuristische Funktion haben, die wiederum bedeutsame historische und kulturelle Implikationen haben.

All das bedeutet, dass die Denkfigur vom Zauberstab der Analogie auf der Ebene sprachlicher Zeichen in einem sehr hohen Maße ganz anders verstanden werden muss, als auf der Ebene von bildlich direkt wahrnehmbaren Zeichen. Sprachliche Zeichen aller Art haben sehr viel komplexere interpretative Implikationen als natürliche ikonische Zeichen bzw. Bilder. Dabei spielt dann nicht zuletzt auch eine große Rolle, dass sprachliche Zeichen nicht nur einen sachlichen Fremdbezug haben, sondern auch einen immanenten sprachlichen Selbstbezug, was insbesondere grammatische und metaphorische sprachliche Zeichenformen exemplifizieren.

Im üblichen logischen Denken sind solche selbstbezüglichen Sinnbildungsprozesse natürlich höchst verpönt, weil sie den Aktivitäten von Münchhausen ähneln, sich am eigenen Schopfe aus dem Sumpf zu ziehen. Im hermeneutischen Denken sind solche Verfahren aber überhaupt nicht zu vermeiden, weil es hier gleichsam die Regel ist, sprachliche Formen auch durch sprachliche Formen näher zu erläutern. Hier ist jede Sachthematik nämlich untrennbar mit der Zeichenthematik verschlungen und verwachsen. Das hat Hugo von Hofmannsthal sehr prägnant in dem folgenden Bilde festgehalten, das auch auf die kulturellen Implikationen der Sprache aufmerksam macht: *„Wenn wir den Mund aufmachen, reden immer zehntausend Tote mit."* [99]

---

99 H. von Hofmannsthal: Gesammelte Werke in Einzelausgaben, Prosa Bd. 1. 1950, S. 267.

6.1 Begriffe als analysierende und strukturierende Zauberstäbe

Auf den ersten Blick neigen wir sicherlich nicht zu der Vorstellung, Begriffe bzw. lexikalische Ordnungsmuster mit der Vorstellung von erschließenden Zauberstäben in Verbindung zu bringen. In der Denktradition der platonischen Ideenhypothese sind wir nämlich dazu disponiert, zumindest richtig gebildete Begriffe eher als geistige Grundbausteine der Welt anzusehen, die eher eine abbildende Repräsentationsfunktion als eine heuristische Erschließungsfunktion besitzen. Deshalb wird dann auch insbesondere wissenschaftlich fundierten Begriffen meist eine ganz besonders hohe Erkenntniskraft und Legitimation zugebilligt, obwohl sie bei näherer Betrachtung auch nur eine bestimmte perspektivierende Ordnungsfunktion für ganz bestimmte Erkenntnisziele haben und keine abbildende ontische Repräsentationsfunktion an sich.

Ein genauerer Blick zeigt nämlich, dass nicht nur die Begriffsmuster der natürlichen Sprache, sondern auch die der formalisierten Wissenschaftssprachen aus ganz bestimmten Erkenntnisinteressen hervorgehen und keine Stellvertreter von vorgegebenen ontischer Seinsmuster sind, sondern nur ontologische Erschließungsmuster, die sowohl historisch als auch systematisch recht unterschiedlich ausfallen können, eben weil sie kulturbedingte Ordnungsmuster sind. Gleichwohl ist aber festzuhalten, dass alle lexikalischen Ordnungsmuster in der Regel pragmatisch relevante Gestaltungsmuster repräsentieren, ohne die wir uns die menschliche Erfahrungswelt strukturell nicht sinnvoll erschließen könnten. Im Prinzip können alle lexikalischen Begriffsmuster als vereinfachende und typisierende Ordnungsmuster angesehen werden, die eher heuristisch motivierte Gestaltungsfunktionen als verdoppelnde Abbildungsfunktionen erfüllen.

Dieses Urteil lässt sich schon durch sehr elementare sprachliche Tatbestände legitimieren. Zu Recht können wir nämlich in der Sprache zwischen Eigennamen (nomina propria), die individuelle Wahrnehmungsgrößen benennen, und Begriffs- bzw. Gattungsnamen (nomina appelativa) unterscheiden, die spezifizierende sprachliche Ordnungsmuster benennen. Letztere können von Sprache zu Sprache bzw. von Wissenschaft zu Wissenschaft recht unterschiedlich ausfallen, da sie ja Ergebnisse unterschiedlicher Differenzierungs- und Verähnlichungsanstrengungen sind, die alle bestimmte Schwächen und Stärken haben. Das können vielleicht folgende Überlegungen plausibel machen.

Alle Wahrnehmungsmuster mit Einschluss von Spiegelbildern und sprachlichen Begriffen verdoppeln nicht vorgegebene Originale, sondern erschließen uns diese in einer ganz bestimmten Wahrnehmungsperspektive durch abstrahierende Vereinfachungs- und Abstraktionsprozesse, die unsere Aufmerksamkeit immer auf ganz spezifische Teilaspekte von Wahrnehmungsgegenständen richten, wobei sie zugleich auch dazu tendieren, diese zu autonomen Seinsphänomenen zu transformieren. Beispielsweise verselbständigen uns Substantive Wahrnehmungsphänomene tendenziell zu bestimmten Sachtypen, die einen Substanzcharakter zu haben scheinen, Verben verselbständigen uns Wahrnehmungsphänomene zu bestimmten Bewegungstypen und Adjektive verselbständigen uns sinnliche und kognitive Wahrnehmungen zu bestimmten Eigenschaftstypen. Grammatischen Formen wie etwa Konjunktionsformen, Tempusformen oder Modusformen verselbständigen uns bestimmte Relationsmöglichkeiten zu natürlich vorgegebenen ontischen Relationstypen.

Die selektierenden und akzentuierenden Funktionen von sprachlichen Begriffs- bzw. Musterbildungen exemplifiziert sehr schön eine Anekdote von Cicero und Plinius über den antiken Maler Zeuxis von Herakleia. Für ein Gemälde der schönen Helena habe er sich nicht mit der Person eines schönen Mädchens als eines exemplarischen Modells begnügt. Er habe vielmehr fünf schöne Mädchen ausgewählt, deren einzelne Vorzüge er dann zu einem idealen Frauenbildnis von makelloser Schönheit vereinigt habe.[100] Diese Anekdote veranschaulicht sehr schön, dass Bilder ebenso wie sprachliche Ordnungsmuster eine typisierende Grundstruktur haben, die auf idealisierenden und vereinfachenden Abstraktionen beruhen, was natürlich insbesondere für sprachliche Ordnungsmuster zutrifft. Diese abstrahierende Analogisierungstendenzen prägen im Prinzip alle kulturellen Ordnungsmuster, mit deren Hilfe wir unübersichtlichen und komplexen Einzelerfahrungen die Form einer übersichtlichen allgemeinen Ordnungsform geben können.

Allerdings ist nun auch festzuhalten, dass bei sprachlichen und insbesondere bei lexikalischen Musterbildungen der typisierende Ordnungsgedanke sehr viel deutlicher hervortritt als der Analogiegedanke bei dem Verständnis von Bildern, weil bei Begriffsmustern von vornherein optische Ähnlichkeiten zugunsten von kategorialen transzendiert werden. Beispielsweise ähneln sich Elefanten, Mäuse und Wale optisch kaum, aber hinsichtlich ihres Fortpflanzungsverfahrens sehr wohl, wenn wir sie begrifflich allesamt als *Säugtiere* zusammenfassen.

Das bedeutet, dass hinter lexikalischen Begriffsbildungen nicht immer optische Analogien stehen, sondern auch funktionale, pragmatische, wertende, kulturelle usw. Es bedeutet weiter, dass Begriffe faktisch auch aus der intentionalen Gleichsetzung des Ungleichen resultieren können bzw. aus Vereinfachungsprozessen, die auf sehr unterschiedliche Weise das Ungleiche in lebensdienlicher Weise so vereinfachen, dass dadurch das praktische Handeln erleichtert wird,

---

100 B. Schweitzer: Platon und die bildende Kunst der Griechen. 1953, S. 55.

was natürlich ganz bestimmte sachliche Verzerrungen nie gänzlich ausschließt. Diese Vereinfachungsfunktion von Begriffen hat Hegel deshalb auch zu folgender These inspiriert: *„Die Sprache ist Ertötung der sinnlichen Welt in ihrem unmittelbaren Dasein [...].*[101]

Die Vorstellung, dass sich unsere Begriffsbildungen nicht zwingend nach unseren faktischen bzw. unmittelbaren sinnlichen Eindrücken und empirischen Erfahrungen richten, sondern auch nach unseren individuellen Erkenntniswünschen bzw. Ordnungs- und Gestaltungszielen, hat nicht erst der moderne Konstruktivismus ins Spiel gebracht. Sie hat nämlich schon seit der Antike eine lange Tradition, die insbesondere im mittelalterlichen Nominalismus deutlich hervorgetreten ist. Hier wurden nämlich Begriffe bzw. das Begreifen von etwas schon als ein Produzieren durch das menschliche Denken verstanden (concipere enim est producere intra se).[102]

Insbesondere Allgemeinbegriffe (universalia) wurden im Nominalismus als Produkte des Denkens bzw. als methodische Fiktionen angesehen, über die nicht bestimmte Dinge selbst in unser Bewusstsein gerufen werden, sondern bestenfalls bestimmte Eigenschaften und Aspekte von ihnen, die dann jeweils in ganz spezifischen Betrachtungsweisen fassbar werden (intentiones animae, opiniones, res fictae). So gesehen werden im Nominalismus die Fundamente von Begriffen von den Dingen mehr und mehr in die Formen des menschlichen Nachdenkens über die Dinge verlegt, in denen bestimmte Ähnlichkeiten von ihnen herausgearbeitet werden können. Auf diese Weise transformieren sich Begriffe von bestimmten Dingen mehr und mehr von ideellen Abbildern zu operativ motivierten Hypothesen der wahrnehmenden Subjekte über die innere Natur der wahrzunehmenden Denkgegenstände. Daraus ergab sich dann die Konsequenz, dass die Vorstellung einer stabilen Analogie oder Symmetrie zwischen Seinsformen (modi essendi), Wahrnehmungsformen (modi intelligendi) und Sprachformen (modi significandi) sich nicht mehr aufrecht erhalten ließ, die ja traditionell als Grundlage aller sprachlichen Begriffsbildungen angesehen worden war.

Diese Konsequenzen des nominalistischen Denkens wirken auch im Denken Kants nach. In seiner Erkenntniskritik hat er ausdrücklich betont, dass die traditionelle Grundauffassung nicht zu halten sei, *„alle unsere Erkenntnis müsse sich nach den Gegenständen richten.*" Stattdessen solle man es seiner Meinung nach doch einmal versuchen, ob wir in der Metaphysik nicht dadurch besser so fortkämen, *„daß wir annehmen, die Gegenstände müssen sich nach unserer Erkenntnis*

---

101 G. W. F. Hegel: Nürnberger Schriften. Werke Bd. 4, S. 52, § 159.
102 Petrus Aureoli. Zitiert nach H. Rombach: Substanz, System, Struktur. Bd. 1, 1965, S. 90.

richten [...]."[103] Diese Denkposition impliziert dann natürlich eine beträchtliche Aufwertung des Sprach- und Kulturphänomens für die Erkenntnistheorie. Das dokumentiert sich dann auch sehr klar in der folgenden These des Neukantianers Cassirer: *„Denn der Inhalt des Kulturbegriffs läßt sich von den Grundformen und Grundrichtungen des geistigen Produzierens nicht loslösen: das ‚Sein' ist hier nirgends anders als im ‚Tun' erfaßbar."*[104]

Diese Aufwertung der subjektbedingten Erkenntnisinteressen bei der Wahrnehmung von Gegenstandswelten hat der Kunsttheoretiker Erwin Panofsky im Anklang an Cassirers Theorie der *symbolischen Formen* als eine *„Objektivierung des Subjektiven"* gekennzeichnet.[105] Das ist von ihm nicht im Sinne des modernen Konstruktivismus oder gar Solipsismus gemeint, sondern schlicht und einfach in dem Sinne, dass jede menschliche Wahrnehmung bzw. Objektivierung von etwas von einem bestimmten Sehepunkt bzw. in einer ganz bestimmten Perspektive erfolgen muss und nicht in einer göttlichen Sicht von nirgendwo. Es bedeutet dann weiter, dass jede menschliche Begriffsbildung notwendigerweise subjekt- und kulturbedingte Implikationen hat und sich in ihren jeweiligen Objektivierungsstrategien nicht nur an dem jeweiligen Wahrnehmungsgegenständen selbst orientiert, sondern immer auch an den Wahrnehmungsinteressen der jeweiligen Subjekte und Kulturen.

Ganz ähnlich hat auch der Kunsthistoriker Rudolf Arnheim argumentiert, als er die zentralperspektivische Malerei in einer Weise beschrieben hat, die mit der Denkfigur des Zauberstabs der Analogie in einen exemplifizierenden Zusammenhang gebracht werden kann: *„Die perspektivischen Verzerrungen werden nicht durch Kräfte verursacht, die in der dargestellten Welt selbst stecken. Sie sind der anschauliche Ausdruck der Tatsache, daß diese Welt ‚gesehen' wird."*[106]

Auf der Ebene der Begriffsbildungen bzw. der sprachlichen Objektivierung der menschlichen Wahrnehmungswelt zeigt sich die Objektivierung des Subjektiven sehr deutlich darin, dass dabei natürlich nicht nur die spezifischen Eigenschaften von Dingen thematisiert werden, die für Menschen auf irgendeine Weise relevant sein können, sondern auch darin, dass in diesen Prozessen prinzipiell nur das berücksichtigt wird, was der menschliche Wahrnehmungsapparat überhaupt erfassen und von anderen Phänomenen unterscheiden kann. Das bedeutet dann auch, dass es in jeder faktischen Wahrnehmung immer zu einer Symbiose von objekt-, subjekt- und kulturbedingten Wahrnehmungsfaktoren kommt. Das

---

103 I. Kant: Kritik der reinen Vernunft. Vorrede zur zweiten Auflage. Werke, Bd. 3, S. 25.
104 E. Cassirer: Philosophie der symbolischen Formen. Bd.1. 1964⁴, S. 11.
105 E. Panofsky: Die Perspektive als „symbolische Form". 1927, S. 287.
106 R. Arnheim. Kunst und Sehen. 1978, S. 287.

exemplifiziert sich sehr deutlich gerade in solchen Sinnbildungsprozessen, die lexikalischen Kompositabildungen zugrunde liegen. Diese zeigen nämlich sehr deutlich, dass Begriffsbildungsprozesse nicht nur als gegenstandsbezogene Deskriptionsprozesse zu beurteilen sind, sondern auch als subjektbezogene Urteilsprozesse, die zugleich immer auch Beurteilungsprozesse sind.

Ganz besonders deutlich treten die immanenten Wertungsaspekte von Begriffsbildungsprozessen dann hervor, wenn in ihnen Negationsmorpheme verwendet werden. Ein *Unwetter* ist ja kein *Nicht-Wetter*, sondern ein Wetter, das nicht den menschlichen Erwartungen für normale Wettererscheinungen entspricht. Ein *Unkraut* ist kein *Nicht-Kraut*, sondern ein Kraut, das nicht in einen Garten oder auf einen Acker gehört. Unsere natürliche Sprache wäre kein universal verwendbares Objektivierungsmittel für Welt, wenn ihre Begriffsbildungen keine wertenden Implikationen hätten. Diese können sich allerdings kulturell und historisch ändern, wenn neue Erkenntnisse den jeweiligen anthropologischen Stellenwert von Erfahrungsphänomenen ändern. Das bedeutet, dass der Zauberstab von wertenden Analogiebildungen sich in der natürlichen Sprache nicht eliminieren lässt, ohne deren pragmatische Ordnungsfunktionen grundsätzlich zu schwächen.

Vordergründig betrachtet neigen wir allerdings dazu, insbesondere die Welt der wissenschaftlichen Begriffe als vertrauenswürdige abbildende geistige Objektivierungsmittel für die kognitive Erfassung der Welt anzusehen, obwohl das im Laufe der philosophischen Erkenntniskritik immer wieder in Zweifel gezogen worden ist. Insbesondere der mittelalterliche Nominalismus hat immer wieder betont, dass sich alle sprachlichen Begriffsbildungen aus wandelbaren menschlichen Differenzierungsbedürfnissen ableiteten (ex institutione hominum) und daher keineswegs immer eine wirklich verlässliche Basis außerhalb der menschlichen Unterscheidungsbedürfnisse hätten. Allenfalls könnte ihnen ein experimenteller Status zugebilligt werden. Diese Grundauffassung von der experimentellen Natur aller Begriffsbildungen spiegelt sich dann auch in den beiden folgenden Thesen Nietzsches wieder: *„Jeder Begriff entsteht durch Gleichsetzen des Ungleichen.“*[107] *„Der ganze Erkenntnis-Apparat ist ein Abstraktions- und Simplifikations-Apparat – nicht auf Erkenntnis gerichtet, sondern auf Bemächtigung der Dinge.“*[108]

Diese beiden Thesen Nietzsches lassen sich über die sogenannte Abstraktionsleiter von Hayakawa sehr schön illustrieren. Dieser hat nämlich hervorgehoben, dass wir denselben konkreten empirischen Wahrnehmungsgegenstand

---

107 F. Nietzsche: Über Wahrheit und Lüge im außermoralischen Sinn. Werke Bd. 3, S. 313.
108 F. Nietzsche: Aus dem Nachlaß der achtziger Jahre. Werke Bd. 3, S. 442.

angefangen mit einem individualisierenden Eigennamen (Liesel die Kuh) über immer abstraktivere Begriffsnamen kategorial objektivieren könnten, die dann natürlich auch je unterschiedliche Umgangsformen mit ihm nahelegten: *Liesel, Kuh, Viehbestand, Betriebsinventar, Vermögen, Reichtum.* Je abstrakter die begriffliche Einordnung eines Wahrnehmungsgegenstandes werde, desto einfacher ließe sich dieser in Handlungs- und Beherrschungsprozesse einordnen und desto mehr verschwände dieser Gegenstand als ein möglicher Partner, zu dem eine dialogische Beziehung aufgebaut werden könne.[109]

Hayakawas Abstraktionsleiter für lexikalische Begriffsbildungen veranschaulicht auch sehr überzeugend die Überlegungen Kants zum Nutzen und Nachteil von begrifflichen Abstraktionsprozessen in der Wahrnehmung von faktischen Gegenständen. *„Durch sehr abstrakte Begriffe erkennen wir an vielen Dingen wenig: durch sehr konkrete Begriffe erkennen wir an wenigen Dingen viel; – was wir also auf der einen Seite gewinnen, das verlieren wir wieder auf der andern."*[110] Diese immanente Dialektik von Begriffsbildungen erläutert Kant an anderer Stelle durch folgendes Beispiel: *„Viele Menschen sind unglücklich, weil sie nicht abstrahieren können. Der Freier könnte eine gute Heurat machen, wenn er nur über eine Warze im Gesicht oder eine Zahnlücke seiner Geliebten wegsehen könnte."*[111]

Die hier zitierten Äußerungen zum pragmatischen Stellenwert von Abstraktionen bei Begriffsbildungen verdeutlichen, dass diese prinzipiell immer eine Zauberstabsfunktion haben, insofern sie alle spezifische Differenzierungs- und Integrationsfunktionen haben. Wenn wir nämlich individuelle Erfahrungsphänomene bestimmten Abstraktionsklassen zuordnen, dann machen wir immer auf ganz bestimmte Eigenschaften von ihnen aufmerksam und schatten eben dadurch andere als weniger wichtig ab. Das bedeutet, dass wir die jeweiligen Phänomene nicht mehr als individuelle Wahrnehmungsgrößen mit ganz spezifischen Einzelaspekten wahrnehmen, sondern als Phänomene, die Repräsentanten bestimmter Wahrnehmungsmuster bzw. Gattungen sind, was für den Umgang mit ihnen natürlich ganz bestimmte Vorteile und Nachteile haben kann. Je höher die jeweilige Abstraktionsklasse ist, desto mehr unterschiedliche Einzelphänomene können wir in sie einordnen und desto leichter können wir sie beherrschen, weil wir uns nicht auf ihre jeweiligen individuellen Besonderheiten einstellen müssen. Je niedriger die jeweilige Abstraktionsklasse ist, desto mehr

---

109 S. J. Hayakawa: Sprache im Denken und Handeln o. J., 4.Auflage. S. 187.
110 I. Kant: Allgemeine Elementarlehre. Werke Bd. 6, S. 531, A 156.
111 I. Kant: Anthropologie in pragmatischer Hinsicht. Werke Bd. 12, S. 413, BA 11.

können ihre jeweiligen Besonderheiten für uns hervortreten und desto individuellere Erfahrungen können wir mit ihnen machen.

Die Möglichkeit, dasselbe Erfahrungsphänomen auf unterschiedlichen Abstraktionsebenen zu thematisieren, ermöglicht es nun aber auch, schon über seine unterschiedlichen sprachlichen Benennungen ganz unterschiedliche Wahrnehmungsperspektiven bzw. Kontexte für dieses ins Bewusstsein zu rufen. Das gilt sogar auch dann, wenn wir ungefähr auf derselben Abstraktionsebene bleiben, aber Begriffe verwenden, die emotional ganz unterschiedlich akzentuiert sind wie beispielsweise die Begriffe *Pferd, Ross, Gaul, Mähre, Hengst, Stute* usw. Auf diese Weise lässt sich dann auch Ähnliches unähnlich machen und Unähnliches ähnlich. Das offenbart dann auch, dass alle Begriffsbildungen Indizien dafür sind, dass Menschen begrifflich bzw. mental sehr flexibel mit ihren konkreten Erfahrungswelten umgehen können.

Ebenso wie Menschen verfügen auch Tiere über kategorisierende Wahrnehmungsschemata, die allerdings weitgehend genetisch fixiert sind, weshalb sie in konkreten Wahrnehmungsprozessen dann auch nicht mehr so leicht zu variieren sind. Daher fallen Tiere in ihren Reaktionen auch sehr viel leichter als Menschen auf Attrappen herein. Bei Menschen garantiert dagegen die Vagheit von sprachlichen Begriffsmustern eine beträchtliche semantische Flexibilität dieser Muster in Wahrnehmungs- oder Reaktionsprozessen. Deshalb lassen sich die lexikalischen Ordnungsbegriffe in den natürlichen Sprachen im Gegensatz zu denen in den formalisierten Fachsprachen auch eher als vorläufige kontextsensitive Typisierungsbegriffe verstehen und weniger als abschließende statische Klassifizierungsbegriffe.

Diese Strukturverhältnisse in der natürlichen Sprache erleichtern dann auch die Bildung von Begriffsmuster, die als *Privativa* (abgeleitet von dem lat. Verb privare = berauben) bezeichnet werden wie etwa die Begriffe *das Nichts, das Loch, die Armut* usw. Diese sogenannten Privativa benennen nämlich keine in sich konsistenten Gegenstandsklassen, die spezifische faktische Ähnlichkeiten miteinander haben, sondern paradoxerweise die Abwesenheit von bestimmten konkreten Inhaltserwartungen. Das bedeutet, dass Privativa eigentlich gar keine konkret fassbaren Gegenstandklassen benennen, sondern vielmehr enttäuschte Erwartungen, die sehr vielfältige Sinnbildungsfunktionen ausüben können. Deshalb hat Kant die Privativa auch nicht als Bezeichnungen für konkrete Seinsgrößen angesehen, sondern als systembedingte Denkfiguren, und sie nach dem Vorbild der Mathematik als *„negative Größen"* bezeichnet, was allerdings nicht als *„Negation von Größen"* verstanden werden dürfe. Das ermöglicht Kant dann auch,

Schulden als „*negative Kapitalien*" zu bezeichnen.[112] Kurt Tucholsky hat auch nicht versäumt, dem Privativum „*Loch*" eine sehr scharfsinnige satirische Analyse zu widmen, wobei er die aufschlussreiche Frage stellt, was denn aus einem Loch werde, wenn man es zustopfe.[113]

Privativa exemplifizieren sehr gut, dass bestimmte Wort- und Begriffsbildungen zwar eine kategorisierende Denkfunktion haben, aber keine gegenständliche Abbildungsfunktion, weil sie enttäuschte Erwartungen thematisieren, aber keine substanziellen Erfahrungsinhalte. Durch sie wird die Vorstellung der Existenz von vorgegebenen materiellen Bausteinen der Welt deutlich relativiert und die Vorstellung von hypothetischen mentalen Ordnungsgrößen erleichtert, was natürlich diejenigen Theoriebildungen sehr erleichtert, die unsere konkreten sinnlichen Erfahrungen deutlich transzendieren. Das ermöglicht dann beispielsweise auch, phänomenal so unterschiedliche Tiere wie etwa Elefanten, Wale und Mäuse, die optisch kaum große Ähnlichkeiten aufweisen, mit Hilfe der Kategorie *Säugetier* zusammenzufassen, da sich diese Lebewesen durch analoge Verfahren biologisch reproduzieren.

Die Vorstellung von ewig vorgegebenen Seinsmustern, die sich über Begriffe zutreffend auf der kognitiven Ebene objektivieren lassen, wurde kulturgeschichtlich durch die Evolutionstheorie entscheidend relativiert, da diese allen vermeintlichen Seinsmustern immer nur eine temporäre, aber keine ewige Gültigkeit zubilligt. Dabei spielte Ende des 18. Jahrhunderts dann auch die Entdeckung des sogenannten Schnabeltiers in Australien eine gewisse Rolle.

Dieses *Schnabeltier* stellte nämlich das Dogma von der prinzipiellen Differenz zwischen lebendgebärenden Säugetieren und eierlegenden Reptilien in Frage. Es legte nämlich einerseits Eier, die bebrütet werden mussten, und ernährte andererseits die geschlüpften Jungtiere durch Muttermilch, die durch Drüsen im Brustbereich des Muttertieres abgesondert wurden und die von den Jungtieren vom Fell der Mutter abzulecken waren. Durch diese biologische Entdeckung wurde es dann notwendig, den Begriff der Analogie auch bei naturwissenschaftlichen Begriffsbildungen zu flexibilisieren. Dadurch wurde dann auch der Substanzgedanke durch den Funktionsgedanken in Begriffsbildungsprozessen entscheidend geschwächt, weil alle begrifflichen Kategorisierungen sachlich und historisch flexibilisiert werden konnten. Der Analogiegedanke musste dabei bei Begriffsbildungsprozessen zwar nicht aufgegeben werden, aber er musste

---

112 I. Kant: Versuch, den Begriff der negativen Größen in die Weltweisheit einzuführen. Werke. Bd. 2, S. 781, 787.
113 K. Tucholsky: Zur soziologischen Psychologie der Löcher (1931). Gesammelte Werke, 1985. Bd. 9, S. 152–153.

nun doch zwangsläufig flexibilisiert werden, um seine strukturierenden Grundfunktionen bei Begriffsbildungsprozessen zu erhalten.

Der Funktionsgedanke legt im Gegensatz zum Substanzgedanken nämlich nicht nahe, Begriffe als naturimmanente Phänomene zu verstehen, sondern als funktionsbedingte menschliche Ordnungsmuster, die aus ganz bestimmten pragmatischen Differenzierungsbedürfnissen resultieren. Dieser Grundgedanken, der auch Wittgensteins Sprachspieltheorie zu Grunde liegt, hat schon im 18. Jahrhundert Lamberts Überlegungen zur Sprache entscheidend geprägt: *„Denn da entsteht der Begriff, den man mit dem Worte verbindet, aus den Redensarten, in welchen das Wort gebraucht wird, und man richtet die Definition so ein, daß sie diesen Redensarten und Sätzen nicht zuwiderlaufe.“*[114]

All diese Überlegungen legen es nahe, Begriffe nicht als Seinsmuster zu verstehen, sondern vielmehr als pragmatisch motivierte menschliche Denkmuster, die wie Fenster ganz bestimmte Perspektiven auf die Welt eröffnen und gerade dadurch bestimmte Wahrnehmungsmöglichkeiten für sie ermöglichen bzw. akzentuieren, indem sie andere abdecken oder zumindest abschatten. Das lässt sich auch dadurch plausibel machen, dass wir uns Überlegungen von Popper vergegenwärtigen, die beinhalten, dass Menschen gleichsam in drei unterschiedlichen, aber miteinander korrespondierenden Welten lebten, die wir uns sprachlich auch unterschiedlich objektivieren könnten.

Die Welt 1 ist für Popper die vorgegebene physikalische Welt, die Welt 2 die Welt unserer bewussten Wahrnehmungserlebnisse und die Welt 3 die Welt unserer kulturellen Denkgebilde und Wissensbestände. Popper ist nun der Auffassung, dass unser ganzes Wissen von der Welt 2 entscheidend von dem Wissen abhänge, welches sich in Welt 3 konkretisiert und angesammelt habe, und dass wir uns ständig darum zu bemühen hätten, unsere aktuellen Erfahrungen in der Welt 1 in Harmonie mit den Wahrnehmungsmustern der Welt 3 zu bringen. Deshalb sei unser ganzes Wissen von Welt 1 auch *„theoriegetränkt“* bzw. sprachgetränkt.[115] Diese Grundauffassung Poppers entspricht dann auch der Grundauffassung Cassirers, dass die *„Logik der Sachen“*, auf denen der Aufbau einer Wissenschaft beruhe, sich letztlich nicht von der *„Logik der Zeichen“* trennen lasse.[116]

Aus diesen Überlegungen lässt sich nun vielleicht eine unerwartete Hypothese über den kognitiven Wert von unscharfen Begriffsbildungen bzw. Analogiepostulaten ableiten. Diese sind so gesehen nämlich nicht prinzipiell als

---

114 J. H. Lambert: Neues Organon. Bd.2. Semiotik, § 351. 1764/1990, S. 642.
115 K. R. Popper: Objektive Erkenntnis. 1974², S. 85–89, sowie S. 178–181.
116 E. Cassirer: Philosophie der symbolischen Formen. Bd. 1. 1964⁴, S. 18.

problematisch oder unbrauchbar zu beurteilen. Sie regen uns nämlich ständig dazu an, sie zweckdienlich zu präzisieren und selbst in faktischen Unähnlichkeiten auch noch nach Ähnlichkeiten zu suchen. Das verhindert dann, dass wir uns in Wahrnehmungsprozessen vorschnell konventionalisierten Begrifflichkeiten beugen.

Unscharfe Begriffe bzw. metaphorische Sprachverwendungsweisen können uns nämlich auch auf die Komplexität von Phänomenen aufmerksam machen bzw. unsere Sinnbildungskräfte anregen und stärken. Das veranschaulichen beispielsweise die interpretationsbedürftigen Antworten des delphischen Orakels auf konkrete Fragen. Nicht zufällig hat deshalb auch Lichtenberg von einer *„barbarischen Genauigkeit"* gesprochen.[117] Auch Wittgenstein hat sicherlich nicht zufällig die folgende provokante Frage gestellt: *„Ja, kann man ein* unscharfes *Bild immer mit Vorteil durch ein scharfes ersetzen? Ist das unscharfe nicht oft gerade das, was wir brauchen?"*[118]

In diesem Zusammenhang lässt sich auch auf den Tatbestand aufmerksam machen, dass in Evolutionsprozessen gerade die unscharfe Reproduktion von Lebewesen die Überlebensfähigkeit einer bestimmten Gattung unter neuen Rahmenbedingungen sichert. Mutationen sind ja die Voraussetzung dafür, dass sich Lebewesen im Laufe der Zeit neuen Rahmenbedingungen anpassen können. Gerade unscharfe Begriffe bzw. Metaphern sind deshalb ja auch die Voraussetzungen dafür, dass wir uns nicht in einem blinden Gehorsam an die kategorialen Unterscheidungen und Musterbildungen unserer Vorfahren halten müssen und eben dadurch dann auch sensibel für die Ähnlichkeiten im Unterscheidbaren aufmerksam werden können. Das lässt sich auch mit der anthropologischen These Poppers in Verbindung bringen, dass alles Leben letztlich eine Form des Problemlösens sei.[119]

In diesem Zusammenhang kann man auch auf eine halbironische und halbernste Stellungnahme Kants zum Wert eines vagen sinnbildlichen Sprachgebrauchs im Kontrast zu einem begrifflichen aufmerksam machen. In einem Brief an seinen Freund und Antipoden Hamann in Königsberg bittet er diesen nämlich folgendermaßen um eine Stellungnahme zu den Ausführungen Herders zur Zahlensymbolik:

> [...] Aber wo möglich in der Sprache der Menschen. Denn ich armer Erdensohn bin zu der Göttersprache der *anschauenden* Vernunft gar nicht organisiert. Was man mir aus gemeinen Begriffen nach logischen Regeln vorbuchstabieren kann, das erreiche wohl. Auch

---

117 G. Ch. Lichtenberg: Sudelbücher I. 2005, S. 500, § 273.
118 L. Wittgenstein: Philosophische Untersuchungen. 1967, S. 50, § 71.
119 K. R. Popper: Alles Leben ist Problemlösen. Über Literatur, Geschichte und Politik, 1994.

verlange ich nichts weiter, als das Thema des Verfassers zu verstehen: denn es in seiner ganzen Würde und Evidenz zu erkennen, ist nicht eine Sache, worauf ich Anspruch mache.[120]

Ohne Zweifel brauchen wir konventionalisierte Denkmuster und Denkstrategien, um etwas intersubjektiv verständlich zu objektivieren und mitzuteilen und nicht im Ozean momentaner Eindrücke zu ertrinken. Diese Muster müssen aber flexibel bleiben, um uns davor zu bewahren, unsere spontanen individuellen Grenzziehungen mit ontischen zu identifizieren. Wir haben immer Sorge dafür zu tragen, dass diese Muster flexibel bleiben und dass wir dabei die angenommenen Analogien nicht so überstrapazieren, dass sie zu Dogmen werden und andere Analogien ausschließen.

So wichtig klare und kontrollierbare lexikalische Begriffe auch für unsere Wahrnehmungsprozesse und unsere intersubjektiven Verständigungen sind, so dürfen wir darüber doch nicht vergessen, dass damit immer auch ein gewisser Midaseffekt verbunden ist. Ebenso wie der mythische König Midas vom Hungertod bedroht wurde, weil alles zu Gold wurde, was er anfasste, so stehen auch wir in der ständigen Gefahr, dass alle unsere Wahrnehmungen sich nach den Normen unserer konventionalisierten Begrifflichkeiten richten und dadurch unsere eigene geistige Beweglichkeit so einschränken, dass wir Gefahr laufen, an den Konsequenzen unserer eigenen Hilfsmittel geistig zu verhungern, insofern wir den Zauberstab der Analogie nicht mehr umfassend für unsere kognitiven Operationen nutzen können.

Zwar hat Hegel in einem aparten Wortspiel postuliert, dass in den begrifflichen Formen der Erkenntnis alle anderen Erkenntnisformen in einem dreifachen Sinne aufgehoben würden, nämlich *beseitigt*, *bewahrt* und *angehoben*, aber diese Theorie wird nur dann pragmatisch griffig, wenn man gleichzeitig vom *Zauberstab der Dialektik* Gebrauch machen kann. Dieser postuliert nämlich immanent, dass der Progress von der These zur Antithese und zur Synthese unendlich fortgesetzt werden kann, da ja jede Synthese wieder zur These werden kann, die dann wieder neue Antithesen und Synthesen ermöglicht. Diese Vorstellung scheint die Vereinfachungsfunktionen des rein begrifflichen Denkens entschärfen zu können, aber die Frage ist natürlich, ob das wirklich ein Denkverfahren ist, das prinzipiell alle Erkenntnisprobleme löst. Gleichwohl ist dieser Hypothese aber zuzubilligen, dass sie uns sensibel für das Problem normativer Begriffs-

---

120 Brief Kants an Hamann vom 6. 4. 1774. In: Kant's Gesammelte Schriften, Akademieausgabe Bd. X, Nr. 78, S. 148.

bildungen macht, die vom Zauberstab der Analogie eher einen mechanischen als einen heuristischen Gebrauch macht.

Das Problem normativer und heuristischer lexikalischer Begriffsbildungen entspannt sich, wenn man das Wahrnehmen und Denken als ein Wechselspiel von Analyse- und Syntheseprozessen ansieht, bei denen man immer wieder andere Ähnlichkeiten und Unterschiede im Hinblick auf unsere konkreten Erfahrungsphänomene ausmachen kann, die man natürlich auch sprachlich irgendwie bewältigen muss. Auf jeden Fall haben wir uns aber von der Vorstellung zu verabschieden, dass uns ein göttlicher Blick von *nirgendwo* auf die Welt möglich ist, der uns absolut gültige lexikalische Begriffsbildungen ermöglicht. Wir bleiben bei der Objektivierung der Welt immer auf einen Vergleich unterschiedlicher Musterbildungen angewiesen, die wir partiell, aber nicht prinzipiell überwinden können, eben weil wir selbst immer ein Teil der Welt sind, die wir sprachlich zu objektivieren versuchen.

Hilfreich bei diesen Objektivierungsanstrengungen ist nun, dass wir dabei nicht auf ein einziges objektivierendes Zeichensystem angewiesen sind, sondern vielmehr auf sehr vielfältige und unterschiedliche zurückgreifen können, die sich auch immer an unsere jeweiligen Erkenntnisinteressen anpassen lassen. Das lässt sich durch das Interpretantenkonzept von Peirce und das Sprachspielkonzept von Wittgenstein auch recht gut veranschaulichen sowie durch die sprachwissenschaftliche Wort- bzw. Begriffsfeldtheorie. Diese Sprachkonzepte lassen sich nämlich sowohl auf die semantische Ordnung von formalisierten Fachsprachen als auch auf die von natürlichen Sprachen anwenden. Grundsätzlich gehen diese Theorien nämlich von dem Grundgedanken aus, dass es in der Sprache nichts Einzelnes gibt, weil alle Elemente im Sinne Humboldts Teile eines übergeordneten Ganzen sind.

Begriffs- bzw. Wortfelder lassen sich in den natürlichen Sprachen zwar nicht so stringent regulieren wie in den formalisierten Fachsprachen, weil es hier keine übersichtlichen Hierarchien von Unter- und Oberbegriffen gibt und weil Wörter nicht nur deskriptive Objektivierungsfunktionen bei der Erfassung von Tatbeständen anstreben, sondern notwendigerweise auch Rücksicht auf regionale, historische, emotionale, soziale Bedeutungsnuancen nehmen müssen, was es dann verbietet, Wortfelder als statische Ordnungsgebilde anzusehen und nicht als dynamische. Starre sprachliche Ordnungsmuster wären nämlich im Kontext des historischen und evolutionären Denkens von vornherein dem Tode geweiht, wenn sie nicht ständig ihre jeweiligen Systemordnungen überprüfen und sich neuen Rahmenbedingungen anpassen könnten. Für die klassische zweiwertige Schlussfolgerungslogik wären solche stabilen Ordnungsgebilde zwar ein Segen, aber für das alltägliche und für das ästhetische Denken wären sie allerdings recht unfruchtbar, weil sie ein rein mechanisches Denken begünstigen und ein kreatives erschweren, das gerade auf die semantische Flexibilität von Wörtern bzw. Begriffen angewiesen ist.

Die Feldordnungen der Vokabulare der natürlichen Sprachen müssen sich kontextual ständig ändern, um sich den intentionalen Sinnbildungszielen des aktuellen Sprachgebrauchs anpassen zu können, der ja nicht nur darin besteht, gegebene Sachverhalte sprachlich zu objektivieren, sondern auch darin, Kommunikationspartner in ihrem Denken und Wahrnehmen zu steuern. Das setzt voraus, dass sich die Feldordnungen des Vokabulars im konkreten Sprachgebrauch auch ständig verändern müssen. Deshalb hat man in der Sprachfeldforschung dann auch die Vorstellung eines Pferderennens genutzt, um bildlich zu verdeutlichen, dass sich Ordnungsfelder in Korrelation mit der jeweiligen Betrachtungszeit nicht nur faktisch ständig ändern, sondern auch ändern müssen. Das Bild des Pferderennens veranschaulicht recht gut, dass das Lebenselixier der natürlichen Sprache nicht in ihrer statischen Informationsgenauigkeit besteht, sondern in ihrer semantischen Gebrauchsflexibilität bzw. in ihrem Spielcharakter. Eine sprachlich Informationsgenauigkeit der Sprache losgelöst von ihren jeweiligen Gebrauchssituationen und ihren kommunizierenden Personen würde nämlich für die natürliche Sprache den Tod als polyfunktionales Sinnbildungsmittel bedeuten.

Die natürliche Sprache lebt von typisierenden Begriffsbildungen, die ohne wertende, emotionale, verbildlichende, ironisierende, ästhetische und spielerische Implikationen nicht auskommen, da sich in ihr vielschichtige Sinnbildungsanstrengungen ständig überkreuzen und sich eben dadurch dann auch wechselseitig stärken oder relativieren können. Metaphernbildungen, die in den formalisierten Fachsprachen eher vermieden als gesucht werden, um ihre Informationsgenauigkeit nicht zu gefährden, veranschaulichen das sehr deutlich.

Hier soll nun am Beispiel unterschiedlicher sprachlicher Objektivierungstypen in der Lexik, der Grammatik und der Textualität exemplifiziert werden, dass das Sinnbildungspotential der Sprache nicht allein mit Hilfe des Systemgedankens beschrieben werden kann. Um dieses nämlich zu erfassen, ist immer auch Bezug auf den Strukturierungs- bzw. Funktionsgedanken Bezug zu nehmen, wobei die Vorstellung vom *Zauberstab der Analogie* sicherlich sehr hilfreich sein kann. Mit diesem Konzept kann man nämlich recht gut auf die sprachlichen Synthese-, Analyse- und Korrelationsanstrengungen bzw. auf umfassende amalgamierende sprachliche Typisierungsanstrengungen Bezug nehmen.

6.2 Wortarten als analogisierende Denkmuster

Wenn wir die Wörter einer Sprache als Manifestationsweisen von elementaren sprachlichen Ordnungsmustern ansehen, mit deren Hilfe wir uns intersubjektiv verständlich über unsere Erfahrungs- und Denkwelten verständigen können, dann wird offenbar, dass spezifizierende Wortarten einen ganz elementaren Beitrag dazu leisten, wie wir auf der kognitiven Ebene mit unserer Lebens- und Erfahrungswelt umgehen können. Dabei spielt dann eine zentrale Rolle, dass Wortarten nicht nur Hinweise auf begriffliche Differenzierungsmöglichkeiten zu geben vermögen, sondern auch Hinweise auf die funktionellen syntaktischen Verwendungsmöglichkeiten von Wörtern in Aussagen. Das macht es dann allerdings auch nicht leicht, die Analogisierungsfunktionen von Wortarten übersichtlich zu bestimmen, weil diese sich in den verschiedenen Sprachfamilien auch beträchtlich unterscheiden können.

Diese Rahmenbedingungen machen es verständlich, dass die objekt- und subjektorientierten Analogisierungsimplikationen von Wortarten kaum in einen übersichtlichen systematischen Zusammenhang gebracht werden können, weil dabei ja auch monoperspektivische Erkenntnisinteressen weniger wichtig sind als polyperspektivische. Aber gerade diese Sachlage kann dann auch dafür sensibilisieren, dass Wortartendifferenzierungen eine Zauberstabsfunktion ausüben können, mit deren Hilfe wir die Ordnungs- und Sinnbildungskräfte der natürlichen Sprachen besser verstehen können. Dabei ist es dann auch hilfreich, sich zu vergegenwärtigen, wie es im Laufe der Kultur- und Sprachgeschichte überhaupt zu Wortartenunterscheidungen gekommen ist und welche Auskunft uns diese Differenzierungen über das mehrschichtige Funktionsspektrum der natürlichen Sprache geben können. Das ist dann auch aufschlussreich für den sehr variablen stilistischen Gebrauch der natürlichen Sprache.

Das Wortartenproblem lässt sich hier aus verständlichen Gründen nicht umfassend diskutieren, sondern nur exemplarisch in Hinsicht auf ganz bestimmte Aspekte. Deshalb wird sich das Interesse auch auf Substantive, Verben und Adjektive als weniger umstrittene Wortarten konzentrieren. An diesen lässt sich nämlich recht gut veranschaulichen, welche konstitutive Rolle objekt- und subjektorientierte Analogie- und Differenzannahmen bei der Ausbildung von Wortarten spielen können. Deshalb sollen zunächst unterschiedliche Wortartmodelle vorgestellt werden und hinsichtlich ihrer spezifischen Erkenntnisinteressen und Erkenntnisimplikationen diskutiert werden.

Eine sinnvolle, wenn auch sehr vereinfachende Wortartendifferenzierung ist die zwischen Inhaltswörtern bzw. Nennwörtern als kategorematischen Wörtern auf der einen Seite und Funktionswörtern bzw. Organisationswörtern als synkategorematischen Wörtern auf der anderen. Diese kontrastive Unterscheidung ist primär sprachstrukturell orientiert. Sie ist vor allem dazu bestimmt, in unserem Wortschatz die lexikalischen Wörter von den grammatischen zu unterscheiden. Die kategorematischen Wörter bzw. die Inhaltszeichen (Substantive, Verben, Adjektive und bestimmte Adverbien) sind primär an ontischen Unterscheidungen interessiert, insofern sie außersprachliche Sachverhalte sprachlich zu objektivieren und kategorial zu unterscheiden versuchen. Die synkategorematischen Wörter bzw. Sprachzeichen sind dagegen primär daran interessiert, selbständige innersprachliche Instruktionswörter wie etwa Konjunktionen, Präpositionen oder Pronomen zu erfassen sowie unselbständige grammatische Instruktionszeichen wie etwa Tempus-, Modus-, Genus- und Kasuszeichen.

Eine etwas anders orientierte Wortartenunterscheidung ist diejenige zwischen *Konkreta* und *Abstrakta*, die in der Regel nur auf substantivische Inhaltswörter angewendet wird, aber die sich durchaus auch auf verbale und adjektivische Inhaltswörter anwenden lässt. Unter die Konkreta würden dann solche Wörter fallen, die sinnlich fassbare Phänomene objektivieren (Pferd, laufen, braun), und unter die Abstrakta solche Wörter, die unsinnliche Phänomene thematisieren (Recht, denken, klug). Die Unterscheidung zwischen Konkreta und Abstrakta ist natürlich nicht immer leicht, aber sie ist pragmatisch gesehen doch wichtig, um die Rahmenbedingungen intersubjektiver Argumentation und Verständigung zu konkretisieren und zu kontrollieren.

Eine weitere Möglichkeit, den Wortschatz einer Sprache zu subklassifizieren besteht darin, zwischen denjenigen Wörtern zu unterscheiden, die in allen Gebrauchsweisen eine Formkonstanz aufweisen, und denjenigen, die flektierbar sind und eben dadurch dann auch in ihren jeweiligen grammatischen Sinnbildungsrollen näher bestimmt werden können. Dieses Kriterium spielt auch eine wichtige Rolle, um typologisch zwischen den Sprachen zu unterscheiden, deren Vokabular eine große Formkonstanz hat, und solchen, die Variationen der Wortformen nutzen, um in Aussagen die grammatische Sinnbildungsrollen von Wörtern zu unterscheiden.

Das erscheint auf den ersten Blick nicht sehr relevant zu sein, es hat aber kulturgeschichtlich wichtige Implikationen gehabt. Beispielsweise hat das Chinesische eine große Formkonstanz in ihrem Vokabular, was zwei gravierende kulturgeschichtliche Folgen gehabt hat. Einerseits wurde dadurch die Entwicklung einer Begriffsschrift mit sehr vielen graphischen Einzelzeichen begünstigt, wodurch dann die Entwicklung einer Buchstabenschrift mit wenigen phonologischen Zeichen blockiert wurde. Andererseits wurde dadurch auch das Verfahren begünstigt, die Tonhöhen bei der mündlichen Artikulation von Lautzeichen zur Bedeutungsunterscheidung zu nutzen. Beides hatte zur Folge, dass die Begriffsschrift im Chinesischen zu einem überregionalen Verständigungsmittel im ganzen Reich werden konnte und dass sich keine überregional verständliche Lautsprache herausgebildet hat bzw. herausbilden musste. In den flektierenden Sprachen haben sich lediglich bei der Unterscheidung von Aussage-, Frage- und Ausrufesätzen Intonationskurven als sinnbildende grammatische Instruktionszeichen etabliert, die sich dann in der Schriftsprache durch Punkte, Fragezeichen und Ausrufezeichen manifestieren lassen.

Eine wichtige Rolle bei der Diskussion der Analogisierungsimplikationen von Wortarten spielt sicherlich auch die traditionelle Unterscheidung von Substanz und Akzidens bei der Diskussion von unterscheidbaren Seinstypen in ontologischen Überlegungen. Solange man ontologisch die Auffassung vertritt, dass die Welt einerseits aus invariablen Grundsubstanzen besteht und andererseits aus variablen Akzidenzien, die sich auf stabile Substanzen auflagern können (Apfel: grün, rot, klein, groß, süß, sauer, glatt, schrumpelig), solange wird man die Unterscheidung von Substanz und Akzidens, bzw. von Wesen und Erscheinungsweise bzw. von Genotypus und Phänotypus für plausibel halten.

Ein sehr diskussionswürdiges Problem bei dieser ontologischen Basisunterscheidung und deren immanenten Analogiepostulaten stellt sich allerdings, wenn wir bei den Substantiven, die ja prädestiniert dafür zu sein scheinen, Substanzen sprachlich zu objektivieren, auch die schon erwähnten *Privativa* näher betrachten wie etwa die Substantive *die Leere, das Loch, die Schulden* oder *das Nichts,* die ja die Abwesenheit von wahrnehmbaren Substanzen postulieren bzw. die Abwesenheit von möglichen Erwartungen. Deshalb hat Rudolf Carnap in seiner neopositivistischen Denkphase sich auch genüsslich über eine Formulierung Heideggers in seiner Freiburger Antrittsvorlesung mokiert: *„Das Nichts selbst nichtet."* [121] Dieser Satz mache keine beurteilungsfähige Aussage, sondern gebe allenfalls einem *„Lebensgefühl"* Ausdruck.[122]

Etwas anders stellt sich bei den Substantiven *Wüste* oder *Dunkelheit* das Problem von Substanz und Akzidens, weil hier wohl nicht immer die generellen Abwesenheiten von Substanzen objektiviert werden soll, sondern eher enttäuschte Erwartungen in einer ganz bestimmten Erwartungsperspektive. Das Phänomen *Wüste* wird einem Wüstenbewohner aber sicherlich nicht als ein Privativum erscheinen, sondern eher als Benennung einer faktischen Gegebenheit, die durchaus auch über positiv gegebene Eigenschaften beschreibbar ist und nicht nur über die Benennungen von Seinsmängeln.

---

121 M. Heidegger: Was ist Metaphysik? 1960², S. 34.

122 R. Carnap: Überwindung der Metaphysik durch logische Analyse der Sprache. Erkenntnis 2, 1931, S. 238. Vgl. dazu auch W. Köller: Formen und Funktionen der Negation. 2016, S. 198 ff.

Das Phänomen *Begriff* wird meist an der Wortart *Substantiv* diskutiert, weil Substantive gleichsam prototypisch dieses Phänomen zu repräsentieren scheinen. Das ist nun aber keineswegs zwingend, wenn wir Begriffe in einem pragmatischen Sinne als abstrahierende Denkmuster verstehen, über die wir uns den Umgang mit unserer physischen und geistigen Lebens- und Denkwelt zu erleichtern versuchen. Vielleicht können wir dann auch Verben, Adjektive, Adverbien oder Konjunktionen als Begriffe bzw. als begriffsähnliche Denkmuster verstehen. Diese sind dann zwar nicht sehr sinnvoll als mögliche Substanzmuster anzusehen, aber doch als typisierende Ordnungsmuster in Opposition zu Eigennamen, die ja nur Einzelphänomene sprachlich objektivieren sollen.

Aufschlussreich ist in diesem Zusammenhang, dass auch schon Platon diesen Strukturzusammenhang sehr deutlich thematisiert hat, als er Sokrates im Kratylos-Dialog Folgendes sagen lässt: „*Das Wort ist also ein belehrendes Werkzeug und ein das Wesen unterscheidendes und sonderndes, wie die Weberlade das Gewebe sondert.*"[123] Über dieses Bild will er veranschaulichen, dass Begriffsbildungen als Musterbildungen nicht Ergebnisse von mehr oder weniger zufälligen Konstruktionen anzusehen seien, sondern eher als etwas, das aus der Natur von Phänomenen bzw. aus bestimmten funktionalen Differenzierungsbedürfnissen resultiert. Das Bilden von Begriffen ist deshalb für ihn eine Kunst, die nur derjenige beherrsche, der auch eine gute Kenntnis der Dinge und der menschlichen Handlungsmöglichkeiten habe.

Die These, dass sich Begriffsbildungen an der Natur der Dinge auszurichten hätten, ist als sogenannte Physei-These bekannt geworden ist. Sie ist dann im Verlaufe der Sprachreflexion durch die sogenannte Thesei-These ergänzt und relativiert worden, die auch auf die menschliche Unterscheidungskreativität bei Begriffsbildungsprozessen aufmerksam zu machen versucht. Ebenso wie man zwischen guten und schlechten Handwerkern unterscheiden könne, so könne man nämlich auch zwischen guten und schlechten Wortbildnern unterscheiden. Deshalb gebe es auch eine abstufbare Richtigkeit der Namen bzw. der Begriffe, wenn man nicht von vornherein einen göttlichen Namengeber bzw. Begriffsbildner ins Spiel bringen möchte, der grundsätzlich zutreffend kategorisieren könne. Gute Begriffsbildungen haben so gesehen dann auch immer beim Studium der Dinge anzusetzen und nicht beim Studium von Wörtern, weil sich nach Heraklit alles im Verlaufe der Zeit ändern könne, weshalb es dann natürlich auch nie eine absolute Richtigkeit von Namen bzw. von Begriffsbildungen geben könne.

---

123 Platon: Kratylos 388 b-c. Werke Bd. 2, S. 131.

Die Problematik, die mit der sprachtheoretischen Thesei-These verbunden ist, hat Lewis Carroll in einem seinen Alice-Büchern prägnant auf den entscheidenden Punkt gebracht:

> „Wenn ich ein Wort gebrauche", sagte Goggelmoggel [Humpty Dumpty] in recht hochmütigem Ton, „dann heißt es genau, was ich für richtig halte – nicht mehr und nicht weniger."
> „Es fragt sich nur", sagte Alice, „ob man Wörter einfach etwas anderes heißen lassen kann."
> „Es fragt sich nur", sagte Goggelmoggel, „wer der Stärkere ist."[124]

Wenn wir uns etwas sprachlich in Form eines Substantivs vergegenwärtigen, dann wird uns dadurch zugleich auch immer nahegelegt, dass das sprachlich so Objektivierte auch eine selbstständige Natur hat, die sich allenfalls in sehr langen Zeiträumen verändern kann, eben weil es ja einen festen Wesenskern hat, der kaum der verändernden Kraft der Zeit unterworfen ist. Das bedeutet, dass wir das substantivisch Objektivierte zwar in unterscheidbaren Perspektiven und Funktionsrollen wahrnehmen können, aber dass dadurch das innere Wesen des jeweils Wahrgenommenen bzw. Benannten nicht wirklich betroffen wird, sondern allenfalls seine unterschiedlichen Erscheinungsmöglichkeiten für Kommunikanten. Alles, was wir sprachlich durch Substantive objektivieren, scheint einen stabilen Wesenskern zu haben ähnlich wie eine Person, die wir uns mit seinem Eigenamen ins Bewusstsein rufen.

Diese Wahrnehmungsweise von substantivisch objektivierten Vorstellungsgrößen hat dann auch Konsequenzen für ihre Verwendung in Aussagen. Einerseits lassen sich Substantive als Benennungen von deskriptiv fassbaren Sachgrößen verstehen, die die Grundlage von Prädikationen sein können bzw. die syntaktische Rolle eines Satzsubjektes übernehmen können (subiectum, hypokeimenon). Andererseits können sie in Aussagen auch die Rolle einer Handlungsgröße übernehmen, die ursächlich einem Prozess zugrunde liegt (agens).

Diese Charakterisierung der Wortart *Substantiv* ist natürlich insbesondere für die indogermanischen Sprachen zutreffend, die ausgeprägte Wortartentypologien entwickelt haben. Sie ist aber natürlich weniger für Sprachen gültig, in denen es eine weniger ausgeprägte morphologische und syntaktische Rollendifferenzierungen von Substantiven durch Kasusvarianten gibt. Das bedeutet dann auch, dass die sogenannte Ideenhypothese von Platon durch die grammatische Ordnungsstruktur der indogermanischen Sprachen begünstigt worden ist, da diese ja auch die Unterscheidung von Substanz- und Akzidensvorstellungen

---

124 L. Carroll: Alice hinter den Spiegeln. 1984⁴, S. 88. Vgl. dazu auch: W. Köller: Narrative Formen der Sprachreflexion. 2006, S. 315–348.

erleichtert. Daran ändert auch die Tatsache nichts, dass es in Sprachen auch grammatische Verfahren für einen Wortartwechsel gibt.

Ein schönes Beispiel für die ontologischen Zauberstabfunktionen von abstrakten Substantiven, die aus Verben hervorgegangen sind, hat Fritz Mauthner aufmerksam gemacht. Einem Kind sei eine *Reise* versprochen worden, auf der er fern der Heimat Berge, Seen und Wälder kennenlernen könne. Am Ende der Reise habe dieses Kind dann aber gefragt: *„Ja – aber wo ist die Reise?"* [125] Diese Frage verdeutlicht sehr schön, wie durch einen Wortartwechsel ein Vorgang, der eigentlich ontologisch als Akzidens verstanden werden müsste, sich zu einer autonomen Substanz bzw. Seinsgröße verdichtet, was natürlich dann theoretisch keineswegs unproblematisch ist. Wortartwechsel dieses Typs sind natürlich Wasser auf die Mühlen eines philosophischen Konstruktivismus, der die Realität nicht als Ansammlung vorgegebener Größen ansieht, die nur darauf warten, sachgerecht sprachlich objektiviert zu werden, sondern vielmehr als ein Produkt oder gar ein Konstrukt menschlicher Objektivierungsprozesse, die historisch und systematisch sehr unterschiedlich ausfallen können.

Herder hat bereits sehr plastisch darauf aufmerksam gemacht, dass das aus Büchern bzw. aus denkerischen Erklärungsanstrengungen hervorgegangene Wissen über die Welt im Vergleich mit dem Wissen, das aus dem direkten handelnden Umgang mit der Welt resultiert, immer ein vereinfachendes und abstrahierendes Wissen sei, welches uns zumindest anthropologisch gesehen nur einen indirekten Kontakt mit der Welt ermögliche.

> Da lernen wir eine ganze Reihe von Bezeichnungen aus Büchern, statt sie aus und mit den Dingen selbst, die jene bezeichnen sollen, zu erfinden: wir wissen Wörter und glauben die Sachen zu wissen, die sie bedeuten: wir umarmen die Schatten statt des Körpers, der den Schatten wirft. [126]

Alle abstrakten Phänomene, die wir uns nur schwerlich als Substanzphänomene vorstellbar machen können, weil sie eher als Korrelationsphänomene einzuordnen sind, hat man sich insbesondere im antiken Polytheismus mit Hilfe von Göttervorstellungen ins Bewusstsein gerufen. So steht etwa *Aphrodite* für das Phänomen *Schönheit* und *Athene* für das Phänomen *Weisheit* und *Mars* für das Phänomen *Krieg*. Eine besondere Rolle spielt in diesem Zusammenhang der Gott Chronos als sinnbildlicher Repräsentant für das Phänomen *Zeit*. Im volkstümlichen griechischen Denken wurde er allerdings oft mit dem Gott *Kronos* identifiziert, der aus Angst vor seiner Entmachtung seine eigenen Kinder verschlungen

---

125 F. Mauthner: Beiträge zu einer Kritik der Sprache. 1982. Bd. 3, S. 85.
126 J. G. Herder: Kritische Wälder, Viertes Wäldchen. Sämmtliche Werke, Bd. 4. 1878, S. 58.

hat, wobei allerdings Zeus trickreich durch Rhea gerettet wurde. Die Identifizierung oder Analogisierung beider Götter ist etymologisch zwar nicht gerechtfertigt, aber mythologisch und ikonisch verständlich, weil ja auch die Zeit irgendwie immer wieder ihre eigenen Produkte verschlingt.

Der Umstand, dass in der Philosophie, der Theologie und der Wissenschaft immer wieder sehr abstrakte Begriffe geprägt werden, ist pragmatisch verständlich, weil hier immer wieder Denkinhalte sprachlich objektiviert werden müssen, die jenseits unserer empirischen und sinnlichen Erfahrung liegen, die aber dennoch nützlich sind, um uns in unserer menschlichen Erfahrungswelt geistig zu orientieren bzw. diese inhaltlich zu strukturieren. Für die Entfaltung der deutschen Sprache spielt deshalb die sprachschöpferische Leistung der deutschen Mystik eine herausragende Rolle, insofern auch heute noch unsere abstrakten Substantive auf Wortbildungsverfahren beruhen, die auf den hier entwickelten Strategien basieren, um abstrakte lateinische Substantive ins Deutsche zu übersetzen. Unsere abstrakten Substantive mit den Suffixen -*heit*, -*keit* und -*ung* gehen nämlich weitgehend auf die Wortbildungsstrategien der Mystiker zurück und haben dann schnell Eingang in den Wortschatz der Theologen und Wissenschaftler gefunden, die ohne diese Zauberstäbe der abstrakten Begriffsbildung sicherlich überhaupt nicht mehr auskommen können.

Das Wortbildungsmorphem -*keit* bzw. -*heit* war ursprünglich ein eigenständiges Substantiv (got. haidus = Gestalt, Beschaffenheit, Art und Weise). Als Wortbildungsmittel bekam es dann die Funktion, aus Adjektiven abstrakte Zustandssubstantive herzustellen, denen dann ein gewisser Substanzcharakter zugeschrieben werden konnte, da sie den lateinischen Substantiven mit dem Wortbildungsmorphem -*tas* entsprachen (veritas, libertas). Dieses Verfahren griff dann auch auf die Bildung von abstrakten Substantiven aus konkreten Substantiven (Menschheit) über bzw. auf die Bildung von Abstrakta aus Indefinitpronomen (Vielheit), aus Personalpronomen (Ichheit) oder aus Zahlwörtern (Dreiheit).

Auf diese Weise eröffneten sich dann vielfältige Möglichkeiten, Analogiebeziehungen zwischen ganz unterschiedlichen Vorstellungsbereichen herzustellen, die nicht nur auf sinnlich fassbaren Ähnlichkeiten beruhten, sondern auf solchen, die eigentlich nur konzeptionell und theoretisch postuliert werden konnten. Merkwürdigerweise hat diese Art sprachlicher Kreativität dann über die muttersprachlichen Kenntnisse der Mönche auch Rückwirkungen auf das mittelalterliche Gelehrtenlatein gehabt. Hier begegnen uns nun nämlich etwas abenteuerliche abstrakte Begriffsbildungen, die auf die Umwandlung von Pronomen zu Substantiven beruhen wie etwa die Wörter *quidditas* (Washeit) oder *haecceitas* (Diesheit), die im klassischen Latein ziemlich undenkbar wären.

Die Bildung von abstrakten Substantiven ist im Griechischen und im Deutschen sprachstrukturell durch die Existenz des bestimmten Artikels von Anfang an sehr viel leichter gewesen als im Lateinischen. Dadurch war es nämlich sehr leicht, alle anderen Wortarten zu Substantiven zu machen, ohne strukturell tiefgreifend in die morphologischen Ordnungsstrukturen der Sprache eingreifen zu müssen, um undingliche Relationsverhältnisse zu mehr oder minder substanziell verstehbaren Denkgegenständen zu machen. Deshalb hat der Altphilologe Bruno Snell dann auch die Auffassung vertreten, dass das Griechische und Deutsche durch die bloße Existenz des bestimmten Artikels dazu prädestiniert gewesen seien, das spekulative und hypothetisierende Denken zu erleichtern, weil dadurch alle möglichen Abstraktionen von sinnlichen Erfahrungen erleichtert worden seien.[127]

Generell lässt sich sagen, dass die bloße Existenz von Substantiven bzw. ihre leichte Herstellung durch die Nutzung des bestimmten Artikels sowie durch bestimmte Wortbildungsverfahren es sprachlich sehr erleichtern, Seinsvorstellungen zu erzeugen, die Substanzvorstellungen nahelegen. Das bedeutet dann wiederum, dass Substantive ganz im Gegensatz zu Verben uns die Vorstellung von der verändernden Kraft der Zeit nicht sehr nahelegen und damit dann auch nicht die Vorstellung von ständigen evolutionären Transformationsprozessen in Seinsordnungen. Das schließt allerdings nicht aus, dass abstrakten Substantiven auch konkrete Handlungsfähigkeiten zugesprochen werden können: *Die Zeit wird das Problem lösen.*

Im Gegensatz zu Substantiven lenken Verben unsere Aufmerksamkeit nicht auf mögliche zeitlose Substanzvorstellungen, sondern auf Prozesse, die natürlich nicht nur zeitlich situiert, sondern auch in ihrem zeitlichen Ablauf ausgestaltet werden müssen. Dabei ist allerdings zu beachten, dass dabei die Tempusmorpheme bei Verben nicht nur chronologische Implikationen haben, sondern auch psychologische, insofern sie Vorstellungsinhalte als gegenwärtig, als erinnert oder als erwartet qualifizieren können. Dadurch werden dann Tempusformen von Verben zu wichtigen ontologischen Interpretanten der Menschen, über die sie auch mögliche Substanzvorstellungen flexibilisieren können.

Das dokumentiert sich sprachlich beispielsweise auch darin, dass zuweilen auch mögliche Substanzialisierungen in Aussagen durch Verben wieder relativiert werden, insofern eine substanzialisierte Grundvorstellung durch ein bedeutungsverwandtes Verb wieder dynamisiert wird: *Der Donner donnert. Der Wind weht. Der Regen regnet heftig herab.* Dadurch werden dann bestimmte substantivisch nahegelegte substanzorientierte Wahrnehmungsweisen wieder korrigiert.

---

127 B. Snell: Die Entdeckung des Geistes. 1975[4], S. 205.

Ein ähnlicher Strukturzusammenhang repräsentiert sich dann auch in der folgenden Satzbildung: *Die Welle kommt.* Einerseits wird das Phänomen der Welle mit Hilfe eines Substantivs nicht nur als Substanzphänomen, sondern auch als handlungsfähige Größe thematisiert, weil das unserer sinnlichen Wahrnehmung von Wellen entspricht. Andererseits ist das aber keine realistische, sondern eher eine mythische Wahrnehmungsform von Wellen, die faktisch unzutreffend ist. Einerseits können Meereswellen nämlich nicht intentional handeln und andererseits bewegen sich die Moleküle des Wellenwassers nicht linear auf das Ufer zu, sondern nahezu ortsfest auf gewissen Kreisbahnen vertikal von unten nach oben, was sich nur ändert, wenn sich die Welle am flachen Ufer bricht.

Auch in folgender Aussage relativiert das Verb faktisch den Substanzcharakter seines substantivischen Subjekts: *Die Flamme brennt.* Faktisch hat nämlich die Flamme keinen Substanzcharakter, sondern einen Prozesscharakter, weil das, was wir optisch als substanzielle Größe wahrnehmen, eigentlich als ein ständiger Transformationsprozess angesehen werden müsste und nicht als ein Substanzphänomen. Der Satz repräsentiert nämlich eine bloße *Als-ob-Welt* aber keine gegebene Realität. Aber gleichwohl hat dieser Satz eine sinnvolle und verständliche pragmatischen Orientierungsfunktion im Rahmen der pragmatischen Differenzierungsbedürfnisse von kommunizierenden Menschen.

Obwohl das Verb prinzipiell eine Wortart ist, um Vorgänge und nicht Gegenstände sprachlich zu objektivieren, hat sich in der Sprache doch ein Verfahren entwickelt, mit Hilfe des bestimmten Artikels Vorgänge zu mentalen Gegenständen zu transformieren: *das Gehen, das Sehen, das Denken.* Durch diesen grammatischen Zauberstab für Analogiebildungen ergibt sich dann die Möglichkeit, pragmatische Differenzierungsbedürfnisse zu erfüllen, obwohl ontologisch gesehen dadurch eher ein Chaos als eine Ordnung hergestellt wird, eben weil dadurch unseren ontologischen Ordnungsbegriffen *Dynamik* und *Statik* eigentlich die ontische Grundlage entzogen wird.[128]

Die Welt der Verben ist im Prinzip nicht die Welt des Seins, sondern die des Werdens und Vergehens, aus der sich auch unser Verständnis von Zeit sowohl in einem chronologischen als auch in einem psychologischen Sinne konstituiert. Das ist nicht nur durch die mit Verben verbundenen lexikalischen Musterbildungen bedingt, sondern auch durch die Struktur der grammatischen Morpheme und Satzglieder, die mit Verben verbindbar sind. Deshalb hat die sogenannte Dependenzgrammatik dann auch nicht die Prädikationsstruktur von Sätzen zum Hauptgegenstand ihrer syntaktischen Analysen gemacht, sondern vielmehr die sogenannte *Valenz* von Verben. Unter der Valenz von Verben wird dabei die

---

128 Vgl. zu dieser Problematik: F. Kainz: Über die Sprachverführung des Denkens. 1972.

unterschiedliche syntaktische Bindungsfähigkeit von Verben für andere Satzglieder verstanden, die einerseits obligatorische Satzglieder wie etwa Subjekte, Objekte sowie bestimmte Adverbiale umfassen und andererseits zusätzliche Angaben, die präzisierende Zusatzinformationen betreffen. Deshalb hat man Verben dann auch mit Gebilden analogisiert, die bestimmte Häkchen haben, an denen dann bestimmte andere Gegenstände aufgehängt werden können. Das wären dann bei Verben zusätzliche Satzelemente obligatorischer oder fakultativer Art, aus denen sich dann ein vollständiger Satz ergibt.

Das hat dann auch zur Folge, dass ein Verb bei der Satzbildung die Funktion hat, zum Kern einer Szenenbildung mit bestimmten Handlungsgrößen und Handlungsumständen zu werden bzw. zum Kristallisationskern eines ganz bestimmten Strukturzusammenhangs. Je nach Füllung der obligatorischen und fakultativen Leerstellen eines Verbs können dann nicht nur ganz konkrete Einzelaspekte eines Sachverhalts in unser Vorstellungsvermögen gerufen werden, sondern auch ganz bestimmte Handlungsabläufe: *Fritz kocht Tee / Kartoffeln / Suppe.*

Auch die Unterscheidung von *Handlungsverben* (schlagen), *Vorgangsverben* (schlafen) oder *Zustandsverben* (liegen) sowie von *transitiven Verben* mit einer Objektbindung (überzeugen) und *intransitiven Verben* ohne eine Objektbindung (nachdenken) impliziert eine je andere Szenenbildungsfunktion von Verben. Im Denkrahmen dieser Szenenbildungskompetenz von Verben ist es dann natürlich auch höchst umstritten, ob man das Wort *sein*, das man üblicherweise als *Hilfsverb* bezeichnet, überhaupt zu der Wortklasse der Verben rechnen sollte, weil es ja keine Bezüge zur dynamischen Welt des *Werdens* hat, sondern allenfalls eine Beziehung zur Welt des statischen *Seins*.

Wenn wir die Welt der Substantive als die Welt der Substanzen verstehen und die Welt der Verben als die Welt der Vorgänge, in denen Substanzen eine Rolle spielen, dann lassen sich Adjektive ontologisch natürlich leicht als Welt der Akzidenzien verstehen, die ebenso wie die der Vorgänge nur in der Welt der Substanzen zur Erscheinung kommen können. Dieses Denkmodell ist zwar ontologisch nicht immer sehr konsistent, aber es beherrscht dennoch unser Standardverständnis von Sprache, weil es pragmatisch nützlich und handhabbar ist und eben deshalb dann auch einen recht guten Einstieg in den hermeneutischen Zirkel des Verstehens der Wortartenproblematik in einem lexikalischen Denkrahmen ermöglicht.

In unserem sprachlichen Grundverständnis können wir deshalb auch Adjektive als Wortformen verstehen, mit denen wir mögliche Eigenschaften von ontischen Grundphänomenen benennen können (*großer / kleiner / grüner / roter / süßer / alter Apfel*. Was uns zunächst als objektive Eigenschaft von Erfahrungsphänomenen erscheint, entpuppt sich bei näherer Betrachtung dann meist als eine Interpretation menschlicher Subjekte in einer ganz bestimmten Wahrnehmungsperspektive, in der individuelle Differenzierungsinteressen und artspezifische menschliche Wahrnehmungsmöglichkeiten für gegebene Wahrnehmungsgegenstände immer eine konstitutive Rolle spielen.

Das wird besonders deutlich, wenn solchen Gegenständen sinnlich nicht wahrnehmbare Charakteristika zugeschrieben werden, die subjektbedingte Wertungen beinhalten (*gut, schlecht, gerecht, fortschrittlich*), die sich schwerlich als objektiv feststellbare Akzidenzien ansehen lassen, sondern eher als emotionsbesetzte subjektbedingte Kommentare. Bestimmte Adjektive bzw. bestimmte Gebrauchsformen von Adjektiven können sogar Vorgänge thematisieren (*schnelle Antwort, kurzer Prozess*), wenn man nicht von vornherein einen metaphorischen Sprachgebrauch annimmt. Bestimmte Adjektive können im attributiven Gebrauch sogar etwas über die objektiven Umstände der Wahrnehmung von Gegenständen durch eine bestimmte Person mitteilen, aber nicht etwas über den Wahrnehmungsgenstand selbst (*entferntes Haus*).

Auffällig ist auch, dass sich adjektivische Grundformen steigern lassen (*groß, größer, am größten*). Das verdeutlicht, dass Adjektive immer sehr eng mit Interpretationen und Wertungen korreliert sein können, die intersubjektiv keineswegs immer konsensfähig sind. Bezeichnend ist weiterhin, dass Adjektive oft aus Eigennamen, Rollenbezeichnungen oder abstrakten Substantiven (*sokratisch, königlich, religiös*) abgeleitet worden sind.

All das dokumentiert, dass Adjektive nicht nur gegebene Eigenschaften von Substanzen sprachlich objektivieren, sondern auch subjektbezogene Eindrücke und Interpretationen und dass man über ihren attributiven Gebrauch oft mehr über den jeweiligen Sprecher erfährt als über die von diesem thematisierten Objekte. Auf diese Weise exemplifizieren Adjektive auch recht gut ihre pragmatischen Zauberstabfunktionen sowie ihre subjektbezogenen Sinnbildungsdimensionen, da sich über sie habituelle Analogieannahmen verstärken, verdeutlichen oder verändern lassen. Diesbezüglich ist es dann auch wichtig, dass Adjektive sich als Satzglieder 2. Ordnung sowohl als Attribute für Subjekte und Objekte verwenden lassen als auch als Adverbiale für Prädikate und dass sie sich mit Hilfe von bestimmten Artikeln sogar zu Substantiven transformieren lassen. Über bestimmte Wortbildungsmorpheme lassen sich Adjektive im Deutschen auch leicht in abstrakte Substantive verwandeln (*Freiheit, Flüssigkeit, Reichtum*). Das rechtfertigt dann vielleicht auch, dass man sie wegen ihrer vielfältigen Transformations- und Sinnbildungsmöglichkeiten sogar als Ariadnefäden betrachten kann, mit deren Hilfe man sich im Labyrinth der Welt sprachlich zurechtfinden kann, gerade weil sie ein so vielfältiges pragmatisches Funktionsspektrum haben.

Die Tatsache, dass unsere grundlegenden Wortarten im natürlichen Sprachgebrauch ein so vielfältiges Funktionsspektrum aufweisen, rechtfertigt es dann auch, sie zur Erläuterung von Humboldts These heranzuziehen, dass die flexible Struktur der natürlichen Sprache ein Garant dafür sei, von endlichen Mitteln einen unendlichen Gebrauch machen zu können. Diese Annahme könnte außerdem auch Wittgensteins These veranschaulichen, dass die natürliche Sprache dafür prädestiniert ist, sie für sehr vielfältige Sprachspiele bzw. Sinnbildungsspiele zu nutzen. Das würde es außerdem nahelegen, ihr eher eine Befreiungsfunktion als eine Fesselungsfunktion zuzubilligen, wenn man gelernt hat, ihre Grundstrukturen sinnvoll zu nutzen. Dazu kann dann sicherlich auch der flexible metaphorische Sprachgebrauch einen wichtigeren Beitrag leisten als der formalisierte Sprachgebrauch mit seiner immanenten Tendenz, alle Sprachmittel hinsichtlich ihrer Sinnbildungsfunktionen lexikalisch und grammatisch zu normieren.

6.3 Die Durchsichtigkeit von Wörtern

Nicht nur die Frage nach der Richtigkeit von Begriffen hat eine lange historische Diskussionsgeschichte hinter sich, sondern auch die Frage nach der Nützlichkeit von konkreten Wortbildungs- bzw. Begriffsbildungsstrategien bei der verbalen Objektivierung von Begriffen. Das ist auch nicht erstaunlich, weil anfangs kaum zwischen Wörtern als konkreten lexikalischen Größen und Wörtern als Repräsentanten von Begriffen bzw. kognitiven Mustern unterschieden worden ist. So bezeichnet beispielsweise der griechische Terminus *onoma* sowohl den verbalen Repräsentanten eines Denkmusters als auch das begriffliche Denkmuster selbst. Das ist ein Indiz dafür, dass zunächst immer ein Grundvertrauen darin bestand, dass die Phänomene *Sache, Begriff* und *Wort* im Prinzip weitgehend miteinander zur Deckung gebracht werden könnten, eben weil sie in weitgehenden Analogiebeziehungen miteinander stünden.

Dieses Urvertrauen dokumentiert sich auch darin, dass in frühen Phasen der Kulturgeschichte Eigennamen als genuine Bestandteile einer Person angesehen wurden und nicht nur als eine sprachliche Etikettierung dieser Person. Wenn man Kindern einen bestimmten Namen gab, dann spielte dabei immer eine Rolle, dass man zugleich wünschte, damit auch zugleich die Eigenschaften einer vorbildlichen Person gleichen Namens wieder beim Kind zur Erscheinung bringen zu können bzw. bestimmte Familieneigenschaften wiederbeleben zu können. Außerdem spielte im diesem Zusammenhang dann auch die allgemeine Sprachvorstellung eine Rolle, dass derjenige, der den Namen einer Person oder einer Sache kennt auch eine Macht über diese habe. Das bringt beispielsweise nicht nur das Märchen vom Rumpelstilzchen klar zum Ausdruck (*Ach wie gut, dass niemand weiß, dass ich Rumpelstilzchen heiß.*), sondern auch der unstillbare Namenshunger von Kindern in der Phase ihres Spracherwerbs.

Dieser Namenszauber tritt natürlich bei begrifflichen Sachnamen nicht so deutlich hervor wie bei individuellen Eigennamen. Gleichwohl steht aber auch bei Begriffsnamen der Glaube im Hintergrund, dass mit der Kenntnis des Namens immer auch ein bestimmtes Herrschaftswissen über die jeweils benannten Phänomene verbunden sein könnte, insofern uns die Namen auch zugleich immer etwas darüber sagen, wie wir mit den damit benannten Dingen am besten umgehen können bzw. wie sich diese in die eigenen Lebensführung integrieren lassen, da man mit dem Namen einer Sache auch immer schon ein bestimmtes Wissen von dieser Sache erwirbt.

Kinder erfassen erstaunlicherweise auch sehr schnell, dass man die Benennungen für bestimmte Erfahrungsphänomene nach ganz bestimmten Abstraktionsebenen bzw. Mitteilungsintentionen auswählen kann. Das ermöglicht ihnen dann auch sehr gut, ihre jeweilige Wahrnehmung von individuellen Objekten unterschiedlich zu perspektivieren: *Katze, Schmusetier, Mäusefänger, Haustier, Säugetier* usw. Dabei stehen für Kinder dann natürlich auch diejenigen Begriffsdifferenzierungen im Vordergrund des Interesses, die zu ihrem jeweiligen Erfahrungshorizonten und Wissensbedürfnissen gehören.

Obwohl der linguistische Strukturalismus von de Saussure auf der Grundüberlegung aufbaut, dass die sprachlichen Benennungen von Erfahrungs- und Denkphänomenen als rein konventionell und damit auch als mehr oder weniger willkürlich anzusehen seien, so gibt es bei ihm doch auch Gesichtspunkte, die es nahelegen, die Namen für Begriffe als inhaltlich motiviert anzusehen. Deshalb spricht er dann auch von einer *relativen Motiviertheit* der Namen für bestimmte Sachverhalte, was für ihn allerdings eher psychologisch und funktionell als inhaltlich bedingt ist. Das dokumentiert sich im Deutschen beispielsweise bei der Benennung von Zahlen, die von eins bis zwölf eher als willkürlich in Erscheinung treten, aber ab dreizehn als durchaus motiviert. Kulturhistorisch gesehen ist de Saussures These von der *relativen Motiviertheit* von Benennungen allerdings eher irreführend als angemessen, da bei der historischen Entwicklung des Vokabulars natürlicherweise immer inhaltliche Analogien eine dominierende Rolle gespielt haben.

Die Anfänge der systematischen Etymologie im Mittelalter gingen beispielsweise von der Grundüberzeugung aus, dass die ursprüngliche Bedeutung von Wörtern, die man methodisch aus ihren Wurzeln rekonstruieren könne, sogar ihre wahre natürliche Bedeutung repräsentiere. Diese habe man deshalb auch nicht nur historisch zur Kenntnis zu nehmen, sondern auch inhaltlich zu respektieren und zu pflegen. Diese Auffassung kann natürlich heute keine realistische Denkprämisse mehr für etymologischen Bemühungen sein. Aber dennoch lässt sich über diese methodische Denkvoraussetzung recht gut rekonstruieren, in welche Sinnbildungs- und Begriffsbildungsprozesse die Sprachverwender ursprünglich verstrickt waren und welche Analogieannahmen dabei wirksam werden konnten, was im folgenden Kapitel noch näher erläutert werden soll.

Hier soll vorerst aber noch ein anderer Denkansatz thematisiert werden, der sich mit Hilfe der Vorstellung von *durchsichtigen Wörtern* konkretisieren lässt. Dieses Konzept ist von Wandruszka und Gauger ins Spiel gebracht worden, um den Überlegungen de Saussures zur relativen Motiviertheit von Wörtern historisch und sachlich ein größeres Gewicht zu geben. Beide wollen nämlich verdeutlichen, dass schon aus der faktischen Bildungsweise von Wörtern zu entnehmen sei, welche pragmatischen Sinnbildungsfunktionen ursprünglich mit ihnen verbunden waren, was spätere Umakzentuierungen ihres semantischen Funktionsprofils natürlich nicht ausschließt. Das offenbart dann auch, dass jede Frage nach dem aktuellen Sinngehalt von Wörtern die verborgene Kopräsenz von früheren nicht generell ausschließt. Allerdings bleibt diese Kopräsenz natürlich nur dann lebendig, wenn gleichzeitig auch schriftlich fixierte ältere Texte zur Kenntnis genommen werden können.[129] Die etwas verdeckte Kopräsenz von älteren Wortbedeutungen im jeweils aktuellen Sprachgebrauch hat zur Folge, dass sich für uns die Bedeutung von Wörtern faktisch immer als ein Amalgam aus früheren und aktuellen Sinnbildungsanstrengungen konkretisiert.

Als *durchsichtige Wörter* lassen sich faktisch alle Wortbildungen zusammenfassen, die sich als Wortableitungen (Derivate) mit Hilfe von Präfixen und Suffixen näher beschreiben lassen bzw. als Wortzusammensetzungen von selbstständigen Einzelwörtern (Komposita). Es ist nun offensichtlich, dass solche Wörter den Hauptbestandteil unseres Vokabulars ausmachen und dass sie uns zugleich einen deutlichen Hinweis auf das Kreativitätspotential der natürlichen Sprache geben, in der das Analogisierungsprinzip bei der Begriffs- und Wortbildung eine ganz konstitutive Rolle spielt. Darauf hat ja auch schon Humboldt mit seinem Konzept der *inneren Sprachform* aufmerksam gemacht, das schon in der mittelalterlichen Sprachphilosophie in der Differenzierung von formbildender Kraft (forma formans) und geformter Gestalt (*forma formata*) vorgeprägt war.

Derivata und Komposita werden faktisch dadurch geprägt, dass der Zusammenhang von Wortkörper und Wortinhalt nicht als rein konventionell, sondern

---

129 Vgl. F. de Saussure: Grundlagen der allgemeinen Sprachwissenschaft. 1967², S. 156. M. Wandruszka: Etymologie und Philosophie. In: Der Deutschunterricht 1958, H. 4., S. 10. M. Gauger: Durchsichtige Wörter 1971. W. von Humboldt, Werke Bd. 3, S. 224 f.

als motiviert angesehen wird, insofern es eine gewisse intentionale Determinationsrelation zwischen den jeweiligen Teilen gibt, der zugleich eine gewisse Definitionsintention zugrunde liegt. Auf diese Weise treten diese Wortbildungen dann auch als *sprechende Namen* in Erscheinung, da ihre morphologische Struktur schon verdeutlicht, welche immanente inhaltliche Behauptungsfunktion ihnen jeweils zugrunde liegt. Durchsichtige Wörter haben demzufolge nicht nur eine Benennungsfunktion, sondern zugleich immer auch eine Analyse- bzw. Synthesefunktion, die nicht nur einen Sachbezug, sondern auch einen Sprecherbezug haben. Das gilt insbesondere dann, wenn diese Wörter neu gebildet worden sind und daher dann auch deutliche Hinweise auf die aktuellen Denkstrukturen ihrer jeweiligen Erzeuger geben, zu denen dann natürlich auch immer analogisierende Kategorisierungsanstrengungen gehören.

Bei Ableitungen geht es beispielsweise immer auch darum, dass ein Grundmorphem als kleinste bedeutungstragende Einheit mit anderen Wortbildungsmorphemen syntaktisch so verbunden wird, dass dadurch neue selbstständige Wörter mit einer spezifisch motivierten Bedeutung entstehen. Auf diese Weise bilden sich dann gleichsam Wortfamilien heraus, deren Mitglieder sich einerseits voneinander abgrenzen, aber andererseits dennoch eng miteinander verbunden sein können. Beispielsweise lässt sich das lexikalische Grundmorphem *-fahr* über das grammatische Wortbildungsmorphem *-en* zu dem Verb *fahren* machen, das dann wiederum mit bestimmten Präfixen semantisch variiert werden kann: *verfahren, befahren, losfahren*. Durch ein bestimmtes Suffix kann es auch zu dem Substantiv *Fahrer* gemacht werden, das dann die Person bezeichnet, die den Prozess des Fahrens organisiert. Außerdem lässt sich durch das Wortbildungsmorphem *-ei* das Substantiv *Fahrerei* herstellen, das alle Faktoren kumulativ zusammenfasst, die mit dem Prozess des Fahrens zu tun haben.

Die sprachliche Kreativität von Ableitungen gründet sich darauf, dass auf der Basis eines lexikalischen Grundmorphems mit Hilfe von unterschiedlichen typisierenden Zusatzmorphemen eine bestimmte Wortfamilie hergestellt wird. Diese ist dann dadurch charakterisiert, dass sie einerseits gut unterscheidbare Einzelmitglieder aufweist, aber andererseits auch auf semantische Ähnlichkeiten zwischen diesen aufmerksam macht. Auf dieses Weise wird dann eine Wortfamilie dadurch geprägt, dass ihre Mitglieder sowohl in einer Differenz- als auch in einer Analogierelation zueinander stehen. Dadurch üben alle Ableitungen starke Wachstumsimpulse auf das Vokabular einer Sprache aus, da dadurch alle neuen Ableitungen mehr oder weniger spontan verständlich werden: *Fahrer, Lehrer, Tischler; fahrbar, tragbar, akzeptierbar; verkaufen, verlassen, vernebeln*.

Eine sehr wichtige kulturgeschichtliche Rolle spielen bei den durchsichtigen Wörtern die Ableitungen mit Hilfe des Wortbildungsmorphems *-heit* bzw. *-keit*, die insbesondere dazu dienlich sind, Abstrakta wie etwa *Wahrheit, Freiheit* oder *Fruchtbarkeit* zu bilden. Dieses Wortbildungsverfahren hat insbesondere in der mittelalterlichen Mystik eine wichtige Rolle gespielt, um lateinische Abstrakta mit dem Ableitungsmorphem *-tas* (veritas, libertas, fertilitas) ins Deutsche zu übersetzen, das anfangs für solche abstrakten Substantive keine direkten kognitiven Bedürfnisse hatte. Die Wortbildungsmorpheme *-heit* bzw. *-keit* waren ursprünglich selbstständige Wörter, die auf das mhd. Substantiv *heit* (Gestalt, Wesen, Beschaffenheit) zurückgehen, das aber als solches inzwischen ausgestorben ist, aber als Wortbildungsmorphem sprachlich überlebt hat, weil es dazu dienlich war, die Vorstellung einer unselbständigen Denkgröße zu einer gleichsam selbstständigen Seinssubstanz zu transformieren (*drîheit, îchheit, îtelkeit*).

In ganz besonderer Klarheit treten durchsichtige Wörter in Form von Komposita in Erscheinung. Dabei dient das 2. Wort der Zusammensetzung immer als Grundbegriff und das 1. Wort als Bestimmungsbegriff mit einer bestimmten Präzisierungsfunktion: *Viehschuppen / Schuppenvieh; Glasfenster / Fensterglas.* Es lassen sich sogar mehrgliedrige Komposita bilden, deren faktischer Gegenstandsbezug allerdings erst durch das letzte Wort festgelegt wird: *Donaudampfschifferkapitänswitwenball.* Die Bestimmungswörter von Komposita spielen syntaktisch dabei gleichsam die Rolle von vorangestellten präzisierenden Attributen für ein Grundwort. Deshalb lässt sich die Funktion von Bestimmungswörter auch durch nachgestellte Präpositionalattribute oder Relativsätze näher bestimmen: *Viehschuppen / Schuppen für das Vieh / Schuppen, der für das Vieh bestimmt ist.*

Im Deutschen spielen Komposita im Vergleich mit dem Französischen eine besonders große Rolle. Im Französischen wird die Determinationsfunktion des jeweiligen Bestimmungswortes nämlich üblicherweise immer durch eine ganz spezifische Präposition genauer bestimmt. Das hat dem Französischen dann auch den Ruf einer analysierenden Sprache eingebracht hat, während das Deutsche eher als eine synthetisierende Sprache angesehen wurde, die Instruktionsinformationen für den inhaltlichen Zusammenhang von Teilvorstellungen nicht explizit durch spezifische Präpositionen signalisiert, sondern vielmehr eher aus dem allgemeinen Weltwissen ableitet: *vin de table / Tischwein.*

Festzuhalten ist grundsätzlich, dass die Kompositabildung ein außerordentlich produktives Wortbildungsverfahren ist, das gerade wegen ihrer logischsemantischen Unschärfe bei der Metaphernbildung eine besonders wichtige Rolle spielt, da hier der Assoziationsspielraum zwischen zwei Vorstellungsgrößen ja nicht von vornherein eingeschränkt werden soll. Die Analogieimplikationen von metaphorischen Komposita liegen nämlich weniger darin, dass die determinativ aufeinander bezogenen Wörter von vornherein eine semantische Verwandtschaft zueinander aufweisen, sondern dass diese Verwandtschaft oft erst interpretativ erschlossen werden muss, da sie ja oft heuristisch einfach behauptet wird. Um solche Interpretationen leisten zu können, muss dann ein Rezipient von metaphorischen Komposita immer ein ähnliches Sachwissen haben wie der Produzent dieser Komposita, weil diese sonst unverständlich bleiben.

Problematisch kann das Verständnis von Metaphern als durchsichtige Wörter dann werden, wenn sich im Laufe der Zeit ihre Teilbedeutungen verändert haben oder wenn bestimmte Wörter im Verlauf der Zeit ausgestorben sind. Beispielsweise ist das ahd. Wort *sin* (groß, gewaltig) schon früh aus dem allgemeinen Sprachgebrauch verschwunden. Deshalb wurde das mhd. Wort *sintvluot* dann auch nicht mehr als Bezeichnung für eine große Flut spontan verstanden. Deshalb machte man dann daraus das Kompositum *Sündflut* als Bezeichnung für eine Bestrafungsflut für menschliche Sünden. Erst am Anfang des 20. Jahrhunderts setzte sich das Wort *Sintflut* wieder durch, ohne dabei allerdings zugleich auch ein durchsichtiges Wort im Sinne der ursprünglichen Bezeichnung für eine bloße große Flut zu werden. Ein ähnliches Schicksal hat auch das Wort *Elfenbein* gehabt, das heute auch nicht mehr als ein durchsichtiges Wort verstanden werden kann. Es hat nämlich ursprünglich nichts mit dem Bein von Elfen zu tun, sondern hat ursprünglich lediglich den ganz besonderen Stoßknochen von Elefanten (*helfantbein*) bezeichnet hat.

6.4 Wörter als Überschriften von Geschichten

Nach dem Vorbild des wissenschaftlichen Sprachgebrauchs verstehen wir Inhaltswörter bzw. kategorematische Wörter üblicherweise als sprachliche Repräsentanten deskriptiver Begriffe, die ontisch vorgegebene Seinsformen benennen. In diesem Denkrahmen bekommt die These von der Analogie bzw. der Korrespondenz zwischen lexikalischen und ontischen Größen natürlich einen vielversprechenden Sinn, da es ja natürlich recht hilfreich wäre, wenn die Kenntnis von Wörtern auch schon zu einer faktischen Kenntnis der Welt führen könnte. Diese hypothetische Vorstellung hat sich insbesondere im Hinblick auf Substantive gefestigt, aber sie wird auch oft für Verben und Adjektive in Anspruch genommen. Natürlich wäre es erkenntnistheoretisch sehr hilfreich, wenn man sprachliche Formen zugleich auch als sprachliche Gipsabdrücke ontischer Originale verstehen könnte.

Den erkenntniskritischen und phänomenologisch orientierten Denkansätzen war diese Korrespondenzannahme zwischen Sprache und Welt allerdings von Anfang an ziemlich suspekt, weil man das als eine abstraktive Vereinfachung ansah, die die elementaren Objektivierungsfunktionen der Sprache eher verfehle als erfasse, da dieser ja eher eine interpretative als eine abbildende pragmatische

Funktion zugesprochen wurde. Nicht ohne Polemik hat Heidegger auch die rein kontemplative begriffliche Objektivierung der Welt in den Wissenschaften als eine Form des „*Begaffens*" denunziert, die allenfalls dazu diene die „*Vorhandenheit*" von Phänomenen wahrzunehmen, aber nicht deren „*Zuhandenhei*t" für Menschen in konkreten Handlungszusammenhängen.[130]

Diese Neuformulierung des Interesses an Sprache, die sich eher auf ihren Werkzeugcharakter als auf ihren möglichen Repräsentationscharakter richtet, hat dann Wilhelm Schapp dazu veranlasst, einen ganz anderen Zugriff auf die sprachlichen Formen der Sprache und insbesondere auf Substantive zu propagieren, um insbesondere die Handlungsfunktionen der Sprache zu akzentuieren. Für ihn erzeugen sich Wortbedeutungen nicht im Kontext einer kontemplativen Weltbetrachtung, sondern vielmehr im Kontext von sprachlichen Handlungsformen, was dann auch dem später entwickelten Sprachspielgedankens Wittgensteins entspricht.

Für Schapp treten die semantischen Profile von Wörtern nämlich erst in den Geschichten hervor, in denen sie verstrickt sind. Geschichten sind deshalb für ihn auch nicht etwas Nachträgliches für die Sinnbildungsfunktionen von Wörtern, sondern etwas ganz Elementares. Für Schapp konkretisiert sich nämlich die faktisch Bedeutung bzw. die Benennungsfunktion von Wörtern anthropologisch letztlich immer erst durch ihre faktische Einbindung in Geschichten. „*Wir sind durch unsere Untersuchung zum umgekehrten Ergebnis gekommen, daß gerade die Geschichten das Grundlegende sind und erst aus den Geschichten Menschen, Tiere und Häuser heraustreten.*"[131]

Das bedeutet, dass sich für Schapp unsere Welterfahrungen erst dadurch konstituieren und konkretisieren, dass man sich die Geschichten vergegenwärtigt, in denen sich diese Erfahrungen als Ganzes oder hinsichtlich ihrer Einzelaspekte vergegenwärtigen lassen. Es bedeutet weiter, dass sich die Möglichkeiten unserer Welterfahrungen auch durch neue Geschichten ständig verändern und präzisieren lassen. Durch die Vielfalt von Geschichten ergibt sich dann auch die Vielfalt unserer Welterfahrungen. Geschichten erzählen wir außerdem auch, um auf eine nicht schlussfolgernde Weise zu denken bzw. etwas gestalthaft wahrzunehmen, eben weil wir die Welt nicht additiv als eine bloße Ansammlung von Elementen bzw. von Zufällen wahrnehmen möchten. In Geschichten wird nämlich immer explizit oder implizit versucht, auch die Faktoren und Gründe zu konkretisieren, über die Einzelphänomene in einen kohärenten Zusammenhang miteinander gebracht werden können.

---

130 M. Heidegger: Sein und Zeit. 1963[10], S. 68f.
131 W. Schapp: In Geschichten verstrickt. 1976[2], S. 85.

Dementsprechend ergeben sich für Schapp unsere konkreten Welterfahrungen dann auch weniger aus der bloßen Kontemplation von Einzelphänomenen, sondern vielmehr aus dem Interaktionszusammenhang, den wir uns zwischen ihnen in Form von Geschichten herstellen können, in die diese verwickelt sind oder verwickelt werden können. Der rein passive Blick von einem ganz bestimmten Sehepunkt her erschließe uns unsere jeweiligen Wahrnehmungsgegenstände nämlich nicht in demselben Maße und in derselben Zuverlässigkeit wie ihre Wahrnehmung im Rahmen von Interaktionsprozessen bzw. im Rahmen von Geschichten. Deshalb ergibt sich die Semantik von Wörtern für Schapp auch phänomenologisch gesehen nicht im Kontext von analysierenden Begriffsbildungsanstrengungen, sondern vielmehr im Kontext ihrer Einbettung in synthetisierende Geschichten.

Es bedeutet weiter, dass die semantische Ähnlichkeit von Wörtern weniger durch die Ähnlichkeit ihrer referentiellen Bezüge zu Objektwelten bedingt wird als durch die Ähnlichkeiten der Geschichten, die durch sie in unserem Bewusstsein aufgerufen werden. Je mehr diese Geschichten auseinander driften, desto unähnlicher wird ihre Semantik für uns. Je mehr diese Geschichten sich überlappen und ergänzen, desto ähnlicher wird ihre Semantik für uns. Auf der Reduktion der Geschichten, die durch einzelne Wörter ins Bewusstsein gerufen wird, beruht dann auch die Eindeutigkeit und Kohärenz des Vokabulars in den formalisierten Fachsprachen. Deren Erkenntnisinteressen sind nämlich im Vergleich mit der natürlichen Sprache erheblich reduziert, da letztere immer sowohl objektorientierte als auch subjektorientierte Erkenntnisinteressen hat und auch haben muss.

Die phänomenologische These Schapps, dass Erfahrungsphänomene ihre Kontur letztlich erst in Handlungs- bzw. Syntheseprozessen bekommen und nicht in begrifflich orientierten analytischen Kontemplationsprozessen spielt auch in der Entwicklungspsychologie eine wichtige Rolle. Jerome Bruner hat in der individuellen kindlichen Entwicklung (Ontogenese) viele Analogien zu der Gattungsentwicklung der Menschen (Phylogenese) konstatiert, insofern er zwischen aktionalen (enaktiven), bildlichen (ikonischen) und konventionellen (symbolischen) Repräsentationsformen von Erfahrungsgegenständen spricht. Beispielsweise sei für ein Kleinkind ein *Stein* alles, was man werfen könne, und ein *Vogel* alles, was fliegen könne.[132] Die Erfahrung, dass Wörter bei Kindern in Geschichten verstrickt sind, exemplifiziert sich auch die Reaktion eines Kindes auf die Frage, was das Wort *Blondine* bedeute: *...auf die fliegen alle Männer.*

---

132 J. S. Bruner: Der Verlauf der kognitiven Entwicklung. In: D. Spanhel (Hrsg.): Schülersprache und Denkprozesse. 1973, S. 49–83.

Die These, dass Wörter immer in neue Geschichten bzw. Kontexte verstrickt werden können exemplifiziert nicht nur der ästhetische, sondern auch der historische und politische Sprachgebrauch. Hier wird immer wieder versucht, den üblichen Sprachgebrauch so zu regulieren, dass die Wörter dadurch auch eine neue Semantik bekommen, dass sie ja in ganz neuartigen Kontexten verwendet werden. Das exemplifizieren nicht nur die *Sprachregelungen* für die Presse im Dritten Reich, sondern auch die sogenannte *Neusprache* in Orwells utopischem Nachkriegsroman *1984*. Hier sorgt nämlich die Regierung dafür, dass politisch wichtige Wörter so verwendet werden müssen, dass sie sogar das Gegenteil von dem bedeuten, was sie früher bedeutet haben.

Schapps These, dass die Semantik von Wörtern aus ihrem faktischen Gebrauch in Aussagen bzw. Geschichten resultiere und dass Wörter entstehungsgeschichtlich gesehen auch als Überschriften für Geschichten verstanden werden könnten, hat Lambert schon im 18. Jh. in seinen semiotischen Überlegungen thematisiert: *„Denn da entsteht der Begriff, den man mit dem Worte verbindet, aus den Redensarten, in welchen das Wort gebraucht wird, und man richtet die Definition so ein, daß sie diesen Redensarten und Sätzen nicht zuwiderlaufe.“*[133]

Aus der pragmatischen Funktion von Wörtern, dass sie als Überschriften für unterschiedliche Sinnbildungsgeschichten in Erscheinung treten können, die sich wechselseitig ergänzen, aber auch relativieren, hat Odo Marquard eine bemerkenswerte Konsequenz gezogen. Die Philosophie dürfe sich nicht nur mit Begriffen und Begriffsbildungen beschäftigen bzw. mit dem Postulat, die Welt auf die richtigen Begriffe zu bringen, sondern auch mit dem Problem, wie man die Welt über Geschichten bzw. Erzählungen auf immer wieder neue Art und Weise perspektivisch erschließen könne, weil Geschichten die innere Dynamik von Denkgegenständen besser objektivieren könnten als normative Begriffe, die natürlicherweise immer zu recht statischen Sachvorstellungen tendierten.

> Die Rationalisierungen machen die Narrationen nicht obsolet; ganz im Gegenteil: sie erzwingen Erzählungen mit neuen Formen der Erzählung. Je mehr wir rationalisieren, um so mehr müssen wir erzählen. Je moderner die moderne Welt wird, desto unvermeidlicher wird die Erzählung: Narrare necesse est.[134]

Wenn man nun nicht nur Wörter, sondern auch Begriffe als Überschriften für menschliche Sinnbildungsanstrengungen bzw. Geschichten betrachtet, dann hat man zugleich akzeptiert, dass es keine abschließenden Wissenskonstitutionen gib, sondern nur vorläufige und ergänzungsbedürftige. Deshalb versteht Marquard

---

133 J. H. Lambert: Neues Organon. Bd. 2. Semiotik, § 351, 1764/1990, S. 642.

134 O. Marquard: Narrare necesse est. In: O. Marquard: Philosophie des Stattdessen. 2002, S. 63.

Geschichten mit Einschluss von Mythen auch als Erscheinungsformen der Gewaltenteilung, die verhindern, dass sich ein begrifflicher und narrativer Monomythos herausbildet. Geschichten sind für ihn unentbehrliche Hilfsmittel, um gegen die Verholzung unseres Wissens anzukämpfen und eine einzige Wahrnehmungsperspektive für Wahrnehmungsgegenstände für allgemeingültig zu halten. Wissen findet für ihn nicht nur in Form von stabilen Begriffen seine Gestalt, sondern auch in Form von exemplifizierenden Geschichten, die Wissensbildungen ja prinzipiell nicht abschließen, sondern eher zur Konzipierung von Vor- und Nachgeschichten anregen, wenn nicht sogar provozieren.

Während Begriffe tendenziell immer danach streben, einzelne Denkinhalte zu isolieren und zu verfestigen, tendieren Geschichten immer dazu, unterschiedliche Denkinhalte in eine gestaltbildende Interaktion miteinander zu bringen. Deshalb schließen Geschichten Sinnbildungsprozesse auch nicht ab, sondern versuchen eher, die vielfältigen Korrelationszusammenhänge zwischen Objekten und Subjekten zu thematisieren und vielfältig zu konkretisieren. Deshalb haben Geschichten letztlich auch eine größere anthropologische Relevanz als Begriffe, weil sie ihre jeweiligen Gegenstände nicht als *Was-Phänomene* ins Auge fassen, sondern als *Wozu-Phänomene*. Aus diesem Grund gibt es dann auch sowohl bei Kindern als auch bei Erwachsenen einen unstillbaren Hunger nach realen und fiktionalen Geschichten, eben weil Geschichten keine kategorisierende, sondern eine exemplifizierende Grundfunktion haben, die vielfältige Anschlussgeschichten ermöglichen, was Gleichnisse und Mythen sehr klar verdeutlichen.

Die anthropologische Relevanz von Geschichten, seien sie nun durch Wörter oder durch Texte repräsentiert, ist auch dadurch bedingt, dass Geschichten im Gegensatz zu Begriffen eher einem *Handlungswissen* (knowing how) als ein *Gegenstandswissen* (knowing that) verpflichtet sind. Tulving hat deshalb auch zwischen einem semantischen Gedächtnis unterschieden, das sich auf ein begrifflich fixierbares Wissen stützt, und einem episodischen Gedächtnis, das sich vor allem auf individuelle Erlebnisse und Erfahrungen gründet. Letzteres lässt sich dann am besten über dynamische Geschichten objektivieren, aber nicht über statische Begriffe.[135]

Wenn man Wörter als Überschriften von Geschichten versteht, dann kann man ihnen natürlich ein ganz anderes Analogisierungspotential zuordnen, als wenn man sie als Etiketten für kategorisierende Begriffe ins Auge fasst. Da Erinnerungen an Geschichten immer mit Vor- und Nachgeschichten verbunden werden können, haben Wörter, die sofort Erinnerungen an Geschichten auslösen,

---

135 E. Tulving: Episodic and semantic memory. In E.Tulving / W. Donaldson (eds.): Organization of memory. 1972. S. 381–403.

natürlich auch ein sehr dynamisches Sinnbildungspotential. Dieses unterscheidet sich beträchtlich von Wörtern, die als Etiketten für konventionalisierte Begriffe verstanden werden. Deshalb ist der narrative Sprachgebrauch auch ein ständiges Korrektiv für den begrifflichen, weil bei den jeweiligen Objektbildungen von Wörtern immer variable Interpretanten eingesetzt werden müssen, die dann auch variable Objektbildungen ermöglichen bzw. variable Analogiebildungen.

In den formalisierten Fachsprachen ist ein begrifflich stabilisierter Wortgebrauch gar nicht zu umgehen, weil hier die präzisierende Informationsfunktion von Wörtern sichergestellt werden muss, um Schlussfolgerungen im Rahmen der zweiwertigen Logik zu ermöglichen. Beim Gebrauch der natürlichen Sprache kann ein solcher Wortgebrauch allerdings auch kontraproduktiv sein, weil dadurch die Erschließungsfunktion von Wörtern auch eingeschränkt werden kann, da hier ja in der Regel immer sowohl objekt- als auch subjektorientierte Sinnbildungsfunktionen erfüllt werden sollen, was gerade der metaphorische Sprachgebrauch eindrucksvoll exemplifiziert. Deshalb soll hier das Analogisierungspotential von Metaphern sowohl auf der Ebene der Wort- als auch auf der der Satzbildung noch in einem eigenständigen Kapitel untersucht werden.

6.5 Die etymologischen Implikationen von Wörtern

Wenn man sich mit der Herkunft und mit dem geschichtlichen Bedeutungswandel von Wörtern beschäftigt, dann werden diese natürlich auf eine ganz andere Weise zu durchsichtigen Wörtern bzw. zu Überschriften von Geschichten, als wenn man sie in einer systemorientierten synchronen Perspektive betrachtet. Die These vom Zauberstab der Analogie muss dementsprechend dann auch eher kulturhistorisch als systemtheoretisch verstanden werden.

In diesem Zusammenhang ist natürlich auch zu beachten, dass das antike und mittelalterliche Konzept der Etymologie im Gegensatz zum neuzeitlichen eher erkenntnistheoretisch als kulturgeschichtlich orientiert war, also von ganz anderen Denkprämissen ausgegangen ist. Die frühen etymologischen Überlegungen zu Verständnis von Wörtern hatten meist das Ziel, die ursprünglichen Bedeutungen von Wörtern zu rekonstruieren, die zugleich auch als die authentischen und wahren angesehen wurden, die sich im Laufe der Geschichte meist verunklärt hätten. Das Erkenntnisinteresse der Etymologie richtete sich deshalb zunächst auch nicht auf den historischen Wandel von Wortbedeutungen und auf die dafür maßgeblichen Gründe, sondern vielmehr auf die Rekonstruktion und die Wiederbelebung der ursprünglichen Wortbedeutungen als den eigentlichen Wortbedeutungen, die dann im Prinzip wiederbelebt werden sollten.

Hinter dieser Zielsetzung stand der Glaube, dass die Sprache ursprünglich ein Natur- bzw. ein göttliches Schöpfungsphänomen sei, deren einzelne Formen daher auch deckungsgleich auf die Ordnungsformen der Welt passten. Die Vorstellung, dass die Sprache ein Kulturphänomen sein könnte, das Menschen historisch auf evolutionäre Weise entwickelt hätten, um sich ihre physischen und geistigen Welten heuristisch zu erschließen und zu objektivieren, war jedenfalls keine vorstrukturierende Denkprämisse der frühen etymologischen Überlegungen. Allenfalls zog man in Betracht, dass die lautliche Seite der Sprache ein Menschenwerk sei, eben weil erfahrungsgemäß die lautlichen Benennungen von Einzelphänomenen von Sprache zu Sprache durchaus unterschiedlich ausfallen könnten, aber eigentlich nicht ihre begrifflichen Objektivierungsziele. Die Vorstellung einer historischen Entwicklung der Sprache auf der begrifflich-semantischen Ebene war den frühen Etymologen verständlicherweise ziemlich fremd. Ebenso fremd war ihnen auch die neuzeitliche Vorstellung, dass man die Sprache möglicherweise auch als ein Phänomen der dritten Art ansehen könne, welches genau besehen weder der Natur noch der konstruktiven menschliche Planung zuzuordnen sei, sondern vielmehr evolutionären Prozessen, die faktisch dazu dienlich seien, die vielfältigen menschlichen geistigen Differenzierungsprozesse und ihre jeweiligen Produkte in ein Fließgleichgewicht miteinander zu bringen.

Unter diesen Rahmenbedingungen sind dann natürlich die etymologischen Analysen von Wörtern insbesondere deshalb kulturhistorisch sinnvoll, weil wir ja über diese auf die geistigen Antriebskräfte stoßen, die einerseits zu konkreten Wort- und Begriffsbildungen geführt haben und andererseits zu bestimmten Einflüssen auf die pragmatisch bedingten Bedeutungsveränderungen von Wörtern. Hinter dem ursprünglichen Verständnis von Etymologie stand nämlich der Glaube, dass die Sprache ein Naturphänomen bzw. ein Schöpfungsphänomen sei, welches die gegebene Welt im Prinzip kongruent abbilden könne. Dass die Sprache ein variables Kulturphänomen sein könnte, das sich evolutionär entwickelt habe, damit sich Menschen ihre materiellen und geistigen Lebenswelt auf unterschiedliche Weisen heuristisch erschließen bzw. auf bestimmte Denkmuster bringen könnten, war jedenfalls im Gegensatz zu heute im Altertum und Mittelalter keine strukturierende Denkprämisse für etymologische Überlegungen. Im evolutionär orientierten Sprachdenken wird die Sprache zwar auch als ein Ergebnis menschlichen Handelns verstanden, aber nicht als Resultat expliziter menschlicher Planungen, sondern eher als eine Resultante von einander widerstreitender Objektivierungszielen und Objektivierungskräften, die immer wieder auf neue Weise in ein Fließgleichgewicht zu bringen sind.

Dieser Sprachentwicklungsprozess in der Phylogenese spiegelt sich im Spracherwerbsprozess der Kinder in der Ontogenese sowohl auf der semantischen als auch auf der syntaktischen bzw. grammatischen Ebene wieder. Der Entwicklungspsychologe Jean Piaget hat diesen Prozess dann auch als ein dialektisches Wechselspiel von gegenläufigen Prozessen beschrieben. In Assimilationsprozessen versuchten Kinder sich ihre jeweiligen Lebenswelten nach den Denkschemata der tradierten Sprache zu objektivieren. In Akkommodationsprozessen versuchten sie, unproduktive sprachliche Ordnungskategorien so umzugestalten, dass sie ihren individuellen Objektivierungsbedürfnissen besser entsprechen. *„Jede Eroberung der Akkommodation wird also zum Material für Assimilationen, die sich jedoch unaufhörlich wieder neuen Akkommodationen widersetzen."* [136] Auf diese Weise kann sich dann das Sinnbildungsprofil von Wörtern in Spracherwerbsprozessen ständig verändern und damit dann natürlich auch deren jeweilige Analogisierungsfunktionen, da ja die Wörter natürlich immer wieder in neue Sprachspiele integriert werden müssen und können.

So gesehen ermöglichen etymologische Wortanalysen wichtige Einsichten in die Triebkräfte kultureller Sinnbildungsprozesse überindividueller Art, obwohl gerade Individuen diese auslösen bzw. konkretisieren können. In oralen Kulturen ohne konkrete schriftliche Fixierung von sprachlichen Aussagen ändern sich Wortbedeutungen natürlich sehr viel schneller, ohne dass das den jeweils Beteiligten auffällt. In literalen Kulturen, in denen es natürlich ständig Kontakt zu früheren Sprachverwendungsformen gibt, verändern sich Wortbedeutungen deshalb auch langsamer als in oralen.

Die ersten expliziten etymologischen Spekulationen finden wir im platonischen Kratylos-Dialog. Hier spekulieren Sokrates und Kratylos darüber, ob es eine natürliche Richtigkeit der Namen gebe (Physei-These), die sich möglicherweise schon in den imitierenden Lautformen der Wörter manifestiere, oder ob die sprachliche Benennung von Dingen rein konventioneller Natur sei (Thesei-These), was es dann faktisch unmöglich mache, aus den Namen der Dinge auch schon etwas über deren faktische Natur zu erfahren. Beispielsweise wird die Frage gestellt, ob der Laut, den wir mit dem Buchstaben *r* bezeichnen, kraft Analogie immer schon auf Bewegungsphänomene verweise, da ja bei der Artikulation dieses Buchstabens die Zunge in Bewegung versetzt werde. Ebenfalls wird die Frage gestellt, ob der Laut, den wir mit dem Buchstaben *l* kennzeichnen, eine Beziehung zu allem Schlüpfrigen und Leimigen habe. [137]

Aus all diesen Spekulationen wird dann der Schluss gezogen, dass wir weder aus der Lautstruktur noch aus der Korrelation von Lauten etwas über die sachliche Referenz der jeweiligen Wörter erfahren: *„Alles nämlich würde zweifach da*

---

136 J. Piaget: Der Aufbau der Wirklichkeit beim Kinde 1974. S. 340.
137 Platon: Kratylos, 426d–429c. Werke, Bd. 2, S. 167–170.

sein, und man würde von keinem von beiden mehr angeben können, welches das Ding selbst wäre und welches das Wort."[138] Darum schließt Sokrates dann auch aus, dass man das Wesen der Dinge durch die Wörter selbst erschließen könne, durch die sie jeweils benannt werden. Vielmehr könne dieses nur dadurch erfasst werden, dass man die Dinge selbst genau betrachte. Die Erforschung der Dinge über die Wörter, die sie jeweils benennten, wäre nach Sokrates nur dann wirklich plausibel, wenn man einen göttlichen Namengeber annähme oder eine angeborene weltabbildende Sprache, deren semantische und syntaktische Struktur in einer symmetrischen Analogie zur Struktur der Welt stünde.

Das Problem der angeborenen Sprache hat die Griechen schon früh intensiv beschäftigt. Das dokumentiert ein Bericht des Geschichtsschreibers Herodot über ein angebliches Sprachexperiment des ägyptischen Königs Psammetichos. Dieser wollte nämlich, offenbar schon infiziert durch das theoretische und methodische Denken der Griechen, experimentell nachweisen, dass das ägyptische Volk das älteste Volk auf Erden sei und dass es eine angeborene Sprache gebe. Um das zu beweisen übergab er einem Hirten zwei neugeborene Kinder, die dieser gut zu versorgen hatte. Er sollte dann feststellen, welche Wörter sie aus eigenem Antrieb zuerst äußern würden, wenn sie die Phase des Schreiens und Lallens hinter sich gebracht hätten. Angeblich hätten diese Kinder dann das Wort *Bekos* als Bezeichnung für Brot geäußert. Nachforschungen hätten dann ergeben, dass dieses Wort bei den Phrygiern als Bezeichnung für Brot verwendet würde. Daraufhin habe Psammetichos dann akzeptiert, dass die Phrygier und nicht die Ägypter das älteste Volk seien.[139]

Wenn man nun aber die Etymologie weder in Anspruch nimmt, um nachzuweisen, dass es eine angeborene Sprache und nicht nur eine Disposition zur Erlernung einer Sprache gibt, noch dazu, um aus den jeweiligen Bausteinen für Wörter deren ursprüngliche bzw. richtige Bedeutung zu ermitteln, dann muss man nach anderen Begründungen für etymologische Untersuchungen Ausschau halten. Diese lassen sich unter dem Stichwort *genetisches Prinzip* zusammenfassen, das in didaktischen Überlegungen schon immer eine wichtige Rolle gespielt hat. Es besagt, dass man nicht nur die Bedeutung von Wörtern, sondern auch die Bedeutungen von sozialen Institutionen und insbesondere von Gesetzen dadurch besser verstehe, dass man deren Entstehungs- und Verwendungsgeschichte näher ins Auge fasse bzw. die Probleme, die durch adäquate Begriffe und Institutionen gelöst werden sollten.

---

138 Platon: a.a.O. 432d, S. 173.
139 Herodot: Historien. 2. Buch, Kap. 2, 1963³, S. 99 f. Vgl. dazu auch W. Köller: Narrative Formen der Sprachreflexion, 2006, S. 121–141.

Wenn man etymologische Analysen in dieser Perspektive vornimmt, dann gewinnen diese auf ganz natürliche Weise immer eine anthropologische Relevanz. Es kommt dann nämlich primär nicht zu einer antiquarisch orientierten Bestandsaufnahme der Bedeutungsgeschichte von Wörtern bzw. ihres faktischen Bedeutungswandels, sondern vor allem dazu, die Faktoren zu erfassen, die Einfluss auf Wort- und Begriffsbildungsprozesse genommen haben bzw. nehmen können. Das setzt dann allerdings voraus, dass die Etymologen auf eine ganz natürliche Weise zu einer kognitiven Eigenbewegung gezwungen werden, um ihre Sicht auf sprachliche Sinnbildungsprozesse zu variieren und zu präzisieren.

Auf diese Weise bekommen Wörter dann nicht nur eine historische Tiefendimension, sondern auch eine polyfunktionale Sinnbildungsfunktion, die definierten Fachbegriffe in den formalisierten Wissenschaftssprachen beispielsweise nicht zukommt. Unser etymologisches Wissen über die Genese von Wörtern fördert auf diese Weise zugleich auch unsere hermeneutische Sensibilität für die potentiellen Sinndimensionen von Wörtern bzw. für ihre sinnvollen Verwendungsmöglichkeiten in unterschiedlichen Kontexten und Sprachspielen. Auf diese Weise können wir dann auch eine Freiheit von den normativen Implikationen von Fachsprachen gewinnen, die das Spektrum unserer perspektivischen Wahrnehmungen naturgemäß nicht nur präzisieren, sondern auch einengen. Das soll nun an einigen exemplarischen Beispielen näher erläutert werden.

Dabei lässt sich dann auch gut verdeutlichen, dass unsere schwer verständlichen Abstrakta mit ihren großen Begriffsumfängen sehr oft auf ganz konkrete Einzelerfahrungen zurückgehen, die dann verallgemeinert werden. Ein sinnfälliges Beispiel dafür ist im Deutschen das Wort *Kummer*, das über das mhd. Wort *kumber* auf das gallo-romanische Wort *comboros* zurückgeht, mit dem ursprünglich etwas Zusammengestürztes bezeichnet worden ist bzw. der Trümmerhaufen, der von einem wohlgeordneten Bauwerk übrig geblieben ist. Diese sehr konkrete Einzelerfahrung wurde dann sprachlich so generalisiert, dass damit alle Beschwerlichkeiten und Nöte bezeichnet werden konnten, die subjektiv denselben Effekt auf Individuen ausüben können. Auf diese Weise konnte dann ein ikonisches Zeichen zu einem abstrakten Ordnungsbegriff werden, der sich auf alle Tatbestände ausdehnen ließ, die ähnliche subjektive Reaktionen auslösen konnten, seien es nun enttäuschende Erfahrungen, misslungene Anstrengungen, Krankheiten, Verluste usw. Diese etymologischen Implikationen des nhd. Wortes *Kummer* verdeutlichen sehr schön, dass Menschen prinzipiell geistig dazu disponiert sind, ihre jeweiligen konkreten sinnlichen Erfahrungen nicht nur als individuelle Tatbestände wahrzunehmen, sondern auch als ikonische Zeichen, die in der Lage sind, zu abstrakten Ordnungsbegriffen zu führen.

Ein ähnlicher Strukturzusammenhang lässt sich auch für das Abstraktum *Sinn* ausmachen. Dieses nhd. Wort geht etymologisch auf das ahd. Wort *sind* zurück, das zunächst so viel wie *Weg, Richtung* oder auch *Reise* bedeutet hat. Diese ursprüngliche Bedeutung schimmert heute noch in den Wörtern *Uhrzeigersinn* durch bzw. in dem Wort *Sinnsuche* als einem genuinen Interesse für die Überwindung von Unübersichtlichkeiten und Problemsituationen. Auch in dem Wort *Gesindel*, mit dem ursprünglich die meist übel beleumundete Gefolgschaft von Adligen auf Reisen bezeichnet worden ist, klingt diese ursprüngliche Bedeutung des Wortes *Sinn* ansatzweise noch an.

Eine gute Hilfe für das Verständnis der komplexen Bedeutung des Wortes *Wahrheit* bietet auch dessen etymologische Herkunftsanalyse, insofern auf diese Weise die anthropologische Relevanz unserer Wahrheitsvorstellungen sehr deutlich hervortritt. Rein systematisch lässt sich der Begriff der Wahrheit nämlich kaum befriedigend definieren. Das belegen die sehr unterschiedlichen philosophischen Wahrheitstheorien sehr deutlich, die zwar alle wichtige Aspekte der Wahrheitsproblematik erfassen, aber kaum dessen genuine anthropologische Relevanz (Korrespondenztheorie, Kohärenztheorie, Konsenstheorie usw.). Aus diesem Grunde ist es dann auch hilfreich, sich mit der komplexen Etymologie des Wortes *Wahrheit* zu befassen, weil man sich auf diese Weise gut vergegenwärtigen kann, warum Menschen sich immer wieder mit dem Wahrheitsproblem beschäftigt haben. Dabei kann es dann allerdings meist weniger darum gehen, sich einen kohärenten Wahrheitsbegriff zu erarbeiten, sondern eher darum, die lebensrelevanten Aspekte des Wahrheitsphänomens zu erfassen, die gerade in dessen Benennungsgeschichte recht gut zum Ausdruck kommen.

Unser heutiger Terminus *Wahrheit* geht einerseits auf das ahd. Wort *wara* zurück, welches ein weites Bedeutungsspektrum gehabt hat (Treue, Vertrag, Bündnis usw.). Zunächst hat es nämlich vor allem dazu gedient, die Gewahrsamspflichten zu bezeichnen, die man für die Aufbewahrung fremdes Eigentum zu übernehmen hatte. Dieses inzwischen ausgestorbene Wort wurde dann mit dem ebenfalls verlorengegangenen ahd. Wort *heit* kombiniert, das so viel wie *Gestalt* bedeutet hat. Dadurch entstand dann ein Kompositum, das die Funktion hatte, semantisch hervorzuheben, dass einem ganz bestimmten sprachlichen Vorstellungsinhalt auch ein verlässlicher und vertrauenswürdiger Sinngehalt zugeordnet werden konnte.

Diese etymologischen Hintergründe unseres Wahrheitsbegriffs verdeutlichen, dass mit ihm ursprünglich weniger die zutreffende sprachliche Abbildung eines vorgegebenen Sachverhalts thematisiert werden sollte, die gleichsam einen vorgegebenen Tatbestand auf der Ebene der Sprache verdoppelte, sondern eher eine verlässliche und tragfähige Vorstellung von etwas, die dabei hilfreich werden konnte, konkrete menschliche Handlungsprozesse erfolgreich werden zu lassen. Das dokumentiert sich auch heute noch darin, dass wir das Adjektiv *wahr* als Attribut nicht nur dazu benutzen können, konkrete Aussagen oder Behauptungen als realitätshaltig und zutreffend zu qualifizieren, sondern auch bloße Vorstellungen und Begriffsbildungen, was etwa die sprachlichen Wendungen *wahres Wort* oder *wahre Liebe* exemplifizieren.

Interessant ist in diesem Zusammenhang, dass es im Hebräischen mit dem Wort *ämät* eine Vorstellungsbildung für das Phänomen der Wahrheit gibt, die ganz ähnliche etymologische Wurzeln hat. Dieses Wort geht nämlich auf ein Verb zurück, das so viel wie *fest sein* oder *tragfähig sein* bedeutet hat. Daher ließ sich im Hebräischen dann auch alles mit dem Wort *ämät* erfassen, was mit Geboten und Handlungen im Einklang stand, die etwas Zuverlässiges geschaffen haben oder schaffen können.[140]

Auch das Wort *Elend* lässt sich als eine Überschrift für eine aufschlussreiche Sinnbildungsgeschichte verstehen, wenn wir uns dessen etymologische Herkunft vergegenwärtigen. Es zeigt nämlich sehr schön, dass wir uns abstrakte Phänomene oft über ganz konkrete Einzelerfahrungen zu vergegenwärtigen versuchen, die einen bestimmten Typus von Erfahrungen generalisieren. Das neuhochdeutsche Wort *Elend* geht nämlich historisch auf die ahd. Wortbildung *eli-lenti* (anderes/fremdes Land) zurück und verdeutlicht, dass die Flucht oder die Übersiedlung in ein fremdes Land als ein normatives Exempel für Beschwernisse vielerlei Art verstanden werden kann.

Die Frage nach den etymologischen Wurzeln von Wörtern hat natürlich auch immer zu vielfältigen Spekulationen geführt, die allerdings oft eher ein sinnbildendes Wunschdenken offenbaren als konkrete Tatsachen. Oft wurden in mittelalterlichen etymologischen Spekulationen nämlich bloße Lautähnlichkeiten dazu missbraucht, konkrete Sachanalogien zu postulieren, was dann oft ziemlich merkwürdige Blüten trieb. So wurde beispielsweise das lateinische Wort *amicus* (Freund) auf die sprachliche Zusammensetzung *animi custos* (Wächter der Seele) zurückgeführt.

Insbesondere in der sogenannten Volksetymologie gab es vielfältige Spekulationen darüber, wie man aus der Form- bzw. Lautgestalt eines Wortes Rückschlüsse auf seine Bedeutung ableiten könne. Das hat dann nicht nur etwas mit dem Phänomen der Lautmalerei zu tun (Kuckuck), sondern mit der Intention, sich unverständliche Komposita wieder verständlich zu machen, wenn nämlich bestimmte Wortbestandteile von ihnen inzwischen verlorengegangen waren. Das

---

140 Vgl. K. Koch: Der hebräische Wahrheitsbegriff im griechischen Sprachraum. In: H. R. Müller- Schewe (Hrsg.): Was ist Wahrheit? 1965, S. 47–65.

exemplifiziert beispielsweise die Wortprägung *Maulwurf* sehr schön. Dieses Wort geht nämlich auf das ahd. Wort *mūwerf* (Haufenwerfer/Erdwerfer) zurück. Dieses Kompositum war nämlich unverständlich geworden, als das ahd. Wort *mū* ausgestorben war und die ursprüngliche Bezeichnung daher nicht mehr als ein durchsichtiges Wort spontan verständlich war. Deshalb kam dann die Bezeichnung *Maulwurf* in Umlauf, die ja sachlich auch wieder motiviert war.

Die Grundvorstellung der seriösen Etymologie, dass man über die Rekonstruktion von Wortgeschichten etwas über die elementaren semantischen Differenzierungsbedürfnisse der Menschen erfahren kann, ist sicherlich richtig, obwohl volksetymologische Erklärungen dieses Verfahren nicht selten eher karikieren als bestätigen. Diese Gefahren zeigen sich auch in der Spätphilosophie Heideggers, in der er seine phänomenologischen Analysen gerne mit etymologischen Überlegungen und Spekulationen beginnt. Das ist einerseits aufschlussreich, weil damit die sprachlichen Hintergründe phänomenologischer Sinnbildungsanstrengungen verdeutlicht werden können, aber andererseits auch problematisch, weil die ursprünglichen Wortbildungen nämlich nicht prinzipiell adäquater und tiefgründiger sind als die späteren. Etymologische Überlegungen sind nämlich faktisch allenfalls als ein methodischer Ansatz anzusehen, um die Genese von kulturellen und Vorstellungsbildungen aufzudecken und zu beurteilen.

Die These des späten Heideggers, dass die Sprache gleichsam selbst spreche, da sich in ihr ein elementares Wissen von der Welt manifestiert habe, und dass wir gleichsam in die Höhe fielen, wenn wir uns den kognitiven Vorbahnungen der alten Sprachformen anvertrauten, ist deshalb durchaus mit Vorsicht zu genießen. Kulturhistorisch gesehen ist diese Vorstellung allerdings nicht absurd, da sich in allen Sprachformen durchaus ein anthropologisch nützliches Erfahrungswissen speichern kann. All das mag eine Aussage aus Heideggers Spätwerk illustrieren. „*Die Sprache spricht. Wenn wir uns in den Abgrund, den dieser Satz nennt, fallen lassen, stürzen wir uns nicht ins Leere weg. Wir fallen in die Höhe.*"[141]

Dieselbe Vorsicht ist auch hinsichtlich einer anderen metaphorischen These Heideggers angebracht: „*Die Sprache ist das Haus des Seins.*"[142] Diese thematisiert allenfalls einen phänomenologischen Denkansatz unter anderen, aber keinen normativen. Alle historischen und gegenwärtigen Formen der Sprache lassen sich nämlich als wichtige Indizien menschlicher Sinnbildungsanstrengungen verstehen, die allerdings immer einer semiotischen historischen Interpretation bedürfen. Die Tatsache, dass Wörter gebildet worden sind und dass

---

141 M. Heidegger: Unterwegs zur Sprache. 1982², S. 13
142 M. Heidegger: a.a.O., S. 166.

sie evolutionär überlebt haben, ist nämlich durchaus ein Hinweis darauf, dass sie pragmatisch und anthropologisch nicht völlig willkürlich in die Welt gesetzt worden sind und dass sie natürlich auch immer einem ganz bestimmten historischen Wandel unterliegen.

Ein besonders aufschlussreiches Beispiel dafür ist beispielsweise der evolutionäre bzw. historische Wandel des Wortes *Revolution*. Mit diesem haben sich nämlich kulturgeschichtlich sehr unterschiedliche semantische Objektivierungsintentionen verbunden, die eine allgemeingültige normative Definition des Revolutionsbegriffs faktisch unmöglich machen, da sie uns allenfalls zeitgebundene Definitionen ermöglichen, über die wir uns ganz bestimmte Wahrnehmungsperspektiven für das Phänomen der Revolution präzisieren können. Die historische und pragmatische Relevanz des Wortes *Revolution* ergibt sich nämlich vor allem dadurch, dass dieses ganz im Sinne des dreistelligen Zeichenverständnisses von Peirce mit ziemlich unterschiedlichen historischen Interpretanten verbunden werden kann, die dann zu recht unterschiedlichen Objektvorstellungen für dieses Wort bzw. für diesen Begriff führen können. Diese Inhaltsvorstellungen schließen einander allerdings kulturgeschichtlich nicht völlig aus, sondern ergänzen sich eher, weil sie auf unterschiedliche Aspekte des Revolutionsphänomens aufmerksam machen können und weil sie es außerdem ermöglichen, das Wort Revolution in ganz unterschiedlichen Sprachspielen zu verwenden.

Alle semantischen Verstehensmöglichkeiten des Wortes *Revolution* stehen allerdings in einem aufschlussreichen Fließgleichgewicht zueinander, das sich auch mit Hilfe der Denkfigur der *Gleichzeitigkeit des Ungleichzeitigen* erläutern lässt, die allerdings in der Kunstwissenschaft, Soziologie und Geschichtswissenschaft bisher eine viel wichtigere Rolle gespielt hat als in der Sprachwissenschaft.[143] Diese Denkfigur ist sprachtheoretisch gesehen durchaus fruchtbar, weil sich durch sie der Aspektreichtum historischer Ordnungsbegriffe sehr gut verdeutlichen lässt. Dieser Reichtum ist uns durch unser Sprachgefühl als einer Manifestationsweise unseres intuitiven Sprachwissens zwar auch zugänglich, aber er bedarf dennoch immer wieder einer expliziten entstehungsgeschichtlichen Analyse.

In rein oralen Kulturen prägt sich natürlich das Bewusstsein für die Gleichzeitigkeit des Ungleichzeitigen nicht so deutlich aus wie in literalen Kulturen, weil wir hier über die Lektüre verschriftlichter alter Texte immer wieder mit dem Problem der unterschiedlichen Gebrauchsweisen von Wörtern konfrontiert werden und damit dann auch mit dem Problem des historischen Bedeutungswandels

---

143 Vgl. W. Köller: Die Zeit im Spiegel der Sprache. 2019, S. 89–111.

von Wörtern. Das zeigt sich beispielsweise gerade am Beispiel des Bedeutungswandels des Wortes *Revolution* sehr deutlich.

Etymologisch basiert das Wort *Revolution* auf dem lateinische Verb *revolvere* (zurückdrehen). Dementsprechend wurde das lateinische Substantiv *revolutio* zunächst in der Astronomie auch dazu verwendet, um den Umlauf eines Planeten um seinen jeweiligen Fixstern zu bezeichnen bzw. seine Rückkehr zu seinem ursprünglichen Ausgangspunkt. Dieses Verständnis des Wortes *Revolution* dokumentiert beispielsweise recht klar der Titel des Hauptwerkes von Kopernikus aus dem Jahre 1543: *De revolutionibus orbium coelestium* (Über die Umläufe der Himmelskörper).

Als dann das Wort *Revolution* 1688 in Englischen metaphorisch aus dem astronomischen auch in den politischen Sprachgebrauch übernommen wurde, da hatte es zunächst auch noch eine deutliche restaurative Grundbedeutung. Das politische und ideologische Grundverständnis der *Glorreichen Revolution* gegen die absolutistischen Herrschaftsformen der Stuarts bestand nämlich darin, die alte ständische Grundordnung des Staates wieder herzustellen. Das faktische Ergebnis der *Glorreichen Revolution* war dann allerdings nicht die Wiederherstellung der alten Staatsordnung, sondern durchaus etwas ziemlich Neues, was zunächst allerdings nicht sehr deutlich auffiel, nämlich die faktische Einführung einer Parlamentsherrschaft im Kontrast zu einer dominanten Königsherrschaft, was dann auch durch die *Bill of Rights* von 1689 recht klar besiegelt wurde.

Erst durch die Erfahrung der *Französischen Revolution* von 1789 und der *Russischen Revolution* von 1917 verschob sich die Semantik des Wortes *Revolution* dann allerdings so, dass nun mit diesem Terminus ein gewaltsamer Umsturz bezeichnet wurde, der auch die Ausbildung von ganz neuen Ordnungs- und Staatstrukturen beinhaltet. Darüber sollte man aber nicht vergessen, dass auch diese beiden Revolutionen restaurative Komponenten hatten. In beiden Revolutionen wurde nämlich angestrebt, einen verlorengegangenen gesellschaftlichen Naturzustand wieder herzustellen, der sich durch die Stichworte *Freiheit, Gleichheit, Brüderlichkeit* bzw. *klassenlose Gesellschaft* andeuten lässt.

Diese historische Transformation des Wortes bzw. des Begriffs *Revolution* implizierte dann auch, dass sich das Analogisierungspotential des Wortes *Revolution* im Laufe der Zeit entscheidend verschoben hat, weil nun mit ihm primär nicht mehr die Rückkehr zu einem früheren Zustand thematisiert wurde, sondern eher die Aufhebung alter Macht- und Ordnungsstrukturen zugunsten neuer. Das faktische Ergebnis dieser beiden exemplarischen historischen Revolutionen hat dann dazu geführt, dass heute Revolutionen als soziale, politische und rechtliche Umbrüche verstanden werden können bzw. als Beseitigung alter Strukturen und

Institutionen zugunsten neuer, was dann je nach den aktuellen Denkprämissen natürlich als positiv oder negativ beurteilt werden kann.

Auf diese Weise hat der Begriff der Revolution im Laufe der Zeit eine gewisse Janusköpfigkeit bekommen, weil mit ihm sowohl auf Altes oder in Auflösung Begriffenes aufmerksam gemacht werden kann als auch auf Neues und Zukunftsträchtiges. Das berechtigt dann durchaus dazu, Revolutionen auch mit der Denkfigur der *Gleichzeitigkeit des Ungleichzeitigen* in Verbindung zu bringen, die ursprünglich eher dafür geprägt worden war, um auf die latenten Spannungen zwischen den Gestaltungsformen der einzelnen Künstler in der Kunstgeschichte aufmerksam zu machen.

7 Das Analogiephänomen in der Grammatik

Verständlicherweise ist es sehr viel schwieriger und auch problematischer das Analogiephänomen mit synsemantischen grammatischen Zeichen in Verbindung zu bringen als mit autosemantischen lexikalischen, da grammatische Zeichen keine Repräsentationsfunktion für außersprachliche Gegenstände haben, sondern eine Instruktionsfunktionen dafür, welche konkrete Sinnbildungsrollen lexikalische Zeichen in Äußerungen zu erfüllen haben. Ganz ähnlich wie in der Mathematik, wo es einerseits Zeichen für Zahlen bzw. für Basisgrößen gibt und andererseits Instruktionszeichen für konkrete Operationsmöglichkeiten mit Zahlen, so gibt es auch in der Sprache einerseits Repräsentationszeichen für bestimmte sachliche Vorstellungsgrößen und andererseits Zeichen dafür, wie mit diesen Größen beim Sprachgebrauch operativ umzugehen ist bzw. wie sie aktuell verstanden werden sollen. Deshalb ist es auch sinnvoll, in der Sprache prinzipiell zwischen lexikalischen Inhaltszeichen einerseits und grammatischen Operationszeichen andererseits zu unterscheiden, obwohl das im Einzelfall nicht immer ganz leicht ist, weil viele grammatische Zeichen aus ursprünglich lexikalischen hervorgegangen sind wie beispielsweise die Konjunktion *weil* (mhd. *die wîle*).

Unter diesen Umständen ist es dann natürlich auch sehr viel schwieriger, grammatische Zeichen mit dem Phänomen der Analogie in Verbindung zu bringen, weil das Analogisierungspotential von grammatischen Zeichen nicht auf der Ebene von konkretisierbaren Sachvorstellungen liegt, sondern auf der Ebene von operativen Handlungsweisen. Gleichwohl ist diese Aufgabe aber faszinierend, weil wir dabei auf typisierende sprachliche Ordnungsmuster stoßen, die weitgehend in unserem Sprachgefühl für den Gebrauch der Sprache verankert sind und nicht in unserem begrifflich objektivierbaren Sprachwissen. Aber gerade dieser Wechsel der Wahrnehmungsperspektive auf Sprache macht es auch faszinierend, dem Problem nachzugehen, ob wir auch im Bereich der Grammatik von der Denkfigur des *Zauberstabs der Analogie* Gebrauch machen können.

Im üblichen Sprachgebrauch nehmen wir grammatische Zeichen nämlich kaum explizit wahr, weil wir deren konkrete Funktionalität meist für völlig selbstverständlich erachten und nicht als kulturell motiviert und gestaltet. Das bedeutet, dass wir uns im Rahmen dieser Fragestellung dann auch mit der Entstehungsgeschichte grammatischer Zeichen zu beschäftigen haben und mit den Faktoren, die dabei eine konstitutive Rolle spielen können.

7.1 Die Entstehungsgeschichte grammatischer Formen

Die Geburtsstunde der Unterscheidung von Lexik und Grammatik lässt sich sowohl in stammesgeschichtlicher Perspektive (Phylogenese) als auch in individualgeschichtlicher Perspektive (Ontogenese) thematisieren, weil uns beide Aufschluss darüber geben, wie sprachliche Formen sich historisch auf evolutionäre Weise entwickelt haben und warum sie sich von Sprache zu Sprache auch beträchtlich unterscheiden können. Die Entwicklung unseres sprachlichen Formeninventars ist nämlich dadurch bedingt, dass es sich sowohl in der Phylogenese als auch in der Ontogenese als sehr nützlich erwiesen hat, lexikalische und grammatische Zeichen zu entwickeln und zu nutzen, um unsere kognitiven und kommunikativen Bedürfnisse erfüllen zu können.

Die Geburtsstunde grammatischer und lexikalischer Zeichen sind Zweiwortäußerungen bzw. Zeichenkombinationen aller Art. In diesen Fällen werden nämlich nicht nur einzelne Sachvorstellungen additiv miteinander kombiniert, sondern auch komplexe Gesamtvorstellungen erzeugt, die sich aus der Amalgamierung von Einzelvorstellungen zu einer bestimmten Gestalt ergeben. Das ist dadurch bedingt, dass alle Einzelelemente ja in eine konstruktive Relation zueinander gebracht werden müssen, die dann auch durch Zeichen konkretisiert werden muss. Auf diese Weise können dann sprachliche Äußerungen zu semantisch relativ autonomen Sinngebilden werden, die sich relativ unabhängig von dem jeweiligen Situationskontext verstehen lassen, da ja die sinnbildenden Relationen zwischen den lexikalischen Einzelelementen durch grammatische Zeichen konkretisiert werden. Dieses Spektrum von grammatischen Informationen lässt sich nicht nur durch die Abfolge von Einzelzeichen in Äußerungen kennzeichnen, sondern natürlich auch durch selbstständige grammatische Zeichen wie etwa Konjunktionen und Präpositionen sowie durch unselbstständige grammatische Zeichen wie etwa Kasus- der Tempuszeichen.

So gesehen wird recht deutlich, dass grammatische Zeichen und Formen im Gegensatz zu lexikalischen nicht auf sinnlich oder kognitiv erfassbare Seinsformen verweisen, sondern vielmehr auf die innersprachlichen sinnbildenden Rollenfunktionen von lexikalischen Zeichen in sprachlichen Äußerungen. Erst durch das Zusammenwirken lexikalischer und grammatischer Zeichen kommt es dann zu semantisch relativ eindeutigen sprachlichen Äußerungen, die sich von ihren jeweiligen situativen Einbindungen weitgehend lösen können und eben dadurch dann auch zu relativ autonomen Sinngebilden werden, was gerade für schriftliche Äußerungen sehr wichtig wird.

Für diese pragmatische Grundorientierung sprachlicher Äußerungen haben sich in allen Sprachen stabile typisierende Konventionen herausgebildet, die nicht nur zur Ausbildung von unterschiedlichen Wortarten geführt haben, sondern auch zur Ausbildung von unterschiedlichen selbstständigen und unselbstständigen grammatischen Zeichen mit einem spezifischen grammatischen Instruktionspotential für die sinnvolle Korrelation von lexikalischen Basiszeichen. Das kann beispielsweise dadurch gut verdeutlicht werden, dass ein Text, aus dem alle grammatischen Zeichen getilgt worden sind, oft dennoch rudimentär verstanden werden kann, wenn wir über die notwendigen Sachkenntnisse der jeweils benannten Phänomene verfügen. Dagegen wird ein Text völlig unverständlich, wenn wir sämtliche lexikalischen Zeichen in ihm tilgen, da natürlich alle grammatischen Instruktionen sinnlos werden, wenn sie keine lexikalischen Bezugsgrößen mehr haben.

Wenn beispielsweise ein Kleinkind vor einem Schrank nur das Einzelwort *Keks* äußert, dann kann man natürlich ahnen, welches konkrete kommunikative Ziel es dabei verfolgt, obwohl eine eindeutige sprachliche Mitteilung an andere Partner auf diese Weise nicht erfolgt. Das geschähe erst dann, wenn grammatisch klar signalisiert würde, dass dieses einzelne Wort die syntaktische Rolle eines Akkusativobjekts in einem Wunschsatz übernehmen soll und dass es deshalb dann auch noch durch ein grammatisches Subjekt und ein Prädikat ergänzt werden müsste, um eindeutig von anderen als ein Wunschsatz verstanden zu werden: *„Ich will einen Keks haben."*

Auf die die notwendige Ergänzung von autosemantischen lexikalischen Zeichen durch synsemantische Zeichen hat der ursprüngliche Sprachwissenschaftler und spätere Dichter Hans-Joachim Schädlich in seinem kleinen Buch *Der Sprachabschneider* auf narrative Weise sehr eindrucksvoll aufmerksam gemacht. Er erzählt nämlich von einem kleinen Jungen, der dem *Sprachabschneider* bestimmte grammatische Zeichen wie etwa Präpositionen übereignet, mit denen er ohnehin keine konkrete gegenständliche Informationen verbindet, damit dieser ihm seine lästigen schulischen Hausaufgaben abnimmt. Aber durch diesen vermeintlich vorteilhaften Handel gerät der kleine Junge dann in unlösbare kommunikative Verständnisturbulenzen mit seinen Mitmenschen bzw. in eine gravierende soziale Isolation, weil niemand mehr seinen additiven Wortsalat ohne präzisierende grammatische Präpositionen richtig verstehen kann: *„Regen stürzte Straßenbahn wie haushohe Wellen ein Schiff."*[144]

Schädlichs Geschichte vom Sprachabschneider exemplifiziert sehr schön, dass sich die Sprache als verlässliches Kommunikationsmittel nur dann festigen kann, wenn lexikalische Basiszeichen für bestimmte Sachvorstellungen mit grammatischen Zeichen als präzisierenden Instruktionszeichen kombiniert werden. Erst dadurch bekommen sprachliche Äußerungen nämlich eine autonome

---

144 H-J. Schädlich: Der Sprachabschneider 1980.

Sinnstruktur, was natürlich insbesondere für den schriftlichen Sprachgebrauch unabdingbar ist, da hier ja alle situativen Verständnishilfen weitgehend entfallen.

Die Leistungsdifferenzen zwischen lexikalischen Zeichen einerseits und grammatischen Zeichen andererseits sind in unterschiedlichen Terminologien thematisiert worden: Nennzeichen vs. Organisationszeichen, Begriffszeichen vs. Instruktionszeichen, kategorematische Zeichen vs. synkategorematische Zeichen. Gemeinsam ist all diesen Unterscheidungen allerdings, dass sie darauf aufmerksamen machen können, dass sich komplexe sprachliche Zeichengebilde ebenso wie komplexe Zeichengebilde in der Mathematik nur durch die Korrelation und Interaktion von Zeichentypen mit ganz unterschiedlichen pragmatischen Funktionen herausbilden.

Nun ist natürlich auch zu beachten, dass die Menge und die Funktion der grammatischen Zeichen in den verschiedenen Sprachen und Sprachfamilien sehr unterschiedlich ausfallen können. Während es beispielsweise in den indogermanischen Sprachen recht viele unselbständige grammatische Zeichen gibt, besitzen die sogenannten isolierenden Sprachen wie beispielsweise das Chinesische vergleichsweise weniger spezifizierende grammatische Zeichen, was dann bei Übersetzungen natürlich große Probleme aufwerfen kann, weil metainformative grammatische Informationen in den jeweils hergestellten Texten nicht wirksam werden können, eben weil die Sprachen der indogermanischen Sprachfamilie eher eine argumentative und das Chinesische eher eine illustrierende Mitteilungsfunktion haben. Das bedeutet dann auch, dass der Zauberstab der Analogie in den jeweiligen Sprachen auf der grammatischen Ebene dann auch ganz unterschiedliche Wirkungsmöglichkeiten zeitigen kann.

In der Regel bilden die grammatischen Zeichen in den allen Sprachen sehr viel geschlossenere Ordnungsfelder als die lexikalischen Zeichen, da sie verständlicherweise sehr viel kleinere Zeichenmengen aufweisen als lexikalische Zeichen, bei denen ständig neue Zeichen erzeugt werden und alte aussterben. Deshalb haben grammatische Zeichen dann auch im allgemeinen Sprachbewusstsein recht oft den Status von autonomen kontextfreien logischen Zeichen bekommen, die keinen kulturellen Transformationsprozessen ausgesetzt werden. Dazu hat dann auch der schriftliche Sprachgebrauch und der schulische Grammatikunterricht einen erheblichen Beitrag geleistet, weil beide Faktoren verständlicherweise immanent auf eine normative Vereinheitlichung von grammatischer Ordnungsmustern ausgerichtet waren, was sich bei lexikalischen Ordnungsmustern zumindest in den natürlichen Sprachen im Gegensatz zu den formalisierten Sprachen eigentlich schon von vornherein verbietet. Gleichwohl gibt es aber auch in den natürlichen Sprachen ein Wachstum von grammatischen

Zeichen und damit dann auch einen Wandel von grammatischen Zeichensystemen und damit dann auch einen Wandel von deren Ordnungsfunktionen. So gab es beispielsweise im Althochdeutschen nur zwei Tempora (Präsens und Präteritum), während es im Neuhochdeutschen sechs gibt. Das bedeutet, dass das Funktionsspektrum des Präsens und des Präteritums im Althochdeutschen natürlich ein ganz anderes Funktionsprofil hat als im Neuhochdeutschen.

Aus alldem lässt sich nun der Schluss ziehen, dass es sich sowohl im Hinblick auf die lexikalischen als auch im Hinblick auf die grammatischen Formen von selbst verbietet, deren Funktionsspektrum nur nach den Kriterien der klassischen zweiwertigen Logik mit den Kriterien *richtig* und *falsch* zu beschreiben, ohne auf psychologisch bedingte Gestaltungsintentionen Bezug zu nehmen, für die eher heuristische als abbildende und normative Gesichtspunkte im Mittelpunkt des Interesses stehen. Letzteres wäre nur dann denkbar, wenn man eine Sprache allein in einer ahistorischen systematischen Perspektive ins Auge fasste und nicht auch in einer kulturhistorischen.

Gleichwohl ist nun aber auch zu beachten, dass sich die Frage nach der Funktion von Analogien auf der Ebene der Grammatik etwas anders stellt als auf der der Lexik. Bei der Analyse von grammatischen Zeichen stellt sich nämlich nicht wie bei der von lexikalischen Zeichen die Frage, welche sachlichen Ähnlichkeiten die von Zeichen thematisierten Sachverhalte jeweils faktisch miteinander haben, sondern eher die Frage, welche Ähnlichkeiten die metainformativen grammatischen Denkmuster miteinander haben, mit denen wir unsere sachorientierten Denkmuster zueinander in Beziehung setzen können. Das betrifft dann natürlich eine sehr viel abstraktere Sinnbildungsebene der Sprache, die wir kaum noch hinsichtlich der faktischen Berechtigung ihrer jeweilig verwendeten Musterbildungen wirklich kontrollieren können, weil es hier auch um subjektorientierte Gestaltungsintentionen geht.

Das beinhaltet nun zugleich auch, dass wir die grammatischen Musterbildungen auch weniger leicht neu bilden oder verändern können als die lexikalischen. Deshalb lassen sich dann auch grammatische Formen kaum für metaphorische Sprachspiele nutzen, eben weil die Stabilität der grammatischen Formen die konstitutive Voraussetzung für die mögliche metaphorische Verwendung lexikalischer Formen ist.

Bei den üblichen Metaphern gibt es kaum Verstöße gegen die konstitutiven grammatischen Grundstrukturen der Sprache, sondern allenfalls Verstöße gegen die üblichen Kombinationserwartungen bei den einzelnen lexikalischen Zeichen. Deshalb kommt es beispielsweise auch nicht dazu, dass eine Konjunktion auf den Funktionsplatz eines grammatischen Subjekts gesetzt wird oder umgekehrt, weil dadurch ganz grundlegende sprachliche Ordnungsstrukturen der Sprache in

Frage gestellt würden und nicht nur bestimmte Musterbildungen. Wenn nämlich elementare Grundmuster der Sprache vertauscht würden wie etwa lexikalische und grammatische Zeichen, dann kommt es nämlich zu kaum auflösbaren Verstehensproblemen.

Das bedeutet gleichzeitig, dass auch der Begriff des Sprachspiels nicht sinnvoll auf das Vertauschungsspiel von grammatischen Formen angewandt werden kann, selbst wenn sich dieses auf grammatische Zeichen derselben Grundkategorie beziehen wie beispielsweise unterschiedliche Tempusformen. Dagegen stellt sich das Vertauschungsspiel lexikalischer Formen als sehr viel unproblematischer heraus. Grammatische Organisationszeichen sind wegen ihrer elementaren Ordnungsfunktionen von Anfang an auf eine stärkere regelkonforme Nutzung angelegt als lexikalische Zeichen, eben weil sie tiefenstrukturell eine Skelettfunktion für die Sprache haben.

Diese Einschätzung ändert sich allerdings, wenn man grammatische Zeichen hinsichtlich ihrer jeweiligen Entstehungsgeschichte ins Auge fasst. Dann verlieren sie nämlich durchaus ihren üblichen Status als überzeitlich gültige logische sprachliche Organisationszeichen, die keine Evolutionsgeschichte hinter sich haben. Unter diesen Umständen treten sie nämlich durchaus auch als kulturell entwickelte Zeichen in Erscheinung, die evolutionär auch ganz anders hätten ausfallen können. Deshalb können sich die grammatischen Ordnungssysteme der Einzelsprachen dann auch durchaus quantitativ und qualitativ voneinander unterscheiden. Das verbietet es dann auch von selbst, grammatischen Formen den Status unveränderlicher logischer Formen zuzubilligen, obwohl sie oft aus pragmatischen und anthropologischen Gründen durchaus einander ähnlich sind. Roman Jakobson hat deshalb hinsichtlich der grammatischen Unterschiede zwischen den jeweiligen Einzelsprachen folgende bemerkenswerte These formuliert: *„Der wahre Unterschied zwischen den Sprachen besteht somit nicht in dem, was ausgedrückt werden kann oder nicht, sondern in dem, was die Sprecher mitteilen müssen."*[145]

Jakobsons These ist insofern besonders aufschlussreich, weil sie grammatischen Zeichen nicht von vornherein eine absolute Regulationsfunktion für das Denken und Wahrnehmen im Sinne des sprachlichen Relativitätsprinzips von Whorf zuordnet, sondern allenfalls ein pragmatisch motivierte Steuerungsfunktion. Sie legt zwar ganz bestimmte Verstehensweisen von lexikalischen Zeichen in konkreten Äußerungen nahe, aber sie erzwingt diese nicht. Viel wichtiger ist Jakobson der Umstand, dass die grammatische Zeichen einer Sprache nur nahelegen, welche habituellen Sichtweisen auf die internen Ordnungsstruktur der

---

145 R. Jakobson: Form und Sinn 1974, S. 71.

Welt brauchbar sind und welche nicht und was in diesem Denkrahmen als sinnvoll angesehen werden soll und was nicht. Viel wichtiger ist ihm, welche Ordnungsstrukturen durch eine ständige habituelle grammatische Thematisierung in Sprachgebrauchsprozessen besonders akzentuiert werden und welche nicht.

Diese Interpretation der grammatischen Strukturen von Sprachen ermöglicht es dann natürlich auch, die Vorstellung vom *Zauberstab der Analogie* nicht nur auf die Objektivierungsfunktionen von lexikalischen Zeichen zu beziehen, sondern auch auf die von grammatischen Zeichen, wenngleich nicht auf so deutliche und plausible Weise. Gleichwohl wird aber deutlich, dass das Operationsfeld eines solchen analogisierenden Zauberstabes nicht auf die Welt der lexikalischen Zeichen beschränkt werden muss, sondern auch auf die Welt der grammatischen Zeichen ausgedehnt werden kann, sofern man diesem Zauberstab dabei weniger eine ontologische, sondern eher eine anthropologische Grundfunktion zuordnet. In der Lexik bezieht sich der Begriff der Analogie deshalb auch eher auf die Ähnlichkeit der Denkgegenstände selbst, während er sich in der Grammatik eher auf die Ähnlichkeiten des mentalen bzw. des semiotischen Umgangs mit ihnen bezieht.

7.2 Die Kasusformen

Wenn man die grammatischen Zeichen funktional als Instruktionszeichen für das Rollenverständnis vom lexikalischen Zeichen in Aussagen versteht, dann lassen sich zwei unterschiedliche morphologische Erscheinungsformen von ihnen unterscheiden. Einerseits gibt es unselbständige grammatische Zeichen wie etwa Kasuszeichen, welche die syntaktischen Funktionsrollen von Substantiven und Adjektiven in Aussagen näher bestimmen, sowie Tempus-, Modus- und Genuszeichen bei Verben, die den spezifischen pragmatischen Stellenwert von Aussagen näher qualifizieren. Andererseits gibt es selbstständige grammatische Zeichen wie Artikel, Pronomen, Präpositionen und Konjunktionen, die keine sachorientierten Objektivierungsfunktionen haben, sondern vielmehr eine metainformative Informationsfunktion darüber, wie man bestimmte Sachvorstellungen miteinander in Beziehung setzen kann bzw. verstehen soll.

Die Hauptaufgabe von Kasuszeichen besteht darin, uns Instruktionen darüber zu geben, welche Satzgliedrollen Substantive in Prädikationen jeweils spielen sollen. Das Nominativzeichen signalisiert beispielsweise, dass ein Substantiv oder Pronomen die Rolle eines Satzsubjektes übernehmen soll. Die Genitiv-, Dativ- und Akkusativmorpheme signalisieren dagegen, welche Objektfunktionen die jeweiligen Substantive in Aussagen zu übernehmen haben. Kasuszeichen sind dementsprechend unverzichtbar, wenn man die möglichen syntaktischen Funktionsrollen von Substantiven in Aussagen klar kennzeichnen möchte.

Die antiken Grammatiker haben das durch das Nominativmorphem gekennzeichnetes Substantiv als diejenige Denkgröße angesehen, welche der komplexen Vorstellungsbildung eines Aussagesatzes bzw. einer Prädikation zugrunde liegt (subiectum, hypokeimenon). Die deutschen Grammatiker haben diese Größe dann als Satzgegenstand bzw. als Satzsubjekt bezeichnet. All diese Bezeichnungen sollten darauf aufmerksam machen, dass mit Hilfe der Nominativform eines Substantivs diejenige Vorstellungsgröße in einem Satz identifizierbar ist, die als Grundlage seiner jeweiligen prädikativen Aussagefunktion angesehen werden kann. Offen konnte dabei bleiben, ob die jeweilige Subjektgröße als substanzielle statische Gegenstandsgröße zu verstehen ist oder als dynamische Handlungsgröße im Sinne einer Agensvorstellung. In Sprachen, in denen es keine expliziten morphologisch fassbaren Kasuszeichen gibt oder in denen diese wieder verschwunden sind wie beispielsweise im Englischen, lassen sich die Subjektfunktionen eines Wortes auch durch eine Stellungsposition am Satzanfang signalisieren. In Sprachen mit expliziten Kasuszeichen wie etwa dem Lateinische oder Deutschen ist die Platzierung des grammatischen Subjektes im Satz dagegen sehr frei, was allerdings das spontane Satzverständnis in bestimmten Fällen durchaus erschweren kann.

Wenn die Nominativform dazu dient, das Subjekt eines Satzes zu kennzeichnen, dann kann es in bestimmten Fällen durchaus Probleme geben. Was macht man beispielsweise, wenn man Vorgänge oder Handlungen durch eine Aussage objektivieren möchte, bei denen als zugrundeliegende Ausgangsgröße keine handelnde Kraft namhaft gemacht werden kann. Das ist zum Beispiel dann der Fall, wenn in einer Aussage Witterungsverben verwendet werden wie etwa *donnern, blitzen* oder *regnen*. Dieses Problem kann man nur dann lösen, wenn man als Subjekt ersatzweise ein ganz inhaltsloses Pronomen verwendet, das formal, aber nicht inhaltlich, die Rolle einer Gegenstands- oder Handlungsgröße übernimmt: *Es donnert. Es blitzt. Es regnet.*

Ein solches pronominales Subjekt rettet zwar formalsyntaktisch die interne Determinationsfunktion einer Aussage, aber nicht deren konkrete inhaltliche Bestimmungsfunktion. Im mythischen Denken wird dieses Problem beispielsweise dadurch gelöst, dass Götter benannt werden, die ursächlich für Witterungsphänomene zuständig sind: *Jupiter lässt regnen (Jupiter pluvius). Donar wirft den Donnerkeil.* In diesen Fällen wird formal zwar auch vom Zauberstab einer grammatischen Determinationsrelation Gebrauch gemacht, aber der dadurch erzielte Mitteilungseffekt ist eher tautologischer als informativer Natur. Sachlich gesehen sind solche Aussageformen insbesondere dann problematisch, wenn man an folgende Sätze denkt: *Der Schnee schmilzt. Das Loch vergrößert sich.* Auch in diesen Fällen wird der Zauberstab des grammatischen Prädikationsschemas problematisch, weil dieses faktisch weder eine überzeugende analysierende noch synthetisierende Funktion erfüllt. Eigentlich tritt nämlich nur die sachliche Kategorisierungsfunktion des Verbs in Erscheinung, aber keine erhellende Determinationsfunktion zwischen zwei unterschiedlichen Vorstellungsgrößen, aus der sich eine prädikativ objektivierte Tatsachenvorstellung ergibt, die auch kausale Informationsbedürfnisse erfüllt.

Zuweilen wird auch von subjektlosen Äußerungen Gebrauch gemacht, die aber faktisch wie Aussagesätze wahrgenommen werden, weil in ihnen eine Determinationsfunktion zwischen zwei unterschiedlichen Größen konkretisiert wird: *Mir ist kalt. Sonntags wird gearbeitet. Aufgeschoben ist nicht aufgehoben.* Solche sprachlichen Äußerungen exemplifizieren, dass es in der zwischenmenschlichen Kommunikation viele Mitteilungsformen gibt, die zwar keine klassische Prädikationsstruktur haben, aber dennoch eine Korrelationsfunktion, die der von Prädikationen entspricht. Das dokumentiert sich auch darin, dass Subjekte durchaus in Form von Subjektsätzen in Erscheinung treten können: *Dass er kommt, freut uns. Wer wagt, gewinnt.*

Aus alldem lässt sich der Schluss ziehen, dass es in der natürlichen Sprache vielerlei Formen geben kann, in denen sich eine faktische Determinationsfunktion zwischen zwei sprachlichen Einzelformen manifestiert. Diese repräsentiert sich dann allerdings nicht immer als eine offensichtliche grammatische Prädikation im Sinne einer Korrelation zwischen einem grammatischen Subjekt und einem grammatischen Prädikat, sondern eher als eine Attributsrelation oder als eine Adverbialrelation zwischen unterschiedlichen sprachlichen Einzelgrößen. Zu denken wäre unter diesen Umständen auch daran, dass einzelne konstitutive Glieder eines Satzes durch eigenständige untergeordnete Gliedsätze repräsentiert werden. Das bedeutet, dass sich der Zauberstab der syntaktischen Determinationsrelation grammatisch in vielerlei Gestalt manifestieren kann und nicht nur in der Form der klassischen Prädikation als einer Determinationsrelation zwischen einem grammatischen Gegenstandsbegriff und einem grammatischen Bestimmungsbegriff im Sinne einer Subjekt-Prädikat-Relation.

Merkwürdigerweise gibt es nun auch sprachliche Mitteilungsformen, in denen es neben einem Subjekt im Nominativ auch noch ein zweites Satzglied im Nominativ gibt: *Karl wird Lehrer. Kinder bleiben Kinder.* Da man bei solchen Äußerungen hinsichtlich des zweiten Teils eigentlich nicht von einem syntaktischen Prädikat im üblichen Sinne sprechen kann, hat man diese zweite syntaktische Größe etwas umständlich als *Gleichsetzungsnominativ* bezeichnet bzw. als *Gleichgröße zur Grundgröße*, um hervorzuheben, dass beide Größen logisch gesehen nicht in einer präzisierenden begrifflichen Determinationsrelation zueinander stehen, sondern eher in der Relation einer unterschiedlichen sprachlichen bzw. perspektivischen Objektivierung desselben Grundphänomens. Das kann dann allerdings pragmatisch gesehen durchaus als eine erläuternde Präzisierungsrelation zwischen zwei faktisch unterscheidbaren sprachlichen Größen verstanden werden.

Während man im Prinzip davon ausgehen kann, dass das Subjekt eines Satzes den Ausgangspunkt einer Prädikation benennt, repräsentieren die verschiedenen Objekte die möglichen Bezugsgrößen bzw. die Mitspieler der vom Verb benannten Prozesse. Das wichtigste Satzobjekt ist dabei sicherlich dasjenige, das mit Hilfe des Akkusativzeichens in Erscheinung tritt. Dieses Objekt benennt nämlich die Vorstellungsgröße, die entweder aus dem vom Verb benannten Prozess als effiziertes Objekt hervorgeht oder die als affiziertes Objekt von diesem Prozess betroffen wird: *Der Bäcker backt das Brot. Der Bäcker verkauft das Brot.* Das bedeutet, dass das Akkusativobjekt in der Regel den Sachgegenstand des vom Verb benannten Prozesses ins Bewusstsein zu bringen versucht und damit dann zugleich die Handlungsintention der jeweils handelnden Subjektgrößen. Deshalb hat sich für diese Satzstruktur in den flektierenden Sprachen auch ein Denkmodell konkretisiert, das als *Täter-Tat-Schema* bezeichnet worden ist.

Die Besonderheit dieses Denkmodells wird uns meist erst dann bewusst, wenn wir die syntaktischen Ordnungsstrukturen anderer Sprachfamilien ins Auge fassen, die unser Wahrnehmen und Denken etwas anders kanalisieren und schematisieren. Humboldt hat deswegen auch zwischen „*einer stillschweigenden und ausdrücklichen Grammatik*" unterschieden, die auf exemplarische Weise in der chinesischen Sprache bzw. in den indogermanischen Sprachen zum Ausdruck komme.[146] Obwohl Humboldt den grammatisch durchstrukturierten Sprachen im Prinzip eine größere Intellektualität zuordnet als den eher additiv strukturierten, so sieht er sich doch gezwungen, der chinesischen Sprache mit ihrem Mangel an expliziten grammatischen Formen gerade deswegen eine ganz besondere Erscheinungsform von Intellektualität zuzubilligen, eben weil sie grammatisch nicht so analytisch durchstrukturiert sei wie die flektierenden indogermanischen Sprachen. Der Mangel an grammatischen Formen im Chinesischen beraube das Denken nämlich „*fast jeder maschinenmässigen Hülfe zum Verständniss*" von Sachverhalten, aber er erzwinge eben dadurch auch die Notwendigkeit, Sprachelemente kreativ auf sehr vielfältige Weise korrelativ miteinander in

---

146 W. von Humboldt: Grundzüge des allgemeinen Sprachtypus. Gesammelte Schriften. Bd. 5, S. 462.

Beziehung zu setzen.[147] Der Verzicht des Chinesischen auf ein durchstrukturiertes System expliziter grammatischer Instruktionszeichen für konkrete Sinnbildungsprozesse verhindert so gesehen dann, dass sich grammatische Zeichen zu geschlossenen Zauberstabsystemen so verfestigen, dass eben dadurch die Welt nur noch in diesen jeweils schon vorgegebenen Interpretationsrastern wahrgenommen wird. Geschlossene grammatische Zeichensysteme verhindern nämlich, dass lexikalische Zeichen auch eher impressionistische sprachliche Objektivierungs- und Synthesefunktionen übernehmen können, weil sie nicht nur regelbasierte analytische Denkprozesse begünstigen.

Die Sinnbildungsleistungen von Dativobjekten lässt sich im Deutschen sehr viel schwerer konkretisieren als die von Akkusativobjekten, weil wir hier mit unserem üblichen kausal orientierten analytischen Denken oft nicht recht weiter kommen. Bei der Bestimmung der grammatischen Zauberstabsfunktionen von Dativobjekten müssen wir nämlich vor allem auf Finalitäts- und Intentionsvorstellungen zurückgreifen. Deshalb sind Dativobjekte von Glinz auch als *„Zuwendgrößen"* charakterisiert worden, um sie kontrastiv von Akkusativobjekten als *„Zielgrößen"* zu unterscheiden. Diese Terminologie verdeutlicht schon, dass wir bei der Beschreibung des Funktionspotenzials von Dativobjekten eher psychologische als ontologische Gesichtspunkte in den Mittelpunkt unseres Erkenntnisinteresses zu stellen haben. Das wird besonders deutlich, wenn mit einem Verb sowohl Dativ- als auch Akkusativobjekte verbunden werden können: *Der Junge fasst das Mädchen an die Hand. Der Junge fasst dem Mädchen an die Hand.* Während bei der Verwendung des Akkusativs hervorgehoben wird, dass eine Person Gegenstand einer Handlung ist, wird bei der Verwendung des Dativs hervorgehoben, dass eine bestimmte Person intentionaler Bezugspunkt einer Annäherungshandlung ist.

Während Akkusativobjekte dazu dienen, ihre jeweiligen Bezugsgegenstände als hergestellte oder veränderbare Größen wahrzunehmen, tendieren Dativobjekte dazu, ihre Bezugsgegenstände zu individualisieren, weshalb sie dann auch vorwiegend personale Zielbezüge haben bzw. diese nahelegen. Diese Differenzierung scheint allerdings kulturell immer weniger wichtig zu werden, weshalb der Dativ als ein interpretierender grammatischer Zauberstab auch an kultureller Bedeutsamkeit verliert, da die Unterscheidung von Sachbezügen und Personenbezügen in Prädikationen in der Gegenwartssprache immer mehr an Relevanz verliert. Deshalb ist es dann auch verständlich, dass insbesondere in der Sprache der Bürokratie vom Gebrauch des Dativs immer mehr Abstand genommen wird

---

147 W. von Humboldt: Über den Bau der chinesischen Sprache. Gesammelte Schriften. Bd. 5, S. 323.

und stattdessen der Gebrauch des Akkusativs immer mehr um sich greift, wozu dann auch neue Wortbildungsmuster bei Verben eingesetzt werden. Man *rät* nicht mehr *jemandem* zu etwas, sondern man *berät jemanden*; man *liefert* nicht mehr *jemandem* etwas, sondern man *beliefert jemanden* mit etwas, man *zahlt* nicht mehr *jemandem* eine Rente, sondern man *berentet jemanden*.

Diese Tendenz der Sprache der Bürokratie hat Leo Weisgerber etwas plakativ und überzogen als *„Akkusativierung"* des Menschen bezeichnet.[148] Er sieht in dieser sprachlichen Entwicklungstendenz nämlich die Gefahr, nicht mehr grundsätzlich zu unterscheiden, ob ein konkretes intentionales Handeln Menschen oder Sachen betrifft. Gegen diese Sichtweise ist zu Recht eingewendet worden, dass die Verben mit dem Präfix *be-* (bemuttern, begrüßen) gerade durch ihre konventionalisierte Semantik inhaltlich keineswegs immer gleich nahelegen, Menschen und Sachen im Denken einander gleichzusetzen.

Dennoch ist es natürlich nicht zu leugnen, dass es eine sprachgeschichtliche Tendenz gibt, Dativobjekte durch Akkusativobjekte zu ersetzen. Die Frage des Geistes in Goethes Faustfragment von 1790 (*Wer ruft mir?*) würde heute sicherlich nicht mehr einem erwartbaren Sprachgebrauch entsprechen. Gleichwohl ist es aber sicherlich überzogen, Weisgerbers kritische Sicht zur Ersetzung von Dativobjekten durch Akkusativobjekte dadurch zu diskreditieren, dass man von einem *„inhumanen Akkusativ"* spricht.[149] Der Kasus *Akkusativ* selbst ist natürlich weder inhuman noch human. Es ist allerdings symptomatisch, dass in der Sprache der Bürokratie die anthropologisch orientierten Differenzierungsfunktionen des Dativs nicht mehr sehr geschätzt werden. Diese hat Glinz auf erhellende Weise im Kontrast zu der des Akkusativs folgendermaßen bestimmt. Er qualifiziert nämlich das Akkusativobjekt in einer Aussage als eine *„Zielgröße"* und das Dativobjekt als eine *„Zuwendgröße"*.[150]

Wie sehr der Dativ tiefenstrukturell im Gebrauch des Deutschen bzw. im Sprachgefühl für das Deutsche verankert ist, konnte ich beispielsweise am Sprachgebrauch meiner schwedischen Frau beobachten. Erstaunlicherweise verwendet sie immer wieder den Dativ in Aussagen folgenden Typs, obwohl sie sicherlich solche Redeweisen faktisch nie gehört hatte: *„Ich habe ihr angerufen."* Vordergründig gesehen erscheint ein solcher Dativgebrauch heute sicherlich als inkorrekt. In früheren Zeiten war er aber wohl durchaus möglich, wie ja beispielsweise das Goethe-Zitat belegt. Offenbar ist aber im intuitiven allgemeinen

---

148 L. Weisgerber: Die vier Stufen in der Erforschung der Sprache 1963. S. 215.
149 H. Kolb: Der inhumane Akkusativ. Zeitschrift für deutsche Wortforschung, 16, 1960, H. 3, S. 168–177.
150 H. Glinz: Die innere Form des Deutschen. 1973⁶, S. 165.

Sprachwissen meiner Frau über die Funktionalität des Dativs im Deutschen dieser als sprachliche Objektivierung einer mentalen *Zuwendgröße* so fest verinnerlicht worden, dass sie dieses grammatische Instruktionsmuster kraft Analogie auch dann noch verwendet, wenn Verben gebraucht werden, die heute usuell mit dem Akkusativ als Indikator einer allgemeinen *Zielgröße* verbunden werden und nicht mit dem Dativ als Indikator einer eher personell verstandenen *Zuwendgröße*.

Die reduzierte Verwendung von Dativobjekten zugunsten der von Akkusativobjekten im gegenwärtigen Sprachgebrauch des Deutschen ist vielleicht auch als ein Symptom dafür anzusehen, dass der *Beziehungsaspekt* der Kommunikation im Laufe der Zeit zugunsten des *Inhaltsaspektes* im Sinne von Paul Watzlawick an Relevanz verloren hat. Das hat nämlich zur Folge gehabt, dass in Mitteilungsprozessen inzwischen diejenigen sprachlichen Formen an Gewicht verloren haben, die neben ihren objektsprachlichen Mitteilungen zugleich auch noch bestimmte Informationen über die ganz individuellen Sinnbildungsprozesse eines Sprechers vermitteln. Das lässt sich vielleicht auch durch den unterschiedlichen kommunikativen Mitteilungswert der folgenden beiden Sätze veranschaulichen: *Er schlägt ihn ins Gesicht. Er schlägt ihm ins Gesicht.*

Ganz besondere Schwierigkeiten ergeben sich, wenn man sich die Sinnbildungsfunktion von Genitivobjekten zu vergegenwärtigen versucht, weil Genitivobjekte recht vage grammatische Sinnbildungsinstruktionen vermitteln. Deshalb sind Objekte im Genitiv auch mehr und mehr aus dem Sprachgebrauch verschwunden. Sie haben sich fast nur in idiomatischen Sprachverwendungsformen am Leben erhalten: *sich einer Sache annehmen, der Opfer gedenken, des Diebstahls überführen* usw. Da die pragmatischen Funktionen von Genitivobjekten sich kaum überzeugend von denen von Akkusativobjekten unterscheiden, sind sie meist grammatischen Selektionsprozessen zum Opfer gefallen: *Vergiss nicht deiner Pflichten! Vergiss nicht deine Pflichten.*

Da dem Genitivobjekt keine besondere Sinnbildungsfunktion zugeschrieben werden kann, hat Glinz dieses etwas verlegen als *„Anteilsgröße"* qualifiziert. Für ihn thematisieren Genitivobjekte nämlich Denkinhalte, die man irgendwie in das von Verben benannte Geschehen einordnen kann, ohne dass diese eine so besondere Rolle spielen wie beispielsweise diejenigen Denkinhalte, die von Subjekten, Akkusativobjekten, Dativobjekten oder Präpositionalobjekten thematisiert werden. Systemtheoretisch ist allerdings auffällig, dass die Rolle von Genitivobjekten auch von Pronomen im Genitiv, durch Infinitivkonstruktionen oder durch Gliedsätze wahrgenommen werden kann: *Man gedachte seiner. Er rühmte sich, alles zu wissen. Er vergewisserte sich, ob sie zu Hause war.* Außerdem gibt es auch noch Genitivadverbiale, die durch normale Adverbien ersetzbar sind: *Sie kamen* *des Abends. Sie kamen abends.* Die Zauberstabsfunktionen all dieser Genitivverwendungen liegen heute eher auf einer stilistischen als auf einer inhaltlichen Ebene, weil solche antiquierten Sprachverwendungsformen durchaus auch einem ironischen Sprachgebrauch Ausdruck geben können.

7.3 Die Tempusformen

Auf den ersten Blick scheinen die unselbstständigen Tempuszeichen bei Verben recht wenig mit der Frage zu tun zu haben, wie man über diese auch den spezifischen psychologischen und sozialen Sinn von Aussagen genauer qualifizieren kann. Diese Einschätzung ändert sich erst, wenn man bedenkt, dass nicht alle Sprachen Tempuszeichen besitzen und dass die metainformativen Funktionen von Tempuszeichen für die Erfassung des Sinns von Aussagen in den einzelnen Sprachen durchaus unterschiedlich ausfallen können. Dabei wird dann nämlich einsichtig, dass Tempusformen flexible Interpretationsmuster für Zeit sowohl in chronologischer als auch in psychologischer Hinsicht sein können, mit deren Hilfe wir uns ganz bestimmte Korrelationsbeziehungen zwischen Objektwelten und Subjektwelten vergegenwärtigen können. Diese Typisierung von Tempusformen legt dann natürlich auch nahe, neue Sacherfahrungen in einer normativen Analogie zu habituellen Erfahrungsmustern zu verstehen, obwohl alle menschlichen Erfahrungen eigentlich recht individuell sind.

So gesehen sind Tempusformen dann immer auch als verallgemeinernde Interpretationsmuster für die konkrete Wahrnehmung realer und sozialer Welten zu verstehen, die kulturgeschichtlich durchaus unterschiedlich ausfallen können. Insofern wirken dann auch die jeweiligen Tempusformen als kulturelle Zauberstäbe, über die erschlossen werden kann, welchen kognitiven und kommunikativen Wert die mit ihnen konstituierten Aussagen typologisch haben sollen. Tempusformen lassen sich dementsprechend dann auch semiotisch als spezifizierende Interpretanten für den Sinn und den kommunikativen Wert von Prädikationen ansehen.

So gesehen sind Tempusformen ebenso wie Modus- und Genusformen bei Verben auch als kulturhistorisch erarbeitete Denkmuster zu verstehen, über die wir unsere sprachliche Verständigungsprozesse im sozialen Raum strukturieren und akzentuieren können. Der Gebrauch dieser Zeichen basiert dabei nicht direkt auf vorgegebenen Seinsstrukturen, sondern vielmehr auf dem subjektiven Gestaltungswillen der jeweiligen Sprecher, insofern sie deren Perspektivierungsanstrengungen semiotisch objektivieren können. Das bedeutet dann, dass diese Muster nicht nur Instruktionssignale dafür sind, wie einzelne Sätze zu verstehen sind, sondern auch dafür, wie bestimmte Textmuster wahrgenommen werden sollen.

Diese sprachlichen Tatbestände lassen sich prototypisch an den Tempusformen von Verben besonders gut exemplifizieren. Das Verständnis dieser Verbformen wird zwar weitgehend durch unser Sprachgefühl als unserem intuitiven Sprachwissen reguliert, aber es lässt sich durchaus auch theoretisch modellieren, obwohl Tempusformen nicht nur etwas mit unseren chronologischen Zeiterlebnissen zu tun haben, sondern auch mit unseren psychologischen. Verben werden zwar begrifflich immer wieder als *Zeitwörter* thematisiert, aber dabei ist prinzipiell zu berücksichtigen, dass es etwas in die Irre führt, wenn wir dabei die Zeit nur als eine chronologische Kategorie betrachten und nicht auch als eine anthropologische, kulturelle und heuristische. Kulturgeschichtlich gesehen ist das Phänomen *Zeit* nämlich nie nur in einer rein chronologischen Perspektive verstanden worden, sondern immer in sehr unterschiedlichen, was sich natürlich beim faktischen Gebrauch von Tempusformen auch heute noch sehr deutlich bemerkbar macht, obwohl unsere chronologischen Verständnisweisen der Tempusformen immer relevanter geworden sind.

Das wird auch durch die Tatsache verständlich, dass sprachliche Tempusformen sehr viel älter sind als unser rein chronologisches Zeitverständnis, das sich faktisch erst nach der Erfindung und Nutzung von Kalendern und Uhren kulturell durchgesetzt hat. Auch das ontologische Grundverständnis von Zeit im Sinne der Zeitstufen *Vergangenheit*, *Gegenwart* und *Zukunft* hat keine allgemeine kulturelle Gültigkeit für das Verständnis von sprachlichen Tempusformen, da wir beispielsweise heute im Deutschen ja nicht nur drei, sondern sechs Tempusformen haben, und da mit den einzelnen Tempusformen nicht nur auf eine einzige chronologische Zeitstufe Bezug genommen werden kann. Da Tempusformen sich in den Sprachen evolutionär entwickelt haben, stehen sie auch nicht gleichberechtigt nebeneinander, sondern haben Verwendungsmöglichkeiten von sehr unterschiedlichem Umfang.

Im Deutschen sind das *Präsens* und das *Präteritum* die ältesten Tempora, die sehr viel komplexere Sinnbildungsfunktionen haben als die jüngeren zusammengesetzten Tempusformen, die sehr viel eingeschränktere, aber deswegen auch genauere Sinnbildungsfunktionen haben. Daraus ergibt sich dann auch die Konsequenz, deutlich zwischen den Begriffen Tempus und Zeit zu unterscheiden, eben weil Tempusformen nicht als direkte sprachliche Repräsentationsformen für ein chronologisches Zeitverständnis zu verstehen sind.

Gleichwohl lässt sich natürlich nicht leugnen, dass Zeit und Tempus etwas miteinander zu tun haben, da Tempusformen ja durchaus als kulturell bedingte Interpretationsformen von Zeit verstanden werden können, die uns insbesondere auf die anthropologischen Aspekte des Zeitphänomens aufmerksam machen können. Wir müssen dann allerdings auch bereit sein, uns auf diese Fragestellung im Sinne einer geistigen Eigenbewegung einzulassen, die ja durchaus immer Gefahr laufen kann, grammatische Betrachtungen in unübersichtliche ontologische Spekulationen ausufern zu lassen. Gleichwohl ist es aber sicherlich gerechtfertigt, sowohl die Uhr als auch den Kalender als auch die Tempusformen als kulturell erzeugte Zauberstäbe anzusehen, um mit dem Phänomen der Zeit kognitiv fertig zu werden oder zumindest die anthropologischen Dimensionen dieses Phänomens auf differenzierte Weise zu erschließen. Dabei ist sicherlich auch immer zu beachten, dass das weitgehend chronologische Zeitverständnis der Physik und das anthropologische Zeitverständnis der Grammatik bzw. der Sprache natürlich immer in einem Interaktionsverhältnis miteinander stehen, über das sie sich auch wechselseitig erhellen lassen.

Gegen ein rein chronologisches Verständnis der grammatischen Instruktionsfunktion von Tempusformen sprechen drei wichtige Faktoren. Erstens ist zu beachten, dass unsere Tempusformen historisch in einer Zeit entstanden sind, in der das chronologische Verständnis von Zeit und damit dann natürlich auch von Tempus keine dominante Rolle gespielt hat, sondern eher das Interesse daran, das Zeitphänomen über die unterschiedlichen psychischen Erfahrungsmöglichkeiten von Zeit zu konkretisieren.

Zweitens sind die psychologisch orientierten Wahrnehmungsweisen von Zeit im Rahmen eines kulturell und pragmatisch orientierten Zeitverständnisses anthropologisch so dominant, dass man diese allenfalls methodisch, aber nicht faktisch aus seinem sprachlichen bzw. grammatischen Verständnis von Zeit ausklammern kann. Das dokumentiert sich schon sehr klar in der grundsätzlichen These Augustins, dass es psychologisch gesehen die drei chronologischen Zeitstufen Vergangenheit, Gegenwart und Zukunft für den Menschen eigentlich gar nicht gebe, sondern allenfalls drei unterschiedlich akzentuierte Erfahrungen von Gegenwart. Diese lasse sich nämlich aspektuell aufgliedern in die *Gegenwart des Vergangenen*, in die *Gegenwart des Gegenwärtigen* und in die *Gegenwart des Zukünftigen*. Dementsprechend ist die Zeit für Augustin dann auch kein messbares Seinsphänomen, sondern vielmehr eine Manifestationsweise der menschlichen Einbildungskraft bzw. eine spezifische Ausdehnungsform (distentio) des Denkens bzw. des Geistes. Dementsprechend gibt es für Augustin die Zeit dann auch in drei Erscheinungsformen nämlich als „*Gegenwart von Vergangenem*" als „*Erinnerung*" (memoria), als „*Gegenwart von Gegenwärtigem*" als „*Augenschein*" (contuitus) und als „*Gegenwart von Künftigem*" als „*Erwartung*" (expectatio).[151]

---

151 Augustinus: Confessiones/Bekenntnisse. 11. Buch 20, 26, S. 641 f.

Drittens ist zu beachten, dass es in den indogermanischen Sprachen in der Regel meist mehr als drei Tempusformen gibt. Das macht es dann natürlich erforderlich, die Tempusformen nicht nur als grammatische Objektivierungen von Zeit in den jeweiligen Erscheinungsformen von *Vergangenheit, Gegenwart* und *Zukunft* zu verstehen, sondern auch noch in ganz anders strukturierten Wahrnehmungsperspektiven. Die Frage ist dann nur, welche anderen Wahrnehmungsformen von Zeit sich in den verschiedenen Sprachen herausgebildet haben, und warum es im Deutschen drei grammatische Verweisformen auf die Vergangenheit und zwei auf die Zukunft gibt bzw. welche konkreten Differenzierungsfunktionen mit den jeweiligen Tempusformen verbunden sind. Als rein chronologisch motivierte Differenzierungsformen von Zeit sind sie jedenfalls nicht zu verstehen, aber etwas umfassender als psychologisch bzw. kulturell und anthropologisch motivierte sehr wohl.

Diese Sichtweise auf die Korrelation von Zeit und Tempus beinhaltet, dass sich die einzelnen Tempusformen im Deutschen hinsichtlich ihres Stellenwertes im grammatischen System von Tempusformen nicht nach dem Modell einer Torte beschreiben lässt, die sich systematisch in sechs Tortenstücke aufteilen lässt. Die grammatischen Funktionspotentiale von Tempusformen überlappen sich nämlich durchaus. Im Deutschen haben die ältesten Tempusformen *Präsens* und *Präteritum* nämlich viel umfassendere Verwendungsspielräume als die jüngeren Tempusformen, die als nachträglich entwickelte zusammengesetzte Sprossformen sehr viel spezifischere grammatische Instruktionsfunktionen beinhalten. Deshalb ist es dann auch recht schwierig, die Sinnbildungsfunktionen der einzelnen Tempusformen feldmäßig überzeugend aufzugliedern und voneinander abzugrenzen. Als besonderes Problem stellt sich dabei nämlich heraus, dass die beiden älteren Tempusformen sich im Sinne einer Besitzstandswahrung ihr Operationsgebiet natürlich nicht gerne durch die jüngeren Sprossformen schmälern lassen wollen. Deshalb haben wir bei solchen Systematisierungstendenzen immer damit zu rechnen, dass das Problem der *Gleichzeitigkeit des Ungleichzeitigen* in Erscheinung tritt, was eine völlig überzeugende systematische Abgrenzung der Funktionsprofile der Tempusformen in der natürlichen Sprache eigentlich unmöglich macht.

Allerdings eröffnet die flexible Vagheit der Funktionsprofile der einzelnen Tempusformen auch Chancen. Auf diese Weise wird nämlich ein schematisiertes Verständnis von temporalen Korrelationsverhältnissen zwischen Sachverhalten sehr erschwert, welches natürlich alle formalisierten Fachsprachen tendenziell anstreben. Dadurch ergibt sich dann auch die Chance, den Spielcharakter der natürlichen Sprache zu stärken und auch für Tempusformen überraschende bzw. sehr komplexe Sinnbildungsfunktionen zu eröffnen.

Das konstitutive Spannungsverhältnis zwischen einem tendenziell chronologisch orientierten Tempusgebrauch in den formalisierten Fachsprachen und dem weitgehend psychologisch orientierten Tempusgebrauch in den natürlichen Sprachen kann man sich durch zwei gegenläufig orientierte Analysekonzepte für den Gebrauch von Tempusformen veranschaulichen. Diese lassen sich idealtypisch einerseits als *Zeitstufenkonzept* und andererseits als *Zeiterlebniskonzept* konkretisieren.[152]

Ein dezidiert chronologisch orientiertes Zeitstufenkonzept zur Analyse des deutschen Tempusgebrauchs hat Dieter Wunderlich im Anschluss an Überlegungen des Logikers Hans Reichenbachs zur Tempusproblematik vorgelegt. Er versucht, die innere Systematik der Verwendung von Tempora dadurch zu erfassen, dass seiner Meinung nach Tempusformen dazu dienlich seien, Sachverhalte bzw. Ereignisse chronologisch auf einer ontisch vorgegebenen Zeitachse so zu ordnen, dass die jeweils sprachlich thematisierten Sachverhalte bzw. Ereignisse chronologisch auf den jeweiligen Sprech- bzw. Betrachtungszeitpunkt des konkreten Sprechers zugeordnet werden. Diese These impliziert die Denkprämisse, dass Tempusformen die dominante pragmatische Funktion haben, unsere Denkinhalte beim Sprachgebrauch in einen chronologischen Ordnungszusammenhang zu bringen, indem sie auf einer gültigen chronologischen Zeitachse angemessen platziert werden.

Das alles ist für den fachwissenschaftlichen, argumentativen und schlussfolgernden Sprachgebrauch sicherlich von gewisser Bedeutsamkeit, aber für den polyfunktionalen alltäglichen Sprachgebrauch keineswegs in demselben Maße. Wunderlich sieht zwar auch, dass der Gebrauch von Tempusformen noch andere pragmatische Funktionen haben als die, eindeutige chronologische Ordnungsrelationen herzustellen, aber von diesen Funktionen abstrahiert er methodisch, weil sie für seine methodischen Zielsetzungen eher randständig als konstitutiv sind.

Ganz im Gegensatz zu Wunderlichs Zeitstufenkonzept ist das Zeiterlebniskonzept von Weinrich bestrebt, unser Hauptaugenmerk nicht auf die rein chronologischen Ordnungsfunktionen von Tempusformen zu lenken, um die Relationen von Vorzeitigkeit, Gleichzeitigkeit und Nachzeitigkeit zwischen einzelnen Sachverhalten kenntlich zu machen, sondern vielmehr darauf, die psychologischen und handlungstheoretischen Implikationen des jeweils mitgeteilten Sach-

---

152 Diese Analysekonzepte sind in folgenden Veröffentlichungen näher beschrieben worden: D. Wunderlich: Tempus und Zeitreferenz im Deutschen. 1970. H. Weinrich: Tempus. Besprochene und erzählte Welt. 1964. 2001⁴. W. Köller: Perspektivität und Sprache. 2004, S. 421–440. W. Köller: Die Zeit im Spiegel der Sprache, 2019, S. 229–263.

verhalte für die jeweiligen Kommunikanten zu kennzeichnen. Deshalb hat er dann auch für die Analyse der Funktionen von Tempusformen die kontrastiven Ordnungskategorien *Nähe und Distanz*, *Kontemplation und Reaktionsbereitschaft* sowie *Abschluss und Verlauf* ins Spiel gebracht. Diese Kriterien erscheinen ihm bei der Beschreibung von Tempusfunktionen viel wichtiger als die Platzierung von Ereignissen auf einer chronologischen Zeitachse. Deshalb ordnet er die Tempusformen auch danach, welchen Beitrag sie dafür leisten, eine *besprochene Welt* oder eine *erzählte Welt* für die jeweiligen Kommunikanten zu etablieren.

Zu den Tempora der besprochenen Welt zählt Weinrich im Deutschen das Präsens als Basistempus sowie das Perfekt, das Futur I und das Futur II als zusammengesetzte spätere Sprossformen mit einem eingeschränkteren, aber eben deswegen auch viel klarer akzentuierten Funktionsprofil. Zu den Tempora der erzählten Welt rechnet Weinrich das Präteritum als Basistempus sowie das Plusquamperfekt und auf eine etwas unübliche Weise auch die beiden Konjunktiv- bzw. Konditionalformen als spätere Sprossformen. Diese kategoriale Aufgliederung der Tempusformen ist nicht nur in einer funktional orientierten Wahrnehmungsperspektive plausibel, sondern auch in einer entwicklungsgeschichtlichen, insofern die Basisformen als die ältesten Tempusformen sehr viel grundsätzlichere funktionale Unterscheidungen treffen als die jüngeren Sprossformen, die ein relativ spezielles Sinnbildungsprofil aufweisen.

Die Tempora der besprochenen Welt sind nach Weinrich grammatische Instruktionsmittel, die dazu bestimmt sind, eine psychische Bereitschaft dafür zu wecken, auf das jeweils Gesagte faktisch handelnd und nicht rein kontemplativ zu reagieren. Deshalb lassen sich dann auch Aussagen in den Tempora der besprochenen Welt als sprachliche Mittel verstehen, die Sprechakte des Behauptens und Urteilens zu realisieren, da das jeweils Gesagte direkte Konsequenzen für den Sprechenden als auch für den Angesprochenen haben können. Das lässt sich auch bildlich dadurch veranschaulichen, dass sie den jeweiligen Adressaten dazu motivieren, seine eigenen Reaktionswaffen griffbereit zu machen.

Demgegenüber haben die Tempora der erzählten Welt die kommunikative Funktion, eine Rezeptionsperspektive zu erzeugen, die sich mit Hilfe der Begriffe *Kontemplation, Distanz* und *Entspanntheit* charakterisieren lässt. Wir werden durch sie nämlich nicht dazu animiert, unmittelbar auf das jeweils Gesagte zu reagieren, sondern dieses in umfassendere Vorstellungszusammenhänge einzuordnen. Deswegen gehören die Tempora der erzählten Welt prinzipiell auch in die Welt von Narrationen und von mentalen Einbildungskräften. Das bedeutet, dass diese Tempora dazu bestimmt sind, ein undramatisches Rezeptionsklima für das jeweils Gesagte zu erzeugen, das sich deutlich von dem unterscheidet, das mit den Tempora der besprochenen Welt hergestellt werden kann. Das alles lässt sich vielleicht exemplarisch durch die folgenden Kurzcharakteristiken der Funktionsprofile der deutschen Tempusformen veranschaulichen.

Das Präsens als das älteste Tempus hat zunächst nur eine recht allgemeine und unspezifische Aussagefunktion. Deshalb kann mit ihm auch im Prinzip auf alle drei chronologischen Zeitstufen genommen werden, wenn entsprechende präzisierende Zeitadverbiale verwendet werden oder wenn die entsprechenden Kontexte das ermöglichen. Als eine prädikative Universalform wird das Präsens dann auch dazu verwendet, um allgemeingültige Aussagen zu machen, die chronologisch eigentlich indifferent sind wie etwa Definitionen, logische Analysen, Aphorismen, Sprichwörter usw. Im Laufe der Sprachgeschichte ist dem Präsens dann allerdings in Opposition zu den anderen Tempusformen die spezifische Zusatzfunktion zugewachsen, die sich im Denkrahmen des Zeiterlebniskonzeptes genauer als *Vergegenwärtigungsfunktion* qualifizieren lässt, die ganz im Sinne von Augustin auch als psychische Vergegenwärtigung von Vergangenem, Gegenwärtigem und Zukünftigem in Erscheinung treten kann.

Diese Vergegenwärtigungsfunktion des Präsens dokumentiert sich auch darin, dass in präteritalen Erzählvorgängen von dem sogenannten *szenischen Präsens* Gebrauch gemacht werden kann, wenn der Höhepunkt eines bestimmten Geschehens von einem allgemeineren Hintergrundsgeschehen abgesetzt werden soll. Unter diesen Umständen trägt dann das Präsens stilistisch zur Reliefbildung von komplexen Vorstellungsinhalten bzw. zur Dramatisierung eines erzählten Geschehens im Sinne der Differenzierung zwischen einem allgemeinen Hintergrunds- und einem akzentuierten Vordergrundsgeschehens bei.

Außerdem muss das Präsens obligatorisch immer dann verwendet werden, wenn die jeweils vollzogene Sprechhandlung zugleich auch eine institutionelle Sprechhandlung ist, was beispielsweise bei Taufhandlungen in einer Kirche, bei Urteilsverkündigungen in einem Gericht oder bei warnenden Sprechakten der Fall ist. Wenn hier Sätze nicht in der 1. Person Präsens geäußert werden, sondern im Präteritum oder Perfekt, dann werden die entsprechenden Handlungsakte nicht faktisch vollzogen, sondern bloß erzählt oder behauptet: *Ich taufe dich auf den Namen Paul. Ich taufte dich auf den Namen Paul. Ich habe dich auf den Namen Paul getauft.*

Das Präteritum ist sprachgeschichtlich sicherlich im Vergleich mit dem Präsens als einer unspezifischen Universalform von sprachlichen Mitteilungen als eine erste ganz spezifisch akzentuierte Kontrastform zu werten, weshalb sie Weinrich dann ja auch als Grundform der *erzählten Welt* qualifiziert hat. Diese Tempusform resultiert faktisch aus dem kognitiven und kommunikativen Bedürfnis, bestimmte Sachverhalte nicht mit Hilfe der allgemeinen Vergegenwärtigungsfunktion des Präsens ins Bewusstsein zu rufen, sondern im Rahmen einer distanzierten erzählerischen Objektivierungsweise, wodurch die unmittelbare Verschränkung mit der jeweiligen Kommunikationssituation entscheidend abgemildert wird. Diese erzählerische Distanzierungsfunktion war zunächst sicherlich psychologisch bedingt, sie ließ sich dann aber natürlich auch leicht chronologisch verstehen, weil jede psychologische Distanzierungsfunktion auch bestimmte chronologische Implikationen haben kann, insofern man nicht mehr unmittelbar handelnd auf das jeweils Mittgeteilte reagieren muss.

Auf diese Weise ist das Präteritum im Deutschen ja auch ganz natürlich zu einem Tempus des Erzählens geworden, mit dessen Hilfe man auch in rein fiktionale Welten eintreten kann. Das hat Käte Hamburger dann auch dazu inspiriert, das Präteritum im literarischen Sprachgebrauch als *episches Präteritum* zu qualifizieren, das die pragmatische Funktion verloren hat *„das Vergangene zu bezeichnen"* und stattdessen die Aufgabe übernommen hat, uns in das Reich der Einbildungskraft und der Fiktionen zu führen.[153] Das macht dann auch verständlich, warum Zukunftsromane nicht im Futur I, sondern auf ganz selbstverständliche Weise im Präteritum erzählt werden. Die Nähe des Präteritums zu der Welt unserer Einbildungskraft macht es deshalb auch nachvollziehbar, warum in metaphorische Aussagen vorzugsweise vom Präteritum Gebrauch machen und nicht vom Präsens, weil dadurch unsere Imaginationskräfte angeregt werden sollen und nicht unsere realitätsbezogene Objektivierungskräfte wie durch den Gebrauch des Perfekts: *Ihre Augen schwammen in Tränen. Der Diamant spielte in allen Farben.*

Das Perfekt als Tempus der besprochenen Welt hat sich im Deutschen erst im Althochdeutschen herausgebildet. Es lässt sich in rein chronologischer Sicht nicht sehr sinnvoll beschreiben, da es sich nicht nur auf die Zeitstufe der Vergangenheit beziehen kann, sondern beispielsweise auch auf die der Zukunft, da es sich ja auch ziemlich problemlos mit Zukunftsadverbien korrelieren lässt: *Morgen hat er seine Reise beendet.* Wichtige Hinweise für die grammatische Sinnbildungsfunktion des Perfekts ergeben sich schon aus dessen morphologischer Gestalt, insofern es aus der Kombination von einem Hilfsverb im Präsens und einem Partizip II hervorgegangen ist. Dadurch gibt das Perfekt einerseits zu erkennen, dass auf ein abgeschlossenes Geschehen Bezug genommen werden soll und nicht auf ein sich vollziehendes. Andererseits gibt es aber auch durch die Nutzung eines Hilfsverbs im Präsens zu erkennen, dass das von ihm thematisierte Geschehen eine genuine Relevanz für die aktuelle Redesituation hat. Die zweigliedrige Gestalt des Perfekts verleiht den damit getätigten Mitteilungen außerdem einen gewissen Spannungsbogen, insofern die Erwartungsspannung, die durch das

---

153 K. Hamburger: Die Logik der Dichtung. 1968², S. 61.

Hilfsverb im Präsens erzeugt wird, erst durch das Partizip II am Ende einer Aussage informationell befriedigt wird.

All das hat zur Folge, dass das Perfekt dazu prädestiniert ist, in Einzelsätzen verwendet zu werden, da es dazu dienlich ist, den Sprechakten des Behauptens einen sprachlichen Ausdruck zu geben bzw. Sachaussagen, die unmittelbar der Wahrheitsfrage unterworfen werden können. Deshalb verbietet sich der Gebrauch des Perfekts auch in metaphorischen Aussagen: *Ihre Augen haben in Tränen geschwommen.* Es ist aber dennoch möglich, das Perfekt auch in metaphorischen phraseologischen Behauptungen mit einem emphatischen Behauptungscharakter zu verwenden: *Sie hat an dem Kleinen einen Narren gefressen.* Außerdem hat das Perfekt auch einen genuinen Platz in Entscheidungsfragen, über die Tatsachen fixiert werden sollen: *Hast du gemogelt?* Ein Lehrer würde sich lächerlich machen, wenn er eine solche Frage im Präteritum formulieren würde: *Mogeltest du?*

Stilistisch gesehen kann der Tempuswechsel zwischen Präteritum und Perfekt in Texten dazu dienlich sein, einem Text ein klares informationelles Relief zu geben. Das exemplifiziert sich beispielsweise sehr schön im letzten Satz von Goethes *Werther.* Hier versetzt sich der vermittelnde Erzähler nämlich mit Hilfe eines bloßen Tempuswechsels vom Präteritum zum Perfekt aus der Rolle des epischen Erzählers in die Rolle eines urteilenden Berichterstatters oder gar in die eines Kritikers am Umgang der Kirche mit Selbstmördern. „*Der Alte folgte der Leiche und die Söhne, Albert vermocht's nicht. Man fürchtete für Lottens Leben. Handwerker trugen ihn. Kein Geistlicher hat ihn begleitet.*"[154]

Die Sinnbildungsfunktion des Plusquamperfekts im Deutschen deutet sich schon dadurch an, dass bei seiner morphologischen Konstitution ein Hilfsverb im Präteritum mit einem Partizip II bzw. Partizip Perfekt kombiniert wird. Dadurch kann signalisiert werden, dass bei seiner Funktionsbeschreibung sowohl das Phänomen der Distanzierung eine Rolle spielen soll als auch der Hinweis darauf, dass unsere Aufmerksamkeit sich nicht auf den Verlauf, sondern auf den Vollzug einer Handlung zu richten hat. Das zeigt sich schon deutlich in der Struktur von bestimmten Satzgefügen. Hier kann die Verwendung des Plusquamperfekts in einer Äußerung nämlich dazu dienlich sein, ein schon abgeschlossenes Geschehen als Prämisse für ein nachfolgendes Geschehen chronologisch klar zu kennzeichnen, das dann im Präteritum thematisiert wird: *Nachdem er den Diebstahl begangen hatte, verschwand er spurlos.* Bei solchen Äußerungen spielen natürlich auch bestimmte temporale Konjunktionen eine wichtige Rolle, um den chronologischen und aktionalen Zusammenhang zwischen zwei Aussagen genauer zu bestimmen.

---

154 Goethes Werke. Hamburger Ausgabe. Bd. 6, S. 124.

Das bedeutet, dass das Plusquamperfekt seinen genuinen Platz in Nebensätzen zur präzisierenden Erläuterung von Hauptsätzen im Präteritum hat. Im Präteritum werden die Sachverhalte objektiviert, die zum thematischen Zusammenhang des aktuellen Erzählprozesses gehören. Im Plusquamperfekt wird das objektiviert, was chronologisch zur Vorgeschichte der jeweils erzählten Hauptgeschichte gehört. Auf diese Weise bekommt das Plusquamperfekt im Wechsel mit dem Präteritum die wichtige Funktion, den jeweils vermittelten Sachverhalten eine übersichtliche chronologische Struktur zu geben, insofern die Welt des Erzählens und die Welt des Besprechens bzw. des Argumentierens klar voneinander abgesetzt werden.

Ein komplexes Geschehen muss nämlich in Erzählvorgängen nicht so vermittelt werden, dass alle Details am Faden der chronologischen Reihenfolge aufgereiht werden. Es wird nämlich verständlicherweise auch so erzählt, dass die Prämissen von bestimmten Handlungen erst dann in einem Erzählvorgang thematisiert werden, wenn sie in einem direkten Zusammenhang mit dem jeweiligen aktuellen Mitteilungsziel wichtig werden. Die resultative Rafffunktion des Plusquamperfekts für die Prämissen eines aktuellen Geschehens hat deshalb auch eine wichtige Sinnbildungsfunktion bei der sprachlichen Objektivierung von komplexen Handlungszusammenhängen. Beim Gebrauch des Plusquamperfekts geht es nämlich im Prinzip darum, erläuternde Aussagen zu den Hintergründen von Hauptmitteilungen zu machen.

Die beiden Futurformen von Verben haben wie auch andere Tempusformen nicht nur chronologische Instruktionsfunktionen, sondern auch noch andere, wobei die modalen eine ganz besondere Relevanz haben. Mit ihnen können nämlich nicht nur verifizierbare oder nicht verifizierbare Sachverhalte thematisiert werden, sondern zugleich auch Vermutungen über die spezifischen Geltungsansprüche von Sachverhalten angestellt werden. Das verdeutlicht sich schon in der Bildungsweise des Futur I im Deutschen. Diesbezüglich ist kulturgeschichtlich nämlich recht aufschlussreich, dass sich bei der Bildungsweise des Futur I erst durch den Einfluss Luthers die Kombination der Infinitivform eines Vollverbs mit den spezifischen Formen des Hilfsverbs *werden* durchgesetzt hat. Noch im Mittelhochdeutschen waren die Kombinationen der Infinitivformen des Vollverbs mit den Formen der modalen Hilfsverben *wellen, müezen* und *soln* üblich, die im Vergleich mit dem Hilfsverb *werden* sehr viel deutlichere modale Instruktionsimplikationen haben.[155]

---

155 Vgl. dazu H. Maeder: Versuch über den Zusammenhang von Sprachgeschichte und Geistesgeschichte. 1945, S. 86 ff.

Mit den heute üblichen morphologischen Erscheinungsformen des Futur I ist gleichwohl nicht nur die grammatische Instruktion verbunden, sich mental in die chronologische Zukunft zu versetzen, sondern auch die Instruktion, dass das jeweils Ausgesagte als eine Hypothese zu werten ist, die durchaus noch verifikationsbedürftig ist. Das bedeutet, dass mit dem Gebrauch des Futur I immer auch der Sprechakt des Versprechens oder Vermutens verbunden sein kann. Das tritt natürlich besonders deutlich dann hervor, wenn dieses Tempus in der 1. Person Singular verwendet wird, und weniger deutlich, wenn es in der der 3. Person Singular gebraucht wird: *Ich werde kommen. Er wird kommen.*

Wenn wir mit Hilfe von Zeitadverbien in Äußerungen einen eindeutigen Zukunftsbezug herstellen, dann können wir natürlich auch Aussagen im Präsens auf diese chronologische Zeitstufe beziehen, so dass es dann eine gewisse stilistische Konkurrenz zwischen dem Gebrauch des Futur I und dem des Präsens bei zukunftsbezogenen Aussagen gibt. Während es beim Gebrauch des Präsens in Kombination mit einem zukunftsbezogenen Adverbs aus einer Gegenwart ausdrücklich in eine chronologische Zukunft gesprungen wird, bleibt beim Gebrauch des doppelgliedrigen Futur I der Sehepunkt des Sprechers deutlich in seiner aktuellen Gegenwart verankert: *Morgen besuche ich dich. Morgen werde ich dich besuchen.*

Stilistisch gesehen haben allerdings beide Aussagen recht unterschiedliche Sprechaktimplikationen. Während die erste Aussage tendenziell als eine Deskription einer zukünftigen Situation zu werten ist, ist die zweite Aussage eher als eine sprachliche Ausdrucksform eines persönlichen Versprechens zu werten. Wegen seiner Zweigliedrigkeit eignet sich das Futur I natürlich ebenso wie das Perfekt nicht für einen reihenden erzählerischen Sprachgebrauch. Es bleibt daher in der der Regel isolierten Einzelsätzen vorbehalten. Es hat deshalb auch textuell eine ganz andere Reliefbildungsfunktion als der Gebrauch des Präsens in Kombination mit einen Zukunftsadverb, eben weil es mit voraussagenden und nicht mit deskriptiven Sprechakten verbunden ist.

Das Futur II, das morphologisch als ein Gefüge aus dem Hilfsverb *werden* und dem Partizip II des Hilfsverbs *haben* oder *sein* in Erscheinung tritt, hat ähnlich wie das Plusquamperfekt seinen genuinen Verwendungsort in Satzgefügen. Es hat neben seinen chronologischen Zukunftsbezügen auch sehr deutliche aktionale Instruktionsfunktionen, insofern es den Abschluss eines Geschehens auf einer bestimmten Ebene der Zukunft thematisiert. Diese perfektiven Implikationen des Futurs II sind auch der Grund dafür, dass wir mit ihm merkwürdigerweise auch auf die chronologische Stufe der Vergangenheit springen können, wenn wir entsprechende Zeitadverbien verwenden: *Er wird gestern sicherlich seine Arbeit abgegeben haben.* Durch Zeitadverbien lässt sich nämlich unser jeweiliger

Betrachtungszeitpunkt relativ frei auf der chronologischen Zeitachse verschieben. Hinsichtlich seiner pragmatischen Vermutungsfunktionen ist das Futur II dem Futur I recht ähnlich, aber nicht hinsichtlich seiner aktionalen Sinnbildungsfunktionen. Das ist dadurch bedingt, dass das Futur II nicht den Verlauf eines Geschehens thematisiert, sondern vielmehr den Abschluss eines Geschehens zu einem ganz bestimmten Zeitpunkt: *Karl wird morgen ausschlafen. Karl wird morgen um zehn Uhr ausgeschlafen haben.*

Insgesamt lässt sich sagen, dass die Tempusformen im Deutschen die grammatischen Zauberstabsfunktionen haben, Sätzen und Texten hinsichtlich ihrer pragmatischen Objektivierungsfunktionen ein ganz bestimmtes zeitliches Relief zu geben, das allerdings nicht nur chronologische, sondern auch wahrnehmungspsychologische Sinnbildungsimplikationen hat. Dadurch ermöglichen sie es uns, die kulturhistorisch entwickelten Tempusformen und damit auch das Zeitphänomen nicht nur in einem chronologischen Sinne wahrzunehmen, sondern auch in einem psychologischen bzw. anthropologischen Sinne. Das ist insbesondere deshalb wichtig, weil dadurch die Zeit als ein Phänomen verstehbar wird, das ebenso wie der Raum die Grundvoraussetzung dafür ist, unsere Erfahrungsphänomene in komplexen Korrelations- und Interaktionsbeziehungen wahrzunehmen und nicht nur in inhaltlich verengten Perspektiven, die theoretisch interessant sein können, aber anthropologisch wohl weniger.

Gerade die evolutionären Entwicklungen von unterschiedlichen Tempusformen haben erst die Voraussetzungen dafür geschaffen, Erfahrungsinhalte nicht nur für sich selbst, sondern auch für andere in vielfältige zeitliche und inhaltliche Beziehungen miteinander zu setzen bzw. sich die Welt in variablen Perspektiven zu erschließen. Die verschiedenen Tempusformen stellen uns nämlich dafür unterschiedliche, aber pragmatisch durchaus bewährte Muster zur Verfügung, die unsere möglichen kognitiven Eigenbewegungen so typisieren, dass sie intersubjektiv verständlich und wirksam werden können. Deshalb lassen sich Tempusformen dann auch als kulturell erzeugte Zauberstäbe ins Auge fassen, die es uns ermöglichen, zwischen Objektwelten und Subjektwelten sinnvolle zeitliche und aktionale Korrelationszusammenhänge herzustellen, die über die rein chronologischen Korrelationszusammenhänge weit hinausgehen.

7.4 Die Modusformen

Obwohl Weinrich die Konjunktivformen in das Paradigma der Tempusformen eingeordnet hat, was im Rahmen seines nicht-chronologischen Grundverständnisses von Tempusformen auch durchaus plausibel erscheint, so ist es dennoch sinnvoll, zwischen den Tempus- und den Modusformen bei Verben zu unterscheiden. Es ist nämlich kaum zu leugnen, dass die Besonderheit von Modusformen bei Verben im Denkrahmen der Unterscheidung von Besprechen und Erzählen nicht ganz befriedigend verstanden werden kann.

Wenn wir nun die Modusformen des Verbs nicht als Bestandteil des Tempusfeldes betrachten, sondern als Bestandteil eines eigenständigen Modalfeldes, dann erfassen wir natürlich auch ihre Analogiesierungsfunktionen in Denkprozessen etwas anders. Unter diesen Umständen haben wir nämlich ihre Ähnlichkeiten und Unterschiede zu Modalverben, Modaladverbien und Modalpartikeln zu beachten, was im Rahmen der Vorstellung von Temporalität etwas schwierig wird. Modusformen akzentuieren nämlich das Spannungsverhältnis von Subjektsphäre und Objektsphäre doch etwas anders als Tempusformen.

In dieser Wahrnehmungsperspektive geht es nämlich weniger um das Problem, ob wir einzelne Sachvorstellungen in das Reich des Besprechens oder des Erzählens einzuordnen haben, sondern eher darum, ob und wie wir sie in das Reich der Wirklichkeit, der Möglichkeit oder der Notwendigkeit einordnen können. So gesehen hat die Wahl der Modusformen von Verben, zu denen wir dann die Indikativ-, die Konjunktiv- und die Imperativformen zu rechnen haben, ganz andere Konsequenzen für unser pragmatisches Verständnis von einzelnen Sachvorstellungen. Auf jeden Fall bekommen diese ein ganz anderes Sinnbildungsprofil, wenn wir sie mit der Kategorie der Modalität in Verbindung bringen als mit der der Temporalität ungeachtet der Tatsache, dass beide Kategorien sich in bestimmten Fällen auch überschneiden können.

Der Rückgriff auf die Kategorie der Modalität erlaubt es nämlich, mit Franziska Raynauld zwischen einer objektorientierten *Modifikation*, die weitgehend durch Modalverben und Modaladverbiale konkretisiert wird, und einer subjektorientierten *Modalisation* zu unterscheiden die dann weitgehend durch die Modusformen von Verben konkretisiert werden kann.[156] Die Modalisation lässt sich nämlich als eine kommunikationsbezogene Modalität verstehen, insofern der jeweilige Sprecher den Geltungsanspruch einer Äußerung aus seiner subjektiven Sichtweise heraus näher qualifiziert. Dazu werden dann vor allem die beiden Konjunktivformen verwendet und Modalwörter wie *vermutlich, wahrscheinlich, vielleicht* usw. Auch Modalpartikel bzw. Abtönungspartikel wie etwa *eigentlich, nämlich, sogar* usw. können Aussagen aus einer individuellen Denkperspektive sprechaktmäßig abtönen, weil sie wie Konjunktive indirekte Kommentare des jeweiligen Sprechers zu dem Geltungsanspruch seiner faktischen Aussageinhalte sind.

---

156 F. Raynauld: Noch einmal Modalverben! In: Deutsche Sprache 1977, S. 1–30.

Die Indikativformen des Verbs lassen sich als relativ unspezifische modale Grundformen von Aussagen einordnen, da sie bestimmte Sachverhalte gleichsam unkommentiert als solche thematisieren, ohne deren kognitiven und kommunikativen Stellenwert metainformativ zu qualifizieren. Ihren spezifischen sinnbildenden modalen Wert bekommen die Indikativformen des Verbs erst dann, wenn sie als bewusste Wahlentscheidungen in der Opposition zu Imperativ- und Konjunktivformen hervortreten. Deshalb lässt sich das Funktionsprofil des Indikativs auch nicht befriedigend an sich und für sich beschreiben, weil es nur in der Kontrastrelation zu anderen Modusformen klar hervortritt. Deshalb kann der Indikativ auch als relativ unmarkierte Standardform von Aussagen klassifiziert werden. Die römischen Grammatiker haben ihn deshalb dann auch als bloß anzeigenden Modus (modus indicativus) oder als geraden Modus (modus rectus) bezeichnet.

Vor diesem Hintergrund ist der Indikativ dann auch nicht als ein sehr sinnträchtiger grammatischer Zauberstab anzusehen, weil er kein markantes sprachliches Objektivierungsmittel ist. Als ein solches tritt er erst dann hervor, wenn er wider Erwartung statt des Imperativs oder des Konjunktivs als sprachliches Gestaltungsmittel eingesetzt wird. Deshalb ist es dann auch nicht sehr sinnvoll, den Indikativ als *Wirklichkeitsform* zu bestimmen, da er nur als relativ unmarkierte Standardform von Aussagen in Erscheinung tritt, die lediglich anzeigt, dass der jeweilige Sprecher keinerlei Vorbehalte gegen den sachlichen Geltungsanspruch einer Aussage andeuten möchte. Das schließt dann allerdings nicht aus, den faktischen Geltungsanspruch einer Aussage auch durch andere Mittel zu relativieren.

Im Gegensatz zu den Indikativformen sind die Imperativformen von Verben immer schon deutlich modal spezifiziert, insofern der Imperativ als ein Modus der *Aufforderung* anzusehen ist, der dazu bestimmt ist, dass der jeweils Angesprochene das realisieren soll, was sprachlich thematisiert wird. Das wird dann allerdings nicht nur durch die Imperativform selbst signalisiert, sondern auch durch die Spitzenstellung des Verbs in der jeweiligen Äußerung. Das impliziert nämlich, dass die Imperativform des Verbs keinen deskriptiven Bezug zur Welt hat, sondern einen erzeugenden. Deshalb wird der Imperativ normalerweise auch nicht verwendet, wenn das Verb unerwünschte Inhalte benennt, wie es beispielsweise den Verben *frieren* oder *lügen* eigen ist. Da jedem Imperativ ein genuiner Zukunftsbezug eigen ist, wird dann auch verständlich, dass die jeweiligen Aufforderungsinhalte nicht nur durch Imperative realisiert werden können, sondern auch mit Hilfe von solchen Verlautbarungen, die als indirekte Aufforderungshandlungen zu verstehen sind, durch welche bestimmte Defizite beseitigt werden sollen: *Ich habe Hunger! Kennen sie den Weg zum Bahnhof?*

Hinsichtlich des Sinnbildungswertes des Konjunktivs haben sich kulturgeschichtlich die Geister immer wieder geschieden. Robert Musil hat die Konjunktivformen gepriesen, weil sie die Chance eröffneten, dem menschlichen „*Möglichkeitssinn*" in Opposition zu seinem „*Wirklichkeitssinn*" einen sprachlichen
Ausdruck zu verleihen. „*So ließe sich der Möglichkeitssinn geradezu als die Fähigkeit definieren, alles, was ebensogut sein könnte, zu denken und das, was ist, nicht
wichtiger zu nehmen als das, was nicht ist [...]. Solche Möglichkeitsmenschen leben,
wie man sagt, in einem Gespinst von Dunst, Einbildung, Träumen und Konjunktiven.*"[157]

Demgegenüber hat Wolfgang Borchert sich in seinem Manifest folgendermaßen zum Wert des Konjunktivs in der Dichtung geäußert: „*Wir brauchen keine
Dichter mit guter Grammatik. Zu guter Grammatik fehlt uns Geduld. Wir brauchen
die mit dem heißen heiser geschluchzten Gefühl. Die zu Baum Baum sagen und zu
Weib Weib sagen und ja sagen und nein sagen: laut und deutlich und dreifach und
ohne Konjunktiv.*"[158]

Die kulturgeschichtliche Wertschätzung des Konjunktivs hat natürlich immer auch zu beachten, dass bestimmte Sprachen wie etwa das Chinesische oder
das Hebräische keine Konjunktivformen bei Verben kennen und deshalb Modifi-
kationen und indirekte Modalisierungen ihrer Aussagen über andere sprachliche
Mittel vornehmen müssen, sofern sie den Geltungsanspruch von Aussagen metainformativ qualifizieren wollen. Diesbezüglich hat der jüdische Mediziner Kartagener folgende bemerkenswerte Aussagen über das Fehlen des Konjunktivs im
Hebräischen gemacht:

> Die größte Überraschung für das an indogermanische Sprachen gewöhnte Denken stellt
> aber das Fehlen des Konjunktivs dar. Für die Welt des Möglichen, des nur bedingt Wirkli-
> chen und des Irrealen gibt es keine eigene Sprachform [...]. Es ist, wie wenn die hebräische
> Sprache nur für klare assertorische Sätze, für klare Positionen und Negationen, ohne jeden
> Sinn für Problematik, geschaffen wäre. Zusammengesetzte Sätze sind selten, eigentliche
> ‚Perioden' kommen kaum vor. Möglicherweise hängt damit das Fehlen eines jeden Hinwei-
> ses auf ein Jenseits (wenigstens im Pentateuch) zusammen – es gibt nur die Wirklichkeit
> des Diesseits.[159]

Diese Beschreibung der althebräischen Sprache ist sicherlich nicht so zu verstehen, dass es in ihr keine Möglichkeit gebe, dem hypothetischen Denken eine
sprachliche Ausdrucksform zu geben, sondern nur so, dass es hier keine

---

157 R. Musil: Der Mann ohne Eigenschaften. Gesammelte Werke Bd. 1. 1981², S. 16.
158 W. Borchert: Das ist unser Manifest. In. W. Borchert Draußen vor der Tür. 1969, S. 113.
159 M. Kartagener: Zur Struktur der hebräischen Sprache. In: Studium Generale, 15, 1962, S. 39.

gefestigten grammatischen Ausdrucksformen dafür gibt, die beim Gebrauch der Sprache ständig als Optionen zur Verfügung stehen. Eine solche grammatische Manifestation des menschlichen Möglichkeitssinnes bzw. solche sprachliche Erleichterung des spekulativen Denkens ist dagegen im Deutschen durch die Existenz der Konjunktivformen gegeben. Das dokumentiert sich auch darin, dass Kinder die Hypotheseimplikationen von Konjunktivformen schon viel früher verstehen als selbst im aktiven Sprachgebrauch nutzen.

Für das Deutsche ist jedenfalls festzuhalten, dass der Konjunktiv in seinen beiden Ausdrucksformen als Konjunktiv I und als Konjunktiv II als ein wichtiger sinnbildender grammatischer Zauberstab qualifiziert werden kann. Dieser hat sein Hauptanwendungsgebiet in komplexen Satzgefügen, wo der Wechsel von Indikativ- und Konjunktivformen ein wichtiges Mittel ist, um Sätzen und Texten ein durchstrukturiertes Sinnrelief von Vorder- und Hintergrundsinformationen bzw. von Basis- und Metainformationen zu geben. Dabei ist dann nicht ohne Belang, dass der Konjunktiv I (K I) aus der Präsensform des Verbs abgeleitet worden ist (Er denkt. Er denke.) und der Konjunktiv II (K II) aus der Präteritumsform des Verbs (Er dachte. Er dächte). Das signalisiert schon, dass mit dem K I eine weniger große Distanz zu dem jeweils Ausgesagten aufgebaut wird als mit dem K II. Es beinhaltet weiter, dass der häufigste Verwendungsort von Konjunktiven die indirekte Rede ist. In dieser ist nämlich der aktuelle Sprecher nicht selbst für den Wahrheitsgehalt von Sachaussagen verantwortlich zu machen, sondern nur der ursprüngliche Sprecher, dessen Aussagen in der indirekten Rede meist nicht wortlautgenau, sondern eher in geraffter Form vermittelt werden.

Aus der Vermittlung von Denkinhalten in konjunktivischen Aussagen ergibt sich dann nach Rainer Graf für Konjunktivformen die allgemeine metainformative Instruktionsfunktion *„gültig in einer anderen Welt.“*[160] Diese Instruktionsfunktion könne dann zwei unterschiedliche Varianten haben. In der indirekten Rede kann *andere Welt* bedeuten, dass das Gesagte der Denkwelt eines anderen Menschen zuzuordnen ist. In irrealen Wunsch- oder Bedingungssätzen kann *andere Welt* bedeuten, dass es sich um ausgedachte Welten handelt wie etwa in dem folgenden Satz: *Wenn ich fliegen könnte, wäre ich bald bei dir.* Dabei spielt dann natürlich auch eine Rolle, dass der K II größere Distanzierungsimplikationen hat als der K I.

Diese Sinnbildungsinstruktionen des Konjunktivs im Kontrast zu denen des Indikativs lassen sich auch anthropologisch motivieren. Im Gegensatz zu Tieren können Menschen ihre genetisch vorgegebenen Wahrnehmungsmöglichkeiten erheblich transzendieren, weil Menschen nicht so stringent in ihre Umwelten

---

160 R. Graf: Der Konjunktiv in gesprochener Sprache. 1977, S. 140.

integriert sind und sich auch viel variabler zu diesen verhalten können bzw. diese sogar umstrukturieren können. Dazu leistet der Konjunktiv auf der Ebene der Sprache wichtige Beiträge, weil er unterschiedliche geistige Denkwelten miteinander korrelieren kann. Deswegen fällt der Konjunktiv dann auch nicht zufällig in solchen Sprachgebrauchssituationen aus, in denen heftige Emotionen das Wahrnehmen, Denken und Sprechen prägen.

Die Modalisierungsfunktionen des Konjunktivs im Vergleich mit den viel einschichtigeren Mitteilungsfunktionen des Indikativs lassen sich deshalb auch sehr gut an dem Konjunktivgebrauch in der indirekten Rede veranschaulichen. Der K I wird in der indirekten Rede in der Regel immer dann verwendet, wenn der jeweilige Sprecher sich ganz darauf konzentriert, bestimmte Aussageinhalte einer anderen Person in geraffter Form so authentisch wie möglich anderen zu vermitteln, ohne dabei deren Realitätsgehalt metainformativ irgendwie zu kommentieren. Dabei kann es sich dann durchaus auch um Denkinhalte seiner selbst zu einem anderen Zeitpunkt handeln. Das bedeutet, dass der K I als ein Instruktionssignal für die Sprechhandlung des Vermittelns, Referierens oder Zitierens zu betrachten ist. Die damit verbundene Distanzierungsfunktion des K I ist dabei nicht unbedingt als ein Signal zu werten, dass die Glaubwürdigkeit des Gesagten in Frage stellt. Deshalb wird in der indirekten Rede auch oft der Indikativ verwendet, wenn nicht nachdrücklich auf die Raffungs- und Vermittlungsfunktionen der indirekten Rede aufmerksam gemacht werden soll.

Demgegenüber hat der K II, der aus der distanzierenden Präteritumsform von Verben abgeleitet wird, die Instruktionsfunktion, dass der aktuelle Sprecher das jeweils Mitgeteilte inhaltlich nicht für besonders glaubwürdig hält und eben daher dann auch nur unter bestimmten Vorbehalten übermittelt. Allerdings ist hier auch anzumerken, dass diese verdeckte Instruktion in unserem Sprachgefühl nicht sehr fest verankert ist. Bei vielen Verben sind nämlich die Indikativformen identisch mit den Formen des K I, so dass dann ersatzweise der K II verwendet wird, um klar zu kennzeichnen, dass es sich um die vermittelte Rede einer anderen Person handelt.

Aus diesem Grunde tritt der K II dann auch nicht immer klar als ein Vorbehaltssignal des aktuellen Sprechers in Erscheinung, dass der jeweils vermittelte Redeinhalt in einer skeptischen Grundhaltung wahrzunehmen ist, da er möglicherweise nicht glaubwürdig ist oder gar einer bewussten Täuschungsabsicht entspringt. Das bedeutet dann auch, dass der K II kein klares, aber doch ein mögliches Skepsissignal des referierenden Sprechers an den jeweils Angesprochenen sein kann.[161] Das mögen folgende Beispielssätze exemplifizieren: *Er hat seinem Chef mitgeteilt, dass er krank ist/sei/wäre. Der Vortragende vertrat die Auffassung, dass die Weltgeschichte eine Geschichte der Klassenkämpfe ist/sei/wäre.*

Nun gibt es allerdings auch Gebrauchsweisen des K II in selbstständigen Sätzen, bei denen die möglichen Negations- oder Geltungsinstruktionen des K II theoretisch nicht so leicht zu erfassen sind: *Ich hätte gern ein Bier!* In einer solchen Äußerung wird natürlich nicht der Wunsch nach einem Bier auf verdeckte Weise negiert, sondern vielmehr eine direkte Aufforderungshandlung an den Kellner höflich abgemildert bzw. das Hierarchieverhältnis zwischen Gast und Kellner abgeschwächt, weil keine direkte Handlungsaufforderung geäußert wird, sondern eine Wunschvorstellung, die der Kellner allerdings erfüllen soll. In einer solchen Äußerung wird also nicht auf der Inhaltsebene eine faktische Handlungsaufforderung in Frage gestellt, sondern nur die Beziehungsebene zwischen Gast und Kellner sozial verträglicher gemacht.

Interessant ist in diesem Zusammenhang auch, dass Kinder in ihrem Spracherwerb zuerst vom K II und nicht vom K I Gebrauch machen, eben weil mit dem K II die Kontraste zwischen Realwelten und Denkwelten sehr viel deutlicher akzentuiert werden können als mit dem K I. So gibt es beispielsweise von einem Kleinkind folgenden Spielvorschlag an ein anderes Kind: *Ich wäre die Königin und du wärst der König.* Erst in sehr viel späteren Phasen des Spracherwerbs sind Kinder in der Lage, die potentiellen metainformativen Instruktionssignale der beiden Konjunktivformen in Äußerungen und insbesondere in der abhängigen Rede sehr differenziert als kommunikative Zauberstäbe zu nutzen. Insbesondere im Umgang mit schriftlichen Äußerungen lernen sie mehr und mehr, bewährte grammatische Ordnungsmuster kraft Analogie in vergleichbaren Situationen als Strukturierungshilfen differenziert zu nutzen.

7.5 Die Genusformen

Unter dem Genusbegriff werden in der Grammatik üblicherweise die Aktiv- und Passivformen von Verben im prädikativen Gebrauch zusammengefasst. Mit Hilfe von aktivischen und passivischen Aussageweisen können zwar im Prinzip dieselben beobachtbaren außersprachlichen Tatbestände sprachlich thematisiert werden, aber das geschieht im Rahmen von doch recht unterschiedlichen Gestaltungs- bzw. Akzentuierungsintentionen der jeweiligen Sprecher. Das berechtigt

---

161 Vgl. K. Boost: Die mittelbare Feststellungsweise. Zeitschrift für Deutschkunde 54, 1940, S. 284–294.

dann zu der These, dass auch die Genusformen sich als grammatische Zauber-stäbe verstehen lassen, mit denen man konkrete Wahrnehmungs- und Sinnbil-dungsprozesse unterschiedlich strukturieren und objektivieren kann.

Mit Hilfe von Aktivformen, die sprachhistorisch gesehen älter und damit auch grundlegender als Passivformen sind, objektivieren wir uns Geschehensab-läufe im Prinzip nach dem Täter-Tat-Schema, das ein besonderes Interesse an der Thematisierung von Kausalzusammenhängen hat und das damit dann auch die syntaktischen Strukturen der indogermanischen Sprachen grundlegend geprägt hat. In diesem Denk- und Sprachmuster repräsentiert dann das jeweilige Satz-subjekt meist diejenige Größe, die als eine handelnde Tätergröße in Erscheinung tritt, das jeweilige Verb bzw. Prädikat die Größe, die einen bestimmten Gesche-hens- bzw. Handlungstyp ins Bewusstsein ruft, und das Akkusativobjekt die Größe, auf welche die jeweiligen Handlungen übergreifen bzw. die durch diese hergestellt werden: *Der Schüler ärgert den Lehrer. Der Bäcker backt das Brot.*

In einem deutlichen Kontrast zu diesem grammatischen Sinnbildungs-schema repräsentiert in passivischen Sätzen das jeweilige grammatische Subjekt keine handelnde Größe, die auf andere Größe einwirkt, sondern vielmehr eine Größe, auf die das vom Prädikat benannte Geschehen zuläuft bzw. eine Größe, die durch das vom Prädikat benannte Geschehen hergestellt wird. Damit ist dann natürlich die Konsequenz verbunden, dass in Passivsätzen die Größe gar nicht mehr benannt werden muss, die von dem jeweiligen Geschehen faktisch betrof-fen wird, da sie ja schon in Form des jeweiligen Satzsubjektes benannt worden ist. Die handelnde Größe muss in Passivsätzen nicht mehr obligatorisch themati-siert werden, sie kann allerdings fakultativ durch ein zusätzliches Präpositional-objekt erwähnt werden: *Der Lehrer wird (vom Schüler) geärgert. Das Brot wird (vom Bäcker) gebacken.*

All das bedeutet nun, dass das Täter-Tat-Schema in passivischen Sätzen keine konstitutive Sinnbildungsfunktion mehr hat, da sich ja nun das pragmati-sche Erkenntnisinteresse einer sprachlichen Äußerung nicht auf kausale Korre-lationszusammenhänge zwischen unterschiedlichen Größen richtet, sondern nur auf die Resultate von konkreten Handlungen. Diese Umperspektivierung des Wahrnehmungsinteresses in passivischen Sätzen ist natürlich auch kulturge-schichtlich motiviert, weil im Laufe der Kulturgeschichte das Bedürfnis entstan-den war, Aussagen nicht mehr nur täterorientiert, sondern auch resultatsorien-tiert zu objektivieren. Das erklärt dann auch die Tatsache, dass im Deutschen Passivformen erst im Althochdeutschen in Erscheinung getreten sind bzw. sich im Sprachgebrauch durchgesetzt haben.

Im Zuge dieser sprachlichen Umorientierungsprozesse haben sich dann er-staunlicherweise im Deutschen sogar zwei unterschiedliche Passivformen entwickelt, nämlich ein sogenanntes Vorgangs- bzw. Werdenspassiv und ein Zustands- bzw. Seinspassiv, durch die Sachaussagen aspektuell ganz unterschiedliche akzentuiert werden können: *Sie wird gelobt. Sie ist gelobt worden.* Außerdem ist in diesem sprachlichen Evolutionsprozess auch interessant, dass zusätzlich auch noch ein unpersönliches Passiv entstanden ist: *Um 12 Uhr wird gegessen.* In syntaktischer Hinsicht ist weiterhin interessant, dass transitiven Verben im passivischen Gebrauch ein anderes syntaktisches Bindungsprofil bzw. eine andere syntaktische Valenz bekommen. Sie müssen nun nämlich nicht mehr obligatorisch mit einem Akkusativobjekt verbunden werden: *Das Kind streichelt die Katze. Die Katze wird gestreichelt.* Durch den Verlust einer Valenzstelle bekommen die intransitiv gewordenen Verben im passivischen Gebrauch dann natürlich auch eine ganz andere stilistischen Sinnbildungsfunktion als im aktivischen Gebrauch.

In diesem Zusammenhang ist dann allerdings eine traditionelle Neigung im Grammatikunterrichts kritisch zu beurteilen, in der die Aktivformen des Verbs als *Tätigkeitsformen* qualifiziert werden und die Passivformen als *Leideformen.* Diese Qualifizierungen sind hinsichtlich bestimmter transitiver Verben wie etwa *schlagen* oder *beißen* natürlich ganz plausibel, aber hinsichtlich anderer Verben wie etwa *lieben* oder *streicheln* eher problematisch. Deshalb ist davor zu warnen, ontologische Denkkategorien vorschnell mit grammatischen Ordnungskategorien zu analogisieren, die in der Regel mehrschichtiger und polyfunktionaler sein müssen als ontologische, weil sie sowohl sachbezogene Inhaltsebenen von Kommunikationsprozessen zu strukturieren haben als auch zwischenmenschliche Beziehungsebenen. Grammatische Gestaltungsformen haben deshalb auch immer psychologische Faktoren zu berücksichtigen und nicht nur ontologische. Das lässt sich recht gut an der Kategorienlehre von Aristoteles verdeutlichen, die im Prinzip eher logisch und ontologisch und weniger anthropologisch und psychologisch orientiert ist.

In den zehn grundlegenden sach- bzw. objektorientierten Analysekategorien von Aristoteles sind ausdrücklich auch die Kategorien *Wirken* und *Leiden* aufgenommen worden, die hier allerdings nicht als psychologische bzw. anthropologische Ordnungskategorien verstanden werden, sondern primär als ontische Analysekategorien. Bei den aristotelischen Kategorien geht es nämlich primär nicht um die psychologischen Bedingungen, unter denen Menschen Kontakt zu ihren realen und geistigen Lebenswelten herstellen können, sondern vielmehr um die Thematisierung ontisch vorgegebenen Seinsstrukturen, die in Denkprozessen zu berücksichtigen sind. Bei der Beschreibung von sprachlichen Ordnungsstrukturen ist nun allerdings sicherlich auch immer auf ganz bestimmte psychologisch bedingte Korrelationszusammenhänge zu achten, da in ihnen verständlicherweise nicht nur die analysierenden Funktionen von sprachlichen Formen zu beachten sind, sondern immer auch ihre synthetisierenden.

Aus alldem ergibt sich dann, dass die Kategorien *Wirken* und *Leiden* in sprachlichen Zusammenhängen nicht nur als Größen verstanden werden sollten, die faktisch in der Welt vorfindbar sind, sondern immer auch als Größen, mit deren Hilfe sich Menschen ihre jeweiligen Lebenswelten subjektiv thematisieren und perspektivieren können. Dabei können dann natürlich nicht nur objektbezogene Kriterien eine Rolle spielen, sondern auch subjektbezogene. Deshalb stellt sich dann gerade in anthropologisch orientierten grammatischen Überlegungen dann immer auch die grundlegende Frage, wie sich objektorientierte Fragestellungen mit subjektorientierten fruchtbar korrelieren lassen, insofern wir bei grammatischen Überlegungen natürlich analysierende Denkstrategien immer mit synthetisierenden verbinden müssen und auch können. Die Kennzeichnung von Aktivformen als *Wirklichkeitsformen* und die Kennzeichnung von Passivformen als *Leideformen* ist deshalb weder fruchtbar noch zielführend, weil durch sie die pragmatische Funktionalität von Genusformen eher verdeckt als aufklärt wird. Bei allen Funktionsbestimmungen von grammatischen Genusformen ist nämlich immer zu berücksichtigen, dass die Passivformen als jüngere Sprossformen sehr viel spezifischere Differenzierungsaufgaben haben als die Aktivformen als ältere Standardformen.

All das schließt nun aber natürlich nicht aus, sprachliche und insbesondere grammatische Formen als Ansatzpunkte für ontologische Überlegungen zu nutzen, weil diese ja nicht auf einer Nullstufe der Erkenntnis beginnen, sondern faktisch immer auch auf die Nutzung eines Vorwissens bzw. auf die Verwendung von schon gegebenen Musterbildungen angewiesen sind. Hermeneutische Anstrengungen, die sich nicht nur auf Sprach- und Textwelten beziehen, sondern immer auch auf das bessere Verständnis von Seinswelten, basieren deshalb auch prinzipiell immer schon auf bestimmten kognitiven Vorleistungen, die sich in den lexikalischen und grammatischen Forminventaren der Sprache bereits konkretisiert haben. Deshalb hat Wolfgang Wieland dann auch betont, dass die Philosophie sich durchaus am Leitfaden der konventionalisierten Muster der natürlichen Sprache orientieren könne, da sich in diesen bereits ein brauchbares Vorwissen über die Welt manifestiert habe, das unser Denken schon vorreguliere, ohne dass wir uns dessen immer bewusst würden.[162]

Mit diesem Hinweis möchte Wieland auch die Kritik etwas entschärfen, die sich im 19. Jh. an der Kategorienlehre von Aristoteles ergeben hat, als durch Humboldt zwar die Sensibilität für die Relevanz von sprachlichen Ordnungs-

---

162 W. Wieland: Die aristotelische Physik. 1970, S. 141.

strukturen für das philosophische Denken gewachsen war, aber nicht von allen für richtungsweisend anerkannt worden ist. Das mag ein Hinweis von Trendelenburg über die Geschichte der Kategorienlehre illustrieren sowie ein Hinweis von Steinthal über die Geschichte der Sprachwissenschaft bei den Griechen und Römern.

> Auf solche Weise bezeugen Stellen aus den verschiedenen Schriften des Aristoteles, was schon aus dem Abriss der Kategorien wahrscheinlich wurde, dass die logischen Kategorien zunächst einen grammatischen Ursprung haben, und dass sich der grammatische Leitfaden durch ihre Anwendung durchzieht.[163]

> Indem nun Aristoteles mit seinem Denken so völlig unter der Herrschaft der Sprache steht, dass er meint, in jedem Worte müsse nicht nur ein Begriff, sondern auch eine Sache sein: hat er von der Sprache als solcher kein Bewusstsein; und es begegnet ihm wol, dass er meint, bei den Sachen, Metaphysiker zu sein, während er wie ein Lexikograph Wortbedeutungen bestimmt.[164]

Jacob Grimm hat dagegen bei der Bestimmung der Funktionen des Passivs sehr viel nüchterner und pragmatischer agiert, insofern er darauf verzichtet hat, auf die Kategorie des *Leidens* zurückzugreifen. Er hat vielmehr betont, dass in den Aktivformen des Verbs die Kategorie des *Wirkens* akzentuiert werde und in den Passivformen die Kategorie der *Wirkung*.[165] Das ist auch deshalb sehr plausibel, weil in Passivformen ja transitive Verben zu intransitiven gemacht werden. Eine ähnliche funktionsorientierte Qualifizierung der Passivformen hat auch Leo Weisgerber vorgenommen. Er hat nämlich betont, dass sich in Aktivformen eine „*täterbezogene*" Darstellungsweise konkretisiere und in Passivformen eine „*täterabgewandte.*" Diese Sichtweise auf Passivformen ist bei ihm auch dadurch motiviert, dass die indogermanischen Sprachen seiner Meinung nach in ihren Satzformen sehr deutlich durch das *Agens-Actio-Schema* vorgeprägt würden. Deshalb sei es dann auch plausibel, dass die Passivformen als jüngere grammatische Objektivierungsformen ihre Berechtigung insbesondere dadurch bekommen hätten, ergebnisorientierten Sichtweisen einen sprachlichen Ausdruck zu verschaffen. „*In einem durch das indogermanische persönliche Aktiv beherrschten verbalen Denkkreis werden Verfahrensweisen geschaffen, die ein Begreifen von Geschehnissen gestatten, das nicht täterbezogen abläuft.*"[166]

---

163 A. Trendelenburg: Geschichte der Kategorienlehre. 1864, S. 33.

164 H. Steinthal: Geschichte der Sprachwissenschaft bei den Griechen und Römern, Bd. 1. 1890[2]/1971, S. 212.

165 J. Grimm: Deutsche Grammatik, Bd. 4. 1967, S. 3.

166 L. Weisgerber: Die vier Stufen der Erforschung der Sprache. 1963, S. 255.

Eine solche Funktionsbestimmung der Aktiv- und Passivformen des Verbs hat natürlich auch eine große stilistische Relevanz, weil auf diese Weise die Aufmerksamkeit von Hörern und Lesern zweckdienlich auf immanente Weise beeinflusst werden kann. Passivformen werden daher natürlich gerne in Protokollen verwendet, weil hier ja in der Regel ergebnisorientierte Aussagen gemacht werden sollen. Allerdings kann die resultative Mitteilungsfunktion von Passivformen auch Probleme aufwerfen, weil sich dadurch Kausalitätszusammenhänge und personelle Verantwortlichkeiten für Handlungen leicht verschleiern lassen. Das exemplifiziert beispielsweise sehr deutlich die Schlagzeile des *Völkischen Beobachters* als Zentralorgan der NSDAP zum Kriegsausbruch 1939 sehr deutlich: *„Ab 5.45 wird zurückgeschossen.“*

Generell lässt sich sagen, dass das Wechselspiel des Gebrauchs von Aktiv- und Passivformen ein wichtiges Mittel für die Gestaltung von Texten und Textmustern sein kann, weil dadurch Aussagen ein klares Relevanzprofil bekommen, das die Rezeption von Texten sehr erleichtert. So haben beispielsweise Kochrezepte immer eine große Neigung zur Verwendung von täterabgewandten Passivsätzen, während Protokolle zu Straftaten eher Aktivsätze bevorzugen, da hier ja auch Tatursachen sprachlich objektiviert werden sollen. In allen Texten, in denen Kausalitäts- und Verantwortungsstrukturen thematisiert werden sollen, lässt sich daher auf den Gebrauch von grammatischen Aktivformen überhaupt nicht verzichten. In allen Texten, in denen sich die Aufmerksamkeit auf Handlungsergebnisse richtet, sind dagegen immer passivisch formulierte Sätze sinnvoll.

7.6 Die Artikel

Die sprachlichen Strukturierungs- und Instruktionsfunktionen des bestimmten und unbestimmten Artikels scheinen im Deutschen so harmlos und trivial zu sein, dass man bei ihrer Funktionsanalyse nicht unbedingt die Begriffe der Analogie bzw. der Sinnbildung zu Rate ziehen muss. Stutzig kann allerdings machen, dass man im Deutschen die bestimmten Artikel *der, die, das* zuweilen auch als Geschlechtswörter bezeichnet hat, obwohl sie sich nur teilweise dazu eignen, auf systematische Weise mit dem biologischen Sexus in Verbindung gebracht zu werden. Das mag in manchen Fällen noch plausibel erscheinen (*der Mann, die Frau, das Kind*), aber in den meisten kaum (*der Ahorn, die Eiche; der Löffel, die Gabel, das Messer; der Mond, die Sonne*). Nur in den Fachsprachen wird versucht, das grammatische und das biologische Geschlecht zu analogisieren (*der Hengst, die Stute; der Rüde, die Hündin*). Verständlich ist dann auch, dass es im Deutschen bei Pluralformen einen Einheitsartikel gibt (*die Pferde, die Bäume*) oder es sogar einen Verzicht auf Artikel gibt (*Hunde bellen.*)

Aus all diesen Beispielen ergibt sich vermutlich kaum die faktische Einsicht, dass die bestimmten Artikel *der, die, das* eine systematische semantische Differenzierungsfunktion in einem biologischen Sinne zuzuordnen ist, die kognitive und kommunikative Klarheiten schaffen könnte. Stutzig könnte außerdem auch machen, dass es in der indogermanischen Sprachfamilie sowohl artikellose Sprachen gibt wie das Lateinische, aber auch artikelhaltige Sprachen wie das Griechische und das Deutsche. Deshalb stellt sich natürlich auch das Problem, welche Auswirkungen die Artikel auf die Strukturierung von Wahrnehmungs-, Denk- und Kommunikationsprozessen haben könnten.

So hat beispielsweise der Altphilologe Bruno Snell die Frage gestellt, welche Konsequenzen die Existenz des bestimmten Artikel im Griechischen auf die Entfaltung des spekulativen, des philosophischen und des naturwissenschaftlichen Denkens gehabt haben und welche Probleme Cicero beispielsweise gehabt hat, die einfachsten philosophischen Begriffsbildungen des griechischen Denkens in der artikellosen lateinischen Sprache adäquat wiederzugeben, eben weil im Lateinischen die Substantivierung von Adjektiven und Verben durch bestimmte Artikel, die sich sowohl im Griechischen als auch im Deutschen evolutionär aus Demonstrativpronomen entwickelt haben, nicht möglich war (*gut / das Gute; denken / das Denken*).[167] Aus dieser Beobachtung ist dann zuweilen sogar die These abgeleitet worden, dass die griechische Sprache ebenso wie die deutsche gerade wegen dieser inneren Sprachform schon dazu prädestiniert gewesen seien, das spekulative philosophische Denken zu entwickeln.

In diesem Zusammenhang ist nun auch aufschlussreich, dass der englische Mathematiker und analytische Philosoph Bertrand Russell, der sicherlich nicht verdächtigt werden kann, ein Liebhaber des spekulativen Denkens zu sein, sich in seiner Einleitung in die Philosophie der Mathematik mit der kognitiven Funktion des bestimmten Artikels beschäftigt hat, als er während des 1. Weltkriegs wegen seiner pazifistischen Grundeinstellungen im Gefängnis saß. Hier soll er nach dem Zeugnis von Stegmüller sogar bekannt haben, dass er sich selbst dann noch mit dem Problem des bestimmten Artikels beschäftigen könne, wenn er auf dem letzten Loch pfiffe.[168]

Die analytische Spannung, in welche die Existenz des bestimmten Artikels Russell offenbar versetzt hat, wird vielleicht besser verständlich, wenn man berücksichtigt, dass Russell sich als Mathematiker natürlich auch immer für alle Erscheinungsformen von operativen Zeichen interessiert hat, die zum Aufbau

---

167 B. Snell: Die Entdeckung des Geistes, 1975[4]. S. 205 ff.
168 Vgl. W. Stegmüller: Das Problem der Kausalität. In: E. Topitsch (Hrsg.): Probleme der Wissenschaftstheorie. 1960. S. 171–190, S. 171.

komplexer Ordnungsstrukturen dienlich sind. Deshalb lag es für ihn natürlich auch nahe, grammatische Instruktionszeichen wie etwa Artikel mit mathematischen Instruktionszeichen kraft Analogie miteinander in Verbindung zu bringen.

Das pragmatische Funktionsprofil von bestimmten Artikeln verweist schon in der konkreten Wort- bzw. Begriffsbildung auf eine sehr aufschlussreiche Sachanalogie. Das Wort *Artikel* leitet sich nämlich etymologisch aus dem lateinischen Wort *articulus* (Gelenk) ab. Diese metaphorische Benennung einer grammatischen Form macht schon darauf aufmerksam, dass Artikeln offenbar schon von Anfang an wichtige grammatische Korrelationsfunktionen zugeordnet worden sind.

Auf solche Korrelationsfunktionen von sprachlichen Formen hat auch Humboldt immer wieder mit seinem Konzept der *inneren Sprachform* aufmerksam gemacht. Damit steht er nicht nur in der Tradition der mittelalterlichen analytischen Unterscheidung von einer dynamisch wirksamen formierenden Kraft (forma formans) und einer resultativ abgeschlossenen Form (forma formata), sondern auch in der Tradition der Unterscheidung von Shaftesbury zwischen einer verdeckten formschaffenden Kraft (forming power / inward form) und einer direkt beobachtbaren bzw. sinnlich fassbaren Form.[169]

Vor dem Hintergrund dieser Überlegungen ist nun in jedem Fall festzuhalten, dass man das sinnbildende Potential von Artikeln nicht erfasst, wenn man die drei bestimmten Artikel des Deutschen nur als grammatische Geschlechtswörter und den unbestimmten Artikel nur als ein Zahlwort versteht. Unter diesen Umständen werden nämlich die sehr komplexen semiotischen Sinnbildungsfunktionen von Artikeln übersehen, die auch schon in der Unterscheidung von *Artikelsprachen* und *artikellosen Sprachen* zum Ausdruck kommen.

Diese Unterscheidung spielt nämlich sicherlich auch in Humboldts Konzept der *inneren Form* von Sprachen eine wichtige Rolle, mit dem er darauf aufmerksam zu machen versucht, das es bei der Untersuchung der Differenz von Sprachen nicht nur darauf ankomme, deutlich herauszuarbeiten, *„was in einer Sprache ausgedrückt zu werden vermag"*, sondern auch darauf, *„wozu sie aus eigener, innerer Kraft anfeuert und begeistert [...]."*[170] Wenn man die Ziele von Sprachuntersuchungen in dieser Perspektive zu konkretisieren versucht, dann wird auch plausibel, warum man dem Gebrauch von Artikeln eine erschließende Zauberstabsfunktion zubilligen kann, weil über sie nämlich sprachliche Ordnungsstrukturen erschlossen werden können, die sich dem Konzept der *inneren Form* von

---

169 Vgl. R. Schwinger: Innere Form. In: R. Schwinger / H. Nicolai (Hrsg.): Innere Form und dichterische Phantasie. 1935, S. 1–89.
170 W. Humboldt: Über das vergleichende Sprachstudium [...]. Werke, Bd. 3, S. 34.

Sprachen zuordnen lassen. Zugleich wird in dieser Denkperspektive auch verständlich, warum sich die bestimmten Artikel sprachhistorisch aus Demonstrativpronomen entwickelt haben und warum es im Deutschen im Plural nur die recht unspezifische Artikelform *die* gibt bzw. sprachliche Realisationsformen von Artikeln, die systematisch zwar zu erwarten sind, die aber morphologisch gesehen faktisch unter den Tisch fallen, weshalb man bei diesen Fällen dann aparter Weise sogar von sogenannten *Nullmorphemen* spricht: *Er hütet Kühe.*

Mit dem umfassenden Gebrauch der Schrift hat sich auch ein wichtiger sprachlicher Konservierungsfaktor für den Gebrauch bzw. Nichtgebrauch von Artikeln in Sprachen ergeben, durch den sich dann auch der Unterschied zwischen Artikelsprachen und artikellosen Sprachen historisch stabilisiert hat. Sehr aufschlussreich ist diesbezügliche das Sorbische. Diese slawische Regionalsprache in der Lausitz hat unter dem Einfluss des Deutschen für den mündlichen Gebrauch der Sprache im Laufe der Zeit bestimmte Artikel ausgebildet, die ursprünglich nicht vorhanden waren. Im schriftlichen Gebrauch des Sorbischen werden diese allerdings nicht verwendet, da man sich hier offenbar weiterhin an den tradierten grammatischen Grundstrukturen anderer slawischer Sprachen orientieren wollte.[171]

Die Herkunft des bestimmten Artikels aus dem Demonstrativpronomen prägt natürlich auch seine kognitiven und kommunikativen Funktionen. Die Grundfunktion des bestimmten Artikels besteht nämlich weniger darin, bestimmten Phänomenen ein spezifisches Genus im biologischen Sinne zuzuordnen, da das ohnehin in vielen Fällen faktisch unmöglich ist, sondern eher darin, unser Wahrnehmungsinteresse intentional auf eine ganz bestimmte Einzelvorstellungen bzw. Begriffsbildungen zu konzentrieren. Bei der Zuordnung eines bestimmten grammatischen Genus war nämlich primär nicht das biologische Geschlecht eines Phänomens maßgeblich, sondern eher die psychische oder soziale Wertigkeit eines Phänomens. Das konnte dann allerdings recht unterschiedlich ausfallen, weil es dafür keine klaren und allgemeinverbindlichen Kriterien gab, sondern allenfalls bestimmte Traditionen sowie gängige emotionalen Wertungen. Die jeweiligen Zuordnungen von bestimmten Artikeln bei biologisch nicht eindeutig klassifizierbaren Denkinhalten wie etwa *Krieg, Schönheit* oder *Weisheit* entsprachen daher eher Verfahren, die auch in der Mythologie eine Rolle spielten, wenn man sich solche Phänomene über männliche bzw. weibliche Einzelgötter repräsentierte und objektivierte (Mars, Aphrodite, Athene).

---

171 Vgl. D. Fehling: Zur Geschichte des bestimmten Artikels in Europa. In: P. Baerentzen (Hrsg.): Aspekte der Sprachbeschreibung. 1995, S. 43–46.

Gleichwohl gibt es bei der grammatischen Genuszuordnung durch bestimmte Artikel natürlich auch systemmotivierte Einflüsse. Alle sprachlichen Verkleinerungsformen werden grammatisch nämlich weder als maskulin noch feminin gekennzeichnet, sondern neutral (*das Männchen, das Frauchen, das Mädchen, das Hündchen*). Die unübersichtliche Zuordnung von grammatischen Genera erschwert natürlich auch bestimmte semantische Schlussfolgerungen. Sie hat aber den syntaktischen Vorteil, auf eindeutige Weise in Sätzen und Texten über Pronomen auf schon erwähnte Begriffe erneut wieder Bezug nehmen zu können. Außerdem eröffnen die unterschiedlichen Genusformen von Substantiven vielfältige Möglichkeiten, Denkgegenstände perspektivisch nicht nur objekt-, sondern auch subjektbezogen zu thematisieren.

Interessant ist in diesem Zusammenhang, dass im Englischen beispielsweise das Substantiv *ship* zwar mit dem neutralen bestimmten Artikel *the* grammatisch verbunden wird, aber dass anschließend auf dieses Substantiv nicht mit dem neutralen Pronomen *it* Bezug genommen wird, sondern mit dem femininen Pronomen *she,* das ganz andere emotionale und subjektbezogene Akzente setzt. Merkwürdigerweise werden auch im Deutschen sogar Schiffe, die eigentlich einen maskulinen Namensgeber haben, mit einem femininen Artikel verbunden werden: *Die Bismarck wurde von den Engländern versenkt.* Das hat wohl nicht nur etwas dem Umstand zu tun, dass man auf diesem Wege schon mit grammatischen Mitteln der Verwechslungen von Personen und Schiffen vorbeugen konnte, sondern auch damit, dass Seeleute kein rein objektbezogenes Verhältnis zu ihren Schiffen haben.

Bei der Übersetzung von Lyrik aus dem Deutschen ins Englische können genusmarkierte Substantive zu einem großen Problem werden, eben weil in Gedichten die Genuszuordnungen von Substantiven in ästhetischen Zusammenhängen durchaus wichtig werden können. Das hat Guy Deutscher sehr schön an zwei Übersetzungen eines Gedichtes von Heinrich Heine aus dem Buch der Lieder ins Englischen demonstriert, in dem es um die Beziehung zwischen einem grammatisch maskulin objektivierten Fichtenbaum im hohen Norden und einer grammatisch feminin objektivierten Palme im Süden geht.[172]

Der grammatisch maskulin objektivierte Fichtenbaum steht umhüllt von Eis und Schnee im hohen Norden und träumt von einer feminin objektivierten Palme im Süden. Die Trennung beider wird auf diese Weise nicht nur geographisch thematisiert, sondern auch grammatisch. Die Bezugnahme auf den Fichtenbaum mit dem maskulinen Pronomen *er* und die Bezugnahme auf die Palme mit dem

---

172 Vgl. H. Heine: Buch der Lieder XXXIII. In: Sämtliche Schriften, Bd.1, S. 88. G. Deutscher: Im Spiegel der Sprache. 2010, S. 223–226.

femininen Relativpronomen *die* verstärkt dann noch die erotischen Beziehungs-zusammenhänge zwischen beiden Bäumen. Dieser Umstand ist im Englischen auf pronominale Weise natürlich kaum darstellbar, es sei denn, man verwendet das emotional etwas anders akzentuierte Personalpronomen *he* und das Possessivpronomen *her*. Auf jeden Fall ist das verdeckte erotische Spiel mit unterschiedlichen Genusformen im Englischen sehr viel schwieriger zu gestalten als im Deutschen, weil es dabei eher als gewollt und weniger als natürlich in Erscheinung tritt.

Über der Tatsache, dass es in manchen Sprachen nur einen bestimmten Artikel gibt und in anderen zwei oder drei, darf man nicht den Umstand vergessen, dass es in manchen Sprachen überhaupt keine selbständigen grammatischen Artikel gibt, sondern nur unselbständige grammatische Genusmorpheme wie z. B. im Lateinischen, die jeweils schon in die konkreten Wortbildungen integriert sind. Das hat nun nicht geringe Konsequenzen für das philosophische Denken gehabt. Dadurch konnte sich dieses nämlich im Lateinischen nicht so frei und so spekulativ entfalten wie im Griechischen und Deutschen, was sich dann natürlich sowohl als positiv als auch als negativ beurteilen lässt. Bei neuen Begriffsbildungen mussten die römischen Philosophen nämlich sehr viel größere Eingriffe in die Grundstruktur der Muttersprache vornehmen als die griechischen und deutschen, da sich im Lateinischen nicht alle Wortarten problemlos mit einem selbstständigen bestimmten Artikel substantivieren ließen: *gut – das Gute, denken – das Denken, ich – das Ich, nichts – das Nichts, weil – das Weil* usw.

Auf diese Weise konnte man im Deutschen dann auch darauf verzichten über Wortbildungsmorpheme wie *-heit* und *-keit* neue Abstrakta in die Welt zu setzen, weil man schon mit Hilfe von Artikeln den Inhalt jedes anderen Wortes zu einem substantivisch objektivierten eigenständigen Denkgegenstand machen konnte, wenn nicht sogar zu einem Substanzphänomen, über das man in einen spekulativen Tiefsinn verfallen konnte. Ganz im Gegensatz dazu musste beispielsweise Cicero bei der substantivischen Vergegenständlichung des Adjektivs *bonus* (gut) zu der folgenden umständlichen Formel greifen: *Id, quod bonum est.* (Das, was gut ist.) Diese sprachlichen Schwierigkeiten bei begrifflichen Substantivierungen haben dann natürlich philosophische Spekulation über das Phänomen des Guten eher behindert als befördert, was man dann natürlich je nach seinem eigenen Verständnis von den kognitiven Funktionen der Philosophie positiv oder negativ beurteilen kann.

All das hat dann den neopositivistischen Sprachtheoretiker Louis Rougier zu der These ermutigt, dass Cicero schon über seine Muttersprache daran gehindert worden sei, die vermeintlichen oder tatsächlichen Hirngespinste der platonischen Ideenlehre Platons mitzumachen, wenn es denn tatsächlich eine solche deskriptive Lehre gegeben haben sollte und nicht nur eine entsprechende Denk-hypothese. Diese grammatische Struktur der Sprache würde es dann nämlich auf ganz natürliche Weise ermöglichen, den Gebrauch der lateinischen Sprache als ein spezifisches Heilmittel gegen ein pragmatisch unfruchtbares Spekulieren an-zusehen.[173] Erst im spekulativen Denken der mittelalterlichen Scholastik kam es dann im Bereich der lateinischen Sprache allerdings auch zu recht abenteuerli-chen Substantivierungen. Dabei wurde nämlich ein grammatisches Funktions-zeichen auf eine gänzlich unübliche Weise durch das etablierte Wortbildungs-morphem -*tas* zu einem abstrakten Substantiv gemacht, bei dem man sich dann natürlich fragen musste, ob diese Wortbildung überhaupt mit einer möglichen Sachvorstellung oder gar einer Substanzvorstellung in Verbindung gebracht wer-den kann. So wurde beispielsweise aus dem lateinischen Pronomen *quid* (was) das Substantiv *quidditas* (Washeit) und aus dem Pronomen *haec* (dies) das Sub-stantiv *haecceitas* (Diesheit).

Auf ein solches Verfahren treffen wir auch bei Heidegger, wenn er von *dem Man* oder *dem Hier* spricht bzw. wenn er von *dem Vorhandenen* und *dem Zuhan-denen* oder von *dem In-der-Welt-sein* spricht. Auch bei diesen Wortbildungen ar-beitet er mit dem grammatischen Zauberstab einer Substantivierung und er-schafft eben dadurch gleichsam neue ontische Tatbestände, über die er dann bestimmte phänomenologische Aussagen machen kann. Ob solche Substantivie-rungen dann einen Bezug zu faktisch gegebenen Tatbeständen haben oder bloß einen Bezug zu spekulativen Denkgrößen bzw. zu Gespenstern und Monstern, wie neopositivistische Denker vermuten, steht dann auf einem anderen Blatt.

Sicherlich besteht die latente Gefahr, mit Hilfe der grammatischen Substan-tivierungen anderer Wortarten fiktive Denkgegenstände zu erzeugen, die dann leicht den Status von sprachlichen Spiegelbildern vorgegebener Seinsgrößen be-kommen können. Das könnte man dann in Analogie zur sprachlichen Lautmale-rei (Hund / Wau-Wau) auch als eine Art von fiktiver Begriffsmalerei verstehen.

Über solchen Substantivierungsverfahren und metaphysischen Spekulatio-nen darf man nun allerdings auch nicht die sinnbildenden grammatischen Inten-tionen ganz vergessen, die durchaus hinter dem grammatischen Artikelgebrauch in Sätzen und Texten stehen können. Für Boost dient nämlich der unbestimmte Artikel kommunikativ dazu, einen neuen Denkinhalt in einen konkreten Mittei-lungszusammenhang einzuführen, während der bestimmte Artikel dazu diene, später wieder an diesen schon erwähnten Denkinhalt zu erinnern. Deshalb qua-lifiziert er den unbestimmten Artikel *ein* funktional auch als ein operatives

---

173 Vgl. F. Kainz: Über die Sprachverführung des Denkens. 1972, S. 227. L. Rougier: La meta-physique et le langage. 1960, S. 52.

grammatisches Einführungssignal für einen Denkinhalt, der später wieder aktuell werden soll. Diese grammatische Ordnungsfunktionen von Artikeln exemplifizieren sich in Märchen besonders deutlich: *Es war einmal ein König. Der König hatte eine Tochter. Die Tochter liebte einen Prinzen...* Deshalb sind die Artikel für Boost dann auch grundlegende textuelle Strukturierungsmittel, die verdeutlichen, wie ein Sprecher für seine Hörer faktische Korrelationszusammenhänge sukzessiv aufbaut: *„So drückt der Artikel das Verhältnis des Berichtenden zum Substantiv aus. Er sagt uns, ob der Substantivinhalt unbekannt war, also erst eingeführt werden muß, ob er bereits bekannt ist, also nur auf ihn hingewiesen werden kann [...]."*[174]

Wenn Heidegger nun neuartige Substantivbildungen mit einem bestimmten Artikel einführt, dann setzt er offenbar voraus, dass diese sich gleichsam aus seinem phänomenologischen Denkansatz von selbst ergeben und nicht erst umständlich narrativ eingeführt oder begrifflich legitimiert werden müssen. Das eigentlich Selbstverständliche muss für ihn deshalb auch nicht textuell oder argumentativ durch einen unbestimmten Artikel in den Mitteilungsprozess eingeführt werden, sondern braucht meist nur mit Hilfe eines bestimmten Artikels explizit benannt werden. Dadurch bekommen dann Aussagen natürlich schnell einen normativen Setzungscharakter und keinen heuristischen Interpretationscharakter.

Ebenso wie für Boost hat der bestimmte Artikel auch für Weinrich[175] im Prinzip immer eine rückverweisende textuelle Funktion. Wenn eine Äußerung nun wider Erwarten mit einem bestimmten Artikel beginnt und somit nicht auf eine schon gegebene textuelle Vorinformation verweist, was beispielsweise insbesondere bei Textüberschriften der Fall ist (*Der Untergang des Abendlandes. Der Fischer und seine Frau.*), dann ergibt sich daraus, dass faktisch nur auf die allgemeine begriffliche Vorinformation verwiesen wird, die in der jeweiligen Begriffsbildung schon kraft Konvention angelegt ist. Ein Leser muss unter diesen Umständen dann immer auf sein konventionelles begriffliches Vorwissen über das jeweils thematisiertes Phänomen zurückgreifen und nicht auf sein textuelles oder situatives Vorwissen über das jeweils benannte Phänomen. Diese Struktur spielt dann natürlich auch bei der Substantivierung von anderen Wortarten eine Rolle.

Das alles bedeutet, dass das Wechselspiel des Gebrauchs von unbestimmten und bestimmten Artikeln in Texten eine konstitutive Funktion in Sinnbildungsprozessen hat, weil aus relativ allgemeinen Vorgestalten konkretere Folge- bzw.

---

174 K. Boost: Arteigene Sprachlehre. 1938, S. 52.
175 H. Weinrich: Sprache in Texten. 1976, S. 163–176.

Endgestalten für bestimmte Personen- oder Sachvorstellungen herausgebildet werden. Das hat dann zur Folge, dass mit Begriffs- und Textbildungen immer eine konstitutive Erwartungsspannung erzeugt werden kann, da ja mit jeder neuen Wortbildung und Textbildung natürlich auch neue Relationszusammenhänge gestiftet werden, die dann heuristisch natürlich sowohl als hilfreich, aber auch als irreführend empfunden werden können.

7.7 Die Pronomen

Die Bezeichnung *Pronomen* für eine bestimmte Klasse grammatischer Zeichen macht uns schon auf deren spezifisches Funktionsprofil aufmerksam. Während Nomen bzw. Substantive die Aufgabe haben, uns über die Brücke bestimmter sprachlicher Begriffsmuster konkrete Sachvorstellungen ins Bewusstsein zu rufen, haben Pronomen eine Abstraktionsstufe höher die pragmatische Funktion, uns als grammatische Ersatzformen für Nomen ähnliche Dienste zu leisten. Deshalb hat Brinkmann Pronomen auch als „*Umrißwörter*" bzw. als Worthülsen für substantivisch manifestierbare Denkinhalte bestimmt, die sich aus schon erwähnten textuellen oder situativen Tatbeständen bzw. aus vorgegebenen Relationsverhältnissen füllen lassen.[176]

Je nach ihren syntaktischen Funktionsrollen lassen sich Pronomen dann auch subklassifizieren in Personalpronomen, Possessivpronomen, Demonstrativpronomen, Interrogativpronomen, Relativpronomen, Reflexivpronomen oder Indefinitpronomen. All diese Bezeichnungen verdeutlichen, dass Pronomen als Ersatzformen ihre spezifischen Funktionsprofile erst im Systemraum von Sätzen, Texten oder Situationen bekommen, weil sie erst unter diesen Umständen ihre instruktiven Korrelationsfunktion erfüllen können, da sie ja isoliert betrachtet semantisch inhaltsleer sind und referentiell nichts Eindeutiges besagen. Daher sind die Analogisierungsfunktionen von Pronomen auch nicht nach inhaltlichen, sondern allenfalls nach formalen und strukturellen Gesichtspunkten näher zu bestimmen.

Bühler hat deshalb die Pronomen dann auch nicht dem „*Symbolfeld*" der Sprache zugeordnet, da sie ja keine Nennwörter für Phänomene in unserer Erfahrungswelt seien, sondern vielmehr dem „*Zeigfeld*" der Sprache, da sie ja nur innersprachliche Verweisungsfunktionen hätten. Sie haben für ihn deshalb auch keine Repräsentationsfunktionen, sondern vielmehr Deixisfunktionen, die immer einen ganz bestimmten Ausgangspunkt bzw. Origopunkt hätten, von dem

---

176 H. Brinkmann: Die deutsche Sprache. 1971², S. 743.

aus auf etwas anderes aufmerksam gemacht werde. Diese grundsätzliche Verweisungsfunktion von Pronomen differenziert Bühler dann noch nach Verweisungen, die auf einem situativen Augenschein beruhten (demonstratio ad oculos) sowie nach Verweisungen im Rahmen von bestimmten mentalen Situationsvorstellungen (Deixis am Phantasma).[177]

Pronomen haben für Bühler hinsichtlich ihrer Verweisungsfunktionen dann auch eine gewisse Verwandtschaft mit Zeitadverbien (heute, gestern, morgen) oder Raumadverbien (dort, hier, hinter). Deshalb versteht Bühler Pronomen auch eher als sprachliche Gesten und nicht als Repräsentationsformen von subjektunabhängigen Tatbeständen. Sie sind für ihn Mittel, mit denen Sprecher verdeutlichen können, in welchen Relationsverhältnissen ein Sprecher mit den von ihm thematisierten Sachverhalten steht.

Das bedeutet, dass er Pronomen auch nicht als sprachliche Zauberstäbe ansieht, mit denen man Phänomene interpretativ auf begriffliche Weise objektivieren könne, sondern als operative Hilfsmittel, mit deren Hilfe man schon thematisierten Phänomenen einen konkreten Platz in seiner jeweiligen Erfahrungswelt anweise. Sie helfen demzufolge auch nicht dabei, Erfahrungswelten auf begriffliche Weise zu konkretisieren, sondern dazu, diese perspektivisch von einem bestimmten Sehepunkt her übersichtlich zu ordnen. Deshalb spielen Pronomen auch im dialogischen Sprachgebrauch eine besonders wichtige Rolle, weil sie uns dabei helfen, die unterschiedlichen personalen und sachlichen Konstellationen in Gesprächen zu ordnen bzw. die Rollen zu präzisieren, die Personen und Dinge jeweils einnehmen können. Das zeigt sich beispielsweise auch im psychoanalytischen Denken, wenn etwas als *Ich*, als *Du* oder als *Es* thematisiert wird.

Personalpronomen können sogar eine bestimmte strukturelle Verwandtschaft mit lexikalischen Synonymen bekommen, insofern sich dieselben Gegenstände aspektuell in verschiedenen Perspektiven zur Erscheinung bringen lassen. Wenn beispielsweise die Person *Picasso* nach einer ersten namentlichen Nennung nicht über das Personalpronomen *er* oder das Demonstrativpronomen *dieser* wieder in Erinnerung gebracht wird, sondern über die lexikalischen Proformen *Maler*, *Spanier* oder *Antifaschist,* dann wird die Person *Picasso* natürlich in ganz anderen Perspektiven wieder vergegenwärtigt als mit Hilfe rein grammatischen Proformen. Ein ganz ähnlicher Fall ergibt sich, wenn eine Person anfangs mit Hilfe des Begriffs *Soldat* für uns thematisiert wird und hernach mit Hilfe der Proformen *Befreier, Söldner oder Eindringling.*

Die Wiederaufnahme eines Denkinhaltes durch eine lexikalische Proform kann im Gegensatz zu der in einer grammatischen auch recht unerwartete neue

---

177 K. Bühler: Sprachtheorie. 1965², S. 79 ff., 144 ff.

Kategorisierungen beinhalten. Das mag folgender Satz exemplifizieren: *Franz hat studiert, diesen Fehler mache ich nicht.* Strukturell gemeinsam haben lexikalische und grammatische Wiederaufnahmen, dass sie im Redeverlauf auf etwas schon Thematisiertes zurückverweisen. Während aber grammatische Proformen das neutral machen, liegt es in der Natur der Sache, dass lexikalische Proformen das in inhaltlich unterschiedlichen Perspektiven machen, die durchaus auch eine manipulative Zielsetzung beinhalten können.

Als Umrisswörter eignen sich Pronomen auch gut dazu, Denkinhalte formal zu thematisieren, die vorab noch gar nicht inhaltlich benannt und konkretisiert worden sind. Dadurch lässt sich dann eine Neugierhaltung hinsichtlich der Tatbestände erzeugen, für die Pronomen als Ersatzformen überhaupt ins Spiel gebracht worden sind. Das lässt sich sehr schön an dem Pronomen *es* demonstrieren, das oft bei der Formulierung von Rätseln eine zentrale Rolle spielt. Hier werden wir nämlich über Kontexte grob darüber informiert, worauf sich dieses Pronomen sachlich beziehen könnte: *Es hängt an der Wand und gibt jedem die Hand.* Ein ähnlicher Gebrauch ergibt sich bei Witterungsverben, wenn wir ein Pronomen als Satzsubjekt verwenden, um eine handlungsfähige Größe zu thematisieren, ohne diese dann allerdings inhaltlich konkretisieren zu können: *Es regnet. Es schneit. Es stürmt.*

Aufschlussreich ist in diesem Zusammenhang auch der Einleitungssatz des Romans *Stiller* von Max Frisch mit einem Personalpronomen, dessen faktischer personaler Bezug allerdings anfangs noch völlig offen ist: *„Ich bin nicht Stiller!"* Mit dem bloßen Umrisswort *ich* wird auf die Existenz einer Person aufmerksam gemacht, von der wir uns noch gar kein wirkliches Bild machen können, weil wir sie ja erst im Verlauf des Romans faktisch kennenlernen.

Überraschend ist auch nicht, dass wir in Stilblüten oft auf Pronomen treffen, deren faktische Referenz doppeldeutig ist: *Ich habe mich für drei Jahre als Soldat verpflichtet. Jetzt werden werde ich Vater. Kann ich das rückgängig machen?* Auch Witze spielen verständlicherweise mit der faktischen Referenz von Pronomen. Agathe: *„Mein Freund hat mir zum Geburtstag ein Spanferkel geschenkt."* Josephine: *„Das sieht ihm ähnlich."* Agathe: *„Wieso kennst du ihn?"* Hier ist formal, wenn auch nicht sachlich unklar, ob das Pronomen *das* sich auf das vorab schon erwähnte Spanferkel bezieht oder auf die Geschenkhandlung des Freundes. Die von Pronomen postulierten Kongruenzen sind also oft durchaus interpretationsbedürftig.

Im Deutschen ermöglichen es die grammatischen Genusunterschiede von Substantiven, dass in Satzgefügen nachfolgende Relativsätze nicht direkt an ihre vorangegangene Bezugsgröße anschließen müssen, weil durch das Genus des verwendeten Relativpronomens ja klar markiert werden kann, auf welches konkrete Substantiv sich der nachfolgende erläuternde Relativsatz bzw. Attributsatz beziehen soll. Im Englischen ist das beispielsweise nicht der Fall, weil Substantive und Relativpronomen keine Genusunterschiede aufweisen.

Eine gewisse Sonderstellung unter den Pronomen nehmen sogenannte Indefinitpronomen wie *man, jemand, alle, etwas, viele, mehrere* usw. ein. Syntaktisch können diese ebenso wie auch Personalpronomen Subjekt- und Objektfunktionen in Sätzen übernehmen. Allerdings haben sie keine Ersatzfunktionen für schon vorab benannte Vorstellungsgrößen. Sie appellieren vielmehr an unsere Einbildungskraft, sich etwas vorzustellen, was wir weder quantitativ noch qualitativ genau fixieren können oder wollen: *Alle kamen. Jeder hatte etwas mitgebracht.*

Wenn wir Indefinitpronomen verwenden, dann interessieren wir uns in der Regel nicht für konkrete Einzelphänomene, sondern nur für Phänomene, die typologisch oder kategorial eingeordnet werden können. Ihre Zauberstabfunktion besteht nicht darin, uns individuelle Größen ins Bewusstsein zu rufen, sondern Größen, die entsprechend unseres Weltwissens denkbar sind: *Jemand klopft an die Tür. Alle höflichen Menschen machen das.* Indefinitpronomen sind pragmatisch immer dann unverzichtbar, wenn wir nicht auf konkrete Menschen und Gegenstände aufmerksam machen wollen, sondern auf mögliche Handlungsrollen, die diese einnehmen können.

Ganz besonders vertrackt sind Indefinitpronomen, die als immanent negierte Indefinitpronomen in Erscheinung treten wie etwa *niemand* (nicht jemand), *keiner* (nicht einer) oder *nichts* (nicht etwas), weil sie nicht etwas Unbestimmtes thematisieren wollen, sondern etwas, dessen faktische Existenz zugleich in Abrede gestellt wird. Lewis Carroll hat in seinem Buch *Alice hinter den Spiegeln* auf sehr aparte Weise mit dem Gebrauch von negierten Indefinitpronomen gespielt bzw. die fiktiven Implikationen von normalen Indefinitpronomen auf die Spitze getrieben.

> „Auf der Straße sehe ich niemand", sagte Alice. Ach wenn ich solche Augen hätte! Bemerkte der König wehmütig, „mit denen man selbst Niemand sehen kann! Noch dazu auf diese Entfernung! Und *ich* muß schon froh sein, wenn ich in diesem Licht noch die wirklichen Leute sehen kann!"[178]

Mit Fragepronomen, durch deren Hilfe etwas Unbekanntes erfragt werden kann, lässt sich auch sehr gut bei der Formulierung von Rätseln spielen. Diese können uns dann ganz schön in die Irre führen, insbesondere dann, wenn mit dem sehr offenen Fragepronomen *was* nach einem ganz bestimmten Phänomen gefragt

---

[178] L. Carroll: Alice hinter den Spiegeln. 1984[4], S. 96.

wird. Das exemplifiziert uns ein altes Rätsel aus dem Mittelalter sehr schön: *„Was ist größer als Gott und schlimmer als der Teufel? Die Toten essen es. Aber wenn die Lebenden es essen dann sterben sie."* Hier bietet sich dann die große sprachliche Chance, das Rätsel mit dem schon immanent negierten Indefinitpronomen *nichts* zu lösen.

7.8 Die Präpositionen

Präpositionen werden oft mit den sprechenden Namen *Beziehungswörter, Fügewörter* und *Verhältniswörter* benannt, weil durch sie konkrete Korrelationen zwischen unterschiedlichen Einzelvorstellungen hergestellt werden. Über diese lernen wir dann auch die jeweiligen Einzelvorstellungen hinsichtlich ihrer besonderen Charakteristika genauer kennen. Daher werden Präpositionen und Konjunktionen auch oft wegen ihrer deutlichen Korrelationsfunktionen unter dem Oberbegriff *Junktoren* zusammengefasst. Beide Typen grammatischer Zeichen lassen sich außerdem auch als besonders prototypische grammatische Zeichen verstehen, die uns Metainformationen über das aktuelle Verständnis autosemantischer Zeichen liefern können, insofern sie uns darüber informieren, auf welche ganz konkreten Sachverhalte uns die jeweiligen Äußerungen in der jeweiligen Situation aufmerksam machen wollen.

Wenn wir beispielsweise das Substantiv *Straße* mit der Präposition *auf* kombinieren, dann verstehen wir dieses Substantiv als eine Bezeichnung für einen befestigten Weg von A nach B, auf dem man sich selbst faktisch fortbewegen kann. Wenn wir dagegen dieses Wort mit der Präposition *in* kombinieren, dann verstehen wir eine Straße eher als eine Bezeichnung für einen bestimmten Lebensraum, in dem man sich aufhalten bzw. wohnen kann. Dieses unterschiedliche Verständnis des Phänomens *Straße* kann man natürlich auch von vornherein lexikalisch zum Ausdruck bringen, indem man deutlich zwischen einer befestigten Fahrstraße einerseits und einer Wohnstraße andererseits unterscheidet, die auf beiden Seiten mit Häusern eingerahmt ist.

So gesehen lassen sich Präpositionen dann auch als grammatische Zauberstäbe verstehen, die gleichsam als Zeicheninterpretanten immer schon eine je andere Objektbildung für dasselbe Wort nahelegen können. Im Englischen tritt dieses Problem dagegen nicht auf, weil bei befestigten Wegen von vornherein klar zwischen *road* und *street* unterschieden wird, die jeweils den obligatorischen Gebrauch bestimmter Präpositionen (on the road, in the street) erforderlich machen.

Das genuine Differenzierungsfeld für den Gebrauch von Präpositionen ist sicherlich der *Raum*. Das wird schon dadurch deutlich, dass wir uns auch das

Phänomen *Zeit* metaphorisch durch Präpositionen strukturieren, die ursprünglich für die Differenzierung von Korrelationsverhältnissen in Raum ausgebildet worden sind. Das offenbart, dass Präpositionen keineswegs nur als Abbildungsmittel von sinnlich kontrollierbaren Korrelationsverhältnissen zu verstehen sind, sondern immer auch als analogisierende Interpretationsmittel für sinnlich nicht immer gut kontrollierbare Korrelationsverhältnisse. Diese können natürlich dann auch kulturgeschichtliche Implikationen haben, insofern wir uns die Struktur von etwas Unsinnlichem hypothetisch durch die Struktur von etwas Sinnlichen erschließen.

In diesem Zusammenhang ist es dann auch zweckdienlich, an eine Kontroverse zwischen Leibniz und Newton zu erinnern. Während Newton Raum und Zeit als absolute Größen ansah, innerhalb derer sich dann wieder spezifische Subgrößen konstituieren könnten, war Leibniz der Auffassung, dass Raum und Zeit relationale Größen seien, die sich erst dadurch herausbildeten, dass in ihrem Rahmen Einzelphänomene miteinander in Beziehung treten könnten. Während der Raum für Newton gleichsam ein immaterieller Behälter für materielle Größen ist, die keinen Einfluss auf diesen selbst haben, so ist der Raum für Leibniz eine Resultante der gleichzeitig existierenden Phänomene und die Zeit eine Resultante der aufeinander folgenden Wahrnehmungsphänomene. Das bedeutet dann faktisch, dass für Leibniz Raum und Zeit nicht vorgegebene Seinsformen sind, sondern vielmehr menschliche Konstitute für Relationszusammenhänge zwischen Phänomenen.

Wenn man dieser Argumentation von Leibniz folgt und die Phänomene *Raum* und *Zeit* über den Relations- und Funktionsbegriff näher zu erfassen versucht bzw. noch grundsätzlicher mit Kant als transzendentale Voraussetzung von möglichen Erfahrungen, dann rechtfertigt sich im Hinblick auf die sinnbildende Funktionen von Präpositionen vielleicht folgende These. Präpositionen lassen sich nun nämlich als demiurgische Werkzeuge verstehen, mit deren Hilfe wir unsere faktischen Welterfahrungen in einem anthropologischen Denkrahmen konkretisieren können, weil sich über sie mehrdimensionale Relationsgeflechte herstellen lassen, die auf einer noch elementareren Ebene als Narrationen einen konstruktiven Beitrag zu den möglichen Formen unserer möglichen Welterfahrungen leisten können. Diese These erklärt dann auch, warum Präpositionen in den verschiedenen Sprachen so unterschiedlich ausfallen können und dass dieselben Präpositionen lokale, temporale oder sogar kausale und psychologische Implikationen haben können (*nach, mit, in* usw.).

Beim Gebrauch von raumbezogenen Präpositionen lassen sich grundsätzlich zwei unterschiedliche relationale Instruktionsanweisungen unterscheiden, nämlich ein sogenannter *deiktischer* und ein *intrinsischer* Gebrauch. Bei einem deiktischen Gebrauch werden Verweise von dem Sehepunkt des jeweiligen Sprechers aus getätigt. Dieser Sehepunkt bildet dann gleichsam den Origopunkt von Sinnbildungsprozessen, von dem aus direktional festgelegt wird, was oben und unten, rechts oder links, vorn oder hinten, früher oder später ist. Dadurch wird der Sehepunkt des Sprechers bzw. seine individuelle Wahrnehmungsperspektive zum Origopunkt von räumlichen oder zeitlichen Ordnungsentwürfen. Beim intrinsischen Gebrauch von insbesondere räumlichen Präpositionen wird dagegen ein sachlich besonders interessanter Gegenstand zum Ausgangspunkt der Festlegung von räumlichen Relationen gemacht, was diesem dann natürlich ein ganz besonderes pragmatisches Gewicht verleiht, weil er ja verantwortlich dafür ist, welche konkreten Relationszusammenhänge sprachlich entworfen werden. Diese Relationszusammenhänge sind dann natürlich nicht subjektorientiert, sondern vielmehr objektorientiert.

Wenn beispielsweise ein Fahrlehrer seinen Fahrschüler anweist, vor dem roten Auto einzuparken, so ist diese Anweisung im Prinzip doppeldeutig. Wenn der Fahrschüler die Präposition *vor* deiktisch versteht, dann beinhaltet sie die Anweisung, das Fahrschulauto vor dem Hinterteil des roten Autos einzuparken. Wenn er dagegen die Präposition *vor* intrinsisch bzw. objektorientiert versteht, dann beinhaltet sie die Anweisung, das Fahrschulauto an der Vorderseite des roten Autos einzuparken, also dort, wo sich dessen Scheinwerfer befinden, eben weil das rote Auto selbst zum Ausgangspunkt der jeweiligen Raumorientierung gemacht wird und nicht die Position des Fahrschulautos bzw. dessen Fahrers.

Die Unterscheidung von einem deiktisch subjektorientierten und einem intrinsisch objektorientierten Gebrauch von raumorientierenden Präpositionen ist allerdings nur dann möglich, wenn die jeweiligen Wahrnehmungsgegenstände eine gut fassbare natürliche Vorder- und Rückseite haben, was beispielsweite für Menschen, Autos oder repräsentative Gebäude zutrifft, aber nicht für Bälle, Bäume oder Berge. Deshalb ist bei letzteren Gegenständen auch meist eine deiktische bzw. subjektorientierte Gebrauchsweise von räumlichen Präpositionen anzunehmen und keine gegenstandsorientierte.

Allerdings gibt es bei raumorientierenden sprachlichen Ausdrücken auch intrinsische Verwendungsweisen. Ein Arzt wird beispielsweise bei der Bezeichnung von rechten oder linken Armen nicht seine eigene Sichtweise zugrunde legen, sondern die Wahrnehmungsweise seines jeweiligen Patienten. Dasselbe gilt für sie Kommandosprache im Militär, wo die Ausdrücke *rechtsum* oder *linksum* immer auf die Sichtweise der Soldaten und nicht auf die des Kommandogebers zu beziehen sind.

Die Verwendung von räumlichen Präpositionen und Adverbien hängt beim kindlichen Sprachgebrauch auch von kognitiven Reifungsprozessen ab, weil dabei nämlich das Problem auftaucht, nicht nur faktisch gegebene räumliche Konstellationen von Elementen zu konkretisieren, sondern auch Konstellationen, die man hypothetisch entwerfen kann und denen kein möglicher Augenschein zugrunde liegt. Das kann dann insbesondere im schriftlichen Sprachgebrauch ein großes Problem für Kinder werden, bei dem der Produzent und der Rezipient von Sprache nicht auf dieselben konkreten sinnlichen Erfahrungen zurückgreifen können, da sie durch die Sprache ja bestimmte Vorstellungswelten nicht bloß repräsentieren, sondern auch entwerfen müssen.

Nach Piaget hält ein Kleinkind verständlicherweise *„die eigene Perspektive für die einzig mögliche, und zwar deshalb, weil das denkende Subjekt sich als Subjekt nicht kennt.“* [179] In seinem Drei-Berge-Experiment hat er zur Erhärtung dieser These dann Kleinkindern das Modell einer konkreten Gebirgskonstellation von drei nach Struktur und Farbe unterschiedlichen Bergen gezeigt. Sie wurden dann in eine bestimmte Betrachtungsposition zu dem Modell gebracht und dann dazu aufgefordert, sich dazu zu äußern, wie sich diese Bergekonstellation für eine andere Person darbietet, die um das Modell herumgeht und dieses dann in einer ganz anderen räumlichen Perspektive wahrnimmt. [180]

Das Experiment hat dann ergeben, dass Kleinkinder so in ihrer eigenen aktuellen Wahrnehmungsperspektive ge- bzw. befangen waren, dass sie sich nicht genau vorstellen konnten, wie sich die konkrete Konstellation der drei Berge von einem anderen Sehepunkt darbieten würde. Immer wieder unterstellten sie, dass eine andere Person oder eine fiktive Puppe genau dasselbe sähe wie sie selbst. Erst in einem Alter von etwa 8 Jahren waren die Kinder dann in der Lage, ihre eigene aktuelle Sichtweise so zu transzendieren, dass sie die jeweilige Konstellation der Berge mit anderen Präpositionen bzw. räumlichen Ausdrücken (*vorn, hinten, rechts, links, höher, niedriger* usw.) sehepunktgerecht sprachlich objektivieren konnten.

Eine sehr instruktive Exemplifizierung dafür, welche elementaren Instruktionsfunktionen Präpositionen haben, um sich konsistente Vorstellungen über räumliche und andere Sachzusammenhänge zu machen, hat uns Hans Joachim Schädlich in seiner fiktiven Geschichte vom *Sprachabschneider* präsentiert, die schon im Kap. 7.1 über die Entstehungsgeschichte grammatischer Formen erwähnt worden ist. [181] Diese Geschichte ist zudem auch deshalb aufschlussreich, weil Schädlich sich vor seiner literarischen Tätigkeit als Sprachwissenschaftler

---

179 J. Piaget: Sprechen und Denken des Kindes. 1976, S. 86 f.
180 J. Piaget: Die Entwicklung des räumlichen Denkens beim Kinde. 1971, S. 251 ff.
181 H. J. Schädlich: Der Sprachabschneider. 1980. Vgl. auch W. Köller: Schädlichs Sprachabschneider. In: W. Köller: Narrative Formen der Sprachreflexion. 2006, S. 429–474.

mit grammatischen Phänomenen beschäftigt hat. Außerdem hat diese Geschichte auch noch eine parabolische Dimension, die faktisch erst nach der Wiedervereinigung der beiden deutschen Staaten 1989 fassbar wurde. Der Ostberliner Schädlich hatte nämlich nach Westberlin umsiedeln müssen, weil er 1976 gegen die Ausbürgerung seines Kollegen Wolf Biermann protestiert hatte. Nachdem er 1992 Einsicht in die Unterlagen des Staatssicherheitsdienstes zu seiner Person nehmen konnte, musste er nämlich feststellen, dass sein eigener Bruder ihn bespitzelt hatte. Dieser Tatbestand hat Schädlich dann nachträglich sehr klar verdeutlicht, dass selbst scheinbar ganz harmlose Eingriffe in gewachsene sprachliche, soziale und familiäre Strukturen letztlich ganz gravierende Konsequenzen für das familiäre Zusammenleben und Vertrauen haben können.

Schädlichs Geschichte vom Sprachabschneider handelt von dem etwas verträumten, aber phantasiereichen kleinen Paul, dem es recht schwerfällt, sich in die Rituale des täglichen Lebens einzuordnen. Er nimmt deshalb das Angebot eines seltsamen Mannes namens *Vielolog* an, seine ungeliebten täglichen Schulaufgaben zu erledigen, wenn er ihm dafür seine bestimmten Artikel und sein Präpositionen vermacht. Das fällt dem kleinen Paul nun überhaupt nicht schwer, weil ihm diese synsemantischen grammatischen Funktionswörter anscheinend überhaupt nichts wirklich Wichtiges mitzuteilen haben, da er sich ja vom semantischen Informationsgehalt dieser Wörter überhaupt keine konkreten Vorstellungen machen kann.

Aber durch dieses zunächst recht harmlose Tauschgeschäft kommt der kleine Paul dann in von ihm nicht vorausgesehene kommunikative Turbulenzen und soziale Isolierungen, weil er sich nun mit anderen kaum noch problemlos verständigen kann. Als seine Eltern in beispielsweise fragen, was er auf seinem Schulweg erlebt habe, da muss er diesen nämlich nun die folgende merkwürdige Antwort geben: *„Regen stürzte Straßenbahn wie haushohe Wellen ein Schiff."* Im Erdkundeunterricht muss er sagen: *„Main fließt Rhein."* Als der Schuldirektor ihn fragt, ob sein Lehrer noch in der Klasse sei, muss er antworten: *„Nein, Lehrer ist nicht Klasse."*

Schädlichs Geschichte vom Sprachabschneider veranschaulicht sehr eindringlich, welche grundlegenden kommunikativen und kognitiven Konsequenzen der Verlust von bestimmten Artikeln und Präpositionen für menschliche Denk- und Verständigungsprozesse haben, obwohl sie gar keine sachlichen Bezüge haben wie etwa Substantive, Verben oder Adjektive. Ihr genereller Ausfall verdeutlicht eindringlich, dass erst durch diese grammatischen Zauberstäbe die Relationszusammenhänge zwischen den einzelnen Vorstellungsgrößen typologisch so thematisiert werden, dass wir uns wirklich konkrete Vorstellungen von komplexen Sachverhalten machen können.

Im Hinblick auf diese elementaren Sinnbildungsfunktionen von bestimmten Artikeln und von Präpositionen bzw. von weiteren grammatischen Zeichen bekommt dann Schädlichs Geschichte vom Sprachabschneider auch noch eine grundsätzliche anthropologische Sinnebene, gerade weil sie nicht nur auf die etwas verborgenen grammatischen Ordnungsstrukturen der Sprache aufmerksam macht, sondern darüber hinaus auch auf ganz elementare anthropologische. Wenn man diese nämlich gering schätzt, dann gerät auch das ganze sprachliche und soziale Zusammenleben der Menschen schnell in Gefahr. Leichtfertig ist für Schädlich nun nämlich nicht nur, dass der kleine Paul für geringfügige persönliche Vorteile bestimmte grammatische Zeichen veräußert hat, sondern auch, dass sein eigener Bruder etwas ganz Analoges auf der Ebene des familiären Zusammenlebens gemacht hat. Indem dieser nämlich für vergleichsweise ebenso geringfügige persönliche Vorteile seinen Bruder für den Staatssicherheitsdienst bespitzelte, hat er nämlich zugleich auch ganz elementare ethische und familiäre Ordnungsstrukturen zerstört.[182]

7.9 Die Konjunktionen

Im Anschluss an die Überlegungen zu den sinnbildenden Zauberstabsfunktionen von bestimmten Artikeln und Präpositionen sowie zu den grammatischen Verbformen kann man natürlich auch darüber spekulieren, welche Auswirkungen es auf die Kommunikationsfähigkeiten des kleinen Pauls gehabt hätte, wenn er dem Sprachabschneider auch seine Konjunktionen überantwortet hätte. Das hätte sicherlich nicht ganz so gravierende Auswirkungen auf seine sprachliche Kommunikationsfähigkeit gehabt wie der Verlust von Präpositionen. Natürlich kann man sich auch mit Hilfe einfacher Aussagesätze verständigen, daher ist man auch nicht unbedingt auf komplexe Satzgefüge angewiesen. Nebensätze vertreten ja in der Regel bestimmte Glieder von Aussagesätzen in Form von formal eigenständigen, wenn auch syntaktisch abhängigen Prädikationen. Gleichwohl lohnt es sich aber, sich etwas genauer mit der Funktion von Konjunktionen als Verbindungsgliedern zwischen Teilaussagen zu beschäftigen bzw. als Verbindungsgliedern zwischen Satzelementen. Dabei wird sich nämlich herausstellen, dass Konjunktionen zwar für reine Deskriptionsprozesse nicht so wichtig sind, aber für Argumentationsprozesse nahezu unverzichtbar.

---

182 Vgl. Interview mit Hans Joachim Schädlich: „Niemand war gezwungen, das zu tun." In: W. Segebrecht (Hrsg.): Auskünfte von und über Hans Joachim Schädlich. 1995. S. 27 ff.

Die einfachste und elementarste Konjunktion für die Verbindung von Teilvorstellungen oder Teilsätzen ist wohl die Konjunktion *und*. Der englische Physiker Eddington hat uns schon vor fast hundert Jahren eindrucksvoll darauf aufmerksam gemacht, dass diese Konjunktion nicht nur eine rein additive Ordnungsfunktion hat, sondern auch eine konstruktive. Das Studium der Und-Relationen ist für ihn nämlich keineswegs eine unbedeutende Nebenbeschäftigung des Studiums der möglichen Korrelationen von Größen, sondern eine durchaus anspruchsvolle. Wenn wir das Phänomen *eins* studiert hätten, dann glaubten wir zwar leicht, auch schon alles über das Phänomen *zwei* zu wissen, weil *zwei* eigentlich nichts anderes sei als *eins* und *eins*. Bei diesem Verständnis der Korrelation von zwei Einzelgrößen übersähen wir aber leicht die Notwendigkeit des Studiums des Phänomens *und* als einer ganz spezifischen Korrelationsinstruktion.[183]

In der Mathematik lässt sich vielleicht die Verbindungsfunktion des Zeichens *und* durch das Zeichen + abstraktiv als eine bloße Additionsinstruktion verstehen, aber in sprachlichen Sinnbildungsfällen kaum. Insbesondere die Gestaltpsychologie hat schon vor über einem Jahrhundert in der Auseinandersetzung mit der Elementenpsychologie postuliert, dass in unserem geistigen und kulturellen Verständnis von komplexen Korrelationszusammenhängen das Ganze immer mehr sei als die Summe seiner Teile, da die Zusammenhänge zwischen den Teilen sich keineswegs nur als ein Additionszusammenhang von Einzelteilen darstelle. Das rechtfertigt dann auch, die sprachliche Konjunktion *und* als einen polyfunktionalen und interpretationsbedürftigen grammatischen Zauberstab der Sprache ins Auge zu fassen.

Das macht sich sogar schon in mathematischen Aussagen bemerkbar: *Drei und fünf sind acht. / Drei und fünf sind Primzahlen.* Solche Aussagen exemplifizieren, dass die Konjunktion *und* eine ganz unterschiedliche Korrelationsfunktion haben kann, da sie nicht nur als Instruktion für additive Korrelationszusammenhänge in Erscheinung tritt, sondern auch als ein Zeichen für analysierende Interpretationszusammenhänge. Sie verdeutlicht uns nämlich, dass dieselben Größen für uns nicht nur in einen einzigen Korrelationszusammenhang miteinander gebracht werden können, sondern in durchaus verschiedene, weil dabei auf ganz unterschiedliche Aspekte bzw. perspektivische Betrachtungsmöglichkeiten von ihnen Bezug genommen werden kann. Dasselbe gilt dann auch für die folgenden beiden Aussagen: *Franz und Hilde wohnen in derselben Stadt. / Franz und Hilde sind ein Ehepaar.* Das bedeutet, dass das grammatische Zeichen *und* faktisch ein ganz anderes grammatisches Interpretationsprofil bekommt, je nachdem mit

---

183 A. S. Eddington: The nature of the physical world. 1930, S. 103 ff.

welchen lexikalischen Zeichen bzw. Interpretanten diese Konjunktion in Verbindung gebracht wird. Diesbezüglich ist es dann auch aufschlussreich, Konjunktionen und Präpositionen miteinander zu vergleichen.

Während Präpositionen im konkreten Sprachgebrauch eng mit ihren jeweiligen lexikalischen Bezugsgrößen verbunden sind, weil sie auch Einfluss auf den Kasus ihrer jeweiligen Bezugssubstantive nehmen, sind Konjunktionen grammatische Instruktionszeichen, die hierarchisch und syntaktisch über den von ihnen verbundenen Größen stehen. Das wird besonders deutlich, wenn Konjunktionen nicht eigenständige Denkgrößen miteinander verbinden, sondern eigenständige Aussagen. In diesem Fall haben sie nämlich die metainformative Funktion, die spezifische Korrelation zwischen Einzelaussagen strukturell und sachlich näher zu qualifizieren. Das ist auch notwendig, weil Konjunktionen ja nicht nur zwei unterschiedliche Hauptsätze miteinander verbinden können, sondern auch einen Hauptsatz und einen Nebensatz bzw. zwei Nebensätze, insofern sie bestimmte Satzglieder ihres jeweiligen Bezugssatzes in Form von eigenständigen Aussagen vertreten. Deshalb lassen sich Nebensätze dann ja auch als *Subjektsätze*, *Objektsätze*, *Attributsätze* oder *Adverbialsätze* subklassifizieren. Hypotaktische Konjunktionen geben uns demzufolge dann auch nicht nur metainformativ zu erkennen, welchen konkreten syntaktischen Stellenwert die jeweiligen Nebensätze als Satzgliedsätze eines Hauptsatzes haben, sondern auch, welcher Typ von pragmatischer Instruktionsleistung in kausaler, temporaler oder modaler Hinsicht mit ihnen jeweils verbunden ist.

Strukturell gesehen gehören die Konjunktionen nämlich nicht zu einer der beiden Prädikationen, die sie miteinander verbinden. Sie sind vielmehr metainformative Instruktionszeichen, die den inhaltlichen Zusammenhang zwischen den durch sie verbundenen Sätzen genauer qualifizieren. Dabei treten Konjunktionen für den jeweiligen Sprachproduzenten dann auch eher als Analysemittel in Erscheinung und für den jeweiligen Sprachrezipienten eher als Synthesemittel. Die temporalen Konjunktionen für die zeitliche Verknüpfung von Aussagen sind dabei relativ unproblematisch, da die Vorzeitigkeit, die Gleichzeitigkeit oder die Nachzeitigkeit von Geschehensabläufen verhältnismäßig leicht zu überprüfen ist. Die Wahl der Konjunktionen für die modale oder kausale Verknüpfung von Aussagen in Satzgefügen kann dagegen durchaus problematisch sein, weil sie in der Regel einen hypothetischen Charakter hat. Zu beachten ist auch, dass Konjunktionen nicht so häufig verwendet werden wie Präpositionen, da sie in rein beschreibenden und insbesondere in lyrischen Texten natürlich sehr viel weniger häufig vorkommen als in narrativen oder gar argumentativen Texten, die von vornherein eine natürliche Tendenz zu einem analysierenden Sprachgebrauch haben.

Zu beachten ist natürlich auch, dass die Ausbildung und der Gebrauch von subordinierenden Konjunktionen im schriftlichen Sprachgebrauch ganz nachhaltig dadurch gefördert worden ist, dass sich durch ihre häufige Verwendung die semantische Autonomie von Texten ganz beträchtlich steigern lässt. Der schriftliche Sprachgebrauch kann nämlich kaum auf den Gebrauch von Konjunktionen verzichten, weil in ihm natürlich auf die Verstehenshilfen der Sprechsituation sowie der Gestik, der Mimik sowie der Intonation verzichtet werden muss. Erst durch den Gebrauch von Konjunktionen kann die Sprache nämlich zu einem recht autonomen Verständigungs- und Sinnbildungsmittel gemacht werden. Der schriftliche Sprachgebrauch ist gleichsam darauf angewiesen, dass alle relevanten Informationen durch lexikalische oder grammatische Zeichen versprachlicht werden. Nach Bühler ist der schriftliche Sprachgebrauch nämlich kein *„empraktischer"* Sprachgebrauch.[184] Wygotski hat die Eigenständigkeit des schriftlichen Sprachgebrauchs sogar auf folgende recht einprägsame Formel gebraucht: *„Es ist eine auf die maximale Verständlichkeit für andere Personen gerichtete Sprache. Alles muß darin bis zu Ende gesagt werden."*[185]

Das erklärt dann auch, warum der mündliche Sprachgebrauch tendenziell eine situationsstrukturierende Grundfunktion hat, der mit einer parataktischen Syntax durchaus auskommen kann, während der schriftliche Sprachgebrauch immer eine natürliche Neigung zu einem analysierenden hypotaktischen Sprachgebrauch hat, insofern durch ihn sehr eigenständige Vorstellungs- und Sinnweltenwelten erzeugt werden können, die nicht auf konkrete situative Hilfestellungen angewiesen sind. Das exemplifiziert sich auch darin, dass in einem emotional akzentuierten Sprachgebrauch meist keine hypotaktisch geordnete Verbindungen von Aussagen anzutreffen sind, weil hier ja weniger analysierende oder synthetisierende Denkanstrengungen zum Ausdruck kommen, sondern eher psychisch bedingte Befindlichkeiten.

Die funktionalen Differenzen zwischen dem mündlichen und schriftlichen Sprachgebrauch offenbaren sich auch darin, dass in fiktiven Erzähltexten insbesondere der allwissende Erzähler eine ausgesprochene Neigung zur Bildung von hierarchisch strukturierten Satzgefügen hat, um komplexen Korrelationszusammenhängen einen sprachlichen Ausdruck zu verschaffen. Dagegen neigen die Erzähler von Kurzgeschichten in einer konstitutiven Außensicht verständlicherweise zu einem parataktischen Sprachgebrauch, weil sie sich darauf konzentrieren, Sachverhalte rein deskriptiv darzustellen. Deshalb beschränkt sich

---

184 K. Bühler: Sprachtheorie, 1965². S. 155, 367.
185 L. S. Wygotski: Denken und Sprechen. 1971, S. 227–228.

ihr Gebrauch von Konjunktionen auch weitgehend auf deskriptive und koordinierende Konjunktionen.

So gesehen kann man den Gebrauch von deskriptiven bzw. koordinierenden Konjunktionen und den Gebrauch von analysierenden bzw. subordinierenden Konjunktionen auch als eine Nutzung von unterschiedlichen grammatischen Zauberstäben in einem doppelten Sinne verstehen. Einerseits können nämlich Konjunktionen von einem Sprecher dazu verwendet werden, um mit schon bewährten grammatischen Instruktionsmustern bestimmte Korrelationen zwischen Einzelaussagen metainformativ zu präzisieren. Andererseits können Konjunktionen von einem Sprecher aber auch als Mittel dazu genutzt werden, um auf sich selbst als eine sinnbildende analysierende und synthetisierende Instanz aufmerksam zu machen.

Sprecher, die in ihrem Wahrnehmen und Denken eher deskriptiv orientiert sind, werden in der Regel auf umfangreiche konjunktional verbundene Satzgefüge verzichten, um nicht in den Verdacht eines spekulativen oder gar ideologischen Denkens zu geraten. Sprecher, die eher konstruktivistisch orientiert sind, werden das Repertoire von Konjunktionen dazu nutzen, ihre deskriptiven Grundaussagen mit vorsichtig interpretierenden und heuristischen Zusatzinformationen anzureichern, was dann natürlich sowohl analysierende als auch synthetisierende Strategien erlaubt, die dann natürlich faktisch sowohl zu Wahrnehmungspräzisierungen als auch zu Wahrnehmungsverzerrungen führen können. Die letzteren Gefahren werden in der natürlichen Sprache allerdings dadurch abgemildert, dass die einzelnen Konjunktionen meist mit relativ unscharfen bzw. vielschichtigen und kontextsensitiven Instruktionsanweisungen verbunden sind. Das führt dann dazu, dass sie interpretationsbedürftig werden und weniger auf eine konventionell gesteuerte, sondern eher auf eine kontextsensible Weise verstanden werden müssen.

Humboldt hat deshalb die Korrelation von Teilsätzen durch Konjunktionen mit der Kraft des sprachbildenden Geistes in Verbindung gebracht, weil dadurch eine verwickelte Synthese von unterscheidbaren, aber verbindbaren Sachvorstellungen nicht nur postuliert, sondern auch konstruktiv erzeugt werden könne, da ja das Ganze eines Satzgefüges ganz im Sinne der späteren Gestaltpsychologie von ihm weniger als eine bloße mechanische Korrelation von Teilaussagen verstanden wird, sondern eher als eine kreative Synthese von Unterscheidbarem. Deshalb vergleicht Humboldt dann auch Satzgefüge mit der Korrelation von Einzelsteinen zu einem Gewölbe, bei dem sich Einzelsteine *„gegenseitig stützen und halten."* [186]

---

186 W. von Humboldt: Werke Bd. 3. 1969³, S. 631.

Das bedeutet dann, dass über die unterschiedlichen analysierenden und synthetisierenden Kräfte von Konjunktionen aus isolierbaren Einzelaussagen bzw. Einzelvorstellungen ein durchstrukturierter Kosmos gebildet werden kann. Dabei ist allerdings auch zu beachten, dass die konjunktionale Verbindung von Einzelaussagen zu komplexen Sinngestalten sowohl in einer objektorientierten Denkperspektive konkretisiert werden kann als auch in einer subjektorientierten, was allerdings nicht immer klar zu unterscheiden ist, weil komplexe Sinnbildungsprozesse meist beide Perspektiven zusammenführen möchten.

Neben den Konjunktionen lassen sich Einzelaussagen natürlich auch durch Relativpronomen (der, die, das) oder durch Pronominaladverbien (darauf, dabei, damit usw.) verknüpfen. Im Unterschied zu den genuinen Konjunktionen treten diese Verknüpfungsmittel aber zugleich auch als Satzglieder der von ihnen eingeleiteten Sätze in Erscheinung und nicht nur als genuine metainformative Instruktionsmittel, die informationslogisch gesehen über den jeweils durch sie verknüpften Aussagen stehen. Außerdem ist natürlich auch immer zu beachten, dass sie wie alle Proformen auch durch schon vorher erwähnten Denkinhalte gefüllt werden müssen.

Eine gewisse Sonderstellung bei der syntaktischen Verknüpfung von Aussagen nehmen die sogenannten Konjunktionaladverbien ein (deshalb, trotzdem, folglich usw.). Sie erinnern nämlich nicht nur an Sachinformationen aus vorangegangenen Aussagen, sondern interpretieren diese auch inhaltlich: *Sie war krank, deshalb ist sie auch nicht gekommen. / Sie war krank. Aus diesem Grunde ist sie nicht gekommen.* Durch diese Wiederaufnahme von lexikalischen Vorinformationen unterscheiden sich daher Konjunktionaladverbien als Verknüpfungsmittel von genuinen Konjunktionen, die im Prinzip nur metainformative grammatische Informationen vermitteln.

Die Frage nach den konstruktiven grammatischen Instruktionsinformationen lässt sich in zwei Teilfragen aufgliedern. Diese geben uns dann auch Aufschluss über die möglichen heuristischen Zauberstabfunktionen von Konjunktionen. Zum einen können wir unser Erkenntnisinteresse darauf richten, ob die jeweiligen Konjunktionen primär eine koordinierende oder eine subordinierende syntaktische Korrelationsfunktion haben, was natürlich auch bestimmte logische Implikationen hat. Zum anderen können wir danach fragen, welches konkrete metainformative Instruktionspotential insbesondere die subordinierenden Konjunktionen besitzen. Dabei ist dann natürlich auch interessant, wie sich deren konkretes Instruktionspotential historisch herausgebildet hat und wie es sich konkret in den einzelnen Sprachen habituell gefestigt hat.

Beispielsweise kann die deutsche Konjunktion *oder*, die nicht nur explizite Aussagen disjunktiv miteinander in Beziehung setzen kann, sondern auch

Einzelvorstellungen, durchaus doppeldeutige Informationen vermitteln. Sie kann nämlich eine grundsätzliche disjunktive Unterscheidung im Sinne des Entweder-oder-Prinzips haben: *Er stand vor der Entscheidung, das Angebot anzunehmen oder abzulehnen.* Sie kann aber auch eine bloße Akzentuierungsfunktion haben: *Sekretärin mit englischen oder französischen Sprachkenntnissen gesucht.* Im Lateinischen tritt diese Doppeldeutigkeit nicht auf, insofern die Konjunktion *aut* eine alternative Verknüpfung von zwei Denkinhalten signalisiert und die Konjunktion *vel* eine akzentuierende.

Die korrelativen Konjunktionen *denn, aber, sondern* verbinden zwei Aussagen in einem oppositiven bzw. korrektiven Sinne miteinander. Sie geben die Instruktion, dass die zweite Aussage die erste auf kontrastive Weise erläutern oder korrigieren soll. Beide Aussagen haben rein strukturell gesehen zwar eine gewisse syntaktischen Gleichberechtigung, aber diese führt nicht zu einer übergreifenden einheitlichen Grundvorstellung. Gleichwohl dient beispielsweise die koordinierende Konjunktion *denn* dazu, zwei selbstständige Aussagen so miteinander in Beziehung zu setzen, dass die eine Aussage eine kausale Erläuterung für die andere beinhaltet. Dabei spielt dann allerdings nicht der Bedingungszusammenhang von Ursache und Wirkung eine konstitutive Rolle, sondern eher ein Zusammenhang, der mit den Begriffen *Motiv, Rechtfertigung* oder *Annahme* zu qualifizieren wäre. Deshalb dürfen Sätze, die mit der Konjunktion *denn* eingeleitet werden, im Gegensatz zu denen, die mit *weil* oder *da* eingeleitet werden, auch prinzipiell nicht vor dem zu erläuternden Satz stehen, sondern immer nur hinter diesem, eben weil sie eher in einem narrativen als in einem analysierenden und argumentativen Zusammenhang mit diesem stehen.

Die subordinierenden Konjunktionen haben naturgemäß eine viel bestimmtere Instruktionsfunktion als die koordinierenden. Die Konjunktionalsätze, die mit temporalen, modalen oder kausalen Konjunktionen eingeleitet werden, vertreten in solchen expliziten Prädikationen nämlich die Informationsleistungen von entsprechenden adverbialen Bestimmungen des jeweiligen Hauptsatzes. Sie heben diese Sachinformationen aber sehr viel akzentuierter hervor, weil sie diese ja in Form expliziter Behauptungen vermitteln und nicht in Form von Gliedern einer übergeordneten Prädikation. Dadurch erfüllen sie dann auch gleichsam die Funktion von erläuternden Sprechakten.

Allerdings muss man diesbezüglich nun auch einräumen, dass die jeweiligen Sprechaktimplikationen von Konjunktionalsätzen nicht immer eindeutig qualifiziert werden können, was Logiker verständlicherweise als sehr ärgerlich ansehen. Allerdings kann diese Doppel- oder Mehrdeutigkeit von Konjunktionen auch als realistisch oder sogar als pragmatisch sinnvoll angesehen werden. Sie zwingt nämlich indirekt dazu, die spezifische Korrelationsfunktion von Konjunktionen nicht vorschnell kategorisch eindeutig festzulegen, weil man damit ihre Strukturierungsfunktionen auch unangemessen einschränken kann. In den rein objektorientierten Fachsprachen wird die Mehrdeutigkeit von Konjunktionen natürlich als höchst ärgerlich empfunden, aber in der polyfunktionalen natürlichen Umgangssprache kann sie durchaus als realistisch angesehen werden, weil sie uns darauf aufmerksam macht, dass jede sprachliche Objektivierung von Sachverhalten hypothetische Implikationen hat, da sie objekt- und subjektorientierte Differenzierungsintentionen unter einen Hut zu bringen hat.

Beispielsweise lässt sich die subordinierende Konjunktion *während* im Prinzip chronologisch oder adversativ verwenden. Das schließt aber nicht aus, dass alle beiden Instruktionsinformationen zugleich gültig sein können: *Sie arbeitete, während er schlief.* Auf ähnliche Weise lässt sich die Konjunktion *wenn* sowohl chronologisch als auch konditional verwenden: *Ich gehe einkaufen, wenn du aufräumst.* Der immanente Charme solcher mehrdeutiger Konjunktionen liegt darin, dass sie sowohl eine objekt- als eine subjektorientierte Differenzierungsintention haben können, die der jeweilige Hörer jeweils gewichten muss.

Die Mehrdeutigkeit der Instruktionsinformationen von Konjunktionen empfinden die rein sachlogisch orientierten Sprachtheoretiker natürlich immer als sehr ärgerlich. Sie verweisen dann gern auf den Umstand, dass im Englischen sinnvollerweise klar zwischen einer chronologisch zu verwendenden Konjunktion *when* und der konditional zu verwendenden Konjunktion *if* unterschieden wird. Diese klare Instruktionsdifferenzierung kann man allerdings auch als eine idealtypische Vereinfachung ansehen, die faktisch nicht immer angemessen ist, da manchmal konkrete Aussagen sowohl eine Objekt- als auch eine Subjektorientierung haben können oder sogar sollen. So gesehen kann die doppeldeutige deutsche Konjunktion *wenn* in kommunikativer Hinsicht dann auch in einem pragmatischen Sinne als realistischer angesehen werden als die beiden informell eindeutigeren englischen Konjunktionen.

In den Fachsprachen kann die Mehrdeutigkeit von Konjunktionen natürlich zu einem Problem werden. Wie soll beispielsweise ein Richter die folgende Zeugenaussage juristisch bewerten: *Die Frau hat gelächelt, als sie ihrem Mann die [vergiftete] Praline anbot.* Soll hier nur die chronologische Parallelität von zwei Handlungen thematisiert werden oder auch eine intentionale Täuschungsabsicht? Wie muss ein Richter auf eine solche konjunktionale Verkettung von zwei Aussagen reagieren? Während in Kriminalromanen eine solche doppeldeutige Korrelation von zwei Aussagen als spannungssteigernd angesehen werden kann, muss in einem Mordprozess sicherlich geklärt werden, ob der Zeuge damit indirekt eine Täuschungsabsicht unterstellen möchte oder nicht.

Bei dem Gebrauch von Kausalkonjunktionen zeigt sich sehr oft, dass deren Korrelationstypisierung nicht immer eindeutig legitimiert werden kann. Zwar gehen wir in unserem Alltagsdenken ziemlich selbstverständlich davon aus, dass das Phänomen *Kausalität* ein Seinsphänomen sei, das sich über Kausalkonjunktionen nicht nur gut repräsentieren, sondern auch gut spezifizieren lasse. Die Korrelation von Ursache und Wirkung bzw. von Grund und Folge ist uns nämlich in unserem konventionalisierten physikalischen, medizinischen, rechtlichen, historischen, ethischen und schlussfolgerndem Denken ganz selbstverständlich. In unserem Alltagsdenken im Bereich des anthropologisch relevanten Mesokosmos kommen wir kaum auf die Idee, dass unser Kausaldenken auch etwas mit dem Problem einer statistischen Wahrscheinlichkeit zu tun haben könnte, was für den Bereich des Mikrokosmos und Makrokosmos keineswegs absurd ist. Deswegen scheint uns unser System von Kausalkonjunktionen auch in einer natürlichen Analogie zu den möglichen Kausalrelationen in der gegebenen menschlichen Erfahrungswelt bzw. Mesokosmos zu stehen. Streit scheint es allenfalls darüber geben zu können, ob die jeweils ausgewählten Kausalkonjunktionen in den konkreten Fällen jeweils sachadäquat ausgewählt worden sind, aber nicht darüber, ob sie überhaupt in ihren Typisierungen realitätshaltig sind.

Nun hat allerdings schon David Hume grundsätzlich bezweifelt, dass die Kategorie der Kausalität wirklich als eine schon vorgegebene Seinskategorie zu verstehen sei. Für ihn leitet sie sich nämlich bei genauerer Betrachtung letztlich nicht aus der empirischen Erfahrung selbst ab, sondern aus bestimmten Bedürfnissen des menschlichen Denkens.[187] Kant hat dann auch bekannt, dass die Überlegungen von Hume ihn aus seinem *„dogmatischen Schlummer"* gerissen hätten.[188] Allerdings möchte er dann aber nicht wie Hume die Kategorie der Kausalität assoziationspsychologisch legitimieren, sondern diese vielmehr aus der Struktur der menschlichen Vernunft selbst ableiten. Für ihn sind nämlich die Kategorien *Kausalität, Zeit* und *Raum* letztlich keine Erfahrungskategorien, sondern Formen, durch die *„der Verstand a priori sich die Verknüpfung der Dinge denkt [...]."*[189]

Die erkenntnistheoretischen Denkansätze von Hume und Kant sind erkenntnistheoretisch und ontologisch sicherlich höchst relevant, für konkrete grammatische Analysen von Kausalkonjunktionen führen sie allerdings nicht sehr viel weiter. Hier ist es wohl sinnvoller, die Kategorie der Kausalität als eine

---

187 D. Hume: Ein Traktat über die menschliche Natur, Bd. 1: Über den Verstand. 1978, S. 99.
188 I. Kant: Prolegomena zu einer jeden künftigen Metaphysik, die als Wissenschaft wird auftreten können. Werke Bd. 5, S. 118.
189 I. Kant: a. a. O., S. 119.

pragmatisch legitimierte Denkkategorie anzusehen, die brauchbar ist, damit Menschen sich in ihrer physischen, sozialen und geistigen Welt sinnvoll orientieren können. Das bedeutet, dass die Kategorie der Kausalität eine wichtige Brückenfunktion zwischen der Objektsphäre und der Subjektsphäre übernehmen kann, wenn sie sowohl in den Ordnungsstrukturen der Realität als auch in denen des menschlichen Denkens verankert wird. Das macht dann auch verständlich, warum sie sich intern auch noch ausdifferenzieren lässt.

So betrachtet stellt das Inventar von Kausalkonjunktionen sowohl im engeren als auch im weiteren Sinne ein Inventar von evolutionär entwickelten Korrelationsmustern dar, die auf Welt passen wie ein Schlüssel zu einem Schloss. Selbst wenn man sicherlich zugeben muss, dass es beim Gebrauch von Kausalkonjunktionen zuweilen knirschen kann und Fehlgriffe gemacht werden können, so wird man doch einräumen müssen, dass mit ihnen prinzipiell brauchbare Sinnbildungen vorgenommen werden können. Allerdings kann man Konjunktionen zuweilen auch als funktionale Dietriche ansehen, mit denen man auch problematische Korrelationen sprachlich objektivieren kann, die sich im menschlichen Zusammenleben und im pragmatischen Handeln keineswegs immer faktisch bewähren.

Bei der Beurteilung der pragmatischen Funktionalität von Konjunktionen und insbesondere von Kausalkonjunktionen sind auch immer deren Entstehungsgeschichte sowie deren faktischer Gebrauch interessant, weil sich auf diese Weise auch ihre kulturgeschichtlichen Implikationen herausarbeiten lassen. Das lässt sich sehr schön an den beiden deutschen Kausalkonjunktionen *weil* und *da* demonstrieren, die entgegen unserer spontanen Annahme keineswegs identische Sinnbildungsfunktionen haben.

Die Konjunktion *weil* als Hinweis auf die Ursache bestimmter Tatbestände geht nämlich etymologisch auf die mhd. Wendung *die wîle* zurück, die sich noch heute in der altmodischen Wendung *alldieweil* erhalten hat. Diese Herkunft verdeutlicht, dass man das, was man zeitlich als zusammengehörig erfahren hat, wohl auch oft als kausal zusammengehörig empfindet. Strukturell Ähnliches gilt auch für die Konjunktion *da*, die auf das mhd. Ortsadverb *dâ* bzw. das mhd. Zeitadverb *dô* zurückgeht. Offenbar wurde auch hier davon ausgegangen, dass die räumliche bzw. die zeitliche Nähe von zwei Phänomenen zugleich auch eine kausale Zusammengehörigkeit signalisieren kann. Ihr räumliches und zeitliches Instruktionspotenzial hat die Konjunktion *da* erst im Laufe des 19. Jahrhunderts verloren, was beispielsweise die etwas altertümliche Wendung in einem Gedicht von Hölderlin „*da ich ein Knabe war* ...“ bezeugt. Das macht dann auch verständlich, warum Da-Sätze üblicherweise dem Hauptsatz vorangestellt werden, während Weil-Sätze auf den Hauptsatz folgen, und warum Da-Sätze oft die pragmatische Funktion haben, nicht etwas wirklich Überraschendes mitzuteilen, sondern an etwas eigentlich schon längst Bekanntes wieder zu erinnern: *Da er der Chef ist, kann er die Angelegenheit natürlich auch entscheiden.*

Während Weil-Sätze die pragmatische Funktion haben, ein angenommenes Wissensdefizit beim Hörer zu beseitigen, sind Da-Sätze eher dazu bestimmt, die aktuelle Vorstellungsbildung zu erleichtern und zu motivieren. Deshalb überschneidet sich dann auch das pragmatische Funktionsprofil der subordinierenden Konjunktion *da* mit dem der koordinierenden Konjunktion *denn.* Beide haben ihren genuinen Platz daher auch eher in narrativen Objektivierungsanstrengungen als in argumentierenden. Weil-Sätze und Da-Sätze haben deshalb auch recht unterschiedlich Sinnbildungsfunktionen und Sprechaktimplikationen, insofern sie unterschiedliche Typen von Analogien mit anderen Fällen ins Bewusstsein rufen sollen.

Generell lässt sich sagen, dass der Gebrauch von hypotaktisch strukturierten Aussagen anstatt von parataktisch gereihten ein Indiz dafür ist, dass ein Sprecher die jeweils von ihm thematisierten Sachverhalte nicht deskriptiv als bloße Tatsachen thematisieren möchte, sondern als schon analysierte Sachverhalte. Das ist natürlich ohne subordinierende Konjunktionen nicht gut möglich. Ob diese konjunktional geprägten Analysen dann sachlich zutreffend sind oder nicht, ist dann allerdings noch eine andere Frage. Aber ohne interpretierende Konjunktionen bzw. Subjunktionen, wären solche Analysen bzw. Fokussierungen der Aufmerksamkeit aber kaum denkbar.

Wenn es solche explizit analysierende Konjunktionen in der Sprache nicht gäbe, dann müsste man zum Gebrauch bestimmter Satzglieder in den jeweiligen Grundprädikationen greifen oder zu erklärenden Partikeln, die Analyseanstrengungen aber nicht so deutlich hervortreten lassen: *Er wurde verurteilt, weil er betrogen hatte. / Er wurde wegen Betrugs verurteilt. / Er wurde verurteilt, er hatte ja betrogen.* Deshalb ist die additive Reihung von Einzelaussagen (Parataxe) bzw. die hierarchisierende Verknüpfung von Einzelaussagen (Hypotaxe) auch nicht nur ein Indiz für die geistige Verfassung des jeweiligen Sprechers, sondern auch ein Indiz für dessen spezifischen Mitteilungswillen.

Mit dem Gebrauch von Konjunktionen können je nach konkreten Wahlentscheidungen deskriptive oder argumentative, narrative oder behauptende bzw. objekt- oder subjektorientierte Sinnbildungsfunktionen verbunden sein. Deshalb können sie auch als grammatische Zauberstäbe fungieren, die zur Ausbildung und Profilierung bestimmter Textsorten führen können. Ihr Gebrauch wird dabei nicht nur durch strategische Textbildungsstrategien und ein explizites Sprachwissen reguliert, sondern auch durch ein ausgeprägtes Sprach- und Stilgefühl für

die situative und intentionale Angemessenheit ganz bestimmter Auswahlent-
scheidungen.

Auf Konjunktionen werden wir im konkreten Sprachgebrauch meist nur
dann aufmerksam, wenn wir uns in unseren Verstehensprozessen nicht allein
auf eine rein objektorientierte Wahrnehmungsweise (intentio recta) konzentrieren, sondern auch auf die jeweilige interpretierende Objektivierungsweise selbst
(intentio obliqua), in der die sprachliche Form der jeweiligen Objektivierung zum
mitlaufenden Thema des Interesses gemacht wird. Dabei ist dann natürlich auch
zu berücksichtigen, dass die hypotaktische Objektivierungsweise von Informationen eine ganz andere Ordnungsfunktion hat als die parataktische, was wiederum auch bedeutsame kulturgeschichtliche Implikationen hat. Das exemplifiziert sich beispielsweise sehr klar in dem typologischen Unterschied eines
argumentativen und eines lyrischen Sprachgebrauchs. Der Gebrauch von subordinierenden Konjunktionen führt immer zu einer größeren Informationspräzision von sprachlichen Äußerungen, was allerdings nicht automatisch eine Steigerung ihres Sinnpotentials bedingt. Gleichwohl lässt sich aber festhalten, dass
konjunktional verbundene Aussagen sich sehr gut zur Ausbildung von relativ autonomen Systemräumen eignen, die sich deutlich von additiven Aggregaträumen
bzw. von komplex strukturierten Bildräumen unterscheiden.

Der hypotaktisch organisierte Sprachgebrauch mit seiner genuinen Nähe
zum schriftlichen Sprachgebrauch lenkt unsere Aufmerksamkeit auf ganz selbstverständliche Weise immer auf die logische Kohärenz und die argumentative
Funktion von Sätzen und Texten. Dadurch vermindert sich dann auch das Interesse an den sinnbildlichen bzw. assoziationsreichen Implikationen und Dimensionen von Äußerungen. Der parataktische Sprachgebrauch regt dagegen auf
ganz natürliche Weise unsere Phantasie und unseren Interpretationswillen an,
insofern wir nicht dazu motiviert werden, unser Denken am Ariadnefaden der
spezifischen Instruktionen von insbesondere hypotaktischen Konjunktionen zu
orientieren. Adelung hat deshalb schon früh folgendes kulturhistorische Urteil
gefällt: „*Die älteste und einfachste Art der Rede besteht darin, daß man Sätze ohne
alle Verbindung neben einander stellte.*"[190]

Die Tatsache, dass Konjunktionen ebenso wie andere grammatische und
lexikalische Zeichen hinsichtlich ihres instruktiven Profils einem historischen
Wandel unterliegen, liegt in der polyfunktionalen Natur der natürlichen Sprache. Dennoch gibt es aber gegenwärtig in der mündlichen Sprache die bemerkenswerte Tendenz, die heutige ausgesprochen hypotaktische Konjunktion
weil auch wieder ursprungsnah parataktisch zu verwenden. Dabei muss dann

---

[190] J. Ch. Adelung: Deutsche Sprachlehre. 1781/ 1977, § 833, S. 564.

zugleich natürlich auch die Endstellung des konjugierten Verbs wieder rückgängig gemacht werden: *Er hat Mathematik studiert, weil – er hatte einen guten Mathematiklehrer.*

Hinter diesem neuartigen Gebrauch der Konjunktion *weil* insbesondere im mündlichen Sprachgebrauch steht dann auch eine etwas andere grammatische Instruktionsfunktion dieser Konjunktion, die der nachfolgenden Aussage dann auch ein etwas anderes semantisches und pragmatisches Profil gibt. Dieses besteht offenbar darin, dass der nachfolgende Teilsatz nicht mehr primär dazu dient, den logischen Grundsatz von Ursache und Wirkung hervorzuheben, sondern eher einen Korrelationszusammenhang, den man vor allem psychologisch verstehen sollte. Unter diesen Umständen ist dann die Konjunktion *weil* auch nicht mehr als ein sachlogisch motiviertes Instruktionssignal zu verstehen, sondern eher als ein psychologisch motiviertes Erläuterungssignal, das eher subjektiver als objektiver Natur ist. So gesehen wäre die so gebrauchte Konjunktion *weil* im mündlichen Sprachgebrauch dann auch weniger als ein primär analysierendes grammatisches Informationsmittel zu verstehen, sondern eher als ein Indiz für die spezifische Denkstruktur des jeweiligen Sprechers, der einem erläuternden Sprechakt sprachlichen Ausdruck geben möchte.

Für diese Einschätzung, dass die subordinierende Konjunktion *weil* im heutigen mündlichen Sprachgebrauch wieder zu einer koordinierenden Konjunktion gemacht werden kann, spricht auch, dass nach ihrer Artikulation im Sprechvorgang meist eine kurze Sprechpause gemacht wird, die anzeigt, dass ein bestimmter Perspektivenwechsel im aktuellen Sinnbildungsprozess vorgenommen wird. Dieser besteht darin, dass der Sprecher nicht mehr nur die faktische Genese eines bestimmten Sachverhalts sprachlich zu objektivieren versucht, sondern auch die dialogisch bedingten Motive, warum er diese Information überhaupt an seinen Gesprächspartner weitergibt. Durch die kleine Sprechpause sowie durch die koordinierende Korrelation von zwei unterschiedlichen Sachverhalten will sich der jeweilige Sprecher nicht nur als neutraler analysierender Berichterstatter profilieren, sondern auch als ein bestimmter Dialogpartner. Dabei geht es ihm dann nicht nur um den Inhaltsaspekt seiner Mitteilungen, sondern auch um den Beziehungsaspekt zwischen den jeweiligen Kommunikanten. Letzterer spielt ja im schriftlichen Sprachgebrauch naturgemäß auch nicht dieselbe Rolle wie im mündlichen.

Der koordinierende Gebrauch der Kausalkonjunktion *weil* ist so gesehen nicht nur dazu befähigt, auf sachliche Bedingungszusammenhänge aufmerksam zu machen, sondern auch auf personale Beziehungs- und Interaktionszusammenhänge. Deshalb hat Rudi Keller dann auch zwischen einem faktischen und einem epistemischen Gebrauch der Konjunktion *weil* unterschieden, der auch als sachthematischer und reflexionsthematischer Gebrauch qualifiziert werden kann.[191] Beide Terminologien schließen auch nicht aus, den koordinierenden Gebrauch der Konjunktion *weil* sowohl als ein objektorientiertes kausales Verknüpfungssignal als auch als ein subjektorientiertes Sprechaktsignal zu verstehen, das jeweils eine ganz spezifische dialogische Sinnbildungsfunktion konkretisiert.

---

191 R. Keller: Das epistemische *weil*. Bedeutungswandel einer Konjunktion. In: H. J. Heringer/G. Stötzel (Hrsg.): Sprachgeschichte und Sprachkritik. 1993, S. 219–247.

8 Das Analogiephänomen in der Metaphorik

Das wohl überzeugendste und häufigste sprachliche Beispiel für die Idee des Zauberstabs der Analogie ist wohl das Phänomen *Metapher*. Hier werden nämlich zwei ganz unterschiedliche Sachphänomene sprachlich in eine determinierende Beziehung miteinander gesetzt, obwohl diese auf den ersten Blick zu ganz unterschiedlichen Seinswelten zu gehören scheinen. Erst auf einen zweiten Blick wird dann oft wirklich verständlich, dass man diese dann doch in aufschlussreiche Verwandtschafts- bzw. Analogiebezüge zueinander bringen kann. Das kann sich dann sowohl im Rahmen von analysierenden als auch von synthetisierenden Denkprozessen ergeben. Harald Weinrich hat deshalb zu Recht Metaphern nicht als isolierbare semantische Bausteine der Sprache angesehen, sondern als syntaktische Korrelationsmuster, die er dann mit recht guten Gründen als verdeckte oder offenkundige *„widersprüchliche Prädikationen"* qualifiziert hat.[192]

Das rechtfertigt sich für ihn dadurch, dass in metaphorischen Äußerungen ein gut vorstellbare Grundvorstellung bzw. ein bestimmter Gegenstandsbegriff auf unzulässige Weise durch einen Bestimmungsbegriff näher determiniert wird, der vordergründig betrachtet eigentlich gar nicht zu ihm zu passen scheint, aber hintergründig zumindest in einem heuristischen Sinne letztlich dann doch. Das bedeutet, dass allen Metaphern eine implizite oder explizite prädikative Spannung zu Grunde liegt, weil semantisch eigentlich unvereinbare Begriffe provokativ syntaktisch direkt miteinander verbunden werden, was Logiker dann als *contradictio in adiecto* (Widerspruch in der Beifügung) bezeichnet haben. Das lässt sich dann an gängigen prädikativen oder attributiven Metaphern recht gut exemplifizieren: *Karl hat einen hölzernen Verstand. Hans ist ein Esel. Der Park ist die grüne Lunge der Stadt. Der Untergang des Abendlandes.*

Diese Bestimmung des sprachlichen Phänomens *Metapher* verdeutlicht, dass Weinrich diese sprachliche Form nicht über den Abbildungs- und Repräsentationsgedanken erschließen möchte, sondern vielmehr über den Erschließungs- und Interpretationsgedanken. Bei Metaphern stolpern wir nämlich zunächst immer über bestimmte begriffliche Widersprüche bzw. semantische Inkohärenzen, die uns letztlich aber doch in das Land neuer Einsichten führen können. Gerade das, was im metaphorischen Sprechen zunächst als logisch inakzeptabel erscheint, bekommt dann doch einen Sinn, weil gerade die semantischen Widersprüchlichkeiten von Metaphern unser Sinnbildungsvermögen dazu reizen

---

192 H. Weinrich: Sprache in Texten. 1976, S. 306 ff.

kann, unsere Sinnbildungskräfte so zu entfalten, dass wir doch wieder in sich stimmige Gesamtvorstellungen entwickeln können.

8.1 Das Erkenntnisinteresse an Metaphern

Im Lauf der Kulturgeschichte hat sich unser Erkenntnisinteresse an Metaphern immer wieder verändert und damit dann natürlich auch ihre Funktionsbeschreibungen für das alltägliche und wissenschaftliche Denken. Die Spannweite der Beschreibung des Funktionspotentials von Metaphern reicht dabei von der Bestimmung des metaphorischen Sprachgebrauchs als eines ganz natürlichen und selbstverständlichen Sprachgebrauchs bis zu einer Bestimmung von Metaphern, die diese nur im ästhetischen und spekulativen Sprachgebrauch als tolerabel erachten, insofern ihr faktischer Wahrheitsgehalt ja gegen Null tendiere und sachlich nur als lügenhaft qualifiziert werden könne. Deshalb ist der metaphorische Sprachgebrauch im Vergleich mit dem begrifflichen auch immer wieder als ein *uneigentlicher* Sprachgebrauch abgewertet worden, der zumindest im wissenschaftlichen Sprachgebrauch kein wirkliches Lebensrecht habe.

Allerdings hat es auch Gegenstimmen gegeben. Diese haben darauf hingewiesen, dass Metaphern auch im wissenschaftlichen Sprachgebrauch ein unabdingbares Lebensrecht hätten, insofern letztlich alle sprachliche Verlautbarungen des Menschen eigentlich aus heuristischen Setzungen hervorgingen, die allesamt nicht beanspruchen dürften, die vorgegebene Welt auf der Ebene der Sprache spiegelbildlich zu verdoppeln. Deshalb können dann auch Metaphern beanspruchen, die Welt in heuristischen Wahrnehmungsperspektiven auf subjektive Weise aspektuell zu objektivieren. Diese Objektivierungsform von Welt hat Nietzsche dann sogar recht spöttisch auch auf unsere Welt von Begriffen ausgedehnt, als er folgende griffige Formel in die Welt gesetzt hat: „*Jeder Begriff entsteht durch Gleichsetzen des Nichtgleichen.*" [193] So gesehen würde sich dann der begriffliche bzw. wissenschaftliche Sprachgebrauch und der metaphorische bzw. ästhetische Sprachgebrauch dann auch weniger grundsätzlich voneinander unterscheiden, sondern eher graduell und methodisch, weil jeder dieser Sprachgebräuche nur unterschiedliche Interpretations- bzw. Zauberstabsfunktionen beanspruchen könnte, die keinen wirklichen Wahrheitswert hätten. Eine faktische bzw. empirisch nachprüfbare Abbildungs- bzw. Repräsentationsfunktion könnten unter diesen Umständen dann allenfalls Eigennamen beanspruchen.

---

193 F. Nietzsche: Über Wahrheit und Lüge im außermoralischen Sinne. Werke Bd. 3, S. 313.

Nun ist allerdings auch einzuräumen, dass uns die heuristischen Interpretationsfunktionen der konventionalisierten lexikalischen und grammatischen Sprachformen oft nicht mehr deutlich auffallen, weil sie in der Regel als sachgerechte sprachliche Objektivierungsformen von Welt in Erscheinung treten und nicht mehr als vereinfachende und abduktive Annäherungsformen an die Welt. So betrachtet wären dann im Prinzip letztlich nicht nur die metaphorischen, sondern alle konventionalisierten Sprachformen vereinfachende und akzentuierende Objektivierungsformen von Welt. Das würde dann auch zu der These berechtigen, dass letztlich alle Sprachformen den Charakter von Zauberstäben hätten, wenn wir ihr faktisches Funktionsprofil näher ins Auge fassten. Anders ausgedrückt: Sowohl die natürlichen als auch die formalisierten Sprachen wären so gesehen dann keine Werkzeugkisten für bereits vollständig ausgearbeitete sprachliche Objektivierungsmittel, sondern allenfalls Werkzeugkisten für sprachliche Rohlinge, die im konkreten Gebrauch erst noch für ganz bestimmte Differenzierungsabsichten hergerichtet werden müssten. Das hat Wittgenstein dann ja auch durch seinen Sprachspielgedanken sehr deutlich zum Ausdruck gebracht.

So gesehen könnte dann auch der metaphorische Sprachgebrauch als ein ganz natürlicher und sogar ursprünglicher Sprachgebrauch angesehen werden und der normierte begriffliche Sprachgebrauch als ein nachträglich entwickelter Sprachgebrauch mit einem spezifisch eingeschränkten pragmatischen Funktionsprofil, das für die Beschreibung der Polyfunktionalität der natürlichen Sprache funktional gesehen keine normative Gültigkeit beanspruchen könnte. Der konventionell durchregulierte Sprachgebrauch ist zwar in seiner Informationsleistung sehr viel präziser als der spontane natürliche Sprachgebrauch, aber er erreicht nicht das universale und mehrschichtige Sinnbildungspotential der natürlichen Sprache. Diesen Tatbestand exemplifizieren die formalisierten Fach- und Wissenschaftssprachen sehr deutlich. Letztere stehen wegen ihrer rein objektsprachlichen Informationsgenauigkeit nämlich immer in der Gefahr, in einem umfassenden kognitiven und kommunikativen Sinne einseitig oder gar trivial zu werden, insofern sie immanent nahelegen, nur noch deduktiv und induktiv zu denken, aber nicht auch abduktiv im Sinne der Semiotik von Peirce.

Beim Gebrauch der formalisierten Fachsprachen besteht zwangsläufig immer wieder die Notwendigkeit, auch metaphorisch bzw. analogisierend zu sprechen, wenn man bei ihrem Gebrauch an die Grenzen der sprachlichen Objektivierungsmöglichkeiten stößt. Dasselbe betrifft dann natürlich auch den ästhetischen oder religiösen Sprachgebrauch, der notwendigerweise immer eine konstitutive begriffliche Unschärfe haben muss, wenn er ganz neuartige oder sehr komplexe Relationszusammenhänge sprachlich zu objektivieren versucht, was mit den bereits konventionalisierten Sprachformen kaum möglich ist. Das hat dann auch dazu geführt, dass die ästhetischen und religiösen Formen des Sprachgebrauchs insbesondere von positivistisch orientierten Wissenschaftlern als unverständliches Sprachgemurmel abgetan worden ist. Das könnte man dann beispielsweise auch durch den ersten Satz in Celans Gedicht *Die Krüge* exemplifizieren, der im Denkrahmen eines konventionalisierten Sprachgebrauchs ganz unverständlich erscheint, was im Kap. 8.9 noch näher erläutert werden soll: *„An den langen Tischen der Zeit / zechen die Krüge Gottes."*

Die prinzipielle Wertschätzung des metaphorischen Sprachgebrauchs als einer nicht ersetzbaren Sprachspielform neben der begrifflichen lässt sich auch durch eine sprachtheoretische Basisthese Humboldts erläutern, wenn nicht legitimieren. Diese besagt, dass die natürliche Sprache und damit dann auch die ästhetische Sprache letztlich als ein Verfahren anzusehen ist, das es ermöglicht, *„von endlichen Mitteln einen unendlichen Gebrauch"* machen zu können.[194]

Diese These Humboldts impliziert, dass die natürliche Sprache unser umfassendstes semiotisches Sinnbildungswerkzeug ist, weil sie nicht nur rein objektbezogene Repräsentationsfunktionen beinhaltet, sondern zugleich auch subjektbezogene Interpretations- und Perspektivierungsverfahren, die uns nicht nur etwas über unsere Erfahrungswelten selbst mitteilen, sondern auch etwas über die Sinnbildungsintentionen und Sinnbildungskräfte der jeweiligen Sprecher. Das rechtfertigt es dann auch, gerade der metaphorischen Sprachverwendung sehr vielfältige Fensterfunktionen für die Wahrnehmung von sinnlichen und geistigen Welten zuzuordnen.

All diese Überlegungen legen nun nahe, den metaphorischen Sprachgebrauch nicht als eine nachträgliche Sondernutzung der natürlichen Sprache anzusehen, sondern vielmehr alle rein begrifflichen Gebrauchsweisen der Sprache als eine vereinfachende Sondernutzung der sehr vielfältigen sprachlichen Sinnbildungsmöglichkeiten der natürlichen Sprache. Cassirer hat das im Kontext seiner *Philosophie der symbolischen Formen* folgendermaßen ausgedrückt: *„denn die höchste objektive Wahrheit, die sich der Geist erschließt, ist zuletzt die Form des eigenen Tuns."* Deshalb ist für Cassirer ebenso wie für Kant und Peirce die Frage nach der Objektivität dessen, was man als *„Ding an sich"* verstehen könnte, auch ein *„falsch gestelltes Problem"* bzw. ein *„Trugbild des Denkens".*[195]

Ganz ähnlich hat auch Nietzsche den Trieb zur Metaphernbildung, der nicht nur die Sache selbst im Auge hat, sondern immer auch das besondere Interesse von Menschen an der jeweiligen Sache, als einen *„Fundamentaltrieb des Men-*

---

194 W. von Humboldt: Werke. Bd. 3, S. 477.
195 E. Cassirer: Philosophie der symbolischen Formen. Bd. 1. 1964⁴, S. 48.

schen" angesehen, *„den man keinen Augenblick wegrechnen kann, weil man damit den Menschen selbst wegrechnen würde* [...].[196]

Eine solche anthropologische Rechtfertigung des Metapherngebrauchs ist natürlich allen positivistisch orientierten Wissenschaften höchst suspekt, aber nicht denjenigen Wissenschaften, die der Frage nach den Konstitutionsbedingungen ihres jeweiligen Wissens nicht prinzipiell ausweichen wollen, sondern diese allenfalls aus methodischen Gründen zeitweise auszuklammern versuchen. Ein Sachwissen, das die Frage nach dessen eigenen Voraussetzungen bei der Wissensbildung als überflüssig ansieht, ist sicherlich kein anthropologisch tragfähiges und fruchtbares Wissen. Eben weil Menschen ihr jeweils neues Wissen nur mit Hilfe ihres schon vorhandenen Wissens konkretisieren können, ist der metaphorische Sprachgebrauch dann auch in allen Formen einer umfassenden Wissensbildung ganz unausweichlich, da der Mensch im Prinzip sein Streben nach einem tragfähigen und relevanten Wissen nicht auf dasjenige Wissen reduzieren sollte, das auch über eine formalisierte Fachsprache oder gar eine mathematische Formelsprache objektiviert werden kann.

In der Renaissance ist zwar das Verfahren, über Ähnlichkeiten bzw. Analogien neues Wissen zu erzeugen, in einen ziemlichen Verruf gekommen, weil darin ein höchst spekulatives Verfahren der Wissensbildung gesehen wurde, das zu keinem sicheren Wissen führe. Das wurde erst grundsätzlich anders als Kant in seiner Vernunftkritik auch der menschlichen Einbildungskraft eine konstitutive Funktion bei der Wissensbildung eingeräumt hatte, die natürlich immer auch auf Gleichnisse und Metaphern angewiesen ist. Deshalb hat dann auch Jean Paul Metaphern metaphorisch als *„Brotverwandlungen des Geistes"* bezeichnet und die Sprache als *„ein Wörterbuch erblasseter Metaphern."* [197]

Wenn man der menschlichen Einbildungskraft, sei es nun als gattungsspezifisches allgemeines Phänomen oder als individuelles Begabungsphänomen, eine tragende Rolle in Wahrnehmungs- und Erkenntnisprozessen zuordnet, dann bekommt die Metapher immer eine konstitutive kognitive Funktion in allen anspruchsvollen menschlichen Sinnbildungsprozessen, weil gerade sie dem Denken und Wahrnehmen immer eine große geistige Flexibilität ermöglicht. Diese Kraft kann dann allerdings sowohl erkenntniserweiternde als auch erkenntnisverzerrende Konsequenzen für sprachlich objektivierte Erkenntnisprozesse haben. Das bedeutet, dass die Zauberstabsfunktionen von Metaphern einen durchaus ambivalenten Charakter besitzen, weil ihre Analogiepostulate sowohl neuartige Wahrnehmungen ermöglichen als auch unfruchtbare Spekulationen, die

---

196 F. Nietzsche: Über Wahrheit und Lüge im außermoralischen Sinn. Werke Bd. 3. S. 319.
197 J. Paul: Vorschule der Ästhetik. Werke Bd. 9. § 50, S. 184.

dann wirklich als ein bloßes Ähnlichkeitsgemurmel qualifiziert werden können. Gleichwohl lassen sich Metaphern aber auch als vereinfachende heuristische Modelle verstehen, die faktisch unverzichtbar sind, obgleich sie natürlich ständiger Überprüfungen bedürfen.

Als Erkenntnismodelle schließen Metaphern natürlich Sinnbildungsprozesse nicht ab, da sie keine endgültigen dogmatischen Wahrheitsansprüche stellen können, sondern allenfalls Zwischenergebnisse thematisieren, die immer sowohl spezifischen Verifikations- als auch Falsifikationsprozessen unterworfen werden können und auch müssen. Deshalb können Metaphern dann im Prinzip auch nur einen operativ orientierten Fruchtbarkeitsanspruch stellen, aber keinen normativen Abbildungsanspruch. Sie dienen nämlich vor allem dazu, bestimmte Einzelphänomene aus dem Kontinuum unserer Erfahrungen und Anschauungen herauszulösen und als eigenständige Denkinhalte fassbar zu machen, gerade weil sie diese ja in ziemlich ungewohnten Zusammenhängen sichtbar zu machen versuchen.

Das beinhaltet dann, dass das eigentlich Interessante in den modelltheoretischen Analysen von Metaphern meist weniger das Ergebnis der jeweiligen Objektivierungsanstrengungen ist, sondern eher der heuristische Vorgang der Modellbildung und der Modellqualifizierung. Der Wert von Modellbildungen liegt dementsprechend auch weniger in ihren faktischen Behauptungen, sondern eher in ihrem Anregungspotential für ergänzende Sinnbildungs- bzw. Korrelationsanstrengungen. Das ist dadurch bedingt, dass Metaphern die Komplexität ihres Bezugsbereiches bzw. ihres Originals einerseits vereinfachen oder sogar trivialisieren, aber eben dadurch uns dann auch immer dazu zwingen, ihre Behauptungsinhalte hinsichtlich ihrer Reichweite und Brauchbarkeit genauer ins Auge zu fassen. Dadurch gewährleisten sie wie faktisch alle hypothetischen Modelle auch, dass die innere Dynamik von Erkenntnisprozessen nicht abgeschlossen, sondern vielmehr angeregt wird, weil dabei die entstehenden zentripetalen und zentrifugalen Kräfte in ein fruchtbares Gleichgewicht gebracht werden müssen.

Diese Grundstruktur von sinnvollen Modellbildungen als Erkenntnismitteln legt es dann auch nahe, sich genauer mit den Prämissen und Konsequenzen von konkreten Metaphern zu beschäftigen, um deren Erkenntnis- und Verschleierungspotentiale genauer zu erfassen. Alle theoretischen Modellbildungen zwingen uns nämlich immanent dazu, uns selbst kognitiv zu bewegen und eben dadurch auch solche Aspekte von Denkgegenständen zu erfassen, die uns ansonsten verborgen geblieben wären.

Wenn nun im Folgenden unterschiedliche Metaphernmodelle vorgestellt werden, so geht es dabei nicht darum, einem dieser Modelle die Kaiserkrone aufzusetzen, sondern vielmehr darum, die spezifischen Stärken und Schwächen dieser Modelle sichtbar zu machen, um ihre Zauberstabsfunktionen angemessen qualifizieren zu können. Es beinhaltet zugleich aber auch immer das Ziel, diese Modelle nicht nur hinsichtlich ihrer formalen Strukturen und ihrer inhaltlichen Behauptungen ins Auge zu fassen, sondern auch hinsichtlich ihrer jeweiligen Entstehungsgeschichte und den damit verbundenen Erkenntnisinteressen. Dabei wird sich dann auch herausstellen, dass sich die jeweiligen Metaphernmodelle nicht nur faktisch überschneiden, sondern auch ergänzen können, da sie natürlicherweise immer nur Teilaspekte von Metaphern in den Mittelpunkt der Aufmerksamkeit rücken. Die unterschiedlichen Metaphernmodelle geben uns so gesehen deshalb auch nicht nur Aufschluss über das Metaphernphänomen selbst, sondern auch über die unterschiedlichen historischen, systematischen und individuellen Erkenntnisinteressen, die Menschen mit dem Gebrauch von Metaphern verbinden können.

8.2 Das Substitutionsmodell

Unter den heuristischen Erklärungsmodellen für Metaphern ist sicherlich das Substitutionsmodell das älteste und bekannteste. Es geht auf Aristoteles und die antike Rhetorik zurück und hat nachhaltig dazu beigetragen, den metaphorischen Sprachgebrauch als einen uneigentlichen und etwas rätselhaften Sprachgebrauch zu verstehen, weil er zwar vom eigentlichen abweiche, aber im Prinzip dennoch sehr wirksam werden könne, wenn man eine besondere Begabung zum Erfassen von Ähnlichkeiten bzw. Analogien besitze, was schon Aristoteles klar thematisiert hat: *„Denn dies ist das Einzige, was man nicht von einem anderen erlernen kann, und ein Zeichen von Begabung. Denn gute Metaphern zu bilden bedeutet, daß man Ähnlichkeiten zu erkennen vermag."*[198]

Das tradierte Substitutionsmodell für Metaphern gründet sich nun allerdings auf ontologische und sprachtheoretische Prämissen, die inzwischen ziemlich problematisch geworden sind. Es baut nämlich auf der Grundüberzeugung auf, dass Kosmos und Logos bzw. Welt und Sprache sich als weitgehend analoge Ordnungszusammenhänge ansehen lassen, weswegen sich dann auch Seinsformen und Sprachformen in eine symmetrische Korrelation miteinander bringen ließen. Diese Sprachauffassung ist zwar schon von antiken Skeptikern in Frage gestellt worden, aber dadurch wurde der grundlegende Optimismus nicht aus der Welt geschafft, dass Welt und Sprache als symmetrisch aufeinander bezogene Phänomene verstanden werden könnten. Dieses grundlegende Sprachvertrauen hat

---

198 Aristoteles: Poetik. 1999, S. 75–77.

dann auch die Annahme begünstigt, dass man beim Sprachgebrauch einen eigentlich zu verwendenden sprachlichen Ausdruck zumindest spielerisch durch einen semantisch ähnlichen ersetzen könne, sofern man eine Begabung zum Sehen von Ähnlichkeiten besitze. Das legte dann auch nahe, das Wort *Krieg* durch das Wort *Schwert* zu ersetzen oder das Wort *sterben* durch das Wort *einschlafen*.

Dieses Verständnis von Metaphern als Substitutions- bzw. Spielphänomene ist natürlich nicht unsinnig, aber in vielen Hinsichten doch problematisch, weil dadurch die mit Metaphern verbundenen Sinnbildungsprozesse sehr vereinfacht werden. Die Hauptschwäche dieses Ansatzes besteht darin, das Metaphernproblem nur als ein Benennungsproblem zu verstehen und nicht auch als ein Erkenntnis- und Sinnbildungsproblem, das uns dazu zwingt, Altbekanntes in neuen Perspektiven wahrzunehmen.

Wenn wir das nicht zureichend berücksichtigen, dann werden wir nämlich darüber hinweggetäuscht, dass Metaphern nicht nur eine sprachliche Etikettierungsproblematik beinhalten, sondern auch eine Wahrnehmungsproblematik, insofern sie Altbekanntes ja in neue Korrelationszusammenhänge stellen und eben dadurch dann auch neue Aspekte und Interaktionsmöglichkeiten sichtbar machen. Das bedeutet, dass uns Metaphern gleichsam dazu zwingen, Phänomene mit anderen Augen als üblich zu sehen bzw. ihre tradierte kognitive Erfassung nicht als abgeschlossen zu betrachten.

Die pragmatische Funktion von Metaphern, neuartige Sichtweisen auf Altbekanntes zu eröffnen, lässt sich nämlich in vielen Hinsichten mit der Funktion von Hofnarren in erstarrten höfischen Lebenswelten analogisieren. Auch Hofnarren werden nämlich einerseits in solchen Welten nicht ganz ernst genommen, da sie ja vordergründig in einem ganz wörtlichen Sinne für *verrückt* angesehen werden. Sie haben aber in der isolierten höfischen Welt die unabdingbare pragmatische Funktion, verfestigte Wahrnehmungsperspektiven dadurch in Frage zu stellen, dass sie faktisch auf ganz andere aufmerksam machen. Eben dadurch bekommen sie dann die Funktion, zu ganz bestimmten Erneuerungsprozessen in den erstarrten höfischen Welten beizutragen, ohne diese gänzlich in Frage zu stellen. Ebenso wie der Kindermund kann daher dann auch der Narrenmund praktische Wahrheiten kundmachen.

Im Denkrahmen des Substitutionsmodells lassen sich Metaphern recht problemlos als *verrückte* Sprachformen verstehen, die die üblichen Redeweisen zwar problematisieren, aber nicht prinzipiell in Frage stellen, da sie ja gleichsam geduldete Varianten des etablierten konventionalisierten Sprachgebrauchs im Sinne des Langue-Konzepts von de Saussure sind. Sie könnten deshalb dann auch faktisch geduldet werden, da sie ja indirekt auf ganz bestimmte Schwächen oder Defizite des etablierten Sprachsystems aufmerksam machen und eben dadurch dann auch eine Regeneration des konventionalisierten Denkens und Sprechens ermöglichen. Dadurch verhindert der metaphorische Sprachgebrauch dann auch, dass eine durchregulierte Sprache ebenso wie ein durchregulierter Hofstaat an sich selbst zugrunde geht, weil beide neuen Ordnungsbedürfnissen nicht mehr gewachsen sind.

Ebenso wie die Zunft der Hofnarren als Hofnarren ausstirbt, wenn diese funktional sehr erfolgreich sind und sich als Ratgeber faktisch durchsetzen, so können auch erfolgreiche Metaphern sterben, wenn sie zu konventionell akzeptierten Prädikationen bzw. Begriffen geworden sind bzw. zu *toten Metaphern*. Das bestätigt dann auch das schon zitierte Diktum Jean Pauls, dass Metaphern als *„Brotverwandlungen des Geistes"* anzusehen seien und dass die Sprache letztlich ein *„Wörterbuch erblasseter Metaphern"* sei.

Ganz ähnlich hat in neuerer Zeit Christian Strub Metaphern als *„kalkulierte Absurditäten"* bzw. als kreative Missgriffe im etablierten Sprachgebrauch bezeichnet, die einen immanenten Zwang ausübten, die Sprache nicht als ein abbildendes, sondern als ein vermittelndes bzw. interpretierendes Werkzeug ernst zu nehmen.[199] Ohne den metaphorischen Sprachgebrauch kann man die Sprache nämlich weder als ein evolutionär gewachsenes Kulturgebilde betrachten noch als ein anpassungsfähiges Zeichensystem mit fremdbezüglichen und selbstbezüglichen Ordnungsstrukturen. Zumindest die natürliche Sprache lebt davon, dass ihre Wörter nicht als stabile vorgegebene kognitive Bausteine in Erscheinung treten, sondern als Repräsentanten von menschlichen Kategorisierungsanstrengungen, die sich im konkreten Sprachgebrauch immer wieder chamäleonisch aktuellen Objektivierungsfunktionen anpassen müssen. Das hat dann ja auch schon Humboldt sehr plastisch *„als sich ewig wiederholende Arbeit des Geistes"* bezeichnet, *„den articulirten Laut zum Ausdruck des Gedankens fähig zu machen".*[200]

Die Spezifik des Substitutionsmodells besteht nun allerdings darin, dass das Metaphernproblem als ein spezifisches Wortproblem akzentuiert wird und nicht als ein Relationsproblem zwischen Wörtern, was zwar bestimmte Vorteile hat, aber auch gravierende Nachteile. Der Vorteil besteht darin, dass es das Metaphernproblem so vereinfacht, das es übersichtlich wird. Der Nachteil besteht darin, dass dadurch wichtige Aspekte von Metaphern aus dem Fokus der Aufmerksamkeit geraten, weil auf diese Weise Vorentscheidungen getroffen werden, die unseren Blick auf die pragmatischen Dimensionen des Metaphernphänomens einengen. Das verdeutlicht sich, wenn wir uns die Differenz zwischen einer

---

199 Ch. Strub: Kalkulierte Absurditäten. 1991.
200 W. v. Humboldt: Werke. Bd. 3, S. 418.

Substanzenontologie und einer Relationen- bzw. Funktionenontologie näher vergegenwärtigen.

Die Substanzenontologie geht von der Prämisse aus, dass die materielle und geistige Welt im Prinzip aus der Existenz von eigenständigen und in sich stabilen Wesenheiten bzw. Substanzen bestehe, die dann zu Trägern von spezifischen unselbstständigen Eigenschaften bzw. Akzidenzien werden können, die den jeweiligen Substanzen nicht notwendigerweise, sondern nur möglicherweise zukommen. Diese ontologische Hypothese ermöglicht es den Menschen dann einerseits, die Welt auf übersichtliche Weise kategorial zu erfassen, und andererseits, sie auf übersichtliche Weise kategorial zu beschreiben. Für die kategoriale Erfassung von Substanzen wären dann vor allem die Substantive zuständig und für die Thematisierung von akzidentiellen Besonderheiten die Verben und Adjektive.

Die Substanzenontologie hat als ontologisches Konzept nun einerseits den Vorteil, dass jeder sprachlichen Denkgröße im Prinzip eine natürliche Korrespondenz zu einer bestimmten ontischen Größe zugeschrieben werden kann. Daraus ergibt sich im Sinne des Substitutionsmodells dann die Chance, eine bestimmte sprachliche Etikettierung von angenommenen Substanzen und Akzidenzien spielerisch durch andere zu ersetzen, ohne dabei eine schon vorgegebene Weltordnung grundsätzlich in Frage zu stellen, sofern dabei ganz bestimmte ontische Ähnlichkeiten zwischen den jeweils zu benennenden Sachverhalten beachtet werden.

Die Schwäche des Substitutionsmodells im Sinne eines impliziten Ähnlichkeitsmodells liegt nun aber darin, dass dabei das Metaphernphänomen weitgehend als bloßes Ähnlichkeits- bzw. Wortphänomen verstanden wird und nicht als ein heuristisches Interpretationsphänomen, das auch ganz bestimmte syntaktische und pragmatische Implikationen hat. Es reduziert unsere Wahrnehmungsperspektive nämlich weitgehend auf die Wort- bzw. Benennungsebene der Sprache und blendet die syntaktische und prädikative Ordnungsebene der Sprache deutlich aus. Diese Schwäche offenbart sich recht klar, wenn wir neben dem substanzorientierten Denkansatz auch noch einen relations- bzw. funktionsorientierten berücksichtigen. Dieser wird nämlich durch die konstruktivistische Grundannahme geprägt, dass es im Grunde keine autonomen vorgegeben Bausteine in der Welt und in der Sprache gebe, sondern dass die Einzelelemente in der Sprache ihr konkretes Profil erst dadurch bekommen, dass Menschen sie auf eine ganz bestimmte Weise so in syntaktische bzw. funktionale Zusammenhänge miteinander bringen, dass sie sich dadurch wechselseitig Gestalt und Profil geben.

Auf diesen Umstand ist ja auch schon im Zusammenhang mit Schapps phänomenologischer These aufmerksam gemacht worden, dass Wörter im Prinzip nicht als sprachliche Etiketten für substanziell vorgegebene Seinstatbestände verstanden werden sollten, sondern vielmehr als Überschriften von Geschichten, die durch sie in Erinnerung gerufen werden. Auch Humboldt hat auf dieses semantische Fließgleichgewicht von Wörtern hingewiesen als er folgende These formuliert hat: *„Es giebt nichts Einzelnes in der Sprache, jedes ihrer Elemente kündigt sich nur als Theil eines Ganzen an."*[201]

Wie sehr die Kategorie der *Substanz* im gegenwärtigen wissenschaftlichen Denken gegenüber der Kategorie der *Relation* bzw. der *Funktion* an Gewicht verloren hat, obwohl sie immer noch unser Alltagsdenken weitgehend prägt, mag eine Äußerung des zeitgenössischen italienischen Physikers Carlo Rovelli belegen.

> Genau genommen, sind auch die „Dinge", die am ehesten als solche erscheinen, im Grunde nichts anderes, als lang während Ereignisse. Betrachtet im Lichte dessen, was wir aus der Chemie, der Physik, der Mineralogie, der Geologie und der Psychologie wissen, ist auch der härteste Stein in Wahrheit ein komplexes Schwingen von Quantenfeldern, ein momentanes Wechselwirken von Kräften, also ein Prozess, dem es für einen kurzen Augenblick gelingt, in einem sich selbst ähnlichen Gleichgewicht zu verharren, ehe es wieder zu Staub zerfällt. Es ist ein flüchtiges Kapitel in der Geschichte von Wechselwirkungen der Elemente des Planeten, eine Spur der steinzeitlichen Menschheit, eine Waffe für Lausbuben, ein Musterbeispiel in einem Buch über die Zeit, eine Metapher für eine Ontologie, ein Bestandteil der Welt, der eher von der Struktur unserer physischen Wahrnehmungsfähigkeit als vom wahrgenommenen Objekt abhängt. Und letztlich ist er ein verwickelter Knoten in diesem flüchtigen kosmischen Spiel, das die Realität ausmacht."[202]

Wenn wir nun aber die Welt nicht als Ansammlung von ontisch vorgegebenen Substanzen und Akzidenzien verstehen, sondern als einen Denkrahmen für die Wechselwirkungen zwischen variablen Größen, dann wird die Vorstellung von vorgegebenen Substanzen, die schon vorab festlegen, welche Korrelationen sie eingehen können bzw. welche Funktionen sie ausüben können oder nicht, ziemlich problematisch. Vielmehr haben wir anzunehmen, dass vorgegebene Größen nicht vorab schon da sind, sondern dass sie sich erst in bestimmten Prozessen konstituieren. Dadurch verliert dann auch der Substanzbegriff bzw. der Substitutionsbegriff seine angenommene heuristische Analyse- und Erkenntnisfunktion.

Das hat dann natürlich auch die Konsequenz, dass das Substitutionsmodell für die Aufklärung des Metaphernproblems nur eine beschränkte Hilfe leisten kann, weil in ihm der pragmatisch zu verstehende Funktions- und Relationsgedanke zu kurz kommt. Deshalb sollen im Folgenden eine Reihe von Analyse-

---

201 W. v. Humboldt: Werke. Bd. 3, S. 10.
202 C. Rovelli: Die Ordnung der Zeit. 2018, S. 85 f.

modellen vorgestellt werden, die in unterschiedlichen Perspektivierungen und Akzentuierungen die Struktur- und Funktionsprofile von Metaphern verdeutlichen, die im Substitutionsmodell zu kurz kommen. Ihnen allen ist nämlich gemeinsam, dass sie das Metaphernphänomen nicht nur auf die Wortebene der Sprache reduzieren, sondern vielmehr auch auf die Ebene der Interaktion von Wörtern mit anderen Wörtern bzw. mit faktischen Sacherfahrungen ausweiten. Es bedeutet weiter, dass Metaphern insgesamt eine unersetzliche Rolle in allen Selbsterzeugungs- und Selbsterneuerungsprozessen von Sprache spielen, die zugleich auch intersubjektiv verständlich und brauchbar sind.

8.3 Das Prädikationsmodell

In einer nahezu idealtypischen Opposition zum Substitutionsmodell steht das Prädikationsmodell, das die Metapher nicht nur als ein unüblich verwendetes Wort bestimmt, sondern auch als eine in sich widersprüchliche explizite oder implizite Aussage, die allerdings nicht gleich als völlig unsinnig abgetan werden kann. Allerdings darf dann die jeweilige metaphorische Aussage nicht auf rein mechanische bzw. wortwörtliche Weise verstanden werden, sondern als eine besondere Mitteilungsform, die ganz bestimmten heuristischen Zielsetzungen verpflichtet ist. Was metaphorische Aussagen vordergründig behaupten, ist unter diesen Umständen dann nur auf den ersten Blick widersprüchlich und unsinnig, aber keineswegs auf den zweiten.

Harald Weinrich hat deshalb dann auch die Metapher nicht als ein unüblich verwendetes Wort bestimmt, sondern vielmehr als eine *„widersprüchliche Prädikation"*, in der ein ganz bestimmter Grundbegriff bzw. eine bestimmte Grundvorstellung mit Hilfe eines eigentlich unzulässigen Bestimmungsbegriffs bzw. einer sachlich unbrauchbaren Erläuterungsvorstellung präzisiert wird. Das rechtfertigt für Weinrich dann auch die These, dass die Metapher nicht als ein einzelnes Wort zu verstehen sei, sondern vielmehr als ein kleines *„Stück Text"*, der dann allerdings selbst keine semantische Kohärenz im Rahmen des üblichen Verständnisses der jeweils verwendeten Begriffe bzw. Wörter mehr hat.[203]

Diese These bedeutet dann natürlich, dass das Metaphernphänomen nicht im Rahmen der Lexik als ein spezifisches Substitutionsproblem diskutiert werden kann, sondern im Prinzip nur im Rahmen der Syntax als ein ganz spezifisches Prädikationsproblem, da Metaphern ja eine in sich widersprüchliche Sachbehauptung (contradictio in adiecto) in die Welt setzen, die nicht einfach dadurch

---

203 H. Weinrich: Sprache in Texten. 1976, S. 308 und 319.

beseitigt werden kann, dass man an Stelle eines falsch verwendeten Wortes das richtige einsetzt. Auf diese Weise könnte man dann aber allenfalls begriffliche Widersprüchlichkeiten entschärfen, aber keineswegs dem Sinn eines metaphorischen Sprachgebrauchs auf die Spur kommen, eben weil hinter diesem natürlich eine ganz besondere Sinnbildungsintention steht, die allerdings nicht fassbar wird, wenn man nur ein vermeintlich falsch verwendetes Wort durch ein vermeintlich richtiges ersetzt.

So betrachtet weitet sich dann das Problem der Metapher zu einem genuinen erkenntnistheoretischen Problem aus, bei dem nicht nur die faktische Sachadäquatheit eines bestimmten Wortes zur Debatte gestellt werden kann, sondern zugleich auch das Problem, ob man mit Sprache die Welt überhaupt sachgerecht erfassen oder gar abbilden kann. Außerdem wäre auch zu diskutieren, ob man die gegebenen Sachverhalte nur mit Hilfe von sprachlichen Begriffen und Aussagen adäquat repräsentieren bzw. kognitiv abbilden kann oder ob man sich diesen auch mit Hilfe von Bildern und Analogien annähern kann bzw. mit Hilfe eines ikonischen Sprachgebrauchs.

Explizite Aussagesätze bzw. Prädikationen lassen sich logisch als Sachbehauptungen verstehen, die man direkt mit der Wahrheitsfrage konfrontieren kann, was im Hinblick auf isolierte Wörter und Begriffe kaum sinnvoll ist, sondern eigentlich nur im Hinblick auf explizite Aussagen bzw. Prädikationen. Diese sind nämlich dadurch gekennzeichnet, dass eine Determinationsrelation hergestellt wird, bei der das Subjekt eines Aussagesatzes als Gegenstandsbegriff in Erscheinung tritt und der Bestimmungsbegriff in Form eines Prädikats bzw. in Form eines Prädikatsverbandes mit Einschluss von Objekten und adverbiellen Bestimmungen. Logisch gesehen repräsentiert dabei das Subjekt insbesondere in Form von Substantiven oder Subjektsätzen das jeweils Zugrundeliegende (subiectum, hypokeimenon) einer Prädikation bzw. einer Aussage und das Prädikat den Denkinhalt, der von diesem Subjekt präzisierend ausgesagt wird (praedicatum).

Als implizite Prädikationen kann man nun diejenigen syntaktischen Determinationsrelationen ansehen, die zwischen einem Verb und seinen jeweiligen Objekten bestehen (*Sie verschlingt den Roman.*) sowie solche, die zwischen einem Verb und seinen jeweiligen adverbialen Bestimmungen vorliegen (*Er redet farbig.*). Ähnliches gilt im Deutschen dann auch für die Verwendung von postdeterminierende Genitivattributen (*der Stich der Ironie*). Auffällig für das Deutsche ist bei impliziten metaphorischen Prädikation nun allerdings, dass es bei den adjektivischen Attributen und den Komposita eine prädeterminierende Korrelationsfunktion zwischen dem jeweiligen Grundbegriff und dem jeweiligen Bestimmungsbegriff gibt (*scharfe Zunge*, *Wortsalat*). Das führt dann dazu, dass der jeweilige Bestimmungsbegriff grammatisch und semantisch sehr eng mit dem jeweiligen Gegenstandsbegriff zu einer kohärenten Gesamtvorstellung verschmilzt.

Prädikationen als logisch motivierte Determinationsrelationen zwischen einem Gegenstandsbegriff und einem erläuternden Bestimmungsbegriff liegen in der Sprache immer dann vor, wenn eine Grundvorstellung durch eine Zusatzvorstellung präzisiert wird. Dadurch wird sprachhandlungsmäßig dann auch eine Sachbehauptung in die Welt gesetzt, für dessen Wahrheitsgehalt der jeweilige Sprecher die Verantwortung trägt bzw. die Sprach- und Kulturgemeinschaft, die diese Korrelationsmöglichkeit für faktisch denkbar und pragmatisch sinnvoll hält.

So gesehen lassen sich neugebildete metaphorische Prädikationen logisch recht gut als in sich widersprüchliche explizite oder implizite Prädikationen verstehen, weil sie Determinationsrelationen postulieren, die wegen ihrer begrifflichen Inkohärenzen eigentlich als sprachlich und begriffslogisch unzulässig angesehen werden müssten, die aber dennoch nicht als unsinnig qualifiziert werden können, da man ihnen als metaphorisch zu verstehende Äußerungen eine ganz spezifische Mitteilungsfunktion zuordnen kann. Das bedeutet, dass in den Verstehensweisen von metaphorischen Redeweisen nicht nur die begrifflichen Widersprüchlichkeiten eine Rolle spielen, sondern auch bildliche bzw. ikonische Sinnbildungsstrategien, die mit Hilfe rein begrifflicher Redeweisen nicht zu realisieren wären. Was auf den ersten Blick nämlich begrifflich als widersprüchlich und inkohärent erscheint, das kann auf den zweiten Blick im Rahmen von ikonischen bzw. bildlichen Verstehensprozessen durchaus als sinnvoll erscheinen. Auf die menschlichen Fähigkeiten für solche analogisierende Verstehensprozesse gründen sich jedenfalls explizite und implizite metaphorische Determinationsrelationen aller Art.

Beim Verstehen von insbesondere neu geprägten Metaphern muss sich der jeweilige Rezipient immer selbst geistig bewegen und darf nicht nur seine konventionell gefestigten sprachlichen Verstehensgewohnheiten zugrunde legen. Deshalb lassen sich Metaphern dann eigentlich auch nur im Denkrahmen eines schon konventionalisierten Sprachgebrauchs als widersprüchliche Prädikationen qualifizieren, aber nicht im Denkrahmen eines heuristischen und analogisierenden Sprachgebrauchs, bei dem sowohl die Sprechenden als auch die Hörenden ihre Wahrnehmungsperspektiven flexibel gestalten können. Beim Gebrauch von metaphorischen Redeweisen müssen alle Beteiligten grundsätzlich sensibel dafür sein, dass alle sprachlichen Objektivierungsformen sich dem zu Objektivierenden nur asymptotisch annähern, aber dieses nicht deckungsgleich sprachlich abspiegeln können.

Wenn neu in die Welt gesetzte Metaphern eine sinnvolle geistige Strukturierungsfunktion erfüllen, dann gehen sie allerdings schnell in den konventionellen Sprachgebrauch ein und werden dadurch zu *toten Metaphern*, da sie gleichsam an ihrem eigenen Erfolg sterben und nicht mehr als hypothetisierende heuristische Hilfsmittel in Erscheinung treten, sondern vielmehr als konventionalisierte sprachliche Objektivierungsformen für die jeweiligen Denkgegenstände und Mitteilungsintentionen.

Wenn Metaphern allerdings die grundlegenden Objektdifferenzierungen einer Kultur in Frage stellen bzw. die grundlegenden pragmatischen und kulturellen Differenzierungen, was im modernem ästhetischen Sprachgebrauch natürlich sehr häufig vorkommt, dann wird das Verständnis und die Wertschätzung von Metaphern natürlich sehr problematisch, weil sich der ästhetische Sprachgebrauch dann gleichsam zu einer Sondersprache entwickelt, die oft nur noch für Eingeweihte verständlich ist, eben weil sie dann nur noch wenige Bezüge zur alltäglichen Lebenspraxis aufweist und eben deshalb auch eine ganz besondere Sprachsensibilität voraussetzt. Diesbezüglich ist dann auch der Begriff der *kühnen Metapher* hilfreich, den Weinrich geprägt hat.

Kühne Metaphern sind für Weinrich nicht diejenigen Metaphern die ontisch sehr weit auseinanderliegende Sachverhalte determinierend aufeinander beziehen, sondern solche Sachverhalte, die in unserer alltäglichen Lebenspraxis sehr eng nebeneinander liegen und die eben deshalb dann auch streng unterschieden werden müssen. Das trifft dann beispielsweise auf attributive Determinationsrelationen vom Typ *hölzernes Eisen* oder *schwarze Milch* zu. Diesem Typ von Metaphern eine intersubjektiv verständliche Information zuzuordnen, fällt sicherlich schwerer als denjenigen Metaphern, die ontisch sehr weit auseinanderliegende Erfahrungssachverhalte determinierend miteinander in Beziehung setzen, weil hier unserem spekulativen Denken eine recht freie Bahn gegeben wird, bei der wir kaum noch Rücksicht auf unabweisbare empirische Einzelerfahrungen nehmen müssen. Deshalb laufen dann natürlich kühne Metaphern auch nicht Gefahr, als tote Metaphern in den üblichen Wortschatz der natürlichen Sprache überzugehen. Sie bleiben gleichsam ständig sprachliche Stolpersteine, die nicht nach und nach unsere allgemeine kulturelle Weltsicht prägen, weil sie eher zu Bestandteilen einer Sondersprache werden.

Der besondere sprachtheoretische Wert des Prädikationsmodells besteht nun darin, dass es uns dabei hilft, in einer begriffslogisch akzentuierten Perspektive das Metaphernphänomen wahrzunehmen und strukturell zu beschreiben. Im Gegensatz zu dem Substitutionsmodell macht es uns nämlich sehr nachhaltig auf das Problem aufmerksam, dass Metaphern nicht nur lexikalische, sondern auch syntaktische und logische Implikationen und Aspekte haben, die man nicht vernachlässigen sollte.

Mit dieser Feststellung ist nun allerdings noch recht wenig über die pragmatischen, kulturellen und anthropologischen Aspekten von Metaphern gesagt bzw. darüber, wie Metaphern in Wahrnehmungs- und Erkenntnisprozessen konkret als Zauberstäbe in Erscheinung treten können, um Tatbestände und Ordnungsstrukturen sprachlich thematisieren zu können, die sich ansonsten unserer direkten Aufmerksamkeit weitgehend entziehen würden. Das Prädikationsmodell bietet uns nämlich gute Hilfen dafür an, wie man Metaphern in ihren unterschiedlichen sprachlichen Realisationsformen als solche erfassen kann, aber weniger gute Hilfen dafür, die pragmatische Funktion von Metaphern als interpretative Zauberstäben in sprachlichen Sinnbildungsprozessen genauer zu verstehen. Diesbezüglich ist dann das Substitutionsmodell mit ihren Ähnlichkeitspostulaten wesentlich hilfreicher, was dann auch für die Metaphernmodelle gilt, die im Folgenden noch zu thematisieren sind.

8.4 Das Projektionsmodell

Das Projektionsmodell für die Strukturierung des Metaphernproblems geht maßgeblich auf den Psychologen Karl Bühler zurück, der der Gestaltpsychologie seiner Zeit recht nahe stand. Es geht ebenso wie das Prädikationsmodell davon aus, dass Metaphern prinzipiell nicht als Einzelwörter anzusehen seien, sondern vielmehr als Korrelationsphänomene aus mindestens zwei unterschiedlichen Sprachelementen, die aber weniger in der Relation einer Widersprüchlichkeit zueinander stehen, sondern eher in der Relation einer kreativen Gestaltbildung.

Dabei geht Bühler von der Grundüberzeugung aus, dass im Prinzip jede Form der Gestaltbildung dadurch geprägt sei, dass eine *Gestalt* immer mehr als bloß die Summe ihrer jeweiligen Teile sei, eben weil Gestalten nicht aus der bloßen Anhäufung von Teilen hervorgingen, sondern vielmehr aus der prägnanten Korrelation ihrer jeweiligen Teileelemente. Eben deshalb hat dann ja auch ein Haus immer eine größere Gestalthaftigkeit als ein additiver Haufen aus Steinen und Mörtel.

Wichtig ist bei diesem Denkansatz dann weiter, dass alle Gestaltbildungen im Prinzip Ergebnisse von Umstrukturierungsprozessen sind, in denen die jeweiligen Teileelemente selbst ein ganz neues Profil bekommen können, das nicht nur aus den Methoden bzw. Regeln der jeweiligen Zusammenfügungen resultiert, sondern auch aus den nicht immer ganz voraussehbaren gestalterischen Effekten, die sich aus den jeweiligen Formen der Zusammenfügungen der Teile ergeben können. So gesehen können dann Metaphern auch immer als Ergebnisse von

gestaltbildenden Syntheseleistungen angesehen werden, die zunächst methodisch und intentional gar nicht in Betracht gezogen worden sind, sondern sich
einfach aus bestimmten experimentellen Setzungen spontan ergeben haben. Das
schließt dann allerdings auch nicht aus, dass man in nachhinein die jeweiligen
Sinnbildungsergebnisse auch argumentativ erklären bzw. interpretativ näher erläutern kann.

Bühler hat deshalb seine Auffassung von den Gestaltbildungsprozessen des
metaphorischen Sprachgebrauchs folgendermaßen illustriert und konkretisiert.
Seiner Meinung nach werden bei metaphorischen Prädikationen mindestens
zwei unterschiedliche Einzelvorstellungen bzw. zwei unterschiedliche Sach- und
Begriffssphären syntaktisch so aufeinander projiziert, dass dadurch eine ganz
neuartige Gesamtvorstellung sprachlich objektiviert wird, die durchaus auch einen spezifischen heuristischen Überraschungseffekt beinhalten kann, eben weil
etwas ganz Unterschiedliches zu einem sinnvollen neuen Denkinhalt amalgamiert wird.

Diesen Tatbestand exemplifiziert Bühler an dem metaphorisch zu verstehenden Kompositum „*Salonlöwe*".[204] Bei dieser Projektion von zwei konkreten Einzelvorstellungen aufeinander ergibt sich nach Bühler durch die Überlagerung
von zwei eigentlich sehr unterschiedlichen Seinsvorstellungen eine ganz neuartige Vorstellung, deren spezifische Gestalt nicht vorab berechenbar ist, da es in
diesem syntaktischen Projektionsverfahren zur Verstärkung, Auslöschung oder
Veränderung von Einzelmerkmalen der jeweils aufeinander projizierten Vorstellungsgrößen komme. Die neue Vorstellungsgröße lässt sich deshalb auch nicht
sinnvoll mit Hilfe eines bloßen Additionsprinzips erklären, sondern nur mit Hilfe
eines Syntheseprinzips, eben weil ganz heterogene Einzelgrößen zu etwas gänzlich Neuem amalgamiert werden. Solche Tatbestände lassen sich dann auch
durch die sogenannte *Übersummativitätsthese* der Gestaltpsychologie erklären.

Optisch hat Bühler sein Projektionsmodell für Metaphern folgendermaßen illustriert. Wenn man auf senkrecht verlaufende Doppellinien, deren Zwischen-
räume mit schräg verlaufenden Linien schraffiert sind, nun waagerecht verlaufende Doppellinien mit gleichen Schraffierungen projiziert, dann entsteht
dadurch auf wundersame Weise ein Doppelgitter mit ganz neuartigen Struktur-
merkmalen. Einerseits gibt es zwar noch die senkrechten und waagerechten Doppelgitter, aber zugleich bildeten sich auch neuartige Vierecksmuster durch die
Überlagerungen von zwei schraffierten Doppellinien. Es werden also ganz neuartige Wahrnehmungsinhalte durch die Überlagerung von bereits bekannten geschaffen.

---

204 K. Bühler: Sprachtheorie. 1965², S. 348 ff.

So gesehen haben Metaphern für Bühler dann auch eine gewisse Ähnlichkeit bzw. Verwandtschaft mit Rätseln. In beiden Fällen kommt es nämlich nicht zu methodisch erzeugten neuartigen Verstehensinhalten, die Schritt für Schritt erarbeitet werden, sondern vielmehr zu Verstehensergebnissen, die weitgehend auf spontanen Einfällen beruhen bzw. auf spontanen Amalgamierungen und Konzeptverschmelzungen.

Das Projektionsmodell von Bühler hat hinsichtlich der Abläufe von Verstehensprozessen bei Metaphern viele Ähnlichkeiten mit dem Überlagerungskonzept (blending) der amerikanischen Linguisten Fauconnier und Turner, die allerdings in ihren Überlegungen nicht auf das viel früher entwickelte Denkmodell der Gestaltpsychologie bzw. Bühlers aufmerksam machen. Nach dem Überlagerungsmodell von Fauconnier und Turner kommt es nämlich bei Metaphern ebenfalls zu der Integration ganz unterschiedlicher mentaler Vorstellungsbereiche, wodurch sich dann auch ganz neuartige Vorstellungsgestalten bzw. Vorstellungsräume erzeugen lassen.[205]

8.5 Das Interaktionsmodell

Terminologisch geht das Interaktionsmodell für die Aufklärung des Metaphernphänomens auf I. A. Richards aus dem Jahre 1936 zurück. Der Interaktionsbegriff ist dann 1954 von Max Black wieder aufgenommen und ergänzt worden.[206] Richards Metaphernverständnis beinhaltet, dass bei der Bildung von Metaphern ganz unterschiedliche Sachvorstellungen so in einen Wirkungszusammenhang miteinander gebracht werden, dass dadurch eine Gesamtvorstellung erzeugt werde, die sich als „*Resultat der Interaktion beider*" ansehen lasse bzw. als eine Kopräsenz von zwei unterschiedlichen Teilvorstellungen in einer Gesamtvorstellung. Diese Idee kann man sich dann folgendermaßen verdeutlichen. Wenn man beispielsweise den Satz äußert – *Achill ist ein Löwe.* – dann erläutert unsere Vorstellung von einem Löwen unsere Vorstellung von Achill und unserer Vorstellung von Achill zugleich aber auch unsere Vorstellung von einem Löwen.

In diesem Denkrahmen bekommt das Interaktionsmodell dann auch eine gewisse Ähnlichkeit mit dem Prädikations- und Projektionsmodell, insofern alle drei Modelle das Substitutionsmodell weitgehend in Frage stellen, das immer die

---

205 G. Fauconnier / M. Turner: Conceptual integration networks. In: D. Geeraerts (Ed.): Cognitive linguistcs. Basic readings. 2006, S. 303–371.
206 I. A. Richards: Die Metaper. In: A. Haverkamp (Hrsg.): Theorie der Metapher. 1983, S. 31–52. M. Black: Die Metapher, ebenda S. 55–79.

Dominanz einer Grundvorstellung betont und der Bestimmungsvorstellung allenfalls eine erläuternde Hilfsfunktion zubilligt. Es beinhaltet weiterhin auch die immanente These, dass die beiden unterschiedlichen Teile der Metapher weniger in einer Dissonanzrelation zueinander stehen, sondern eher in einer Resonanzrelation, insofern die beiden Teilelemente der Metapher sich ja hinsichtlich ihres individuellen semantischen Profils wechselseitig charakterisieren, wenn nicht konstituieren.

So betrachtet beschränkt sich das Interaktionsmodell dann nicht darauf, die Gründe zu ermitteln, warum die beiden Teile der Metapher in einem faktischen Widerspruchs- bzw. Spannungsverhältnis zueinander stehen. Es will vielmehr herausarbeiten, warum die beiden Teile überhaupt in ein Korrelationsverhältnis zueinander gebracht werden können und welche Interpretationsfunktion das eine Element für das jeweils andere haben kann. Es bedeutet weiter, dass Metaphern im Rahmen dieser Wahrnehmungsperspektive nicht nur als Resultat von analysierenden Denkverfahren wahrgenommen werden, sondern auch als ein Resultat von synthetisierenden Sinnbildungsanstrengungen.

Dieses Verständnis von Metaphern macht es dann auch leichter, diese als heuristische Zauberstäbe zu verstehen, die mit dem Analogieprinzip arbeiten. Ein Denkinhalt wird nämlich immer im Lichte eines anderen wahrgenommen bzw. im Kontext von Resonanzerlebnissen, die sich sogar als Frage-Antwort-Spiele verstehen lassen. Dabei gehört es dann zum Charme von Metaphern, dass nicht immer klar entschieden werden kann, welcher Teil der Metapher als Frage zu verstehen ist und welcher als Antwort.

Außerdem verdeutlicht das Interaktionsmodell, dass Metaphern nicht nur Bezüge zu Objektwelten, sondern auch zu Subjektwelten haben können, gerade weil sie ja beide Welten miteinander zu verschränken versuchen. Es beinhaltet weiter, dass Metaphern auch gut mit dem Interpretantenkonzept von Peirce erläutert werden können, weil sie objektorientierte und subjektorientierte Wahrnehmungsinteressen in ein Fließgleichgewicht zu bringen versuchen, worum es ja auch in dem Prädikations- und Projektionsmodell geht, aber weniger im Substitutionsmodell, das eher rezeptiv als produktiv orientiert ist.

Die faktische Interaktionsdynamik von Metaphern lässt sich weder klar voraussagen noch steuern, aber durchaus nachträglich assoziativ beschreiben. Sofern man die Wörter bzw. die Begriffe der natürlichen Sprache nicht als sprachliche Abbilder vorgegebener Seinsphänomene ansieht, sondern als Überschriften von möglichen Geschichten, in die ganz bestimmte Erfahrungsgrößen miteinander verstrickt sein können, dann lässt sich deren potentielles Sinnbildungspotenzial auch nicht normativ fixieren, sondern allenfalls in einem heuristischen Sinne abschätzen. Dieses hängt nämlich immer entscheidend von der Einbildungskraft der kommunizierenden Menschen ab, die Wörter in ihren Sprachspielen flexibel zu nutzen wissen.

Dadurch verdeutlicht das Interaktionsmodell dann auch recht klar, dass Metaphern nicht nur als sprachliche, sondern immer auch als kognitive Phänomene anzusehen sind, die auch in Konzeptbildungs- und Argumentationsprozessen eine wichtige Funktion spielen können, insofern ja etwas immer im Kontext von etwas anderem sprachlich objektiviert wird. Das beinhaltet dann auch, dass Metaphern nicht wie vorgegebene Werkzeuge zu benutzen sind, da sie ja als Werkzeuge immer erst hergestellt und erprobt werden müssen.

Deshalb haben Lakoff und Johnson in ihren Überlegungen zur metaphorischen Erschließung von faktischen und geistigen Lebenswelten der Menschen (Metaphors we live by) auch davon gesprochen, dass Metaphern zugleich etwas beleuchten und verbergen könnten (highlighting and hiding).[207] Das dokumentiert sich für beide dann auch darin, dass alle Menschen eine natürliche Neigung haben, sich unübersichtliche Phänomene und Begriffe durch übersichtlicher strukturierte sprachlich zu vergegenwärtigen. Ganz ähnlich wie im Substitutionsmodell wird dann auch die abstrakte Vorstellung *Zeit* mit der konkreteren Vorstellung *Geld* analogisiert, die abstrakte Vorstellung *Begriff* durch die konkretere Vorstellung *Gefäß* und die abstrakte Vorstellung *Geist* durch die viel konkretere Vorstellung *Maschine*.

Daraus ergibt sich dann, dass wir die kognitive Leistungskraft von Metaphern nicht immer spontan umfassend erfassen können, sondern erst dann, wenn wir die Interaktionsmöglichkeiten zwischen den in Beziehung gesetzten Vorstellungen bzw. Begriffen tatsächlich erprobt haben. Es bedeutet weiter, dass der metaphorische Sprachgebrauch nicht nur zu einem direkten Erkenntnisfortschritt beiträgt, sondern auch wie das *trojanische Pferd* zu Täuschungszwecken verwendet werden kann. Metaphern können uns nämlich durchaus auch in die Irre führen bzw. sich als Labyrinthe erweisen, aus denen man sich oft kaum noch befreien kann, da sie immer auch einen gewissen suggestiven Denkzwang auf uns ausüben können. Metaphern sind also nicht nur vertrauenswürdige Denkhilfen, sondern können sich auch als manipulative Verschleierungsformen erweisen, wenn wir sie nicht auch in ihren jeweiligen Perspektivierungsfunktionen zu relativieren und zu qualifizieren wissen.

Als positiv kann allerdings vermerkt werden, dass die vielfältigen Interaktionsimplikationen von Metaphern gewährleisten, dass insbesondere die natürliche Sprache ein flexibles Sinnbildungsmittel bleiben kann, weil ihre Struktu-

---

207 G. Lakoff / M. Johnson: Metaphors we live by. 1980, S. 10. / dt.: Leben in Metaphern. 2004⁴, S. 18.

rierungsmöglichkeiten sich ständig kreativ erneuern können. Das hat der Philosoph Bruno Liebrucks folgendermaßen auf den entscheidenden Punkt gebracht: *„Die Metapher ist eine Reflexion des Tuns der Sprache innerhalb der Sprache."*[208] Ganz ähnlich hat diesen Tatbestand auch Martin Seel erläutert: *„Eine Sichtweise als Sichtweise während der Inanspruchnahme dieser Sichtweise zu artikulieren, das allein vermag die figürliche, zum Beispiel die metaphorische Rede."*[209]

Gerade weil zu jedem metaphorischen Sprachgebrauch sowohl eine Nutzung von historisch und kulturell erarbeiteten Sprachkonventionen gehört als auch ein Verstoß gegen diese, können Metaphern sehr flexible heuristische Sinnbildungsmittel werden, die allerdings auch ambivalente Implikationen haben können. Sie ermöglichen nämlich einen schnellen und vielfältigen Wechsel von Wahrnehmungsperspektiven sowie eine vielfältige Korrelation von objektbezogenen und subjektbezogenen Sinnbildungsprozessen, die auch ironische Untertöne einschließen.

Obwohl wir heutzutage traditionell dazu geneigt sind, die begrifflich und konventionell geregelten Redeweisen als sachgerechte und damit dann auch als natürliche Redeweisen anzusehen und die metaphorischen als abweichende Redeweisen, so lässt sich im Kontext der Interaktionstheorie auch fast das Gegenteil annehmen. Historisch gesehen liegt es nämlich nahe, den begrifflich regulierten Sprachgebrauch als einen kulturbedingten späteren Sprachgebrauch anzusehen, der insbesondere die Schriftsprache prägt, und den metaphorischen als den früheren und insofern auch natürlicheren. Während es dem begrifflichen Sprachgebrauch nämlich primär auf die Informationsgenauigkeit von sprachlichen Äußerungen ankommt, geht es im metaphorischen bzw. bildlichen Sprachgebrauch primär um die polyfunktionale und heuristische Erschließung von Welt für die jeweiligen Sprecher.

So gesehen lässt sich dann auch der selbstreflexive metaphorische Sprachgebrauch mit guten Gründen als der natürliche Sprachgebrauch ansehen und der begrifflich konventionalisierte als der nachträglich entwickelte Sprachgebrauch mit reduzierteren pragmatischen Funktionen. Das exemplifiziert gerade der rein objektbezogene fachsprachliche Sprachgebrauch dann auch recht deutlich, der seine komplexen anthropologischen und spielerischen Funktionen zugunsten der Stärkung seiner argumentierenden Funktionen weitgehend verloren hat.

---

208 B. Liebrucks: Sprache und Bewußtsein. Bd. 1, 1964, S. 482.
209 M. Seel: Am Beispiel der Metapher. Zum Verhältnis von buchstäblicher und figürlicher Rede. In: Intentionalität und Verstehen. Herausgegeben vom Forum für Philosophie, 1990, S. 252.

Der amerikanische Philosoph Nelson Goodman hat dieses immanente Spannungsverhältnis zwischen einer durchregulierten formalisierten Fachsprache und einer flexiblen natürlichen Sprache bzw. zwischen einer weitgehend monoperspektivischen und einer polyperspektivischen selbstreflexiven Sprache auf sehr erfrischende Weise metaphorisch folgendermaßen beschrieben: *„Man könnte eine Metapher in der Tat als einen kalkulierten Kategorie-Fehler ansehen – oder eher als eine glückliche und neue Kraft schenkende, wenn auch bigamieverdächtige Wiederverheiratung.“*[210]

8.6 Das Sehen-als-Modell

Die bisher thematisierten Wahrnehmungsmodelle für Metaphern waren weitgehend sprach- und objektorientiert, insofern sie sich darauf konzentriert haben das Metaphernproblem im Kontrast zu dem konventionalisierten Sprachgebrauch aufzuklären und weniger im Blick auf die konkreten Denkoperationen, die Sprecher und Hörer beim Bilden und Verstehen von Metaphern leisten müssen. Für die Erfassung dieser Zusammenhänge kann nun das *Sehen-als-Modell* gute Dienste leisten. Es beinhaltet nämlich, dass Metaphern nicht nur als benennende sprachliche Werkzeuge in den Blick kommen, die dann Leerstellen im Sprachvokabular füllen, sondern vor allem auch als Mittel, die eine Brückenfunktion zwischen Objektwelten und Subjektwelten haben.

Auf diese Weise gerät das Metaphernproblem dann auch in den besonderen Aufmerksamkeitsbereich der Phänomenologie, die sich ja vornehmlich mit der Frage beschäftigt, auf Grund welcher geistigen Operationen empirische Wahrnehmungsdaten für Menschen zu Wahrnehmungsgegenständen bzw. Wahrnehmungsgestalten werden können. Aus diesem Grund versteht sich die Phänomenologie dann auch weitgehend als eine Methodenlehre darüber, wie die Objektsphäre der Welt in Wahrnehmungsprozessen in Kontakt mit der Subjektsphäre gebracht werden kann. Das beinhaltet dann auch, dass die Phänomenologie sich eher als eine Erscheinungslehre und weniger als eine Seinslehre versteht.

Die sogenannte *phänomenologische Wesensschau* (zu den Sachen selbst) hat deshalb auch nicht das primäre Ziel, die ontische Substanz von Erfahrungsphänomenen freizulegen, sondern eher das Ziel, die Verstelltheit und Verschleierung von möglichen Erfahrungstatbeständen so weit wie möglich aufzuheben, um den Grundtypus von bestimmten Phänomenen freizulegen, weil dieser durchaus von

---

210 N. Goodman: Sprachen der Kunst. 1973, S. 82.

tradierten Vormeinungen verzerrt werden kann. Daher ist die phänomenologische Wesensschau auch nicht als eine Art platonischer Ideenschau zu verstehen, sondern eher als eine Typuserfassung von Sachverhalten, in die auch bestimmte pragmatische Zielsetzungen eingehen können. Das bedeutet dann, dass phänomenologische Sinnbildungsanstrengungen auch als Ausbildung von fruchtbaren Wahrnehmungsperspektiven für etwas verstanden werden können. Daher lässt sich die Phänomenologie dann auch als eine Art Aprioriforschung bzw. als eine Horizontforschung im Rahmen ganz bestimmter Erkenntnisinteressen verstehen. Zu diesen gehört dann auch die Zielsetzung, ein adäquates Handlungswissen über den Umgang mit den jeweiligen Phänomenen zu gewinnen.

So gesehen ist es dann auch kein Wunder, dass der Phänomenologe Paul Ricœur die Metapher nicht nur als eine rhetorische Figur ansehen möchte, die mit Hilfe des Substitutionsgedankens verstanden werden kann, sondern vor allem als ein Entdeckungsmittel bzw. als eine Erscheinungsform des heuristischen Denkens, bei dem der Prozess der Sinnbildung eigentlich wichtiger ist als das jeweils zu erzielende Resultat. Das motiviert für ihn dann auch die Grundhypothese, dass die Metaphorik, die die übliche Kategorienordnung unseres Sprechens und Denkens verletzt, zugleich *„auch diejenige ist, die sie hervorbringt.“*[211] Die Polysemie von Sprachformen ist für ihn deshalb auch kein pathologisches Sprachphänomen, *„sondern ein Element der Gesundheit unserer Sprachen“*, weil ohne sie *„das Prinzip der Sparsamkeit der Mittel“* beim Sprachgebrauch verletzt würde und sich außerdem das *„Vokabular ins Unendliche“* ausdehnen müsste.[212]

Im Rahmen dieses Sprachverständnisses kommt Ricœur dann auch zu der Überzeugung, es sei *„erhellender zu sagen, daß die Metapher die Ähnlichkeit schafft, als daß die Metapher eine vorher existierende Ähnlichkeit nur formulierte.“*[213] Die grundlegende Fähigkeit des Menschen, im Unterschiedlichen auch etwas Ähnliches sehen zu können, ist für Ricœur zugleich Ausdruck der Begabung zu einem synthetisierenden Denken, die seine Fähigkeit zum analysierenden Denken ergänzt. Daher kann er dann den metaphorischen Sprachgebrauch auch als ein *Sehen als* verstehen.

Mit dieser Sichtweise nimmt Ricœur dann auch nicht nur auf den Spielgedanken Wittgensteins Bezug, sondern auch auf dessen Überlegungen zu einer Kippfigur von Jastrow, die faktisch sowohl als Entenkopf als auch als Hasenkopf wahrgenommen werden kann (vgl. Kap. 5.1). Das Faszinierende an solchen Kippfiguren ist nämlich, dass ihre beiden potentiellen Bildinhalte nie zugleich

---

211 P. Ricœur: Die lebendige Metapher. 1986, S. 31.
212 P. Ricœur: a.a.O., S. 68.
213 P. Ricœur: a.a.O., S. 148.

wahrgenommen werden können, sondern als Alternativen nur nacheinander. Das hat Wittgenstein dann auch zu der Hypothese motiviert, dass das Aufleuchten einer konkreten Wahrnehmungsgestalt immer *„halb Seherlebnis halb Denken"* sei.[214]

Im Anschluss an Wittgenstein kommt deshalb Ricœur auch zu der Überzeugung, dass das *„Sehen als"* bzw. das Verstehen einer Metapher sowohl eine inhaltliche Erfahrung als auch ein intentionaler Denkvorgang sei bzw. ein Tun, aber nicht eine bloß passive Rezeption von schon konventionalisierten Denkinhalten.[215] Das bedeutet dann auch, dass man beim Verstehen von Metaphern im Denkrahmen eines *Sehen als* bestimmte Ähnlichkeiten bzw. Analogien letztlich nicht bloß reproduzieren, sondern auch herstellen kann. Es bedeutet weiter, dass Metaphern gleichsam auch als demiurgische Werkzeuge angesehen werden können, die zwar keine ontischen Tatbestände in die Welt setzen, aber diese doch für Menschen aspektuell wahrnehmbar machen können. Das hat dann zur Konsequenz, dass man zu kurz greift, wenn man Metaphern nur als sprachliche Verrätselungen von schon Altbekanntem durch neuartige Benennungen versteht, weil dadurch die zweifellosen Spielimplikationen von Metaphern verschleiert werden.

Metaphern haben anthropologisch gesehen in der Sprache sicherlich ganz ähnliche pragmatische Funktionen wie Fiktionen in der Literatur. Sie weiten das Feld unserer möglichen Welterfahrungen aus, weil sie uns Wahrnehmungsinhalte erschließen, die ansonsten außerhalb unserer eingeschränkten Erfahrungsmöglichkeiten liegen, die aber gleichwohl doch immer einen wichtigen Beitrag zu unserer Wahrnehmung von Welt leisten.

Die begriffliche Widersprüchlichkeit zwischen den Teilen von Metaphern wird durch das Sehen-als-Modell nicht nur entschärft, sondern sogar als ein spezieller Syntheseprozess legitimiert. Auf diese Weise wird nämlich indirekt darauf aufmerksam gemacht, dass beim Verstehen von Metaphern immer eine Balance zwischen einander widerstreitenden Faktoren hergestellt werden kann, was ja faktisch zum pragmatischen Funktionsprofil jeder natürlichen Sprache gehört. Dazu gehört weiter, dass jede natürliche Sprache tendenziell den universalen Geltungsanspruch der zweiwertigen Logik in Frage stellen kann und muss, um ihr eigenes Operationsgebiet zu kennzeichnen bzw. um ihre eigenen Funktions- bzw. Sinnbildungsansprüche zu erhalten. Ohne den metaphorischen Sprachgebrauch würde nämlich immer dem dogmatischen Denken Vorschub geleistet, insofern alle sprachlichen Kategorisierungen gleichsam einen universalen und

---

214 L. Wittgenstein: Philosophische Untersuchungen. 1967, S. 231.
215 P. Ricœur: Die lebendige Metapher. 1968, S. 204.

unrevidierbaren Geltungsanspruch stellen würden und weil Ähnlichkeiten nur im Denkrahmen von Begriffshierarchien akzeptierbar wären, aber nicht im Kontext von Wertungen, Funktionen und Emotionen bzw. im Kontext des Suchens und Findens von pragmatisch fruchtbaren Denkformen. In diesen sind nämlich Fiktionen und Als-Ob-Annahmen unverzichtbar.

Metaphern enthüllen nicht nur den Unterschied bzw. die Distanz zwischen *Begriff* und *Sache*, sondern sie überbrücken diese Distanz zugleich auch, insofern sie die Strukturbedingungen des sprachbedürftigen Denkens enthüllen bzw. die produktive Dialektik von Regelbefolgung und Regelverletzung. Metaphern sind deshalb für den Gebrauch einer flexiblen und produktiven Sprache unabdingbar. Diese muss nämlich immer auch Sprachformen umfassen, die dem eigenen Staunen darüber Ausdruck geben können, dass etwas so ist, wie es ist, und dass sich etwas auch ständig evolutionär ändern muss, um lebensfähig zu bleiben. Diesen Tatbestand hat Wittgenstein prägnant folgendermaßen formuliert: *„Aber der Wechsel ruft ein Staunen hervor, den das Erkennen nicht hervorrief."* [216]

All das macht nun auch plausibel, dass der metaphorische Sprachgebrauch die Differenzen und Ähnlichkeiten zwischen Erfahrungstatbeständen nicht nur bewahren, sondern zugleich auch überbrücken kann. Diese Leistung dokumentiert sich auch darin, dass Wittgenstein davon spricht, dass es vielfältigen *„Familienähnlichkeiten"* zwischen unseren Begriffen und unseren Erfahrungen geben könne, *„die einander übergreifen und kreuzen."* [217]

8.7 Das Vernetzungsmodell

Das Vernetzungsmodell zur Wahrnehmung und Interpretation von Metaphern hat viele Überschneidungen mit den bisher thematisierten Objektivierungsmodellen für Metaphern. Dennoch ergeben sich aus den sprachlichen Denkmustern *vernetzen, Netz, Vernetzung* wichtige Hinweise auf ganz bestimmte Sinnbildungsfunktionen von Metaphern. Mit dem Verb *vernetzen* lässt sich nämlich darauf aufmerksam machen, dass Einzelgrößen in Wahrnehmungen ihr spezifisches pragmatisches Leistungspotential nicht erkennen lassen, wenn man sie isoliert für sich allein betrachtet, sondern nur dann, wenn man sie in ihren möglichen Wirkungszusammenhängen mit anderen Größen ins Auge fasst. Mit dem Substantiv *Netz* können wir nämlich darauf aufmerksam machen, dass wir immer bestimmte sprachliche und nichtsprachliche Kulturprodukte benötigen, um effektiv

---

216 L. Wittgenstein: Philosophische Untersuchungen. 1967, S. 233.
217 L. Wittgenstein: a.a.O., S. 48, § 66.

handeln zu können. Mit dem Verbalsubstantiv *Vernetzung* wird uns verdeutlicht, dass vermeintlich selbstständige Einzelgrößen ihr spezifisches kognitives und kommunikatives Profil erst dann bekommen, wenn sie im Hinblick von Ähnlichkeits-, Kontrast- und Ergänzungsvorstellungen miteinander in Beziehung gesetzt worden sind.

Phänomenologisch gesehen ist die Einsicht grundlegend, dass Netze und Vernetzungen nicht einfach da sind, sondern vielmehr Produkte von expliziten und impliziten menschlichen Handlungen bzw. Annahmen sind, weshalb sie dann ja auch als Herrschaftsmittel oder Werkzeuge in Erscheinung treten, die genutzt werden müssen, um ganz bestimmte Handlungsziele zu erreichen. Das bedeutet, dass Vernetzungen die notwendigen Prämissen dafür sind, Phänomene hinsichtlich ihrer strukturellen und funktionalen Eigenschaften besser kennenzulernen. Deshalb sind Vernetzungen bzw. Relationspostulate dann auch die konstitutiven Voraussetzungen dafür, Erfahrungsphänomene polyperspektivisch und umfassend kennenzulernen und spontane Ersteindrücke ergänzend zu transzendieren. Die Feststellung und Herstellung von Vernetzungen ist deshalb ein fundamentales Verfahren nicht nur des empirischen, sondern auch des heuristischen Denkens, weil damit immer sowohl analysierende als auch synthetisierende Sinnbildungsfunktionen verbunden sind.

Aus diesen Überlegungen zu der Notwendigkeit von Vernetzungshandlungen im Wahrnehmen und Denken wird dann auch plausibel, dass Metaphern grundlegende Denk- und Objektivierungsmittel sind, wenn neue Erkenntnisse erzeugt oder vermittelt werden sollen. Auf diese Weise wächst dann Metaphern auch auf ganz natürliche Weise eine Zauberstabfunktion als heuristisches Denkmittel zu, das faktisch nicht durch andere Mittel ersetzt werden kann, insofern auf diesem Wege durchaus Unterschiedliches zu etwas Neuartigem miteinander verschmolzen werden kann. Solche Amalgamierungen müssen dann allerdings immer der Erfahrungskontrolle unterworfen werden, um zu konkreten Formen des Wissens werden zu können. Insofern das *Sehen von etwas* auf diese Weise zu einem *Sehen als etwas* wird, sind diese Formen der Wissensbildung sowohl im alltäglichen als auch im fachwissenschaftlichen sowie in einem umfassenden anthropologischen Denken unersetzbar.

Das bedeutet zugleich, dass metaphorische Vernetzungen von Heterogenem nicht nur als ästhetisch motivierte Spielphänomene anzusehen sind, sondern auch als genuine Erkenntnisphänomene, was für das substanzorientierte Denken kaum zu rechtfertigen ist, aber für das funktions- und strukturorientierte Denken sehr wohl. Bei der Nutzung von Metaphern lernen wir nämlich nicht nur etwas über die Objektwelten, sondern auch etwas über die Subjektwelten. Metaphorische Vernetzungshandlungen können selbstverständlich in die Irre führen, aber letztlich sind sie doch unersetzbare konstruktive Voraussetzungen dafür, etwas kognitiv einzufangen, was ansonsten außerhalb unserer Wahrnehmungsmöglichkeiten bliebe. Dazu ist allerdings immer auch eine Eigenbeweglichkeit der wahrnehmenden Subjekte notwendig und nicht nur eine kontemplative Betrachtung.

Deshalb hat dann auch Sebastian Gießmann folgende einleuchtende These formuliert: *„Netze konstituieren anthropologische Räume* [...].“ [218] Dabei ist nun aber sicherlich auch zu beachten, dass mit der Herstellung von Netzen bzw. von Netzwerken auch immer sehr heimtückische Implikationen für die Wahrnehmung der Objekte verbunden sein können, die mit ihnen jeweils gefangen werden sollen. So hat beispielsweise die Struktur eines Fischernetzes immer Einfluss darauf, welche Größe Fische haben müssen, um von ihnen eingefangen werden zu können. Ebenso hat die Struktur von Wegnetzen und Handelsnetzen Einfluss darauf, wie Menschen ihr Leben zu gestalten vermögen. Das bedeutet, dass Netze und Netzwerke nicht nur Einfluss auf die Korrelationsmöglichkeiten von einzelnen Erkenntnisgegenständen nehmen, sondern auch darauf, welche Phänomene überhaupt zu Erkenntnisgegenständen werden können bzw. welche Klassen von Phänomen wir unterscheiden können.

Das Verständnis von Vernetzungen als heuristischen Erkenntnismitteln schließt auch ein, dass diese Vorstellung zu einem anthropologisch akzentuierten Sinnbild dafür werden kann, dass Menschen trotz ihrer mangelhaften Ausstattung mit genetisch fixierten Handlungsinstinkten gleichwohl doch überleben können, wenn sie sich kulturelle Netzwerke herstellen, die diese Mängel zumindest partiell kompensieren können, wie insbesondere Herder und Arnold Gehlen ja postuliert haben. Das bedeutet dann, dass kulturelle Netzwerke anthropologisch gesehen nicht nur als Erkenntnismittel angesehen werden können, sondern sogar als Überlebenswerkzeuge. Zu den Überlebensstrategien des Menschen könnte dann auch die biologisch und kulturell verankerte Fähigkeit gehören, Analogien zu entdecken, herzustellen und zu nutzen. Das hat Michel Foucault folgendermaßen anthropologisch und semiotisch thematisiert: *„Den Sinn zu suchen, heißt an den Tag zu bringen, was sich ähnelt. Das Gesetz der Zeichen zu suchen, heißt die Dinge zu entdecken, die ähnlich sind.“* [219]

Aus alldem lässt sich nun ableiten, dass die Beziehungen des Menschen zur Welt, zu anderen Menschen und zu sich selbst immer über Zeichen bzw. genauer über die Netzwerke von Zeichen erfolgen sowie über die spezifischen Strategien

---

218 S. Gießmann: Die Verbundenheit der Dinge. Eine Kulturgeschichte der Netze und Netzwerke. 2014, S. 37.
219 F. Foucault: Die Ordnung der Dinge. 1974, S. 60.

für Zeichenbildungen, die hinter den jeweiligen konkreten Zeichenformen stehen. Dazu gehört dann nicht zuletzt auch der metaphorische Sprachgebrauch, der insbesondere die natürliche Sprache zu einem flexiblen bzw. universal verwendbarem Sinnbildungsinstrument macht, weil er das nicht direkt begrifflich Objektivierbare dennoch über Analogievorstellungen zugänglich bzw. vernetzbar macht.

Über das Vernetzungsmodell wird dann auch gut verständlich, warum im Verlauf der Theoriegeschichte zur Aufklärung des Metaphernphänomens sich das Erkenntnisinteresses an Metaphern von Substitutionsmodell immer mehr auf das Interaktionsmodell bzw. auf das Vernetzungsmodell verlagert hat. Das hat dann nach Alexander Friedrich sogar zu der nur vordergründigen Paradoxie geführt, dass *„nun nicht mehr der Begriff der Metapher die Metapher des Netzes, sondern die Metapher des Netzes den Begriff der Metapher erklärt.“*[220]

Diese Selbstbezüglichkeit von Metaphern ist nun allerdings für das klassische logische Denken ziemlich unerträglich, aber sie kann für das heuristische und hermeneutische Denken durchaus sinnvoll sein, wenn man der Auffassung ist, dass sich die sprachlichen Objektivierungsmittel auch den Objektivierungsgegenständen anzupassen haben und nicht die Objektivierungsgegenstände den jeweils zur Verfügung stehenden Objektivierungsmitteln. Wenn das nicht so wäre, dann könnten wir uns Unbekanntem nämlich überhaupt nicht mithilfe von etwas Bekanntem asymptotisch annähern bzw. überhaupt nicht mit dem Zauberstab der Analogie neues Wissen semiotisch objektivieren. Die Janusköpfigkeit von Metaphern können wir zwar nicht beseitigen, aber wir können lernen, sinnvoll mit ihr umzugehen.

Ebenso wie der metaphorische Sprachgebrauch sich nicht durch den begrifflichen ersetzen lässt, so lässt sich auch der begriffliche nicht durch den metaphorischen ersetzen, weil beide Sprachgebrauchsformen sich faktisch eher ergänzen als ausschließen und erst im methodischen Kontrast zueinander ihre besonderen Leistungsfähigkeiten und Leistungsfunktionen offenbaren können. Ebenso wie sich die Sprache der Bilder und die Sprache der Worte semiotisch gesehen wechselseitig nicht überflüssig machen, so kann sich auch der metaphorische und der begriffliche Sprachgebrauch als spezifischer Zugriff auf reale und geistige Welten nicht wechselseitig überflüssig machen.

Die von Metaphern thematisierten Vernetzungen von Phänomenen können sich natürlich faktisch immer als Irrwege erweisen, die nicht aus dem Labyrinth unserer Einzelerfahrungen und Einzelvorstellungen herausführen. Gleichwohl

---

220 A. Friedrich: Metaphorologie der Vernetzung: Zur Theorie kultureller Leitmetaphern. 2015, S. 45.

kann man aber auch mit Novalis die Hoffnung haben, dass man über die experimentelle bzw. grammatische Vernetzung von Wörtern auch zu unvorhersehbaren neuen Wahrnehmungen bzw. Entdeckungen geführt werden kann: *„Hypothesen sind Netze, nur der wird fangen, der auswirft. Ist nicht America selbst durch Hypothese gefunden?"* [221]

Andererseits hat nun aber auch Wittgenstein trotz seines Vertrauens in die Flexibilität der natürlichen Sprache bzw. der verschiedenartigen Sprachspiele davor gewarnt, den sprachlichen Sinnbildungshypothesen allzu sehr zu vertrauen: *„Die Sprache hat für Alle die gleichen Fallen bereit; das ungeheure Netz gut denkbarer* Irrwege." [222]

8.8 Die absolute Metapher

Die üblichen Untersuchungen zur Metapher sind im Prinzip alle strukturanalytisch orientiert. Sie wollen erkunden, in welchen sprachlichen Formen Metaphern in Erscheinung treten und auf welche Weise wir deren Sinngehalt erfassen können. Dabei kommt dann allerdings meist die Grundfrage etwas zu kurz, warum es überhaupt Metaphern gibt und welche Rahmenbedingungen für ihre Verwendung in Betracht zu ziehen sind. Die Frage nach der Existenzberechtigung von Metaphern ist nun allerdings eine höchst spekulative und eben deswegen auch philosophische Frage. Dabei stößt man nämlich auf das Problem, in welchem Zusammenhang Zufall und Notwendigkeit miteinander in Verbindung gebracht werden können bzw. ob man sich eine sinnstiftende Sprache denken könnte, in der es gar keine Metaphern gäbe. Daraus ergibt sich dann auch die weitere Frage, ob die Metapher eine Sprachuniversalie ist, die in allen Sprachen bzw. Sprachverwendungsformen vorkommen muss, um deren umfassende Funktionalität sicherzustellen.

In diesem Denkzusammenhang wird dann auch die Vorstellung von einer *absoluten Metapher* aktuell, die Hans Blumenberg beschäftigt hat, um insbesondere die Relevanz von Metaphern für philosophische Sinnbildungsprozesse zu erkunden, da wir ja gerade über das Metaphernproblem an die Grenzen unseres Denkens und Wahrnehmens stoßen können. Das hat dann aber nicht nur für den begrifflichen bzw. philosophischen Sprachgebrauch eine große Bedeutung, sondern auch für ästhetisch orientierte sprachliche Gestaltungsprozesse. All das rechtfertigt es dann auch, die Metapher als ein genuin anthropologisches

---

221 Novalis: Dialogen und Monolog (1798). Werke, Bd. 2, S. 434.
222 L. Wittgenstein: Vermischte Bemerkungen. Werkausgabe, Bd. 8, S. 474.

Problem zu verstehen, weil die Bildung und das Verstehen von Metaphern sicherlich zu den grundlegenden Rahmenbedingungen der menschlichen Existenzweise zu rechnen ist.

Absolute Metaphern sind für Blumenberg nicht bedingungslos gültige Metaphern, die letzte Wahrheiten vermitteln, sondern Sprachgebrauchsweisen, die sich gegen alle Ansprüche als resistent erweisen, in eine reine Begrifflichkeit bzw. Begriffssprache aufgelöst zu werden. Für ihn können nämlich absolute Metaphern nur durch andere Metaphern partiell ersetzt, korrigiert oder weitergeführt werden. Das rechtfertigt für Blumenberg dann auch, absolute Metaphern als konstitutive Teile der philosophischen Begriffsgeschichte zu betrachten, insofern sie einen Beitrag zur *„Metakinetik geschichtlicher Sinnhorizonte und Sichtweisen"* leisten. Die Metaphorologie hat deshalb für ihn dann auch die Aufgabe, *„an die Substruktur des Denkens heranzukommen, an den Untergrund, die Nährlösung der systematischen Kristallisationen, aber sie will auch faßbar machen, mit welchem ‚Mut' sich der Geist in seinen Bildern selbst voraus ist und sich im Mut zur Vermutung seine Geschichte entwirft."*[223]

Diese Auffassung von der Relevanz absoluter Metaphern für das philosophische Denken ist nun allerdings in der Zunft der Philosophen nicht immer geteilt worden, da dadurch natürlich die Dominanz von Begriffen im philosophischen Denken deutlich in Frage gestellt wird. Joachim Ritter, der Herausgeber des *Historischen Wörterbuchs der Philosophie,* hat beispielsweise die Relevanz von bestimmten Metaphern für die Philosophie nicht genauso hoch wie Blumenberg eingeschätzt. Deshalb hat er sich dann auch mit seinem Herausgeberkreis dazu entschlossen, *„Metaphern und metaphorische Wendungen"* nicht als mögliche Quellformen philosophischen Denkens in die Nomenklatur des Historischen Wörterbuchs der Philosophie aufzunehmen, weil er befürchtete, dass dadurch die begriffliche Konsistenz dieses Wörterbuchs leide, obwohl er persönlich Blumenbergs These durchaus akzeptieren könne, dass man über Metaphern an die Substrukturen des philosophischen Denkens herankommen könne.[224]

Mit der Zielsetzung, über Metaphern an den Quellgrund des philosophischen Denkens heranzukommen, greift Blumenberg im Prinzip auf Überlegungen Kants zurück, in denen dieser sich in seinen Überlegungen zu den Antriebskräften des philosophischen Denkens beschäftigt hat. Am Anfang der Vorrede zur 1. Auflage seiner *Kritik der reinen Vernunft* findet sich nämlich der folgende aufschlussreiche Hinweis auf die Motive seines erkenntnistheoretischen Denkens.

---

223 H. Blumenberg: Paradigmen zu einer Metaphorologie. 1992[2], S. 13.
224 J. Ritter: Vorwort zum Historischen Wörterbuch der Philosophie. Bd. 1, 1971, S. VIII f.

> Die menschliche Vernunft hat das besondere Schicksal in einer Gattung ihrer Erkenntnisse: daß sie durch Fragen belästigt wird, die sie nicht abweisen kann, denn sie sind ihr durch die Natur der Vernunft selbst aufgegeben, die sie aber auch nicht beantworten kann, denn sie übersteigen alles Vermögen der menschlichen Vernunft.[225]

Die von Blumenberg konzipierte Metaphorologie und insbesondere sein Konzept der *absoluten Metapher* ist natürlich kein Zauberstab, mit dem das Problem der Genese von Erkenntnissen methodisch vollständig gelöst werden könnte. Aber diese Vorstellung kann für ihn durchaus dazu beitragen, die Metapher nicht nur als eine rhetorische Figur ins Auge zu fassen, sondern auch als einen legitimen und genuinen Ausgangspunkt philosophischer Erkenntnis- bzw. Sinnbildungsprozesse. Bei den Überlegungen zu den Funktionen von Metaphern geht es nämlich nicht nur um die Erkenntnisse, die möglicherweise mit Hilfe von Metaphern zu erzielen sind, sondern immer auch um die Dynamik von Denkprozessen, die von Metaphern ausgelöst werden können. Dafür kann dann insbesondere das Philosophieren von Sokrates exemplarisch in Anspruch genommen werden.

Mit der Idee der *absoluten Metapher* will Blumenberg verdeutlichen, dass sich das philosophische Denken sich nicht auf das Denken mit schon konventionalisierten Denkmustern reduzieren dürfte, sondern immer auch die philosophische Relevanz von sprachlichen und insbesondere metaphorischen Denkformen berücksichtigen sollte, eben weil diese nicht nur als ornamentale Sprachformen anzusehen seien, sondern immer auch als genuine Ausgangspunkte oder Ergebnisse philosophischer Sinnbildungsanstrengungen. Zwar repräsentieren metaphorische Aussagen und insbesondere absolute Metaphern keine empirisch gut fassbaren Tatbestände, da ihnen ja keine direkten Referenzobjekte zugeordnet werden können, aber für Blumenberg eröffnen sie gleichwohl Zugangswege zu denkbaren Referenzobjekten, insofern sie als Quellen relevanter Fragestellungen angesehen werden können. Insofern bleiben Metaphern dann zwar hinter den Anforderungen des Verstandes zurück, aber nicht hinter den Anforderungen einer umfassenderen Vernunft, die immer ganzheitlichere Wahrnehmungsinteressen hat als der primär sezierende Verstand.

Im Gegensatz zu Begriffen, die ihre Bezugsgegenstände kognitiv zu beherrschen versuchen, wollen Metaphern diese nämlich eher weiträumig erschließen und verstehen. Deshalb können Metaphern und insbesondere absolute Metaphern dann auch nicht eindeutig verifiziert oder falsifiziert werden, da sie ja auf der Grenze des begrifflich Sagbaren und Unsagbaren anzusiedeln sind. Im Prinzip sind sie nämlich als sprachliche Manifestationsformen von Annäherungs-

---

225 I. Kant: Werkausgabe Bd. 3, 1982², Vorrede S. 11.

prozessen an Schwerverständliches anzusehen und nicht als Formen der Fixierung und Manifestierung von direkt Erfahrbarem. Daher distanzieren uns Metaphern auch nicht von den zu verstehenden Phänomenen, sondern versuchen, uns in einen dialogfähigen Kontakt mit diesen zu verwickeln.

All das bedeutet nun allerdings, dass beim Gebrauch von insbesondere absoluten Metaphern Sinnbildungsprozesse faktisch nie zu einem Abschluss kommen, sondern sich immanent fortzeugen, obwohl viele Metaphern als tote Metaphern nach und nach in den allgemeinen Wortschatz übergehen können. Gleichwohl können aber auch tote Metaphern wiederbelebt werden, wenn sie auf neuartige Weise verwendet werden, da auf diese Weise immer auch auf neue und überraschende Analogien aufmerksam gemacht werden kann.

Aufschlussreich für das Metaphernphänomen ist auch, dass selbst Physiker immer wieder zu Metaphern und sogar zu absoluten Metaphern greifen müssen, wenn sie ihre Denkinhalte sprachlich und nicht formelhaft und mathematisch zu objektivieren versuchen. Das exemplifizieren Metaphern wie *Ursuppe*, *schwarze Löcher* oder die metaphorische Bestimmung des Phänomens *Zeit* als *vierte Dimension des Raumes* recht gut. Solche Ausdrucksweisen lassen sich sicherlich nicht als ornamentale oder rhetorische Substitutionsphänomene für mögliche eigentliche Redeweisen verstehen, sondern nur als Zugangsformen für sehr komplexe Phänomene, die nicht oder kaum durch konventionalisierte sprachliche Begriffe objektivierbar sind, sondern allenfalls auf analogisierende Weise durch Bilder. Solche Redeweisen entpuppen sich bei genauerer Betrachtung nämlich eher als gordische Knoten und nicht als sprachliche Problemlösungen. Sie bleiben ständige Provokationen für unsere sprachlichen Objektivierungs- und Verstehensanstrengungen. Niemand wird in diesen Fällen in die Rolle eines Alexanders schlüpfen können, der sie durch eine ganz unerwartete Handlung ganz aus der Welt zu schaffen verstünde.

Exemplarisch für die Kritik des Gebrauchs von Metaphern in den analysierenden Wissenschaftssprachen können Aussagen des jungen Rudolf Carnap über den metaphorischen Sprachgebrauch Martin Heideggers in seiner Freiburger Antrittsvorlesung aus dem Jahre 1929 stehen, die den recht anspruchsvollen Titel trägt: „*Was ist Metaphysik?*"[226] In seinem frühen neopositivistisch geprägten Denkansatz brandmarkt Carnap diesen Sprachgebrauch Heideggers nämlich als ein metaphorisches Gemurmel ohne jegliche wissenschaftliche Deskriptions- und Objektivierungsfunktion. Dieser Gebrauch von Sprache führt nach Carnap nämlich zu „*Scheinsätzen*", aber nicht zu sinnvollen Beschreibungssätzen im

---

226 M. Heidegger: Was ist Metaphysik? 1960[8]

Sinne von empirisch fundierten *Protokollsätzen*. Deshalb kommt Carnap dann auch zu der folgenden vernichtenden Bewertung von Heideggers Aussagen.

> Die (Schein-)Sätze der Metaphysik dienen *nicht zur Darstellung von Sachverhalten*, weder von bestehenden (dann wären es wahre Sätze) noch von nicht bestehenden (dann wären es wenigstens falsche Sätze); sie dienen *zum Ausdruck eines Lebensgefühls*.[227]

Als Manifestationsformen von absoluten Metaphern im Sinne Blumenbergs, die sich wohl kaum von vornherein als bloße Hirngespinste bzw. Scheinsätze im Sinne von Carnap disqualifizieren lassen, kann man dann vielleicht folgende metaphorischen Redeweisen verstehen, die allesamt dazu bestimmt sind, eine Balance zwischen vorgegebenen Objektwelten und interpretativ orientierten Subjektwelten herzustellen: *Das Licht der Wahrheit, die nackte Wahrheit, das Feuer des Denkens, das Schiff des Lebens, das Buch der Natur, die Lesbarkeit der Welt* usw. Dieser metaphorische Sprachgebrauch ist sicherlich von vornherein nicht dazu bestimmt, vorgegebene Tatbestände deckungsgleich begrifflich zu objektivieren. Er ist vielmehr als Manifestation einer sprachlichen Objektivierungsform anzusehen, die versucht, komplexe und relevante Aspekte der Welt in unser menschliches Vorstellungsvermögen zu bringen bzw. sinnvolle Beziehungen zwischen Objektwelten und Subjektwelten herzustellen.

Deshalb lassen sich dann auch solche Redeweisen semiotisch und funktional als Manifestationsweisen von Interpretanten im Sinne der Zeichentheorie von Peirce verstehen, aber nicht als sprachliche Repräsentationen von konkreten Objektvorstellungen. Sie sind allesamt pragmatisch dazu bestimmt, unseren faktischen Lebenserfahrungen eine konstitutive Rolle in Sinnbildungsanstrengungen zuzuordnen. Sie wollen unsere Erkenntnis- und Frageprozesse daher auch weniger abschließen als stimulieren. Sie erweisen sich immer als notwendig, wenn unser begrifflich orientiertes Denken an seine Grenzen gerät, aber deswegen nicht gleich in Resignation verfallen möchte, weshalb es sich dann auch mit metaphorischen Annäherungsintentionen begnügt.

So gesehen lassen sich dann vielleicht sogar die Kollektivsingulare *Zeit, Geschichte, Revolution, Gerechtigkeit, Schönheit, Klugheit* usw. zu den sogenannten *absoluten Metaphern* rechnen. Durch sie werden nämlich faktisch sehr unterschiedliche Einzelerfahrungen auf hypothetische Weise musterhaft so zusammengefasst, als ob sie identisch wären bzw. zumindest einen ähnlichen substanziellen Kern hätten. Solche indirekten Behauptungsverfahren liegen zwar im

---

227 R. Carnap: Überwindung der Metaphysik durch logische Analyse der Sprache. Erkenntnis 2, 1931, S. 238.

Prinzip allen Begriffsbildungen zugrunde, aber nicht immer in demselben Ausmaße.

Solche Kollektivsingulare fassen für uns nämlich keine wirklich identischen Seinsgrößen zusammen, sondern allenfalls analoge, die wir nur in bestimmten abstrahierenden Wahrnehmungsperspektiven als identisch betrachten, um uns brauchbare vereinfachende und akzentuierende Wahrnehmungsmuster herstellen zu können. Alle Musterbildungen legen nämlich im Prinzip immer den Verdacht nahe, Ungleiches als gleich anzusehen, um nicht in der Menge von Einzelerfahrungen zu ertrinken bzw. um nicht unfähig zu werden, auf sinnvolle Weise faktisch zu handeln. Ohne metaphorisch objektivierte Fiktionen wären wir in unseren Handlungsmöglichkeiten extrem eingeschränkt, weil wir nicht mehr wagen würden, alle fünfe gerade sein zu lassen bzw. bestimmte Resonanzräume im Denken und Handeln zu erproben. Das hat Wittgenstein in einem Aphorismus folgendermaßen zu bedenken gegeben: *„Nichts ist doch wichtiger, als die Bildung von fiktiven Begriffen, die uns die unseren erst verstehen lehren."* [228]

So bezeichnet das Wort *Zeit* beispielsweise kein klar abgrenzbares Erfahrungsphänomen, sondern eher die kulturelle Interpretation von konkreten Wahrnehmungserfahrungen, die auf sehr unterschiedliche qualitative oder quantitative Veränderungserfahrungen zurückgehen bzw. die von sehr unterschiedlichen Unterscheidungsbedürfnisse und Unterscheidungsfähigkeiten bedingt werden. Die Wahrnehmung von Zeit im Rahmen von sinnlich und geistig fassbaren Veränderungsprozessen ist dann natürlich ein ganz anderes als die Wahrnehmung von Zeit im Rahmen der quantitativen Messmethoden von Uhren und Kalendern aller Art.

Die anthropologische Polyfunktionalität von Kollektivsingularen, die aus ihrer kulturellen Historizität und Metaphorizität resultiert, lässt sich sehr gut erfassen, wenn man sich auch mit den etymologischen Hintergründen dieser Sprachmuster beschäftigt. Das exemplifiziert sich sehr gut an dem Wort bzw. an der Begriffsbildung *Revolution*. Wie schon erwähnt hatte dieses Sprachmuster zunächst eine astronomische Differenzierungsfunktion, insofern es die Rückkehr eines Planeten zu seinem ursprünglichen Ausgangspunkt thematisieren sollte. Diese eher restaurativ zu verstehende Bedeutung wandelte sich aber, als dieser Begriff zu einem historischen Begriff wurde, der historische Umbrüche bezeichnete bzw. den Beginn eines neuen Zeitalters mit ganz andersartigen sozialen, politischen und kulturellen Ordnungsstrukturen. Ähnliches gilt auch für den Kollektivsingular *Zeit*, der zunächst eher für die sich wiederholenden Jahreszeiten verwendet wurde als für die Abfolge epochaler Neuanfänge.

---

228 L. Wittgenstein: Vermischte Bemerkungen. Werkausgabe Bd. 8, S. 555.

In diesem Zusammenhang kann man dann natürlich auch die Frage stellen, ob man nicht auch das Wort *Gott* zu den Kollektivsingularen bzw. zu den absoluten Metaphern mit einem kulturhistorischen Hintergrund zu rechnen hat. Dafür könnte man dann geltend machen, dass sich die monotheistische Gottesvorstellung kulturhistorisch aus vielfältigen und unübersichtlichen polytheistischen Gottesvorstellungen entwickelt hat und somit dann auch als eine Vorstellung zu beurteilen ist, die auf kulturhistorischen Abstraktionen beruht. Diese bündelt dann unterschiedliche Ordnungskräfte abstraktiv in einer personal konkretisierten Gesamtvorstellung, die dann wieder Grundlage einer umfassenden anthropologisch fundierten Weltinterpretation in den monotheistischen Offenbarungsreligionen geworden ist bzw. zu einem Fluchtpunkt für die perspektivische Wahrnehmung von Welt und Menschen.

Deshalb ist dann auch nachvollziehbar, dass Kant wie schon im Kap. 2.3 erwähnt *„das Dasein Gottes, als ein Postulat der reinen praktischen Vernunft"* angesehen hat.[229] Dieses Postulat motiviert er nämlich durch die unabweisbare Erfahrung, dass zwei Dinge das menschliche Gemüt mit immer neuer und zunehmender Bewunderung und Ehrfurcht erfüllten: *„Der bestirnte Himmel über mir, und das moralische Gesetz in mir."*[230]

Dieses Zitat verdeutlicht, dass selbst der kritische Denker Kant sich nicht zu schade ist, um mit Hilfe des *Zauberstabs der Analogie* aus konkreten menschlichen Erfahrungen Schlüsse zu ziehen, die sich mit Hilfe einer rein begrifflichen Argumentation kaum ziehen und legitimieren lassen, aber im Rahmen eines analogisierenden ikonischen Denkens schon eher, da dieses ja nicht mit anscheinend sakrosankten Begriffen arbeitet, sondern eher mit unabweisbaren menschlichen Erfahrungen subjektiver Art.

8.9 Die Metapher in anthropologischer Sicht

In den bisherigen Überlegungen zu Metaphern wurden diese primär in struktur- und erkenntnistheoretischen Perspektiven ins Auge gefasst, da Metaphern ja auch die Schwächen des konventionalisierten Sprachgebrauchs auszugleichen versuchen. Es ist nun aber sicherlich etwas zu kurz gegriffen, Metaphern nur als bloße Kompensationsphänomene zu anzusehen. Sie müssen sicherlich auch als schöpferische Sprachmittel ins Auge gefasst werden, die auf ganz genuine Weise zur natürlichen Sprache gehören. In dieser Sicht bekommt dann auch die

---

229 I. Kant: Kritik der praktischen Vernunft. Werke, Bd. 7, S. 254. A. 223.
230 I. Kant: a. a. O., S. 300, A. 289.

Vorstellung der *absoluten Metapher* gerade im ästhetischen Sprachgebrauch einen ganz besonderen Wert, insofern diese Sichtweise dann zugleich auch ganz fundamentale anthropologische Implikationen bekommt. Sie impliziert nämlich, das Metaphernproblem nicht nur in einer objektorientierten Perspektive zu thematisieren, sondern auch in einer subjektorientierten, da sie ja den Menschen als ein zeichenbedürftiges und zeichenbildendes Lebewesen (animal symbolicum) thematisiert. Es bedeutet weiter, dass Metaphern auf elementare Weise mit der menschlichen Einbildungskraft verbunden sind bzw. mit einem ästhetisch orientierten Sprachgebrauch.

Hugo Friedrich hat deshalb auch betont, dass insbesondere die Lyrik beispielsweise von Mallarmé nicht als ein sprachlicher Abbildungsakt angesehen werden könne, sondern vielmehr als ein ganz genuiner sprachlicher Schöpfungsakt, da hier das Sagen *„immer ein Sagen des Ungesagten ist.“*[231] Das bedeutet dann auch, dass der traditionelle Begriff der Metapher als sprachliche Ersatzform sich gleichsam von selbst auflöst, da sich in diesem Denkrahmen das konstitutive Spannungsverhältnis zwischen einem konventionellen und einem metaphorischen Sprachgebrauch sich verflüchtigt. Das macht dann allerdings auch den Begriff der absoluten Metapher ziemlich gegenstandslos. Der anscheinend metaphorische Sprachgebrauch geht nach Friedrich bei Mallarmé nämlich daraus hervor, dass die Sprache ihre Realbezüge zur gegebenen Welt faktisch tilge, eben weil damit immer auch Trivialbezüge verbunden seien. Der dichterische bzw. ästhetische Sprachgebrauch konstituiere sich vielmehr dadurch, dass er nicht mehr die Spannung zwischen Wort und Sache akzentuiere, sondern vielmehr die zwischen Wort und Wort, insofern durch ihn ganz neuartige Analogien und Differenzen präsent gemacht würden.

Während nun nach Hugo Friedrich bei Mallarmé gleichsam die Vernichtung des Wirklichkeitsbezuges zur Vorbedingung eines ästhetischen Sprachgebrauchs werde, gehen nun aber nach Gerhard Neumann die absoluten Metaphern bei Celan aus dem Bewusstsein der Erfahrung hervor, dass sich das faktisch Wirkliche *„der unmittelbaren sprachlichen Bewältigung verschließt.“*[232] Deshalb seien dann die sogenannten *absoluten Metaphern* bei Mallarmé auch eher Formen einer *„totalen Arabeske“* und bei Celan eher Hinweise auf das Verstummen der Sprache angesichts des Widerstandes, den die Wirklichkeit der Sprache entgegensetze. Dieses Verständnis der inneren Struktur der absoluten Metapher lässt sich auch durch eine Äußerung Celans anlässlich der Verleihung des Büchner-Preises von 1960 stützen. Hier hat sich Celan nämlich Gedanken

---

231 H. Friedrich: Die Struktur der modernen Lyrik. 1956, S. 88,
232 G. Neumann: Die absolute Metapher. Poetica 3, 1970, S. 204 bzw. 207.

über das *sprechende Schweigen* in der Dichtung gemacht, wobei er zu folgendem Schluss kommt: „*Und das Gedicht wäre somit der Ort, wo alle Tropen und Metaphern ad absurdum geführt werden wollen.*"[233]

Diese These lässt sich sehr gut an Paul Celans Gedicht *Die Krüge* von 1949 veranschaulichen. In diesem werden nämlich bezeichnender Weise alle üblichen syntaktischen Ordnungsmuster der Sprache vollständig respektiert, aber die üblichen lexikalischen Ähnlichkeiten von korrelierten Wörtern ziemlich in Frage gestellt. Dadurch werden wir dann dazu gezwungen, die von den Wörtern thematisierten Gegenstände auf gänzlich neue Weise zu verstehen. Das hat dann zur Konsequenz, dass wir nach anderen als den üblicherweise angenommenen semantischen Kongruenzen zwischen den jeweils syntaktisch korrelierten Wörtern suchen müssen bzw. diese heuristisch erschließen müssen. Dadurch ergeben sich dann natürlich ganz neuartige Analogie- und Differenzverhältnisse zwischen den Wörtern und den von ihnen thematisierten Sachverhalten. Das bedeutet dann zugleich auch immer, dass wir unsere Sicht auf die Welt ganz erheblich umstrukturieren müssen, weil wir nicht mehr auf die vorstrukturierenden lexikalischen Denkmuster der konventionalisierten Sprache zurückgreifen können, aber sehr wohl auf deren tradierte syntaktische Ordnungsmuster. Dieser Tatbestand erleichtert dann auch das Verstehen der lyrischen Sprache, weil wir dadurch einen gewissen Ariadnefaden in die Hand bekommen.

Die Krüge

An den langen Tischen der Zeit
zechen die Krüge Gottes.
Sie trinken die Augen der Sehenden leer und die Augen der Blinden,
die Herzen der waltenden Schatten,
die hohle Wange des Abends.
Sie sind die gewaltigsten Zecher:
Sie führen das Leere zum Munde wie das Volle
und schäumen nicht über wie du oder ich.[234]

Die These Blumenbergs, dass der Sinngehalt von Metaphern und insbesondere der von *absoluten Metaphern* sich nicht in eindeutige begriffliche Aussagen übersetzen lasse, weil sie nicht Manifestationsformen unseres konventionalisierten analytischen Denkens sind, sondern Ausdruckformen eines anspruchsvollen ikonischen und synthetisierenden Denkens, veranschaulicht Celans Sprachgebrauch sehr eindrucksvoll. Der Wahrheitsgehalt bzw. der Sinngehalt seiner

---

233 P. Celan: Büchner-Preis-Rede 1960. In: Büchner-Preis-Reden 1951–1971. 1972, S. 99.
234 P. Celan: Die Gedichte. 2003, S. 45.

Aussagen ist sicherlich weder befriedigend durch das Denkmodell der Substitution zu erfassen noch durch den der später entwickelten Modelle, obwohl gerade letztere schon die Notwendigkeit der Eigenbeweglichkeit der verstehenden Subjekte in metaphorischen Sinnbildungsprozessen sehr nachdrücklich hervorheben bzw. den Gedanken der Interaktion zwischen den Teilen der Metapher, die zu neuen und überraschenden Sinnbildungsergebnissen führen können.

Gerade weil Metaphern und insbesondere sie sogenannten *absoluten Metaphern* nicht nur auf anderes verweisen, sondern immer auch metareflexiv auf sich selbst und auf die hinter ihnen stehenden Analogisierungs- und Differenzierungsintentionen der jeweils sprechenden Individuen, so haben sie gerade deshalb dann auch genuine erkenntnistheoretische Dimensionen. Diese lassen sich zumindest ansatzweise über ihre jeweilige Entstehungsgeschichte bzw. über die dabei wirksamen Sinnbildungsintentionen ihrer Produzenten und Rezipienten partiell aufklären. Metaphern aller Art verdeutlichen, dass unsere verschiedenen sprachlichen Objektivierungsweisen von Welt weder zu einer vollständige Entfremdung von Objekt- und Subjektwelten führen noch zu vollständigen Kongruenzen, sondern nur zu jeweils unterschiedlichen perspektivischen Wahrnehmungen von Sachverhalten, die dann von den jeweiligen Kommunikanten sprachlich und semiotisch ausbalanciert werden müssen, um für sie fruchtbare neue Weltkontakte zu eröffnen.

Gerade weil Metaphern aller Art einerseits zu einer labile Balance zwischen einem sinnvollen Kontakt von Individuen mit ihren jeweiligen Erfahrungstatbeständen in der Welt führen können, aber andererseits auch zu verstörenden Entfremdungserlebnissen , leisten sie immer auch einen Beitrag zur Ausbildung der menschlichen Ich-Identität. Sie sind nämlich durchaus in der Lage, die natürlichen Spannungen zwischen individuellen Ich-Erlebnissen und sozialen Wir-Erlebnissen auszugleichen, was formalisierte Fachsprachen und konventionalisierte Jargonsprachen beispielsweise kaum können, da sie ja keinen Sinn für die schöpferische Wirkung von Sprachspielen haben bzw. sich schwerlich aus den Zwängen des etablierten Sprachgebrauchs lösen können.

Ernesto Grassi hat daraus den Schluss gezogen, dass die Grunderfahrung des menschlichen Geistes die Angst vor einer nicht durch Zeichen objektivierbaren und damit verstehbaren Welt sei.[235] Diesbezüglich verweist er dann auch auf die These Kierkegaards, dass sich der Geist eigentlich erst in der Angst offenbare, die aus seiner unbegrenzten Denkfreiheit resultiere. Solange alle Phänomene für den Menschen mit einem klaren Sinn versehen seien bzw. mit Hilfe von Zeichen objektivierbar seien, könne es zwar eine Furcht geben, aber eben keine Angst, die

---

235 E. Grassi: die Macht des Bildes: Ohnmacht der rationalen Sprache. 1970, S. 135 ff.

immer eine Konsequenz einer unverstandenen Welt sei, die sich jedem Versuch entziehe, in eine Welt von Zeichen transformiert zu werden.

Diese These lässt sich nun allerdings dialektisch auch durch eine andere These relativieren. Diese beinhaltet nämlich, dass das Bedürfnis nach Metaphern nicht nur aus der Angst vor einer ungedeuteten Welt entstehe, sondern auch durch eine Spielfreude an einem experimentellen Sprachgebrauch, in dem neue Ordnungshypothesen entwickelt und alte modifiziert werden. Das dokumentiert sich dann auch in dem sehr flexiblen Sprachgebrauch von Kindern, die durchaus Freude an einem logisch ganz unsinnigen Sprachgebrauch haben können (*Dunkel war's, der Mond schien helle...*). Dabei haben Kinder dann auch gar keine Scheu, ihre eigenen Affekte auf bestimmte Gegenstände und Wörter zu projizieren, um diese mental zu bewältigen. Dadurch kann dann der metaphorische Sprachgebrauch zu einem ganz selbstverständlichen Verfahren werden, um sowohl mit positiven als auch negativen Emotionen fertig zu werden.

Das Grundbedürfnis und die Grundfähigkeit des Menschen, mit geistigen Vorstellungen und Sprachformen zu spielen und sich eben dadurch dann auch bestimmten Phänomenen anzunähern, aber sich diese auch zu verfremden, ist wohl als eine ganz elementare menschliche Fähigkeit anzusehen, die in unterschiedlichen Intensitäten erprobt und verwendet werden kann. Auf diesen Tatbestand hat Goethe in seinen Gesprächen mit Eckermann folgendermaßen aphoristisch aufmerksam gemacht: *„Das Gleiche läßt uns in Ruhe, aber der Widerspruch ist es, der uns produktiv macht.“*[236]

Ganz ähnlich wie Goethe hat sich auch Hegel in seinen ästhetischen und anthropologischen Überlegungen zur Metaphorik geäußert. *„Als Sinn und Zweck der metaphorischen Diktion überhaupt ist deshalb [...] das Bedürfnis und die Macht des Geistes und Gemüts anzusehen, die sich nicht mit dem Einfachen, Gewohnten, Schlichten befriedigen, sondern sich darüberstellen, um zum Anderem fortzugehen, bei Verschiedenem zu verweilen und Zwiefaches in eins zu fügen.“*[237]

Überraschend ist in diesem Zusammenhang auch nicht, dass Metaphern gerade im romantischen Denken immer wieder mit dem Phänomen der Ironie in Zusammenhang gebracht worden sind, insofern beide Phänomene ja durch ihre Doppelbödigkeit charakterisiert werden könnten, die produktive Widersprüche auszulösen wüssten. Das rechtfertigt dann auch, beide Phänomene als operative Zauberstäbe zu verstehen, weil sie alle objektsprachlichen Mitteilungsinhalte als vorläufige Aussagen qualifizieren könnten. Das hat Friedrich Schlegel sehr

---

[236] J. P. Eckermann: Gespräche mit Goethe in den letzten Jahren seines Lebens. 28.3.1827. Hrsg. von Heinz Schlaffer 1986, S. 540.
[237] G. W. F. Hegel: Vorlesungen zur Ästhetik I. Bd. 13, S. 520 f.

prägnant herausgearbeitet: „*Alle höchsten Wahrheiten jeder Art sind durchaus trivial, und eben darum ist nichts notwendiger, als sie immer neu, und womöglich immer paradoxer auszudrücken, damit es nicht vergessen wird, daß sie noch da sind, und daß sie nie eigentlich ausgesprochen werden können.*"[238]

Wenn man in dieser Weise die Ambivalenz des metaphorischen und ironischen Sprachgebrauchs als eines produktiven Sprachgebrauchs versteht, weil er immer eine transzendierende Funktion hat, dann überrascht es nicht, dass Kierkegaard die Ironie auch als eine inspirierende erotische Kategorie verstanden hat.

> In der Ironie ist das Subjekt *negativ frei*; denn die Wirklichkeit, welche ihm Inhalt geben soll, ist nicht vorhanden, das Subjekt ist frei von der Gebundenheit, in welcher die gegebene Wirklichkeit das Subjekt hält, aber es ist negativ frei und als solches in der Schwebe, weil nichts da ist, das es hielte. Eben diese Freiheit aber, dieses Schweben verleiht dem Ironiker einen gewissen Enthusiasmus, indem er sich an der Unendlichkeit der Möglichkeiten gleichsam berauscht, indem er, soweit er wegen alles des Untergehenden eines Trostes bedarf, zu dem ungeheuren Reservefonds der Möglichkeit seine Zuflucht nehmen kann.[239]

Überraschend ist in diesem Denkzusammenhang dann auch nicht, dass Georg Lukács die Ironie des Dichters als „*negative Mystik der gottlosen Zeiten: eine docta ignorantia dem Sinn gegenüber*"[240] bezeichnet hat, eben weil er ihr eine Zauberstabsfunktion besonderer Art zugeordnet hat, die allerdings von ihm nicht nur so optimistisch und positiv verstanden wird wie in der Romantik. Ebenso wie die Mystik, so strebt nämlich auch die Ironie nach einer Totalität und kann sich daher nicht mit dem Bedingten und Vorläufigen zufrieden geben.

Kulturgeschichtlich lässt sich festhalten, dass Metaphern, als Sprachuniversalien verstanden, immer eine deutliche Ambivalenz zukommt. Einerseits suchen sie nämlich immer eine Nähe zu konkreten sinnlichen Erfahrungen, obwohl im Laufe der Kulturgeschichte sich die Bedürfnisse und die Fähigkeiten zum abstrakten begrifflichen Denken ständig gesteigert haben. Andererseits ist aber gerade dadurch auch der Wunsch nach einer sinnlichen Rückkoppelung von Begriffen und Theoriegebäuden wieder gestiegen und damit dann auch die Sehnsucht nach der Verwendung der Zauberstäbe der Analogie bzw. der bildlichen Objektivierung von abstrakten Strukturzusammenhängen. Das ist schon in der frühen Renaissance von Nikolaus von Kues durch die Vorstellung einer

---

238 F. Schlegel: Über die Unverständlichkeit. Kritische Schriften. 1964², S. 534.
239 S. Kierkegaard: Über den Begriff der Ironie. 1976², S. 258.
240 G. Lukács: Die Theorie des Romans. 1965², S. 90.

„belehrten Unwissenheit" (docta ignorantia) als Ziel geistiger Aktivitäten prägnant benannt worden.[241]

So gesehen können Metaphern dann auch als genuine und flexible Mittel des Menschen angesehen werden, das jeweils nur ansatzweise und vorläufig Erkannte zu expliziten Denkgegenständen zu machen, die sich hinsichtlich ihrer vielfältigen Aspekte dann noch weiter untersuchen lassen. Das gilt dann insbesondere für Kinder, aber auch für Poeten und Wissenschaftler, die in geistiges Neuland vorstoßen wollen, ohne dabei den Anspruch zu erheben, ihre Denkgegenstände auch vollständig und endgültig zu beherrschen.

Auf diese Weise kann der metaphorische Sprachgebrauch dann auch als ein Mittel qualifiziert werden, mit der Sprache gegen die Sprache anzukämpfen und damit dann auch ihre Vorstrukturierungen für das Denken abzumildern. So lässt sich der metaphorische Sprachgebrauch auch als ein Mittel ansehen, sowohl gegen eine Dominanz von vorgegebenen Sprachkonventionen für das Denken als auch gegen die Gefahr einer resignativen Sprachlosigkeit anzukämpfen. In dieser Perspektive lässt sich dem metaphorischen Sprachgebrauch in anthropologischer Sicht dann eine identitätssichernde Funktion zuweisen, gerade weil Menschen sich über Metaphern in ein dialogisches und resonanzfähiges Verhältnis zu ihren jeweiligen Denkgegenständen setzen können. Das schließt dann auch ein, dass bei diesem Gebrauch der Sprache sowohl kognitive als auch emotionale Objektivierungsbedürfnisse des Menschen Gestalt gewinnen bzw. miteinander ausbalanciert werden können. Deshalb hat Jean Paul dann auch auf erhellende Weise die Sprache als *„Sprachmenschwerdung der Natur"* sowie als *„Brotverwandlungen des Geistes"* bezeichnet, eben weil Metaphern als Kontakt- bzw. Versöhnungsmittel von gegensätzlichen Kräften in Natur und Kultur zur Wirkung kommen können.[242]

Gegen diese Wahrnehmung sind natürlich immer wieder Bilderstürmer unter dem Banner der Suche nach der *nackten Wahrheit* zu Felde gezogen, ohne allerdings weder im natürlichen noch im wissenschaftlichen Sprachgebrauch einen wirklich durchschlagenden Erfolg erzielen zu können. Mit ihrer Forderung nach einem metaphernfreien rein begrifflichen Sprachgebrauch haben sie dann zwar Sprachverwendungsformen von hoher Informationspräzision etablieren können, aber zugleich auch Sprachverwendungsformen von großer anthropologischer Einseitigkeit bzw. Sinnbildungsarmut. Auf jeden Fall hat diese angestrebte Sprachverwendung das Postulat Schillers konterkariert, insbesondere im ästhetisch orientierten Sprachgebrauch den menschlichen *Stofftrieb* und *Formtrieb* in

---

241 Nikolaus von Kues: Philosophisch-theologische Werke, Bd. 1. 2002, S. 1 ff.
242 Jean Paul: Vorschule der Ästhetik, § 49. Werke, Bd. 9, S. 182 und 184.

Form eines *Spieltriebs* miteinander zu versöhnen oder zumindest miteinander auszubalancieren. Für die ästhetische und anthropologische Qualität von Metaphern ist sicherlich konstitutiv, dass sie objekt- und subjektorientierte Sinnbildungsprozesse miteinander verschränken können, wodurch dann sprachlichen Äußerungen dann auch einen hohen Grad an Sinnintensität bekommen, weil eben dadurch auch viele latente Sinnbildungsmöglichkeiten der Sprache erschlossen werden können.

Diese Qualifizierung von Metaphern als polyfunktionale Zauberstäbe, macht es nun allerdings auch unmöglich, Metaphern auf einen abschließenden Begriff zu bringen. Jede faktische Definition würde ihre Polyfunktionalität nämlich eher verdecken als aufdecken. Ohne den Einsatz vielfältiger Interpretanten ist das sprachliche Zeichen *Metapher* in ihren mehrdimensionalen Funktionsmöglichkeiten nämlich kaum theoretisch und begrifflich zu bewältigen. Definierbar werden Metaphern erst in einer monoperspektivischen Betrachtungsweise. Durch diese wird ihr polyfunktionales Leistungsspektrum aber eher verfehlt als erfasst, da dabei die kognitive Eigenbeweglichkeit des Menschen in sprachlichen Sinnbildungsprozessen als heuristischen Wegbildungsprozessen eher ausgeblendet als faktisch genutzt wird.

9 Das Analogiephänomen in den elementaren Gebrauchsmustern der Sprache

Mit Hilfe der vorangegangenen Überlegungen zu den Erscheinungsweisen des Analogiephänomens in den lexikalischen, grammatischen und metaphorischen Zeichenbildungen konnte zweierlei verdeutlicht werden. Einerseits ließ sich zeigen, dass uns das analogisierende Denken und Sprechen nicht erst in expliziten prädikativen Aussagesätzen als Manifestationen von Determinationsrelationen begegnet, in denen uns sprachlogisch immer signalisiert wird, dass sich ein Gegenstandsbegriff (grammatisches Subjekt) mit einem Bestimmungsbegriff (grammatisches Prädikat) semantisch überschneidet bzw. präzisierend ergänzt, was natürlich immer gewisse Affinitäten voraussetzt. Andererseits ließ sich darauf aufmerksam machen, dass im Prinzip schon alle sprachlichen Begriffs- bzw. Musterbildungen mit dem Analogieproblem in Verbindung gebracht werden können, da diese ja dem pragmatischen Zweck dienen, ähnliche Vorstellungsinhalte zumindest in bestimmten operativen Hinsichten mehr oder weniger für identisch zu erklären, um in konkreten faktischen Handlungsprozessen effektiv und sinnvoll mit diesen umgehen zu können.

In diesem Kapitel soll nun herausgearbeitet werden, dass das Analogiephänomen auch in solchen Gebrauchsmustern der Sprache in Erscheinung treten kann, die man vielleicht als spezifische Sprachhandlungsmuster bzw. als Sprechaktmuster ins Auge fassen kann. In dieser Betrachtungsperspektive, in der Sprachmuster nicht als Repräsentationsformen für objektorientierte Gegenstandsmuster in Erscheinung treten, sondern eher als Repräsentanten für ganz bestimmte kommunikative Handlungsmuster, ergeben sich dann natürlich auch ganz andere Dimensionen der heuristischen Idee vom *Zauberstab der Analogie*.

Dieser methodische Ansatz zur Beschreibung der Funktionen der natürlichen Sprache soll dann im nächsten Kapitel noch dadurch ergänzt werden, dass danach gefragt wird, wie über die Frage nach den kulturhistorisch entwickelten unterschiedlichen Textmustern auf die Vielfalt der komplexen Sinnbildungsfunktionen der Sprache aufmerksam gemacht werden kann. Denn auch die kulturell entwickelten Textmuster tragen ja ganz entscheidend dazu bei, dass man ganz im Sinne Humboldts von den endlichen Mitteln der Sprache immer einen unendlichen Gebrauch machen kann. Sowohl in den elementaren sprachlichen Gebrauchsmustern als auch in den kulturellen Textmustern dokumentiert sich nämlich die erstaunliche pragmatische Flexibilität der natürlichen Sprache, mit der Komplexität von materiellen, sozialen und geistigen Welten semiotisch und pragmatisch fertig zu werden. Diese Fähigkeit resultiert nämlich letztlich aus den ineinandergreifenden analysierenden und synthetisierenden Denkmöglichkeiten des Menschen, für die die natürliche Sprache sicherlich wesentlich besser geeignet ist als jede formalisierte Fachsprache. Diese muss nämlich alle sprachlichen Denk- und Wahrnehmungsprozesse wegen ihres informationellen Präzisionsanspruchs von vornherein semantisch, syntaktisch und pragmatisch streng regulieren, was dann natürlich ihre pragmatische Flexibilität in Sinnbildungsprozessen deutlich einschränkt.

9.1 Der dialogische und der monologische Sprachgebrauch

Wenn wir theoretisch über die Struktur und Funktion der Sprache reflektieren, dann orientieren wir uns in der Regel eher am monologischen schriftlichen und weniger am dialogischen mündlichen Sprachgebrauch, der im Prinzip mit sehr viel älteren und fundamentaleren Sinnbildungsintentionen korreliert ist als der schriftliche. Diese Orientierung ist sicherlich auch dadurch mitbedingt, dass sich der schriftliche Sprachgebrauch sehr viel leichter theoretisch analysieren lässt als der mündliche. Einerseits sind schriftlich fixierte Sprachverwendungsformen nämlich ein zeitlich besonders stabiler Beobachtungsgegenstand, andererseits weisen sie meist viel weniger semiotische Sinnbildungsfaktoren auf als die mündlich verwendeten Sprachverwendungsformen. Diesbezüglich braucht man nur darauf aufmerksam machen, dass im Rahmen des mündlichen Sprachgebrauchs nicht nur rein verbale Faktoren eine sinnbildende Rolle spielen, sondern auch nichtverbale Faktoren wie etwa *Intonation, Mimik, Gestik, Redesituation* usw. Allerdings lassen sich im schriftlichen Sprachgebrauch auch noch ganz besondere semiotische Sinnbildungsfaktoren nutzen wie beispielsweise spezifische Schriftarten und Textgliederungszeichen wie etwa Absätze und Interpunktionen. Diese zusätzlichen semiotischen Sinnbildungsmittel sind aber gut überschaubar und hinsichtlich ihr Sinnbildungsfunktionen auch recht gut bestimmbar.

Außerdem ist zu beachten, dass die systemtheoretisch ausgerichtete Sprachwissenschaft in der Tradition von de Saussure kaum Interesse daran entwickelt hat, die historische Genese sowie die situative Variabilität sprachlicher Objektivierungsformen genauer zu untersuchen und zu bewerten. Das hat dann auch dazu geführt, dass die Frage nach den sinnstiftenden Funktionen von Analogierelationen in sprachlichen Äußerungen an Relevanz verloren hat, eben weil die Frage nach der Systemstruktur der sprachlichen Konventionen im Mittelpunkt des sprachwissenschaftlichen Interesses stand und weniger die Frage nach den sinnstiftenden Funktionen von sprachlichen Formen und Zeichen aller Art bzw. die Frage nach den spezifischen kreativen Gebrauchsmöglichkeiten selbst von schon durchstrukturierten sprachlichen Zeichensystemen.

Das alles ist nun kulturgeschichtlich insbesondere deshalb so interessant, weil die philosophischen und sprachtheoretischen Reflexionen von Sokrates und Platon über die möglichen Formen des Denkens und Sprechens schon früh darauf aufmerksam gemacht haben, dass gerade der dialogische Sprachgebrauch erkenntnistheoretisch eine sehr große philosophische Relevanz hat und keineswegs nur als eine historische Vorstufe des monologischen Sprachgebrauchs angesehen werden sollte.[243] Nicht ohne Grund hat Sokrates dann ja auch darauf verzichtet, sein philosophisches Denken schriftlich zu fixieren, um nicht Gefahr zu laufen, dass das philosophische Wissen als eine faktische Ware und nicht als eine spezifische geistige Handlungsfähigkeit des Menschen in Erscheinung tritt.

Ein abschreckendes Beispiel ist für Sokrates nämlich das Verfahren der Sophisten, ihr philosophisches Wissen als ein in sich abgeschlossenes Wissen in Form von dogmatischen Lehrsätzen gegen Geld oder Waren einzutauschen. Für Sokrates lässt sich nämlich das philosophische Wissen als ein Wissen über den sinnvollen Umgang mit konkreten Phänomenen und Problemen nicht sinnvoll von seiner genuinen Genese in dialogischen Interaktionsprozessen loslösen. Deshalb sind für Sokrates dann auch die konkreten Denkverläufe bzw. Wissenserschließungsstrategien mindestens ebenso wichtig wie die jeweiligen Denkergebnisse, die sich in bestimmten Sachaussagen oder gar Lehrsätzen konkretisieren lassen.

Diese Grundüberzeugung über die Natur des philosophischen Wissens hat dann auch zur Konsequenz gehabt, dass Sokrates selbst keine philosophischen Schriften verfasst hat und dass Platon das philosophische Denken von Sokrates bzw. sein eigenes in Form von Dialogen objektiviert und vermittelt hat, in die dann immer auch vielfältige Beispielerzählungen eingegangen sind. In dieser Form der Bildung und Vermittlung von Wissen spielt dann natürlich der Zauberstab der Analogie immer eine ganz konstitutive Rolle. Daraus ergibt sich weiterhin dann auch die Konsequenz, dass das so objektivierte und vermittelte Wissen nicht mit der Wahrheitsfrage in einem rein korrespondenztheoretischen Sinne konfrontiert werden kann, weil es ja nicht als ein prädikativ vermitteltes Behauptungswissen in Erscheinung tritt, sondern eher als ein Handlungswissen darüber, wie man mit komplexen Phänomenen umgehen kann bzw. umgehen sollte.

In einem dialogischen Sprachgebrauch stellt sich nämlich immer die Aufgabe, dass man das jeweils thematisierte Wissen auf die jeweiligen Wahrnehmungsmöglichkeiten eines konkreten Adressaten abstimmen muss, da es sich ja nie rein objektorientiert konkretisieren lässt. Außerdem ergibt sich das Problem, dass Wörter bzw. Begriffe nicht als selbstverständliche kognitive Bausteine eines

---

243 Vgl. W. Wieland: Platon und die Formen des Wissens. 1982.

komplexeren Wissens verwendet werden können, sondern nur als variable Größen in ganz bestimmten Relations-, Interaktions- und Objektivierungszusammenhängen. Das offenbart dann auch, dass der dialogische Sprachgebrauch durchaus als ein ganz elementarer und polyfunktionaler Sprachgebrauch angesehen werden kann und dass der monologische Sprachgebrauch demgegenüber eher als ein methodisch bedingter Sprachgebrauch für die sprachliche Realisierung ganz bestimmter Zielsetzungen zu betrachten ist. Diese beiden Nutzungsweisen von Sprache lassen sich auch dadurch näher charakterisieren, dass der dialogische bzw. der mündliche Sprachgebrauch sehr eng mit einem menschlichen Handlungswissen im Sinne eines *knowing how* verschränkt ist und der monologische bzw. der schriftliche Sprachgebrauch sehr eng mit einem menschlichen Gegenstandswissen im Sinne eines *knowing that*.

Weiterhin ist zu beachten, dass unser dialogischer bzw. mündlicher Sprachgebrauch weitgehend durch unser Sprachgefühl als einer Manifestationsform unseres impliziten Sprachwissens reguliert wird und unser monologischer bzw. schriftlicher Sprachgebrauch eher über unser schulisch erworbenes Wissen über den zulässigen Gebrauch der Sprache. Diese idealtypische Differenzierung von zwei unterschiedlichen Wissensformen von Sprache lässt sich auch mit dem menschlichen Wissen über das Phänomen des Rechts analogisieren. Einerseits besitzen wir alle ein elementares Rechtsgefühl dafür, welche Handlungsweisen der Vorstellung des Rechts entsprechen und welche nicht. Andererseits haben wir aber natürlich auch ein Wissen über das Recht, das sich aus unserem konkreten Gesetzeswissen speist und das durchaus in ein Spannungsverhältnis zu unserem elementaren Rechtsgefühl geraten kann, welches sich aus unseren elementaren Handlungserfahrungen sowie aus unseren faktischen Erfahrungen aus dem sozialen Zusammenleben von Menschen speist.

Die Implikationen dieser beiden Manifestationsformen von Recht haben die römischen Juristen schon auf eine sehr einleuchtende Formel gebracht: *summum ius – summa iniuria*. Mit dieser Maxime wollten sie auf das Problem aufmerksam machen, dass eine sehr konkrete Objektivierung des Rechts durch schriftlich fixierte Gesetze durchaus zu einem extremen Unrecht führen kann, eben weil begrifflich sehr präzise formulierte Gesetze eine sehr schematische Anwendung des Rechts bedingen können und eben dadurch dann auch leicht Ungerechtigkeiten im Vergleich mit unserem unmittelbaren Rechtsgefühl. Ein reines Gesetzesrecht kann nämlich die Besonderheit der jeweiligen Fälle und die Polyfunktionalität von Rechtsordnungen nicht immer zureichend berücksichtigen.

Deshalb hat sich im angelsächsischen Rechtsverständnis dann auch ein Präzedenzrecht etabliert, dass bei der rechtlichen Beurteilung von konkreten Rechtsfällen eine sehr viel größere Flexibilität als das Kodexrecht hat, da es sich nämlich ständig partiell umstrukturieren lässt. Das Präzedenzrecht erleichtert es nämlich, das tradierte Gesetzesrecht nicht schematisch in einem wortwörtlichen Sinne, sondern eher in einem analogisierenden Sinne auf ähnliche Rechtsfälle anzuwenden und auf diese Weise das abstrakte Gesetzesrecht fallgerecht zu flexibilisieren. Das bedeutet dann, dass der Buchstabe des Gesetzes nicht die höchste normative Instanz für die Rechtsfindung ist, sondern die fallgerechte interpretative Rechtsfindung durch Richter und durch Geschworene. Auf diese Weise kann dann auch durchaus auf die Besonderheit von neuen Rechtsfällen eingegangen werden, ohne dabei zugleich gegebene Rechtstraditionen und Rechtsprinzipien bzw. den Geist von Gesetzen und Rechtsordnungen grundlegend in Frage zu stellen.

Der dialogische Sprachgebrauch ist immanent auf ganz natürliche Weise immer sehr viel polyperspektivischer und anthropologischer orientiert als der monologische, da letzterer immer eine sehr große Nähe zum monoperspektivischen Wahrnehmen und Denken hat. Diese Funktionsdifferenz hat sicherlich auch etwas mit dem funktionalen Zusammenspiel der beiden unterschiedlich strukturierten menschlichen Großhirnhälften zu tun, die sich in der evolutionären Entwicklung des Menschen herausgebildet haben und die dem menschlichen Großhirn dann insgesamt auch eine ganz erstaunliche Funktionsflexibilität ermöglichen.[244]

Die linke Großhirnhemisphäre scheint bei Rechtshändern (bei Linkshändern entsprechend umgekehrt) auf begriffliche, analysierende, sequentielle und bewusst kontrollierbare Denkoperationen spezialisiert zu sein. Dagegen scheint die rechte Großhirnhemisphäre auf ganzheitliche, synthetisierende, bildliche und intuitive Denkoperationen spezialisiert zu sein, die sich explizit kaum kontrollieren lassen, da sie weitgehend spontan und vorbewusst ablaufen. Erst durch sehr komplexe Interaktionsprozesse zwischen den beiden Gehirnhälften können sich dann komplexe mehrschichtige Sinnbildungsprozesse konkretisieren, die sowohl eine Objekt- als auch eine Subjektorientierung besitzen bzw. begriffliche und bildliche Sinnbildungsimplikationen.

Auf diese Weise können dann auch recht vielfältige Anlogisierungen zwischen eigentlich ziemlich unterschiedlichen Tatbeständen vorgenommen werden, eben weil man diese dann in ganz unterschiedliche, aber durchaus denkbare Korrelationszusammenhänge miteinander bringen kann, in denen sie sich zugleich als eigenständige, aber auch als verwandte Größen profilieren können. Das ist sicherlich dann auch eine biologische Voraussetzung dafür, dass der Mensch als ein *animal symbolicum* bestimmt werden kann, das nicht nur sinnlich

---

244 S. P. Springer / G. Deutsch: Linkes - rechtes Gehirn. Funktionelle Asymmetrien. 1987.

bedingte, sondern auch kulturell bedingte Wahrnehmungsgestalten erzeugen und auf verständliche Weise so nutzen kann, dass Subjektwelten und Objektwelten in vielfältige Beziehungen miteinander treten können.

Im dialogischen Sprachgebrauch wird sehr viel offensichtlicher als im monologischen, dass gerade die natürliche Sprache als ein polyfunktionales Handlungs- und Sinnbildungsmittel verstanden werden muss, da sie ja nicht nur eine Benennungs-, sondern auch immer eine spezifische Gestaltungs- und Handlungsfunktion hat. Insbesondere im dialogischen Sprachgebrauch kommt es deshalb auch nicht nur zu Aneignungs- bzw. Assimilationsprozessen von neuem Wissen, sondern immer auch zu Anpassungsprozessen an neues Wissens bzw. zu individuellen Akkommodationsprozessen. Das dokumentiert sich bei Platon schon darin, dass er im Sophistes-Dialog den Fremden Folgendes sagen lässt: *„Also Denken und Rede sind dasselbe, nur daß das innere Gespräch der Seele mit sich selbst, was ohne Stimme vor sich geht, Denken genannt wird."* [245]

Das bedeutet nun, dass man einen Dialog, aber auch ein anspruchsvolles metareflexive Denken, das nicht nur analysierend, sondern auch synthetisierend in Erscheinung treten will, nicht als einen Sprachgebrauch ansehen kann, in dem es allein um eine widerständige Sache geht, sondern immer auch um den Umgang mit einem widerständigen Partner bzw. einer widerständigen Sprache. Dagegen ist der monologische Sprachgebrauch ein Sprachspiel, das viel einfacher strukturiert ist, weil es sich eigentlich nur auf einen widerständigen Sachverhalt konzentriert, aber nicht zugleich auch noch auf ganz bestimmte widerständige Dialogpartner.

Die Polyfunktionalität des dialogischen Sprachgebrauchs bedingt außerdem, dass in ihm Fragen zugleich auch Antworten sein können und Antworten zugleich auch Fragen, insofern in ihm die Sprache nicht nur als ein vorgegebenes Informationswerkzeug genutzt wird, sondern zugleich immer auch als ein dialogisches Sinnbildungswerkzeug, das immer wieder neu im Hinblick auf bestimmte Sachen und Personen hergerichtet werden muss. All das bedingt, dass in Dialogen konkrete Einzelaussagen dann auch nicht als faktische informationelle Handelswaren zu verstehen sind, die einen ganz stabilen Informationswert haben, sondern vielmehr als Ausdrucksformen von ganz spezifischen Sinn- bzw. Wegbildungsverfahren zur aspektuellen Konkretisierung von spezifischen Sachvorstellungen, die nicht immer direkt mit der Wahrheitsfrage in einem rein korrespondenztheoretischen bzw. deskriptiven Sinne konfrontiert werden können.

Dagegen hat der monologische Sprachgebrauch immer eine deutliche Tendenz zur Entindividualisierung der jeweiligen Sachverhalte, eben weil dieser

---

245 Platon: Sophistes 263e. Werke, Bd. 4, S. 239.

eher als ein kategorisierendes begriffliches und prädikatives Benennungsverfahren von Phänomenen verstanden wird und weniger als ein interpretatives Annäherungsverfahren an diese. Das bedeutet, dass man im mündlichen Sprachgebrauch die Sprache sehr viel deutlicher für ganz bestimmte individuelle pragmatische Zwecke herrichten muss als im schriftlichen. Deshalb tritt die Sprache im monologischen Sprachgebrauch im Sinne Humboldts dann auch eher als ein vorgefertigtes Werk (Ergon) in Erscheinung und weniger als ein semiotisches Sinnbildungsmittel (Energeia). Aus diesem Grunde hat Humboldt dann auch ausdrücklich betont, dass die Sprache im Prinzip *„auf der Wechselrede"* beruhe. „Der *Mensch spricht, sogar in Gedanken, nur mit einem Andren, oder mit sich, wie mit einem Andren* [...].[246]

> Es liegt aber in dem ursprünglichen Wesen der Sprache ein unabänderlicher Dualismus, und die Möglichkeit des Sprechens selbst wird durch Anrede und Erwiederung bedingt. Schon das Denken ist wesentlich von Neigung zu gesellschaftlichem Daseyn begleitet, und der Mensch sehnt sich, abgesehen von allen körperlichen und Empfindungs-Beziehungen, auch zum Behuf seines blossen Denkens nach einem dem *Ich* entsprechenden *Du*, der Begriff scheint ihm erst seine Bestimmtheit und Gewissheit durch das Zurückstrahlen aus einer fremden Denkkraft zu erreichen [...]. Zwischen Denkkraft und Denkkraft aber giebt es keine andre Vermittlung, als die Sprache.[247]

Humboldts Herleitung der Sprache aus dem dialogisch orientierten Verständigungsstreben der Menschen mit anderen Menschen sowie aus ihrer Intention, je eigene Denkinhalte zu objektivieren, manifestiert sich auch deutlich in dem frühkindlichen Namenshunger. Dieser scheint auf den ersten Blick ein reiner Benennungshunger zu sein, aber im Prinzip ist er wohl eher als ein Verständigungshunger anzusehen. Dahinter steht nämlich das Bestreben von Kindern, Erfahrungs- und Denkphänomene mit einem ganz bestimmten Namen zu versehen, um sich mit anderen leichter über sie in kooperativen Handlungs- und Mitteilungsprozessen verständigen zu können.

Das schließt nun allerdings nicht aus, dass Kinder ebenso wie Menschen in frühen Kulturen von der Grundvorstellung ausgehen, dass die Namen der Dinge auch zu dem substanziellen Wesen dieser Dinge selbst gehören und dass uns die Namen dieser Dinge dann auch kraft bestimmter Analogien zu ihrem konstitutiven Kern führen können. Das begünstigt dann sogar die Vorstellung, dass derjenige, der den Namen einer Person bzw. eines Dings kennt, auch eine Macht über dieses Phänomen bekommt, was das Märchen vom Rumpelstilzchen sehr schön

---

246 W. von Humboldt: Über den Dualis. Werke Bd. 3, S. 137 f.
247 W. von Humboldt: Ebd. S. 138 f.

veranschaulicht. Es beinhaltet weiter, dass jede Benennung einer Sache mehr als eine bloße sprachliche Etikettierung ist, eben weil die Kenntnis eines Namens nicht nur für die Identifizierung einer Sache nützlich ist, sondern zugleich auch bestimmte Analogieresonanzen erzeugen kann, die sich in Verstehensprozessen als nützlich erweisen können. Semiotisch gesehen ist ein Name nämlich nicht nur ein bloß verweisender Zeichenträger, da er faktisch durchaus als ein komplettes Zeichen verstanden werden kann, das uns auch ein Zeichenobjekt und einen Zeicheninterpretanten ins Bewusstsein rufen kann, also auch einen kompletten Korrelations- und Interaktionszusammenhang.

Dieses semiotische Funktionsprofil von Namen hat Hans-Joachim Haecker in seinem Gedicht *Zeichen* aus dem Jahre 1964 auf eine sehr eindrucksvolle Weise thematisiert, wobei er insbesondere verdeutlicht, dass Name und Zeichen keine völlig identischen Phänomene sind, eben weil Zeichen pragmatisch eher dazu dienlich sind, heuristische Verstehensprozesse in Gang zu setzen als abzuschließen.[248]

Zeichen

Manchmal überfällt uns ein Duft
mitten in einem Fest.
Aber es ist nicht der Duft.

Manchmal erblickst du in einem Saale ein Bild.
Du erstarrst.
Aber es ist nicht das Bild.

Manchmal berührt deinen Arm eine Hand.
Und du bebst.
Aber es ist nicht die Hand.

Du suchst einen Namen.
Aber der Name ist es nicht.

Haecker macht uns in seinem Gedicht auf eine sehr eindrucksvolle Weise darauf aufmerksam, dass der Mensch tatsächlich als ein *animal symbolicum* anzusehen ist, weil er sich eigentlich nie damit begnügt, seine Erfahrungsinhalte mit einem Wort bzw. mit einem Namen abschließend zu fixieren. Vielmehr ist er immer darum bemüht, die möglichen Implikationen seiner Erfahrungsgegenstände so umfassend wie möglich zu thematisieren bzw. ihre möglichen Analogien und Diffe-

---

248 H.-J. Haecker: Lautloser Alarm. Gedichte. Calata Press 1977 (ohne Seitenzählung). Vgl. dazu auch W. Köller: Narrative Formen der Sprachreflexion, 2006, S. 475–514.

renzen zu anderen Erfahrungstatbeständen. Er will wissen, in welche Geschichten sie verstrickt sind bzw. verstrickt sein können, eben weil dialogische Verständigungsprozesse mit Menschen und Dingen eigentlich nie faktisch, sondern allenfalls methodisch beendet werden können.

Die Suche nach einem Namen bzw. einem abschließenden Begriff erweist sich nämlich eher als eine regulative Idee und weniger als ein realistisches Vorhaben. Das lässt sich dann auch durch das inzwischen trivial gewordene konfuzianische Denkmodell illustrieren, dass der Weg schon das Ziel sei. Monologische Wahrnehmungsanstrengungen sind intentional gesehen nämlich in der Regel meist auf ein ganz bestimmtes Ziel fixiert, während dialogische Verstehensanstrengungen wissen, dass jeder eingeschlagene Weg zwar zu einem bestimmten Ziel führen kann, aber auch zu einem Wissen, dass sich eben dadurch auch neue Wege, neue Türen und neue Wahrnehmungsziele eröffnen können.

Diese Auffassung von der Struktur von Wahrnehmungs- bzw. Erkenntnisprozessen als faktisch unabschließbaren dialogischen Prozessen mit Erfahrungs- und Denkphänomenen, in denen der Zauberstab der Analogie wirksam werden kann, ist nicht nur im konfuzianischen Denken anzutreffen, sondern auch im platonischen Denken. Ein eindrucksvolles Beispiel dafür findet sich im sogenannten *Siebenten Brief* Platons, dessen Authentizität zwar umstritten ist, aber dessen Analogisierungspotential kaum in Abrede gestellt werden kann. In diesem Brief bekennt nämlich der Verfasser, dass man nicht alle Erkenntnisse direkt in Worte fassen könne. Bestimmte Wissensinhalte konstituierten sich nämlich *„vermöge der langen Beschäftigung mit dem Gegenstande und dem Sichhineinleben"* auf die Weise *„wie ein durch einen abspringenden Feuerfunken plötzlich entzündetes Licht in der Seele sich erzeugt und dann durch sich selbst Nahrung erhält."* [249]

Diese Sichtweise auf die Struktur von komplexen Erkenntnisprozessen lässt sich nicht nur durch die semiotische Abduktionstheorie von Peirce stützen, sondern auch durch die Etymologie des Theoriebegriffs selbst. Das griechische Wort *theoria* bezeichnet nämlich ursprünglich so etwas wie die Schau des Göttlichen bei einem religiösen Fest bzw. die geistige Schau von etwas Transzendentem. Der Theoretiker (theoros) war dementsprechend dann auch zunächst der Abgesandte einer Polis zu einem religiösen Fest bzw. zu einem Orakel, um dort Erfahrungen zu machen, die im alltäglichen Leben und Denken nicht zu haben waren. [250]

Diese Herkunft des Theoriebegriffs verdeutlicht, dass mit diesem Terminus ursprünglich eine Form der Erfahrung benannt wurde, die einerseits unsere

---

249 Platon: Siebenter Brief. Werke Bd. 1, 341 c–d, S. 317.
250 Vgl. H. Rausch: Theoria. 1982, S. 9 ff., 34 ff. G. König: Theorie. In: Historisches Wörterbuch der Philosophie. Bd. 10, 1998, Sp. 1128–1146.

Erfahrungsmöglichkeiten in der Alltagswelt transzendierte, die aber andererseits auch den Stellenwert dieser Erfahrungen besser verständlich machen konnte. Deswegen gehört zur Theoriebildung auch von Anfang an das Phänomen der Reise bzw. die Loslösung von alltäglichen Lebens-, Erfahrungs- und Denkwelten. Das schließt aber natürlich nicht aus, dass Theoriebildungen kraft Analogie auch genutzt werden können, um sich Phänomene zu erschließen, die unsere Erfahrungen aus der Alltagswelt transzendieren, aber auch fundieren können.

Aufschlussreich ist diesem Zusammenhang dann auch ein Brief von Kant an seinen Freund und Antipoden Hamann in Königsberg, der für seinen bildlichen, analogisierenden und aphoristischen Sprachgebrauch berühmt und berüchtigt war. In diesem Brief, der nicht ohne dialogische Ironie ist, bittet Kant Hamann um eine Stellungnahme zu den Ausführungen Herders zum Problem der Zahlensymbolik, die sich ihm nicht befriedigend erschlossen habe.

> [...] aber womöglich in der Sprache der Menschen. Denn ich armer Erdensohn bin zu der Göttersprache der *anschauenden* Vernunft gar nicht organisiert. Was man mir aus gemeinen Begriffen nach logischen Regeln vorbuchstabieren kann, das erreiche ich wohl. Auch verlange ich nichts weiter, als das Thema des Verfassers zu verstehen: denn es in seiner ganzen Würde und Evidenz zu erkennen, ist nicht eine Sache, worauf ich Anspruch mache.[251]

9.2 Der mündliche und der schriftliche Sprachgebrauch

Obwohl sicherlich davon auszugehen ist, dass die Oppositionen zwischen einem dialogischen bzw. einem monologischen Sprachgebrauch einerseits und die zwischen einem mündlichen und einem schriftlichen Sprachgebrauch andererseits in vielen Hinsichten einander ziemlich ähnlich sind, so decken sie sich aber keineswegs vollständig. Deshalb rechtfertigt es sich dann auch, die Opposition zwischen dem mündlichen und dem schriftlichen Sprachgebrauch in einem eigenständigen Kapitel näher ins Auge zu fassen, um die elementaren Besonderheiten des mündlichen und schriftlichen Sprachgebrauchs phänomenologisch deutlicher herauszuarbeiten. Das betrifft dann insbesondere die biologischen, psychologischen, medialen und historischen Faktoren, die der kategorialen Unterscheidung zwischen dem mündlichen und dem schriftlichen Sprachgebrauch zugrunde liegen.

---

251 Brief vom 6. 4. 1774. In: Kant's Gesammelte Schriften. Akademieausgabe, Bd. 10, Nr. 78, S. 148.

Grundsätzlich ist zu beachten, dass der mündliche Sprachgebrauch auf die Wahrnehmungsfähigkeiten der Ohren angewiesen ist und der schriftliche auf die der Augen. Das scheint auf den ersten Blick zunächst eine ganz triviale Feststellung zu sein, aber dieser Tatbestand hat dann doch erhebliche Konsequenzen für das pragmatische Funktionsprofil des mündlichen und des schriftlichen Sprachgebrauchs sowie für die möglichen Zauberstabsfunktionen unseres Sprachgebrauchs in konkreten Sinnbildungsprozessen. Das Ohr impliziert nämlich ganz andere Grundprämissen für sprachliche Sinnbildungsmöglichkeiten als das Auge.

Als Wahrnehmungsorgan für Sprache ist das Ohr nämlich grundsätzlich so disponiert, dass es sinnliche Einzelreize weitgehend nur in einer linearen zeitlichen Reihenfolge erfassen kann und nicht wie das Auge auch synchron. Deshalb besitzen die jeweiligen Wahrnehmungsinhalte für das Ohr auch keine anhaltende Stabilität, da sie ja ständig durch neue abgelöst werden. Sie sind in der Regel faktisch nur kurz präsent und werden ständig durch andere abgelöst, so dass sie zu späteren Zeitpunkten nur noch in Form von Erinnerungen in Erscheinung treten können, aber kaum als gut isolierbare Teile eines aktuell fassbaren komplexen Gestaltzusammenhangs.

Im Gegensatz zu den Augen können die Menschen ihre Ohren auch nicht willentlich schließen. Das hat dann zur Folge, dass das Hören primär vor allem auf das Werden von wandelbaren Verlaufsgestalten ausgerichtet ist und das Sehen primär auf die Wahrnehmung eines stabilen Seins bzw. auf die Veränderungsmöglichkeiten von in sich stabilen Gegenstandsgestalten. Außerdem ist zu beachten, dass der Mensch beim Hören in einem viel höheren Maße auf die passive Aufnahme von sinnlichen Reizen ausgerichtet ist als beim Sehen, weil er seine Augen nicht nur schließen kann, sondern auch auf ganz bestimmte Wahrnehmungsgegenstände zu konzentrieren vermag. Hören kann der Mensch alles, was ihn akustisch erreicht. Sehen kann er dagegen nur das, worauf er seinen Blick intentional richten kann. Deshalb ist es dann auch kein Zufall, dass unsere sprachlichen Bezeichnungen für passive Wahrnehmungs-, Denk- und Verhaltensweisen von dem Verb *hören* abgeleitet worden sind und dass sie deshalb dann auch eine eigene Wortfamilie bilden (gehorchen, hörig, Gehorsam).

Im Gegensatz zum Hörsinn ist der Sehsinn des Menschen immer sehr viel direkter mit den räumlichen und geistigen Eigenaktivitäten des Menschen verbunden. Die Augen kann man nicht nur willentlich öffnen und schließen, sondern auch intentional auf ganz bestimmte Gegenstände richten oder von diesen abwenden. Auf diese Weise bekommen die jeweiligen Gegenstände dann auch eine gewisse Beständigkeit oder gar Substanzhaftigkeit, die es dem Sehenden dann erlauben, sie hinsichtlich ihrer jeweiligen Genese sowie ihren jeweiligen

Relations- bzw. Funktionsmöglichkeiten genauer zu bestimmen und mit Hilfe von bestimmten räumlichen und geistigen Eigenbewegungen in immer anderen Perspektiven und Kontexten wahrzunehmen.

Aus alldem ergibt sich nun, dass der Sehsinn es ermöglicht, den Menschen in die Lage zu versetzen, sich in eine kontemplative bzw. zeitgedehnte Distanz zu seinen jeweiligen Wahrnehmungsgegenständen zu bringen, die es in einem sehr hohen Maße ermöglicht, sie analysierend zu zerlegen und synthetisierend mit anderen zu verbinden, so dass eben dadurch dann auch ganz neue konkrete Wahrnehmungsobjekte entstehen können. Das hat die Wahrnehmungspsychologie uns am Beispiel der sogenannten Kippfiguren überzeugend veranschaulicht. Bei diesen lassen sich nämlich die jeweiligen sinnlichen Einzelreize je nach den konkreten Wahrnehmungsumständen und Wahrnehmungsintentionen so korrelieren, dass jeweils ganz andere Wahrnehmungsobjekte entstehen. Die spezifische Besonderheit von solchen Kippfiguren besteht nun allerdings darin, dass die alten und neuen Wahrnehmungsgestalten nicht simultan erfasst werden können, sondern als mögliche Alternativen nur nacheinander.

Die unterschiedlichen Wahrnehmungsdispositionen des menschlichen Hörsinns und Sehsinns bei der Verarbeitung von Einzelreizen zu komplexen Sinngestalten hat Jacob Grimm zu folgendem einleuchtenden Urteil motiviert: *„Das auge ist ein herr, das ohr ein knecht, jenes schaut um, wohin es will, dieses nimmt auf, was* ihm *zugeführt wird.*"[252]

Die Unterschiede zwischen den pragmatischen Funktionen des Hörsinns und des Sehsinns bei der Verarbeitung von Sinnesreizen offenbaren sich auch darin, dass wir unsere rein kognitiven Wahrnehmungsperspektiven in der Regel mit Hilfe eines metaphorischen Vokabulars thematisieren, das aus der Sphäre des Sehsinns kommt wie etwa *Ansicht, Einsicht, Perspektive, Reflexion,* aber nicht aus der Sphäre des Hörsinns. Dazu passt dann auch, dass die Vorsokratiker schon darüber spekuliert haben, ob die aktiven Augen nicht ein inneres Licht besäßen, mit dem sie ihre jeweiligen Wahrnehmungswelten wie mit einer inneren Kraft erhellen könnten (Empedokles), bzw. Hypothesen darüber, ob sich während des Sehvorgangs möglicherweise nicht sogar kleine Abbilder von den jeweiligen Sehgegenständen ablösten, die dann in die Augen eindringen könnten (Leukipp, Demokrit, Epikur).[253]

Diese Spekulationen sind insbesondere deshalb interessant, weil sie implizit nahelegen, dass in Sehvorgängen gleichsam ein sehr vertrauenswürdiger Kontakt zwischen Subjektwelten und Objektwelten hergestellt werden könne, weil

---

252 J. Grimm: Rede auf Wilhelm Grimm. Rede über das Alter. 1963, S. 58.
253 W. Capelle (Hrsg.): Die Vorsokratiker. 1968, S. 230, 306, 430.

gerade in Sehprozessen die Subjektwelten und die Objektwelten als ganz eigenständige Größen hervorträten und weil Subjekte immer einen großen Einfluss darauf hätten, wie Objekte für uns wahrnehmbar würden, was in Hörvorgängen natürlich nicht so deutlich in Erscheinung trete.

Bei der Transformation der Sprache von der akustischen auf die optische Wahrnehmungsebene stellt sich natürlich die grundsätzliche Frage, welche semiotischen Implikationen und Konsequenzen das für den faktischen Gebrauch und für die Leistungsfähigkeit der Sprache hat. Dabei ist dann auch zu berücksichtigen, dass die Erfindung der Schrift natürlich nicht auf eine individuelle Einzelerfindung zurückgeht, sondern auf lang andauernde kulturelle Evolutionsprozesse, die nicht nur zu ganz unterschiedlichen Schriftsystemen, sondern auch zu recht unterschiedlichen kognitiven und pragmatischen Konsequenzen dieser jeweiligen Schriftsysteme geführt haben. Die unterschiedlichen Realisationsformen von Schriftsystemen und deren faktische Nutzung hängen dabei nicht nur von den unterschiedlichen Typen von Sprache ab, sondern natürlich auch von den unterschiedlichen Nutzungsmöglichkeiten der Schrift in den verschiedenen Kulturen. Das bedeutet, dass hinter der Entwicklung und dem Gebrauch von Schriften vielfältige kulturell und pragmatisch orientierte Evolutionsprozesse stehen, die alle zu ganz unterschiedlichen Nutzungsmöglichkeiten der verschriftlichten Sprache geführt haben.

Es bedeutet weiter, dass die Verschriftlichung der akustisch fassbaren Sprache in eine visuell fassbare auch Konsequenzen für unsere kognitive und kulturelle Wahrnehmung von Sprache hat. Die Sprache kann nun nämlich nicht mehr nur als ein Phänomen in der Zeit, sondern auch als ein Phänomen im Raum wahrgenommen werden, weil sie nicht mehr im Verlaufe der Zeit verhallt, sondern nun im Raum präsent bleibt. Das hat dann natürlich nicht nur Konsequenzen für ihre praktische Nutzung, sondern auch für die Wahrnehmung ihrer faktischen Ordnungsstrukturen sowie ihrer pragmatischen Verwendungsmöglichkeiten.

Das exemplifiziert sich beispielsweise sehr deutlich darin, dass die ältesten Zeugnisse des schriftlichen Sprachgebrauchs Rechtsdokumente und Handelsvereinbarungen sind und später dann Kulturzeugnisse von repräsentativem Wert. Das bedeutet, dass die Schriftverwendung auch ein Mittel wird, die Gedächtnisinhalte der Menschen mit Hilfe von schriftlich fixierten Texte nicht nur gewaltig auszuweiten, sondern auch sehr authentisch zu fixieren und auf diese Weise dann auch vor den üblichen Transformationen in mündlichen Überlieferungen zu bewahren. Deshalb lässt dann auch nicht nur von einem individuellen menschlichen Gedächtnis sprechen, sondern auch von einem *kulturellen Gedächtnis*, das sich in Form von verschriftlichen Texten auch dauerhaft im Raum konkretisiert.

All diese Rahmenbedingungen der Schriftentwicklung verdeutlichen, dass die Schriftentwicklung keineswegs generell auf die uns heute vertraute Buchstabenschrift zulaufen musste, die im Prinzip ja eine wortlautnahe Repräsentation sprachlicher Äußerungen anstrebt und keine semantisch-begriffliche wie etwa die Begriffsschriften. Der pragmatische Vorteil der Buchstabenschriften lag allerdings nicht nur darin, sprachliche Äußerungen wortlautnah und damit auch authentisch zu fixieren, sondern auch darin, mit einem gut überschaubaren Inventar von konkreten Schriftzeichen auszukommen. Der Gebrauch der Schrift blieb insbesondere in der Buchstabenschrift nicht mehr einem bestimmten Berufsstand vorbehalten, sondern konnte gleichsam von jedem erlernt und praktiziert werden. Deshalb waren die Schreiber dann auch gar nicht an einer Vereinfachung des Schriftgebrauchs interessiert.

Die Buchstabenschrift als der Versuch einer direkten Repräsentation des Wortlautes einer sprachlichen Äußerung ist sicherlich eine sehr flexible und pragmatisch brauchbare Form des Schriftgebrauchs, die insbesondere den flektierenden Sprachen sehr angemessen war. Weniger angemessen war sie den isolierenden Sprachen, die keine Flexionsmorpheme bei den einzelnen Wörtern aufweisen bzw. keine ausgeprägten grammatischen Zeichensysteme wie beispielsweise das Chinesische, in der die Schrift deshalb dann auch einen ganz anderen Typ von Zauberstab repräsentiert als in den Sprachen mit ausgeprägten Flexionszeichen bzw. grammatischen Zeichen. Das soll nun durch ein paar Überlegungen zu der Evolution von Schriftsystemen verdeutlicht werden, die sehr unterschiedliche Wege beschritten haben, als sie die faktische Objektivierung und die Wahrnehmung von sprachlichen Äußerungen von den Ohren auf die Augen verlagert haben bzw. aus der Sphäre der fließenden Zeit in die Sphäre eines eher statisch erfassbaren Raumes.

Dieser Tatbestand verdeutlicht sich dann auch recht gut darin, dass die unterschiedlichen Schriftsysteme auf keine intentionalen punktuellen Erfindungen zurückgehen, sondern eher als Nebenprodukte von menschlichen Anstrengungen anzusehen sind, die daraus resultierten, Einzelinformationen dauerhaft zu fixieren bzw. möglichst authentisch in andere Räume zu übermitteln. Es impliziert weiter, dass die unterschiedlichen Schriftsysteme sich kaum nach einem einzigen Maßstab beurteilen lassen, sondern nur nach verschiedenartigen, die alle auf die besonderen pragmatischen Funktionen der Schrift sowie auf den jeweiligen Typ von Sprache Rücksicht genommen haben.

Die Vorformen der sprachspezifischen Schriftformen lassen sich mit Hilfe der der Begriffe *Semasiologie* bzw. *Inhaltsschrift* thematisieren. Die intentionalen Ziele dieser Vorformen der eigentlichen Schrift bestanden dabei darin, konkrete Dinge bzw. Verhaltensweisen zu Zeichenträgern für ikonische Zeichen zu machen, die mit Hilfe von Zeicheninterpretanten auf ganz bestimmte einfache oder komplexe Zeichenobjekte aufmerksam machen sollten. Solche Inhaltsschriften waren natürlich informativ unscharf und konnten nur dann verstanden werden, wenn alle Betroffenen über dieselben Erfahrungen mit den jeweiligen Denkinhalten bzw. Sachen verfügten, die als Zeichenträger benutzt werden konnten. Die Fixierung einer ganz bestimmten Information ist bei diesen Inhaltsschriften natürlich immer relativ unscharf, weil ja bestimmte Denkinhalte bzw. Informationen durch dieses Verfahren eher assoziativ angedeutet als begrifflich objektiviert werden. Der Zeichengeber und der Zeichenempfänger müssen sich bei dieser Fixierung von Sachinformationen immer sehr genau auf einander einstellen, was in homogenen Kulturen natürlich sehr viel leichter fällt als in inhomogenen.

Ein sehr illustratives Beispiel für eine solche quasischriftliche Kommunikation, sich mit Hilfe von Dingen als ikonisch zu verstehenden Zeichenträgern über räumliche, sprachliche und kulturelle Grenzen hinweg zu verständigen, hat uns Herodot überliefert. Er berichtet uns, dass die Skythen einen Partisanenkrieg gegen den ihr Land eingefallenen Perserkönig Dareios und seine Krieger geführt hätten. Um Dareios zu verunsichern, hätten sie ihm dann über einen Boten *einen Vogel, eine Maus, einen Frosch* und *fünf Pfeile* übersandt. Die Perser waren zunächst ziemlich ratlos, welche Nachricht dieser Gegenstandsbrief ihnen übermitteln sollte. Bei den Beratungen über den Inhalt dieser Botschaft hätten sich dann aber zwei recht unterschiedliche Lesarten herausgebildet, da diesen Gegenständen kraft Analogie natürlich ganz unterschiedliche Inhalte bzw. Sachinformationen zugeordnet werden konnten.

> Die Meinung des Dareios war, die Skythen ergäben sich und brächten sinnbildlich Erde und Wasser; denn die Maus wohne in der Erde und nähre sich von Getreide wie der Mensch, der Frosch lebe im Wasser, der Vogel gleiche dem Ross und mit Pfeilen übergäben sie ihre Kriegsmacht.

Im Gegensatz zu Dareios, der die Skythen schon vorab aufgefordert hatte, entweder zu kämpfen oder ihm als Zeichen der Unterwerfung Erde und Wasser zu übergeben, löst sich der Ratgeber Gobryas aus dem verständlichen Wunschdenken des Perserkönigs und versucht, den Gegenstandsbrief der Skythen aus deren eigener Denkperspektive zu lesen. Das führt ihn dann zu der folgenden Lesart des Gegenstandsbriefs der Skythen.

Wenn ihr euch nicht als Vögel zum Himmel erhebt, ihr Perser, oder wenn ihr euch nicht als Mäuse in die Erde verkriecht, oder wenn ihr nicht als Frösche in die Sümpfe springt, so treffen euch diese Pfeile, und ihr seht die Heimat nicht wieder.[254]

Die faktische Erfahrung, dass sich über bloße Dinge bzw. durch die Hilfe der Bilder von Dingen nicht unmissverständlich kommunizieren lässt, hat dann natürlich dazu geführt andere Verschriftlichungsformen für die menschliche Lautsprache zu entwickeln. Ein erster Schritt bestand dann darin, kategorisierende sprachliche Begriffszeichen durch kategorisierende optische Begriffszeichen zu ersetzen, was dann zu der Entwicklung der sogenannten *Begriffsschriften* geführt hat. In einem zweiten kulturellen Evolutionsschritt wurde dann versucht, optisch fassbare Zeichen für bestimmte Lautkombinationen zu entwickeln, was dann zu den sogenannten *Silbenschriften* geführt hat. In einem dritten Schritt hat man dann versucht, optische Zeichen für die elementaren Lauteinheiten einer Sprache zu nutzen, was dann in einem weiteren Schritt zur Entwicklung von *Buchstabenschriften* geführt hat.

Diese Argumentation legt nun natürlich nahe, dass die Schriftentwicklung aus vorwiegend pragmatischen Gründen mehr oder weniger zwangsläufig auf die Entwicklung einer rein lautbezogenen Buchstabenschrift als einer optimalen Lösung des Problems zuläuft, den mündlichen Sprachgebrauch in einen schriftlichen zu transformieren und dabei eine Funktionsanalogie zwischen den sprachlichen Lautzeichen einerseits und den sprachlichen Schriftzeichen andererseits als beste Lösung für die Verschriftlichung einer Lautsprache anzusehen.

Diese Annahme ist aber zu einfach, um die Verschriftlichung des mündlichen Sprachgebrauchs angemessen zu bewältigen. Dabei wird nämlich viel zu wenig auf die spezifischen morphologischen und phonologischen Ordnungsstrukturen der verschiedenen Sprachen geachtet. Beispielsweise ist die lautliche Orientierung der Schrift in den flektierenden Sprachen sehr sinnvoll aber viel weniger in den nicht-flektierenden Sprachen wie beispielsweise dem Chinesischen, wo auch noch die Tonhöhe, in der ein Wort geäußert wird, einen Einfluss auf seine begriffliche bzw. semantische Bedeutung hat.

Unter diesen Rahmenbedingungen sind deshalb bei der Verschriftlichung von Sprache dann Begriffsschriften natürlich sehr viel sinnvoller als Lautschriften. Außerdem sind Begriffsschriften auch dann sehr sinnvoll, wenn sich die faktisch verwendeten Sprachen in einem Staat bzw. in einer Kulturgemeinschaft faktisch unterscheiden, weil dann eine überregionale Begriffsschrift immer noch die innerstaatliche Kommunikation sicherstellen kann, was beispielsweise auch für

---

254 Herodot: Historien. 1963³. 4. Buch, Kap. 132, S. 300.

die Kommunikation im vielsprachigen China eine wichtige Rolle gespielt hat und weiterhin spielt. Deshalb sind hier dann auch alle Versuche gescheitert, später eine Buchstabenschrift bzw. eine lautnahe Schrift einzuführen, weil diese die überregionale Verständlichkeit von Begrifflichkeiten auf der Ebene der Schrift nicht mehr sicherstellen konnte. Außerdem hätte sich in allen Kulturen, die von einer sehr alten Begriffsschriftkultur geprägt sind, zugleich immer auch das Problem ergeben, dass bei der Einführung einer lautbezogenen Buchstabenschrift die alten Schriftdokumente dieser Kulturen für die nachwachsenden Generationen nicht mehr lesbar geworden wären.

Grundsätzlich ist bei allen Begriffsschriften wie etwa die sumerische Keilschrift, die altägyptische Hieroglyphenschrift oder die chinesische Schrift das graphische Zeichen immer ein Repräsentant einer semantischen bzw. begrifflichen Einheit und kein Repräsentant einer lautlichen Einheit, die auf eine bestimmte Sacheinheit verweist. Das bedeutet, dass bei der Zeichenbildung von vornherein analogisch bzw. ikonisch vorgegangen wird. Beispielsweise wird in den altägyptischen Hieroglyphen der Begriff *Sonne* durch einen Kreis mit einem Punkt in der Mitte repräsentiert, der Begriff *gehen* durch zwei schreitende Beine und der Begriff *kühl* durch eine Vase mit herausfließendem Wasser.[255]

Die objektorientierte analogisierende Grundstruktur von Begriffsschriften hat die natürliche Implikation, dass der abstrahierende Charakter von Schriftzeichen sehr viel weniger deutlich im Bewusstsein präsent wird als in den lautbezogenen Buchstabenschriften. Deswegen ist bei dem Gebrauch von Begriffsschriften das Denken und Wahrnehmen kraft Analogie auch sehr viel näher an den jeweils thematisierten Inhalten als in den Laut- bzw. Buchstabenschriften. Zwar ist in den Begriffsschriften die bildliche bzw. ikonische Repräsentationskraft der Begriffszeichen aus praktischen Handhabungsgründen im Laufe der Zeit immer deutlicher auf abstraktive Weise stilisiert worden. Die Grundidee der Analogie zwischen dem ikonisch repräsentierenden Zeichenträger auf der einen Seite und dem repräsentierten Zeichenobjekt auf der anderen ist bei dieser Zeichenbildung aber grundsätzlich prägend geblieben, während das bei den Buchstabenschriften strukturell keine konstitutive Rolle mehr spielt.

Gleichwohl hat sich nun aber auch bei den Begriffsschriften aus schriftökonomischen Gründen die Notwendigkeit ergeben, interpretative Metazeichen im Sinne von zusätzlichen Determinationszeichen zu entwickeln und zu gebrauchen, um das Repertoire von Begriffzeichen nicht ausufern zu lassen und um nicht jede Begriffsableitung mit einem ganz eigenständigen Zeichen in das Repertoire von Schriftzeichen aufnehmen zu müssen. So hat man beispielsweise die

---

255 Vgl. H. Jensen: Die Schrift in Vergangenheit und Gegenwart. 1969[3], S. 51 ff.

Begriffe *Pflug* und *Pflüger* nicht durch eigene ikonisch motivierte Zeichen repräsentiert, sondern durch ein Basiszeichen, das dann attributiv mit dem Zeichen für *Holz* bzw. mit dem Zeichen für *Mensch* kombiniert wurde. Das entspricht dann auch dem Verfahren der Kompositabildung in den deutschen Wortbildungsstrategien bzw. dem Verfahren, semantische Grundbegriffe durch grammatische Instruktionszeichen wie etwa Tempus-, Modus- und Genuszeichen in ihren Sinnbildungsfunktionen semantisch-pragmatisch genauer zu präzisieren.

Die strategische Umorientierung der schriftlichen Repräsentation von Sprache von einer Begriffsrepräsentation zu einer Lautrepräsentation mittels Buchstaben hat dann nicht nur die Handhabung der Schrift sehr vereinfacht, sie hat auch große Auswirkungen auf das Sprachbewusstsein der jeweiligen Schriftverwender gehabt. Schriftzeichen wurden auf diese Weise dann nämlich von Zeichen für Dinge bzw. für Begriffe zu Zeichen für bestimmten Lautgestalten. Dadurch trat dann das Phänomen der Sprache für die Verwender von Schrift auch sehr deutlich als ein eigenständiges Vermittlungsmedium ins Bewusstsein und weniger als ein Abbildungsmittel für vorgegebene stabile Seinsgrößen. Der aktive und passive Gebrauch der Buchstabenschrift machte nun allerdings sehr viel umfangreichere analysierende und synthetisierende Denkoperationen notwendig als der Gebrauch von Begriffsschriften. Dadurch etablierten sich Denkgewohnheiten, die als ein grundsätzlicher Denkhabitus auch auf andere Denkformen übergreifen konnten bzw. auf kulturelle Ordnungssysteme vielerlei Art.

Beim Gebrauch der Buchstabenschrift musste man nämlich die elementaren bedeutungsdifferenzierende Schallgrößen einer Sprache bzw. ihre Phoneme identifizieren und differenzieren und dabei bestimmten Buchstaben oder Buchstabenkombinationen zuordnen. Das führte dann in Schreib- und Leseprozessen zugleich zu ständigen Analyse- und Syntheseprozessen. Diese verlaufen dann später allerdings meist unterhalb der Schwelle von bewussten Denkprozessen ab, obwohl sie auch prinzipiell in das Reich der bewussten Denkprozesse gebracht werden können. Auf jeden Fall manifestiert sich beim Gebrauch der Buchstabenschrift eine bestimmte Denkgewohnheit, die sich durchaus auch als ein Habitus auf andere Denkgegenstände ausweiten ließ.

Aus diesem Grunde hat dann auch Humboldt auf den Tatbestand aufmerksam gemacht, dass der Gebrauch der Buchstabenschrift das Gefühl für die inneren Strukturordnungen von Sprachsystemen insbesondere in den flektierenden indogermanischen Sprachen enorm gesteigert habe.

Die logische Theilung, welche die Gedankenverknüpfung auflöst, geht aber nur bis auf das einzelne Wort. Die Spaltung dieses ist das Geschäft der Buchstabenschrift. Eine Sprache, die sich einer andren Schrift bedient, vollendet daher das Theilungsgeschäft der Sprache nicht, sondern macht einen Stillstand, wo die Vervollkommnung der Sprache weiter zu gehen gebietet.[256]

Ebenso wie Humboldt hat auch Hegel die Buchstabenschriften im Vergleich mit den Begriffsschriften intellektuell für anspruchsvoller gehalten, insofern sie metareflexive bzw. dialektische Denkprozesse beförderte, da sie ja immer wieder deutlich auf die spezifische analysierende Funktion unserer Denk- und Sprachformen bei der kognitiven Objektivierung der Welt aufmerksam machen.

> Es folgt noch aus dem Gesagten, daß Lesen- und Schreibenlernen einer Buchstabenschrift für ein nicht genug geschätztes, unendliches Bildungsmittel zu achten ist, indem es den Geist von dem sinnlich Konkreten zu der Aufmerksamkeit auf das Formellere, das tönende Wort und dessen abstrakte Elemente, bringt und den Boden der Innerlichkeit im Subjekte zu begründen und rein zu machen ein Wesentliches tut.[257]

Ob nun generell den flektierenden Sprachen bzw. den Buchstabenschriften ein höherer geistiger Rang zuzuordnen ist als anderen Sprach- und Schreibformen sei vorerst dahingestellt. Bei einem solchen Urteil wäre nämlich auch zu entscheiden, ob das analysierende begriffliche Denken oder das synthetisierende gestalthafte Denken als höherwertig anzusehen sei bzw. wie beide geistigen Fähigkeiten sich sinnvoll ergänzen können.

Interessant sind in diesem Zusammenhang die Überlegungen des Chinesen Chi Li aus dem Anfang des 20. Jahrhunderts. Er unterscheidet nämlich typologisch zwischen den Alphabetbenutzern einerseits und den Hieroglyphenbenutzern andererseits. Auf dieser Grundlage vergleicht er dann die alphabetische Kultur des Abendlandes mit der chinesischen Schriftkultur, wobei ihm allerdings Schrifttyp und Sprachtyp weitgehend miteinander verschmelzen, weil beide für ihn historisch und funktional miteinander verwachsen sind. Bei seinem Vergleich stellt er dann fest, dass die alphabetische Kultur tendenziell durch einen Mangel an Beständigkeit geprägt sei sowie durch einen ausgeprägten Wankelmut der in ihr lebenden Menschen.

> Gewiß kann dieses Phänomen zum Teil mit der außerordentlichen Flüssigkeit der alphabetischen Sprache erklärt werden, auf die man sich nicht als geeignetes Organ für die Aufbewahrung einer beständigen Idee verlassen kann. Die intellektuellen Inhalte dieser Völker können eher mit Wasserfällen und Katarakten verglichen werden als mit Seen und

---

256 W. von Humboldt: Ueber die Buchstabenschrift und ihren Zusammenhang mit dem Sprachbau. Werke, Bd. 3, S. 90.
257 G. W. F. Hegel: Enzyklopädie der philosophischen Wissenschaften: Werke, Bd. 10. § 459, S. 276.

Ozeanen. Kein anderes Volk ist reicher an Ideen als sie; aber auch kein anderes Volk ist so schnell bereit, seine wertvollen Ideen aufzugeben.

Die chinesische Sprache ist in jeder Hinsicht das Gegenstück zu dem alphabetischen Sprachschatz. Ihr fehlen die meisten Vorzüge, die sich in alphabetischen Sprachen finden; aber als Verkörperung einfacher und endgültiger Wahrheiten trotzt sie jedem Sturm und Druck. Schon mehr als vier Jahrtausende schützt sie die chinesische Kultur. Sie ist beständig, ausgeglichen und schön, ebenso wie der Geist den sie repräsentiert. Ob es der Geist ist, der diese Sprache geschaffen hat oder aber diese Sprache ihrerseits den Geist gebildet hat, ist eine Frage, deren Beantwortung noch aussteht.[258]

Obwohl es vielleicht etwas kühn und überzogen ist, eine direkte Kausalverbindung zwischen einer Schriftform und einer Denkform anzunehmen, da ein bestimmter Typ der Verschriftlichung von Sprache immer in sehr vielfältigen Beziehungen mit anderen Kulturfaktoren steht, so ist ein Interaktionszusammenhang zwischen Schriftformen und Kulturformen sicherlich nicht auszuschließen. Monokausale Relationszusammenhänge sind sicherlich nicht anzunehmen, habituelle aber wohl. Festzuhalten ist auch, dass das Wechselspiel zwischen Analyse- und Syntheseprozessen umso leichter zu realisieren ist, je mehr es in einer Kultur auf unterschiedlichen Ebenen und in unterschiedlichen Formen praktiziert wird. Das lässt sich auch neurologisch begründen.

Je öfter neuronale Erregungsmuster im Wahrnehmen und Denken aktiviert und genutzt werden, desto selbstverständlicher und natürlicher werden sie dann auch angesehen und desto leistungsstärker werden auch die neuronalen Kontaktstellen (Synapsen) zwischen den jeweils genutzten Nervenbahnen. Dadurch entstehen dann bevorzugte Bahnungen für die Weiterleitung von Nervenreizen. Auf diese Weisen entstehen bei der Verarbeitung von Reizen im Gehirn schnell Trampelpfade, auf denen die sich oft wiederholenden Nervenreize bevorzugt weitergeleitet werden und damit dann auch einen erhöhten Wirkungsgrad bekommen. Das bedeutet faktisch, dass man bevorzugt so denkt und wahrnimmt, wie man es habituell schon immer gemacht hat, und dass man im Alter kraft seiner stabilisierten Denkgewohnheiten immer auch strukturkonservativer denkt als in der Jugend, insofern es den jeweiligen Personen immer schwerer wird, die schon gewohnten kulturellen Vorbahnungen ihres Denkens zu ändern.[259] Das bedeutet dann auch, dass man leicht Gefangener seiner kulturell tradierten Analogieannahmen werden kann, da man sie nach häufiger Verwendung nicht mehr als bloße Denkhypothesen ansieht, sondern als faktische Gegebenheiten. Es

---

258 Chi Li, 1922. Text zitiert nach Florian Coulmas: Alternativen zum Alphabet. In: Schrift, Schreiben, Schriftlichkeit. In: K. B. Günther / H. Günther. 1983, S. 171–172.
259 Vgl. C. Bresch: Zwischenstufe Leben. Evolution ohne Ziel. 1977, S. 165 ff.

bedeutet weiter, dass der Zauberstab der Analogie nicht nur psychologische, sondern auch neuronale Grundlagen hat, denen wir uns schwer entziehen können.

9.3 Die kulturellen Implikationen des Schriftgebrauchs

Die bisherigen Überlegungen zu den Unterschieden zwischen dem mündlichen und schriftlichen Sprachgebrauch regen dazu an, die Frage zu stellen, ob es gerechtfertigt ist, von *oralen* und *literalen Kulturen* zu sprechen und auf welche Tatbestände dabei jeweils erklärend zurückgegriffen werden kann. Ein erster aufschlussreicher Hinweis auf die möglichen Unterschiede zwischen diesen beiden Kulturen ergibt sich aus der folgenden phänomenologischen These Oswald Spenglers: *„Die Schrift ist das große Symbol der Ferne."* [260] Mit ihr will er nämlich darauf aufmerksam machen, dass der Gebrauch der Schrift immer etwas mit den Phänomenen des Abstandes, der Dauer, der Zukunft und des Willens zur Erfassung von etwas Ewigem zu tun habe.

Mit diesen Hinweisen will Spengler verdeutlichen, dass der Gebrauch der Schrift eines der ersten Kennzeichen für die historische Begabung des Menschen sei, insofern sie entscheidend dabei helfe, sich aus der unmittelbaren Verschränkung des Denkens mit einer aktuellen Lebenswelt zu lösen und konkrete Denkphänomene auch aus einer zeitlichen und psychischen Distanz zu betrachten. Zu Recht weist Spengler auf den Umstand hin, dass der Gebrauch der Schrift ein spezifisches Mittel des Menschen sei, Sachverhalte so ins Auge zu fassen, dass man sich aus seiner unmittelbaren faktischen Verwicklung in sie lösen könne, um sie dann auch reflektiert von variablen Sehepunkten her besser zu verstehen bzw. sprachlich zu objektivieren. Das ist für ihn nämlich eine fundamentale Voraussetzung für die Entfaltung eines theoretischen, methodischen und historischen Bewusstseins bzw. für ein differenziertes perspektivisches Denken.

So gesehen ist es dann auch plausibel, wenn auch etwas vereinfachend, kategorial zwischen schriftlosen oralen und schriftnutzenden literalen Kulturen zu unterscheiden, die ein je anderes Wahrnehmungsverhältnis zu ihren jeweiligen Lebenswelten haben. In der Sicht einer literalen Kultur lässt sich eine orale Kultur sicherlich als geschichtslos einordnen, aber aus der einer oralen sicherlich nicht, weil das Phänomen der Geschichte hier in ganz anderer Weise in Erscheinung tritt. Während literale Kulturen eher durch ein chronologisches Zeitverständnis geprägt werden, das besonders sensibel für historische Umbrüche und Neuanfänge ist, werden orale Kulturen eher durch ein zyklisches Zeitverständnis

---

260 O. Spengler: Der Untergang des Abendlandes. 1963, S. 738.

geprägt, das sensibel für rhythmischen Wiederholungen und Variationen des strukturell Gleichen ist, wobei dann insbesondere auch Analogien zum Ablauf von Jahreszeiten oder zur Reihenfolge von Generationen im sozialen und geschichtlichen Leben hergestellt werden.

Deshalb tritt in oralen Kulturen das Phänomen der Geschichte auch anders in Erscheinung als in literalen, weil sie eben nicht als eine Manifestationsform von geschichtlichen Veränderungskräften wahrgenommen wird, sondern eher als eine rhythmisierende Wiederholungskraft. Während in literalen Kulturen die menschliche Disposition zur Kritik, Skepsis und Umgestaltung gestärkt wird, steht in oralen Kulturen eher die Disposition zur Wahrnehmung von Analogien und Wiederholungen im Mittelpunkt der Aufmerksamkeit. Das bedeutet dann allerdings, dass orale Kulturen keineswegs geschichtslos sind, sondern dass sie das Phänomen der Geschichte nur auf eine andere Weise wahrnehmen als literale, weil sich das Erkenntnisinteresse primär nicht auf das Veränderliche, sondern auf das Gleichbleibende richtet.

Diese Überlegungen zu den habituell unterschiedlichen Wahrnehmungsweisen von Welt in oralen und literalen Kulturen bzw. zu den unterschiedlichen Gebrauchsweisen des Zauberstabs der Analogie als eines heuristischen Sinnbildungsmittels in mentalen bzw. sprachlichen Objektivierungsprozessen von Welt erscheinen auf den ersten Blick ziemlich spekulativ zu sein. Sie werden aber plausibel, wenn man mit Spengler insbesondere die schriftlich verwendete Sprache als ein Verfahren betrachtet, sich mental sehr viel deutlicher von seinen jeweiligen Denkgegenständen zu distanzieren als bei einem oralen Sprachgebrauch. Das wird dann insbesondere dadurch ermöglicht, dass man bei der schriftlichen Sprachverwendung sowohl beim Produzieren als auch beim Rezipieren von Sprache von dem Phänomen der Zeitdehnung Gebrauch machen kann, weil man nun sowohl seine Erzeugungs- als auch seine Rezeptionsprozesse von Sprache deutlich verlangsamen kann. Beides erleichtert das theoretische Denken dann sehr, da man nun ja auch nicht mehr direkt auf das jeweils Gesagte reagieren muss.

Dementsprechend hat dann auch Patricia Greenfield in empirischen Untersuchungen festgestellt, dass senegalesische Wolofkinder ohne Schulbildung und Schriftbeherrschung im Gegensatz zu denen mit Schulbildung und Schriftbeherrschung große Schwierigkeiten hätten, zwischen ihren eigenen Gedanken über die Dinge und den Dingen selbst zu unterscheiden, und dass ihnen die Vorstellung einer ganz individuellen Wahrnehmungsweise von Phänomenen ziemlich fremd sei. Dagegen hätten sich schriftkundige Wolofkinder diesbezüglich kaum von schriftkundigen Kindern in den USA und Europa unterschieden.[261]

Daraus lässt sich nun schließen, dass der Umgang mit Schrift sowie der Umgang mit verschriftlichten Texten die kindlichen Fähigkeiten beträchtlich steigern können, etwas auf eine distanzierte und theoretisierende Weise wahrzunehmen bzw. das sprachlich Wahrgenommene nicht gleich in ihre eigene Raum- und Denkwelt zu integrieren. Der schriftliche Sprachgebrauch befördert nämlich ganz offensichtlich auch das menschliche Vermögen, Phänomene unter ganz bestimmten perspektivierenden Prämissen wahrzunehmen und nicht sofort als unabhängige Tatsachen anzusehen, sondern vielmehr als Denkinhalte, die nur unter ganz bestimmten Vorbedingungen als Tatsachen gelten können. Das bedeutet dann zugleich, dass der Umgang mit der Schriftsprache in einem sehr hohen Maße auch auf die Identitätsbildung von Kinder Einfluss nimmt, insofern sie dadurch dazu befähigt werden, Objektwelten und Subjektwelten auf variable Weisen miteinander in Beziehung zu setzen. Das rechtfertigt dann auch die These, dass dem Gebrauch von Schrift eine ganz spezifische Zauberstabsfunktion für die Persönlichkeitsentwicklung von Menschen als auch für die Entwicklung von Kulturen zukommen kann.[262]

Zu ganz ähnlichen Ergebnissen ist auch der russische Psychologe Lurija fünfzig Jahre zuvor gekommen, als er nach der russischen Revolution die spezifischen Wahrnehmungs- und Denkstrategien analphabetischer Bauern in Usbekistan näher untersucht hat. Dabei hat er sein Hauptinteresse darauf ausgerichtet, wie seine Probanden ganz bestimmte Gegenstände des täglichen Lebens kognitiv erfassen und in ihre Vorstellungswelt einordnen. In einem Experiment hat er seinen Versuchspersonen beispielsweise Bilder vorgelegt, auf denen ein *Beil*, eine *Säge*, ein *Holzscheit* und ein *Spaten* abgebildet waren. Anschließend wurden sie aufgefordert, die Abbildung desjenigen Gegenstandes auszusondern, der nicht in diese Gruppe von Gegenständen gehöre.[263]

Bei diesem Experiment stellte sich dann heraus, dass die schriftunkundigen Bauern ohne Schulbildung das Spatenbild aussonderten, da sie nach ihrer praktischen Lebenserfahrung das Beil, die Säge und den Holzscheit entsprechend ihrer funktionalen Zusammengehörigkeit auch als kategorial zusammengehörig betrachteten. Dagegen sonderten die schriftkundigen Bauern das Bild des Holzscheites aus, weil es ihnen auf Grund ihrer abstrahierenden schulischen Lernprozesse näher lag, Werkzeuge von Nicht-Werkzeugen zu unterscheiden.

---

261 P. H. Greenfield: Oral or written language. In: Language and Speech, 1972, 109–178.

262 Vgl. A. Reiss: Schriftgeschichte und Denkentwicklung. 1986.

263 A. R. Lurija: Die historische Bedingtheit individueller Erkenntnisprozesse. 1986, S. 114 ff.

Auch ein anderes Experiment von Lurija stützt die These, dass schriftunkundige Probanden größere Schwierigkeiten als schriftkundige hatten, rein sprachlich erzeugte Denkinhalte als eigenständige Welten wahrzunehmen, in denen man aus gegebenen sprachlichen Informationen andere zutreffende Informationen logisch abzuleiten kann, ohne auf ganz persönliche Sacherfahrungen zurückgreifen zu müssen. So wurde beispielsweise Versuchspersonen mit und ohne Schulbildung die Aufgabe gestellt, aus zwei Sachinformationen eine dritte gültige Sachinformation abzuleiten: *Im hohen Norden, wo viel Schnee liegt, sind alle Bären weiß. Iwan war im hohen Norden und hat einen Bären gesehen. Welche Farbe hatte dieser Bär?*

Während die schriftkundigen Versuchspersonen keine Schwierigkeiten hatten, aus den Vorinformationen eine weitere gültige Information abzuleiten, hatten die schriftunkundigen Probanden diesbezüglich ziemliche Probleme. Sie erklärten nämlich, dass sie diese Frage nicht beantworten könnten, weil sie offenbar gewohnt waren, ihr Wissen aus konkreten persönlichen Erfahrungen abzuleiten und nicht aus rein sprachlich objektivierten Vorinformationen. Aus diesem Grunde vertraten sie dann auch die Überzeugung, dass nur Iwan selbst die Frage nach der Fellfarbe des Bärens zutreffend beantworten könne, da nur er den Bären wirklich gesehen habe.

Lurijas und Greenfields Untersuchungen zum Problem der Auswirkung des schriftlichen Sprachgebrauchs auf das Denken der Menschen stehen auch im Einklang mit der These von Bruner und Olson, dass mit der Etablierung der Schrift gleichsam für die Menschen eine zweite Form von Lebenspraxis entstehe, die sie „*Deuteropraxis*" nennen.[264] Bei dieser Form des Wissenserwerbs werde nämlich deutlich, dass das Wissen, das aus der Lektüre schriftlich fixierter Texte stamme, durchaus in eine Spannung zu dem Wissen geraten könne, das aus ihrer empirischen Erfahrung stamme. Dieses Problem repräsentiert sich ja auch schon in der Spannung zwischen dem Wissen, das für Don Quichotte aus der Lektüre von Romanen stammt, und dem Wissen, über das sein Knappe Sancho Pansa aus seiner alltäglichen praktischen Lebenserfahrung verfügt.

Schriftlich fixierte Texte sind sicherlich prototypische Manifestationsweisen der Idee einer Deuteropraxis, weil sich hier Persönliches mit Kollektivem amalgamiert.[265] Allerdings lassen sich auch mündlich tradierte Texte wie Mythen, Märchen und Epen als Manifestationsweisen eines kollektiven Gedächtnisses ver-

---

264 J. S. Bruner / D. R. Olson: Symbole und Texte als Werkzeuge des Denkens. In: Symbole und Texte als Werkzeuge des Denkens. In: G. Steiner (Hrsg.): Die Psychologie des 20. Jahrhunderts. Bd. 7: Piaget und die Folgen, S. 311.
265 Vgl. M. Halbwachs: Das kollektive Gedächtnis. 1967.

stehen bzw. die tradierte Sprachen mit ihren lexikalischen, grammatischen und textuellen Mustern, selbst wenn man davon ausgeht, dass diese Muster ständig neuen Bedürfnissen angepasst werden können.

Gerade weil mit der schriftlichen Fixierung von bestimmten Denkinhalten immer eine relativ zeitenthobene Dokumentationsfunktion verbunden ist, so ist es auch kein Wunder, dass Kaufleute ihre Warenlisten und Buchhaltungsinformationen schon früh schriftlich dokumentiert haben, um sie der Erosionskraft der Zeit und des individuellen Gedächtnisses zu entziehen.[266] Folgerichtig war dann auch, dass schon sehr früh Gesetzestexte schriftlich fixiert wurden, um sie vor dem Vergessen zu bewahren. Davon zeugen die Handelsgesetze von Hammurabi in Babylon, die Gesetzgebung von Solon und Drakon in Griechenland, die Zwölftafelgesetze in Rom, die Magna Charta in England und der Sachsenspiegel in Deutschland. All diese normativen Texte sind in Stein gemeißelt oder auf beständigem Pergament fixiert worden, um ihren authentischen Wortlaut bzw. ihre soziale Regulationsfunktion dauerhaft zu stabilisieren. Ähnliches gilt auch für die drei großen monotheistischen Offenbarungsreligionen, die alle auf schriftlich fixierten kanonischen Texten basieren und die alle den Anspruch erheben, Inhalte überzeitlicher Gültigkeit zu fixieren.

Da nun aber die schriftliche Manifestation von Texten zugleich einen ganz konkreten historischen Entwicklungsstand der Sprache objektivieren bzw. bestimmte historische Konventionen des Sprachgebrauchs, ergab sich in späteren Zeiten immer wieder die Notwendigkeit, Interpretationsverfahren zu entwickeln, um dem natürlichen Verständlichkeitsschwund von schriftlich fixierten alten Texten zu begegnen bzw. um die komplexe semantische Mehrschichtigkeit insbesondere von Gesetzen und kanonischen Texten zureichend zu erfassen.

Dieses Problem trat in der Antike zum ersten Mal in der großen Bibliothek von Alexandria konkret in Erscheinung, als sich herausstellte, dass die alten verschriftlichen Homertexte aus sprachlichen, inhaltlichen oder kulturellen Gründen nicht mehr unmittelbar verständlich waren und deshalb einer metareflexiven Interpretation bedurften. Diese sprachlichen Erläuterungsverfahren fielen zunächst in das Gebiet der Grammatik, die in der Antike im Gegensatz zu späteren Zeiten als allgemeine Lehre von den Sinnbildungsfunktionen sprachlicher Zeichen verstanden wurde und nicht in eingeschränkter Weise als bloße Lehre von der Morphologie sprachlicher Formen wie in der Regel heutzutage.

Das bedeutet, dass die Probleme, die in der Antike noch unter dem Oberbegriff der Grammatik als einer allgemeinen Textwissenschaft sachlich zusammen-

---

266 D. Schmandt Besserat: Vom Ursprung der Schrift. Spektrum der Wissenschaft, 12, 1978, S. 5–12.

gefasst wurden, in der Neuzeit dann mehr und mehr unter dem Begriff der Hermeneutik als Theorie und Praxis der Interpretation von Texten subsumiert wurden, wobei diese Texte dann nicht nur literarischer, sondern auch religiöser, philosophischer, juristischer oder pragmatischer Natur sein konnten. Grundsätzlich stellte sich dabei für die Hermeneutik dann die Aufgabe, die faktische Fremdheit von Texten dadurch abzumildern, dass sie deren ursprüngliche Intentionalität zu rekonstruieren versuchte. Dabei konnte sich dann natürlich die Sensibilität auch dafür schärfen, dass bestimmte Denkinhalte sich nicht immer direkt durch ganz bestimmte sprachliche Zeichen objektivieren lassen, sondern allenfalls durch solche, die sich einem ganz bestimmten Denkinhalt nur asymptotisch anzunähern versuchen.

   In oralen Kulturen tritt dieses Problem nicht so deutlich hervor, weil sich die konkreten Sinnbildungsfunktionen sprachlicher Zeichen kontinuierlich den Sinnbildungsintentionen ihrer jeweiligen Verwender anpassen. In literalen Kulturen geht die semantische Flexibilität und Vieldimensionalität sprachlicher Zeichen dagegen immer etwas verloren. Durch ihre Verschriftlichung wird nämlich eine ganz bestimmte Sinnbildungsfunktion von ihnen in sehr hohen Maße konserviert. Eben deshalb stellt sich dann auch immer wieder das Problem, die frühere Bedeutung von sprachlichen Zeichen immer wieder neu heuristisch zu erschließen. In oralen Kulturen werden im Gegensatz zu literalen in der Regel dann ja auch nur solche sprachlichen Zeichen tradiert, deren Bedeutung man auch spontan verstehen kann.

   Diese Genese der Hermeneutik aus dem methodischen Bemühen, schwer verständliche schriftlich fixierte Texte wieder zum Sprechen zu bringen, erklärt dann auch, warum der Kirchenvater Origines sich darum bemüht hat, die alexandrinischen Erschließungsverfahren für die alten verschriftlichten Homertexte auch auf verschriftlichte Bibeltexte anzuwenden, die ja grundsätzlich ebenso wie die Homertexte als normativ und sinnträchtig angesehen wurden. Dabei ging es dann mehr und mehr nicht nur darum, die sprachliche Fremdheit der Bibeltexte zu überwinden, sondern auch darum, die semantische Mehrschichtigkeit dieser Texte zu erschließen bzw. ihre ikonischen Dimensionen. Auf diese Weise entwickelte sich in der Theologie dann auch nach und nach die Theorie des mehrfachen Schriftsinns von biblischen Texten, die sich dann schließlich in der Vorstellung des *vierfachen Schriftsinns* konkretisiert hat.

   In dieser Theorie unterschied man dann bei dem Verständnis biblischer Texte vier unterschiedliche, aber sich durchaus ergänzende Sinnebenen. Der *buchstäbliche* bzw. *historische* Textsinn bezog sich dabei auf den Anspruch biblischer Texte, faktische geschichtliche Sachverhalte mitzuteilen. Der *allegorische* bzw. *bildliche* Textsinn bezog sich auf den Anspruch biblischer Texte, auf ikonische Weise bzw. kraft Analogie auf Inhalte aufmerksam zu machen, die auf begriffliche Weise nicht befriedigend objektiviert werden konnten, weil sie viel zu komplex waren, um direkt begrifflich erfasst werden zu können. Der *moralische* Sinn biblischer Texte bezog sich auf den Anspruch, die handlungssteuernde Funktion von biblischen Texten zu erfassen, weil der Blick dafür geschärft werden sollte, was als gut und was als böse anzusehen sei. Der *anagogische* Sinn biblischer Texte bestand schließlich darin, darauf aufmerksam zu machen, was das Ziel der Weltgeschichte sei und worauf sich Menschen letztlich einzustellen hätten.

Es ist nun auch nicht verwunderlich, dass sich nach dem Vorbild der theologischen Hermeneutik auch eine juristische Hermeneutik entwickelt hat, um den komplexen Sinn schriftlich fixierter rechtlicher Sätze angemessen zu verstehen. Dabei wurde dann zwischen einem *wörtlichen,* einem *systematischen,* einem *genetisch-historischen* und einem *finalistischen* Sinn schriftlich fixierter Gesetze unterschieden, um die praktische Anwendung des kodifizierten Rechts zu erleichtern, da dieses ja weder inhaltlich noch sprachlich ständig geändert werden konnte.

Die Erfassung des *wörtlichen* Sinns von Gesetzen bezog sich dabei auf das Problem, welche begrifflichen Differenzierungen Gesetze vornehmen, um ähnliche Tatbestände so klar wie möglich voneinander abzugrenzen (Mord, Totschlag, fahrlässige Tötung). Dadurch sollte erleichtert werden, bestimmte Strafen für konkrete Delikte festzulegen. Die Objektivierung des *systematischen* Sinns von Gesetzen bezog sich dann auf das Problem, in welchen übergeordneten begrifflichen Relationszusammenhängen bestimmte juristische Tatbestände ihren spezifischen Stellenwert bekommen, wofür dann insbesondere die Unterscheidung von Strafrecht und Zivilrecht wichtig wurde. Die Qualifizierung des *genetisch- historischen* Sinns von Gesetzen bezog sich dann auf das Problem, aus welchen historischen Regulierungsbedürfnissen man überhaupt Gesetze schriftlich formuliert hat bzw. sogar in Stein gemeißelt hat und warum man ihnen eine überzeitliche Gültigkeit zuordnen wollte, die auf keinen Fall vergessen oder geändert werden sollte. Der *finalistische* Sinn von Gesetzen lässt sich schließlich mit Hilfe der Frage konkretisieren, welche konkreten Zielsetzungen Gesetze ursprünglich gedient haben und ob diese auch zu späteren Zeiten noch zu rechtfertigen seien. Das konnte dann natürlich relevant werden, wenn sich im Laufe der Zeit die Lebensbedingungen der Menschen geändert hatten und damit dann auch die gesellschaftlichen Regulationsfunktionen von Gesetzen. Dieses Problem war beispielsweise zu lösen, als sich das Problem ergab, mit welcher Strafe das Abzapfen von elektrischen Strom vor dem eigenen Zähler zu ahnden sei, da ursprünglich ja der Tatbestand des Diebstahls als *Wegnahme einer fremden beweglichen Sache* juristisch definiert worden war. Auf diese Weise stellte sich dann beispielsweise das Problem, ob man sich in diesem Fall am Wortlaut oder am Regulationsziel bzw. am Sinn von bestimmten Gesetzen orientieren sollte.

Die hier entwickelten Überlegungen zur prinzipiellen Interpretationsbedürftigkeit von Gesetzen lassen sich natürlich auf alle schriftlich fixierten Texte ausweiten, denn bei der Lektüre von Texten tritt der jeweilige Leser immer in einen Dialog mit anderen Zeiten und mit anderen Menschen ein, ohne dabei seine eigene Identität aufgeben zu können oder zu müssen. Unter diesen Umständen bekommt dann die Denkfigur vom Zauberstab der Analogie im Hinblick auf die Aneignung von Texten auch neuartige Sinndimensionen, die auf den ersten Blick nicht gleich auffallen, die aber doch sehr deutlich machen, wie sich orale und literalen Kulturen voneinander unterscheiden.

Einerseits ist nun nämlich daran zu denken, dass durch die Verschriftlichung ermöglicht wird, bestimmte Denkinhalte in ihrer ursprünglichen Versprachlichungsform authentisch zu erhalten und auf eben diese Weise dann auch zu Stolpersteinen zu machen, auf die man sich selbst auch einzustellen hat, da ansonsten ihre Andersartigkeit nämlich nicht problemlos zu bewältigen ist. Auf diese Weise können wir Texte dann auch auf ganz natürliche Weise zu Dialogpartnern machen, die uns inhaltlich sowohl zugänglich werden können als auch verschlossen bleiben können, eben weil wir sie mit unseren späteren Denkkategorien nie vollständig objektivieren können. Andererseits ist aber auch daran zu denken, dass schriftlich fixierte Texte es ermöglichen, in einen produktiven Dialog mit diesen einzutreten, wenn wir sinnvolle Fragen an diese Texte stellen. Auf diese Weise können verschriftlichte Texte in einem sokratischen Sinne zu Dialogpartner für uns werden, die uns in andersartige Welten führen können, so dass die hermeneutisch orientierte Lektüre von Texten dann auch zu einer individuellen Horizonterweiterung führen kann. Das hat beispielsweise Gadamer immer wieder postuliert, weil für ihn solche Horizonterweiterungen ja nicht nur den Prozess der Aufnahme von zusätzlichen Informationen beinhalten, sondern auch den Prozess der Ausbildung von ganz neuen Wahrnehmungsweisen und Sinngestalten.

Ein sehr illustratives Beispiel für die anthropologische und kulturelle Grundfunktion von schriftlich fixierten Texten findet sich in einem Brief von Machiavelli an einen Freund aus dem Jahre 1513. In diesem schildert er, wie er sich mental und habituell auf die Lektüre von alten, schriftlich überlieferten Texten vorbereitet.

> Wenn es Abend wird, kehre ich nach Hause zurück [...] und betrete mein Schreibzimmer. Beim Eintreten entledige ich mich meines schmutzbedeckten Alltagsgewandes und lege königliche und geweihte Kleider an. Und in dieser würdigen Bekleidung betrete ich die Säle

der Männer von einst, die mich liebevoll empfangen; ich nehme diese Nahrung zu mir, meine einzige und für die ich geschaffen wurde. Auch schäme ich mich nicht, mit ihnen zu sprechen und nach den Gründen ihrer Handlungen zu fragen, und in ihrer Menschlichkeit geben sie mir Antwort.[267]

Dieses Bekenntnis von Machiavelli zum Wert von kulturell überlieferten verschriftlichen Texten macht sehr plastisch klar, dass die Schrift mehr ist als ein bloß technisches Verfahren, die Sprache von der Ebene der Ohren auf die der Augen zu transformieren, eben weil durch die Verschriftlichung der Sprache dieser auch noch neue anthropologische Qualitäten zuwachsen können. Auf diese Weise bekommt die Sprache nämlich Sinnbildungsfunktionen, die weit über die des mündlichen Sprachgebrauchs hinausgehen. Dadurch wird dann auch Cassirers Vorstellung vom Menschen als eines zeichenverwendenden Lebewesens deutlich erweitert. Durch die Entwicklung und Nutzung der Schrift ergeben sich nämlich kulturell entwickelte sprachliche Sinnbildungsfunktionen, die dem rein mündlichen Gebrauch der Sprache nicht im gleichen Maße eigen sind.

All das bestätigt dann auch Platons These aus seinem schon zitierten *Siebenten Brief,* dass das menschliche Wissen nicht nur aus intensiven Beobachtungsbzw. Kontemplationsprozessen resultiert, sondern auch aus Handlungsprozessen, über die mit Hilfe abspringender Feuerfunken die Welt in einem ganz anderem Licht wahrnehmbar wird als vorher. Es bedeutet weiter, dass durch die Nutzung der Schrift die Sprache als fundamentale Grundlage der menschlichen Einbildungskraft auch ein noch größeres anthropologisches Gewicht bekommt als zuvor. Das bestätigt dann auch Kants These von der konstitutiven Funktion der Einbildungskraft in Erkenntnisprozessen sowie die These von Peirce, dass nicht nur Deduktions- und Induktionsprozesse eine zentrale Rolle in Erkenntnisprozessen spielen, sondern auch Abduktionsprozesse.

Gleichwohl darf nun aber auch nicht übersehen werden, dass die Konstitution neuer Erfahrungs- und Wissenswelten durch den Gebrauch der Schrift auch ihre Gefahren birgt, weil ein immanenter Sog entsteht, sich ganz in die schriftlich manifestierten Welten zu integrieren und darüber sogar die eigenen empirischen Erfahrungswelten ganz zu vergessen. Darauf hat nicht nur Cervantes am Beispiel der Konsequenzen der Literaturbegeisterung von Don Quichotte hingewiesen, sondern auch Herder mit seiner deutlichen Kritik an unserem abstrahierenden Buchwissen.

---

267 Text zitiert nach: V. Cappeletti: Humanistische und aufgeklärte Wissenschaft. In: R. Toellner: Aufklärung und Humanismus, 1980. S. 252.

> Da lernen wir eine ganze Reihe von Bezeichnungen aus Büchern, statt sie aus und mit den Dingen selbst, die jene bezeichnen sollen, zu erfinden: wir wissen Wörter und glauben Sachen zu wissen, die sie bedeuten: Wir umarmen den Schatten statt des Körpers, der den Schatten wirft.[268]

Durch die Verschriftlichung kann die Sprache nämlich zu einem Sinnbildungsmittel gemacht werden, mit dem man sehr leicht durchstrukturierte wissenschaftliche und fiktionale Welten entwerfen und objektivieren kann, da die Schrift ja den situationsverschränkten situativen Sprachgebrauch zugunsten eines recht autonomen Sprachgebrauchs transzendieren kann. Deshalb hat Bühler den Prozess der Verschriftlichung von Sprache auch folgendermaßen beschrieben. „*Es ist der Übergang vom wesentlich empraktischen Sprechen zu weitgehend synsemantisch selbständigen (selbstversorgten) Sprachprodukten.*"[269] Wygotski hat die verschriftlichte Sprache auf ganz ähnliche Weise charakterisiert: „*Es ist eine auf die maximale Verständlichkeit für andere Personen gerichtete Sprache. Alles muss darin zu Ende gesagt werden.*"[270] Auch Ricœur hat in entsprechender Weise von der „*semantischen Autonomie*" schriftlich fixierter Texte gesprochen, die ganz eigene Welten objektiviere, bei denen sich das „*Gesagte*" weitgehend vom Vorgang des „*Sagens*" löse.[271]

Die zeitgedehnte Produktions- und Rezeptionsweise schriftlicher Texte eröffnet natürlich große Chancen, Texte semantisch und grammatisch umfassend durchzustrukturieren und dadurch auch für Leser autonomer zu machen. Aber gleichzeitig wird dieser zeitgedehnte aktive und passive Sprachgebrauch auch mit Problemen belastet, da die synthetisierende Kraft der Sprache zugunsten ihrer analysierenden geschwächt werden kann bzw. ein spontaner Sprachgebrauch auch zugunsten eines reflektierten, der sich in seinen eigenen Reflexionsschleifen verheddern kann. Auf diese Weise kann dann auch die grundlegende Brückenfunktion der Sprache zwischen der Objekt- und der Subjektsphäre der Welt durchaus gefährdet werden, weil die zeitgedehnte Produktions- und Rezeptionsweisen der Sprache unsere Sinnbildungsprozesse auch stören können, insofern man durchaus den Wald vor lauter Einzelbäumen nicht mehr sieht.

Paul Valéry hat deshalb in einem aufschlussreichen Denkbild die Sprache mit leichten Planken über einen Spalt analogisiert. Über diese Planken müsse

---

268 J. G. Herder: die Kritischen Wälder zur Ästhetik. Viertes Wäldchen. Werke in zehn Bänden, Bd. 4, S. 203.
269 K. Bühler: Sprachtheorie. 1965², S. 367.
270 L. S. Wygotski: Denken und Sprechen. 1971², S. 227 f.
271 P. Ricoeur: Die Schrift als Problem der Literaturkritik und der philosophischen Hermeneutik. In: J. Zimmermann (Hrsg.): Sprache und Welterfahrung. 1978, S. 69 und 67.

man nämlich zügig hinweggehen, um zu seinem Ziel zu kommen. Wenn man sich das vielleicht reizvolle Vergnügen erlaube, auf ihnen zu tanzen, um ihre Funktionalität auf die Probe zu stellen, dann könne das leicht im Chaos enden.

> Sogleich schaukelt die zerbrechliche Brücke oder bricht durch, und alles stürzt in die Tiefe. Befragen Sie ihre eigene Erfahrung; sie werden finden, daß wir die anderen nur verstehen und daß wir uns selbst nur verstehen dank der *Schnelligkeit, mit der wir über die Worte hinweggehen.* Man darf sich auf ihnen nicht schwer machen, wenn man nicht damit gestraft werden will, daß man die klarste Rede in Rätsel, in mehr oder weniger gelehrte Illusionen zerfallen sieht.[272]

9.4 Der deskriptive und der interpretative Sprachgebrauch

Obwohl eine strenge kategoriale Unterscheidung zwischen einem deskriptiven und einem interpretativen bzw. narrativen Sprachgebrauch letztlich wohl kaum zureichend zu begründen ist, da letztlich alle sprachlichen Zeichen eine interpretative Grundfunktion haben, so ist es praktisch und methodisch dennoch zu rechtfertigen, diese beiden Gebrauchsweisen von Sprache in einem typisierenden Sinne einander gegenüberzustellen. Auf diese Weise lassen sich dann nämlich zwei unterschiedliche Formen von sprachlichen Sinnbildungsprozessen unterscheiden. Diese stehen allerdings in einer bestimmten Wechselwirkung miteinander, insofern sie konstitutive Formen der menschlichen „*Verständigung über die Welt*" beinhalten, welche die „*Wirklichkeit erst kommunikabel*" machen, insofern durch sie erst sinnliche und begriffliche Wahrnehmungsweisen in eine aufschlussreiche Interaktion miteinander gebracht werden können.[273]

Unter einem deskriptiven Sprachgebrauch lassen sich dementsprechend dann alle sprachlich objektivierten Sinnbildungsanstrengungen verstehen, die das Ziel haben, uns die außersprachliche Wirklichkeit mittels sprachlicher Zeichen zu vergegenwärtigen oder gar abzuspiegeln, und zwar unbeschadet der Tatsache, dass jede sprachliche bzw. semiotische Objektivierung von Erfahrungstatbeständen auf der Ebene von Zeichen immer schon eine Interpretation und keine Verdopplung von etwas ist. Auch Spiegelbilder von etwas sind ja keine Verdoppelungen von etwas Gegebenem, sondern immer eine Interpretation von etwas Gegebenem im Rahmen von ganz spezifischen menschlichen Wahrnehmungs- und Differenzierungsbedürfnissen. Dieser Tatbestand dokumentiert sich bei-

---

272 P. Valéry: Dichtkunst und abstraktes Denken. In: F. R. Hausmann u.a. (Hrsg.): Französische Poetiken, Teil II, 1978, S. 364.
273 P. Klotz: Beschreiben. Grundzüge einer Deskriptologie. 2013, S. 13 und 24.

spielsweise sehr deutlich bei der Abspiegelung des eigenen Gesichts und den Abspiegelungsfunktionen von Rückspiegeln in Autos.

Unter diesen Umständen lässt sich der interpretierende Sprachgebrauch im Vergleich mit dem beschreibenden auch als ein übergeordnetes Sprachverwendungskonzept verstehen, welches den deskriptiven im Prinzip einschließt, aber diesen dann doch in ganz bestimmten Hinsichten pragmatisch akzentuiert. Das bedeutet zugleich, dass wir ertragen müssen, dass mit dem Gebrauch sprachlicher Zeichen sehr unterschiedliche Welterfassungsstrategien verbunden sein können und nicht nur eine einzige. Das hat Wittgenstein dann ja auch durch seinen Sprachspielgedanken sehr plausibel gemacht.

Unter dem Konzept eines interpretierenden Sprachgebrauchs wird deshalb hier dann auch eine Form der Nutzung von Sprache verstanden, die weniger deskriptiven sprachlichen Objektivierungs- und Repräsentationszielen dient, sondern eher hypothetischen bzw. abduktiven Erschließungszielen, was unsere unterschiedlichen begrifflichen, metaphorischen, prädikativen und textuellen Sprachmuster deutlich veranschaulichen. Das bedeutet zugleich, dass der deskriptive und der interpretative Sprachgebrauch letztlich immer eng miteinander verschlungen sind, obwohl beide hinsichtlich ihrer spezifischen methodischen Objektivierungsintentionen durchaus voneinander unterschieden werden können. Diese untergründige Korrelations- und Interaktionsbeziehung des deskriptiven und des interpretativen Sprachgebrauchs hat kulturgeschichtlich eine zunehmende Bedeutsamkeit gefunden, durch die zugleich auch die objektivierenden Zauberstabfunktionen der Sprache spezifisch reguliert und akzentuiert werden können.

Die Identifizierungs- bzw. abbildende Repräsentationsfunktion von sprachlichen Zeichen tritt natürlich am deutlichsten bei Eigennamen in Erscheinung, weil diese eine Objektivierungsfunktion haben, die funktional betrachtet einer individualisierenden semiotischen Verdoppelungsfunktion für außersprachliche Gegenstände am nächsten kommt. Das legt dann natürlich auch den Gedanken nahe, dass Eigennamen eine direkte sprachliche Stellvertreterfunktion für etwas anderes ausüben könnten. Dagegen repräsentieren Begriffsnamen sprachliche Denkmuster, unter die von vornherein nur einander ähnliche Phänomene subsumiert werden können. Begriffsnamen sollen nämlich immer einen ganz bestimmten Typus von sinnlich oder mental fassbaren Denkgegenständen vergegenwärtigen, die sich in Handlungsprozessen mehr oder weniger als identisch betrachten lassen, obwohl sie faktisch das natürlich nicht sind. Dieses Repräsentationsproblem von Begriffen exemplifiziert sich sehr plastisch bei der Verwendung von Eigennamen bei eineiigen Zwillingen. Diese sind zwar genetisch relativ identisch, aber anthropologisch keineswegs, weshalb sie dann ja auch andere Eigennamen bekommen.

Im archaischen Denken gehören die Eigennamen bezeichnenderweise substanziell zu der damit benannten Person. Der Eigenname ist in diesem Denken kein konventionalisiertes Etikett für die damit bezeichnete Person, sondern im Prinzip ein konstitutives Wesensmerkmal von ihr, eben weil er nicht als ein arbiträres Identifizierungszeichen für diese Person angesehen wird wie beispielsweise eine Personennummer. Deshalb werden in archaischen Kulturen die Eigennamen dann auch oft nach bestimmten Totemtieren ausgewählt oder nach Vorfahren bzw. nach bestimmten Vorbildern, die auf diese Weise gleichsam neu inkarniert werden können. All das befördert in archaischen Kulturen dann auch die Vorstellung, dass man das, was man dem Namen einer Person oder einer Sache antut, zugleich auch dem damit benannten Phänomen antut, insofern Name und Sache ja als miteinander verwachsen angesehen werden. Dadurch wird dann auch die Tradition mancher Naturvölker verständlich, Kindern nach der Pubertät einen anderen Namen zu geben, eben weil sie danach gleichsam eine ganz andere Person werden.

Die Grundvorstellung, dass Name und Sache innerlich miteinander verwachsen sind bzw. dass es eine natürliche Richtigkeit der Namen gebe, ist daher im Denken früher Kulturen ziemlich selbstverständlich. Das gilt dann nicht nur für Eigennamen, sondern tendenziell auch für Begriffsnamen, die unterschiedliche Phänomene heuristisch als identisch ansehen, um das Denken und Handeln durch solche Schemabildungen zu erleichtern. Es bedeutet weiter, dass derjenige, der den Namen oder den Begriff einer Sache kennt, nicht nur eine kognitive Macht über diese Sache bekommt, sondern auch eine faktische. Der Namenshunger von Kindern ist deshalb auch nicht nur ein bloßer Benennungshunger, sondern auch ein Hunger nach einer kategorialen Einordnung und Beherrschung. Das erklärt dann auch, warum Phänomene, die einander nur ähnlich sind, nicht mit ganz neuartigen Namen benannt werden, sondern mit abgeleiteten Namen bzw. mit Zusammensetzungen wie etwa Komposita, um dadurch eine Art Familienähnlichkeit zwischen durchaus unterscheidbaren Phänomenen hervorzuheben.

So gesehen lässt sich dann auch jede Namensgebung als ein potentiell analogisierender Namenshunger mit ganz bestimmten deskriptiven pragmatischen Funktionen verstehen. Das ist dann auch wahrnehmungspsychologisch sehr verständlich, weil wir beim Gebrauch der Sprache gedanklich immer bei den jeweils benannten Sachen sind und nicht bei den benennenden Zeichen für sie. Erst im Laufe der Kulturgeschichte ist die Vorstellung kontinuierlich gewachsen, dass unsere sprachlichen Objektivierungsmittel hypothetische menschliche Ordnungsmuster sind, die auf ganz bestimmten Erkenntnisinteressen und Differenzierungsintentionen beruhen und die deshalb dann auch nicht nur rein objektbezogen, sondern immer auch subjektbezogen verstanden werden können.

Gleichwohl hat sich in den positivistisch orientierten Wissenschaften der Glaube zäh gehalten, dass wissenschaftliche Begriffsmuster im Prinzip keine historischen, kulturellen und individuellen Implikationen hätten, eben weil sie rein objektorientierten Kategorisierungen Ausdruck zu geben hätten. Das bedeutet dann gleichzeitig auch, dass richtig gebildete Begriffe als verlässliche Zauberstäbe in Erkenntnisprozessen dienlich sein können, mit deren Hilfe man Ordnung und Struktur in das Chaos von sinnlichen Einzelerfahrung bringen kann. Das exemplifiziert sich dann auch in der christlichen Schöpfungslehre, nach der Begriffe gleichsam Ausdrucksmittel für die Gedanken Gottes seien, die dem faktischen Schöpfungsprozess vorgeordnet seien. *„Und Gott sprach: Es werde Licht! Und es ward Licht."* (1. Mose 1). Ähnliches gilt auch für die sogenannte platonische Ideenlehre, nach der Ideen bzw. Begriffsmuster eine Art geistiger Urbausteine seien, aus denen sich dann die empirische fassbare Welt als ein umfassendes faktisches Ordnungsgefüge von Einzelphänomenen konstituiere.

Diese Grundvorstellung von Sprache als eines möglichen Systems von objektivierenden Zeichen, die in einer direkten Korrespondenzrelation zu einer vorgegebenen ontischen Seinsordnung stehe bzw. stehen könne, hat unser philosophisches und wissenschaftliches Sprachdenken tief geprägt. Sie hat auch eine Parallele in unserem Rechtsdenken gefunden, nach der unsere Gesetzesordnung letztlich einem vorgegebenen Naturrecht zu entsprechen habe und nicht auf rein menschlichen Rechtssetzungen zurückgeführt werden dürfe. Das bedeutet dann weiter, dass das positive bzw. das sprachlich formulierte Recht immer in Analogie zu einem vorab vorhandenen Naturrecht zu stehen habe. Ein Problem wäre dann nur, wie man das Naturrecht als normative Grundlage des positiven Rechts faktisch ermitteln kann. In diesem Zusammenhang stoßen wir dann auch auf das Problem, ob dabei unser Rechtsgefühl eine ähnliche Rolle spielt wie unser Sprachgefühl bei der Beurteilung der Richtigkeit des faktischen Sprachgebrauchs. Auf jeden Fall haben wir es in beiden Fällen wieder mit der heuristischen Funktion von Analogieannahmen beim Verstehen von komplexen Korrelationszusammenhängen zu tun.

Kulturhistorisch ist es deshalb auch keine Überraschung, dass in der Antike die ersten systematisch arbeitenden Grammatiker in Rom sich aus der Berufsgruppe der Juristen rekrutierten. Beide Berufe standen nämlich vor dem Problem, ihr intuitives Wissen über Recht und Unrecht bzw. über einen richtigen und unrichtigen Sprachgebrauch mit ihrem Rechtsgefühl bzw. ihrem Sprachgefühl in Verbindung zu bringen bzw. mit ihrem Wissen über angemessene rechtliche und sprachliche Handlungsweisen. Ebenso wie die Juristen über konkrete Gesetze (leges) das natürlich existierende Recht (ius) zu konkretisieren versuchten, so mussten auch die Grammatiker ihre konkreten Sprachregeln aus der Beobachtung eines sinnvollen und effektiven Sprachgebrauchs herleiten. Diesen konnten sie natürlich nicht allein mit Hilfe logischer Regeln ermitteln, sondern auf ganz ähnliche Weise oft nur mit Hilfe ihres intuitiven Sprachgefühls für eine sinnvolle Sprachnutzung. Sowohl unser Rechtsgefühl als auch unser Sprachgefühl lässt sich so gesehen als eine Manifestation eines immanent gespeicherten sprachlichen Handlungswissens verstehen, das zwar in der Regel nicht sehr genau und gut begründbar ist, trotz dieser Mängel gleichwohl in pragmatischer Hinsicht doch recht sinnvoll erscheint.

Beide Zielsetzungen implizierten natürlich eine Herkulesaufgabe, die nicht immer völlig überzeugend zu lösen war, weil das faktische rechtliche Handeln und das faktische sprachliche Handeln natürlich historisch, regional und individuell immer sehr unterschiedlich ausfallen kann, so dass sowohl unser Rechtsgefühl als auch unser Sprachgefühl keine alleinige Grundlage für die Formulierung von Gesetzen bzw. Sprachregeln sein kann, geschweige denn ein Zauberstab zur Lösung aller Probleme. Juristen und Grammatiker mussten natürlich immer auch auf abstrakte Rechts- und Sprachprinzipien zurückgreifen, um regionale, kulturelle und historische Besonderheiten so einzudämmen, dass ihren jeweiligen Rechts- und Sprachsystemen eine wirksame allgemeine Funktionalität zuwachsen konnte.

Deshalb haben sich in beiden Bereichen dann auch zwei unterschiedliche Denkschulen herausgebildet, die ihr Rechts- bzw. Sprachdenken sehr unterschiedlich akzentuierten. Die sogenannten *Analogisten* versuchten, Gesetzes- und Sprachsysteme so weit wie möglich nach bestimmten Grundprinzipien übersichtlich zu strukturieren und zu handhaben. Die *Anomalisten* konzentrierten sich dagegen darauf, die Besonderheiten von Rechts- und Sprachordnungen herauszuarbeiten und hinsichtlich ihrer spezifischen Funktionen zu qualifizieren. Für die Analogisten war das Analogiephänomen deshalb auch nicht nur ein heuristisches Forschungs- und Erklärungsprinzip, sondern zugleich auch ein Rechtfertigungsprinzip dafür, normativ regulierend in rechtliche und sprachliche Ordnungsstrukturen einzugreifen, um störende Besonderheiten auszumerzen bzw. um die Funktionalität beider Ordnungssysteme sicherzustellen.

Diese Kontroverse zwischen Analogisten und Anomalisten in der Jurisprudenz und in der Sprachwissenschaft ist nun wegen ihrer dialektischen Implikationen sehr interessant. Die Analogisten versuchten nämlich immer, die Systemhaftigkeit des Rechts und der Sprache herauszuarbeiten, während die Anomalisten die Besonderheit von Rechts- und Sprachordnungen zu identifizieren und zu verstehen versuchten, was beides ja sicherlich ein legitimes und sinnvolles Erkenntnisinteresse ist. Deshalb schlief der Streit zwischen diesen beiden Denkschulen auch langsam ein, weil nämlich sowohl die rationalen als auch die empirischen Orientierungen von Erkenntnisprozessen natürlich legitim sind und deshalb zu einem Ausgleich gebracht werden müssen. Diese dialektischen Implikationen werfen zugleich dann auch ein besonderes Licht auf die möglichen dialektischen Implikationen der Idee vom Zauberstab der Analogie.

Während der Analogiegedanke normalerweise immer in einer gewissen Spannung zum Rationalitätsgedanken zu stehen scheint, da er ja Spekulationen Vorschub zu geben scheint, ist er bei den Analogisten eher dazu dienlich, den Rationalitäts- und Regulationsgedanken zu fördern. Während der Anomaliegedanke üblicherweise dazu dienlich ist, Widersprüchlichkeiten herauszuarbeiten, war er bei den Anomalisten eher dazu dienlich, seine Aufmerksamkeit auch auf die Besonderheiten von Einzelphänomenen zu lenken bzw. auf die genaue Deskription und kontextuelle Interpretation von diesen. Das impliziert historisch und systematisch dann, dass die Kontroverse zwischen Analogisten und Anomalisten heuristisch letztlich sowohl für die Jurisprudenz als auch für die Sprachwissenschaft sehr hilfreich war, um das schematisierende mit dem individualisierenden Denken in ein Gleichgewicht zu bringen war.[274]

Die beiden juristischen und grammatischen Denkschulen von Analogisten und Anomalisten haben auch einen Nachhall in der mittelalterlichen Kontroverse zwischen dem Realismus und dem Nominalismus gefunden bzw. in der neuzeitlichen Kontroverse zwischen dem Positivismus und dem Konstruktivismus. Ebenso wie im Streit zwischen Analogisten und Anomalisten ergab sich auch hier ein Streit um die Balance zwischen ganz unterschiedlichen Denkansätzen, der nicht durch eine Parteinahme für eine der beiden Denkposition zu lösen war, sondern nur durch eine Konkretisierung der jeweiligen Leistungsfähigkeiten und Mängel der beiden methodischen Denkansätze. Das bedeutet, dass die sachliche Opposition zwischen ganz unterschiedlichen Denkansätzen, zu denen dann sicherlich auch der deskriptive und interpretative Sprachgebrauch gehört, sich zumindest in einer historischen bzw. evolutionären Betrachtungsweise weitgehend auflöst, weil dieser nur eine methodische, aber keine unvereinbare sachliche Opposition ist.

Beide Denkverfahren zur Objektivierung von lebendigen und komplexen Ordnungszusammenhängen widersprechen sich nämlich nur dann, wenn man seine Wahrheitsvorstellung an einem dogmatisch orientierten Abbildungsbegriff

---

274 Vgl. zu dieser ganzen Problematik auch: M. Schanz: Die analogisten und anomalisten im römischen recht. Philologus 42, 1884, S. 309–318.

orientiert und nicht an einem pragmatisch orientierten Fruchtbarkeitsbegriff in einem langfristigen Sinne. Deshalb hat Peirce dann ja auch den Interpretantenbegriff in seine Zeichentheorie eingeführt, um zu verdeutlichen, dass jede konkrete Sachvorstellung von etwas darauf beruht, dass man sich bei seinen konkreten Wahrnehmungsprozessen auch selbst bewegt und nicht ständig in einer einzigen Wahrnehmungsperspektive verharrt. Das bedeutet dann zugleich, dass kein konkretes Wahrnehmungsergebnis eigentlich eine Endgültigkeitsfarbe bekommen kann. Es bedeutet weiter, dass realistische Wahrnehmungsprozesse interpretierende Prozesse sind, die sich nicht auf rein deskriptive Feststellungsprozesse reduzieren lassen, obwohl sie derer natürlich immer bedürfen. Das soll nun exemplarisch kurz noch einmal am Gebrauch von Konjunktionen als interpretierenden grammatischen Instruktionszeichen plausibel gemacht werden, worauf auch schon im Kap. 7 ausführlicher aufmerksam gemacht worden ist.

Koordinierende und subordinierende Konjunktionen scheinen auf den ersten Blick neutrale rein sachorientierte Objektivierungsmittel zu sein. Dieser Eindruck täuscht aber, weil sie keine rein deskriptiven, sondern immer auch interpretierende Sinnbildungsfunktionen erfüllen. Der englische Physiker Eddington hat deshalb sehr eindrücklich darauf aufmerksam gemacht, dass das Studium von Relationen eine ganz eigenständige wissenschaftliche Aufgabe sei. Beispielsweise könne die schlichte Konjunktion *und* nicht nur eine rein additive Instruktionsfunktion haben, sondern zugleich auch eine interpretierende, was die beiden folgenden Sachaussagen sehr plastisch verdeutlichen: *1 und 1 ist 2. — 5 und 7 sind Primzahlen.*

Aus diesem Grunde hat dann auch Humboldt betont, dass Konjunktionen, die Einzelvorstellungen bzw. Einzelaussagen miteinander verbinden, eine verwickelte Synthesis zugrunde liege, die eine konstruktive Sinnbildungsfunktion beinhalte. Die mit Konjunktionen verbundenen Funktionen vergleicht Humboldt dann auch mit *„den Steinen eines Gewölbes"*, die sich *„gegenseitig stützen und halten."* [275] Das bedeutet dann auch, dass der Gebrauch einer Konjunktion eine Interpretationsleistung thematisiert, die sowohl aus den Sacherfahrungen als auch aus den Einbildungsfähigkeiten des jeweiligen Sprechers resultiert.

Diese eigenständige Zauberstabsfunktion von Konjunktionen lässt sich auch dadurch legitimieren, dass sowohl die koordinierenden als auch die subordinierenden Konjunktionen syntaktisch nicht zu den jeweils von ihnen korrelierten Einzelvorstellungen und Aussagen gehören, die sie syntaktisch miteinander verbinden. Sie sind vielmehr als metainformative grammatische Instruktionssignale anzusehen, die deren jeweiligen kommunikativen Stellenwert näher quali-

---

275 W. von Humboldt: Werke, Bd.3, S. 631.

fizieren. Das bedeutet, dass wir Konjunktionen auch nicht einfach zu der deskriptiven Sachebene von Äußerungen zu rechnen haben, sondern auch zur subjektbezogenen Interpretationsebene von Äußerungen, insofern sie ja den Stellenwert ganz bestimmter Informationen metainformativ genauer qualifizieren.

Weiterhin lässt sich aus diesen Tatbeständen auch ableiten, dass Konjunktionen nicht rein subjektbezogene Informationen vermitteln, da sie wie die Sprache selbst auch eine eingespielte habituelle bzw. kulturelle Grundlage haben. Deshalb können sie, wie schon erwähnt, bei Übersetzungen auch ganz bestimmte Probleme aufwerfen, weil sie sachlich bzw. habituell in den einzelnen Sprachen nicht immer deckungsgleich verwendet werden. So hat beispielsweise die deutsche Konjunktion *wenn* nicht dasselbe grammatische Instruktionsprofil wie die englischen Konjunktionen *when* und *if*, die ja ausdrücklich zwischen einer temporalen und einer konditionalen grammatischen Instruktionsfunktion unterscheiden.

Diese Differenzierung kann man nun einerseits positiv beurteilen, weil dadurch ja die Informationsgenauigkeit der Instruktionsfunktion jeder einzelnen Konjunktion verbessert wird, aber auch negativ, weil faktisch keineswegs immer klar entschieden werden kann, welcher Typ von Korrelation im Einzelfall tatsächlich vorliegt. Das bedeutet dann, dass die Doppeldeutigkeit der deutschen Konjunktion *wenn* faktisch durchaus realistischer sein kann als die größere Eindeutigkeit der beiden englischen Konjunktionen. Aus deren Eindeutigkeit ergibt sich nämlich auch die Gefahr, dass die beiden englischen Konjunktionen vorschnell eine eher spekulative als realistische Korrelation zwischen zwei konkreten Aussagen bzw. Tatbeständen postulieren als die doppeldeutige deutsche Konjunktion *wenn*. Diese lässt nämlich zu, dass faktisch auch eine Korrelation vorliegen kann, in der chronologische und konditionale Komponenten untrennbar miteinander verschmolzen sind.

9.5 Der modalisierende Sprachgebrauch

Während der deskriptive Sprachgebrauch intentional sehr ausgeprägte objektbezogene Sinnbildungsziele hat, da er ja Tatbestände in ihrem faktischen So-Sein objektivieren möchte, so hat der modalisierende Sprachgebrauch auch subjektbedingte Sinnbildungsziele, da er ja Tatbestände auch im Hinblick auf ihre subjektive Relevanz zu erfassen versucht, was ja insbesondere für den interpretativen Sprachgebrauch typisch ist. Aus diesem Grunde haben sich dann für den modalisierenden Sprachgebrauch auch ganz bestimmte grammatische Instruktionszeichen herausgebildet, mit deren Hilfe ein Sprecher signalisieren kann, in welcher Wahrnehmungsperspektive er das jeweils Gesagte verstanden wissen möchte. Auf Grund dieser Zielsetzung tritt dann auch der jeweilige Sprecher in modalisierenden Aussagen als eine eigenständige sinnbildende Instanz bzw. Kraft hervor, während er sich im deskriptiven Sprachgebrauch diesbezüglich sehr zurücknimmt, da er sich hier ja meist nur als ein ganz neutraler Vermittler von Sachinformationen profilieren möchte.

Das bedeutet dann auch, dass im modalisierenden Sprachgebrauch der Zauberstab der Analogie eine viel umfassendere Reichweite und Sinnbildungsfunktion hat als im deskriptiven Sprachgebrauch. In ihm soll ja nicht allein Aufschluss über existierende Sachverhalte gegeben werden, sondern auch über die individuellen Wahrnehmungsweisen von diesen bzw. über die möglichen Einbettungen dieser Sachverhalte in andere. Das kann man nun als einen bloß graduellen Unterschied verstehen, der nur die inhaltliche Komplexität von Aussagen betrifft, aber auch als einen viel weiterreichenden anthropologischen Unterschied, eben weil es im modalisierenden Sprachgebrauch nicht allein um die mitgeteilten Inhalte selbst geht, sondern auch um die sozialen und anthropologischen Implikationen dieser Inhalte in den Lebens- und Kommunikationsprozessen der jeweils beteiligten Individuen.

Wenn man dieser Sichtweise folgt, dann lässt sich festhalten, dass der modalisierende Sprachgebrauch ein Phänomen ist, das gut mit der Vorstellung von sprachlichen Universalien in Verbindung zu bringen ist, weil dieser Sprachgebrauch gleichsam zu den grundlegenden pragmatischen Sinnbildungsfunktionen aller natürlichen Sprachen gehört, die sowohl in einer ontogenetischen als auch in einer phylogenetischen Wahrnehmungsperspektive in Erscheinung treten können. Beim Spracherwerb von Kindern dokumentiert sich diese Universale schon sehr deutlich bei der Nutzung von Konjunktivformen. Wie schon erwähnt nutzen Kinder beispielsweise aus guten Gründen den Konjunktiv II früher als den Konjunktiv I, weil der K II in einem sehr viel deutlicheren Kontrast zum Gebrauch der Indikativformen steht als der K I, da er ja tendenziell aus der realen Welt in eine nur denkbare Welt führt. Dagegen signalisiert der K I eigentlich nur, dass Aussagen bzw. Denkinhalte einer anderen Person in die eigene Aussage integriert werden, ohne dass man die Verantwortung für deren faktische Richtigkeit übernehmen möchte. Hinsichtlich der sprachlichen Mittel, mit denen der Geltungsanspruch von Denkinhalten und Aussagen metainformativ näher qualifiziert werden kann, gibt es natürlich sehr vielfältige grammatische und lexikalische Formen. Sie alle können dazu dienlich sein, den Geltungsanspruch von Vorstellungen objektbezogen zu modifizieren bzw. subjektbezogen zu modalisieren bzw. zu interpretieren.

Da diese unterschiedlichen Instruktionsfunktionen schon bei der Untersuchung der Modusformen des Verbs näher beschrieben worden sind, soll sich hier das Erkenntnisinteresse insbesondere auf die sogenannten Modalwörter und Modalpartikeln konzentrieren, über welche die jeweiligen Sprachverwender gleichsam metainformative Kommentare zu dem jeweiligen Geltungsanspruch von konkreten Sachvorstellungen bzw. Sachaussagen abgeben können. All das soll hier im Denkrahmen einer subjektbedingten Modalisierung von bestimmten Grundinformationen thematisiert werden.

Die pragmatische Funktionalität von Modalwörtern und Modalpartikeln ist nicht leicht zu beschreiben, weil sie ja keine deutlich fassbare außersprachliche Referenz bzw. autosemantische Objektivierungsfunktion haben, sondern eher eine synsemantische Instruktionsfunktion für das funktionale Verständnis von autosemantischen sprachlichen Zeichen. Deshalb haben Modalwörter und Modalpartikeln dann auch nicht den Status von Satzgliedern in Prädikationen, eben weil sie nicht auf konkrete außersprachliche Sachverhalte aufmerksam machen sollen, sondern vielmehr auf die interpretativen Kommentare des jeweiligen Sprechers zu seinen jeweils geäußerten Denkinhalten.

Aus diesem Grunde sind Modalwörter und Modalpartikeln hinsichtlich ihres pragmatischen Informationswertes in der traditionellen Stilistik dann auch sehr umstritten, eben weil sie keine konstitutiven Bausteine von Sachaussagen sind, sondern nur indirekte sprachliche Hinweise eines Sprechers zu dem faktischen Geltungsanspruch seiner expliziten inhaltlichen Aussagen bzw. Propositionen. Sie gehören daher auch weniger zu dem objektbezogenen Inhaltsaspekt von sprachlichen Äußerungen, sondern eher zu dem subjektbezogenen Beziehungsaspekt zwischen den jeweils beteiligten Kommunikanten. Deshalb lassen sich diese Sprachmittel dann auch nicht mit Wahrheitsfragen in einem korrespondenztheoretischen Sinn konfrontieren, da sie ja von vornherein keine sachthematische Relevanz beanspruchen, sondern allenfalls eine kommunikative. Aus diesem Grunde werden sie dann auch nicht zu den konstitutiven sachthematischen Satzgliedern gerechnet, sondern allenfalls zu den interpretativen reflexionsthematischen Denkschleifen des jeweiligen Sprechers zu seinen jeweiligen sachthematischen Grundformationen.

Modalwörter wie etwa *vielleicht, leider, hoffentlich, vermutlich* usw. sind nicht immer als eine eigenständige Wortklasse bzw. Wortart angesehen worden. Oft sind sie einfach den Modaladverbien zugeordnet worden, zu denen man beispielsweise auch die Wörter *vergebens, ungern, blindlings* usw. gerechnet hat. Bei dieser kategorialen Zuordnung wurde dann allerdings eine grundlegende Differenz übersehen. Modaladverbien haben in Prädikationen bzw. in Sachbehauptungen in der Regel immer eine objektorientierte Präzisierungsfunktion und keine subjektorientierte Kommentierungsfunktion. Modaladverbien kann man nämlich syntaktisch als adverbiale Bestimmungen verwenden, da sie ja eine bestimmte objektorientierte Sachinformationen präzisieren. Aus diesem Grunde kann man ihre faktische Informationen in Aussagen dann auch direkt der Wahrheitsfrage in einem korrespondenztheoretischen Sinne unterwerfen, da sie ja dazu beitragen wollen, eine Sachvorstellung semantisch zu präzisieren, die sachlich entweder zutreffend oder unzutreffend sein kann. Das lässt sich durch folgende prädikative Umformungsprobe plausibel machen, welche eine komplexe Aussage analytisch in zwei Einzelpropositionen zerlegt wird: *Fritz kam vergeblich aufs Fundbüro. / Fritz kam aufs Fundbüro. Das war vergeblich.*

Im Gegensatz zu Modaladverbien vermitteln nun Modalwörter aber ausdrücklich eine sprecherbezogene Interpretationsinformation, die informationslogisch nicht als Bestandteil einer konkreten Sachbehauptung anzusehen ist, die falsch oder richtig ist. Sie ist vielmehr ein Bestandteil eines metainformativen Sprecherkommentars zu einer Sachbehauptung, die eindeutig subjektorientiert ist: *Fritz kommt vermutlich./Fritz kommt. Das vermute ich.* Daraus folgt nun, dass wir über Modalwörter im Gegensatz zu Modaladverbien nicht etwas über einen faktisch gegebenen Sachverhalt selbst erfahren, sondern vielmehr etwas über den Denkprozess des jeweiligen Sprechers. Aus diesem Grund lassen sich dann auch Modalwörter im Gegensatz zu Modaladverbien auch nicht über eine Wie-Frage ermitteln. Außerdem lassen sich Modalwörter auch nicht individuell negieren: **Fritz kommt nicht vermutlich.*[276]

Es gibt nun allerdings auch Wörter wie etwa das Wort *sicher*, das syntaktisch sowohl als modifizierendes Modaladverb bzw. als Modaladverbiale verwendet werden kann als auch als modalisierendes Modalwort mit einer sprecherbezogenen Vermutungsfunktion: *Das Flugzeug ist sicher gelandet.* Wörter diesen Typs sind dann auch kommunikativ ambivalent, weil sie sowohl einen empirisch überprüfbaren Tatbestand sprachlich vermitteln können als auch eine rein persönliche Vermutung des jeweiligen Sprechers.

Aus all dem lässt sich nun ableiten, dass das genuine Operationsfeld von Modalwörtern der Dialog ist bzw. der adressatenspezifische Monolog, wie er beispielsweise in Briefen oder Tagebuchaufzeichnungen anzutreffen ist, aber nicht der rein objektorientierte sprachliche Informationsprozess, eben weil Modalwörter im Prinzip die kommunikative Funktion haben, ganz bestimmte individuelle Wahrnehmungsperspektiven auf bestimmte Tatbestände zu konkretisieren. Die

---

276 Vgl. zu dieser ganzen Problematik und zu den hier vorgenommenen Differenzierungen auch folgende einschlägigen Veröffentlichungen: W. Admoni: Der deutsche Sprachbau. 1970³, S. 201 ff. G. Helbig: Die deutschen Modalwörter im Lichte der modernen Forschung. Beiträge zur Erforschung der deutschen Sprache, 1, 1981, S. 5 -29. G. Helbig / A. Helbig: Lexikon deutscher Modalwörter. 1990.

Differenz zwischen den objektorientierten Modaladverbien und den subjektorientierten Modalwörtern lässt sich durch den folgenden sprachspielerischen Aphorismus sehr schön illustrieren: *Ein Praktiker ist ein Mensch, der nur praktisch denkt. Ein Theoretiker ist dagegen ein Mensch, der praktisch nur denkt.*

Ebenso wie Modalwörter spielen auch Modalpartikeln gerade im mündlichen Sprachgebrauch eine bedeutende Rolle. Im Deutschen haben sie eine besonders wichtige kommunikative Funktion, weil ihre Gebrauchsfrequenz beispielsweise im Vergleich mit dem Französischen besonders hoch ist. Was im Französischen durch Gestik, Mimik und Intonation im mündlichen Sprachgebrauch metainformativ geleistet wird, das müssen im Deutschen meist die Modalpartikeln leisten, zu denen beispielsweise Wörter wie *doch, wohl, nämlich, sogar, bloß* usw. gehören. In der normativen Stilistik hat man die Modalpartikeln deshalb dann sogar als eine Art von Parasitenwörter diffamiert, weil sie keine relevanten Sachinformationen vermitteln, sondern den Sprechern nur die Chance geben, auf ihre eigene Stimmungslage aufmerksam zu machen, insofern ja sie ja keinen konstitutiven Beitrag zum Aufbau faktischer Tatsachenvorstellungen leisten: „*All diese Flickwörter wimmeln wie Läuse im Pelz unserer Sprache herum.*" [277]

Eine sehr viel tolerantere Einstellung zum Gebrauch von Modalpartikeln dokumentiert sich darin, dass sie nicht als sprachliche Parasitenwörter angesehen werden, sondern als sprachliche *Würzwörter* oder *Färbewörter*, die Aussagen eine ganz bestimmte Individualität und Attraktivität verleihen sollen. Deshalb sind sie dann im dialogischen Sprachgebrauch auch ganz besonders frequent und beliebt, weil sie uns Hinweise darauf geben, in welcher Beziehung der jeweilige Sprecher zu dem von ihm jeweils Mittgeteilten steht. Sie sind daher auch nicht auf die Inhaltsebene von Mitteilungsprozessen bezogen, sondern vielmehr auf die Beziehungsebene zwischen den jeweiligen Kommunikanten. Modalpartikeln präzisieren keine sachthematischen Grundinformationen, sondern richten unsere Aufmerksamkeit vielmehr auf die spezifischen kommunikativen Intentionen des jeweiligen Sprechers: *Er kommt schon / sogar / nämlich.*

Deshalb ist es auch möglich, eine Analogie zwischen der konkreten Redegestaltung eines Sprechers und der Bildgestaltung eines Malers herzustellen, eben weil dieser durch bestimmte farbliche Abtönungen bzw. durch bestimmte Lichtgestaltungen den jeweiligen Stellenwert von Einzelphänomenen in konkreten Raumkonstellationen akzentuieren kann. Daher spricht man hier ja auch von sogenannten Licht- und Schattenperspektiven. Aus diesem Grunde hat Johann Carl Wezel dann auch schon im 18. Jh. herausgearbeitet, dass das Deutsche im Gegensatz zum Französischen viel intensiver von Modalpartikeln Gebrauch mache, da

---

277 L. Reiners: Stilkunst. 1943 / 1976, S. 350.

sich mit diesen recht leicht konkrete Sachvorstellungen in interpretativer Weise inhaltlich schattieren ließen.

> All diese und andere Pinseldrücke des Gedankens, wenn ich sie so nennen darf, giebt der Franzose in der Deklamation klar durch den Ton an: mit Worten kann er nicht die mindeste Schattirung des Gedankens ausdrücken, und Lesern unter uns, die das nicht gewohnt sind, kommt der französische Dialog meistens etwas kahl vor, weil sie immer die Ideen nur *gerade hin* gesagt finden, ohne die geringste Anzeige, mit welchem Ton man die Worte deklamiren soll. Die kleinen Wörterchen, am gehörigen Orte gebraucht, sind ein großer Vorzug der teutschen Sprache: man erinnere sich nur, wie viel Schattirungen wir dem Ausdruck allein durch ‚ja' geben können.[278]

Eine Wertschätzung haben Modalpartikeln auch in der Sprechakttheorie gefunden, da diese ja ihr Hauptinteresse nicht auf die möglichen Repräsentationsfunktionen der Sprache richtet, sondern vielmehr auf ihre möglichen Handlungsfunktionen. Diese konkretisieren sich ja meist nicht in Form expliziter Sachaussagen, sondern eher in der Wortwahl, der spezifischen Intonation von Aussagen und des Gebrauchs von Modalpartikeln. Das ist auch plausibel, weil die Handlungsfunktionen der Sprache eigentlich nicht über die Frage nach der Wahrheit von sprachlichen Äußerungen erfasst werden kann, sondern eher über die Frage nach ihren faktischen Handlungsimplikationen. Sprachhandlungen sind ja weder wahr noch falsch, sondern sie gelingen oder misslingen. Die Grundvoraussetzung für das Gelingen von Sprachhandlungen ist dabei, dass diese als solche dann auch über ganz bestimmte sprachliche Indikatoren wahrgenommen werden können.

Deshalb hat Helbig dann auch die modalisierenden Modalpartikeln als *„illokutive Indikatoren"* klassifiziert.[279] Sie sollten nämlich signalisieren, ob man eine ganz bestimmte Äußerung pragmatisch als eine Vermutung, als eine Behauptung, als eine Überraschung oder als eine Warnung verstehen soll: *Das ist wohl eine Lüge. Das ist aber unverschämt. Das ist ja schön. Der Hund ist ziemlich bissig.*

Der Verzicht darauf, die Handlungsfunktionen von sprachlichen Äußerungen mit Hilfe von ganz bestimmten handlungsbezeichnenden Verben prädikativ explizit zu thematisieren, ist nicht unbedingt ein kommunikativer Nachteil. Durch die Verwendung von Modalpartikeln wird der Adressat einer bestimmten

---

278 J. C. Wezel: Ueber Sprache, Wissenschaften und Geschmack der Teutschen. Kritische Schriften, Bd. 3, 1781/ 1995, S. 260. Vgl. auch J. Niederhauser: „Kleine Pinseldrücke des Gedankens" (Johann Carl Wezel 1781). Ein Zeugnis früher Beschäftigung mit Modalpartikeln. Zeitschrift für Literaturwissenschaft und Linguistik 22, 1992, H. 87–88, S. 249–255.
279 G. Helbig: Partikeln als illokutive Indikatoren im Dialog. Deutsch als Fremdsprache 13, 1976, S. 30–60.

Äußerung nämlich immer in eine gewisse interpretative Unruhe versetzt, die sein Wahrnehmungs- und Interpretationsvermögen durchaus sensibilisieren kann. Er hat nun nämlich nicht nur auf die jeweiligen Sachaussagen selbst zu achten, sondern immer auch darauf, welche Handlungsziele ein Sprecher mit seinen Äußerungen jeweils verfolgt.

Wie wichtig Modalpartikeln für mehrschichtige sprachliche Sinnbildungsprozesse sind, dokumentiert sich auch in dem Umstand, dass Wörter, die üblicherweise eine Affirmations- oder Negationsfunktion haben auch eine Modalisierungs- bzw. Interpretationsfunktion für ganz bestimmte Handlungen bzw. Sprechakte bekommen können. Das trifft beispielsweise für die als Modalpartikel verwendeten Wörter *ja* und *nicht* zu: *Das Brot esse ich nicht, es ist ja schimmlig. / Habe ich das nicht gut gemacht?* Der Sinn von solchen sprachlichen Äußerungen ist mit der Frage nach ihrer inhaltlichen Wahrheit überhaupt nicht zu erfassen, sondern allenfalls mit der Frage danach, welche pragmatische Funktionalität sie in dialogischen Kommunikationsprozessen hat bzw. mit der Frage nach ihrer Funktion beim Aufbau einer ganz bestimmten Beziehungsebene zwischen den jeweiligen Kommunikanten. Bei der Qualifizierung des kommunikativen Sinns solcher Modalpartikel kommen wir jedenfalls mit der Frage nach der Wahrheit ihrer sachlichen Information nicht wirklich weiter, sondern allenfalls mit der Frage danach, ob die jeweiligen Äußerungen hinsichtlich ihrer jeweiligen Handlungsintentionen gelingen oder misslingen.

9.6 Der negierende Sprachgebrauch

Wenn wir beim Gebrauch der Sprache Negationsformen verwenden, dann ist offensichtlich, dass wir in unseren Objektivierungsprozessen außersprachliche Phänomene nicht direkt, sondern indirekt thematisieren. Deshalb stellt sich dann natürlich auch die Frage, warum diese Umwege nötig sind. Ist das durch eine sprachbedingte Notsituation bedingt oder durch ganz bestimmte informatorische, gestalterische oder spielerische Bedürfnisse bei der Nutzung der Sprache als Sinnbildungs- und Kommunikationsmittel?

Diese Fragestellung legt zugleich auch nahe, dass der negierende Sprachgebrauch dem metaphorischen in einem gewissen Sinne strukturell ähnelt. Beide Sprachgebrauchsformen scheinen methodische Verfahren zu sein, um auf flexible Weise mit der Sprache umzugehen und diese nicht nur als ein direktes Repräsentationsmittel für ontisch vorgegebene Sachverhalte zu nutzen, sondern auch als ein heuristisches Erschließungsmittel für sprachexterne Sachverhalte. Beide Sprachverwendungsweisen unterscheiden sich nun aber dadurch voneinander, dass der metaphorische Sprachgebrauch dabei methodisch vom Denkprinzip der Verähnlichung Gebrauch macht und der negierende Sprachgebrauch vom Denkprinzip der Kontrastierung. In beiden Fällen wird die Sprache dann allerdings nicht als ein unmittelbar nutzbares Abbildungsmittel verstanden, sondern vielmehr als ein Annäherungsmittel mit ganz bestimmten heuristischen Zielsetzungen. Beide Formen des Sprachgebrauchs arbeiten nach dem Grundprinzip, etwas nicht direkt sprachlich Objektivierbares sich selbst bzw. anderen mit Hilfe von etwas besser Bekanntem bzw. Ähnlichem sinnvoll verständlich zu machen.

Das bedeutet dann, dass unsere sprachliche Negationsverfahren (via negationis) ebenso wie unsere Metaphorisierungsverfahren Erkenntnisprozesse nicht abschließen, sondern vielmehr anregen, weil sie ja nicht sagen, was ist, sondern nur sagen, wie man Zugang zu etwas noch nicht zureichend Erkanntem finden kann, insofern beide Sprachgebrauchsverfahren ja zugleich immer auch auf die Fortsetzung von Wahrnehmungs- und Denkprozessen drängen. Beide Verfahren machen damit sowohl auf die Defizite einer gegebenen Sprache für ganz bestimmte sprachliche Objektivierungsprozesse aufmerksam als auch auf die Möglichkeit, die Sprache unseren jeweiligen kognitiven und kommunikativen Bedürfnissen kreativ anpassen zu können.

Das beinhaltet dann auch, dass wir beim metaphorisierenden und negierenden Sprachgebrauch nicht nur etwas über die außersprachlichen Phänomene selbst erfahren können, sondern zugleich immer auch etwas über unsere Sprache bzw. über unsere Möglichkeiten, diese unseren unterschiedlichen Sinnbildungsintentionen wirksam anpassen zu können. Solche Doppelfunktionen des Sprachgebrauchs sind für das rein begriffslogische Denken natürlich ziemlich bedenklich, wenn nicht ärgerlich, weil sie den Bemühungen von Münchhausen ähneln, sich am eigenen Schopfe aus dem Morast zu ziehen, in den wir beim metaphorisierenden und negierenden Sprachgebrauch geraten können.

Wenn man dieser Argumentation folgt, dann ist der rein sachthematisch bzw. systemimmanente Gebrauch von Negationsformen ziemlich unproblematisch, insofern dieser bestimmten Tatsachenfeststellungen dient: *Der Hahn hat nicht gekräht.* Der Negationsgebrauch kann allerdings problematisch werden, wenn Negationen als heuristische Zauberstäbe genutzt werden, um sprachlich indirekt auf Sachverhalte aufmerksam zu machen, die empirisch kaum verifizierbar oder falsifizierbar sind, weil sie weitgehend unseren Einbildungskräften entspringen bzw. unserem hypothetischen Denken. Das ist immer dann der Fall, wenn wir in Sinnbildungsprozessen auch etwas empirisch nicht Überprüfbares bzw. nicht Kategorisierbares in unsere Denk- und Vorstellungswelt einzubringen versuchen. Alles, was wir uns nämlich einmal auf direkte oder indirekte Weise sprachlich thematisiert haben, das haben wir uns eben damit dann auch schon zu einem faktischen Wahrnehmungsobjekt gemacht, das auf diese Weise dann auch zu einem konkreten Bestandteil unserer Denkwelt wird, obwohl wir ja dessen faktische Existenz sprachlich in Frage stellen: *Es gibt keine Hölle. Gott existiert nicht.*

Alles, was wir uns einmal sprachlich objektiviert haben, das bleibt nämlich als Denkmöglichkeit in unserem Vorstellungsvermögen präsent, selbst wenn wir seine faktische Existenz sprachlich explizit negiert haben. Das exemplifiziert beispielsweise auch der Zauberstab der fiktionalen Literatur sehr deutlich. Mythische Personen und Denkinhalte bzw. rein individuelle hypothetische Denkinhalte gehören nämlich ebenso zur menschlichen Lebenswelt wie empirisch überprüfbare allgemeine Sacherfahrungen.

Diese pragmatische Erfahrungstatsache beinhaltet dann auch, dass sowohl der metaphorische als auch der negierende Sprachgebrauch relevante erkenntnistheoretische Probleme aufwerfen können. Das hat sicherlich auch etwas damit zu tun, dass man sich sprachliche Negationen anthropologisch und entwicklungsgeschichtlich aus der semiotischen Spezifizierung von sehr pauschalen gestischen Abwehrgesten herleiten kann. Das legitimiert dann auch die These, dass sich das Negationsphänomen als eine sprachliche Universalie ansehen lässt, die aus pragmatischen Gründen konstitutiv zu allen natürlichen und formalisierten Sprachen gehört, obwohl sich die sprachlichen Ausprägungsformen von Negationen sowohl morphologisch als auch funktional sehr unterschiedlich ausgestalten können. Es impliziert weiter, dass der Gebrauch von sprachlichen Negationen nicht nur im Rahmen einer zweiwertigen Logik von wahr und falsch verwendet werden kann, sondern auch im Rahmen einer abduktiven bzw. heuristischen Logik, die sich eher Plausibilitäts- und Fruchtbarkeitskriterien verpflichtet fühlt als Abbildungs- oder gar Abspiegelungskriterien.

Diese Wahrnehmungsperspektive für das Leistungsprofil von sprachlichen Negationen führt dann allerdings auch zu der etwas paradoxen Situation, dass der Zauberstab des analogisierenden Denkens sogar auch dann noch eine sinnbildende Funktion bekommen kann, wenn es nicht um die Feststellung von substanziellen Ähnlichkeiten zwischen unterschiedlichen Phänomenen geht, sondern um die kognitive Erfassung von funktionalen Ähnlichkeiten zwischen sachlich klar unterscheidbaren Phänomenen. Das verdeutlicht sich beispielsweise in dem folgenden Sprichwort: *Wer einen Nagel hat, dem wird jeder Stein zu einem Hammer.* All das impliziert dann, dass in einem funktionsorientierten Denken der Analogiebegriff ein ganz anderes pragmatisches Profil bekommt als in einem substanziell orientierten Denken, weil in beiden Denkformen natürlich ganz unterschiedliche kategorisierende Grenzziehungen vorgenommen werden.

Diese Problematik tritt in den sogenannten phänomenologischen *Abschä-lungsverfahren* sehr deutlich in Erscheinung, in denen man mit Hilfe des Ausschlusses von weniger relevanten Merkmalen und Eigenschaften zum Kern von ganz bestimmten Erfahrungsphänomenen vorstoßen möchte. Die Unterscheidung des Peripheren und des Konstitutiven ist zwar im Rahmen eines funktional orientierten Denkens natürlich nicht immer leicht zu treffen, aber sie spielt im semiotischen und anthropologischen Denken dennoch immer eine sehr wichtige Rolle. Es bedeutet weiter, dass das negierende Ausschlussverfahren eine Denkmethode ist, in der man sich die Besonderheit von ganz bestimmten Erfahrungs- und Denkphänomenen sukzessiv erschließen kann, ohne diese abschließend schon begrifflich einordnen zu müssen. Die Herstellung von ontischen Begriffspyramiden ist nämlich im erkenntnistheoretischen Denken der Neuzeit ohnehin recht fragwürdig geworden. Wenn man sprachliche Negationsverfahren in diesem Sinne versteht, dann kann man zu Wissensformen gelangen, die sich nicht im Rahmen eines kategorisierenden Seinswissen konstituieren, sondern eher im Rahmen eines Handlungswissens, das einen sinnvollen operativen Umgang mit komplexen Erfahrungs- bzw. Seinsphänomenen ermöglicht.

Das Problem, wie man sich selbst und anderen das eigentlich gar nicht bzw. vorerst noch nicht Sagbare durch einen metaphorisierenden oder negierenden Sprachgebrauch indirekt mitteilbar machen kann, spielt deshalb dann auch nicht nur im ästhetischen und künstlerischen Sprachgebrauch, sondern auch im religiösen und theologischen eine ganz wichtige Rolle. Das bezeugt einerseits der mystische Sprachgebrauch, der gerade solche Sinnzusammenhänge sprachlich zu objektivieren versucht, die sich einer direkten begrifflichen Erschließung entziehen, und andererseits die sogenannte *negative Theologie*, die davon ausgeht, dass man keine sinnvollen direkten Aussagen über Gott in einer Sprache machen kann, die eigentlich für ganz andere Sinnbildungszwecke entwickelt worden ist. Das hat für diese Theologie dann zur Folge, dass man in den theologischen Aussagen über Gott die Sprache im Prinzip auf eine ganz andere Weise verwenden muss als in Aussagen, die empirische bzw. sinnlich fassbare Gegenstände betreffen.[280]

Wie schon erwähnt haben sich die sprachlichen Negationsformen wohl aus recht unspezifischen Abwehrgesten gegen unerwünschte oder sehr unübersichtliche Tatbestände entwickelt. Die Pauschalität dieser gestischen Abwehrverfahren hat man dann nach und nach durch spezifizierende sprachliche Abwehr-

---

[280] Ausführlicher hat sich der Verfasser dieses Buches schon mit dieser Problematik in zwei anderen Veröffentlichungen beschäftigt: W. Köller: Perspektivität und Sprache. 2004, S. 540–489. Formen und Funktionen der Negation. 2016, S. 427–505.

zeichen ersetzt, die dann als Negationsformen sehr unterschiedliche Sachbezüge und Intensitäten haben konnten. Diese Genese von sprachlichen Negationsformen macht dann auch verständlich, warum Negationsformen dann sowohl Bezüge zu objektbezogenen Gegenstands- und Erfahrungswelten haben können als auch zu subjektbezogenen Denk- und Handlungswelten. Zugleich ist diesbezüglich dann auch zu beachten, dass all diese Negationshandlungen und Negationszeichen natürlich immer einer intersubjektive Anerkennung bzw. Resonanz bedürfen, um pragmatisch wirksam werden zu können. Diese Doppelfunktion von Negationsformen offenbart sich natürlich insbesondere dann, wenn es sich um Denkinhalte transzendenter Natur handelt, die sich zwar sinnlicher bzw. empirischer Erfahrungskontrolle entziehen, die aber gleichwohl dennoch als anthropologisch relevant angesehen werden können. Das trifft dann natürlich insbesondere auf religiöse und philosophische Denkgegenstände zu.

All das macht nun verständlich, warum die subjekt- und die objektbezogenen Implikationen von Negationen dann auch bei der Ausbildung der sogenannten *negativen Theologie* in der Spätantike und der frühen Neuzeit eine wichtige Rolle gespielt haben. Dadurch hat sich dann nämlich auch ein methodisches Verfahren ergeben, sich über das Vorstellungsphänomen *Gott* in Sprachformen zu äußern, die ursprünglich für ganz andere Aufgaben entwickelt worden sind. Bei der Entwicklung dieser sogenannten negativen Theologie haben dann sowohl der sogenannte spätantike Pseudo-Dionysios Areopagita als auch der frühneuzeitliche Nikolaus von Kues eine konstitutive Rolle gespielt.[281] In der negativen Theologie sind nämlich die negierenden Aussagen über Gott natürlich keine endgültigen objektbezogenen Aussagen über diesen, sondern allenfalls ein erster methodischer Schritt, um sich die möglichen Dimensionen des Gottesbegriffs ansatzweise sprachlich zu verdeutlichen, worauf noch näher eingegangen werden soll.

Über die sinnbildenden Instruktionsfunktionen von selbstständigen grammatischen Negationszeichen können wir uns im Prinzip noch ziemlich leicht verständigen, weil sie morphologisch ja klar in Erscheinung treten und hinsichtlich ihres grammatischen Instruktionspotentials auch recht gut überschaubar sind. Gleichwohl haben wir aber dennoch auch einzuräumen, dass wir ihre konkreten grammatischen Instruktionen nicht immer eindeutig begrifflich präzisieren können, da wir bei ihrem Verständnis meist auf unser Sprachgefühl angewiesen sind, das aus unserem habituellen Gebrauch der Sprache resultiert. Die Gram-

---

281 Nikolaus von Kues: Die wissende Unwissenheit (de docta ignorantia). Buch I, Kap. 26. Philosophisch-theologische Schriften, Bd. 1, S. 293–297. J. Hochstaffel: Negative Theologie. 1976. W. Oelmüller: Negative Theologie heute. 1999.

matiker haben zwar immer wieder versucht, dieses Sprachgefühl auf endgültige Begriffe zu bringen, was ihnen aber sicherlich nur tendenziell gelungen ist, eben weil grammatische Sprachzeichen sich nämlich im situativen Gebrauch ebenso ändern wie lexikalische Zeichen, wenn auch sehr viel langsamer.

Festzuhalten ist allerdings, dass es bei der Ausbildung und Systematisierung grammatischer Formen ebenso wie bei der von lexikalischen Formen zur Ausbildung von Ordnungsfeldern kommt, bei denen die jeweiligen Mitglieder auf ganz bestimmte Sektoren des jeweiligen Gesamtfeldes Bezug nehmen. Das betrifft dann insbesondere die selbständigen und unselbständigen Negationszeichen, die morphologisch gut fassbar sind. Viel schwieriger fassbar ist diese Ordnungsstruktur allerdings bei solchen Negationsformen, die im Sprachgebrauch spontan über ganz bestimmte Kontrastierungsrelationen erzeugt werden können. Dabei ist insbesondere an solche Erscheinungsformen von Negationsformen zu denken, die in Form von Ironiesignalen in Erscheinung treten. Diese negieren ja etwas nicht gänzlich, aber sie stellen gleichwohl dennoch den Geltungsanspruch von bestimmten Vorstellungen bzw. Aussagen partiell in Frage.

Die pragmatischen Implikationen von Negationszeichen aller Art erfasst man recht gut, wenn man die Negation als *„eine ausschließende, abweisende Gebärde"* versteht, die gleichsam mit einem mentalem Kopfschütteln vergleichbar ist, das ja ebenfalls ein sehr komplexes Funktionsspektrum haben kann.[282] Dementsprechend hat Peirce dann auch die Negation nicht als ein *„logisches"* Phänomen ins Auge gefasst, sondern als ein *„prälogisches"*, das schon entwickelt und beherrscht werden müsse, bevor man Denkprozesse überhaupt näher analysieren könne.[283]

Dementsprechend lassen sich dann die Negationszeichen der natürlichen Sprache auch als Zauberstäbe unterschiedlicher Sinnbildungsprozesse prälogischer und logischer Art ins Auge fassen, die sowohl in unselbständiger als auch in selbständiger Ausprägung sprachlich in Erscheinung treten können. Ihre Negationsbezüge und Negationsintensitäten können dabei durchaus situationsspezifisch variieren. Bei ihrem Gebrauch zeigt sich immer sehr deutlich, dass unser Denken nicht auf das rein schlussfolgernde Denken reduziert werden kann,

---

282 L. Wittgenstein: Philosophische Untersuchungen. 1967, S. 180, § 550 und S. 179, § 547.

283 Ch. S. Peirce: Collected Papers: 2.379. „The conception of negation, objectively considered, is one the most important of logical relations; but subjectively considered, it is not a term of logic at all, but is prelogical. That is to say, it is one of those ideas which must have been fully developed and mastered before the idea of investigating the legitimacy of reasonings could have been carried to any extend."

sondern auch immer das analogisierende Denken einschließen sollte, wenn man das komplexe Spektrum von Denkformen nicht aus den Augen verlieren möchte.

Das bedeutet dann, dass man viel zu kurz greift, wenn man alle sprachlichen Negationszeichen im Sinne von mathematischen Minuszeichen versteht, die einem Entweder-oder-Prinzip unterworfen werden können. Negationszeichen können nämlich durchaus sinnbildende Instruktionen beinhalten, die keineswegs nur objektbezogene Aspekte besitzen, sondern durchaus auch subjektbezogene. Es beinhaltet weiter, dass sprachliche Negationszeichen nicht nur im Denkrahmen der Darstellungsfunktion der Sprache wirksam werden können, sondern auch im Rahmen der Ausdrucks- und Appellfunktion im Sinne von Bühler, eben weil sie nicht nur begriffslogische, sondern auch psychologische Strukturierungsaufgaben erfüllen können.

Eine sprachliche Negationshandlung tritt natürlich am deutlichsten immer dann hervor, wenn selbstständige grammatische Negationszeichen verwendet werden, mit denen ganz explizite Negationshandlungen vollzogen werden, was beispielsweise auf die Negationswörter *nicht, niemand* oder *kein* zutrifft. Sie sind Teil von Sachbeschreibungen im Sinne von Sachbehauptungen, obwohl sie eigentlich eher als sprachliche Manifestationen von Interpretationshandlungen anzusehen sind: *Es wird nicht regnen. Niemand besucht sie. Er hat heute keine Lust am Spiel*en.

Interessant sind in diesem Zusammenhang auch die unselbständigen Negationspräfixe und Negationssuffixe, die mit semantisch ähnlichen Grundwörtern verbunden werden wie etwa die Wortbildungen *unschuldig* und *schuldlos*. Während bei einer prädeterminierenden Negation gleichsam ein bestimmter Tatbestand auf eine Weise negierend präzisiert wird, die einer attributiven Präzisierung einer Grundvorstellung durch ein prädeterminierendes adjektivisches Attribut ähnlich ist, kommt es bei der postdeterminierenden Negation eher zu einer Sprechhandlung, die einer Behauptungshandlung ähnlich ist.

Aufschlussreich sind in diesem Zusammenhang dann auch die postdeterminierenden Wortbildungsmorpheme *-frei* und *-los*. Sie dienen einem Sprecher nämlich dazu, einen ganz bestimmten Sachverhalt nicht nur auf deskriptive Weise zu kennzeichnen, sondern diesen Sachverhalt zugleich auch als positiv oder negativ zu beurteilen, was beispielsweise die beiden Wortbildungen *waffenfrei* und *waffenlos* sehr klar exemplifizieren. Das verdeutlicht zugleich auch, dass sich bei jedem Gebrauch von Negationen objektbezogene und subjektbezogene Differenzierungsinteressen überlagern können.

Weiterhin veranschaulichen diese Beispiele, dass unser Inventar von Negationsmitteln nicht als eine geschlossene Klasse anzusehen ist, sondern als eine offene, weil vielen Sprachformen in bestimmten Gebrauchszusammenhängen durchaus eine Negationsfunktion zuwachsen kann. Das exemplifiziert sich besonders deutlich bei der Bildung von Gegenbegriffen. Diese scheinen sich auf den ersten Blick funktional auszuschließen, aber auf den zweiten können sie sich durchaus ergänzen bzw. sich wechselseitig semantisch profilieren. Das offenbaren beispielsweise sehr deutlich die beiden philosophischen Grundbegriffe *Sein* und *Werden*. Deren Negationsfunktionen für den jeweils anderen Begriff offenbaren sich nicht nur im dialektischen Denken durch das methodische Konzept von These und Antithese, die zu einer Synthese führen können, sondern auch im evolutionären Denken, wo die Phänomene *Mutation* und *Selektion* als Zauberstäbe für die Objektivierung der Struktur von Anpassungsvorgänge in Anspruch genommen werden können, obwohl sie auf den ersten Blick keinen inhaltlichen Sachzusammenhang zu haben scheinen, insofern sie ganz unterschiedlichen Begriffswelten zugeordnet werden.

Die immanente Dialektik von Negationen tritt auch bei dem Phänomen der *doppelten Negation* deutlich hervor. In der klassischen Begriffslogik wird die doppelte Negation in der Regel die pragmatische Funktion einer Bejahung zugeordnet, weil die erste Negation ja durch die zweite wieder aufgehoben wird. Die folgenden beiden Sätze wären dann gleichbedeutend: *Keiner liebt mich nicht. / Jeder liebt mich.* Dasselbe würde dann auch für folgenden beiden Sätze gelten: *Frauen haben nie kein Geld. / Frauen haben immer Geld.* Es ist nun aber ziemlich offensichtlich, dass Sätze mit doppelten Negationen faktisch nicht immer als affirmative Sätze verstanden werden, sondern auch als Sätze mit verstärkten Negationsimplikation. Das kann dann auch durch die jeweiligen Intonationsformen von Negationsausdrücken zum Ausdruck kommen, eben weil sprachliche Negationszeichen keineswegs mathematischen Minuszeichen entsprechen. Dasselbe gilt dann auch für gestische Negationszeichen. Auch hier hebt ein doppeltes Kopfschütteln nicht die Information eines einfachen Kopfschüttelns auf.

Die Verknüpfung von Negationshandlungen mit der sprachlichen Objektivierung von außersprachlichen Tatbeständen einerseits und mit subjektbedingten Wahrnehmungszielen andererseits macht sich insbesondere auch bei den sogenannten *Privativa* bemerkbar. Als Privativa werden nämlich Begriffsbildungen bezeichnet, die Phänomene begrifflich objektivieren sollen, die sich gar nicht oder kaum mit Hilfe konkreter empirischer Merkmale beschreiben lassen, da sie eigentlich durch die Abwesenheit von konkreten bzw. erwartbaren Merkmalen konstituiert werden wie beispielsweise die Phänomene *Loch, fehlen* oder *leer*. Das bedeutet faktisch, dass Privativa eigentlich enttäuschte subjektive Erwartungen sprachlich objektivieren, aber nicht konkret beschreibbare Erfahrungsphänomene.

Natürlich könnte man sich im Hinblick auf Privativa mit dem Denkkonstrukt helfen, dass es neben den gegebenen Tatsachen auch noch so etwas wie negative Tatsachen geben könne. Aber dann müsste man beispielsweise auch den folgenden Satz als wahr in einem korrespondenztheoretischen Sinne qualifizieren, um die Idee eines rein objektorientierten Sprachgebrauchs ohne jegliche subjektorientierten Implikationen zu retten: *Die Welt ist voll von Nicht-Elefanten.*

Der Begriff *Privativum* ist im Grunde ein Verlegenheitsbegriff, der aus dem lat. Verbum *privare* (berauben) abgeleitet worden ist. Er ist nämlich deshalb eingeführt worden, um die Vorstellung zu retten, dass die Sprache grundsätzlich eine Abbildungsfunktion habe. Das ist zwar methodisch verständlich, aber erkenntnistheoretisch nicht wirklich sinnvoll, insofern dadurch die anthropologischen Grundfunktionen der Sprache eher verschleiert als aufgedeckt werden. Auf diese Weise geraten dann nämlich die heuristischen Funktionen der Sprache ganz aus dem Blickfeld. Deshalb ist es sprachtheoretisch dann auch fruchtbarer, die rhetorische Frage Augustins einfach zu bejahen: *„Ja, aber kann ein Wort, das nicht etwas bezeichnet, auch ein Zeichen sein?"* [284] Sicherlich haben alle im Umlauf befindlichen Zeichen eine spezifische pragmatische Objektivierungs- bzw. Ordnungsfunktion. Die Frage ist nur, welche das ist und inwieweit diese pragmatisch sinnvoll ist. Deshalb führt es dann auch nicht weiter, bestimmte Zeichen gleichsam als semantische Leerzeichen zu qualifizieren und damit indirekt als faktisch überflüssige und nutzlose Zeichen im Sinne einer konkreten Abbildungsfunktion.

Nicht nur der Empiriker John Locke hat den Gebrauch von Privativa in der Sprache gerechtfertigt, sondern auch der Erkenntnistheoretiker Kant. Für Locke sind die sogenannten Privativa nämlich gerade für das pragmatische Denken deswegen so nützlich, weil sie nicht Gefahr laufen, sprachliche Begriffsbildungen als Manifestationen von platonischen Ideen anzusehen, die überzeitlich gültige Denkinhalte repräsentieren. Privativa sind für ihn nämlich lediglich Denkformen, die ganz bestimmten menschlichen Differenzierungsinteressen Ausdruck geben wie beispielsweise die Wörter *Unwissenheit* und *Geistesleere*. [285]

Auch Kant hat die Verwendung und Existenz von Privativa in der Sprache verteidigt. Er möchte nämlich Privativa nicht als eine *„Negation von Größen"* verstanden wissen, sondern nach dem Vorbild der Mathematik nur als Größen, die das Gegenteil einer anderen Größe bezeichnen. Das bedeutet, dass für ihn Privativa eher eine korrelierende als eine abbildende Funktion haben. Deshalb betont er dann auch, dass man *„eigentlich keine Größe schlechthin negativ nennen kann,*

---

284 A. Augustinus: Der Lehrer (de magistro). 1958, S. 5.
285 J. Locke: Über den Verstand. Bd. 2, 1976³. 3. Buch, Von den Wörtern Kap.1,4, S. 2.

sondern sagen muß, daß + a und −a eines die negative Größe der andern sei;" [286]
Privativa fördern nach Kant nämlich das relationale Denken, in dem sich erst der innere Systemzusammenhang unserer Begriffe offenbaren könne. Deshalb hielt Kant es dann auch für gerechtfertigt, Schulden als *„negative Kapitalien"*, zu bezeichnen bzw. den Hass als *„eine negative Liebe"*, die Hässlichkeit als *„eine negative Schönheit* und den Tadel als *„einen negativen Ruhm."* [287]

Kants Argumentation nimmt gleichsam die These der späteren Gestaltpsychologie vorweg, die betont hat, dass unsere Wahrnehmungsprozesse auf grundlegende Weise durch die Kontrastierungsfunktion von *Grund* und *Figur* bestimmt werde. Das exemplifizieren beispielsweise die Begriffe *Wüste, Schatten* oder *Loch* sehr schön. Je nach Denkperspektive bzw. Denkprämissen können diese Wörter nämlich Inhalte objektivieren, die sowohl als Mangelphänomene als auch als positiv gegebene Phänomene verstanden werden können.

Auf der Basis dieses Denkansatzes lässt sich nun auch motivieren, warum man nicht nur die die sprachlichen Privativa, sondern prinzipiell auch andere Mangelphänomene in einem anthropologischen Sinne als Privativa verstehen kann. Das hat Adelbert von Chamisso in seiner wundersamen Geschichte von *Peter Schlemihl* eindrucksvoll versinnbildlicht, der seinen eigenen Schatten bedenkenlos an ein teuflisches Wesen verkauft hat, da der Schatten ihm als völlig nutzlos erscheint. Er muss aber dann doch erfahren, dass der Schatten ein konstitutiver Teil seiner menschlichen Existenzform ist und dass er ohne ihn faktisch aus der Welt der menschlichen Wesen herausfällt.

Über Privativa hat auch Kurt Tucholsky am Beispiel des Phänomens Loch philosophiert. Ein Loch kommt für ihn nämlich sinnigerweise nie allein vor, sondern immer nur in Kontrast, wenn nicht in Symbiose mit dem Phänomen *Materie*. Wenn tatsächlich überall etwas wäre, dann gäbe es nämlich überhaupt keine Löcher, weshalb das Loch gleichsam immer als ein Kompagnon des Nicht-Lochs anzusehen sei.

> Ein Loch ist da, wo etwas nicht ist.
> Das Loch ist ein ewiger Kompagnon des Nicht-Lochs: Loch allein kommt nicht vor, so leid es mir tut. Wäre überall etwas, dann gäbe es kein Loch, aber auch keine Philosophie und erst recht keine Religion, als welche aus dem Loch kommt. Die Maus könnte nicht leben ohne es, der Mensch auch nicht: es ist beider letzte Rettung, wenn sie von der Materie bedrängt werden. Loch ist immer gut. [...]

---

286 I. Kant: Versuch den Begriff der negativen Größen in die Weltweisheit einzuführen. Werke Bd. 2, S. 786.
287 I. Kant: a.a.O., S. 787 und 794.

Das Merkwürdigste an einem Loch ist der Rand. Er gehört noch zum Etwas, sieht aber beständig in das Nichts, eine Grenzwache der Materie. Das Nichts hat keine Grenzwache: während den Molekülen am Rande des Lochs schwindelig wird, weil sie in das Loch sehen, wird den Molekülen des Lochs ... festelig? Dafür gibt es kein Wort. Denn unsere Sprache ist von Etwas-Leuten gemacht; die Loch-Leute sprechen ihre eigne. [...]
Wenn ein Loch zugestopft wird: wo bleibt es dann? Drückt es sich seitwärts in die Materie? oder läuft es zu einem andern Loch, um ihm sein Leid zu klagen — wo bleibt das zugestopfte Loch? Niemand weiß das: unser Wissen hat hier eines.[288]

Die größte erkenntnistheoretische Provokation für das substanzorientierte Denken ist sicherlich das Substantiv bzw. das Privativum *das Nichts*. Dessen Inhalt lässt sich wohl kaum als ein Substanzphänomen ins Auge fassen, sondern wohl eher als ein Denkkonstrukt, das aus ganz bestimmten interpretativen Metareflexionen resultiert. Diese These lässt sich auch durch etymologische Überlegungen rechtfertigen.

Das Indefinitpronomen *nichts,* aus dem dann das Substantiv *das Nichts* abgeleitet worden ist, basiert nämlich auf dem mhd. Negationswort *niwicht* (nicht ein Ding, nicht etwas), das zunächst als ein pronominales Umrisswort bzw. als eine semantische Leerform fungiert, um einen semantisch noch nicht genau fixierbaren Denkinhalt aufzunehmen, dessen mögliche syntaktische Funktionsrolle aber dennoch schon festlegbar war. Dasselbe gilt dann auch für die Substantivierung dieses pronominalen Umrisswortes. Die Umwandlung eines grammatischen Funktionswortes in ein lexikalisches Inhaltswort ist im Deutschen als einer Artikelsprache zwar morphologisch recht einfach, aber ontologisch gleichwohl doch ziemlich problematisch. Deshalb hat dann auch der positivistisch denkende junge Carnap wie schon im Kap. 6.2 erwähnt einen Satz Heideggers aus dessen Freiburger Antrittsvorlesung von 1929 an den philosophischen Pranger gestellt, weil dieser Satz alle konventionalisierten und legitimierten Sprachregeln gröblich missachte: *„Das Nichts selbst nichtet."* [289] Ein solcher Satz hat für Carnap überhaupt keine philosophische Relevanz, da er nur ein ganz individuelles Lebensgefühl zum Ausdruck bringe, aber keinen existierenden Sachverhalt.

Diese Argumentation Carnaps ist im Denkrahmen des Neopositivismus durchaus verständlich. Sie offenbart allerdings deutlich ihre Grenzen, wenn man sich die Frage stellt, ob bestimmte grammatische Konventionen, die sich pragmatisch im Rahmen bestimmter Mitteilungsintentionen bewährt und gefestigt

---

288 K. Tucholsky: Zur Soziologie der Löcher. Gesammelte Werke 1999. Bd. 9, S. 152–153.
289 R. Carnap: Überwindung der Metaphysik durch logische Analyse der Sprache. Erkenntnis 2, 1931, S. 238. Vgl. auch W. Köller: Formen und Funktionen der der Negation, 2016, S. 198 ff.

haben, immer der Weisheit letzter Schluss sind. Wir haben uns sicherlich auch die Frage zu stellen, ob wir solche Konventionen nicht auch in Frage stellen dürfen, wenn wir Denkinhalte sprachlich objektivieren und vermitteln möchten, die im Rahmen der tradierten Sprachtraditionen nicht direkt objektivierbar und vermittelbar sind. Unter diesen Rahmenbedingungen müssen wir sicherlich die üblichen Sprachgebrauchsweisen transzendieren und von neuartigen Sprachspielen im Sinne Wittgensteins Gebrauch machen. Ob das in jedem Fall dann sinnvoll ist, ist dann allerdings eine ganz andere Frage.

Eine Grenze für einen unkonventionellen Sprachgebrauch ergibt sich immer durch das pragmatische Postulat, dass jeder neue Sprachgebrauch intersubjektiv verständlich sein muss bzw. sinnvolle Denkinhalte sprachlich objektivieren sollte. Wenn dieser Sprachgebrauch zu einer Privatsprache degeneriert, deren Differenzierungs- und Analogisierungsintentionen nicht mehr von anderen erfasst werden können, dann erübrigt sich natürlich der neue Sprachgebrauch von selbst. Mit dieser Problematik hat dann natürlich auch die schon thematisierte *negative Theologie* zu kämpfen, die sich von allen Formen einer affirmativen Theologie absetzen möchte.

Das Wissen über Gott ist im Rahmen der negativen Theologie von Nikolaus von Kues deshalb auch der Extremfall der menschlichen Wissensbildung überhaupt.

> Weil alles, was gewußt wird, besser und vollkommener gewußt werden kann, wird nichts so, wie es wißbar ist, gewußt. Wie daher das „Weil-Ist" Gottes der Grund des Wissens von dem „Weil-Sind" aller Dinge ist, so wird das „Weil-Gott" in dem was es ist, nicht wie es wißbar ist, gewußt. Ebenso wird die Washeit aller Dinge nicht so gewußt, wie sie wißbar ist.[290]

Da Gott als Quellpunkt alles Seins und Wissens jedem konkreten Wissen logisch und sachlich vorgeordnet sei, bestimmt Nikolaus von Kues das Phänomen *Gott* dann auch auf etwas paradoxe Weise als das *„Nicht-Andere"* (non aliud), um darauf aufmerksam zu machen, dass Gott nicht sinnvoll mit denjenigen begrifflichen Kategorien zu erfassen sei, die für das von ihm Geschaffene brauchbar sind. Das bedeutet für Nikolaus von Kues, dass Gott faktisch nicht mit Hilfe von Begriffen definierbar ist, mit denen wir üblicherweise das von ihm Geschaffene bestimmen können.[291]

---

290 Nikolaus von Kues: Die Jagd nach der Weisheit (de venatione sapientiae), Kap. XII. In: Philosophisch-theologische Schriften 2014. Bd. 1, S. 51.
291 Nikolaus von Kues: a.a.O. Kap. IV, S. 63.

Das impliziert dann auch, dass für Nikolaus von Kues bei Aussagen über Gott alle regulativen Axiome der klassischen Logik ihre Gültigkeit verlieren wie etwa das Axiom der Identität (A bleibt A.), das Axiom vom verbotenen Widerspruch (Von A dürfen keine widersprüchlichen Aussagen gemacht werden.) und das Axiom vom ausgeschlossenen Dritten (Eine Aussage ist entweder wahr oder unwahr). Um deshalb das Phänomen *Gott* in seiner Sonderstellung zu kennzeichnen, greift er daher auch zu einer paradoxen Denkfigur, insofern er Gott als Zusammenfall der Gegensätze (coincidentia oppositorum) thematisiert, bei dem alle Regeln der klassischen Schlussfolgerungsprozesse ihren Geltungsanspruch verlieren, eben weil Gott nur als das „*Nicht-Andere*" thematisiert werden könne, dem man sich nur über das Konzept einer „*wissenden Unwissenheit*" (docta ignorantia) annähern könne.

Das Konzept der wissenden Unwissenheit ist nun auch aufschlussreich für das Verständnis der Formel vom Zauberstab der Analogie als eines erkenntnistheoretischen Annäherungsverfahrens an etwas Unbekanntes bzw. Unüberschaubares. Dieser Zauberstab kann nämlich nicht nur mit faktischen Ähnlichkeiten arbeiten, sondern auch mit faktischen Unähnlichkeiten, insofern beide Verfahren in Erkenntnisprozessen das vorhandene Vorwissen nutzen können, um auf heuristische Weise über das schon Bekannte zu etwas Unbekanntem vordringen zu können, ohne es dabei schon vollständig einordnen bzw. kategorisieren zu müssen oder zu können. Unter diesen Rahmenbedingungen können dann sowohl Analogiesierungs- als auch Negierungsprozesse eine heuristische Funktion bekommen. Dem hat Nikolaus von Kues auf folgende Weise Ausdruck gegeben: „*Wir schließen daraus, daß im Dunkel unserer Unwissenheit auf unbegreifliche Weise die genaue Wahrheit leuchte. Und das ist jene wissende Unwissenheit, die wir suchen* [...].*[292]

Die erkenntnistheoretische Vorstellung einer wissenden Unwissenheit lässt sich auch noch durch die Denkfigur vom *Blick aus dem Bilde* auf ikonische Weise erläutern, die Nikolaus erkenntnistheoretisch ins Feld geführt hat, um dialektische Erkenntnisprozesse strukturell verständlich zu machen. Diese Denkfigur ist nämlich dadurch gekennzeichnet, dass sie gegenläufige Denkstrategien in ein Fließgleichgewicht zu bringen versucht. Dabei spielt dann auch eine Rolle, dass die Sprache einerseits zwar eine grundsätzliche Darstellungsfunktion hat, aber gleichzeitig immer auch eine Vermittlungs- und Interpretationsfunktion.

Die Denkfigur des Blicks aus dem Bilde hat Nikolaus von Kues aus der visuellen Erfahrung abgeleitet, dass bei der Betrachtung von Porträts, die malerisch

---

292 Nikolaus von Kues: Die wissende Unwissenheit. Zweites Buch (de docta ignorantia). Kap. XXVI. In: Philosophisch-theologische Schriften 2014. Bd. 1, S. 297.

in Frontalsicht konzipiert worden sind, die jeweils repräsentierte Person nicht nur von dem jeweiligen Betrachter angesehen wird, sondern der jeweilige Betrachter auch von der bildlich dargestellten Person, ganz gleich von welchem räumlichen Sehepunkt er das jeweilige Porträt ins Auge fasst. Diese etwas paradoxe Struktur, dass der jeweilige Bildbetrachter nicht nur handelndes Subjekt eines Wahrnehmungsvorgangs ist, sondern zugleich auch Objekt eines Wahrnehmungsvorgangs von derjenigen Person, die von ihm betrachtet wird, ist nämlich phänomenologisch durchaus bemerkenswert. Darin dokumentiert sich nämlich, dass Wahrnehmungsprozesse prinzipiell auch dialogische Interaktionsprozesse sein können, die sich wechselseitig durchaus erhellen und strukturieren können.[293]

Wie schwer es sein kann, unbekannte und komplexe Tatbestände befriedigend sprachlich zu objektivieren, exemplifiziert auch die Geschichte von zwei mittelalterlichen Mönchen, die Spekulationen darüber angestellt hatten, wie wohl das Himmelreich aussehen könne. Da sie dabei zu keinem gut begründbaren Ergebnis gekommen sind, einigen sie sich schließlich darauf, dass derjenige, der zuerst sterbe, dem anderen im Traum erscheinen solle, um ihm mitzuteilen, ob ihre gemeinsamen Spekulationen zuträfen oder nicht. Er solle dem jeweils anderen dann nur ein einziges Wort sagen, nämlich entweder das Wort *taliter* (so ist es) oder das Wort *aliter* (es ist ganz anders). Als nun der eine Mönch stirbt, erscheint er dem anderen tatsächlich im Traume und gibt die folgende Antwort: *totaliter aliter*.

Die Denkfigur des Blicks aus dem Bilde bzw. die Idee, dass etwas eigentlich Erwartetes faktisch nicht in Erscheinung tritt, ist in der abendländischen Kulturgeschichte immer wieder thematisiert worden, weil die kategoriale Trennung von Objektsphäre und Subjektsphäre faktisch nicht so klar durchzuhalten ist, wie gern angenommen wird. Ein frühes Distichon von Novalis lautet beispielsweise folgendermaßen: *„Einem gelang es – er hob den Schleyer der Göttin von Saïs – Aber was sah er? Er sah – Wunder des Wunders – Sich selbst."*[294] Rilke hat in seinem Sonett *Archaïscher Torso Apollos* ein ganz ähnliches Resümee hinsichtlich einer möglichen kontemplativen sprachlichen Abbildungsfunktion von

---

293 Nikolaus von Kues: Die Gottesschau (de visione dei). S. 95 ff. In: Philosophisch-theologische Schriften 2014. Bd. 3, S. 95 ff. Vgl. dazu auch: H. Herold: Bild der Wahrheit – Wahrheit des Bildes. Zur Deutung des „Blicks aus dem Bilde". In: V. Gerhard/H. Herold (Hrsg.): Wahrheit und Begründung. 1985, S. 71–98.
294 Novalis: Werke, Bd. 1. 1999, S. 234.

Sachverhalten im Denken und Sprechen gezogen: „ ... *denn da ist keine Stelle /
die dich nicht sieht. Du mußt dein Leben ändern.*"[295]

9.7 Der fiktionalisierende Sprachgebrauch

Angesichts des dialogischen Denkens von Sokrates, des konstruktivistischen
Denkens im mittelalterlichen Nominalismus, des erkenntniskritischen Denkens
von Kant, des hermeneutischen Denkens im 19. Jh., des fundamentalkritischen
Denkens von Nietzsche, des semiotischen Denkens von Peirce und des phänomenologischen Denkens im 20. Jh. wird man die folgende These des Skeptikers
Odo Marquard zur Fiktionalitätsproblematik kaum wirklich in Frage stellen können: *„Heutzutage kommen Realität und Fiktion nur noch als Legierung vor und nirgendwo mehr rein: das positive Stadium ist das fiktive."* [296] Für Marquard besteht
nämlich grundsätzlich die Gefahr, dass die Theoretiker den Inhalt ihrer jeweiligen Theorien als Abbildungen von Realitäten ansehen, aber nicht als fiktionsge-
tränkte Denkentwürfe, was er dann sehr feinsinnig *„als Fiktion mit Nichtfiktivi-
tätsfiktion"* ironisiert hat.[297]

Wo immer wir die Sprache, sei es nun die natürliche Umgangssprache oder
eine formalisierte Fachsprache, zur Objektivierung von Sachverhalten verwenden, da werden wir grundsätzlich mit der Fiktionalitätsproblematik konfrontiert
bzw. mit dem Problem, wie weit die menschliche Einbildungskraft an sprachlichen Objektivierungsprozessen beteiligt ist, da wir ja in allen Formen des Denkens ohne Rückgriffe auf Abstraktionen, Vereinfachungen, Typisierungen oder
Analogisierungen überhaupt nicht auskommen. Dieser Tatbestand lässt sich
dann funktional auch als eine Ausbalancierung von Identitäts- und Differenzvorstellungen beschreiben bzw. als ein Versuch, die Welt der Objekte auf fruchtbare
Weise mit der Welt der Subjekte in Kontakt zu bringen. All das ändert aber nichts
an dem allgemeinen Umstand, dass nicht nur die Kunst, sondern auch die Wissenschaft immer etwas mit Analogisierungs- und Fiktionalisierungsprozessen zu
tun haben.

Aus diesen Umständen lässt sich nun ableiten, dass alle sprachlichen Sinnbildungsanstrengungen nicht nur den Prinzipien der spezifischen Logik von Begriffsbildungen und Aussagen verpflichtet sind, sondern auch der inneren Logik

---

295 R. M. Rilke: Werke in drei Bänden. 1991, S. 313.
296 O. Marquard: Kunst als Antifiktion – Versuch über den Weg der Wirklichkeit ins Fiktive.
In: D. Henrich/W. Iser (Hrsg.): Funktionen des Fiktiven. 1983, S. 35.
297 O. Marquard: a.a.O., S. 49.

des Suchens, Findens und Vermittelns. Es bedeutet weiter, dass Analogisierungsprozesse nicht nur im Rahmen der Ästhetik, der Kunst oder des Spielens eine konstitutive Rolle spielen, sondern auch im Rahmen aller Wissenschaften von der
Philosophie über die Naturwissenschaften bis hin zur Rechtswissenschaft. In keiner Form des Systematisierens und Objektivierens kommt man nämlich ohne die
Hilfe von Analogiebildungen, Hypothesen und Fiktionen aus. Überall, wo man
Wissen nicht nur ordnen, sondern auch neu entdecken und objektivieren will, ist
man der inneren Logik des Fragens, der Fiktionsbildung und der Analogiebildung verpflichtet, eben weil es ja nicht nur um die Probleme der angemessenen
Handhabung von gegebenen Zeichen geht, sondern auch um das Problem der
sinnvollen Zeichenbildung selbst. Diese muss immer sowohl eine Objekt- als
auch eine Subjektorientierung haben, wenn das so erworbene Wissen auch ein
anthropologische Relevanz haben soll.

Denkinhalte treten prinzipiell nie als solche hervor, sondern immer in einer
bestimmten semiotischen Einkleidung. Das hat Paul Valéry aphoristisch sehr
prägnant so formuliert: *„Nackte Gedanken sind ebenso schwach wie nackte Menschen. Also muß man sie bekleiden."* [298] Sprachliche Einkleidungen stilisieren
Denkinhalte, weil sie diese in Kontexte einbetten, die ihnen ein konkretes Profil
geben. Deshalb hat Nietzsche halb bewundernd halb spöttisch die Sprache auch
als eine Art Volks-Metaphysik angesehen, von der die Menschen prinzipiell nicht
mehr loskämen. [299] Sobald die Menschen sich nämlich zu verständigen versuchten, dann erfasse sie nämlich *„der Wahnsinn der allgemeinen Begriffe"*. [300]

Die Problematik der Funktion von Normen aller Art ist schon sehr plastisch
in dem antiken Mythos vom Prokrustesbett thematisiert worden. In diesem wird
nämlich erzählt, dass der Wegelagerer und Räuber Prokrustes zwei Betten als
Nachtlager angeboten habe. Die kleinen Reisenden habe er in das große Bett gelegt und dann so gestreckt, bis sie gut in dieses hineinpassten. Die großen Reisenden habe er in das kleine Bett gelegt und ihre Beine so gekürzt, bis auch diese
dann passgenau in das für sie vorgesehene Bett hineinpassten. [301]

An diesem Sinnbild vom Prokrustesbett lässt sich nun gut exemplifizieren,
dass aus der Existenz von unseren sprachlichen Begriffen keineswegs abgeleitet
werden kann, dass die Phänomene, die mit ihnen zu einer bestimmten Seins-
klasse zusammengefasst werden, auch identisch miteinander sein müssten. Allenfalls lässt sich sagen, dass diese Phänomene alle eine gewisse Ähnlichkeit

---

298 P. Valéry: Windstriche. 1959, S. 161.
299 F. Nietzsche: Götzen-Dämmerung: Die Vernunft in der Sprache. Werke. Bd. 2, S. 960.
300 F. Nietzsche: Unzeitgemäße Betrachtungen. Werke. Bd.1, S. 388.
301 R. von Ranke-Graves. Griechische Mythologie. Bd. 1, 1965. S. 299.

miteinander besitzen, insofern sie ganz bestimmte Eigenschaften miteinander teilen. Das bedeutet dann, dass Begriffe zwar praktische Hilfen sind, um mit der Vielfalt von Erfahrungsphänomenen auf sinnvolle Weise umzugehen, aber dass Begriffe keineswegs Garanten dafür sind, dass alle mit ihnen zusammengefassten Phänomene auch als völlig gleichartig anzusehen sind. Es heißt nur, dass Begriffe unersetzliche Hilfen sind, um die Vielfalt von Phänomenen so zu typisieren, dass man mit ihnen im praktischen Handeln sinnvoll umgehen kann. Lediglich Eigennamen objektivieren konkrete individuelle Erfahrungsphänomene so, dass wir sie zumindest im Rahmen einer bestimmten Zeitspanne als referentiell deckungsgleich mit ihren jeweiligen Bezugsobjekten ansehen können. Begriffsnamen haben dagegen immer eine gewollte, wenn auch pragmatisch durchaus motivierte Vereinfachungsfunktion im Hinblick auf ihre jeweiligen inhaltlichen Objektrepräsentationen.

Da Begriffe prinzipiell als idealtypische Ordnungsmuster anzusehen sind, können substantivische Begriffe im konkreten Sprachgebrauch auch durch adjektivische Attribute präzisiert werden, was beispielsweise die sprachlichen Zeichenverbindungen *rechter Schuh* und *linker Schuh* recht gut exemplifizieren. Außerdem ist natürlich festzuhalten, dass sich die Semantik von einzelnen Begriffen verändert, da sich der sachliche und emotionale Stellwert von konkreten sprachlichen Begriffsbildungen in bestimmten Begriffsfeldern natürlich im Laufe der Zeit ständig verschiebt. Solche Veränderungsprozesse vollziehen sich verständlicherweise in formalisierten Fachsprachen natürlich sehr viel langsamer als in den natürlichen Umgangssprachen, weil letztere natürlich nicht nur deskriptive, sondern auch immer wertende Funktionen haben.

Seit der Antike ist den Dichtern außerdem auch immer wieder der Vorwurf der Lüge und der Täuschung gemacht worden, weil sie keine empirisch fassbaren Sachverhalte sprachlich objektivierten, sondern nur ausgedachte. Dieser Vorwurf ist außerdem auch schon der antiken Bühnenmalerei gemacht worden (Skenographie), die bereits früh zentralperspektivische strukturierte Bilder herstellt hat, um die Illusion einer Raumtiefe auf der Bühne zu erzeugen. Dieses Verfahren ist dann in der Malerei der Renaissance zu einem künstlerischen Standardverfahren für die künstlerische Raumdarstellung gemacht worden, weil sich auf diese Weise die Illusion einer Raumtiefe auf einer Fläche erzeugen ließ. Erst allmählich setzte sich die Auffassung durch, dass die Begriffe *Fiktion* und *Lüge* ganz unterschiedlichen Welten zuzuordnen seien, insofern mit ihnen recht unterschiedliche Sinnbildungsfunktionen verbunden sind.

Die Differenz zwischen Lügen und Fiktionen lässt sich sehr gut über Augustins Sinnbild des *doppelten Herzens* veranschaulichen, welches das bekannte Sinnbild der *gespaltenen Zunge* sehr gut ergänzt. Mit dieser Vorstellung wollte

Augustin nämlich darauf aufmerksam machen, dass nur derjenige lügt, der wider besseres Wissens Vorstellungen in die Welt setzt, um andere aus egoistischen Gründen zu täuschen, aber nicht derjenige, der von Fiktionen Gebrauch macht, um kraft des Zauberstabs der Analogie auf verdeckte Ähnlichkeiten zwischen zwei unterschiedlichen, aber strukturähnlichen Sachverhalten aufmerksam zu machen.[302] Lügen und Fiktionen haben zwar beide keine empirisch fassbaren Referenzobjekte, da sie ja *Als-ob-Welten* objektivieren, aber sie haben doch vergleichbare pragmatische Funktionen, insofern sie etwas nicht direkt Fassbares mit Hilfe von etwas Bekanntem bzw. Denkbarem thematisieren wollen. Damit sind beide Gebrauchsweisen von Sprache Ausdrucksweisen eines metareflexiven Denkens mit ganz unterschiedlichen pragmatischen Intentionen. So betrachtet lassen sich dann auch Fiktionen einem Denken zuordnen, das eher dem fragenden und interpretierenden Denken als dem täuschenden zuzuordnen sind.

Kant hat deshalb Vernunftbegriffe wie etwa *Gott, Freiheit, Unsterblichkeit* auch als „*bloße Ideen*" bezeichnet, die faktisch zwar als problematisch anzusehen seien, aber gleichwohl doch als unverzichtbare „*heuristische Fiktionen*" bzw. als „*regulative Prinzipien des systematischen Verstandesgebrauchs im Felde der Erfahrungen*" zu werten seien, ohne die letztlich keine konkreten Gegenstände erkannt und geistig eingeordnet werden könnten, weshalb sie für Kant dann auch als Regulative unseres Denkens unverzichtbar seien.[303] Deshalb gehören für ihn dann auch Fiktionen nicht in das Reich der Lüge, sondern in das Reich des Nachdenkens über die Prämissen eines Denkens, in dem Unbekanntes über schon Bekanntes bzw. Überschaubares hypothetisch erschlossen werden kann.

Diese Korrelationsverhältnisse machen dann auch verständlich, warum Fiktionen aus strukturellen Gründen nicht direkt mit der Wahrheitsfrage in einem korrespondenztheoretischen Sinne konfrontiert werden können, insofern sie ja eher eine Hebel- bzw. Interpretationsfunktion als eine Abbildungsfunktion haben. Fiktionen sind dementsprechend dann auch für Kant nicht direkt auf die Ebene des Seins zu beziehen, sondern vielmehr auf die Ebene des Handelns oder der heuristischen Erschließung des Seins durch Zeichen, bzw. auf die Ebene der semiotischen Verknüpfung der Objektsphäre mit der Subjektsphäre. Fiktionen gehören deshalb dann auch eher in die Welt von aktiven Reiseerfahrungen als in die Welt von passiven Kontemplationserfahrungen. Daher lässt sich das Phänomen der Fiktion auch als eine besondere Realisationsform der Theoriebildung ansehen, worauf schon im Kap. 9.1 aufmerksam gemacht worden ist, eben weil der Theoretiker (theoros) bei den Griechen ja ursprünglich der Abgesandte einer

---

302 A. Augustin: Handbüchlein des hl. Augustinus. 1923, Kap. 22, S. 34.
303 I. Kant: Kritik der reinen Vernunft B 799. Werke, Bd. 4, 1976², S. 653.

griechischen Polis zu einem religiösen Fest bzw. zu einem Orakel war, um dort Erfahrungen machen zu können, die auf andere Weise nicht zu haben waren.

Hans Vaihinger hat der Fiktionsproblematik ein umfangreiches Buch gewidmet, um darauf aufmerksam zu machen, dass Fiktionen, grundsätzlich als explorative Werkzeuge des religiösen, theoretischen und praktischen Denkens anzusehen seien, um Einsichten zu gewinnen, die über das rein begriffliche Denken und Wahrnehmen nicht zu erzielen seien.[304] Fiktionen sind nämlich für ihn funktional eng mit Hypothesen verwandt, weil beide eine Schlüsselfunktion haben. Während Hypothesen aber auf Bestätigungen drängten, weil sie gerne den Status von Wahrheiten bekommen möchten, können Fiktionen durchaus Fiktionen bleiben, weil ihre faktischen Zeichenfunktion gerade wegen ihrer analogisierenden Grundfunktionen nicht klar abzuschätzen sind. Deshalb warteten sie auch eher auf einen zweckmäßigen Gebrauch als auf abschließende Verifikationen, da sie ja im Dienste des Begreifens stehen und nicht im Dienste von Feststellungen.

Fiktionen haben für Vaihinger einen fundamentalen philosophischen Wert, insofern sie die Chance bieten, über analogisierende Wahrnehmungsprozesse vage Vorstellungen zu konkretisieren. Sie eröffnen für ihn nämlich die Chance, dem Denken Diskursivität, Flexibilität und Dynamik zu geben. *„Unser ganzes höheres Leben beruht auf Fiktionen."*[305] Aus diesem Grunde treten für ihn dann auch alle höheren Begriffe faktisch als Fiktionen in Erscheinung bzw. als zweckmäßige Irrtümer. Auf solche zweckmäßigen Irrtümer kann die Sprache als Erzeugerin von Begriffen überhaupt nicht verzichten, wenn sie nicht eine bloße Nomenklatur werden will. Gleichwohl besteht für Vaihinger aber dennoch die Gefahr, dass sich Fiktionen als Produkte der menschlichen Einbildungskraft zu dogmatischen Vorstellungen verselbstständigen und verkürzen können und eben dadurch dann auch ihre eigentlichen operativen und heuristischen Funktionen verlieren. Das exemplifiziert sich beim ihm dann beispielsweise dadurch, dass die sogenannten platonischen Ideen, die zunächst nur den Status von operativen heuristischen Fiktionen gehabt hätten, dann für viele den Status von Repräsentanten für vorgegebene ontische Entitäten bekommen hätten.[306]

Solche abstraktiven und idealisierenden Vereinfachungen sieht Vaihinger erkenntnistheoretisch als höchst problematisch an, weil er sprachlich objektivierten Begriffen in der menschlichen Kommunikation ganz ähnlich wie Münzen im Handelsverkehr eher einen spezifischen Tauschwert zuordnen möchte als einen in sich stabilen Seinswert. Begriffe dienen nach ihm nämlich letztlich eher

---

304 H. Vaihinger: Die Philosophie des Als Ob. 1911.
305 H. Vaihinger: a.a.O., S. 142.
306 H. Vaihinger: a.a.O., S. 226 und 411.

dem pragmatischen Ziel der menschlichen Selbsterhaltung als dem Ziel der geistigen Weltobjektivierung. Der verständliche Wunsch von Menschen nach einem abbildenden Weltbegreifen mit Hilfe sprachlicher Zeichen ist für Vaihinger zwar verständlich, aber prinzipiell problematisch, weil letztlich alle Formen des sprachlichen Objektivierens eine Reduktion von etwas Neuartigem auf etwas schon Bekanntes bzw. auf ein schon grobes Vorwissen sei. Deshalb sind für ihn auch Fiktionen im Sinne von Als-ob-Phänomenen operative Hilfsmittel, die immer nur unter ganz bestimmten Vorbehalten sinnvoll sind.

Alle direkt oder indirekt postulierten Analogien sind für ihn nicht als spezifische Identitäten im Sinne der scholastischen Lehre von der *analogia entis* zu verstehen, sondern nur heuristische Verfahren, die das menschliche Denken und Wahrnehmen in Fluss halten, aber nicht abschließen, eben weil sie nicht objekt-, sondern auch subjektbezogen sind und weil man diese labile Grundstruktur nicht überwinden, sondern nur in ein Fließgleichgewicht bringen kann. Diese erkenntnistheoretische und semiotische Grundstruktur soll im Folgenden nun an begrifflichen, juristischen und literarischen Fiktionen noch etwas konkreter verdeutlicht werden.

Alle Lebewesen brauchen implizite und explizite semiotische Ordnungsmuster, um sich in ihren jeweiligen Erfahrungs- und Lebenswelten zurechtzufinden und um gemachte Erfahrungen auch im Gedächtnis speichern zu können. Insofern leben Bienen dann auch in einer bienenförmigen, Hunde in einer hundeförmigen und Menschen in einer menschenförmigen Erfahrungs- und Handlungswelt. Bei Menschen haben diese Musterbildungen unter allen Lebewesen sicherlich die größte Flexibilität, weil sie mittels ihrer flexiblen sprachlichen Zeichen ihre jeweiligen pragmatisch motivierten Differenzierungsnotwendigkeiten und Differenzierungsintentionen nicht auf genetisch oder habituell bedingte Grundformen reduzieren müssen, sondern auch mit Hilfe spielerischer, kultureller und individuell bedingter Ordnungsmuster ausdifferenzieren können. Dadurch weiten sich dann die Erfahrungs- und Denkmöglichkeiten der Menschen im Vergleich mit denen der Tiere gewaltig aus. Die Welt der Kultur wird dadurch für die Menschen gleichsam zu einer zweiten Natur, die sich allerdings sehr viel leichter und schneller verändern lässt als die Welt der faktisch gegebenen Natur.

Solange man sprachlich fixierte Begriffsmuster oder zumindest wissenschaftlich erzeugte Begriffsmuster als Äquivalente ewig gültiger Ideen ansieht, über die sich ahistorische Seinsmuster objektivieren lassen, solange wird man sie natürlich nicht mit dem Fiktionsgedanken in Verbindung bringen. Das ändert sich allerdings, wenn man Begriffe mit dem Perspektivierungs- und Sinnbildungsgedanken in Verbindung bringt. Unter diesen Bedingungen wird man dann nämlich nicht nur unsere Alltagsbegriffe, sondern auch unsere wissenschaftlichen Begriffe einer systematischen und historischen Kritik unterwerfen müssen, weil Begriffe unter diesen Bedingungen ja nicht ontisch gegebene Substanzphänomene repräsentieren, sondern vielmehr pragmatisch bedingte Erfassungsmöglichkeiten für ganz bestimmte Wahrnehmungs- und Denkphänomene. Diese lassen sich zudem auch schneller verändern als die Ordnungsmuster der Natur. Unter diesen Umständen liegt es dann natürlich auch nahe, den Fiktionsgedanken mit dem Konstruktionsgedanken in Verbindung zu bringen und damit natürlich dann auch mit dem Kritikgedanken. Das harmoniert dann auch mit dem semiotischen Denkansatz von Peirce und insbesondere mit dessen Interpretantenkonzept bei der Analyse von Zeichen, da im Rahmen dieses Denkansatzes recht gut auf die innere Dynamik aller konkreten Zeichenbildungen aufmerksam gemacht werden kann.

Die Vorstellung von der konstruktiven Natur aller Zeichen hat nun sicherlich auch für den Fiktionsgedanken eine konstitutive Relevanz. Darauf hat im Prinzip schon der mittelalterlicher Nominalismus im Kampf mit dem scholastischen Substanzdenken aufmerksam gemacht. In dem nominalistischen Denkansatz wurden nämlich unseren Allgemeinbegriffen (universalia) nicht der Status von platonischen Ideen zugeordnet, die vor den faktischen Sachphänomenen selbst existieren (universalia ante res), und auch nicht der Status von Substanzen, die gleichsam immer in den jeweiligen Einzelphänomenen manifest werden (universalia in rebus), sondern vielmehr der Status von Ordnungsmustern, die Menschen nachträglich ähnlichen Erfahrungsphänomenen zuordnen (universalia post res), um kognitiv und praktisch sinnvoll mit ihnen umgehen zu können.

Mit dieser Argumentation wollten die Nominalisten natürlich nicht den pragmatischen Wert von Begriffsmustern in Frage stellen, sondern nur deren ontologischen Status als nachträglich entwickelte menschliche Ordnungsmuster hervorheben, um sinnvoll mit ihren jeweiligen Lebenswelten kognitiv und kommunikativ umgehen zu können. Das bedeutet dann, dass die Nominalisten Begriffe als vom Menschen gemachte Phänomene ansehen (res fictae) und nicht als unmittelbare sprachliche Reproduktionen im Sinne von Gipsabdrücken von vorgegebenen Seinsformen.[307]

Diese Grundüberzeugung hinsichtlich des ontologischen Status von Begriffen führte die Nominalisten dann auch dazu, keinen grundsätzlichen, sondern nur einen methodischen Unterschied zwischen Begriffen, Hypothesen und Fiktionen zu machen, eben weil sie das Begreifen von etwas im Prinzip als eine Form des geistigen Produzierens in sich selbst ansahen (concipere enim est producere

---

307 Vgl. H. Rombach: System, Substanz, Struktur. Bd. 1. 1965, S. 78 ff.

intra se).[308] Je allgemeiner bzw. je abstrakter Begriffe konzipiert werden, desto mehr lassen sie sich dann natürlich auch mit Hypothesen und Fiktionen analogisieren. Das hat Kant dann auch dazu geführt, zwischen empirisch gut kontrollierbaren konkreten Verstandesbegriffen mit geringem Umfang (Baum, Pferd, Haus) und abstrakten Vernunftbegriffen mit einem großen und empirisch kaum zu kontrollierenden Umfang (Besitz, Recht, Freiheit) idealtypisch bzw. methodisch zu unterscheiden.

Die These, dass Begriffe eher als Produkte von hypothetischen kulturellen Denkanstrengungen anzusehen seien und nicht als Repräsentanten von ontischen Seinsmustern, hat Nietzsche dann auf die Spitze getrieben: *„Jeder Begriff entsteht durch Gleichsetzen des Nichtgleichen.“* [309] Durch diese These ordnet Nietzsche Begriffe letztlich nicht dem menschlichen Erkenntnisstreben zu, sondern dem menschlichen Machtstreben. *„Der ganze Erkenntnis-Apparat ist ein Abstraktions- und Simplifikations-Apparat — nicht auf Erkenntnis gerichtet, sondern auf Bemächtigung der Dinge.“* [310]

Bertrand Russell, der ontologisch gesehen sicherlich dem mittelalterlichen Nominalismus nahesteht, insofern er scharf zwischen den individuellen Objekten des Wahrnehmens einerseits und den begrifflichen Formen ihres sprachlichen Objektivierens andererseits unterscheidet, stand theoretisch abstrakten Allgemeinbegriffen immer sehr skeptisch gegenüber. Deshalb war er auch der Überzeugung, dass alle Allgemeinbegriffe hinsichtlich ihrer ontologischen Berechtigung als kognitive Universalien wegdisputiert werden könnten, eben weil sie bloß menschliche Konstrukte seien. Als Ausnahme gilt ihm nur der Begriff *Ähnlichkeit* (similiarity). Ohne diese Denkuniversalie würden wir nämlich unserem ganzen Wahrnehmen und Argumentieren die Grundlage entziehen.[311] Das bedeutet dann auch, dass wir ohne diese Denkuniversalie keinen sinnvollen Gebrauch von dem Denkkonzept des Zauberstabs der Analogie machen könnten, selbst wenn wir dieses Konzept faktisch nur als eine bloß heuristische Hypothese verstehen.

Welche unersetzlichen Denkhilfen Analogieannahmen bzw. metaphorische Redeweisen bei der sprachlichen Objektivierung von konkreten sinnlichen Erfahrungen leisten können, lässt sich am konkreten Sprachbrauch des neunjährigen

---

308 H. Rombach: a.a.O., S. 90.

309 F. Nietzsche: Über Wahrheit und Lüge im außermoralischen Sinne. Werke, Bd. 3, 1973[7], S. 313.

310 F. Nietzsche: Aus dem Nachlaß der achtziger Jahre. Werke, Bd. 3, 1973[7], S. 442.

311 B. Russell: An inquiry into meaning and thruth. 1980, S. 344. Vgl. auch B. Russell: Die Philosophie des logischen Atomismus. 1976, S. 83 ff.

Schülers Bernhard veranschaulichen, der von seinem Physiklehrer aufgefordert worden war, die Abläufe und Hintergründe eines physikalischen Experimentes sprachlich zu objektivieren. Auf die Frage des Lehrers, warum das Wasser in einer installierten Rinne nach unten fließe, hat dieser in seiner konkreten Erklärungs- und Sprachnot nämlich folgende frappierende Problemlösung gefunden. Diese illustriert zugleich auch sehr schön das Problem, das Humboldt im Auge hatte, als er die These formulierte, dass die Sprache ein unersetzliches Verfahren sei, den artikulierten Laut zum Ausdruck des Denkens fähig zu machen bzw. von den endlichen Mitteln der Sprache einen unendlichen Gebrauch. Bernhard hat nämlich folgendermaßen geantwortet:

> „Da fließt's allein mit dem Gewicht, wie's auch im Bach fließt, weil alles Wasser nach unten will."
> Der Lehrer fragt: „Weil's nach unten will?"
> Bernhard: „Ja ich sag's halt so. Ich weiß, daß das Wasser nicht denkt. — Wir sagen halt so, weil's so halt leichter zum Denken ist."[312]

Fiktionale Analogisierungen werden nun aber natürlich nicht nur im didaktischen und erkenntnistheoretischen Sprachgebrauch und Denken aktuell, sondern auch im juristischen. Das ist auch gar nicht verwunderlich, weil begrifflich durchstrukturierte Zusammenhänge aller Art, wozu beispielsweise auch gesetzliche Regelungen gehören, natürlich immer eine immanente Tendenz zur Erstarrung haben, weshalb sie dann auch in neuen sozialen und geschichtlichen Zusammenhängen ihre angestrebten dynamischen Regulationsfunktionen verlieren können. Das offenbart sich beispielsweise im Bereich der Rechtswissenschaft immer wieder, weil sich diese ja nicht nur mit realen oder fiktionalen Seinswelten zu beschäftigen hat, sondern auch mit den Welten des Sollens bzw. des sozialverträglichen Handelns.

Juristische Begriffe, Aussagen und Denksysteme wollen nicht immer kontemplativ oder spekulativ etwas Gegebenes oder Gedachtes sprachlich objektivieren, sondern vielmehr auch das menschliche Handeln auf vernünftige Weise regulieren. Juristische Begriffe und Aussagen bzw. Gesetze sind von vornherein dem Zweckgedanken verpflichtet, da sie ja im Prinzip keine gegebenen Tatbestände sprachlich objektivieren wollen, sondern vielmehr anstreben, bestimmte Korrelationszusammenhänge normativ zu ordnen. Unter diesen Umständen kann dann sogar etwas kraft Analogie gleichgesetzt werden, von dem man faktisch weiß, dass es eigentlich kategorial klar getrennt werden müsste.

---

312 M. Wagenschein: Naturwissenschaftliche Bildung und Sprachverlust. In: Sprache — Brücke oder Hindernis. 1972, S. 83.

So ist beispielsweise die Unterscheidung von *natürlichen Personen* und *juristischen Personen* für das alltägliche Denken ziemlich skurril, weil jeder weiß, dass Firmen, Vereine und Stiftungen keine Personen im üblichen Sinne sind. Dennoch ist der juristische Begriff der *juristischen Person* aus guten Gründen 1900 in das *Bürgerliche Gesetzbuch* aufgenommen worden. Solche Fiktionen lassen sich deshalb auch als praktische Eselsbrücken betrachten, ohne die man im juristischen Denken und Sprechen kaum noch auskommen kann. Das hat dann auch zu der folgenden Zweckbestimmung juristischer Fiktionen geführt: *„Die juristische Fiktion besteht in der gewollten Gleichsetzung eines als ungleich Gewußten – mitunter auch der Ungleichsetzung eines als gleich Gewußten."* [313]

Die pragmatischen Intentionen von juristischen Fiktionen können natürlich sehr ambivalente Konsequenzen haben, weil durch sie gesellschaftliche Gruppen bestimmte Vorteile oder Nachteile bekommen können. Das zeigt, dass Fiktionen auch Manifestationen von Machtverhältnissen werden können, da sich durch sie gesellschaftliche Gruppen durchaus bevorzugen oder benachteiligen lassen. Das können beispielsweise folgende juristische Fiktionen recht gut veranschaulichen.

Beispielsweise gab es im § 1589 BGB, Abs. 2 zunächst eine Formulierung, die erst 1970 komplett gestrichen worden ist: *„Ein uneheliches Kind und dessen Vater gelten nicht als verwandt."* Hier ist ganz offensichtlich, dass diese Fiktion dem Zweck diente, die Erbansprüche unehelicher Kinder gegenüber ihrem jeweiligen faktischen Vater abzuwehren. Ein anderes Beispiel für eine juristische Fiktion ist im englischen Recht der Grundsatz, dass der König kein Unrecht tun könne (The king can do no wrong). Diese Aussage besagt natürlich nicht, dass der König faktisch unfähig sei, etwas Unrechtes zu tun, sondern nur, dass er juristisch so zu behandeln sei, als ob er kein Unrecht tun könne. [314]

Die Regulationsfunktionen von juristischen Fiktionen eröffnen nun allerdings nicht nur den Mächtigen Möglichkeiten, ihre Interessen durchzusetzen, sondern bieten auch Chancen, den Zauberstab der Analogie dazu einzusetzen, Hilfsbedürftigen entgegen juristischen Regelungen eine sinnvolle Hilfe zukommen zu lassen. Das exemplifiziert ein etwas skurriler Rechtsfall recht schön, auf den der österreichische Rechtshistoriker Rudolf von Ihering aufmerksam gemacht hat. [315]

Ihering berichtet nämlich, dass Prinz Eugen nach der Erfahrung der Türkenkriege und der durchaus plausiblen Annahme, dass diese sich wie Hagelschläge

---

313 K. Larenz: Methodenlehre der Rechtswissenschaft. 1962², S. 199.
314 Vgl. J. Esser: Wort und Bedeutung der Rechtsfiktionen. 1969², S. 27 ff.
315 R. von Ihering. Scherz und Ernst in der Jurisprudenz. 1898⁷, S. 130 f.

periodisch ständig wiederholen würden, eine Stiftung ins Leben gerufen habe, um die Invaliden aus den Türkenkriegen finanziell zu unterstützen. Als nun aber die Türkenkriege wider Erwarten tatsächlich aufhörten und alle Invaliden aus diesen Kriegen verstorben waren, stellte sich nun das juristische Problem, was mit den Erträgen aus dieser Stiftung zu machen sei, dessen Verwendung juristisch ja ganz eindeutig geregelt war. Aus diesem Dilemma half man sich dann durch den Kunstgriff einer juristischen Fiktion. Es wurde nämlich ein Gesetz erlassen, dass die österreichische Staatsregierung ermächtigte, alle künftigen Kriegsgegner Österreichs für Türken zu erklären, um die Stiftungsgelder auf juristisch einwandfreie Weise auszahlen zu können. Diese kreative juristische Fiktion hat dann wohl auch zu dem geflügelten Wort geführt, dass man oft einen Türken bauen müsse, um ein formaljuristisches Problem formalrechtlich lösen zu können.

Eng verwandt mit juristischen Fiktionen sind auch historische Fiktionen wie etwa die Vorstellung eines Gesellschaftsvertrages, um die Legitimierung staatlicher Ordnungsgewalt nicht mehr aus der Vorstellung eines Gottesgnadentums von Königen ableiten zu müssen, sondern aus einem rechtlichen Vertrag zwischen den Mitgliedern von sozialen Lebensgemeinschaften. Historisch wissen wir zwar, dass Staaten nicht dadurch entstanden sind, dass alle Einwohner einer Region miteinander Verträge geschlossen haben, die den einzelnen Staatsbürgern dann ganz bestimmte Rechte und Pflichten zugeordnet haben. Diese Fiktion war aber dennoch nützlich, um staatliche Rechtsordnungen bzw. Gewaltanwendungen auf eine zumindest rechtlich plausible Weise zu rechtfertigen. Staaten haben sich faktisch sicherlich eher auf eine evolutionäre Weise dadurch herausgebildet, dass sich ganz bestimmte Verhaltensweisen zwischen Menschengruppen wie etwa bestimmte Sitten oder wie Traditionen von Machtausübungen als praktisch sehr nützlich erwiesen haben. Diese haben dadurch dann zu strukturierten Gemeinschaftsbildungen geführt, die dann sowohl nach innen als auch nach außen besonders handlungsfähig waren, was den Gebrauch von äußerlicher Gewalt natürlich nicht gänzlich ausschloss, aber nicht mehr zu einem alleinigen konstitutiven Einflussfaktor für Staatsbildungen machte.

Die historische Fiktion eines Gesellschaftsvertrages festigte dann auch die anthropologische Grundvorstellung, dass der Mensch ein freies Wesen sei, das für sein Tun und Lassen auch selbst verantwortlich sei. Diese Vorstellung halten viele Anthropologen, Biologen und Neurowissenschaftler zwar für eine reine Fiktion, aber ohne diese Grundvorstellung könnte man Menschen kaum für ihr faktisches Tun und Lassen verantwortlich machen, was sicherlich dann auch eine der Grundprämissen für ein gedeihliches soziales Zusammenleben von Menschen ist.

Auf eine ganz offensichtliche Weise tritt der Zauberstab der Fiktion im Bereich der Dichtung in Erscheinung. Dieser ist zwar seit der Antike immer wieder der Vorwurf der Lüge gemacht worden, weil dichterische Aussagen gar keine faktische Referenz hätten. Aber das ist ein Vorwurf, der insofern realitätsfern ist, weil er die Vorstellung von Wirklichkeit abstraktiv so vereinfacht, dass er zumindest anthropologisch gesehen ziemlich irrelevant wird. Anthropologisch können wir nämlich unseren Wirklichkeitsbegriff nicht auf das reduzieren, was uns empirisch direkt fassbar und überprüfbar ist. Vielmehr haben wir unserem Wirklichkeitsbegriff wohl auf alles auszudehnen, was faktisch auf unterschiedliche Weise auf uns einwirkt bzw. was wir uns selbst und anderen mit Hilfe von intersubjektiv verständlichen Zeichen auch gestalthaft objektivieren können. Diese Vorstellung von Wirklichkeit ist für viele sicherlich recht unbefriedigend, weil sie nicht rein objektorientiert ist, sondern auf konstitutive Weise immer auch subjektorientiert. Um einen solchen Wirklichkeitsbegriff kommen wir aber wohl faktisch kaum herum, wenn wir diesem auch eine anthropologisch relevante Struktur und Relevanz in dem Sinne geben wollen, dass die Wirklichkeit uns nicht nur widerständig gegenübersteht, sondern dass wir selbst auch an ihrer Konstitution mitbeteiligt sind. Ein anthropologisch orientierter Wirklichkeitsbegriff lebt davon, dass die Wirklichkeit eine Wirklichkeit für Menschen ist und nicht nur eine Wirklichkeit an sich und für sich, die der Mensch rein kontemplativ allein von außen betrachten könnte, da er ja an ihrer inhaltlichen Konkretisierung überhaupt keinen Anteil habe.

Gleichwohl haben wir aber nun sicherlich einzuräumen, dass der Wirklichkeit eine widerständige Kraft innewohnt, die es verbietet, sie als eine bloße menschliche Projektion bzw. als ein rein menschliches Konstrukt zu betrachten und nicht auch als eigene widerständige Größe, die wir uns über interpretierende Zeichen heuristisch so erschließen müssen, dass sie auch eine relevante Wirklichkeit bzw. ein Dialogpartner für uns werden kann. Durch dieses Verständnis von Wirklichkeit bekommt dann die fiktionale Literatur einen hohen anthropologischen Stellenwert, weil sie ein Übungsfeld für Sinnbildungsprozesse ist, auf dem die Interaktionsmöglichkeiten zwischen der Objektsphäre und der Subjektsphäre der Welt mit Hilfe interpretierender Zeichen umfassend erprobt werden können. Zugleich lässt sich auf diese Weise dann auch auf die Spannungsverhältnisse aufmerksam machen, die zwischen der Welt des Seins und der Welt des Werdens bestehen, die ja alle Formen der Kulturgeschichte grundlegend prägen.

Vor diesem Hintergrund wird nun auch recht gut verständlich, warum Roman Jakobson postuliert hat, dass der dichterische bzw. poetische Sprachgebrauch ein ganz eigenständiger Sprachgebrauch sei, der sich sehr deutlich von dem anderer Sprachverwendungsformen unterscheide, weil er sich nicht dem immanenten Ziel verschrieben habe, vorgegebene Realitäten in ihrem Sosein passgenau abzubilden, wie es beispielsweise der rein positivistisch orientierte wissenschaftliche Sprachgebrauch zu konkretisieren versucht. Für Jakobson ist der poetische Sprachgebrauch nämlich ein solcher, der sich von Anfang an darauf konzentriert, mit Hilfe der menschlichen Einbildungskraft sowie mit Hilfe von semantisch flexiblen sprachlichen Zeichen wie Metaphern sowie mit direkten und indirekten Analogieannahmen vielerlei Art eigenständige Vorstellungswelten zu erzeugen, über die dann die Vielschichtigkeit der menschlich erfahrbaren Wirklichkeit veranschaulicht werden kann.[316]

All das schließt dann allerdings nicht aus, dass die fiktionale Literatur eine Abstraktionsstufe höher sich durchaus auch mit den allgemeinen anthropologischen Sach- und Strukturproblemen beschäftigen kann, die unseren konkreten empirischen Welterfahrungen zugrunde liegen. Dadurch entzieht sich dann auch der fiktionalisierende Sprachgebrauch dem generellen Vorwurf, ein lügender und täuschender Sprachgebrauch zu sein.

Obwohl Platon gegenüber der Dichtung den Vorwurf erhoben hat, Pseudowelten zu erzeugen, die gewisse Ähnlichkeiten mit Lügen hätten, so ist gleichwohl doch darauf aufmerksam zu machen, dass er sich selbst ebenso wie Sokrates nicht scheut, typische fiktionale Zauberstäbe wie etwa Metaphern, Gleichnisse und Mythen zu nutzen, um seine philosophischen Denkinhalte und Denkintentionen sprachlich zu objektivieren und anderen zu vermitteln. Immer wieder ergibt sich für ihn nämlich die Notwendigkeit, den begrifflichen, behauptenden und argumentativen Sprachgebrauch bei bestimmten Denkzielen aufzugeben und durch sprachliche Objektivierungsformen zu ersetzen, die durchaus den fiktionalisierenden Sprachverwendungsformen zugeordnet werden können.

Merkwürdigerweise hat sogar der eher empirisch ausgerichtete Aristoteles sehr viel weniger prinzipielle Vorbehalte gegenüber literarischen Fiktionen gehabt als Platon. Für ihn ist nämlich die Dichtung im Prinzip sehr viel philosophischer als beispielsweise die Geschichtsschreibung. *„Daher ist die Dichtung etwas Philosophischeres als die Geschichtsschreibung; denn die Dichtung teilt mehr das Allgemeine, die Geschichtsschreibung hingegen das Besondere mit.“*[317] Aus dieser Grundüberzeugung lässt sich dann wohl schließen, dass man poetische Fiktionen nicht adäquat erfasst, wenn man sie nur als illusionäre Denkinhalte oder gar als faktische Lügen wahrnimmt, die keinerlei Verbindung zu der gegebenen

---

316 R. Jakobson: Linguistik und Poetik. In H. Blumensath (Hrsg.): Strukturalismus in der Literaturwissenschaft. 1972, S. 124 ff.
317 Aristoteles: Poetik. 1994, S. 29.

Lebenswelt der Menschen haben. Für ihn sind nämlich dichterische Fiktionen sprachliche Sinngebilde, die sehr grundlegende Ordnungsstrukturen der menschlichen Lebenswelt auf ikonische bzw. exemplarische Weise objektivieren. Deshalb können sie dann auch durchaus in ganz bestimmten Affirmations- und Negationsrelationen zu den Strukturen von konkreten menschlichen Lebenswelten stehen, was es dann auch verbietet, sie generell mit dem Vorwurf der Lüge zu konfrontieren.

Wenn man auf diese Weise dichterische Fiktionen als eine Manifestationsform der menschlichen Denk- und Einbildungskraft ansieht, mit deren Hilfe sich unsere rein sinnlichen Erfahrungsinhalte transzendieren lassen, dann bekommen sie natürlich auch eine genuine philosophische und anthropologische Funktion und Relevanz, weil sie Indizien für die menschlichen Analyse- und Synthesefähigkeiten sind. Dadurch können Fiktionen die Funktion von Zauberstäben bekommen, mit deren Hilfe sich erstarrte Denktraditionen flexibilisieren lassen, weil sich das vordergründig Fassbare in Richtung auf etwas Allgemeineres transzendieren lässt. Das hat Picasso dann auf eine sehr prägnante Weise folgendermaßen formuliert: *„Wir wissen alle, daß die Kunst nicht Wahrheit ist. Kunst ist eine Lüge, die uns die Wahrheit begreifen lehrt, wenigstens die Wahrheit, die wir als Menschen begreifen können."*[318]

Aus all dem lässt sich nun ableiten, dass alle Erscheinungsformen von Fiktionen auf der Fähigkeit beruhen, das deduktive und induktive Denken durch das abduktive Denken im Sinne von Peirce zu ergänzen. Sinnbildlich ist das schon in der Geschichte vom sogenannten Sündenfall im Alten Testament thematisiert worden, der nach der Auffassung vieler Aufklärer wie beispielsweise Kant und Schiller gar kein wirklicher Sündenfall gewesen sei, sondern vielmehr ein Erweckungsfall. Die Schlange tritt in dieser Geschichte nämlich sehr deutlich als eine Hypothesenmacherin in Erscheinung, die die ersten Menschen auf den nicht ungefährlichen Weg lockt, angeblich unumstößliche Vorgegebenheiten bzw. unumstößliche Regeln in Frage zu stellen. Das Essen der Früchte vom Baum der Erkenntnis führt Eva und Adam nämlich nicht zu einem wirklichen Wissen von dem, was faktisch gut oder böse ist, sondern zu vielmehr zu einem Metawissen darüber, dass Menschen in ihrem Leben ständig zwischen dem zu unterscheiden haben, was sie als gut bzw. als böse anzusehen haben. Das bedeutet, dass sie durch den Genuss der Früchte vom Baum der Erkenntnis in eine ganz neue Lebensform eintreten, die sie aus dem Reich der Natur in das Reich der Kultur und in die Welt der Ethik führt. Es impliziert weiter, dass sie mit Hilfe von Fiktionen

---

318 P. Picasso: Wort und Bekenntnis. 1954, S. 9.

geistig nicht nur erproben können, sondern sogar erproben müssen, was man als gut bzw. als böse ansehen kann.[319]

So gesehen verlieren Fiktionen ihren Sonderstatus als reine Phantasiephänomene und werden zu genuinen menschlichen Erkenntniswerkzeugen, die auf unverzichtbare Weise zu der kulturellen Existenzweise von Menschen als Menschen gehören. Aus diesem Grunde möchte Nelson Goodman dann auch von der üblichen Grundvorstellung abkommen, *„daß Fiktionen erfunden und Tatsachen gefunden werden.“*[320] Fiktionen sind dementsprechend für ihn dann auch eigenständige heuristische Werkzeuge von fundamentaler anthropologischer Relevanz. Sie können nämlich dabei helfen, sich das noch Unbestimmte gerade dadurch näher zu erschließen, dass bestimmte Kontrast- und Analogierelationen zu etwas schon Bekanntem hergestellt werden. Fiktionen bekommen auf diese Weise dann faktisch eine unverzichtbare Katalysatorfunktion in allen abduktiven Formen der Erkenntnisgewinnung bzw. bei der Konstituierung und Erprobung von Wahrnehmungsperspektiven.

In dieser Sicht wird dann auch verständlich, warum das Phänomen der Fiktion bzw. des fiktionalen Sprachgebrauchs in allen ideologischen Denksystemen religiöser, philosophischer oder sozialer Art immer als bedrohlich empfunden worden ist, eben weil über Fiktionen alle verfestigten Ordnungsstrukturen in Frage gestellt werden können, da sie ja neuartige Denk- und Wahrnehmungsweisen eröffnen und strukturieren können. Aus diesem Grund wird dann auch verständlich, dass alle Ideologien und Diktaturen immer wieder mit literarischen Fiktionen in Konflikt kommen, weil diese gewollt oder ungewollt subversive Kräfte gegenüber allen dogmatischen Denkverfestigungen freisetzen können. Das dokumentiert sich nicht nur im Kampf der neuzeitlichen Diktaturen gegen bestimmte Erscheinungsformen fiktionalen Literatur, sondern auch im langen Kampf der katholischen Amtskirche gegen bestimmte Erscheinungsformen der fiktionalen Literatur.

Historische Beispiele dafür sind nicht nur die neuzeitlichen Bücherverbrennungen, sondern auch schon der Kampf der Inquisition in der katholischen Kirche gegen den Import von Romanen in die lateinamerikanischen Länder. Für die letztere Maßnahme wurde beispielsweise ins Feld geführt, dass durch die Lektüre fiktionaler Bücher die geistige Gesundheit der Indios gefährdet werden könne. Das hatte dann beispielsweise zur Folge, dass in Mexiko beispielsweise erst 1826 der erste Roman publiziert werden durfte. Deshalb ist Mario Vargas Llosa auch

---

319 Vgl. dazu auch W. Köller: Der Baum der Erkenntnis. In W. Köller: Narrative Formen der Sprachreflexion. 2006, S. 61–90.
320 N. Goodman: Weisen der Weltwahrnehmung. 1990, S. 114.

zu der folgenden Einschätzung des Umstrukturierungspotentials dichterischer Fiktionen gekommen. *„Heute denke ich, daß die spanischen Inquisitoren als erste – vor den Kritikern und Romanciers selbst – die Natur der dichterischen Fiktion und ihr aufrührerisches Potential begriffen haben."*[321]

9.8 Der lügenhafte Sprachgebrauch

Es ist sicherlich unstrittig, dass man bei der Beurteilung von Lügen viel zu kurz greift, wenn man diese bloß als sachliche Irrtümer ins Auge fasst und nicht als gewollte Täuschung anderer. Das beinhaltet dann auch, dass wir Lügen nicht nur im Hinblick auf ihre unzutreffenden bzw. verzerrenden Objektbezüge zu verstehen haben, sondern auch im Hinblick auf ihre intentionalen Täuschungsabsichten. Dieser Tatbestand ist dann ja auch mit Hilfe der bildlichen Vorstellung von der *gespaltenen Zunge* von Schlangen thematisiert worden. Die bekannteste Lügenschlange ist diesbezüglich sicherlich die Schlage im Garten Eden, die mit Hilfe ihre Hypothesenfreudigkeit Eva und Adam dazu verführt, das eindeutige Verbot Gottes zu missachten, von den Früchten des Baums der Erkenntnis zu essen. Wie schon erwähnt hat Augustin dieses Verständnis von Lügen dann ja auch mit Hilfe der Vorstellung vom *doppelten Herzen* des Lügners thematisiert. Es bedeutet weiter, dass Lügen sich sprachlich nicht nur in Form von täuschenden Aussagesätzen manifestieren können, sondern natürlich auch in Form von täuschenden Begriffsbildungen oder in Form einer irreführenden Interpretation von Aussagen: *„Da sprach die Schlange zur Frau: Ihr werdet keineswegs des Todes sterben, sondern Gott weiß: an dem Tage, da ihr davon eßt, werden eure Augen aufgetan, und ihr werdet sein wie Gott und wissen, was gut und böse ist."*[322]

Dieser Doppelaspekt der Lüge als einer willentlichen Falschaussage bzw. als einer verzerrenden Interpretation wird allerdings terminologisch nicht in allen Sprachen explizit beachtet. Im Griechischen sind beispielsweise ursprünglich auf sehr pauschale Weise Lügen, Irrtümer, Illusionen und Fiktionen unter dem Terminus *pseudos* zusammengefasst worden. Im Lateinischen ist dagegen im Rahmen der habituellen rechtlichen Differenzierungsinteressen der Römer recht früh sprachlich zwischen einem objektorientierten Irrtum (error) und einer subjektorientierten Lüge (mendacium) unterschieden worden. Das hat dann auch dazu geführt, dass in der Rechtswissenschaft begrifflich zwischen einem irrtümlichen

---

321 M. Vargas Llosa: Die Wahrheit der Lügen. 1994, S. 7.
322 1, Mose, 3, 4-5. Vgl. dazu auch: W. Köller: Der Baum der Erkenntnis. In: W. Köller: Narrative Formen der Sprachreflexion. 2006, S. 61–90.

Falscheid und einem intentionalen Meineid unterschieden wird. Für Augustin lag es deshalb auch nahe, seine Vorstellung vom *doppelten Herzen* beim lügenden Sprachgebrauch folgendermaßen zu präzisieren:

> Demgemäß lügt derjenige, der etwas anderes, als was er im Herzen trägt, durch Worte oder beliebige sonstige Zeichen zum Ausdruck bringt. Daher spricht man ja auch von einem doppelten Herzen bei einem Lügner, will heißen von einem doppelten Gedanken, einmal an das, was wahr ist, wie er weiß oder meint, ohne es auszusprechen, und zweitens an das, was er statt dessen ausspricht, obwohl er weiß oder meint, daß es falsch ist. [...] Nach seiner inneren Gesinnung, nicht nach der Wahrheit oder Unwahrheit des Sachverhalts selbst muß man ja beurteilen, ob einer lügt oder nicht lügt. [...] Die Schuld des Lügners aber besteht in der Absicht, zu täuschen bei der Aussprache seiner Gedanken.[323]

All das bedeutet, dass ein gelogener Satz eigentlich zwei gegenläufige inhaltliche Informationen enthält, nämlich eine sachlich unzutreffende, die faktisch geäußert wird, und eine zutreffende, die zwar faktisch nicht ausgesprochen wird, die aber dennoch als faktisch gültig anzusehen ist. Eine solche interne Kontradiktion beschädigt natürlich jedes Vertrauen in sprachliche Äußerungen und entzieht allen menschlichen Verständigungs- und Kooperationsprozessen die entscheidende Grundlage. Deshalb wird ein solcher Missbrauch der Sprache dann ja auch als Lüge gebrandmarkt.

Mit diesen Feststellungen lässt sich allerdings die anthropologische Funktionalität von Lügen nicht abschließend klären, weil mit doppelbödigen Sätzen auch noch Funktionen verbunden sein können, die nicht nur negativ zu beurteilen sind. Dabei braucht man nur an den metaphorischen, den ironischen oder den spielerischen Sprachgebrauch zu denken, der nicht sinnvoll im Rahmen der vereinfachenden Alternative von zutreffend und gelogen qualifiziert werden kann. Wir haben nämlich wohl auch in Betracht zu ziehen, dass Lügen nicht nur destruktive pragmatische Funktionen haben können, sondern durchaus auch konstruktive, insofern sie zumindest in evolutionärer Sichtweise in kulturgeschichtlichen Prozessen durchaus eine wichtige Rolle spielen können, die konstitutiv zur Evolutions- und Kulturgeschichte des Menschen gehören.

Diese Wahrnehmungsweise von Lügen lässt sich auch dadurch motivieren, dass eine eindeutige kategorische Unterscheidung zwischen wahren und gelogenen Sätzen faktisch nicht immer möglich ist und dass der Umgang und die faktische Bewältigung von inhaltlichen Unschärfen oder gar Lügen auf konstitutive Weise zur kulturellen Lebensform des Menschen gehören, ob man das nun toleriert oder nicht. Die Frage ist nur, welche Spielräume man sprachlichen

---

323 A. Augustinus: Die Lüge und Gegen die Lüge. 1953, S. 3.

Lügenformen kulturell einräumt, welchen Umfang man dem Lügenbegriff zubilligt und mit welchen Strategien man gegen Lügen ankämpfen kann oder muss, um ein fruchtbares soziales Zusammenleben von Menschen zu ermöglichen.

Als einer der schärfsten Kritiker der Lüge kann sicherlich Kant gelten. Während Augustin die Lüge vor allem deshalb an den Pranger stellt, weil seiner Meinung nach die Sprache, die Gott dem Menschen zum Zwecke der Verständigung geben hat, durch Lügen gröblich missbraucht werde, geißelt Kant die Lüge weniger aus religiösen, sondern eher aus ethischen Gründen. Dabei stellt er weniger die faktische Unwahrheit von Lügensätzen in den Mittelpunkt seiner Argumentation, sondern eher die konkrete Täuschungsintention des jeweiligen Lügners. Mögliche Entschuldigungs- oder gar Rechtfertigungsgründe für mögliche Notlügen sind für Kant deshalb auch völlig irrelevant, weil es für ihn beim Lügen eigentlich um die Selbstvernichtung des Menschen als eines moralischen Wesens gehe. *„Die Lüge ist Wegwerfung und gleichsam Vernichtung der Menschenwürde. Ein Mensch, der selbst nicht glaubt, was er einem andern [...] sagt, hat einen noch geringeren Wert, als wenn er bloß Sache wäre.“* [324]

Für Kant ist die Lüge nicht deshalb besonders verabscheuungswürdig, weil sie einem anderen schaden könne, sondern vor allem weil ein Lügner sich durch seine Lügen selbst als ein moralisches Wesen zerstöre. Diese Denkposition entspricht dann ja auch seinem *kategorischen Imperativ*, der faktisch eigentlich auf der altbekannten volkstümlichen *goldenen Regel* beruht: *Was du nicht willst, was man dir tu, das füg auch keinem andern zu.*

Wenn man die Lüge als gewollte Täuschungshandlung versteht und nicht als bloße Falschaussage, dann stellt sich natürlich auch die Frage, mit welchen sprachlichen Mitteln man überhaupt lügen bzw. irreführende Sachvorstellungen bei anderen Menschen erzeugen kann. Die typischste sprachliche Form der Lüge ist natürlich ein Satz, in dem ein grammatisches Subjekt zu Täuschungszwecken auf unzulässige Weise mit einem unzutreffenden grammatischen Prädikat präzisiert wird. Das bedeutet, dass Lügen als ganz spezifische Sprechakte aus irreführenden Relationsbehauptungen hervorgehen bzw. aus Propositionen, die keine Korrespondenz zu gegebenen Sachverhalten haben, so dass eine Diskrepanz zwischen einem faktischen Wissen und einem faktischen Sagen entsteht.

Wenn man in dieser Weise das Phänomen der Lüge sprachlich auf täuschende Relationspostulate zurückführt bzw. auf Propositionen, die keine Korrespondenz zu faktisch gegebenen Sachverhalten aufweisen, dann muss man auch einräumen, dass man nicht nur mit Aussagesätzen lügen kann, sondern faktisch mit allen sprachlichen Formen, die explizit oder implizit ganz bestimmte

---

324 I. Kant: Metaphysik der Sitten. Tugendlehre. A. 84. Werke, Bd. 8, S. 562 f.

Korrelationsbehauptungen beinhalten. Dabei ist dann nicht nur an irreführende explizite Prädikationen zu denken, sondern auch an unzutreffende Attribute, adverbiale Bestimmungen, Konjunktionen, Präpositionen und Intonationsmuster oder sogar an irreführende gestische Zeichen aller Art. Zu den Lügen können dann außerdem auch irreführende Handlungsakte angesehen werden. Darauf hat auch Brecht in seinen Notizen zu Kunst und Politik von 1933 bis 1938 aufmerksam gemacht. *„Wer in unserer Zeit ‚statt Volk Bevölkerung' und ‚statt Boden Landbesitz' sagt, unterstützt schon viele Lügen nicht.“*[325]

Aus all dem ergibt sich, dass die eindeutige Feststellung von faktischen Lügen nicht leicht ist, weil dafür vielfältige Interpretationen notwendig werden. Deshalb neigen viele Theoretiker dann auch dazu, das Phänomen der Lüge auf explizite täuschende Aussagen bzw. Behauptungen zu beschränken, da sie davor zurückschrecken, alle verzerrenden sprachlichen Informationen schon als Lügen zu klassifizieren. Diese Beschränkung von Lügen auf klar falsifizierbare Aussagen bzw. Behauptungen ist natürlich methodisch zu rechtfertigen und in juristischen Zusammenhängen dann auch sehr naheliegend. Sie ist aber in psychologischen und evolutionstheoretischen Zusammenhängen nicht sehr sinnvoll, weil dadurch die kulturelle Evolutionsgeschichte von Lügen aus dem Blickfeld gerät. Diese ist sicherlich nicht ganz nebensächlich, weil sie uns nämlich Aufschluss über die anthropologische Relevanz des Lügenphänomens zu geben vermag, das sicherlich nicht nur ethische und erkenntnistheoretische Aspekte hat, sondern durchaus auch pragmatische.

Diesbezüglich ist dann aufschlussreich, dass Wittgenstein das Lügen sogar als ein Sprachspiel qualifiziert hat, das sehr vielfältige pragmatische Funktionen und Realisationsmöglichkeiten haben könne: *„Das Lügen ist ein Sprachspiel, das gelernt sein will, wie jedes andre“*[326] Je unschärfer die jeweils verwendeten sprachlichen Zeichen und Formen semantisch und pragmatisch sind, desto schwerer wird es natürlich, sie als faktische oder potentielle Lügen zu identifizieren bzw. auf effektive Weise mit ihnen zu lügen. Das exemplifizieren Metaphern, Höflichkeitsformen und ironische Sprachverwendungsweisen sehr deutlich. Wenn Lügen nun von vornherein als durchsichtige Lügen in Erscheinung treten, dann wird es natürlich auch problematisch, ihnen eine Täuschungsabsicht zuzuordnen, was ja der fiktionale Sprachgebrauch deutlich exemplifiziert.

Als Täuschungsverfahren funktionieren Lügen natürlich nur dann, wenn nicht alle lügen bzw. wenn der jeweilige Gesprächspartner nicht von vornherein annimmt, dass der andere etwas Unwahres sagt. Wenn von vornherein ange-

---

325 B. Brecht: Gesammelte Werke. 1977. Bd. 18, S. 231.
326 L. Wittgenstein: Philosophische Untersuchungen. 1967, S. 115, § 249.

nommen wird, dass der andere lügt, dann kann das Aussprechen von wahren Sachverhalten nämlich zu einer ganz besonders raffinierte Form des Lügens werden. Das veranschaulicht sehr schön ein Bekenntnis des italienischen Diplomaten Cavour: *„Endlich habe ich gelernt, die Diplomatie zu täuschen – ich sage die Wahrheit, und niemand glaubt sie mir."*[327]

Für Juristen stellt sich im Prozessrecht natürlich immer die brennende Frage, wie Lügen zu identifizieren sind, wie sie juristisch geahndet werden können und wann ein sprachliches oder auch ein nicht-sprachliches Verhalten den Charakter einer Lüge bekommen kann. Vor Gericht muss zumindest alles prädikativ Gesagte bzw. Behauptete wahr sein. Es besteht aber keine unmittelbare Verpflichtung, auch das mitzuteilen, mit dem man sich selbst belastet. Außerdem gibt es juristisch gesehen auch noch das sogenannte *konkludente Schweigen,* das immer dann als eine Täuschungsform angesehen werden kann, wenn eigentlich eine sachliche Richtigstellung einer Täuschungsabsicht anderer zu erwarten gewesen wäre, um einen konkreten Schaden für bestimmte Personen abzuwenden. Auch das Verschweigen von gravierenden Mängeln einer Kaufsache lässt sich juristisch als eine Täuschung ahnden, obwohl überhaupt keine unwahre Behauptung gemacht worden ist.

In semiotischer Denkperspektive lassen sich alle Formen des täuschenden Zeichengebrauchs bzw. des Gebrauchs von Zeichen mit doppeltem Herzen als Lügen ansehen, die sich hinsichtlich ihrer Funktionen und Intensitäten aber natürlich graduell abstufen lassen. Das lässt sich dadurch rechtfertigen, dass jeder Gebrauch von Zeichen durch die Grundprämisse geprägt wird, dass ein Informationsdefizit bzw. eine Informationsunsicherheit so weit wie möglich reduziert werden sollte, um Schäden aller Art soweit wie möglich abzuwenden. Diese Ausweitung des Lügenbegriffs auf nichtprädikative Formen ist natürlich nicht ganz unproblematisch, weil sich dadurch die Menge der Lügenformen so ausweitet, dass der Begriff der Lüge so unscharf wird, dass er als praktikabler Differenzierungsbegriff kaum noch handhabbar ist. Allerdings wir durch eine sehr genaue begriffliche Präzisierung des Lügenbegriffs auch erschwert, die evolutionären Vorstufen und die vielen Variationsformen des Lügens zu erfassen.

Wenn Nietzsche sehr kritisch vermerkt, dass jeder sprachliche Begriff durch ein Gleichsetzen des Ungleichen entstehe, dann hat er logisch zweifellos Recht. Allerdings wird dabei zugleich auch übersehen, dass wir ohne dieses Vereinfachungsverfahren kaum noch handlungsfähig wären, weil wir uns ohne dieses vereinfachende Denkverfahren kaum noch in der Welt sinnvoll und effektiv

---

[327] Zitiert nach F. Baumgarten: Die Lüge im Beruf. In: O. Lipmann / P. Plaut (Hrsg.): Die Lüge, 1927, S. 527.

kognitiv orientieren könnten. Nietzsche sieht zwar die pragmatischen Notwendigkeiten zu begrifflichen Abstraktionen, aber gleichzeitig scheut er sich auch davor, seinen recht rigiden abbildungsorientierten Wahrheitsbegriff aus pragmatischen Gründen zu relativieren.

> Wahrhaft zu sein, das heißt die usuellen Metaphern zu brauchen, also moralisch ausgedrückt: von der Verpflichtung, nach festen Konventionen zu lügen, herdenweise in einem für alle verbindlichen Stile zu lügen. Nun vergißt freilich der Mensch, daß es so mit ihm steht; er lügt also in der bezeichneten Weise unbewußt und nach hundertjährigen Gewöhnungen – und kommt eben *durch diese Unbewußtheit,* eben durch dieses Vergessen zum Gefühl der Wahrheit.[328]

Vom Zauberstab der Analogie als eines Erkenntnismittels im kontemplativen Wahrnehmen und Denken würde Nietzsche vermutlich nie gesprochen haben. Allenfalls hätte er diese Denkfigur wohl nur im Hinblick auf sprachliche Handlungsprozesse benutzt. Hier gelten nämlich für ihn beim Gebrauch des Wahrheitsbegriffs ganz andere Maßstäbe als beim Gebrauch von deskriptiven Begriffen und Aussagen. Fraglich ist allerdings auch, ob uns ein Wahrheitsbegriff wirklich dienlich ist, der sich allein auf den Erfolgs- und Effektivitätsbegriff im Rahmen von Handlungen gründet. Hier wäre allenfalls ein Fruchtbarkeitsbegriff dienlicher, der durch sehr langfristige Erfolge geprägt wird bzw. der sich mit einer asymptotischen Annäherung an etwas faktisch Gegebenes mit Hilfe von heuristisch zu verstehenden Zeichen begnügt.

Wenn man so denkt, dann ist es sicherlich hilfreich, sich nicht nur etwas genauer mit den semiotischen Implikationen von Täuschungsprozessen zu beschäftigen, sondern immer auch mit den destruktiven und produktiven Implikationen von Täuschungsprozessen aller Art in biologischen und kulturellen Evolutionsprozessen. Es ist nämlich kaum zu bestreiten, dass der Kampf gegen den lügenhaften Sprachgebrauch und die Verfeinerungen des lügenhaften Sprachgebrauchs ein grundlegendes Strukturphänomen in allen sozialen und kulturellen Entwicklungsprozessen ist. Das lässt sich insbesondere an der Entwicklung und dem Gebrauch von Geldformen exemplifizieren, weil diese Formen sehr eng mit dem Problem von durchsichtigen und undurchsichtigen Lügenformen verquickt sind. Jedenfalls ist kaum zu bestreiten, dass die Konzipierung von Fiktionen und Lügen mit Hilfe der menschlichen Einbildungskraft bzw. der Kampf gegen Fiktionen und Lügen ein konstitutives Merkmal aller biologischen und kulturellen Evolutionsprozesse ist.

---

328 F. Nietzsche: Über Wahrheit und Lüge im außermoralischen Sinn. Werke Bd. 3, S. 314.

Trotz aller üblichen ethischen Verdammungen von Lügen hat der Arzt und Psychologe Heinroth bereits 1834 vor den Evolutionsüberlegungen von Darwin das Phänomen der Lüge mit der Vorstellung des menschlichen Willens zur Selbstbehauptung in Verbindung gebracht, insofern er die Existenz von Lügen über die Begriffe der Furcht und der Begierde zu motivieren versucht hat. Obwohl er die Lüge prinzipiell für eine Krankheit hält, die sich nicht von selbst ausheile, sondern immer den Keim der Selbstvermehrung in sich trage, möchte er dennoch festgehalten wissen, dass der Mensch mit seiner ersten Lüge eine neue Kraft und Fähigkeit in sich selbst entdecke.

> Denn mit der ersten Lüge entdeckt der Mensch gleichsam eine neue Fähigkeit, eine neue Kraft in sich, nämlich die, der Wahrheit in ihrer Strenge zu entgehen, die, wie alle Strenge, jederzeit unangenehm ist. Einer Unannehmlichkeit aber zu entgehen, ist stets etwas Angenehmes [...]. Daher ist das Lügen eine Kunst, die der Mensch gleichsam von selbst lernt, und eher als andere Künste." [329]

Diese Bestimmung der Lüge ist insbesondere deshalb interessant, weil Heinroth die Lüge nicht im Verstand verwurzelt sieht, sondern in den menschlichen Bedürfnissen und Trieben. Das bedeutet dann, dass der Verstand für ihn eher als ein Opfer und nicht als ein Nutznießer der Lüge in Erscheinung tritt. Deshalb sind für ihn dann auch alle Denkvorstellungen wichtig, die das Ziel haben, den Verstand nicht zum Opfer der Verdrehung von sinnvollen Begriffen werden zu lassen.

Einen sehr umfassenden Versuch, die Lüge anthropologisch und evolutionär in den Lebens- und Überlebensanstrengungen des Menschen zu verankern, hat in neuerer Zeit der Biologe und Verhaltensforscher Volker Sommer unternommen. Im Gegensatz zu Heinroth verzichtet er auf Vorschläge zu Bändigung des Lügentriebs, sondern konzentriert sich ganz auf deskriptive Analysen zu den Antrieben für Lügen und den Erscheinungsformen von Lügen im Leben von Tieren und Menschen. In diesem Denkrahmen leitet er die Lüge evolutionsbiologisch ganz aus Täuschungsverfahren im Dienste des Überlebenswillens bzw. des Eigennutzes von Lebewesen ab. Dabei möchte er dann auch die Fähigkeit zum Täuschen anderer Lebewesen als eine fundamentale Triebkraft für natur- und kulturgeschichtliche Überlebensstrategien ansehen, die nicht nur biologische, sondern auch kulturelle Evolutionsprozesse vorangetrieben und strukturiert habe. *„Die Auseinandersetzung mit der allgegenwärtigen Lüge, der Wettlauf zwischen Betrü-*

---

329 J. Chr. A. Heinroth: Die Lüge. 1834, S. 172.

gern und Entlarvern, war eine entscheidende Triebfeder für die Entwicklung von Sprache, Geist und Kultur." [330]

Für Sommer ist es aus biologischer Sicht nämlich prinzipiell problematisch, den Eigennutz grundsätzlich als ein pathologisches Phänomen anzusehen, insofern sich evolutionär und dialektisch gesehen der Altruismus sich durchaus als eine ganz spezifische Variante des Egoismus betrachten lasse, da durch ihn ja auch das Kooperationsvermögen von Gruppen gestärkt werden könne und damit dann auch die Überlebenschancen einer bestimmten sozialen Gruppe. Tierische Täuschungsstrategien wie beispielsweise die evolutionäre Ausbildung von Schutztrachten oder die Vortäuschung von Bewegungsunfähigkeiten, um Beutegreifer von ihren schutzbedürftigen Jungtieren wegzulocken, sind für Sommer angeborene Täuschungsstrategien, die als Vorstufen von intentionalen Signalfälschungen bzw. von einem irreführenden Zeichengebrauchs bei Primaten angesehen werden können. Für Sommer gehen deshalb die intentionalen Lügen der Menschen evolutionär aus Verhaltensprogrammen hervor, die auch schon bei Tieren zu beobachten sind.

Das erfolgreiche sprachliche Lügen bei Menschen setzt im Prinzip ein hohes Maß an Einfühlungsvermögen für den Wissensstand und die Wahrnehmungserwartungen der jeweils Belogenen voraus sowie eine Metareflexion auf das, was anderen als glaubwürdig erscheinen könnte und was nicht. Das bedeutet, dass die Formen und Inhalte von Lügen immer auf die jeweiligen Adressaten abgestimmt sein müssen, um diesen als glaubwürdig zu erscheinen. Die sprachliche Objektivierung von Lügen stimuliert deshalb dann natürlich auch die intellektuellen Einfühlungskräfte des jeweiligen Lügners ungemein. Das exemplifizieren dann Hochstapler besonders deutlich, die ihre Rollen ständig variieren müssen, um für ihre Opfer glaubwürdig zu bleiben. Deshalb ist dann auch die Vorstellung eines dummen Teufels bzw. eines naiven Mephistos ein Widerspruch in sich.

Lügner müssen zudem ihr Gedächtnis optimieren, um sich nicht selbst in ihren Lügengespinsten zu verstricken bzw. um nicht ihren eigenen Lebenslügen zu verfallen. Deshalb kommt Sommer dann auch zu der folgenden plausiblen Grundthese für die anthropologische Funktion von Lügen in der menschlichen Evolutionsgeschichte. *„Sie war eine der härtesten Wetzsteine – wenn nicht der härteste – an dem sich unser Intellekt schärfte. Und den brauchen wir, wenn wir realistische ethische Normen aufstellen wollen.*" [331]

---

330 V. Sommer: Lob der Lüge: 1994, S. 30.
331 V. Sommer: Die evolutionäre Logik der Lüge bei Tier und Mensch. In: Ethik und Sozialwissenschaften 4, 1993, S. 447.

Kurzfristig können Lügen den jeweiligen Lügnern sicherlich Vorteile bringen, langfristig werden sie aber sicherlich kontraproduktiv, weil durch sie die Grundlagen jedes kooperativen sozialen Handelns der Boden entzogen wird und Lügner dann auch leicht zu Opfern ihrer eigenen Lügen werden, insofern sie die Übersicht über die faktischen Realitäten und ihre jeweiligen Lügengespinste verlieren. Deshalb ist dann auch die Figur des betrogenen Betrügers zu einem sehr beliebten Thema von Komödien geworden. Lügen gegen andere gehen außerdem in Gestalt von den sogenannten *Lebenslügen* auch häufig in Lügen gegen den jeweiligen Lügner selbst über. Um die zerstörerischen Kräfte von Lügen einzudämmen, sind deshalb dann auch soziale Institutionen wie beispielsweise Eide, Ehrenwörter oder persönliche Unterschriften entwickelt worden.

Die soziale Ambivalenz der Funktionalität von Fiktionen bzw. von Lügen lässt sich sehr gut an der sozialen Institution des Geldes exemplifizieren. Solange Tauschgeschäfte auf den direkten Tausch von konkreten Waren beschränkt waren und nicht durch dazwischen geschalteten Tauschmedien wie etwa Geldformen getätigt wurden, solange kann man weder von Geld oder von Falschgeld sprechen, sondern allenfalls von Warengeld oder von Warenbetrug. Falschgeld bzw. Lügengeld gab es erst, als Geldmünzen bzw. Banknoten eingeführt wurden, die Werte versprachen, die faktisch nicht dem entsprachen, was sie nominell behaupteten. Das betraf bei Münzen dann die Reinheit und das Gewicht des jeweils verwendeten Edelmetalls und bei Banknoten die jeweilig aufgedruckte Kaufkraft. Das hat dann sogar dazu geführt, dass die ausgebende Nationalbank per Aufdruck früher auf den Banknoten oft sogar bestätigt hat, den Nominalwert der jeweiligen Banknote in Gold umzutauschen, um das Vertrauen auf die Analogie zwischen Sachwert und Tauschwert ihres Papiergeldes zu bekräftigen.

Interessant ist in diesem Zusammenhang die Entstehungsgeschichte des Münzgeldes als einer sehr praktischen Variante des Warengeldes, die sich sehr schnell in Tauschgeschäften durchgesetzt hat. Georg Simmel hat diesbezüglich auf den semiotischen Tatbestand verwiesen, dass aus Milet Bronzemünzen in Gestalt von Fischen erhalten geblieben seien. Man nehme an, dass dort zunächst Thunfische als Warengeld bzw. als Tauschmittel verwendet worden seien. Aus praktischen Gründen sei man dann aber dazu übergegangen, wertvolle Metallstücke in Form von Thunfischen als äquivalentes Tauschmittel zu verwenden. Mögliche faktische Differenzen zwischen dem Stoffwert solcher Thunfischmünzen und dem Handelswert solcher Münzen seien dabei solange irrelevant geblieben, wie alle Tauschbeteiligten reale Thunfische und Thunfischmünzen als wertäquivalent angesehen hätten. Das zeigt dann auch semiotisch, dass das Vertrauen in die Wertanalogie zwischen einem Zeichenträger und einem

Zeichenobjekt in allen menschlichen Kommunikationsprozessen eine ganz grundlegende soziale und kulturelle Ordnungsfunktion zukommt.[332]

Da sowohl das Geld als auch die Sprache Mittel sind, materielle, kognitive und kulturelle Werte zu objektivieren und intersubjektiv verständlich zu kommunizieren bzw. Arbeitsteilungsprozesse zu organisieren, lassen sich sowohl die Sprache als auch das Geld als pragmatisch sehr wirksame Zauberstäbe ansehen, ohne die sich komplexe soziale Verbände überhaupt nicht konstituieren können. Beide Phänomene leisten nämlich einen entscheidenden Beitrag dazu, Welten an sich zu Welten für Menschen zu machen, weil sie sehr grundlegende Interaktionsprozesse zwischen diesen beiden Welten semiotisch organisieren und konkretisieren können. Allerdings sollte dabei dann auch nicht übersehen werden, dass der Gebrauch von Sprache die Welt sprachförmig macht und der Gebrauch von Geld geldförmig. Das schließt allerdings nicht aus, dass sowohl das Geld als auch die Sprache zugleich auch zu interpretationsbedürftigen Hieroglyphen werden können, die nicht nur im Hinblick auf ihre Objektbezüge, sondern auch im Hinblick auf ihre Subjektbezüge präzisiert werden müssen.

Geld und Sprache erzeugen so gesehen dann natürlich auch immer Probleme, weil beide Phänomene einen abstrahierenden Grundcharakter haben, aber genau das macht sie dann ja auch anthropologisch so bedeutsam. Wenn beispielsweise Chamisso erzählt, dass Peter Schlemihl seinen Körperschatten im Tausch gegen einen Sack voller Gold hergibt, der nie versiegt, so muss er durch diesen Handel dann auch die Erfahrung machen, dass er sich auf diese Weise zugleich auch aus der menschlichen Gesellschaft ausschließt, weil er durch diesen Tausch einen konstitutiven Teil seiner menschlichen und sozialen Existenzweise verloren hat.

Jochen Hörisch hat ein interessantes Gedankenexperiment entworfen, um die grundlegende Funktion des Geldes bei der Konstitution und Wahrnehmung von menschlichen Lebenswelten zu exemplifizieren. Er möchte nämlich aufzeigen, dass sowohl das Phänomen des Geldes als auch das der Sprache verdeutlichen kann, dass die anthropologische These gerechtfertigt ist, dass der Mensch kein unveränderliches substanzielles Wesen habe, sondern ein historisch veränderbares. Das würde dann auch die zugespitzte marxistische These unterstützen, dass der Mensch dialektisch gesehen auch als ein Produkt seiner eigenen Produkte verstanden werden kann.

---

332 G. Simmel: Philosophie des Geldes. In: Gesamtausgabe Bd. 6. 1989, S. 160. Zu der Analogieproblematik von Geld und Sprache vgl. auch W. Köller: Sinnbilder für Sprache, 2012, S. 398–481.

> Gäbe es schlagartig kein Geld mehr, so wäre alles so wie in der Stunde zuvor: kein Haus, keine Frucht, kein Gut, keine Ware, kein Seiendes (außer eben den Münzen, Scheinen, Schecks, Wechseln, Sparbüchern, Aktien etc.) würde fehlen. Und doch wäre sofort alles anders. Die Welt wäre unlesbar geworden und verschwände im Taumel einer universalen, entstrukturierenden Desorientierung. [333]

Die These von Hörisch, dass die Welt ohne die strukturierende Hilfe des Geldes gänzlich unlesbar wäre, ist sicherlich eine didaktische Überspitzung, aber dass sie ganz anders wahrnehmbar wäre, lässt sich überhaupt nicht leugnen. Ein menschliches Leben im Garten Eden oder ein Leben auf Robinsons Insel ohne Geld wäre durchaus denkbar, aber es wäre sicherlich ein ganz anderes Leben und müsste deshalb dann auch auf ganz andere Weise gelesen werden. Kaum vorstellbar wäre uns aber sicherlich ein menschliches Leben ohne Sprache bzw. ohne intersubjektiv verständliche Zeichen ähnlicher Art. Zumindest müsste die These vom Zauberstab der Analogie in einer solchen Welt völlig anders verstanden werden als in einer Welt mit intersubjektiv verständlichen Zeichen.

Der Gebrauch von Geld ist natürlich kein lügenhafter Zeichengebrauch in einem intentionalen Sinne. Er kann aber durchaus zu einer Vereinseitigung unserer Sicht auf die Welt führen, weil geldfreie Sichtweisen auf die Welt an Relevanz verlieren. Deshalb darf die Analogisierung von Sprache und Geld auch nur in einem begrenzten heuristischen Sinne verstanden werden, aber natürlich nicht in einem direkt behauptenden.

9.9 Der ironische Sprachgebrauch

Beim Gebrauch der natürlichen Sprache müssen wir im Gegensatz zum Gebrauch von formalisierten Fachsprachen Präzision und Vagheit ständig in ein flexibles Gleichgewicht miteinander bringen, um die vielfältigen Funktionen der natürlichen Sprachen entfalten zu können. Ein mechanischer Gebrauch dieses polyfunktionalen Sprachtyps verbietet sich deshalb gleichsam von selbst, da es bei ihm nicht nur um die Kodierung und die Dekodierung von Informationen zu rein objektbezogenen Denkinhalten geht, sondern ganz im Sinne Humboldts auch darum, die jeweils artikulierten Laute zum Ausdruck von vielschichtigen Gedanken fähig zu machen, die natürlich immer sowohl objekt- als auch subjektbezogene Bezüge haben können.

Da es beim Gebrauch der natürlichen Sprache nicht nur um die sprachliche Objektivierung von vorgegebenen Sachphänomenen geht, sondern immer auch

---

333 J. Hörisch: Kopf oder Zahl. Die Poesie des Geldes. 1989, S. 67.

um deren subjekt- und situationsbedingte Interpretation durch den jeweiligen Sprecher, spielt es nicht nur eine Rolle, was objektbezogen mitgeteilt wird, sondern immer auch, welche Intentionen die Kommunikanten mit dem jeweils Gesagten verfolgen. Das bedeutet dann auch, dass wir beim Verständnis des faktisch Gesagten unsere Aufmerksam darauf zu richten haben, wie sich der kommunikative Sinn von Aussagen aus dem kreativen Zusammenspiel von ganz unterschiedlichen sprachlichen Handlungsmitteln herausbilden kann. Das lässt sich sehr schön über eine Anekdote des dänischen Physikers und Nobelpreisträgers Niels Bohr veranschaulichen, die uns Werner Heisenberg überliefert hat. Sie betrifft das Problem, wie man mit unscharfen Handlungsmitteln sehr komplexe Probleme intersubjektiv verständlich erfassen und lösen kann.

Nach dieser Anekdote soll sich nämlich Niels Bohr anlässlich eines gemeinsamen Aufenthaltes auf einer Skihütte sehr verwundert über die konkreten Problemlösungsverfahren geäußert haben, die bestimmte Analogien zwischen denen beim Säubern von Geschirr, beim Gebrauch von Sprache und beim Erwerb von Wissen betreffen.

> Mit dem Geschirrwaschen ist es doch genau wie mit der Sprache. Wir haben schmutziges Spülwasser und schmutzige Küchentücher, und doch gelingt es, damit die Teller und Gläser schließlich sauberzumachen. So haben wir in der Sprache unklare Begriffe und eine in ihrem Anwendungsbereich in unbekannter Weise eingeschränkte Logik, und doch gelingt es, damit Klarheit in unser Verständnis der Natur zu bringen.[334]

Denselben Tatbestand hat Robert Musil, der ja auch ein ausgebildeter Ingenieur war, zu der folgenden Feststellung animiert. Diese erscheint zwar auf den ersten Blick etwas paradox zu sein, wenn wir sie nur im Hinblick auf ihren sachthematischen Wahrheitsgehalt betrachten. Sie ist aber durchaus hilfreich, wenn wir sie auch hinsichtlich ihrer spezifischen semiotischen Sinnbildungsintentionen ins Auge fassen: *„Man darf also nicht glauben, daß etwas richtig gesagt werden müsse, damit es richtig verstanden werden könne; und darauf beruht das Geheimnis der lebendigen Sprache."*[335]

Wie schon erwähnt worden ist, entstehen Begriffe nach Nietzsche über Abstraktionen, bei denen eine Gleichsetzung des Nichtgleichen vorgenommen wird, um sich bestimmter Phänomene im Rahmen von ganz bestimmten Handlungsintentionen kognitiv zu bemächtigen. Gegen diesen immanenten Herrschaftsanspruch von Sprachmitteln wäre dann insbesondere die Ironie ein sehr brauchbares Hilfsmittel. Sie sollte nämlich nicht nur als ein sprachliches Ausdrucksmittel des

---

334 W. Heisenberg: Der Teil und das Ganze. 1996, S. 163 f.
335 R. Musil: Blechreden. 11.10.1931. In: Gesammelte Werke. Bd. 7, 1981², S. 694.

Hohns oder gar des Sarkasmus verstanden werden, sondern auch als ein Hilfsmittel, um Distanz zu bestimmten Phänomenen zu gewinnen, damit diese dann nicht nur in einer einzigen Perspektive wahrgenommen werden können, sondern in sehr unterschiedlichen, die sich zwar jeweils wechselseitig relativieren, aber keineswegs ersetzen. So gesehen kann die Ironie dann auch nicht nur ein Aggressions-, sondern merkwürdigerweise auch ein gewisses Versöhnungspotential beinhalten. Dieses kann besonders deutlich dann in Erscheinung treten, wenn die Ironie nicht nur als Kampfmittel gegen die Denk-, Sprach- und Verhaltensmuster anderer in Erscheinung tritt, sondern in Form der Selbstironie auch als ein Kampfmittel gegen die Absolutheitsansprüche der jeweils selbst verwendeten Sprachmittel.

Auf jeden Fall hält der ironische Sprachgebrauch die Sprache als Sinnbildungs- und Mitteilungsform flexibel und beugt rigiden Schematisierungsprozessen wirksam vor. Deshalb hat Bollnow die Ironie dann sogar hinsichtlich ihrer immanenten Tendenz, etwas nicht monoperspektivisch, sondern polyperspektivisch wahrzunehmen, überraschender Weise auch als einen möglichen *„Ausdruck der Ehrfurcht"* bestimmt, die weiß, dass man sich bestimmter Phänomene nie vollständig begrifflich bemächtigen könne.[336]

Wenn man sich die anthropologischen Dimensionen der Ironie bzw. die kulturgeschichtliche Relevanz der Ironie auch in dieser Sichtweise erschließen möchte, dann ist es sicherlich hilfreich, sich auch mit der historischen Genese und Wirkungsgeschichte der Ironie etwas näher zu beschäftigen. Auf diese Weise gewinnt man nämlich auch einen besseren Einblick dafür, in welch vielfältige Kontexten man dieses Phänomen als sinnbildenden Zauberstab einbetten kann. Diese Dimensionen der Ironie werden uns zwar auch über unser Sprachgefühl präsent, aber das so zugängliche Wissen über die Ironie lässt sich argumentativ natürlich nicht so gut verwenden und plausibel machen wie unser begrifflich objektiviertes Wissen über die möglichen Wirkungsdimensionen von Ironie.

Da die Ironie eine mehr als zweitausendjährige Wirkungsgeschichte in Europa hat, ist es auch ziemlich unrealistisch, dieses Phänomen auf einen überzeugenden allgemeingültigen Begriff bringen zu wollen. Deshalb ist ihr Funktionsspektrum dann auch mit Hilfe von ganz unterschiedlichen Ordnungsbegriffen thematisiert worden, die zwar alle ihr spezifisches Recht haben, aber faktisch immer nur unterschiedliche Einzelaspekte der Ironie hervorheben: *Täuschungsmittel, Aggressionsmittel, Negationsmittel, rhetorische Figur, ästhetisches Gestaltungsmittel, Ausdrucksmittel eines dialektischen Denkens, Lebensform* usw. All diese Teilaspekte der Ironie lassen sich kaum in einem kohärenten Allgemein-

---

336 O. F. Bollnow: Die Ehrfurcht. 1947, S. 147.

begriff zusammenfassen, der eine normative Gültigkeit beanspruchen könnte. Um die Dimensionen des Ironiephänomens ermessen zu können, ist es deshalb hilfreich, sich die historische Genese und Verwendungsgeschichte dieses Phänomens etwas genauer zu vergegenwärtigen, um es nicht allzu einseitig wahrzunehmen.

Ursprünglich bezeichnete der griechische Terminus Ironie (eironeia) eine ziemlich übel beleumundete Sprech- und Handlungsweise, die man als verabscheuungswürdig brandmarken wollte. Noch bis in die Epoche von Sokrates galt der Ironiker (eiron) als jemand, den man problemlos mit Lügnern, Schurken und Betrügern auf eine Stufe stellen konnte. Nicht zufällig hat man deshalb auch die Vorstellung eines Fuchses gewählt, um Ironiker näher zu qualifizieren, eben weil Ironiker in der Maske der Harmlosigkeit aufträten, um andere hinters Licht zu führen. Der Altphilologe Büchner hat deshalb vorgeschlagen, den Ironiker mit dem sprechenden Begriff „*Kleintuer*" zu charakterisieren, weil man mit Hilfe dieser Vorstellung am besten die Motive veranschaulichen könne, die hinter dem spezifischen Sprachgebrauch eines Ironikers stünden. Die Spannweite des Ironiebegriffs reicht in dieser Sichtweise dann von der Höflichkeit über die Spottlust bis zu einer heuchlerischen Verstellung, die beispielsweise dann auch dazu dienen konnte, sich vor angemessenen Steuern oder vor dem Kriegsdienst zu drücken.[337]

Über die Gestalt des Sokrates bekommt der Ironiebegriff dann zunehmend einen immer positiveren Klang. Sokrates konnte man einerseits zwar als Kleintuer verspotten, da er ja betonte, dass er lediglich wisse, dass er nichts wisse, obwohl es natürlich ziemlich offensichtlich war, dass das faktisch überhaupt nicht zutraf. Andererseits war diese Form der Kleintuerei aber sozialverträglicher als die Großtuerei der Sophisten, die ihre Denkinhalte gerne in Geld einzutauschen versuchten. Deshalb hat Nietzsche dann auch die historische Rolle von Sokrates halb bewundernd halb spöttisch so charakterisiert: „*Sokrates war der Hanswurst, der sich, ‚ernstnehmend machte'.*"[338]

Diese Rolle wuchs Sokrates zu, weil er die Ironie als Mittel eines dialektischen Denkens einsetzte, um auf diese Weise dogmatischen Denkformen die Grundlage zu entziehen bzw. diese zumindest deutlich zu relativieren. Um das zu verdeutlichen, verwickelte er beispielsweise die sogenannten Fachleute gerne in Dialoge, in denen sie dann ungewollt offenbarten, dass sie gar kein tragfähiges Wissen von den Gegenständen hatten, die sie eigentlich zu kennen beanspruchten. Dadurch entzauberte er sie dann auch auf eine sehr subtile Weise als

---

337 W. Büchner: Über den Begriff der Eironeia. Hermes 76/77, 1941, S. 339–385.
338 F. Nietzsche: Götzen-Dämmerung. Das Problem des Sokrates, Nr. 5. Werke, Bd. 2, S. 953.

Fachleute, die kein wirkliches Wissen von den Sachverhalten besaßen, mit denen sie eigentlich ständig zu tun hatten. Beispielsweise bringt er den Priester Euthyphron mit der Frage nach dem Wesen der Frömmigkeit ins Stottern und den Feldherrn Laches mit der Frage nach dem Wesen der Tapferkeit.

Deshalb war es dann auch kein Wunder, dass die Traditionalisten Sokrates als Verderber der Jugend angeklagt haben und dafür sorgten, dass ihm der Schierlingsbecher zuteilwurde. Allein durch seine Fragen und Nachfragen konnte er nämlich ideologische Denkgebäude schnell zum Einsturz bringen, da sie faktisch meist keine tragfähigen Fundamente hatten. Seine berühmt-berüchtigten *Was-ist-Fragen* haben deshalb nicht nur Philosophiegeschichte geschrieben, sondern auch Kulturgeschichte, insofern sie sich faktisch auch als spezifische Zauberstäbe entpuppen konnten, mit deren Hilfe man Analogien und Differenzen zwischen Erfahrungsphänomenen aufdecken konnte, ohne diese faktisch auch zu behaupten.

Auf diese Weise glänzte Sokrates dann auch nicht durch sein enzyklopädisches Sachwissen, sondern vielmehr durch sein überlegenes Handlungswissen, wie man mit konkreten Erfahrungen sinnvoll umgehen kann, ohne abschließende dogmatische Behauptungen in die Welt zu setzen. Auf diese Weise konnte er dann auch offensichtlich machen, dass es sehr unterschiedliche Formen des Wissens gibt, mit denen sich nicht nur das philosophische, sondern auch das alltägliche Denken auseinanderzusetzen hat, und dass erschließende Fragen mindestens einen ebenso großen pragmatischen Wert haben wie behauptende Feststellungen, da sich ja gerade mit Hilfe von Fragen die Objekt- und die Subjektorientierung des Denkens immer wieder in ein neues Fließgleichgewicht bringen lässt.

Mit Fragen sind auf ganz natürliche Weise immer auch ironische Implikationen verbunden, insofern sie natürlich immer eine ganz spezifische Vorgeschichte haben. In dieser spielen dann sowohl bestimmte Wissensunsicherheiten als auch bestimmte Wissensziele eine konstitutive Rolle spielen. Auf jeden Fall können sie Prozesse in Gang setzen, die sich ständig in unterschiedlichen Richtungen fortzeugen können. Über Fragen können Vorgeschichten mit Nachfolgegeschichten amalgamiert werden, so dass jede Antwort wieder zu einem Keim für neue Fragen werden kann. Deshalb ist dann auch die Form des Philosophierens, für die Sokrates exemplarisch steht, historisch lebendig geblieben, da sie ja auf diese Weise insbesondere das dialektische, hermeneutische und semiotische Denken befruchtet hat, das sicherlich wegen ihrer Mehrdeutigkeiten immer gewisse ironische Aspekte aufweist.

Unvergessen ist nämlich geblieben, dass die Form des sokratischen Denkens nicht nur darauf aus ist, abschließende Wissensformen herzustellen, sondern zugleich auch das Ziel verfolgt, unsere Sinnbildungsprozesse auch als Wegbildungsprozesse zu verstehen. Unvergessen ist außerdem geblieben, dass Sokrates das Mittel der Ironie eingesetzt hat, um das Denken ständig in Fluss zu halten, und dass er jedem abschließenden dogmatischen Denken den Kampf angesagt hat. Das exemplifiziert sich dann auch darin, dass Nikolaus von Kues mit seiner Denkfigur von der *wissenden Unwissenheit* (docta ignorantia) tief in die Theologie hineingewirkt hat, der verständlicherweise immer eine immanente Tendenz zu dogmatischen Denkformen naheliegt.

In der Romantik wurde dann die Ironie nicht nur als eine bestimmte Denk- und Sprachform verstanden, sondern sogar als eine Lebensform, der zugleich auch ein sehr hoher ästhetischer Wert zukomme. Friedrich Schlegel preist den Roman deswegen sogar aphoristisch als eine genuine Manifestation des geistigen Lebens in einem sehr umfassenden Sinne:

> Die Romane sind die sokratischen Dialoge unserer Zeit. In diese liberale Form hat sich die Lebensweisheit vor der Schulweisheit geflüchtet.
> Ironie ist die Form des Paradoxen. Paradox ist alles, was zugleich gut und groß ist.
> Sie [die sokratische Ironie] enthält und erregt ein Gefühl von dem unauflöslichen Widerstreit des Unbedingten und des Bedingten, der Unmöglichkeit und Notwendigkeit einer vollständigen Mitteilung. Sie ist die freieste aller Lizenzen, denn durch sie setzt man sich über sich selbst weg; und doch auch die gesetzlichste, denn sie ist unbedingt notwendig.[339]

Dieses Verständnis der Ironie als einer konstitutiven menschlichen Lebensform bzw. als eines Zaubermittels für den Eintritt in die Welt des Geistes haben Hegel und Kierkegaard aus ganz unterschiedlichen Gründen scharf kritisiert, weil ihrer Meinung nach die Ironie damit als spezifische Denkweise so überfrachtet werde, dass damit ihr anthropologisches und erkenntnistheoretisches Leistungsprofil eher verdeckt als aufgedeckt werde.

Hegel sieht in dem ironisch akzentuierten Sprachgebrauch in den Dialogen von Sokrates zwar einen wichtigen und notwendigen Schritt in der Fortentwicklung von Denkformen, insofern über die Ironie die Rolle des Subjekts in Denkprozessen akzentuiert werde. Das hätten die Athener allerdings nicht wirklich verstanden, da sie diesen mutigen Schritt dann mit dem Giftbecher geahndet hätten. Zugleich wendet sich Hegel aber auch gegen die Übersteigerung des Subjektivitätsprinzips im Denken Schlegels, weil eben dadurch die große Gefahr entstehe, dass das Objektivitätsprinzip zugunsten des Subjektivitätsprinzip ausgehebelt werde, insofern durch sie die beiden Prinzipien nicht mehr dialektisch miteinander in Beziehung gesetzt würden: *„Die Ironie ist das Spiel mit allem; dieser*

---

339 F. Schlegel: Kritische Schriften. 1964, S. 7, 12, 20 f.

Subjektivität ist es mit nichts mehr Ernst, sie macht Ernst, vernichtet ihn aber wieder und kann alles in Schein verwandeln."[340] Hegel wirft Friedrich Schlegel deshalb vor, die Ironie nicht mehr als ein methodisch-didaktisches Mittel anzusehen, mit dem man gegen alle Formen des dogmatischen Denkens vorgehen könne, sondern als eine gefährliche Droge, um die geistigen Existenzweise des Menschen generell zu steigern.

Ebenso wie Hegel kritisiert auch Kierkegaard das romantische Ironieverständnis von Schlegel als ein Allheilmittel, um alle Einschränkungen des menschlichen Denkens aufzuheben. Nur wenn man die Ironie punktuell nutze, dann ließe sie sich auch als eine lebenssteigernde Kraft sinnvoll nutzen. Wenn man sie aber dazu missbrauche, sich aus allen Bindungen zu lösen und sich an der Unendlichkeiten von Denkmöglichkeiten zu berauschen, dann werde sie im menschlichen Leben destruktiv und verlöre ihre spezifische Funktion, die menschlichen Denkmöglichkeiten auszuweiten und zu präzisieren.

Kierkegaard verweist auch darauf, dass der Mensch bei einem unkontrollierten Gebrauch der Ironie nur auf eine negative Weise frei werde, da er sich durch sie nur aus allen Formen von Gebundenheiten löse und in keiner Wahrnehmungsform wirklich Ruhe finde. Er fürchte dann nämlich nichts mehr, als von einem ganz bestimmten Erfahrungseindruck überwältigt zu werden. Die ständige Reflexion über die Reflexion und das Spiel mit Möglichkeiten brächte den Menschen nämlich in einen ästhetischen Schwebezustand, der ihn faktisch überfordere, weil er ihn letztlich in die Angst, die Langeweile oder die Melancholie führe oder gar in den Nihilismus.[341]

Gleichwohl hat die Ironie für Kierkegaard nun aber auch eine Erneuerungs- und Verjüngungsfunktion. Wer sie als „*Reinigungstaufe*" nicht kenne, dem fehle etwas.[342] Sie schütze nämlich vor starren Denkkategorien und verhindere, dass man bestimmte Teilaspekte von Erfahrungs- oder Denkinhalten für die jeweiligen Phänomene selbst halte. Deshalb analogisiert er die Ironie dann auch mit der Vorstellung eines Weges, der uns in neue Welten führe. Ähnliche Hinweise auf die die versöhnenden Kräfte der Ironie finden sich auch bei Jean Paul und Thomas Mann.

Jean Paul schätzt insbesondere den Humor als eine versöhnende Variante der Ironie. Der Humorist wisse nicht nur, dass er nichts wisse, sondern auch, dass er prinzipiell nichts Genaues wissen könne. Darüber verfalle er aber weder in ein

---

340 G. F. W. Hegel: Vorlesungen über die Geschichte der Philosophie. Werke, 1986. Bd. 18, S. 460.
341 S. Kierkegaard: Über den Begriff der Ironie. 1976, S. 255–282.
342 S. Kierkegaard: a. a. O., S. 320.

theatralisches Pathos noch in eine leidende Melancholie. Deshalb lobt er auch Swift: „*Swift besaß die Kunst, die Ehrenpforte zierlich mit Nesseln zu verhängen und zu verkleiden, am besten.*"[343]

Thomas Mann hat erstaunlicherweise die Ironie sogar mit dem Phänomen des Konservativismus und der Erotik in Verbindung gebracht. Seiner Meinung nach hat der geistige Mensch nur die Wahl, „*entweder Erotiker oder Radikalist zu sein; ein Drittes ist anständigerweise nicht möglich.*" Dieses Urteil begründet er dann damit, dass die Wurzeln der Ironie in der heimlichen Sehnsucht nach dem Ganzen zu suchen seien. Deshalb versteht er die Ironie dann auch als ein Gegengift zu allen Erscheinungsformen des Radikalismus, der faktisch unfähig sei, sich selbst in Frage zu stellen. „*Immer war Eros ein Ironiker. Und die Ironie ist Erotik.*" Ironie ist für ihn deshalb letztlich auch „*das Pathos der Mitte.*"[344]

Georg Lukács hat die Ironie sogar als ein elementares Strukturprinzip der Moderne angesehen, über das sich der Roman als Kunstform deutlich vom Epos unterscheiden lasse. Die Ironie untergrabe nämlich die Vorstellung von der Selbstmächtigkeit des Menschen und sei eben deshalb auf eine nie erreichbare Totalität bezogen, angesichts derer jeder einzelne individuelle Sinnentwurf durchaus nichtig werden könne. „*Die Ironie des Dichters ist die negative Mystik der gottlosen Zeiten: eine 'docta ignorantia' dem Sinn gegenüber; [...] Deshalb ist die Ironie die Objektivität des Romans.*"[345]

Auch Harald Weinrichs Ironieverständnis ist sehr deutlich funktional und pragmatisch orientiert, weil er sie als ein dreistelliges Relationsphänomen ins Auge fasst. Er unterscheidet nämlich zwischen einem handelnden *Ironiesubjekt*, das über bestimmte Ironiesignale wie etwa Wortwahl, Intonation Mimik oder Gestik andeutet, dass es die Sprache anders als erwartbar verwendet, einem *Ironieobjekt* als dem Sachgegenstand, der in seinem üblichen Geltungsanspruch relativiert werden soll, und einem *Ironieadressaten*, der das ironischen Sprachspiel von außen wahrnehmen und genießen soll, wobei all diese Strukturgrößen bei der Selbstironie dann sogar zusammenfallen könnten.[346] Diese Struktur- und Funktionsanalyse dient Weinrich dazu, die Ironie als ein soziales Interaktionsereignis zu charakterisieren, das dazu dienlich sei, die Sprache als Sinnbildungsmittel lebendig zu halten und nicht erstarren zu lassen.

Dieses Verständnis der Ironie bzw. des ironischen Sprachgebrauchs als eines polyfunktionalen sprachlichen Sinnbildungsereignisses impliziert zweierlei.

---

343 Jean Paul: Vorschule der Ästhetik, § 38. Werke Bd. 9, S. 155.
344 Th. Mann: Ironie und Radikalismus. Gesammelte Werke. 1960, Bd. 12, S. 568.
345 G. Lukács: Die Theorie des Romans. 1963², S. 90.
346 H. Weinrich: Linguistik der Lüge. 1970⁴, S. 59–66.

Zum einen wird im ironischen Sprachgebrauch darauf aufmerksam gemacht, dass die Sprache immer auf bestimmten Denk- und Sprachkonventionen beruht und beruhen muss, um als intersubjektiv verständliches Sinnbildungsmittel in Erscheinung treten zu können. Zum anderen wird darauf aufmerksam gemacht, dass all diese Konventionen variabel sein müssen, wenn die natürliche Sprache ihren pragmatischen Zweck als eine letzte Meta- bzw. als eine letzte Interpretationssprache für alle anderen Sprachen und Zeichensysteme erfüllen soll. Die natürliche Sprache kann ihren Zweck als Universalsprache nämlich nur dann gerecht werden, wenn sie sich ihren jeweiligen Objektivierungszielen auch situativ auf variable Weise anpassen kann. Das impliziert dann auch, dass alles Gesagte immer unter einen heuristischen Vorbehalt verstanden werden muss und eben dadurch dann auch keine Endgültigkeitsfarbe bekommen kann.

Dieses Verständnis des ironischen Sprachgebrauchs als eines polyfunktionalen Korrelationsereignisses respektiert einerseits die historischen Sprachkonventionen, aber problematisiert diese auch zugleich. Dadurch bekommt der ironische Sprachgebrauch dann auch eine gewisse Ähnlichkeit mit Kitzelprozessen. Ohne Interaktionspartner und ohne Interaktionsprozesse zwischen unterscheidbaren Größen gelingt weder das Kitzeln noch das Ironisieren. Niemand kann sich nämlich selbst wirklich kitzeln. Zum Kitzeln gehören immer ein Kitzelsubjekt, ein Kitzelobjekt und eine Kitzelsituation. Ebenso gehören zum Ironisieren sowohl ein Ironiesubjekt, ein Ironieobjekt und eine Ironisierungssituation. Auch die Selbstironie gewinnt nur dann ihr spezifisches Profil, wenn auch andere sie wahrnehmen oder wenn man sich beim ironischen Sprachgebrauch auch selbst fiktional als einen anderen wahrnehmen kann. Das ist sicherlich nur sehr begrenzt möglich, eben weil die Ironie ein genuines Kommunikations- und Interaktionsphänomen ist und kein sprachliches Abbildungsmittel für vorgegebenen Sachverhalte.

All das bedeutet nun, dass die Ironie in Kommunikationsprozessen weniger dem Prinzip der Informationsgenauigkeit verpflichtet ist, sondern eher dem Prinzip der polyperspektivischen heuristischen Informationsgewinnung. Deshalb kann sich die Ironie dann auch nicht in fachsprachlichen Äußerungen mit einer klaren Objektorientierung entfalten, sondern nur in Situationen der spezifischen Weg- bzw. der Sinnsuche, die sowohl objekt- als auch subjektorientiert ist, da sie ja nicht nur sachthematische, sondern immer auch reflexionsthematische Zielsetzungen hat.

Diese Rahmenbedingungen machen dann auch verständlich, warum die Ironie in ganz elementaren Lebens- und Kommunikationssituation, wie *Wut*, *Leid* oder *Trauer* faktisch ausfällt. Hier könnte sie nämlich allenfalls einen ausgesprochen sarkastischen Charakter bekommen, aber keinen spielerischen. Zu beachten ist weiterhin, dass ironische Sprachspiele, die tendenziell natürlich immer auch Machtspiele bzw. Wettkampfspiele sind, ebenbürtige Partner brauchen, um sich wirklich entfalten zu können bzw. um reaktive Resonanzräume zu erzeugen.

Im Rahmen eines rein systemtheoretischen Blicks auf die Sprache hat der ironische ebenso wie der metaphorische Sprachgebrauch kein genuines Lebensrecht. Beide Sprachgebrauchsweisen können die Ironie nur als störend empfinden, aber nicht als hilfreich oder gar als fruchtbar, wie es beispielsweise im Rahmen eines anthropologischen und ästhetischen Blicks durchaus möglich ist. Ebenso wie Masken und Verschleierungen offenbart die Ironie nämlich immer auch, dass man die schon konventionalisierte Sprache anders gebrauchen muss, wenn man das Ziel hat, Neues durch übliche Wahrnehmungsfenster sehen zu wollen bzw. dass man ganz neue Wege gehen muss, um auch ganz neue Erfahrungen machen zu können.

Damit wird die Ironie dann auch als ein Zauberstab wahrnehmbar, weil sie traditionell vorgegebene Grenzziehungen nicht als selbstverständliche Grenzziehungen akzeptiert, sondern allenfalls als vorläufige und veränderbare. Logikern und Tatmenschen ist die Ironie deshalb dann auch ein Gräuel bzw. ein nutzloses Spielphänomen, aber kein heuristisches Mittel, um vorhandene Sehschlitze so zu nutzen, dass man durch sie auch Neuartiges in den Blick bekommen kann. Die Ironie kann nämlich die semiotische Fähigkeit von Menschen stärken, sich auch das zu einem sinnträchtigen Zeichen zu machen, was vorher allenfalls als ein *factum brutum* wahrnehmbar war, aber nicht als ein kreatives bzw. ambivalentes Zeichen. Deshalb sollten die ironischen Sprachspiele auch nicht nur zu den rein ästhetischen Strukturierungsspielen gerechnet werden, sondern auch zu den Kampfspielen, die einerseits konstitutive Grundregeln brauchen, aber andererseits auch interpretierbare bzw. ausgestaltbare Spielregeln. Daher soll im folgenden Kapitel nun auch noch etwas genauer untersucht werden, welche anthropologischen Implikationen und Funktionen dem Spielen insgesamt zukommen und insbesondere dem Spielen mit Sprache.

9.10 Der spielerische Sprachgebrauch

Bereits im Kap. 4 ist schon darauf aufmerksam gemacht worden, dass das Analogiephänomen eng mit dem Sprach- und Spielphänomen verschränkt ist. Der sprechende Mensch (homo loquens) und der spielende Mensch (homo ludens) nutzt wie kein anderes Lebewesen Zeichen, um sich Analogien und Differenzen zwischen seinen faktischen Erfahrungs- und Vorstellungsgegenständen so umfassend wie möglich präsent zu machen, seien es nun faktische und kognitive Welten oder bloß ausgedachte fiktive *Als-ob-Welten.*[347]

Die beiden Phänomene *Spiel* und *Sprache* sind deshalb von Anfang an dialektisch sehr eng miteinander verwoben. Einerseits sind nämlich Spiele und Sprachen in der Hand der jeweiligen Spieler bzw. Sprecher, insofern beide diese Phänomene ja als Objektivierungsmittel einsetzen, um ihre individuellen geistigen Vorstellungen in intersubjektiv verständliche Vorstellungen umzusetzen. Andererseits sind die Spieler und Sprecher aber auch in der Hand der jeweiligen Spiele bzw. Sprachen, die sie jeweils verwenden, weil diese ja fundamentale Voraussetzungen dafür sind, wie Menschen sich überhaupt etwas vorstellen bzw. miteinander kommunizieren können. Im Vollzug des Spielens und Sprechens vertauschen sich so gesehen dann auch ständig die jeweiligen Rollen von Herr und Knecht bzw. müssen ständig in ein neues Fließgleichgewicht miteinander gebracht werden. Dabei kann sich dann natürlich auch immer verdeutlichen, dass sowohl Spiele als auch Sprachen zu konkreten Manifestationsweisen von überschüssigen menschlicher Grundkräften werden können, welche sich in immer neuen konkreten Gestaltbildungen Ausdruck zu verschaffen versuchen.

Die fruchtbaren immanenten Spannungsverhältnisse zwischen den Phänomenen des Spielens einerseits und des Sprechens andererseits hat Schiller in seinen Überlegungen zu den anthropologischen und ästhetischen Implikationen beider Phänomene zum Ausdruck gebracht. Er geht nämlich davon aus, dass es beim menschlichen Umgang mit beiden Phänomenen immer einen konstruktiven Antagonismus zwischen zwei ganz unterschiedlichen menschlichen Grundtrieben mit recht weitreichenden Implikationen gibt. Einerseits gebe es nämlich im Menschen einen „*Stofftrieb*", der danach strebe, sich in seinem Denken und Sprechen bestimmten Sachverhalten bzw. Wahrnehmungsmustern anzupassen. Andererseits gebe es einen „*Formtrieb*", der danach strebe, sich die jeweiligen Sachverhalte perspektivisch in einer ganz bestimmten Form oder Gestalt zu vergegenwärtigen. Diese immanente Spannung zwischen zwei unterschiedlichen Grundtendenzen beim Gebrauch objektivierender sprachlicher Formen hat dann auch einen sprachtheoretischen Nachhall in Wittgensteins Konzept des „*Sprachspiels*" gefunden. Mit diesem Begriff will er nämlich hervorheben, „*daß das Sprechen der Sprache ein Teil ist einer Tätigkeit, oder einer Lebensform.*"[348]

Der Grundgedanke, dass der Gebrauch der Sprache eine spezifische Erscheinungsform von Spielen sei, repräsentiert sich auch in dem sprachtheoretischen

---

347 Vgl. dazu auch: W. Köller: Sprache als Spiel. In W. Köller: Sinnbilder für Sprache. 2012, S. 567–633.
348 L. Wittgenstein: Philosophische Untersuchungen. 1967, § 23, S. 24.

Denken des Phänomenologen und Juristen Wilhelm Schapp und des Biologen Lenneberg, ganz abgesehen von dem Sprachdenken Humboldts und dessen These, dass die Sprache nicht als ein Werk (Ergon) zu verstehen sei, sondern vielmehr als eine sinnbildende Kraft (Energeia), die von endlichen Mitteln einen unendlichen Gebrauch machen könne. Schapp leitet nämlich die Bedeutung von Wörtern nicht aus sozialen Konvention ab wie etwa de Saussure, sondern aus den Geschichten, in die sie jeweils verstrickt sind, verstrickt waren oder verstrickt werden können.[349]

Der Biologe Lenneberg hat in ganz ähnlicher Weise die Auffassung vertreten, dass Wörter eigentlich nicht sinnvoll als Namen für früher einmal konventionalisierte Begriffe anzusehen seien. Aus dieser Grundauffassung entwickelt er dann folgende grundsätzliche These:

> Wörter sind nicht die Namen für früher einmal abgeschlossene und eingelagerte Begriffe; sie sind die Namen für einen *Kategorisierungsprozeß oder eine Familie solcher Prozesse.* Aufgrund der dynamischen Natur des zugrunde liegenden Prozesses können die Referenten von Wörtern so leicht wechseln, lassen sich Bedeutungen erweitern und sind Kategorien immer offen. *Wörter bezeichnen (etikettieren) die Prozesse des kognitiven Umgangs einer Art mit ihrer Umwelt.*[350]

Diese Thesen zur Funktion sprachlicher Zeichen bzw. Denkmuster thematisieren in unterschiedlicher Akzentuierung, dass diese keine direkte Abbildungsfunktion haben, sondern vielmehr eine heuristische Erschließungsfunktion, bei der das Phänomen des Spiels mit Hilfe von menschlichen Einbildungskräften und heuristischen Analogisierungen immer eine konstitutive Rolle spielt. Denselben Tatbestand hat auch Peirce dadurch herausgearbeitet, dass er für die Logik nicht nur das Prinzip der Deduktion und Induktion reklamiert hat, sondern auch das Prinzip der Abduktion. Abduktionsprozesse sind für ihn nämlich die Grundlage aller Deduktions- und Induktionsanstrengungen, insofern durch sie erst die menschlichen Einbildungsprozesse für die Entfaltung der Logik in ihren konkreten Erscheinungsformen fruchtbar gemacht werden können.

Das impliziert, dass für Peirce das Phänomen des Spiels auch eine konstitutive Funktion für alle menschlichen Wahrnehmungs- und Denkprozesse bekommt. Ohne die Fähigkeit zu einer spielerischen Hypothesenbildung bzw. zu einer variablen Interpretantenbildung ist für Peirce ein differenzierter Umgang mit Zeichen nämlich überhaupt nicht denkbar. Das bedeutet zugleich, dass auch das Spiel die Funktion hat, als eine Art Zauberstab im geistigen Leben der

---

349 W. Schapp: In Geschichten verstrickt. 2012⁵, S. 85.
350 E. H. Lenneberg: Biologische Grundlagen der Sprache. 1972, S. 407.

Menschen wirksam werden zu können. Sowohl das Spiel als auch das Denken sind nämlich dadurch innerlich miteinander verwandt, dass beide von einer inneren Unendlichkeit geprägt werden. Beide Phänomene lassen sich eigentlich nur durch methodische, aber nicht durch normative Regeln einschränken. Beide drängen immanent auf ständige Fortsetzungen, weil sie keinen inhaltlichen, sondern allenfalls einen methodisch bedingten Abschluss finden. Deshalb sind die regulierten Wettkampfspiele im Sport auch als Sonderformen des Spiels anzusehen, die sich deutlich von den viel offeneren Strukturierungsspielen im Rahmen des Denkens und der Kunst unterscheiden.

Gleichwohl kann man aber auch festhalten, dass sowohl die eher wettkampfmäßig akzentuierten Spiele als auch die eher strukturierend akzentuierten Spiele durch eine potentielle Unendlichkeit geprägt werden. In spielerischen Gestaltungsprozessen wird nämlich ständig nach einem Gleichgewicht zwischen subjektorientierten und objektorientierten Unterscheidungs- und Verähnlichungsintentionen gesucht. Interessant sind in diesen Gestaltungsprozessen dann auch insbesondere diejenigen Lernprozesse, die zwischen kreativen Gestaltungs- und zielorientierten Arbeitsprozessen einzuordnen sind. In Lernprozessen stellt sich nämlich unausweichlich immer wieder das Problem, rigide Ordnungsanstrengungen in eine Balance mit kreativen und abduktiven Spielprozessen zu bringen, um dadurch auch zu neuartigen Einsichten kommen zu können.

In allen Sprachspielen muss nämlich erprobt werden, inwieweit die Regeln bzw. die habituellen Konventionen für die jeweiligen Gebrauchsweisen von Sprache strikt zu beachten sind und inwieweit sie situativ auch flexibilisiert werden können oder gar müssen. Spielverderber, die Spielregeln generell in Frage stellen, werden als Falschspieler deshalb auch als verabscheuungswürdiger angesehen als Regelverletzer, die zwar bestimmte Regeln aus egoistischen Gründen nicht respektieren, aber gerade dadurch deren sachliche Berechtigung dann doch indirekt bestätigen. Beim Sprachgebrauch ist es nun aber zugleich auch möglich, einerseits konventionelle Spielregeln prinzipiell anzuerkennen, aber diese dabei doch so zu interpretieren und zu hierarchisieren, dass neue kreative Sprachformen in die Welt gesetzt werden können. Das ergibt sich beispielsweise insbesondere beim metaphorischen Sprachgebrauch, der zwar grammatische Basisregeln respektiert, um gerade dadurch lexikalische Kombinationsregeln zu flexibilisieren bzw. um neuartige sprachliche Sinnbildungsformen in die Welt setzen zu können. Ähnliches gilt dann auch für Abänderung von schon konventionalisierten Textmustern.

Alle komplexen sprachlichen und nicht-sprachlichen Spielformen leben von der inneren Flexibilisierung ihrer unterschiedlichen Formen. Deshalb ist dann auch die innere Dynamik von sprachlichen Formmustern eine ganz wichtige

Voraussetzung für allen sprachlichen Ordnungsanstrengungen. Das kann dann sogar dazu führen, dass das dynamische Geschehen in Sprachspielen wichtiger werden kann als das jeweils erzielte Sprachspielergebnis. Die Sprechenden in kognitiven oder kommunikativen Sprachspielen können zwar als faktische Akteure des jeweiligen Sprachspiels auftreten, aber letztlich müssen sich alle Sprachspiele ebenso wie auch andere Spiele gleichsam immer selbst spielen, obwohl sie faktisch durch Spieler konkretisiert bzw. zur Darstellung gebracht werden.

Anthropologisch gesehen werden Spiele letztlich auch eher von Gestaltungsintentionen geprägt als von konkreten Ergebnisvorstellungen. Deshalb sollte man den Sinn von Spielen auch nicht aus ihren vordergründigen Zielsetzungen ableiten, sondern eher aus ihrer jeweiligen Verlaufsdynamik, die sich aus den Strukturierungsanstrengungen der jeweils handelnden Akteure ergeben. Wenn Spiele von Zielsetzungen bestimmt werden, die außerhalb des jeweiligen Spielgeschehens selbst liegen, dann verwandeln sich Spiele schnell in bloße Arbeitsprozesse.

Aus diesem Grunde kommt dem Umgang mit Zufällen in Spielen immer auch eine sehr große Bedeutung zu. Ohne die immanenten Tücken der jeweiligen Spielmittel und Spielverfahren verlieren Spiele ihren genuinen Reiz und können ihre möglichen Dimensionen nicht voll entfalten. Ebenso wie in biologischen Evolutionsprozessen kommt auch in Spielen der Korrelation von Zufall und Notwendigkeit eine konstitutive Funktion zu. Ohne diese Herausforderung und Spannung könnte sich der Kraftüberschuss der jeweiligen Spieler eines Spiels auch nicht voll entfalten. Wenn in einem Spiel alles berechenbar wäre, dann verlören Spiele ihren immanenten Reiz.

Daher lässt sich allen Spielen dann auch eine gewisse dialogische Grundstruktur zuordnen, die sich nicht nur auf die Spieler selbst bezieht, sondern auch auf die Korrelation und Interaktion der Spieler mit ihren jeweiligen Spielmitteln und Spielumständen. Deshalb gehen alle Spielbeteiligten aus Spielen dann auch anders heraus, als sie in diese hineingegangen sind. Das hat Buytendijk folgendermaßen recht prägnant thematisiert: *„Spielen ist also nicht nur, daß einer mit etwas spielt, sondern auch, daß etwas mit dem Spieler spielt."*[351]

Diese interne Dialogstruktur von sprachlichen und nicht-sprachlichen Spielen rechtfertigt es dann auch, Spiele als Lebensformen zu verstehen, in denen Grenzen erfasst, aber auch transzendiert werden können. Auf jeden Fall wird beim Spielen erlernt, wie man mit Grenzen ganz unterschiedlicher Art umzugehen hat bzw. dass Grenzen einerseits respektiert werden müssen, aber anderer-

---

[351] F. J. J. Butendijk: Wesen und Sinn des Spiels. 1933, S. 119.

seits auch immer transzendiert werden können. Auf jeden Fall sind Menschen beim Spielen ständig in Assimilations- und Akkommodationsprozessen verwickelt. Deshalb lässt sich das Spielen ebenso wie das Sprechen auch als eine genuine Manifestationsweise der menschlichen Selbstorganisation ansehen.

Die strukturierenden Zauberstabsfunktionen von Spielen und insbesondere von Sprachspielen sind im Verlaufe der Kulturgeschichte immer wieder thematisiert worden. Beispielsweise hat der Psychologe und Sprachtheoretiker Karl Bühler betont, dass alle Erscheinungsformen von Spielen mit einer gewissen *„Funktionslust"* verbunden seien, die Spielprozessen eine innere Unendlichkeit geben könnten, da sie immanent ja ständig auf Fortsetzungen drängten.[352] Paul Valéry hat eindringlich darauf aufmerksam gemacht, dass insbesondere das Spielen mit Sprache starke Wachstumsimpulse auf die Entfaltung des geistigen Lebens ausübe: *„Die Sprache beherrscht mich und ich beherrsche sie. In dem Maße, wie ich sie für meine Perspektive zurechtbiege, verändert sie diese auch."*[353]

Wenn man auf diese Weise Spiele als Perspektivierungsspiele für Weltwahrnehmungen und Weltgestaltungen versteht, in denen es zu sehr vielfältigen Wahrnehmungsformen für ganz bestimmte Phänomene kommen kann bzw. zu sehr vielfältigen Formen von deren Erhellung oder Verdunklung, dann verdeutlicht sich auch, warum insbesondere der spielerische Sprachgebrauch auch als Gegenwelt zum logischen bzw. wissenschaftlichen Sprachgebrauch verstanden werden kann. Deshalb ist das Spiel dann auch gern als Domäne von Kindern, Narren und Künstlern verstanden worden, deren jeweilige Spielmittel und Spielformen nicht normativ festgelegt sind.

In diesem Zusammenhang ist nun allerdings auch zu beachten, dass Spielregeln uns üblicherweise nicht eindeutig vorschreiben, was in einem Spiel tatsächlich geschehen muss, sondern nur das, was nicht geschehen sollte, um dem Spielen nicht seine fruchtbare innere Dynamik zu nehmen. Deshalb steht beim Spielen ja auch oft eher die innere Dynamik des Spielens im Vordergrund des Interesses und weniger das jeweilige Spielergebnis, weil die Tätigkeitsdynamik von Handlungen durchaus wichtiger werden kann als das konkrete Tätigkeitsergebnis. Dementsprechend liegt der Lohn des Spiels für die jeweiligen Spieler dann auch eher im Genuss ihrer eigenen Handlungsaktivitäten und weniger im Genuss ihrer jeweiligen Handlungsergebnisse. Deshalb können Spieler im Spiel dann sogar die Widerborstigkeiten ihrer Gegner oder Handlungsmittel genießen, weil

---

352 K. Bühler: Sprachtheorie. 1965², S. 347.
353 P. Valéry: Cahiers / Hefte. Bd. 1, S. 489. „Le langage me subit et me fait subit. Tantôt je le plie á ma vue, tantôt il transforme ma vue."

diese ihnen ja die Gelegenheit geben, ihre eigenen Handlungsfähigkeiten zu erproben und zu gestalten.

Da der Mensch unter allen Lebewesen wohl am stärksten durch das Spannungsverhältnis von Erinnerungen und Erwartungen geprägt ist, lässt sich das Spielen in seinen unterschiedlichen Ausprägungsformen sicherlich auch als konstitutiv für die Existenzweise des Menschen bzw. für dessen Weltoffenheit ansehen. Das hat Huizinga dann ja auch dazu motiviert den Menschen als *spielenden Menschen* (homo ludens) zu bestimmen, dessen Handlungsweisen sehr viel weniger instinktiv vorgeprägt seien als die der Tiere. Das ist für ihn dann auch der Grund, warum Menschen ihre prinzipielle Weltoffenheit auch ständig durch kulturbedingte Handlungsprinzipien bzw. kulturelle Handlungsnormen ausbalancieren müssen. Das exemplifiziert uns der Mythos von Ikaros und Dädalos besonders eindrucksvoll.

Während Dädalos als zielstrebiger Handwerker sein Handeln an den konkreten Funktionen seiner Arbeitsprodukte ausrichtet, ist sein Sohn Ikaros eher an der lebenssteigernden Funktion dieser Arbeitsprodukte interessiert, da diese ihm ja ganz neue Erfahrungsdimensionen erschließen. Darüber verliert Ikaros dann allerdings auch seinen Bezug zu seiner konkret gegebenen Lebenswelt, weil er das Fliegen nur als eine Ausweitung seiner menschlichen Existenzweise versteht und nicht mehr als eine faktische Fluchtmöglichkeit aus der Gefangenschaft in dem Labyrinth, das sein Vater selbst gebaut hat.

Ikaros wird deshalb auch unfähig, aus der Spielwelt des Fliegens wieder auszutreten, um wieder in die faktische Lebenswelt der Menschen einzutreten. Die Nutzung der Flügel als Zauberstäbe für den Eintritt in eine andere Welt hat für ihn nämlich tödliche Konsequenzen, weil er die Grenzen der Verwendung dieser Zauberstäbe aus den Augen verliert. Während die Flügel Ikaros in eine *Als-ob-Welt* führen, führen sie seinen Vater in dessen alte menschliche Lebenswelt zurück. In beiden Fällen haben die Flügel bzw. das Fliegen eine Brückenfunktion zu anderen Welten, allerdings zu jeweils ganz anderen.

9.11 Der fragende Sprachgebrauch

Die These, dass das Fragen zu den fundmentalen Universalien des menschlichen Sprachgebrauchs gehört, lässt sich sicherlich kaum bestreiten, weil wir beim Gebrauch der Sprache ständig mit direkten oder indirekten Formen und Funktionen des Fragens und Antwortens konfrontiert werden. Diese morphologisch und funktional zu erfassen, ist sicherlich eine Herkulesaufgabe, die sachlich kaum gelöst werden kann, sondern allenfalls exemplarisch im Hinblick auf ganz besonders wichtige pragmatische und anthropologische Aspekte. Die innere

Dialektik des Zusammenspiels von Fragen und Antworten lässt sich vielleicht durch eine Passage aus einem Brief von Rilke an den etwas verzweifelten jungen Dichter Franz Xaver Kappus vom 16.7.1903 gut veranschaulichen.

> Sie sind so jung, so vor allem Anfang, und ich möchte Sie, so gut ich es kann, bitten, lieber Herr, Geduld zu haben gegen alles Ungelöste in Ihrem Herzen und zu versuchen, *die Fragen selbst* liebzuhaben wie verschlossene Stuben und wie Bücher, die in einer sehr fremden Sprache geschrieben sind. Forschen Sie jetzt nicht nach den Antworten, die Ihnen nicht gegeben werden können, weil Sie sie nicht leben könnten. Und es handelt sich darum alles zu leben. *Leben* Sie jetzt die Fragen. Vielleicht leben sie dann allmählich, ohne es zu merken, eines fernen Tages in die Antwort hinein.[354]

Da alle Fragen eine Lenkungsfunktion für menschliche Sinnbildungsanstrengungen haben, lassen sich ihnen dann auch ganz bestimmte Zauberstabsfunktionen zubilligen. Diese können allerdings nicht immer befriedigend ausdifferenziert werden, eben weil ihnen sehr unterschiedliche Erschließungsfunktionen zugeordnet werden können, die allerdings immer mit einem ganz bestimmten Vorwissen verbunden sind. Dennoch ist aber festzuhalten, dass der Mensch prinzipiell auch als ein fragendes Wesen (homo quaerens) anzusehen ist, zu dem nicht nur die Fähigkeit, sondern auch die Notwendigkeit zum Fragen gehört. Gott braucht nicht zu fragen, weil er schon alles weiß, Tiere brauchen nicht zu fragen, weil sie in einem hohen Maße instinktgeleitet handeln können. Dagegen sind Menschen als kulturbedürftige, wenn nicht kulturabhängige Wesen, gleichsam zum Fragen bestimmt oder sogar verurteilt. Dieser Tatbestand lässt sich auch etwas positiver formulieren, wenn man darauf aufmerksam macht, dass die Befähigung des Menschen zum Fragen eine Konsequenz seiner Weltoffenheit und Freiheit ist, die weit über das Maß hinausgeht, das sich Tieren zubilligen lässt, die zweifellos eine weniger große perspektivische Beweglichkeit bei ihren jeweiligen Weltwahrnehmungen besitzen als Menschen.

Im Rahmen dieser anthropologischen Voraussetzungen des Fragens rechtfertigt es sich dann auch, die sehr unterschiedlichen Frageformen des Menschen sogar als ganz spezifische Wissensformen des Menschen anzusehen, die dieser selbst auf evolutionäre Weise in seiner kulturellen Entwicklungsgeschichte konkret entfaltet hat. Deshalb haben selbst diejenigen Fragen, die faktisch unbeantwortbar sind, ein Lebensrecht, weil sie uns auch immer etwas über die Position und die Handlungsmöglichkeiten des Menschen in der Welt sagen bzw. über die möglichen Ziele menschlicher Wissensbildungen. Das exemplifiziert sich auch in dem Umstand, dass die verschiedenen Sprachen bzw. Kulturen auch unter-

---

354 R. M. Rilke: Briefe an einen jungen Dichter. 2019, S. 32 f.

schiedliche Fragetypen ausgebildet und tradiert haben wie etwa *Ergänzungsfragen, Entscheidungsfragen, Alternativfragen, Inquisitionsfragen, Prüfungsfragen, Forschungsfragen, Gesprächsfragen, rhetorische Fragen, Unterstellungsfragen, Fragen mit Konterbande* usw.

Selbst diejenigen Fragen, die sich prinzipiell oder aktuell nicht befriedigend beantworten lassen, können durchaus ein erkenntnistheoretisches oder pragmatisches Lebensrecht haben, weil sie uns auf die Grenzen unseres möglichen Wissens aufmerksam machen. In der Vorrede zur ersten Auflage seines Buches zur *Kritik der reinen Vernunft* hat Kant sehr deutlich auf den Tatbestand verwiesen, dass die menschliche Vernunft in bestimmten Hinsichten das Schicksal habe, *„daß sie durch Fragen belästigt wird, die sie nicht abweisen kann, denn sie sind ihr durch die Natur der Vernunft selbst aufgegeben, die sie aber auch nicht beantworten kann, denn sie übersteigen alles Vermögen der menschlichen Vernunft.“* [355] Zu diesen prinzipiell nicht endgültig beantwortbaren Fragen gehören für Kant dann beispielsweise die drei folgenden Fragetypen: *„1. Was kann ich wissen? 2. Was soll ich tun? 3. Was darf ich hoffen?“* [356]

Grundsätzlich lassen sich Fragen als Manifestationsformen der geistigen Beweglichkeit des Menschen ansehen, die alle konkreten Formen der menschlichen Wissensbildung transzendieren können und auch sollen. Strukturell gesehen lassen sich deshalb Fragen auch als Bestandteile einer Metaebene zu der Ebene des rein empirischen Denkens ansehen, obwohl sie durchaus auch aus ganz konkreten Wissensbedürfnissen hervorgehen können.

Kulturen und Denksysteme können sich natürlich selbst ganz bestimmte Fragen verbieten, weil sie diese als gelöst oder als destruktiv ansehen. Aber das menschliche Bedürfnis, Fragen zu stellen, ist so elementar, dass im Prinzip keine konkrete Antwort als eine wirklich abschließende Antwort angesehen werden kann, zumal auch ganz unerwartete Antworten gefunden werden können, die dann wiederum ganz neue Fragen provozieren können. Das hat Dostojewski in seinem Roman *Die Brüder Karamasow* durch die eingeschobene Geschichte von einem fiktiven spanischen Großinquisitor sehr eindrücklich thematisiert.

Nach dieser Geschichte besucht der greise spanische Großinquisitor den zurückgekehrten Christus, der beim Volk sofort wieder eine große Resonanz gefunden hat, in dem Kerker, in den er als Unruhestifter verbracht worden ist. Er versucht, Christus davon zu überzeugen, dass die Kirche sein eigenes Werk faktisch erst vollendet habe und dass er dieses Werk durch sein Wiedererscheinen jetzt nur gefährde. Christus antwortet auf diese fragenden Vorhaltungen des

---

355 I. Kant: Kritik der reinen Vernunft. Werke, Bd. 3, S. 11.
356 I. Kant: a.a.O. B 833, Werke, Bd. 4, S. 677.

Großinquisitors nun aber nicht argumentativ, sondern gestisch auf einer ganz anderen Ebene der menschlichen Kommunikationsmöglichkeiten. Aber gerade dadurch kann er dann aber das ganze Argumentationsgebäude des Großinquisitors als einer fragenden Instanz entscheidend relativieren, wenn nicht sogar entzaubern. Dieser Antwort ist der Großinquisitor dann zwar einerseits gewachsen, insofern er den wiedererschienenen Christus freilässt, aber andererseits bleibt er dennoch Gefangener seiner eigenen Argumentationen.

> Als der Inquisitor geendet hatte, wartete er eine Weile, was sein Gefangener ihm antworten werde. Dessen Schweigen lastete auf ihm. Der Gefangene hatte ihm die ganze Zeit über angehört, durchdringend und still ihm gerade in die Augen schauend und offenbar ohne jedes Verlangen, irgend etwas zu entgegnen. Der Greis aber hätte gewünscht, er möchte ihm etwas sagen, sei es auch etwas Bitteres, etwas Furchtbares. Er aber näherte sich plötzlich dem Greise und küßt ihn schweigend auf die blutlosen neunzigjährigen Lippen.
> Das ist die ganze Antwort.
> Der Greis erzittert.
> Irgendetwas regt sich in seinen Mundwinkeln. Er geht zur Türe, öffnet sie und spricht zu ihm: ‚Geh! und komm nicht wieder – komm überhaupt nicht mehr, niemals, niemals!' Und er läßt Ihn hinaus in die dunklen Gassen der Stadt.
> Der Gefangene geht. Sein Kuß aber brennt im Herzen des Greises. Und doch blieb er bei allem, was er gesagt hatte.[357]

Denksysteme bzw. Theorien beanspruchen in der Regel immer, bestimmte Sachverhalte abschließend zu objektivieren. Das beinhaltet dann natürlich auch, sie als Ordnungssysteme zu erfassen, die im Verlaufe der Zeit mit sich selbst identisch bleiben und deshalb nur minimaler Korrekturen bedürfen. Das ist aber kaum als sehr realistisch anzusehen, selbst wenn man in diesem Zusammenhang das Phänomen der Dialektik in die Theoriebildung einführt und postuliert, dass jede These eine Antithese erzeuge, die zu einer neuen Synthese führe, welche dann wieder als These zum Ausgangspunkt eines neuen dialektischen Prozesses werden könne usw. Theorien neigen immanent immer dazu, eine dogmatische Endgültigkeitsfarbe anzunehmen, was ja gerade die Institution der Inquisition deutlich exemplifiziert. Explizite und implizite kulturelle Theorien können der Erosions- und Transformationskraft von Fragen faktisch aber nicht ausweichen, weil sie auf genuine Weise zum Phänomen der Zeit und der Geschichte gehören. Deshalb müssen Fragen dann auch für die Vitalität von Kulturen als ebenso wichtig angesehen werden wie Antworten, da jede Antwort immer den Keim neuer Fragen in sich birgt.

---

357 F. M. Dostojewskij: Die Brüder Karamasoff. 5. Buch Kap. V, S. 350.

Allerdings sollte darüber nun auch nicht vergessen werden, dass Fragen durchaus ambivalente Zauberstäbe für Wahrnehmungs- und Erkenntnisprozesse sein können. Darauf hat Nietzsche in seiner bissigen Art sehr deutlich in aphoristischer Form aufmerksam gemacht: *„Man hört nur die Fragen, auf welche man imstande ist, eine Antwort zu finden."*[358]

Die dynamischen Grundkräfte von Fragen haben trotz ihrer ambivalenten Implikationen eine große Analogie mit den Bemühungen von Seiltänzern und Stelzenläufern, ihr Gleichgewicht gerade dadurch aufrechtzuerhalten, dass sie nicht in einem bestimmten Status der Ruhe zu verharren versuchen, sondern sich ständig bewegen, um eben dadurch einander widerstreitende Kräfte so zu bändigen, dass sowohl ihr Gleichgewicht als auch ihre zielstrebige Beweglichkeit gesichert wird. Diese beiden Sinnbilder verdeutlichen deshalb auch recht gut, dass jede Kultur Fragen braucht, um durch die mit den Fragen verbundenen Dynamiken eine innere Stabilität im Verlaufe der Zeit bzw. im Rahmen von widrigen Umständen zu gewinnen. Das hat dann auch Sokrates exemplifiziert, für den Fragen im Prinzip immer eine größere philosophische Relevanz hatten als normative Antworten. Eben damit verkörpert er dann auch die Hoffnung Rilkes, dass man über die richtigen Fragen in brauchbare Antworten hineinwachsen könne.

Aus diesen phänomenologischen Überlegungen zu den anthropologischen Implikationen von Fragen in dialogischen Prozessen sowohl mit Menschen als auch mit Sacherfahrungen aller Art ergibt sich, dass Hypothesen, Theorien, Sinnbilder, Metaphern und Geschichten fiktionaler und nichtfiktionaler Art allesamt Manifestationen eines suchenden bzw. fragenden Denkens sind, das eher nach Wegen als nach abschließenden Sachbehauptungen und Antworten sucht. In dieser Sichtweise auf Fragen muss man sich dann allerdings auch darauf einlassen, dass Fragen sprachlich bzw. semiotisch nicht nur in Fragesätzen in Erscheinung treten, sondern im Prinzip in allen Denk- und Handlungsmustern, die uns bestimmte Denkperspektiven eröffnen, aber keine abschließenden ontischen Wahrheiten.

Wenn nun allerdings faktisch jede Vorstellungsbildung nicht nur zu einer Antwort, sondern auch zu einer neuen Frage werden kann, deren Gestalt und Funktion allerdings selbst wieder interpretationsbedürftig bleibt, dann weitet sich natürlich der Begriff der Frage so aus, dass er kaum noch argumentativ konsistent verwendet werden kann. Aber das muss man im Funktionsrahmen der natürlichen Sprache wohl in Kauf nehmen, weil diese ja meist sehr unterschiedlichen Sinnbildungszielen zugleich dienlich sein muss. Das dokumentiert sich sprachlich dann schon dadurch, dass eine konkrete sprachliche Äußerung schon

---

358 F. Nietzsche: Fröhliche Wissenschaft, Nr. 196. Werke Bd. 2, S. 148.

dadurch den Charakter einer Frage bekommt, dass beispielsweise in Nebensätzen die Intonationskurve nicht wie in Hauptsätzen am Ende abgesenkt wird, sondern auf einer bestimmten Höhe verharrt und eben damit auf die Notwendigkeit von Anschlussinformationen aufmerksam macht. Das hat dann ja auch eine gewisse Ähnlichkeit mit Fragesätzen, bei denen die Intonationskurve am Ende nicht wie in Aussagesätzen abgesenkt wird. Diese Besonderheit von Fragesätzen hat ja ebenfalls die Funktion, dass in diesen ein bestimmter Resonanzraum für die jeweils vermittelten Informationen eröffnet wird, der mit den Folgeinformationen einer Antwort gefüllt werden muss. Im schriftlichen Sprachgebrauch, in dem man Intonationskurven ja nicht direkt sprachlich objektivieren kann, hat man deshalb bei Fragesätzen unabhängig von der Erststellung des Verbs den hilfreichen Gebrauch eines Fragezeichens am Ende von Fragezeichen eingeführt. Im Spanischen ist der Gebrauch von Fragezeichen als ein pragmatisches Perspektivierungsmittel für das Verständnis von Äußerungen als Fragen sogar besonders deutlich geregelt, da man hier das Fragezeichen nicht an das Ende eines Fragesatzes zu setzen hat, sondern an dessen Anfang.

Aus all dem kann man nun ableiten, dass wir das sprachliche Phänomen der Frage nicht auf die morphologische Form von konkreten Fragesätzen reduzieren sollten, sondern im Prinzip auf alle sprachlichen Phänomene ausdehnen kann, die uns dazu animieren, bestimmte Folgeinformationen zu erwarten. Deshalb hat Sokrates dann ja auch seine dialogischen Kommunikationsform mit der Funktion bzw. der Kunst von Hebammen (Mäeutik) analogisiert, die dabei helfe, etwas in die menschliche Wahrnehmung zu bringen, was vorher zwar noch nicht direkt wahrnehmbar war, aber dennoch schon ahnbar und denkbar.

Weiterhin kann man aus dieser Grundstruktur von Fragen auch ableiten, dass alle sprachlichen Formen, die uns auf indirekte Weise auf etwas anderes aufmerksam machen wollen, vermutlich auch in bestimmten Hinsichten eine immanente Ähnlichkeit mit dem haben, mit dem sie konkret in Verbindung gebracht werden, was Metaphern, Sinnbilder, Mythen und Geschichten recht deutlich veranschaulichen. Das könnte dann bedeuten, dass alle sprachlichen Formen, die einen Verweischarakter auf anderes haben, letztlich auch einen Fragecharakter besitzen, weil sie uns etwas nahebringen wollen, was wir noch nicht hinreichend kennen, aber doch gerne näher kennenlernen möchten bzw. was wir uns gerne zu einem ganz spezifischen Denkgegenstand oder gar Dialogpartner machen möchten.

Diejenigen Gespräche, die nicht nur als Austausch von Informationen in Erscheinung treten, sondern auch als Interaktionen zwischen Personen bzw. externen Denkgegenständen, haben immer auch ein spezifisches Fragepotential, insofern sich Fragen nämlich durchaus auch als ganz spezifische Antworten verstehen lassen und Antworten sogar auch als spezifische Fragen. Solche Gespräche beinhalten dann nicht nur die Chance, den Aspektreichtum von Personen und Denkgegenstände besser zu verstehen, sondern auch sich selbst, eben weil man seine eigenen Perspektivierungskräfte umfassender entfalten und kennenlernen kann. Solche Gespräche können dann sogar etwas aufdecken, was potenziell schon bekannt sein kann, was aber in Frage- und Antwortspielen erst eine gut fassbare Gestalt gewinnt. Deshalb lassen sich solche Gespräche zwar dem Wortlaut nach protokollieren, aber kaum hinsichtlich ihres vielschichtigen Sinngehaltes, weil in ihnen alle sprachlichen Objektivierungen doppelbödig werden können und jede Sachinformation wieder eine Zeichenfunktion für andere Tatbestände bekommen kann. Diese Struktur von Gesprächen bzw. von zeichenbasierten Sinnbildungen hat Peirce deshalb auch als einen unendlichen Semioseprozess bzw. Sinnbildungsprozess bezeichnet, der sich ständig fortsetzen könne und der sich deshalb eigentlich auch nur willentlich bzw. methodisch beenden lasse, aber nicht inhaltlich.

Diese vieldimensionale Struktur von Dialogen als unendlichen Frage-Antwort-Spielen, die nicht nur zu konkreten Wissensergebnissen führen, sondern oft nur zur Ausweitung von bestimmten Denkmöglichkeiten und Fragedispositionen, hat Augustin sehr eindrucksvoll an folgendem Beispiel mustergültig exemplifiziert. Er stellt nämlich zur Debatte, wie man mit der konkreten Frage umgehen könne, was Gott denn vor der Erschaffung von Himmel und Erden getan habe. Das ist im Rahmen unseres Alltagsdenkens natürlich eine ziemlich sinnvolle Frage, aber keineswegs im Rahmen einer monotheistischen Gottesvorstellung, die Gott als Schöpfer aller Dinge betrachtet. Deshalb hat Augustin dann auch scherzhaft-ironisch folgende Antwort zur Debatte gestellt, die natürlich wieder ganz neue Fragen aufwirft: „*Er hat Höllen hergerichtet für Leute, die so hohe Geheimnisse ergrübeln wollen.*" [359]

Mit seiner ironischen Antwort will Augustin offenbar feinsinnig darauf aufmerksam machen, dass diese Ausgangsfrage im Rahmen einer monotheistischen absoluten Gottesvorstellung ziemlich unsinnig sei. Sie setzt nämlich im Prinzip voraus, dass Gott selbst ebenso wie die Menschen der Zeit unterworfen sei, da diese als Ordnungsmacht dann ja natürlich auch über Gott stünde. Mit dieser ironischen Antwort will Augustin indirekt darauf aufmerksam machen, dass die Zeit selbst ein Teil der göttlichen Schöpfung sei und keine oberste Ordnungsform, der auch der monotheistische Gott unterworfen sei.

Außerdem wird durch diese ironische Antwort auch kenntlich gemacht, dass es durchaus Denkphänomene geben könne wie etwa die Vorstellung eines

---

359 Augustinus: Confessiones / Bekenntnisse. 1966³, S. 623.

allmächtigen Gottes bzw. einer *obersten Ordnungskraft*, die sich kaum sinnvoll mit Hilfe derselben begrifflichen Ordnungskategorien objektivieren lassen, die zwar im Rahmen der empirischen menschlichen Erfahrungswelt durchaus sinnvoll verwendet werden können, aber kaum im Rahmen von Phänomenen, die man als konstitutive Voraussetzungen eben dieser Erfahrungswelt ansehen könnte oder möchte. Das bedeutet dann auch, dass man die Idee eines allmächtigen Gottes nicht direkt mit Analysekategorien und Analyseverfahren erfassen kann, die man beispielsweise für die Analyse eines seiner möglichen Schöpfungswerke sinnvoll nutzen kann wie beispielsweise das Phänomen *Zeit*. Deshalb wäre es dann auch ziemlich absurd, Messinstrumente für die Erfassung einer monotheistischen Gottesvorstellung zu entwickeln. Ebenso absurd wäre dann auch die angebliche Aussage eines sowjetischen Kosmonauten, dass er zwar im Himmel gewesen sei, aber *Gott* dort nicht gesehen habe.

Durch die Annahme hierarchisch verstandener Relationszusammenhänge zwischen zwei unterschiedlichen Denkphänomenen kann man dann natürlich die operative Nutzung von Analogien als hypothetisierende Analyseverfahren deutlich aufwerten. Analogien wollen nämlich gerade in religiösen Denkzusammenhängen eher auf partielle funktionale Ähnlichkeiten zwischen zwei Denkgrößen aufmerksam machen als auf substanzielle Ähnlichkeiten zwischen ihnen. Nur dann werden sie nämlich methodisch brauchbar, sich Unbekanntes über Bekanntes partiell hypothetisch zu erschließen. Das exemplifiziert dann auch die christliche Vorstellung sehr deutlich, dass Jesus ikonisch als ein Sohn Gottes bzw. als eine Vermittlungsgestalt angesehen werden könne. Damit fungieren Analogien zeichentheoretisch gesehen gleichsam als operative Interpretanten im Sinne von Peirce, aber nicht als abschließende kategorisierende Einordnungsmittel.

Obwohl Fragen meist unter der Denkprämisse verwendet werden, dass bestimmte Phänomene kategorial klar voneinander zu unterscheiden sind oder sogar unterschieden werden müssen, was ja insbesondere Alternativfragen nahelegen, so gibt es dann doch auch Sachfragen, die nicht immer kategorial eindeutig beantwortet werden können. Beispielsweise muss ein Strafrichter ja faktisch unterscheiden, ob ein Tötungsdelikt als *Mord* oder als *Totschlag* oder als *fahrlässige Tötung* einzuordnen ist, obwohl das im Einzelfall oft nur mit Hilfe von analogisierenden Präzedenzfällen zu beantworten ist. Bestimmte Alternativfragen lassen sich zuweilen nicht mit einem klaren *Ja* oder *Nein* beantworten, weil man damit zugleich auch die Prämissen dieser Frage akzeptieren würde. Ein Beispiel für eine solche Frage mit einer brisanten Konterbande wäre beispielsweise die folgende Frage: *Betrügen Sie Ihre Frau immer noch?*

Obwohl Fragen grundsätzlich eine aufklärende Grundfunktion haben, durch die sich unklare Sachvorstellungen beseitigen lassen, so sind sie doch nicht in jedem Fall hilfreich, da die Befragten sie funktional oft eher als entblößend, aber nicht als hilfreich wahrnehmen. Deshalb hat der Psychiater Bodenheimer sogar von der *„Obszönität des Fragens"* gesprochen. Seine lange Berufserfahrung habe ihn nämlich gelehrt, dass er oft besser habe helfen können, seit er *„zu fragen aufgehört und zu sagen begonnen habe."* [360] Das gilt aber natürlich meist eher für Entscheidungsfragen bzw. von Kategorisierungsfragen als für Aufforderungsfragen oder für Fragen, die zu Erzählprozessen animieren.

Der kommunikative Wert von Fragen liegt offenbar im Gegensatz zu deklarativen Aussagen bzw. Behauptungen darin, dass sie als ungesättigte Kommunikationsmittel in Erscheinung treten, die direkt oder indirekt auf ergänzende Informationen angewiesen sind und eben dadurch die Angesprochenen dann auch zu konkreten Strukturierungsanstrengungen animieren. Auf diese Weise können Fragen dann zu konstitutiven Bestandteilen von gestaltbildenden Sprachspielen werden, in denen sich neue Korrelationsgeflechte erzeugen lassen, über die der Fragende nicht nur andere, sondern auch sich selbst ins Staunen versetzen kann.

So gesehen ist es deshalb auch sinnvoll, dass Platon im *Sophistes* das Denken von dem *Fremden* als ein *„Gespräch der Seele mit sich selbst"* charakterisieren lässt.[361] Das soll nämlich verdeutlichen, dass man viel zu kurz greife, wenn man die Frage nur als Mittel ansehe, individuelle Informationsdefizite zu beseitigen, aber nicht auch als ein Mittel, Objektwelten und Subjektwelten miteinander in Beziehung zu setzen. Deshalb hat dann auch Kant die traditionelle Vorstellung kritisiert, dass sich unsere Erkenntnis nur nach den Objekten der Erkenntnis auszurichten habe und nicht auch nach den Erkenntnisinteressen der Subjekte. Daher schlägt er dann auch vor, dass man es doch einmal versuchen solle, *„ob wir nicht in den Aufgaben der Metaphysik damit besser fortkommen, daß wir annehmen"*, die Gegenstände müssten sich auch nach den Formen unseres Erkennens richten.[362] Unter diesen Voraussetzungen sind Fragen ebenso wie Analogieannahmen dann natürlich immer auch von einem hohen methodischen und sachlichen Wert für die Strukturierung unserer Erkenntnisprozesse.

Fragen lassen sich sicherlich auch als sprachliche Ausdrucksformen des Staunens ansehen, weil sie den Wechsel von Wahrnehmungs- bzw. Denkperspektiven begünstigen. Deshalb gehören sie dann auch immer zu der Vorgeschichte von Wissensbildungen bzw. zur Geschichte der Einwurzelung von

---

360 A. R. Bodenheimer: Warum? Von der Obszönität des Fragens. 1984, S. 8.
361 Platon: Sophistes, 263 e. Werke Bd. 4, S. 239.
362 I. Kant: Vorrede zur zweiten Auflage der Kritik der reinen Vernunft. Werke Bd. 3, S. 25.

Wissensbeständen in Menschen. Durch Fragen lassen sich nämlich Denkgegenstände aus ihren traditionellen Einbettungen herauslösen und in neuen Kontexten verankern. Deshalb können Fragen auch wichtig und fruchtbar werden, wenn sie prinzipiell oder aktuell nicht beantwortbar sind. Sie können nämlich gerade dann unsere geistige Beweglichkeit anregen, wenn sie faktisch nicht beantwortbar sind, insofern sie eine stimulierende Wirkung auf unsere Korrelationsfähigkeiten ausüben und uns dadurch dann auch von unseren etablierten Denkeinschränkungen befreien können. Allerdings kann ihnen natürlich auch eine belastende Wirkung zukommen, weil sie alte Wissenstraditionen auflösen, ohne immer adäquatere ins Leben zu rufen.

Wenn man Fragen rein funktional betrachtet, dann muss man auch beachten, dass sie insbesondere bei Kindern oft nur eine vorläufige operative Relevanz haben. Deshalb hat der Kinderbuchautor Peter Bichsel auch betont, dass Kinder in ihrer elementaren Neugier eher auf Antworten als auf Fragen verzichten könnten. *„Kinder leben in Fragen, Erwachsene leben in Antworten. Es kommt vor, daß Kinder auf Antworten verzichten, keine Antworten wollen, nur Fragen, als ob es eine Welt der Fragen und eine Welt der Antworten gäbe, die ganz zufällig etwas miteinander zu tun haben – Gegenwelten.“*[363]

Aus der prinzipiellen Erschließungsfunktion von Fragen hat die Didaktik dann auch die Konsequenz gezogen, dass in allen Lehr- und Lernprozessen das sogenannte *„genetische Prinzip“* eine fundamentale Rolle zu spielen habe. Dieses besagt nämlich, dass ein Wissen sich bei Lernenden nur dann wirklich einwurzele, wenn dessen Entstehungsbedingungen für sie nachvollziehbar werden bzw. die Fragen verständlich werden, die zu den konkreten Fixierungen von Wissensinhalten geführt haben.[364]

So gesehen lässt sich das *genetische Prinzip* nicht nur der heuristischen Logik von Aussagen zuordnen, sondern auch der gestaltenden Logik des Fragens und Findens. Analogieannahmen kategorisieren nicht bestimmte Phänomene wie beispielsweise Begriffe, aber sie eröffnen Fragemöglichkeiten und werden auf diese Weise zu Prämissen sowohl für das kreative Denken als auch für die Einwurzelung von neuem Wissen im menschlichen Gedächtnis, eben weil Analogien Verbindungen zu der menschlichen Einbildungskraft herstellen bzw. zu den Realisierungsformen des Möglichkeitsdenkens. Deshalb lassen sich sowohl die Ausbildung von Fragen als auch die Organisation von Lernprozessen als Mani-

---

363 P. Bichsel: Schulmeistereien. 1985², S. 7.
364 Vgl. W. Köller: Die Anregungskraft des „genetischen Prinzips" für die Sprachdidaktik und Sprachwissenschaft. In: N. Kruse u.a.: Martin Wagenschein – Faszination und Aktualität des Genetischen. 2012. S. 175–192.

festationsformen der menschlichen Weltoffenheit ansehen. Das bedeutet, dass Fragen nicht nur dabei helfen, Wissensdefizite zu identifizieren und zu mildern, sondern auch dabei, neue Perspektiven auf anscheinend schon längst Bekanntes zu eröffnen. Zumindest können sie dabei helfen, etwas so zu erhellen, dass auch ganz neue Aspekte von etwas schon längst Bekanntem sichtbarer werden können als zuvor.

9.12 Der erzählende Sprachgebrauch

Der erzählende Sprachgebrauch ist wahrscheinlich als die vielfältigste Verwendungsmöglichkeit der natürlichen Sprache anzusehen, die gerade im literarischen Erzählen dann auch als sprachliche Sinnbildungsform sehr umfassend zur Erscheinung kommen kann. Dabei wäre dann insbesondere an die Gestaltung der zeitlichen Abfolge von Einzelinformationen im Erzählverlauf zu denken, an den spezifischen Gebrauch von lexikalischen, grammatischen und syntaktischen Ordnungsmustern, an die emotionale Akzentuierung von einzelnen Mitteilungen, an die begriffliche und bildliche Doppelbödigkeit von Aussagen, an die spezifische Reliefbildung von sprachlichen Ordnungsgestalten im Sinne der Korrelation von Vordergrunds- und Hintergrundsinformationen, an spezifische interpretative Metainformationen zu konkreten narrativen Grundinformationen usw.

Das Erzählen ist zwar sicherlich nicht als das primäre Motiv für die Entwicklung der Verbalsprache anzusehen, denn dieses liegt wohl eher in der Verbesserung der Koordination von Handlungsabläufen in menschlichen Lebensgemeinschaften. Gleichwohl ist das Erzählen aber sicherlich als ein grundlegender Faktor für die evolutionäre Entfaltung von Kulturen bzw. für die Weitergabe von kulturell erworbenem Wissen zu betrachten und damit auch als eine Triebkraft für die Konstitution umfangreicher sozialer Gruppen, was ja auch durch die Bestimmung des Menschen als *animal symbolicum* nahegelegt wird.

Der erzählerische Sprachgebrauch ist auf mindestens zwei Ebenen als konstitutiv für die Entfaltung Lebensmöglichkeiten des Menschen anzusehen. Zum einen ist das Erzählen eine Form des Sprachgebrauchs, in dem komplexe Mitteilungsinhalte auf ganz bestimmte Weise typisiert und miteinander korreliert werden können. Zum anderen tendieren alle Erzählprozesse immer auch dazu, das jeweils Thematisierte nicht nur in einer übersichtlichen Weise zeitlich zu reihen, sondern auch dazu, etwas mit Hilfe von ganz bestimmten Erzählmustern auf typisierende Weise interpretativ zu qualifizieren. Das hat im Laufe der Kulturgeschichte dann auch dazu geführt, dass sich unterschiedliche pragmatische und literarische Erzählmuster im Sinne von Textmustern herausgebildet haben, was im Kapitel 10 noch ausführlicher exemplifiziert werden soll. In diesem Teilkapitel soll es dagegen nur darum gehen, auf ganz elementare Ordnungsmuster in Erzählprozessen aufmerksam zu machen.

Um den narrativen Sprachgebrauch phänomenologisch als eine ganz elementare sprachliche Sinnbildungsanstrengung zu verstehen, ist es hilfreich, sich die etymologische Herkunft der Verbs *erzählen* zu vergegenwärtigen. Dieses geht nämlich sprachgeschichtlich auf das ahd. Verb *zellen* bzw. auf das mhd. Verb *zeln* (zählen) zurück. Mit diesen Verben konnte man nämlich nicht nur das Aufzählen von bestimmten Gegenständen thematisieren, sondern auch die übersichtliche sprachliche Reihung von bestimmten Ereignissen bzw. von menschlichen Taten. Das implizierte dann einerseits, die natürliche chronologische Reihenfolge von Einzelereignissen zu beachten, aber andererseits auch, die inhaltliche Kohärenz von Ereignissen zu betonen, durch welche die Einzelereignisse erst zu einer kohärenten Geschichte verbunden werden können und nicht zu einer additiven Ansammlung von Einzelerscheinungen. Dazu gehörte dann natürlich immer auch, dass Erzählungen einerseits immer auf die chronologische Abfolge von Einzelereignissen zu achten haben, aber andererseits auch darauf, dass sie auf den funktionalen Zusammenhang dieser Einzeltatsachen aufmerksam zu machen haben, um Erzählungen einen ganz bestimmten Sinn- und Gestaltzusammenhang zu geben. Das bedeutet dann natürlich auch, dass alle Erzählprozesse sowohl auf die Objektsphäre als auch auf die Subjektsphäre der Welt Bezug zu nehmen haben.

Gerade das Erzählen ist im Kontrast zum Berichten, Beschreiben, Argumentieren, Behaupten usw. ganz besonders an der sprachlichen Objektivierung von vielschichtigen und dynamischen Korrelationen interessiert. Das bedeutet, dass das Erzählen von kohärenten Geschichten nicht nur das analysierende Denken anzuregen vermag, sondern auch das synthetisierende Denken, in dem insbesondere das Phänomen der Zeit nicht nur als eine chronologisch strukturierende, sondern auch als eine sachlich verändernde Kraft bzw. Rahmenbedingung in Erscheinung treten kann. Es bedeutet weiter, dass beim Erzählen einzelne Ereignisse nicht nur narrativ miteinander verbunden werden, sondern auch, dass ein Interesse an ihren jeweiligen Vorgeschichten und Nachgeschichten geweckt wird. Auf diesen Tatbestand hat beispielsweise der Chemiker und Philosoph Jens Soentgen auf exemplarische Weise aufmerksam gemacht, indem er auf narrative Weise auf die spezifischen Vorgeschichten und Nachgeschichten von naturwissenschaftlichen Entdeckungen und deren faktischen Nutzungen aufmerksam gemacht hat.[365]

---

365 J. Soentgen: Konfliktstoffe. Über Kohlendioxid, Heroin und andere strittige Substanzen. 2019. J. Soentgen: Der Pakt mit dem Feuer. Philosophie eines weltverändernden Bundes. 2021.

Odo Marquard hat deshalb den narrativen Objektivierungsprozessen von bestimmten Erfahrungs- und Denkinhalten sogar eine faktisch unverzichtbare Kompensationsfunktion für die immanenten Defizite des rein begrifflichen Denkens zugeordnet.

> Die Rationalisierungen machen Narrationen nicht obsolet; ganz im Gegenteil: sie erzwingen Erzählungen mit neuen Formen der Erzählung. Je mehr wir rationalisieren, umso mehr müssen wir erzählen. Je moderner die moderne Welt wird, desto unvermeidlicher wird die Erzählung: Narrare necesse est.[366]

Marquard sieht deshalb im Erzählen bzw. in einem narrativ objektivierten Denken, wie es uns in Mythen, Geschichten und Fiktionen begegnet, dann auch eine genuine Form der Gewaltenteilung, die zu verhindern vermag, dass Denkinhalte sich monolithisch präsentieren und dogmatisch verfestigen. Deshalb spricht er dann sogar von einer Mythenpflichtigkeit des Menschen, die das Denken lebendig erhalten könne.

Diese hohe anthropologische Wertschätzung des Erzählens findet sich wie schon erwähnt auch schon bei dem Juristen und Phänomenologen Wilhelm Schapp. Für ihn gehört das Verstricktsein in Geschichten zu der genuinen Lebensform des Menschen, insofern für ihn erst in Geschichten Menschen, Tiere und Häuser als eigenständige Phänomene hervortreten und auf eben diese Weise dann zu möglichen Dialogpartnern von Menschen werden können.[367] Dynamische Geschichten und nicht statische Begriffe sind deshalb für Schapp gleichsam sinnbildende Zauberstäbe, mit deren Hilfe die Welt in ihrer inneren Komplexität und Zeitbezogenheit erst wirklich gesthalt hervortreten könne.

Auf ähnliche Weise wie Schapp argumentiert auch dessen Zeitgenosse Robert Musil im Hinblick auf die anthropologische Relevanz von Erzählvorgängen. Allerdings betont er ausdrücklich, dass das rein chronologische literarische Erzählen mit Hilfe von chronologischen Zeitkonjunktionen wie etwa *„als"*, *„ehe"* oder *„nachdem"* ein ewiger *„Kunstgriff der Epik"* sei, den er allerdings letztlich dann doch für eine *„perspektivische Verkürzung des Verstandes"* hält, weil eben dadurch die menschliche Vorstellungsbildung auch allzu sehr vereinfacht werden könne. Seinem Ulrich in dem Roman *Der Mann ohne Eigenschaften* ist dieses chronologisch-epische Vereinfachungsmuster für die Erfassung des Lebens und des Erzählens dann auch gänzlich abhandengekommen. Ihm breitet sich das Leben und das Erzählen vielmehr in Form einer *„unendlich verwobenen Fläche"* dar,

---

366 O. Marquard: Narrare necesse est. In: O. Marquard: Philosophie des Stattdessen. 2000, S. 60–65, hier S. 63.
367 W. Schapp: In Geschichten verstrickt, 2012[5], S. 84.

für die rein chronologische Abläufe und Strukturierungen keine dominante Rolle mehr spielen.[368]

Wenn man nun beim literarischen Erzählen den Ordnungsfaden der ablaufenden Zeit und die damit verbundenen Kausalrelationen im Sinne Musils marginalisiert und das Erzählen mit einer unendlich verwobenen Fläche analogisiert, dann verliert dieses Erzählen natürlich seinen chronologischen Ariadnefaden, der Orientierungsprozesse erheblich erleichtert. Die immanente Spannung des Erzählens muss deshalb auch auf anderen Ebenen gesucht werden. Dabei bekommen die ironischen Erzählweisen dann eine ganz besondere Bedeutung, insofern nun jede Einzelvorstellung durch eine andere immanent relativiert werden kann. Auf diese Weise werden dann bestimmte Denkinhalte nicht an sich und für sich wahrgenommen, sondern im Spiegel von anderen, was natürlich immer mit ganz bestimmten Brechungsfunktionen verbunden ist, die allerdings gleichzeitig auch neue Wahrnehmungsweisen für diese ermöglichen. Auf diese Weise kann dann der Verholzung von Einzelvorstellungen vorgebeugt werden, da immer wieder neu entschieden werden muss, was als Vordergrundinformation zu werten ist und was als Hintergrundinformation bzw. was als stabilisierender Stamm und was als ausladende Krone wahrgenommen werden sollte.

Wenn man vor dem Hintergrund dieser Überlegungen nun die anthropologischen Implikationen des Erzählens zu thematisieren versucht, dann lässt sich auf die folgenden Tatbestände aufmerksam machen. Das Erzählen präsentiert sich vordergründig in der Regel meist als eine Berichterstattung von Handlungen im Rahmen eines chronologischen Zeitverständnisses. Dabei richtet sich das Hauptinteresse dann natürlich eher auf die Objektseite eines Geschehens und weniger auf das Problem, dass das jeweils Erzählte immer schon eine spezifische Interpretation von Vorgängen in einer ganz bestimmten individuellen Wahrnehmungsperspektive mit ganz spezifischen Wahrnehmungsinteressen ist. Im alltäglichen Erzählen scheint der Erzähler allerdings als Interpret eines Geschehens oft ganz hinter den von ihm vermittelten Inhalten zu verschwinden, nur im auktorialen literarischen Erzählen tritt er für uns als interpretierender bzw. als gestaltbildender Vermittler eines Geschehens sehr deutlich hervor.

Ein genauerer Blick zeigt nun aber, dass sich selbst eine ganz einfache Geschichte nicht am Leitfaden der Chronologie gleichsam von selbst erzählt, sondern dass sie von dem jeweiligen Erzähler im Hinblick auf ganz bestimmte Objektivierungsinteressen zielgerichtet gestaltet werden muss, da er ja im Erzählprozess die Objektsphäre mit der Subjektsphäre der Welt immer in eine ganz bestimmte Beziehung miteinander setzen muss. Er muss sich nämlich ständig

---

368 R. Musil: Der Mann ohne Eigenschaften. Gesammelte Werke. Bd. 2, S. 650.

entscheiden, welche Erzählinhalte er in den Vordergrund des Wahrnehmungsinteresses rücken möchte und welche in den Hintergrund. Das bedeutet faktisch, dass man alle Erzählprozesse immer auch als Analyse- und Syntheseprozesse verstehen kann, die sich zugleich auch als subjektbedingte Gestaltbildungsprozesse ansehen lassen.

Diesen Tatbestand hat der Kognitionspsychologe Neisser auf eine fast paradoxe Weise als „*Analyse durch Synthese*" beschrieben bzw. etwas weniger provozierend als „*Ausprobieren von Hypothesen*". Mit Peirce ließen sich diese konstruktiven Objektivierungsprozesse beim Erzählen dann auch als eine Erscheinungsweise der Interpretantenbildung für eine konkrete erzählerische Vorstellungsbildung verstehen, die natürlich immer auch auf die Hilfe der menschlichen Einbildungskraft angewiesen sind.

Die konkreten mentalen Sinnbildungsprozesse beim Erzählen lassen sich auch durch eine Formel erläutern, die der Kunsthistoriker Erwin Panofsky in Anlehnung an Cassirers Idee der symbolischen Formen als „*Objektivierung des Subjektiven*" bezeichnet hat.[369] Dieses Formel hat Panofsky zwar im Hinblick auf die Sinnbildungsfunktion der Zentralperspektive in der Malerei der Renaissance entwickelt, in der bei der Gestaltung von Bildern alles so korreliert und objektiviert wird, wie es sich für ein wahrnehmendes Subjekt in Relation zu einem ganz bestimmten räumlichen und zeitlichen Sehepunkt darstellt. Aufschlussreiche Ausnahmen für diese Gestaltungsweise von Bildern finden sich allerdings auch schon in mittelalterlichen Familienbildern, in denen Personen aus ganz unterschiedlichen zeitlichen Epochen auf einem Bild dargestellt werden, die zwar nicht in dieselbe chronologische Zeit gehören, aber durchaus in den Rahmen einer Großfamilie, die natürlich auch eine bestimmte zeitliche Korrelationsform von Personen objektivieren kann. Auch Raffaels vatikanisches Deckengemälde *Die Schule von Athen* vereinigt trotz seiner grundsätzlichen zentralperspektivischen Darstellungsweise Philosophen auf einem Bild miteinander, die zeitlich gar nicht in dieselbe historische Epoche gehören und die sich faktisch auch nie getroffen haben (Heraklit, Aristoteles, Plotin, Averroes usw.). Allerdings gehören alle Personen zu der Familie der Philosophen, was dann natürlich auch eine ganz bestimmte Analogie zwischen ihnen stiftet.

Interessant sind in diesem Zusammenhang auch die Grafiken von Maurits C. Escher. Viele von ihnen verweigern sich nämlich den üblichen Darstellungspostulaten der zentralperspektivischen Malerei. Diese sollen nämlich im Prinzip immer sicherstellen, dass auf Bildern die Proportionen und die Korrelationen zwischen einzelnen konkreten optischen Seheindrücken immer auf ganz realistische

---

369 E. Panofsky: Die Perspektive als „symbolische Form". 1927, S. 287.

Weise sehbildgetreu ikonisch objektiviert werden. In deutlicher Opposition zu diesen Postulaten, zwingt Escher auf seinen Bildern nämlich einzelne konkrete Wahrnehmungsaspekte Erfahrungsgegenständen faktisch so zusammen, wie sie von uns nie zugleich in dieser Weise und Form wahrgenommen werden können. Das provoziert dann natürlich die Frage, welche Analogien und Differenzen diese Bilder dann zu unseren Vorstellungen von möglichen Realitäten aufweisen.

Von sehbildgetreuen bzw. von chronologiegetreuen Objektivierungsprozessen ist nun auch in sprachlichen Erzählvorgängen meist nicht auszugehen, da der Erzähler hier ja seinen jeweiligen zeitlichen Sehepunkt für die Objektivierung von Sachverhalten nicht nur sehr viel leichter ändern kann als der Maler, sondern auch ständig ändern muss, wenn er nicht nur schematisch-chronologisch, sondern auch sinnbildend erzählen möchte. Beim Erzählen geht es sachlich ja in der Regel um die Gestaltung von Werdensvorgängen und nicht wie beim Malen um die Gestaltung von meist relativ statischen Sachverhalten. Aus diesem Grunde hat Lessing in seinen Überlegungen zu der antiken Laokoon-Gruppe dann auch betont, dass die Bildhauerei ebenso wie die Malerei eine raumbezogene Kunst sei, aber nicht wie die Dichtung eine zeitbezogene Kunst, gerade weil ihre genuinen Darstellungsmittel die artikulierten Töne im Fluss der Zeit seien. Das schließt für Lessing dann allerdings keineswegs aus, dass es sowohl in der Malerei als auch in der Bildhauerei Hinweise auf die mögliche Vor- und Nachgeschichte des jeweils sinnlich Objektivierten geben könne.[370]

Obwohl das Erzählen sicherlich mit Lessing als eine zeitbezogene Kunst anzusehen ist, insofern beim Erzählen die Verben mit ihren Tempus-, Modus- und Genusformen sowie die temporalen Konjunktionen und Präpositionen immer eine ganz wichtige Rolle spielen, so darf doch nicht vergessen werden, dass beim Erzählen immer auch kategorisierende Substantive eine wichtige Ordnungsfunktionen haben sowie grammatische Strukturierungsmuster, die auf etwas Bezug zu nehmen scheinen, was immerwährend gültig ist und was keinen Veränderungsprozessen im Ablauf der Zeit zu unterliegen scheint. Deshalb haben wir unsere Aufmerksamkeit im Rahmen von Erzählprozessen dann auch immer auf solche Ordnungsmuster zu richten, mit denen relativ zeitlose bzw. allgemeingültige logische bzw. psychologische Ordnungsfunktionen verbunden sind. Ein sehr aufschlussreiches Beispiel ist in diesem Zusammenhang neben den prädikativen und attributiven sprachlichen Korrelationsmustern bzw. den grammatischen Dependenzmustern die sogenannte *Thema-Rhema-Relation*.

---

370 G. E. Lessing: Laokoon: oder über die Grenzen der Malerei und Poesie. Werke, Bd. 6, S. 7–187.

Während die Frage nach den direkten und indirekten prädikativen bzw. dependenziellen Ordnungsstrukturen in Äußerungen im Prinzip klären will, welche immanenten syntaktischen und logischen Ordnungsstrukturen prägend für die Bildung von Einzelsätzen sind, konzentriert sich die Frage nach der Thema-Rhema-Relation in Sätzen und Texten primär darauf, wie satzübergreifende Ordnungsstrukturen in Sätzen bzw. in Texten geregelt werden können. Das hat dann natürlich auch genuine psychologische Implikationen für die strukturelle Organisation von gut verständlichen Erzählprozessen, die aus der spezifischen Korrelation bzw. Interaktion von Einzelaussagen resultieren. Mit der Frage nach dem *Thema* einer einfachen oder komplexen Äußerung zielt man darauf ab, welche Grundinformation einer bestimmten Äußerung faktisch zugrunde gelegt wird, und mit der Frage nach dem *Rhema* zielt man darauf ab, welche Neuigkeit bzw. Besonderheit dieser Grundinformation vom Sprecher zugeordnet wird. Das bedeutet, dass das Thema einer linearen sprachlichen Äußerung immer die erste abgrenzbare Sinneinheit ist, die dann durch das Rhema in ihrer Besonderheit von dem jeweiligen Sprecher für den Kommunikationspartner näher qualifiziert wird.

Diese Qualifizierung kann dann natürlich nicht nur rein sachlich, sondern auch psychologisch bzw. intentional bedingt sein. Auf jeden Fall lässt sich sagen, dass der Thema-Rhema-Relation eine sehr viel größere anthropologische, psychologische und dialogische Relevanz zugebilligt werden kann als der grammatische Subjekt-Prädikations-Relation im Sinne einer rein sachlogischen Determinationsrelation. Gerade weil die Thema-Rhema-Relation immer auf die innere kommunikative Dynamik einer Äußerung abzielt, hat sie dann auch eine große erzählerische Relevanz, da sie ja nicht nur auf zeitenthobene begriffliche Determinierungsrelationen Bezug nimmt, sondern auch auf den sukzessiven linearen Aufbau von komplexen Vorstellungsinhalten.

Die terminologische Bezeichnung *Thema-Rhema-Relation* für die sinnbildende Funktion der zeitlichen Reihenfolge von Einzelinformationen in Sätzen und Texten hat Hermann Ammann 1925 eingeführt.[371] Im Laufe der Zeit sind auch noch andere Benennungen für die Bezeichnung der Korrelation von Erstglied und Zweitglied in sprachlichen Äußerungen in Umlauf gekommen wie etwa *funktionale Satzperspektive, kommunikative Satzdynamik, Topik-Fokus-Relation* oder *topic-comment-structure*. All diese unterschiedlichen Bezeichnungen haben das Ziel, nachdrücklich darauf aufmerksam zu machen, dass in sprachlichen Sinnbildungsprozessen nicht nur zeitenthobene grammatisch-logische Strukturordnungen eine konstitutive Rolle spielen, sondern auch Korrelationszusammen-

---

371 H. Ammann: Die menschliche Rede. 1974⁴, S. 141. Vgl. auch W. Köller: Perspektivität und Sprache. 2004, S. 649–659. W. Köller: Die Zeit im Spiegel der Sprache. 2019, S. 316–323.

hänge, die etwas mit der zeitlichen Reihenfolge von Aussageelementen in Sätzen und Texten zu tun haben. Das bedeutet, dass die Thema-Rhema-Relationen in Äußerungen etwas mit den kommunikativen Zielsetzungen des jeweiligen Sprechers zu tun haben bzw. damit, wie dieser für seine Kommunikationspartner Objektwelten und Subjektwelten in Beziehung miteinander zu setzen versucht. Das lässt sich sehr gut an drei unterschiedlichen Formulierungen eines bekannten Sprichwortes demonstrieren, die faktisch dieselbe faktische Sachaussage machen, aber die dieser dann doch ein je unterschiedliches kommunikatives Relevanzprofil geben.

1. Man fängt Mäuse mit Speck.
2. Mäuse fängt man mit Speck.
3. Mit Speck fängt man Mäuse.

In der 1. Fassung des Sprichwortes wird die übliche grammatische Reihenfolge von Satzgliedern in Aussagen (Subjekt, Prädikat, Akkusativobjekt, adverbiale Bestimmung) eingehalten, die allerdings nicht viel dazu beiträgt, der ganzen Aussage ein ganz spezifisches pragmatisches Sinnbildungsprofil zu geben. In der 2. Fassung bekommt das Sprichwort dagegen schon ein etwas anderes Sinnbildungsprofil, weil nämlich gleich am Anfang der Äußerung die konkrete Zielsetzung der Mitteilung thematisiert wird. In der 3. Fassung wird der kommunikative und pragmatische Sinn dieses Sprichwortes noch prägnanter akzentuiert, weil gleich zu Beginn der Äußerung das Handlungsmittel benannt wird, mit dem das Ziel der jeweiligen Handlung realisiert werden soll. Gerade das ist dann auch für die pragmatische Funktion von Sprichwörtern natürlich ganz besonders sinnvoll, da diese ja in der Regel eine handlungsanleitende pragmatische Funktion haben.

Informationspsychologisch gesehen lässt sich die lexikalische Besetzung der Themaposition in einer sprachlichen Äußerung mit dem Eröffnungszug in einem Spiel analogisieren, weil damit eine ganz bestimmte Erwartungsspannung für das darauf Folgende erzeugt werden kann. Als Thema einer sprachlichen Äußerung lässt sich deshalb dann auch nicht nur das erste Glied eines Satzes verstehen, sondern auch die Überschrift eines Textes, der erste Satz eines Textes oder das erste Kapitel eines Buches, insofern all diese sprachlichen Inhaltsgrößen eine spezifische Erwartungsspannung für Folgegrößen bzw. Folgeinformationen auslösen. Je situationsunabhängiger oder je abstrakter die Sprache verwendet wird, desto notwendiger wird es, seine Äußerungen nicht nur grammatisch korrekt durchzustrukturieren, sondern ihnen auch ein spezifisches informationspsychologisches Spannungsprofil zu geben.

Die analogisierende Zauberstabsfunktionen der Thema-Rhema-Relationen beim Sprachgebrauch exemplifizieren sich auch sehr deutlich im ersten Satz des Romans *Stiller* von Max Frisch: „*Ich bin nicht Stiller!*" Auf der Thema-Position steht hier ein vorerst semantisch ungesättigtes Personalpronomen, das natürlicherweise gesehen auf eine personale inhaltliche Füllung drängt. Zugleich erzeugt der ganze erste Satz aber auch eine Neugier darauf, welche Identität die vorerst nur pronominal thematisierte Person denn nun faktisch hat, wenn sie nicht Stiller ist. Zugleich wird damit dann auch indirekt die Frage gestellt, welche anthropologische Relevanz die Ausbildung einer persönlichen Identität für Menschen überhaupt haben könnte.

Das Thema-Rhema-Konzept für die Sinninterpretation sprachlicher Äußerungen verdeutlicht sehr gut, dass zum Verständnis der komplexen Sinnstruktur sprachlicher Äußerungen nicht nur ein angemessenes Verständnis von grammatischen und lexikalischen Einzelzeichen gehört, sondern auch ein Verständnis der sinnbildendenden Funktionen der zeitliche Abfolge von Einzelinformationen in sprachlichen Äußerungen. Das könnte dann sogar dazu berechtigen, die Thema-Rhema-Relation als eine sinnbildende grammatische Metainformation für lexikalische Grundinformationen anzusehen, die den kommunikativen Stellenwert von lexikalischer Basisinformationen präzisieren. In jedem Fall signalisiert die Thema-Rhema-Relation aber in sprachlichen Äußerungen, dass die zeitliche Reihenfolge von lexikalischen Einzelinformationen immer einen wichtigen Beitrag zur Strukturierung von komplexen sprachlichen Sinnbildungsprozessen leisten kann und dass das Verständnis von Sprache nicht nur auf lexikalische und grammatische Zeichen im üblichen Sinn beschränkt werden darf, sondern auch das Phänomen der zeitlichen Abfolge von sprachlichen Zeichen als einen spezifischen Sinnbildungsfaktor ernst zu nehmen hat.

Die Erzählformen haben sich im Laufe der Kulturgeschichte nicht nur im Bereich der Literatur deutlich ausdifferenziert, sondern auch im Bereich der Historiographie und auch der Philosophie. In all diesen Bereichen spielen die Phänomene der Raffung und Dehnung von Zeit eine sehr wichtige Rolle bzw. die Reduktion und die interpretative Ausweitungen von zusätzlichen Hinweisen, die nicht immer gleich als sprachliche Zeichen ins Auge fallen. In diesem Zusammenhang spielt dann auch eine wichtige Rolle, ob sich der jeweilige Erzähler bei der Mitteilung von Inhalten auf eine konsequente bloß registrierende Außensicht von Handlungen beschränkt oder ob er auch in Form einer Innensicht Mitteilungen darüber macht, wie die beteiligten Handlungspersonen ihre jeweiligen Außenwelten faktisch verstehen bzw. zu interpretieren versuchen. Auf jeden Fall ist in Erzählprozessen immer zu beachten, in welchem Verhältnis die ablaufende chronologische Realzeit zu der jeweils in Anspruch genommenen Erzählzeit steht bzw. welche Konsequenzen das für konkrete sprachliche Verstehensprozesse hat.

Erzählprozesse lassen auf sehr vielfältige Weise konkretisieren. Darauf lässt sich durch folgende Stichworte schon aufmerksam machen, mit denen sich vereinfachende und typisierende Alternativen aufzeigen lassen: erzählerische Rückschau oder Mitschau, Außensicht oder Innensicht des jeweiligen Erzählers, chronologische oder thematische Anordnung von Erzählinhalten, neutrale Registrierung von Sachverhalten oder kommentierende Stellungnahmen zu Sachverhalten, ausgesprochen objektorientiertes Erzählen oder doppelbödiges ikonisch orientiertes Erzählen mit subjektorientierten Implikationen usw. Jede dieser Erzählweisen stiftet andere Analogien und Kontraste zwischen den jeweils thematisierten Phänomenen. Ein ganz neutrales sprachliches Registrieren von Tatsachen ist in Erzählprozessen gar nicht möglich, weil diese natürlich immer perspektivierende mehrdimensionale Erschließungsprozesse sind, die nicht nur eine Eigenbeweglichkeit des Erzählers selbst voraussetzen, sondern auch eine mentale Eigenbeweglichkeit der jeweiligen Rezipienten von Erzählprozessen.

Besonders vielfältige Varianten des Erzählens gibt es natürlich im Bereich des fiktionalen Erzählens. Das soll hier am Beispiel der sogenannten *erlebten Rede* in literarischen Erzählprozessen exemplifiziert werden.[372] Der literaturwissenschaftliche Analysebegriff *erlebte Rede,* der im Englischen mit *free indirect speech* bzw. *dual voice* und im Französischen mit *style indirect libre* benannt wird, hat Etienne Lorck 1921 geprägt.[373] Die historische Genese dieser literarischen Erzählform ist nicht zuletzt auch dadurch bedingt, dass ein Gegenmodell insbesondere zu dem auktorialen Erzählen gesucht wurde, das seit dem späten 18. Jh. in Mode gekommen war, aber Ende des 19. Jh. dann doch zunehmend als zu distanzierend empfunden wurde. Diese neue Erzählweise, die in literarischen Texten allerdings nicht durchgängig, sondern nur punktuell eingesetzt wurde, hatte dann allerdings auch die Konsequenz, dass sich das literarische Wahrnehmungsinteresse nun nicht mehr nur auf die jeweiligen Erzählinhalte selbst sowie auf den jeweiligen Erzähler richtete, sondern in zunehmenden Maße auch auf die sinnbildenden Funktionen der literarischen Erzähl- und Gestaltungsweise selbst.

---

[372] Ausführlichere Verweise auf die Entstehungsgeschichte und Sinnbildungsfunktion dieser literarischen Erzählform, die große Probleme aufwerfen kann, wenn sie in nicht-fiktionalen Erzählprozessen verwendet wird, finden sich in den folgenden Veröffentlichungen des Verfassers: W. Köller: Perspektivität und Sprache. 2004, S. 706–719. W. Köller: Die Zeit im Spiegel der Sprache. 2019, S. 413–422.

[373] E. Lorck: Die „erlebte Rede". 1921.

Beim Gebrauch der erlebten Rede tritt der Erzähler nämlich prinzipiell weder als ein anonymer bzw. bloß registrierender Berichterstatter auf den Plan noch als ein allwissender auktorialer Erzähler, der seine Erzählinhalte auch mit erläuternden und wertenden Kommentaren zu den Handlungs- und Denkweisen der jeweils thematisierten Personen anreichert. Vielmehr wird erprobt, mit welchem erzählerischen Verfahren sich bestimmte Vorstellungsinhalte ganz unmittelbar in das Vorstellungsvermögen eines Lesers bringen lassen, ohne dass sie dabei deutlich als erzählte bzw. vermittelte oder gar als gefilterte Denkinhalte in Erscheinung treten. Das hat dann natürlich auch die Konsequenz, dass sich im Erzählvorgang ein ganz besonderes Interesse immer darauf konzentriert, mit welchen sprachlichen bzw. stilistischen Mitteln der Erzählprozess selbst konkret realisiert wird. Das impliziert dann auch, dass es besonders wichtig wird, ob parataktisch oder hypotaktisch erzählt wird, wie die direkte und indirekte Rede verwendet wird, wie Tempus-, Modus- und Genusformen eingesetzt werden, wie mit Rückblenden und Vorausdeutungen umgegangen wird, welche Rolle deskriptive und wertende Attribute spielen, welche Modalisierungsmittel bevorzugt werden usw.

All das steigerte dann natürlich auch das Interesse dafür, wie man Erzählvorgänge sprachlich so gestalten kann, dass in ihnen der Objekt- und der Subjektbezug des Erzählens auf fruchtbare Weise miteinander gestaltet werden kann bzw. wie man Erzählprozesse sprachlich so strukturieren kann, dass sich die jeweiligen Leser ganz unmittelbar in erzählerisch vermittelte Lebenswelten hineinversetzen können. Man suchte nach Erzählverfahren, in denen man gleichsam vergessen konnte, dass es sich um sprachlich bzw. erzählerisch konstituierte und vermittelte Lebenswelten handelt, hinter denen auch ganz spezifische Darstellungs- und Vermittlungsintentionen stehen. Die Entwicklung der sogenannten erlebten Rede hatte insbesondere das Ziel, dass die Adressaten das erzählerisch Mitgeteilte gleichsam als etwas unmittelbar Erlebtes wahrnehmen können, das nicht schon durch die übliche erzählerische bzw. semiotische Distanzierung und Interpretation vorgeprägt ist. Das bedeutet, dass die Erzählform der erlebten Rede das gestalterische Ziel hat, unmittelbare Imaginationen in sprachlichen Vermittlungsprozessen zu erleichtern. Dementsprechend wird dann das Erzählverfahren der erlebten Rede dann auch durch folgende sprachliche Merkmale konstitutiv geprägt.

Beim Erzählen verwendet der Erzähler durchgehend das Präteritum als episches Darstellungstempus, mit dem ja traditionell signalisiert wird, dass alle Erzählinhalte in einer einheitlichen Wahrnehmungsperspektive wahrgenommen werden sollen. Auf diese Weise kann sich der faktische Erzähler einer Geschichte dann auch zu einem direkten Sprachrohr für die Denk- und Wahrnehmungsweisen derjenigen Personen machen, die ganz bestimmte Erlebnisse machen. Das hat Stanzel in Anlehnung an Spitzer dann prägnant als *„Ansteckung"* der Erzählersprache durch die Figurensprache bezeichnet.[374]

Das bedeutet perspektivisch, dass der Erzähler bei dieser Form des Erzählens auf fast unmerkliche Weise von der Rolle eines distanzierten Berichterstatters über faktische Ereignisse zu der Wiedergabe der Wahrnehmungs- und Denkinhalte derjenigen Person übergeht, über die er eigentlich etwas in episch distanzierter Weise erzählen müsste. Das impliziert dann perspektivisch gesehen, dass die Erzählerrede fast unmerklich in eine Figurenrede übergeht, die grammatisch eigentlich als eine wörtliche Rede der jeweiligen Person gekennzeichnet werden müsste, über die der faktische Erzähler eines Romans etwas mitteilt. Es impliziert weiter, dass auf diese Weise gleichsam eine monolithische sprachliche Objektivierung von Sachverhalten entsteht, die bei genauer Betrachtung eigentlich einen zweistimmigen Charakter haben müsste, insofern die Sichtweise des faktischen Erzählers in die seiner jeweiligen Erzählfigur übergeht, was sich perspektivisch gesehen dann auch als eine ganz besondere Form einer erzählerischen Überblendungstechnik beschreiben ließe.

Ein Hinweis für den Übergang von einer distanzierenden vermittelnden Erzählerrede zu einer erlebte Rede, in welcher der faktische Erzähler zu einem direkten Sprachrohr der Personen wird, über die er uns eigentlich etwas distanziert erzählen sollte, ist nun der Umstand, dass die distanzierende Erzählform des epischen Präteritums zwar formal beibehalten bleibt, aber unter diesen Umständen nun faktisch eine szenische Unmittelbarkeit bekommt, die grammatisch im Prinzip als wörtliche Rede oder als ein referierter Denkinhalt der jeweiligen Person durch den Gebrauch des Konjunktivs deutlich markiert werden müsste. Sprachliche Indizien für diesen Übergang des Erzählens in eine andere sprachliche Objektivierungs- bzw. Vermittlungsform sind nun folgende Merkmale: Verwendung expressiver, dialektaler und individueller Sprachformen, Verschmelzung einer erzählerischen Mittelbarkeit und einer szenischer Unmittelbarkeit, Anreicherung der Rede durch Modalwörter und Modalpartikeln, weitgehender Verzicht auf eine komplexe konjunktionale Verkettung von Aussagen, assoziative Einschübe, emotionsträchtige Attribute, faktische Nähe zum einem spontanen individuellen Sprachgebrauch usw.

Aus alldem ergibt sich nun, dass die erlebte Rede eine sprachliche Vermittlungsform ist, die eine sehr große Nähe zum spontanen mündlichen Sprachgebrauch hat, der ja in der Regel einen unmittelbaren Sachbezug besitzt. Sehr problematisch wird diese sprachliche Vermittlungsform allerdings dann, wenn sie

---

374 F. K. Stanzel: Theorie des Erzählens. 1979, S. 247.

nicht in fiktionalen literarischen Texten verwendet wird, sondern in mündlich vorgetragenen historisierenden Erzählformen, die in der Regel natürlich immer einen objektbezogenen nichtfiktionalen Repräsentationsanspruch stellen. Hier kann diese einfühlende Erzählweise nämlich zu beträchtlichen Verstehensproblemen führen, da hier verständlicherweise ja rein objektorientierte Erzählweisen erwartet werden, aber keine Amalgamierungen von subjekt- und objektorientierten Mitteilungsweisen wie sie in der fiktionalen Literatur durchaus üblich sind.

Diese Erfahrung hat beispielsweise der Bundestagpräsident Philipp Jenninger 1988 in einer Gedenkrede zum 50. Jahrestag der nationalsozialistischen Pogrome von 1938 im Bundestag machen müssen. In dieser mündlich vorgetragenen Rede, die auch direkt im Fernsehen übertragen worden ist, hat er nämlich Sprachverwendungsweisen verwendet, die der literarischen fiktionalen Erzählform der *erlebten Rede* sehr nahe stehen. In seiner Rede hat er beispielsweise Fragen formuliert, mit deren Hilfe er plastisch verdeutlichen wollte, welche Überlegungen die Zuschauer der damaligen Pogrome sich möglicherweise beim Anblick dieser sehr unwürdigen Szenen gemacht haben.

> Und was die Juden anging: Hatten sie sich nicht in der Vergangenheit doch eine Rolle angemaßt – so hieß es damals –, die ihnen nicht zukam? Mußten sie nicht endlich einmal Einschränkungen in Kauf nehmen? Hatten sie es nicht vielleicht sogar verdient, in ihre Schranken gewiesen zu werden? Und vor allem: Entsprach die Propaganda – abgesehen von wilden, nicht ernstzunehmenden Übertreibungen – nicht doch in wesentlichen Punkten eigenen Mutmaßungen und Überzeugungen?[375]

Solche Fragen sowie der unkommentierte Gebrauch von Begriffen aus dem nationalsozialistischen Sprachgebrauch (*arisches Eigentum, Arisierung, Rassenschande*) haben dann einen Sturm der Entrüstung ausgelöst. Viele Abgeordnete verließen aus Protest den Bundestag. In der Presse gab es reißerische Schlagzeilen (*Antisemitismus im deutschen Bundestag, Hitler vom Bundestagspräsidenten entschuldigt.*). Obwohl Jenninger persönlich sicherlich völlig unverdächtig war, nationalsozialistischem Gedankengut anzuhängen, wurde der öffentliche Protest gegen ihn so stark, dass er am folgenden Tag von seinem Amt als Bundestagspräsident zurücktrat. Zum Verhängnis war ihm nämlich geworden, dass er in seiner historischen Gedenkrede eine einfühlende literarische Erzähl- bzw. Vermittlungsform gewählt hatte, die dem Texttyp *historische Gedenkrede* eigentlich

---

375 Vgl. P. von Polenz: Verdünnte Sprachkultur. Deutsche Sprache, 17, 1989, S. 289–316. Im Anhang dieses Aufsatzes ist die Rede von Jenninger vollständig abgedruckt. Zitat: S. 310.

unangemessen ist und die deshalb dann auch nachvollziehbarerweise Missverständnisse auslösen konnte, aber nicht musste.

Dabei ist nun allerdings auch zu beachten, dass Jenninger bei seinem Gebrauch des nationalsozialistischen Vokabulars dieses in seiner mündlich vorgetragenen Rede nicht deutlich durch metainformative gestische, mimische und intonatorische Zeichen relativiert hat, was in einer schriftlichen Fassung der Rede beispielsweise durch Anführungsstriche oder durch einen Schriftartwechsel ja leicht möglich gewesen wäre. Dadurch wird dann auch verständlich, warum diese Rede in der ausländischen Presse keineswegs einen vergleichbaren Proteststurm ausgelöst hat wie den im Bundestag und in der inländischen Presse, da im Ausland weitgehend auf die schriftliche Fassung der Rede Bezug genommen worden ist, wo diese metainformativen Interpretationsmittel dann auch teilweise verwendet worden sind, um deutlich zwischen der Rede von Figuren und der Rede eines Erzählers deutlich zu unterscheiden. Auf diese erwartbare klare Unterscheidung bei historischen Darstellungen im Kontrast zu fiktionalen Darstellungen hat Jenninger in seiner historisch orientierten Gedenkrede aber leider im Rahmen seiner Bemühungen verzichtet, es seinen Zuhörern zu erleichtern, sich eine unmittelbare lebendige Vorstellung von einer ganz konkreten historischen Situation zu machen.

10 Das Analogiephänomen in Textmustern

Wenn man grundsätzlich davon ausgeht, dass alle sprachlichen Formen bzw. Zeichenträger, seien es nun lexikalische, grammatische oder textuelle, uns auch noch etwas anderes repräsentieren wollen als nur sich selbst, dann lässt sich diesen natürlich immer auch ein potentieller ikonischer Charakter zuschreiben, allerdings kein spiegelbildlicher im Sinne einer anscheinenden Verdoppelung von etwas anderem. Die spezifische Ikonizität zwischen sprachlichen Textformen und faktischen Textinhalten kann natürlich sehr unterschiedlich ausfallen, aber sie ist im Prinzip jedem ikonischen Repräsentationsgedanken strukturell immanent. Deshalb ist die Frage danach, wo strukturellen Ähnlichkeiten zwischen einem faktischen textuellen Zeichenträger und seinem intendierten Zeichenobjekt jeweils liegen können, durchaus gerechtfertigt sowie die zusätzliche Frage danach, mit Hilfe welcher Zeicheninterpretanten wir solche Ähnlichkeiten bzw. Analogien feststellen und qualifizieren können.

Diese Fragestellung ist dann natürlich auch bei kulturell entwickelten sprachlichen Textmustern relevant, wenn wir das Ziel haben, diese auch als Erscheinungsmuster von analogisierenden Zauberstäben mit ganz bestimmten heuristischen Erschließungsfunktion verstehen zu wollen. Von ganz offensichtlichen textuellen Spiegelbildern kann hier allerdings ebenso wie auch bei lexikalischen und grammatischen Zeichen sicherlich nicht die Rede sein, sondern nur von Analogien, die heuristisch erst noch konkretisiert werden müssen.

Die ikonischen Implikationen von komplexen Textmustern als Wahrnehmungsmustern lassen sich natürlich nicht einfach konstatieren, sondern müssen vielmehr hermeneutisch erschlossen werden, was natürlich nicht immer leicht ist, da diese Muster ja sehr vielfältige anthropologische und kulturgeschichtliche Implikationen haben. Die Auswahl der hier behandelten Textmuster lässt sich deshalb sicherlich durchaus in Frage stellen. Gleichwohl wird aber angenommen, dass sie für den europäischen Kulturkreis und für die hier entwickelten Fragestellungen eine ganz bestimmte exemplarische Relevanz besitzen. Außerdem wird auch davon ausgegangen, dass sie zugleich auch für die Präzisierung der hier verfolgten anthropologischen und semiotischen Erkenntnisinteressen bedeutsam sind.

10.1 Die Erzählung

Im Kap. 9.12 wurde das Erzählen schon als eine ganz elementare Sprachgebrauchsweise bestimmt, über die man die Objektsphäre der Welt mit der

Subjektsphäre korrelieren kann. Das Erzählen wurde dabei auch als ein grundlegender Faktor für die Bildung sozialer Gruppen und für die Tradierung eines anthropologisch wichtigen Lebenswissen ins Auge gefasst, das nach Musil eher mit einer verwobenen Fläche als mit einem konstruktiv verwendbaren Teilwissen in Verbindung gebracht werden kann, wobei dann insbesondere das Problem der Objektivierung des Subjektiven eine ganz konstitutive Rolle spielt. In diesem Kapitel soll es nun primär darum gehen, welche erzählerischen Textmuster sich im Laufe der Kulturgeschichte als Gestaltungsmuster herausgebildet haben, um vor allem die anthropologische Integrationskraft der Sprache exemplarisch zu veranschaulichen. Diesbezüglich können dann sowohl nicht-fiktionale als auch fiktionale Erzählmuster näher ins Auge gefasst werden.

Dabei wird dann insbesondere immer eine wichtige Rolle spielen, dass Erzählmuster nicht nur eine Orientierung an dem chronologischen Ablauf von Ereignissen in der Zeit suchen, sondern auch an der kompositorischen Korrelation bestimmter Erzählinhalte in konkreten Erzählabläufen. Bei diesen Bemühungen können dann neben den chronologischen Zusammenhängen auch psychologische, assoziative, interpretative, habituelle und kulturhistorische Gestaltungsmittel eine wichtige Rolle spielen. Auf jeden Fall ist festzuhalten, dass Erzählungen sprachliche Gestaltungsformen sind, deren narrative Kohärenz nicht nur auf chronologischen, kausalen oder additiven Ordnungsgesichtspunkten beruht, sondern auch auf bestimmten intentionalen und interpretativen.

Alle Erzählungen und insbesondere die literarischen können von sehr vielfältigen konkreten Gestaltungsformen Gebrauch machen. Diese lassen sich über die folgenden alternativen Begriffspaare idealtypisch konkretisieren: Rückschau oder Mitschau, anonymer oder persönlicher Erzähler, erzählerische Außensicht oder Innensicht, registrierendes Feststellen oder sinnbildendes Erzählen mit ganz spezifischen ästhetischen Gestaltungsansprüchen, objektorientiertes realistisches Erzählen oder subjektorientiertes ironisches Erzählen usw. Erzählungen können so gestaltet werden, dass sie in einer weitgehend kontemplativen Haltung rezipiert werden können, oder so, dass der Rezipient leicht in die Rolle eines Mitverstrickten hineinwachsen kann. Erzählungen können durch die Wiedergabe wörtlicher Reden von bestimmten Handlungspersonen angereichert werden, so dass sich sogar dramatisierende Effekte erzielen lassen, da ja die jeweils handelnden Personen nicht durch den Erzähler charakterisiert werden, sondern auch durch ihre individuellen Redeweisen selbst. Der Erzähler kann außerdem von dem Mittel der Zeitraffung oder Zeitdehnung Gebrauch machen, um seine narrativen Mitteilungsinhalte mit dramatisierenden Komponenten anzureichern usw.

Auf jeden Fall lassen sich Erzählvorgänge als Gestaltungsvorgänge verstehen bzw. als kreative Ausarbeitungen von Erzählmustern, die mit dem Phänomen der Zeit, der Kausalität und der Interpretation spielen können. Das bedeutet, dass Erzählprozesse und Erzählmuster auch als Lebensphänomene in Erscheinung treten können, insofern sie sich als Interaktionsformen zwischen der Objekt- und der Subjektsphäre der Welt verstehen lassen. Sowohl in Lebens- als auch in Erzählprozessen müssen nämlich Verfestigungs- und Flexibilisierungsprozesse immer in ein ganz bestimmtes Gleichgewicht miteinander gebracht werden bzw. alle Musterbildungen immer mit ganz bestimmten Gestaltungszielen verbunden werden.

Volker Klotz hat deshalb das „*Erzählen*" bzw. die Variation von tradierten Erzählmustern als eine Form des „*Enttötens*" thematisiert.[376] Diese metaphorische bzw. ikonische Charakterisierung von Erzählprozessen bzw. Erzählmustern ist insofern aufschlussreich, weil sich dadurch Erzählungen und Erzählmuster auch sehr gut als semiotische Zauberstäbe thematisieren lassen, mit deren Hilfe sich alle Formen der Verholzung von menschlichen Wahrnehmungs-, Objektivierungs- und Mitteilungsprozessen flexibilisieren lassen. Erzählvorgänge haben offenbar ein unerschöpfliches evolutionäres Potential, durch das es möglich wird, unfruchtbar gewordene sprachliche Objektivierungsperspektiven durch die Variation und Mutation von etablierten Erzählweisen so zu verändern, dass ihre grundsätzlichen semiotischen Korrelationsfunktionen kulturhistorisch lebendig bleiben können. Ebenso wie biologische Mutations- und Selektionsprozesse bestimmten Lebensformen eine Überlebenschance unter neuen Lebensbedingungen ermöglichen, so bewahren auch flexible Gestaltungsprozesse das Erzählen davor, dass es im Laufe der Zeit als ein tendenziell höchst variables sprachliches Sinnbildungsverfahren faktisch verholzt oder ausstirbt.

Erzählungen bzw. variable Erzählmuster sind so gesehen dann auch als kreative Korrelations- und Interaktionsformen anzusehen, die kulturelle Wahrnehmungs- und Vermittlungstraditionen davor bewahren, zu erstarren oder gänzlich abreißen. Deshalb betrachtet Volker Klotz dann auch das Erzählen funktional als ein Gegenprinzip zum Sterben. Erzählungen aller Art vergeuden so gesehen dann auch keine Lebenszeit, sondern sättigen diese vielmehr inhaltlich auf eine sehr produktive Weise. Diese These hat sich auch schon sehr überzeugend durch Boccaccios *Dekameron* exemplifiziert. In dieser Novellenerzählung wird nämlich veranschaulicht, wie zehn junge Frauen und Männer vor der Pest auf ein einsames Landgut flüchten, um in dieser Abgeschiedenheit körperlich und geistig zu überleben, indem sie einander zehn Tage lang täglich zehn Geschichten erzählen.

---

376 V. Klotz: Erzählen als Enttöten. In: E. Lämmert (Hrsg.): Erzählforschung. 1982, S. 319–334.

Gut verständlich wird in diesem Zusammenhang dann auch, dass Goethe die erzählenden Mitteilungsformen als inspirierender für das geistige Leben empfunden hat als die feststellenden, gerade weil sie einen ganz besonders anregenden Einfluss auf das menschliche Einbildungsvermögen ausübten. In einem Brief an Schiller vom 19.12.1798 legt er nämlich folgendes Bekenntnis ab: *„Übrigens ist mit alles verhaßt, was mich bloß belehrt, ohne meine Tätigkeit zu vermehren oder unmittelbar zu beleben."* [377]

Die inspirierende Anregungskraft von Erzählungen sowohl für das synthetisierende als auch für das analysierende Denken exemplifiziert sich auch recht gut in der seit der Antike diskutierten Denkfigur von der *Rettung der Phänomene*.[378] Diese Denkfigur beinhaltet nämlich sowohl in der Wissenschaftstheorie der Antike als auch in der neuzeitlichen Didaktik als der Lehre von fruchtbaren Lehr- und Lernprozessen, dass gerade diejenigen Phänomene die Menschen in ein Staunen versetzen können, die mit Hilfe von synthetisierenden Erzählungen bzw. mit ganz neuartigen heuristischen Begriffsbildungen sprachlich objektiviert werden. Durch dieses Verfahren können sie nämlich für Menschen zu pragmatisch relevanten Tatbeständen werden, die sowohl eine subjekt- als auch eine objektorientierte Relevanz besitzen. Offenbar werden gegebene Tatbestände nämlich erst dadurch zu anthropologisch bedeutsamen Phänomenen, wenn sie sowohl eine objektorientierte Repräsentationsfunktion als auch eine subjektorientierte Wahrnehmungsrelevanz besitzen. Das bedeutet dann, dass unsere wichtigen Wahrnehmungen nicht nur aus rein objektorientierten Feststellungen resultieren, sondern immer auch aus subjektorientierten abduktiven Sinnbildungsanstrengungen mit einem Überraschungspotential.

Letzteres kann insbesondere auch dadurch gefördert werden, dass man die jeweiligen Phänomene nicht nur in begriffliche, sondern auch in narrative Kontexte einbettet, die ihnen dann sowohl eine erschließende als auch eine kontrastive Hintergrundfunktion geben. Erzählt wird in der Regel nämlich nicht das Selbstverständliche, sondern nur das Überraschende bzw. das Verwunderliche, das im Prinzip nicht zum menschlichen Standardwissen gehört, sondern erst hergestellt werden muss bzw. dessen jeweiliges Interaktionspotential erst aufgedeckt werden muss.

Kulturgeschichtlich gesehen ergibt sich dabei dann nicht nur ein Weg vom Mythos zum Logos, sondern auch ein Weg vom analysierenden Logos zu einem synthetisierenden Mythos bzw. ein Weg von einer exemplifizierenden Erzählung zu einem abstrahierenden Begriff. Das wird insbesondere dann offenbar, wenn

---

377 J. W. von Goethe: Goethes Briefe, Hamburger Ausgabe in 4 Bänden, Bd. 2, S. 392.
378 Vgl. J: Mittelstraß: Die Rettung der Phänomene. 1962.

das sezierende begriffliche Denken und das amalgamierende Erzählen an ihre jeweiligen Grenzen kommen und die Hilfe einer ergänzenden Verstehensform bedürfen. Unter diesen Bedingungen erweisen sich exemplifizierende Erzählungen und veranschaulichende Metaphern immer wieder als unverzichtbare sprachliche Sinnbildungswerkzeuge für gerade solche Wahrnehmungsanstrengungen, die rein begriffliche transzendieren müssen oder wollen. Das veranschaulichen religiöse und ästhetische Sprachverwendungsweisen immer wieder sehr deutlich. Narrationen tragen deshalb ganz entscheidend dazu bei, dass Denkinhalte sich nicht dogmatisch verfestigen und dass geistige Denkanstrengungen nicht nur als begriffliche Schlussfolgerungsprozesse angesehen werden können, sondern auch als exemplifizierende Gestaltungsprozesse.

Das bedeutet dann weiter, dass wir bei der Organisation von Erzählungen, das Dogma von der chronologischen Reihung nicht überstrapazieren dürfen, weil dadurch das Spiel mit sinnbildenden Korrelationen und Interaktionen ziemlich einschränkt würde bzw. unsere kreativen Abduktionsprozesse gegenüber Deduktions- und Induktionsprozessen ins Hintertreffen gerieten. Erzählprozesse müssen von Rückblenden, Voraussagen, direkten und indirekten Kommentaren, wertenden Stellungnahmen, emotionalen und modalisierenden Qualifizierungen sowie von Veränderungen in der chronologischen Reihenfolge von erzählten Ereignissen Gebrauch machen dürfen, um den polyfunktionalen Funktionen des Erzählens gerecht werden zu können. In allen Erzählvorgängen sind deshalb immer unterschiedliche zeitliche Amalgamierungsverfahren vonnöten, um die Dominanz chronologischer und begrifflicher Ordnungsformen zu brechen, wobei insbesondere Zeitraffungen und Zeitdehnungen sowie Variationen von Begriffsbildungen immer eine ganz zentrale Rolle spielen.

Paul Ricœur hat deshalb auch die zunächst ziemlich verblüffende metaphorische These vertreten, *„die Erzählung als den Hüter der Zeit anzusehen"*, da es *„ohne die erzählte Zeit keine gedachte Zeit gäbe."* [379] Er sieht nämlich die Erzählung sowohl auf der Ebene der alltäglichen und historischen Zeitobjektivierung als auch auf der auf der Ebene der literarischen und ästhetischen Zeitobjektivierung als einen lebenden Spiegel an, mit dessen Hilfe ein sehr umfassendes Verständnis von Zeit möglich werde, das alle rein chronologischen Objektivierungen von Zeit übertreffe. Gerade in Erzählprozessen werde nämlich auf ganz natürliche Weise auf die anthropologischen Dimensionen unserer Zeiterfahrung aufmerksam gemacht, insofern wir gerade hier insbesondere auf das Phänomen der Zeitdehnung und der Zeitraffung aufmerksam gemacht würden, was natürlich eine rein chronologische Form der Zeitobjektivierung weitgehend ausschließt.

---

379 P. Ricœur: Zeit und Erzählung, Bd. 3. Die erzählte Zeit. 1991, S. 389.

Weder durch die chronometrische Objektivierung von Zeit als einer messba-
ren Größe noch durch die metaphorische Objektivierung der Zeit als einer eigenständigen Handlungsgröße können wir uns ein so umfangreiches und mehr-
schichtiges Verständnis von Zeit erwerben wie durch ihre erzählerische
Objektivierung. Gerade mit Hilfe von Einzelprozessen lassen sich nämlich die
vielfältigen chronologischen, psychologischen, historischen, anthropologischen
und sprachlichen Aspekte unserer Zeiterfahrung sehr gut miteinander in Verbindung bringen. Mit Hilfe von Erzählungen können wir nämlich das Zeitphänomen
so in unser Vorstellungsvermögen bringen, dass wir es zwar nicht vollständig beherrschen, aber dass wir es doch hinsichtlich seiner Dimensionen und Funktionen überschauen bzw. mit ihm umgehen können.

Aufschlussreich für das Verständnis von Zeit im Rahmen von Erzählprozessen ist nun auch, dass Ricœur den Begriff der Zeit ebenso wie den Begriff der Geschichte sprachlich als einen *Kollektivsingular* klassifiziert hat. Beide Begriffe lassen sich nämlich auf eine konstitutive Weise sowohl in einem singulären als auch
in einem pluralen Sinne verstehen. Ebenso wie sich das Phänomen der Geschichte aus der Interaktion von Einzelgeschichten konstituiert, so konstituiert
sich auch die Zeit für uns aus der Interaktion von einzelnen Zeiterlebnissen. Das
mag begriffslogisch zwar als problematisch erscheinen, aber lebensgeschichtlich
ist es wohl durchaus ein realistisches Zeitverständnis. Sowohl die Geschichte als
auch die Zeit ist nämlich für Menschen gleichsam eine Resultante aus unterschiedlichen aber doch miteinander vernetzten Einzelerfahrungen. Ohne Einzelgeschichten gibt es für Menschen keine Geschichte und ohne einzelne Zeiterfah-
rungen gibt es für den Menschen keine Zeit.

Die Begriffe der Geschichte und der Zeit haben keine eigenständigen kategorialen Ober- und Unterbegriffe, sondern resultieren aus der Gesamtheit von konkreten kohärenten und inkohärenten Aspekten von Veränderungsprozessen in
unseren empirischen und mentalen Erfahrungs- und Vorstellungswelten. Ebenso
wie unsere Vorstellung von Geschichte aus dem Interaktionszusammenhang von
unterschiedlichen Einzelgeschichten hervorgeht, so geht auch unsere Vorstellung von Zeit aus dem Interaktionszusammenhang von unterschiedlichen Zeiter-
lebnisformen hervor bzw. aus den der Erfahrung von Veränderungsprozessen.

Deshalb kommt Ricœur dann ebenso wie Kant auch zu der Grundüberzeugung, dass die Zeit ebenso wie der Raum und die Kausalität als eine apriorische
Voraussetzung für die menschliche Welterfahrung anzusehen sei. In dieser Denkperspektive lassen sich dann vielleicht auch Erzählungen bzw. Erzählmuster als
apriorische Voraussetzungen oder als Zauberstäbe für die menschliche Welterfahrung ansehen, ohne die wir unseren einzelnen Welterfahrungen schwerlich
eine innere Kohärenz zuordnen könnten bzw. ohne die wir kaum differenzierte

Welterfahrungen machen könnten. Wir brauchen exemplifizierende Erzählungen bzw. Geschichten, um relevante Welterfahrungen machen und differenzieren zu können. Mit Hilfe von Geschichten bzw. von Erzählungen konstituiert sich für uns sowohl das Phänomen der Geschichte als auch das Phänomen der Zeit.

10.2 Die Beschreibung

Auf den ersten Blick erscheint es so, als ob sich Beschreibungen recht gut von Erzählungen unterscheiden ließen. Erzählungen werden dann meist als textuelle Objektivierungsmuster verstanden, die sich thematisch auf Veränderungsprozesse beziehen und uns dementsprechend dann auch auf das Phänomen der chronologisch verstandenen Zeit aufmerksam machen. Demgegenüber werden Beschreibungen eher als textuelle Objektivierungsmuster angesehen, die uns mit statischen Strukturmustern vertraut machen bzw. mit dem zeitenthobenen Wesen von bestimmten Tatbeständen und eben damit dann auch mit dem Phänomen des Raumes.

Dieses Verständnis von Erzählungen als sprachlichen Objektivierungsformen von Geschehens- bzw. Handlungsprozessen und von Beschreibungen als Objektivierungsformen für Seinsgegebenheiten oder gar für überzeitliche stabile Substanzen ist auf den ersten Blick zwar recht plausibel, aber auf den zweiten durchaus interpretationsbedürftig. Dadurch wird nämlich der faktische Korrelationszusammenhang von Erzählungen und Beschreibungen abstraktiv so vereinfacht, dass die Interdependenz zwischen den beiden sprachlichen Objektivierungsmustern etwas aus dem Blickfeld gerät. Das macht es dann auch schwer, die inhaltlichen Analogien und Differenzen zwischen den Erzählungen und Beschreibungen aufzudecken bzw. die Funktionen dieser beiden Sprachgebrauchsweisen, die jeweiligen Objektwelten und Subjektwelten mit Hilfe der Vorstellung von ihren jeweiligen sinnbildenden Zauberstabsfunktionen in einen produktiven Kontakt miteinander zu bringen. Das wird nur möglich, wenn wir uns bemühen, die Prämissen aufzuklären, die der üblichen Kontrastierung von Erzählungen und Beschreibungen zugrunde liegen.

Es ist sicherlich nicht zu leugnen, dass Erzählungen immer eng mit unserem chronologischen und psychologischen Verständnis von Zeit zusammenhängen und damit dann natürlich auch mit unserem Interesse an Veränderungsprozessen. Demgegenüber gründet sich unser Interesse an Beschreibungen sicherlich eher auf unsere Aufmerksamkeit für zeitenthobene Seinsstrukturen bzw. für Substanzen. Diese Kontrastierung schließt aber natürlich nicht aus, dass wir uns auch mit den möglichen Interaktionszusammenhängen zwischen den sprachlichen Erzähl- bzw. Beschreibungsaktivitäten beschäftigen können, um ein möglichst umfassendes Verständnis für die möglichen Ordnungsintentionen dieser beiden Textmuster zu gewinnen.

Festzuhalten ist in diesem Zusammenhang, dass beim Erzählen Verben, Tempusformen und Zeitadverbiale eine konstitutive Rolle spielen und beim Beschreiben Substantive, Adjektive, Raumadverbiale bzw. das vergegenwärtigende Präsens. Das ist auch plausibel, da beim Erzählen Geschehensprozesse im Mittelpunkt des Interesses stehen und beim Beschreiben statische Strukturverhältnisse. Deshalb ist das Beschreiben dann auch immer wieder metaphorisch als ein Malen mit Sprache thematisiert worden, eben weil es ein genuines Interesse an bestimmten in sich stabilen Strukturverhältnissen hat. Demgegenüber ist dem Erzählen immer wieder ein dominantes Interesse an Umstrukturierungsprozessen bzw. an veränderbaren Wahrnehmungsperspektivierungen zugeordnet worden, da es ein genuines Interesse für Transformations- und Entwicklungsprozesse hat und weniger für anscheinend zeitenthobene Ordnungsverhältnisse bzw. für Wesenheiten. Dieses Differenzierungsmodell für die Sinnbildungsintentionen von Erzählungen und Beschreibungen hat sicherlich eine gewisse sachliche Plausibilität. Es muss aber aus mindestens zwei Gründen relativiert und präzisiert werden.

Erstens ist darauf aufmerksam zu machen, dass sich heutzutage die absolute kategorische Unterscheidung von *Raum* und *Zeit* als ganz eigenständigen ontischen Größen im Sinne Newtons nach den Überlegungen von Einstein zu dem konstitutiven Zusammenhang von Raum und Zeit nicht mehr in einem absoluten Sinne rechtfertigen lässt, sondern allenfalls einem methodischen. Deshalb wird heutzutage dann ja auch die Zeit als vierte Dimension des Raumes verstanden und postuliert, dass jeder Raum eigentlich seine eigene Zeit habe und jede Zeit seinen eigenen Raum. Daher betrachtet man dann ja auch Zeit und Raum als interdependente Größen, die sich erst durch ihre spezifischen Interdependenzbeziehungen wechselseitig konstituieren.

Zweitens ist darauf aufmerksam zu machen, dass sich das Interdependenzverhältnis von Zeit und Raum auch schon darin dokumentiert, dass sich im faktischen Sprachgebrauch Erzählungen und Beschreibungen problemlos miteinander amalgamieren lassen und dass eben dadurch dann auch bestimmte Texttypen ihr ganz spezifisches individuelles Relief bekommen können. Das schließt aber natürlich nicht aus, dass sich Erzählungen und Beschreibungen typologisch unterscheiden lassen, weil sie ja durchaus unterschiedliche kognitive und kommunikative Sinnbildungsziele haben.

Auf das spannungsreiche interdependente Korrelationsverhältnis von funktionsorientierten Erzählungen einerseits und substanzorientierten Beschreibungen andererseits lässt sich auch mit Hilfe von Überlegungen des Biologen Ludwig von Bertalanffy aufmerksam machen, auf die schon im Kap. 1.2 aufmerksam gemacht worden ist. Bertalanffy hat sich nämlich sehr aufschlussreiche Gedanken über das spannungsreiche interdependente Verhältnis von Physiologie und Anatomie in evolutionären Prozessen gemacht hat. Dieses Verhältnis kann nämlich nicht nur kraft Analogie auf das interdependente evolutionäre Spannungsverhältnis von Lexik und Grammatik übertragen werden, sondern auch auf das evolutionäre Verhältnis zwischen Erzählung und Beschreibung, insofern das eine Phänomen nämlich als eine Voraussetzung des jeweils anderen betrachtet werden kann. Das ist zwar im Rahmen einer linearen Kausallogik eigentlich nicht zu rechtfertigen, aber im Rahmen einer evolutionären dialektischen Interaktionslogik durchaus.

Nach Bertalanffy können nämlich anatomische Grundstrukturen wie etwa der Aufbau eines Muskels evolutionär betrachtet als Ergebnis langsamer Prozesswellen angesehen werden, auf die sich Funktionen wie etwa die Kontraktion eines Muskels zur Realisierung aktueller Handlungsziele als kurze Prozesswellen auflagern können. Deshalb lässt sich dann auch sagen, dass langsame Prozesswellen, die für uns wahrnehmungsmäßig meist als zeitenthobene Ordnungsstrukturen bzw. als ontische Wesenheiten in Erscheinung treten, faktisch erst die Funktionsmöglichkeiten von schnellen Prozesswellen ermöglichen. Außerdem lässt sich diesbezüglich sagen, dass die kurzen Prozesswellen als direkt beobachtbare Interaktionswellen mit Hilfe von evolutionären Auslese- und Tradierungsprozessen langfristig auch die Funktionspotentiale der langsamen Prozesswellen umstrukturieren können.[380]

Die Konsequenz dieser Betrachtungsweise von evolutionär gewachsenen sprachlichen Ordnungsformen liegt nun darin, dass Erzählungen und Beschreibungen als sprachliche Ordnungsmuster letztlich symbiotisch zusammengehören und eigentlich nur methodisch voneinander zu trennen sind, aber nicht prinzipiell bzw. ontisch. Beschreibungsprozesse konstituieren sich dadurch, dass sie immer eine starke Rückbindung an die biologischen und kulturellen Wahrnehmungsmöglichkeiten der Menschen haben bzw. an die medialen Kontaktmittel, die für die Korrelation von Objektwelten und Subjektwelten zur Verfügung stehen. All diese Faktoren müssen nämlich einerseits sicherstellen, dass unsere jeweiligen Wahrnehmungsinhalte anthropologisch gesehen auch realitätshaltig sein können und nicht nur als Projektionen menschlicher Wunschvorstellungen anzusehen sind. Das kann aber natürlich nicht ausschließen, dass Menschen die Welt menschförmig sehen, ebenso wie die Pferde die Welt pferdeförmig sehen oder die Bienen bienenförmig.

---

380 Vgl. L. von Bertalanffy: Das biologische Weltbild. 1949, S. 129.

Deshalb ist es dann auch verständlich, warum die Phänomenologie für die Strukturierung von Erkenntnisanstrengungen die Losung ‚*zu den Sachen selbst*' ausgegeben hat, um die Realitätsnähe ihrer konkreten sprachlichen Objektivierungsanstrengungen objektbezogen herauszustellen. Erst in dieser Perspektive sollten dann konkrete Beschreibungen gemacht werden, um nicht Gefahr zu laufen, bloße Spekulationen in die Welt zu setzen. Auf diese Weise wollte man außerdem vorschnellen nominalistischen bzw. konstruktivistischen Spekulationen vorbeugen, die heuristisch eher als hinderlich denn als hilfreich anzusehen seien. Daher hat die Phänomenologie dann auch immer postuliert, dass sinnvolle Erkenntnisprozesse auf belastbaren bzw. empirischen Erfahrungsformen und Beschreibungsbegriffen aufzubauen hätten und nicht auf rein spekulativen Hypothesen. Ansonsten könne man sich nämlich selbst und anderen kein wirklich verständliches Bild von den möglichen menschlichen Erfahrungswelten machen.

Diese Korrelationszusammenhänge spiegeln sich auch in dem Begriffshunger von Kindern wieder, der verständlicherweise zunächst nur als Namenshunger in Erscheinung tritt. Was benannt werden kann, dass kann von ihnen nämlich nicht nur sachlich eingeordnet werden, sondern natürlich in einem eingeschränkten Sinne auch beherrscht werden. Diese Denkstruktur repräsentiert sich auch in archaischen Kulturen, in denen der jeweilige Name sehr oft auch als Bestandteil der jeweiligen Person oder Sache verstanden wird und nicht als bloßes Etikettierungsmittel. Wer den Namen einer Person oder Sache kennt, der hat im Prinzip auch Macht über das jeweils benannte Phänomen, was das Märchen vom Rumpelstilzchen sehr schön exemplifiziert.

Das kann bei Kindern dann auch oft die Konsequenz haben, dass sie schon zufrieden sind, wenn sie den bloßen Namen einer Person oder Sache kennen, weil damit für sie bestimmte Erkenntnisprozesse zumindest in einem vorläufigen Sinne abgeschlossen werden können. Das schließt dann allerdings nicht aus, dass Kinder auch nach Geschichten verlangen, die mit den jeweiligen Namen verbunden sind oder werden können. Daraus ergibt sich dann natürlich zugleich auch der Wunsch, Erzählungen zu hören oder selbst zu entwickeln, die mit den jeweiligen Namen verbindbar sind. Deshalb gehören Erzählungen und Beschreibungen sowohl entstehungsgeschichtlich als auch funktional sehr eng zusammen, weil sie sich wechselseitig eher ergänzen als ausschließen.

Aufschlussreich ist in diesem Zusammenhang dann auch die folgende unmittelbar plausible These von Peter Klotz zum Phänomen der Beschreibung: „*So wenig das Bild die Landschaft ist, so wenig ist eine Beschreibung die Sache selbst. Beides sind darstellerische Inszenierungen, die in ihrer Inhaltlichkeit und (Binnen-)*

Bezüglichkeit im Bewusstsein des Rezipienten rezipiert werden müssen."[381] So gesehen können dann sowohl Erzählungen als auch Beschreibungen zu semiotischen Beschreibungen bzw. zu Zeichen werden, die auch mit emotionalen Akzenten angereichert werden können und eben dadurch dann auch eine ganz spezifische pragmatische und kulturelle Relevanz bekommen.

Phänomenologisch gesehen haben Beschreibungen eigentlich weniger das Ziel, das jeweils Beschriebene wirklich zu beherrschen, sondern eher das Ziel, sich sensibel auf die Vielschichtigkeit des jeweils Thematisierten einzustellen. Sie sollen dabei helfen, sich das Beschriebene zu einem dialogfähigen Partner zu machen, der auf konkrete Fragen auch ganz konkrete Antworten zu geben vermag. Es kann sogar bedeuten, dass das zu Beschreibende gerade wegen seiner immanenten Widerständigkeit gegen direkte sprachliche Objektivierungen zu einem ganz besonders interessanten Kommunikationspartner werden kann. Es bedeutet weiter, dass Beschreibungen faktisch immer nur Annäherungsprozesse an die ins Auge gefassten Phänomene bleiben, die ihre Produzenten und Rezipienten dann auch zu ganz spezifischen kognitiven Eigenbewegungen zwingen können.

Diese immanente Dialektik von Beschreibungen hat Heinrich Heine in einem exemplarischen Gespräch zwischen einem Rekruten und seinem Hauptmann auf frappierende Weise in dem folgenden Dialog veranschaulicht.

> „Ich habe einen Gefangenen gemacht." – „So bring ihn zu mir her", antwortete der Hauptmann. „Ich kann nicht", erwiderte der arme Rekrut, „denn mein Gefangener läßt mich nicht mehr los."[382]

Die immanente Dialektik von gut fassbarer Oberfläche und sinnbildender ikonischer Tiefe von zu beschreibenden Gegenständen und Sachverhalten hat Hugo von Hofmannsthal in folgendem schon erwähnten Aphorismus thematisiert: *„Die Tiefe muß man verstecken. Wo? An der Oberfläche."*[383] Diese semiotische These verdeutlicht sehr schön, dass Beschreibungen nicht nur als bloße sprachliche Abbildungen verstanden werden sollten, sondern auch als vielschichtige Gestaltungsanstrengungen, in denen sowohl bestimmte Vorerfahrungen als auch bestimmte individuelle Wahrnehmungsintentionen eine grundlegende Rolle spielen können. Daraus ergibt sich dann, dass Beschreibungen nicht nur als kogni-

---

381 P. Klotz: Beschreiben. Grundzüge einer Deskriptologie. 2013, S. 61.
382 H. Heine: Shakespeares Mädchen und die Frauen. Sämtliche Schriften. 1976. Bd. 7, S. 222.
383 H. von Hofmannsthal: Aufzeichnungen. Gesammelte Werke in Einzelausgaben. Bd. 15. 1973, S. 47.

tive Einordnungsverfahren bzw. Bemächtigungsverfahren anzusehen sind, sondern immer auch als kognitive Erschließungs- bzw. Annäherungsverfahren.

Diese potentielle dialogische Grundstruktur von Beschreibungen hat Nikolaus von Kues in der Frührenaissance sinnbildlich sehr eindrücklich durch die Denkfigur vom ‚*Blick aus dem Bilde*' ikonisch veranschaulicht. Dabei geht es ihm vor allem darum, in Wahrnehmungsverfahren die jeweiligen Wahrnehmungsobjekte und die jeweiligen Wahrnehmungssubjekte so aufeinander zu beziehen, dass sie zu interaktiven Teilen einer mehrdimensionalen konkreten Erfahrungswelt werden können. Das versucht er am Beispiel der Wahrnehmung einer Person in Frontalansicht auf einem flächigen Bilde zu demonstrieren.

Auf diese Weise kann Nikolaus von Kues nämlich auf den phänomenologisch nicht unwichtigen Umstand aufmerksam machen, dass die auf dem jeweiligen Bild dargestellte Peron nicht nur dem Blick des jeweiligen Betrachters unterworfen ist, sondern der jeweilige Betrachter auch dem Blick der Person, die auf dem jeweiligen Bild faktisch dargestellt worden ist. Einerseits sind nämlich die Augen des jeweiligen Betrachters auf die Person auf dem Bild gerichtet. Andererseits sind aber die Augen der in Frontalansicht dargestellten Person auch auf den jeweiligen Betrachter gerichtet, ganz gleich von welchem konkreten räumlichen Sehepunkt her der Betrachter auf die jeweils auf dem Bild dargestellte Person schaut. Dadurch ergibt sich dann natürlich eine konkrete situative Dialogsituation, weil beide Personen zu potentiellen Interaktionspartnern werden, insofern dieselben Personen sowohl die Rolle eines handelnden Subjektes als auch die eines behandelten Objektes bekommen können.[384]

Alle Beschreibungen können durch die implizite Spannung geprägt werden, dass die jeweils thematisierten Inhalte nicht nur als bloße empirische Fakten wahrnehmbar sind, sondern auch als potentielle ikonische Zeichenträger für etwas anderes, was sich natürlich nicht direkt sinnlich bzw. empirisch wahrnehmen lässt. Das exemplifiziert die Vorstellung vom *Buch der Natur* und vom *Buch der Geschichte* recht gut. Dieses Verständnis von Beschreibungen kann implizieren, dass die jeweiligen Beschreibungsgegenstände nicht nur zu kooperativen, sondern auch zu widerspenstigen Dialogpartnern werden können, mit denen man sich keineswegs immer problemlos verständigen kann.

---

384 Nikolaus von Kues: Die Gottesschau (De visione Dei). In: Philosophisch-theologische Schriften. Bd. 3, 2014, S. 95 ff. Vgl. dazu auch: A. Neumeyer: Der Blick aus dem Bilde. 1964. N. Herold: Bild der Wahrheit – Wahrheit des Bildes. Zur Deutung des „Blicks aus dem Bild" in der Cusanischen Schrift „De visione Dei". In: V. Gerhard / N. Herold (Hrsg.): Wahrheit und Begründung. 1985, S. 71–98.

Gleichwohl können Beschreibungen immer auf konstitutive Weise dazu beitragen, dass wir uns nicht nur ein verlässliches Sach- und Handlungswissen für den Umgang mit Menschen und Dingen ausarbeiten können, sondern dass wir auch unsere individuellen abduktiven Hypothesenfähigkeiten zur Erfassung von komplexen Phänomenen stärken können. Prägnante Beschreibungen von sinnlich oder mental erfahrbaren Phänomenen können nicht nur dokumentarische Funktionen haben, sondern auch sinnbildliche bzw. exemplarische. Diese haben dann allerdings nicht die pragmatische Funktion, Sachverhalte auf den Begriff zu bringen, was natürlich insbesondere alle wissenschaftlichen Begriffe potentiell anstreben, sondern eher das Ziel, uns die Welt über repräsentative Vorstellungen vorstellbar und verfügbar zu machen. Unter diesen Umständen kann dann natürlich der Zauberstab der Analogie dabei helfen, mit Hilfe von Oberflächenstrukturen uns auch Tiefenstrukturen zugänglich zu machen.

Das beinhaltet dann allerdings auch, dass wir bei der Wahrheitsqualifizierung von Beschreibungen nicht nur mit einem methodisch verengten, wenn auch präzisen Wahrheitsbegriff arbeiten dürfen, der tendenziell der Vorstellung von spiegelbildlichen Aussagen über bestimmte vorgegebene Sachverhalte nahesteht, sondern eher der Idee von brauchbaren Vorstellungen, welche sich langfristig in Handlungsprozessen heuristisch und faktisch bewähren, insofern sie fruchtbare anthropologische Orientierungen in den jeweiligen menschlichen Lebenswelten bieten können. Wenn Beschreibungen diese Tiefendimensionen nicht haben, dann können sie zumindest tendenziell durchaus Selektionsprozessen bei der Tradierung von Wissen zum Opfer fallen.

Ein gutes literarisches Beispiel für die heuristischen Erschließungsfunktionen von guten Beschreibungen für komplexe Sachverhalte findet sich in Kleist Novelle ‚*Das Erbeben in Chili*‘. Nachdem dieses Erdbeben in seinen konkreten dramatischen Einzelheiten ausführlich beschrieben worden ist, gehen die Beschreibungen Kleists dann in die Schilderungen von recht idyllischen sozialen Verhältnissen über, wie man sie sich für das friedliche Zusammenleben aller sozialen Schichten nach einer solchen Naturkatastrophe denken und wünschen könnte, wo jeder nach Kräften dem jeweils anderen zu helfen versucht. Diese Denkmöglichkeit wird dann aber im Fortgang der Novelle auf recht dramatische Weise faktisch wieder aufgehoben. Kleists Novelle geht nämlich in die Beschreibung von Gräueltaten über, die ausbrechen, als ein Priester das gerade erlebte Erbeben als Strafe Gottes für die sündige Liebesbeziehung eines jungen Paares anprangert, aus der ein uneheliches Kind hervorgegangen ist. Damit eröffnet er dann zugleich eine Hetzjagd auf die vermeintlichen Sünder, was dann natürlich einen wirklichen Neuanfang des gesellschaftlichen Lebens nach der Erdbebenkatastrophe gänzlich unmöglich macht.

10.3 Die Geschichtsschreibung

Ganz ähnlich wie die konkreten Wahrnehmungssinne des Menschen unverzichtbare biologisch fundierte Wahrnehmungsmittel der Menschen sind, damit sie in ihre natürlichen Wahrnehmungswelten hineingleiten können, so sind auch die kulturell entwickelten Objektivierungsmittel der Sprache und der Geschichtsschreibung ganz unverzichtbare Wahrnehmungsmittel, um in ihre historisch entstandenen Kulturwelten hineingleiten zu können. Dabei erweisen sich dann sowohl die mündlich tradierten Geschichterzählungen als auch die schriftlich tradierten Geschichtsschreibungen als eine Quelle von vielfältigen Analogisierungsmöglichkeiten, über die man einen Zugang zum Verständnis von menschlichen Lebensformen gewinnen kann. Ohne die zustimmende, ablehnende oder anregende Verarbeitung von geschichtlichen Erfahrungen ist ein menschliches Leben nämlich kaum vorstellbar, eben weil Menschen nicht nur Naturwesen, sondern auch Kulturwesen sind, für die ein konkretes Wissen über geschichtliche und kulturelle Wirkungsfaktoren bzw. Interaktionsprozesse unabdingbar ist.

Daher lässt sich dann auch feststellen, dass dieses unser geschichtliches Wissen, das aus mündlich tradierten Geschichterzählungen und aus schriftlich fixierten Geschichtsschreibungen resultiert, als einen erschließenden Zauberstab für grundlegende anthropologische Einsichten gar nicht gäbe, wenn wir keine differenzierten sprachlichen Objektivierungsformen für Geschichte hätten. Ohne konkrete sprachliche Objektivierungsformen für Geschichte könnten sich die Menschen die vielfältigen Spannungen zwischen der Objekt- und der Subjektsphäre der menschlichen Erfahrungswelt gar nicht umfassend vergegenwärtigen. Zu beachten haben wir dabei dann auch, dass die jeweiligen sprachlichen Objektivierungen von Geschichte im Verlaufe der Geschichte kein getreues Spiegelbild von dem sind, was faktisch einmal gewesen ist, sondern eher Vorstellungen von Teilaspekten des jeweils Vergangenen, die in nachhinein ein ganz besonderes Interesse gefunden haben. Außerdem ist in diesem Zusammenhang auch noch zu beachten, dass die Geschichte pragmatisch gesehen traditionell immer wieder als *Lehrmeisterin des Lebens* (magistra vitae) angesehen worden ist, obwohl manche auch zu dem ironischen Schluss gekommen sind, dass man aus dem Studium der Geschichte nur lernen könne, dass man nichts aus ihr gelernt habe.

Der antike griechisch-syrische Geschichtstheoretiker Lukian aus dem 2. Jh. n. Chr. hat für die Darstellung der Geschichte das grundlegende Postulat vertreten, dass der Geschichtsschreiber sich bei der Darstellung der Geschichte nichts ausdenken dürfe. Er müsse bei seiner Aufmerksamkeit für die Geschichte einem Spiegel gleichen, der nur das sprachlich reproduzieren dürfe, was faktisch immer schon vorgegeben sei. Er müsse akzeptieren, dass er wie ein Bildhauer sein

Material eigentlich schon vorfinde und dass er dieses dann nur kunstgerecht sprachlich zu objektivieren habe.

> Wenn dann einer der Zuhörer glaubt, das Erzählte mit eigenen Augen deutlich vor sich zu sehen und daraufhin die Schilderung lobt – ja dann hat der Autor etwas Vollendetes geleistet und das Werk trägt unserem Phidias der Geschichtsschreibung verdientes Lob ein.[385]

Für Lukian ist die vorgegebene Geschichte als Objektsphäre offenbar so dominant, dass sie immanent eigentlich immer eine ganz bestimmte historiographische Darstellung erzwingt, die nur das prägnant sprachlich fassbar zu machen hat, was faktisch schon vorgegeben ist, was aber gleichwohl noch kunstgerecht auf ganz bestimmte Weise miteinander korreliert und näher konkretisiert werden muss. Es bedeutet weiter, dass für Lukian mit Hilfe von bestimmten Fragen und Interpretationen keine konkreten historischen Zusammenhänge konstituiert werden, sondern vielmehr nur das freizulegen ist, was faktisch immer schon vorliegt. Wenn man Lukians analogisierenden Hinweis auf den griechischen Bildhauer Phidias folgt, dann ließe sich sogar sagen, dass der Geschichtsschreiber am Rohling der empirisch fassbaren Geschichte nur das wegzuschlagen habe, was nicht zu der eigentlichen Substanz der Geschichte gehöre, da es ja eigentlich nur bestimmte Randerscheinungen der Geschichte betreffe, aber nicht ihr substanzielles Wesen. Deshalb soll der Geschichtsschreiber für Lukian auch nur ein „gerechter Richter" sein bzw. ein Mann, „der in seinem Werk ein Fremdling und ein Mann ohne Vaterland ist, unabhängig und keinem König untertan, der keine Rücksicht darauf nimmt, was der eine oder der andere denkt, sondern nur berichtet, was sich zugetragen hat".[386]

Die Auffassung bzw. die Hoffnung, dass der Geschichtsschreiber in seinem Werk ein getreues Spiegelbild der Geschichte entwerfen könne, hat sich lange halten. Im sogenannten Historismus des 19. Jahrhunderts wurde der Geschichtsschreibung methodisch sogar die eigentlich unerfüllbare Aufgabe zugeordnet, bloß zu rekonstruieren, wie es eigentlich gewesen sei bzw. die Geschichte selbst in seiner eigenen historischen Darstellung reden zu lassen. Wie schon im Kap. 5.4 erwähnt hat Ranke im Hinblick auf seine eigenen bewundernswerten historiographischen Anstrengungen sogar den faktisch unerfüllbaren Wunsch geäußert, sein „Selbst gleichsam auszulöschen und nur die Dinge reden, die mächtigen Kräfte erscheinen zu lassen [...]."[387]

---

385 Lukian: Wie man Geschichte schreiben soll. 1965. Kap. 51, S. 155–157. Vgl. auch Kap. 7 und 8, S. 101–105.
386 Lukian: a.a.O., Kap. 41, S. 147–149.
387 L. von Ranke: Englische Geschichte. Bd. 1. Einleitung zum 5. Buch. 1955, S. 449.

Solche Wünsche und Hoffnungen haben natürlich akribische historische Quellenstudien außerordentlich gefördert. Sie waren faktisch aber nicht tatsächlich erfüllbar, weil jedes wahrnehmende Subjekt die Geschichte natürlich nur von seinem ganz eigenen historischen bzw. individuellen Sehepunkt her objektivieren und strukturieren kann und nicht von einem ahistorischen bzw. göttlichen. Das bedeutet, dass die intendierte Abspiegelungsfunktion der Geschichtsschreibung faktisch nie als eine Verdoppelungsfunktion der Geschichte auf der Ebene der Sprache verstanden werden kann, sondern allenfalls als eine sprachliche bzw. mediale Objektivierung der Geschichte im Rahmen von ganz bestimmten historiographischen Erkenntnisinteressen bzw. im Kontext von ganz bestimmten methodischen Eigenbewegungen des Geschichtsschreibers, die selbst natürlich immer auch schon durch ganz bestimmte historische Erfahrungen vorgeprägt sind. Diese erkenntnistheoretische Grundsituation impliziert, dass das Analogiepostulat zwischen der faktischen Geschichte einerseits und ihrer historiographischen Objektivierung andererseits nicht in einem direkt abbildenden Sinne verstanden werden kann und darf, sondern allenfalls in einem semiotisch-ikonischen Sinne, der ganz bestimmte heuristischen Grundfunktionen konkretisieren soll.

Chladenius, einer der ersten großen semiotischen Theoretiker der Geschichtsschreibung in der Mitte des 18. Jahrhunderts hat dieses immanente Spannungsverhältnis zwischen der Objekt- und der Subjektorientierung aller Erkenntnis und Geschichtsschreibung sehr deutlich mit Hilfe seiner erkenntnistheoretischen Sehepunkttheorie herausgearbeitet. Diese macht uns darauf aufmerksam, dass kein Historiker wirklich beanspruchen kann, die Geschichte *an sich* und *für sich* sprachlich zu objektivieren, eben weil er sie ja selbst nur von einem ganz bestimmten Sehepunkt bzw. nur im Rahmen ganz bestimmter anthropologischer Wahrnehmungsinteressen erfassen kann. Dabei kann er dann natürlich auch nur mit ganz bestimmten Analogieannahmen arbeiten, sofern er diese nicht dogmatisch, sondern nur heuristisch nutzt.

Unter diesen Denkprämissen unterscheidet Chladenius dann auch zwei unterschiedliche Ebenen des Geschichtsbegriffs. Einerseits gibt es nämlich für ihn das empirische bzw. sinnlich fassbare Geschichtsgeschehen selbst, das er terminologisch dann als *„Urbild der Geschichte"* thematisiert. Andererseits gibt es für ihn aber auch die historiographische Objektivierungen dieses Urbildes der Geschichte, die sehepunktabhängig ist und sich deshalb dann auch im Laufe der Zeit bzw. der Geschichte durchaus ändern kann, eben weil die konkreten Geschichtsschreibungen ja historische und anthropologische Interpretationen dieses Urbildes der Geschichte sind. Diese zwangsläufigen heuristischen Interpretationen der Geschichte nennt Chladenius dann sehr aufschlussreich *„Verwand-*

lung der Geschichte ins Sinnreiche".[388] Diese Modellierung und Interpretation der Geschichtsschreibung stellt dann natürlich ein frühes Gegenmodell zu dem eigentlich unerfüllbaren Wunsch Rankes dar, bei der Geschichtsschreibung seine eigene Individualität und historische Erfahrung bei der sprachlichen Objektivierung der Geschichte auszulöschen und nur die geschichtlichen Ereignisse selbst reden zu lassen.

Dabei ist nun allerdings auch zu beachten, dass die Theorie des Sehepunktes bei der Geschichtsschreibung bei Chladenius noch nicht als Bestandteil einer prinzipiell kritischen historiographischen Erkenntnistheorie verstanden worden ist, da Chladenius noch nicht prinzipiell an der Erkennbarkeit der historischen Phänomene und Korrelationszusammenhänge zweifelt. Er will vielmehr die Ursachen aufklären, warum Menschen historische Ereignisse so unterschiedlich wahrnehmen können. Für ihn sind diese nämlich prinzipiell Größen, an denen man die faktische Angemessenheit seiner eigenen Sichtweise auf die Geschichte überprüfen kann.

Um nun das Problem der Analogiebeziehungen zwischen den faktischen geschichtlichen Ereignissen und Sachverhalten einerseits und deren sprachlichen bzw. erzählerischen Objektivierungen andererseits in ihren vielfältigen Dimensionen zu erfassen, ist es hilfreich, sich die etymologische Vorgeschichte unseres heutigen Begriffs *Geschichte* zu vergegenwärtigen. Dieser Begriff geht nämlich historisch auf das ahd. Verb *giskehan* (geschehen) zurück, mit dem man zunächst faktische Einzelereignisse sprachlich thematisiert hat. Deshalb entspricht der deutsche Begriff *Geschichte* zunächst auch weitgehend dem lateinischen Begriff *casus*. Im Kontrast dazu wurde im Deutschen dann der Begriff *Historie* dafür verwendet, die erzählerische Darstellung von konkreten Einzelfällen bzw. Korrelationszusammenhängen zu benennen.

Erst im 16. und 17. Jahrhundert hat sich dann die kategoriale Unterscheidung von Einzelereignissen selbst und deren erzählerischer Objektivierung allmählich verwischt. Mehr und mehr erkannte man nämlich, dass die narrative Verknüpfung von Einzeltatsachen nicht nur als ein sachlich zwingender Korrelationsprozess zu verstehen sei, sondern auch als ein interpretierender Gestaltungs- bzw. Sinnbildungsprozess, bei dem nicht nur Objekt-, sondern auch Subjektbezüge zu beachten sind, da sich nur auf diese Weise die Transformation von Einzelfakten ins Sinnreiche realisieren ließ. Das bedeutete dann, dass sich mit Hilfe des Begriffs *Geschichte* sowohl ein konkretes Sachereignis als auch dessen mentale Einbettung in übergeordnete Zusammenhänge bezeichnen ließ.

---

[388] J. M. Chladenius: Allgemeine Geschichtswissenschaft. 1972/1985, S. 129. Vgl. auch S. 126 f.

Dieses immanente Spannungsverhältnis im Gebrauch des Geschichtsbegriffs exemplifiziert sich auch deutlich darin, dass Hegel ein Geschichtsverständnis thematisiert hat, in dem einerseits auf die Menge von faktischen Einzelereignissen (res gestae) aufmerksam gemacht werden kann und andererseits auf die jeweilige sinnbildende Geschichtserzählung selbst (historia rerum gestarum).[389]

Der Historiker Droysen hat in der zweiten Hälfte des 19. Jahrhunderts dann den spannungsvollen Zusammenhang zwischen den empirisch fassbaren geschichtlichen Einzelereignissen einerseits und deren interpretativen Erläuterungen andererseits über folgende Formel aufmerksam gemacht: *„Aber über den Geschichten ist die Geschichte.“*[390] Mit dieser These will Droysen verdeutlichen, dass der Begriff der Geschichte sowohl als ein Unter- als auch als ein Oberbegriff verwendet werden kann. Das ist begriffslogisch natürlich problematisch, da rein objektorientierte Begriffe eigentlich immer hierarchisch klar geordnet sein müssen, um mit ihnen verschiedene Abstraktionsebenen der Wahrnehmung von etwas klar voneinander zu unterscheiden bzw. um verlässliche Schlussfolgerungsprozesse zu ermöglichen. Faktisch haben wir im usuellen Sprachgebrauch aber immer wieder mit der Erscheinung zu rechnen, dass mit demselben Wort sowohl ein Oberbegriff als auch ein Unterbegriff bzw. ein objektorientierter und auch ein subjektorientierter Begriff sprachlich benannt werden kann. Das exemplifizieren die Begriffe *Geschichte, Kunst, Religion* oder *Zeit* sehr deutlich, weshalb diese ja auch oft als *Kollektivsingulare* bezeichnet werden.

Das Motiv für die Ausbildung und den Gebrauch von Kollektivsingularen liegt offenbar darin, dass die strenge Hierarchisierung von Begriffen in Begriffspyramiden, welche die Begriffslogik verständlicherweise immer favorisiert, auch ihre Schwächen hat. Dadurch wird nämlich die Vorstellung von variablen Interaktionsmöglichkeiten zwischen Teilgrößen erheblich geschwächt. Offenbar gibt es nämlich sowohl ein pragmatisches als auch ein ästhetisches Bedürfnis nach unscharfen Begriffen, um eben dadurch auch sensibel für die potentiellen dynamischen Wirkungszusammenhänge zwischen begrifflichen Einzelgrößen zu werden. Kollektivsingulare erleichtern es nämlich durchaus, unkonventionelle Sinnbildungsspielräume zu entwickeln und zu nutzen. Das betrifft dann beispielsweise auch die Begriffe bzw. die Vorstellungsphänomene *Schönheit, Klugheit* oder *Zeit*. Diese sind nämlich begrifflich kaum scharf zu definieren, da sie ja eher komplexe Interaktionszusammenhänge als isolierbare Einzelgrößen thematisieren. Es bedeutet weiter, dass Einheit und Vielfalt nicht immer als prinzipielle Gegensätze verstanden werden müssen, sondern durchaus auch als Interaktions-

---

389 G. W. Hegel: Vorlesungen über die Philosophie der Geschichte. Werke, Bd.12, S. 83.
390 J. G. Droysen: Historik. 1937, S. 354.

beziehungen zwischen isolierbaren Teilgrößen, die dann ganz bestimmten Erkenntnisinteressen Ausdruck geben sollen. Nicht zufällig hat deshalb Hölderlin in seinem Hyperion das ästhetische Phänomen der Schönheit dann auch auf ziemlich dialektische Weise als ein typisches Korrelationsphänomen näher bestimmt, nämlich als *„das Eine in sich selber unterschiedne"*.[391]

Im Rahmen dieser ontologischen Grundüberzeugung, die sowohl objektorientierte als auch subjektorientierte Erkenntnisinteressen hat, wird dann auch nachvollziehbar, dass Novalis den Historiker in die Nähe des Dichters gerückt hat, was die Zunft der Historiker verständlicherweise nicht mit besonderem Wohlwollen aufgenommen hat, was aber in anthropologischer Sicht durchaus nachvollziehbar ist. *„Wenn ich das alles recht bedenke, so scheint mir, als wenn der Geschichtsschreiber nothwendig auch ein Dichter seyn müßte, denn nur die Dichter mögen sich auf jene Kunst, Begebenheiten schicklich zu verknüpfen, verstehn."* [392]

Wenn man ontologisch so denkt, dann kann die Geschichtsschreibung auch nicht von nackten Tatsachen ausgehen, sondern immer nur von sprachlich schon vorinterpretierten Halbprodukten, eben weil *„die Wände zwischen den beiden Lagern der Historiker und der Dichter osmotisch durchlässig werden"*, wie der Historiker Koselleck im Hinblick auf den historischen Bewusstseinswandel im 18. Jahrhundert betont hat.[393] In dieser Sicht lässt sich dann auch die absolute Opposition zwischen des *res factae* als rohen faktischen Ausgangsdaten des Historikers und den *res fictae* bzw. den sprachlichen Objektivierungsformen des Historikers nicht mehr als eine absolut gültige Denkprämissen rechtfertigen, weil alle Geschichtsschreibungen als Gestaltungsprozesse verstanden werden müssen, die eigentlich nie zu einem endgültigen Abschluss kommen können.

Als einer der schärfsten Kritiker der Auffassung, dass die Geschichtsschreiber die Geschichte vorurteilslos und sachadäquat in ihrem So-Sein sprachlich objektivieren könnten, kann wohl der Philosoph Theodor Lessing gelten. Er hat nämlich ausdrücklich postuliert, dass die Geschichtsschreibung nie vorurteilslos die Vergangenheit sprachlich objektivieren könne, insofern alle Historiker immanent die Tendenz hätten, die Vergangenheit nur als eine Vorstufe der Gegenwart zu begreifen und eben dadurch dann auch immer dazu neigten, diese zu fiktio-

---

391 F. Hölderlin: Hyperion. Sämtliche Werke. Bd. 3, S. 81.
392 Novalis: Heinrich von Ofterdingen. Werke 1999, Bd. 1, S. 306.
393 R. Koselleck: Vergangene Zukunft. Zur Semantik geschichtlicher Zeiten. 1989, S. 279. Vgl. auch W. J. Mommsen: Die Sprache des Historikers. Historische Zeitschrift 238, 1984, S. 67 ff.

nalisieren. Deshalb kommt er dann auch zu folgendem Schluss: *„Die Geschichte, das sind die Vorurteile der Historiker in Erzählung gebracht."*[394]

Die These Theodor Lessings ist sicherlich sehr spektakulär, aber sie ist sachlich keineswegs in der Weise gerechtfertigt, in der sie von ihm abstrakt, apodiktisch und dogmatisch vorgetragen worden ist. Diesbezüglich lässt sich auf Folgendes verweisen. Lessings These ist dadurch geprägt, dass sie ziemlich unreflektiert mit einem vereinfachenden korrespondenztheoretischen Wahrheitsbegriff arbeitet, der auf sehr simplifizierenden Prämissen aufbaut. Erstens bleibt ganz unberücksichtigt, dass die menschliche Wahrnehmung von Geschichte nie allein von der Objektseite her geprägt wird, sondern immer auch von der Subjektseite, weil individuelle und kulturelle Wahrnehmungsinteressen immer eine ganz konstruktive Rolle spielen, die es faktisch unmöglich machen, die Geschichte als Urbild *an sich* und *für sich* wahrzunehmen. Geschichte lässt sich in einem umfassenden Sinne nur perspektivisch im Kontext ganz bestimmter anthropologischer kultureller, individueller und methodischer Interessen wahrnehmen und sprachlich objektivieren. Zweitens bleibt unberücksichtigt, dass historische Tatbestände, wie Max Scheler immer wieder ausdrücklich betont hat, eigentlich nie den Status von etwas Abgeschlossenem hätten, sondern ihr spezifisches Profil erst im Laufe ihrer jeweiligen Wirkungsgeschichte gewönnen und deshalb dann auch erst am *„Ende der Weltgeschichte fertiges Sein"* würden. Deshalb könne dann über sie im Laufe ihrer jeweiligen Wahrnehmungs- und Wirkungsgeschichte dann auch kaum ein abschließendes Urteil gefällt werden.[395] Faktisch ist nämlich jeder Geschichtsschreiber immer ein Kind seiner Zeit. Er kann nur das sprachlich von der Geschichte objektivieren, was ihm von seinem jeweiligen Sehepunkt her historisch relevant erscheint bzw. erscheinen kann, aber nicht das, was von einem abstrakten göttlichen Sehepunkt her in Erscheinung treten könnte.

Daher hat Chladenius dann auch ausdrücklich davon gesprochen, dass die Geschichtsschreibung nur *„verjüngte Bilder"* herstellen könne und nicht ein endgültiges sprachliches Abbild. Alle verjüngten sprachlichen Abbilder der Geschichte hätten nämlich *„allemal etwas zweydeutiges in sich"*, eben weil sie *„Spuren von ausgelassenen Geschichten in sich"* enthielten.[396] Kurt Tucholsky hat einen strukturell ähnlichen Gedanken in einem Aphorismus über den historischen

---

394 Th. Lessing: Die Geschichte als Sinngebung des Sinnlosen. 1919 / 1983, S. 87.

395 M. Scheler: Die Wissensformen und die Gesellschaft. Gesammelte Werke. Bd. 8, 1960², S. 150.

396 J. M. Chladenius: Einleitung zur richtigen Auslegung vernünftiger Reden und Schriften. 1942/1969, S. 229 und 233.

Roman folgendermaßen sehr prägnant formuliert: „*Jeder historische Roman vermittelt ein ausgezeichnetes Bild von der Epoche des Verfassers.*"[397]

Wenn man nun den Gedanken akzeptiert, dass jede Geschichtsschreibung nicht nur ihre Objektbezogenheit, sondern auch ihre Subjektbezogenheit ernst zu nehmen hat, weil beide Bezüge natürlich ganz unterschiedliche heuristische Analogisierungsmöglichkeiten implizieren, dann stellt sich natürlich auch die historiographische Grundsatzfrage, ob man historische Ereignisse prinzipiell immer nur in ihrer chronologischen Reihenfolge sprachlich objektivieren muss oder ob sie möglicherweise auch in einer gegenchronologischen Reihung dargestellt werden dürfen.

Unter diesen Umständen kann dann der Geschichtsschreiber bei der sprachlichen Objektivierung der Geschichte natürlich auch in seiner jeweiligen Gegenwart beginnen und dann rückblickend rekonstruieren, wie aktuelle Sachverhalte und Denkinhalte historisch entstanden sind. Dieses Darstellungsprinzip von Strukturzusammenhängen ist keineswegs absurd und spielt beispielsweise in der Didaktik als sogenanntes *genetisches Prinzip* eine wichtige Rolle. Auf diese Weise lässt sich das historische Interesse nämlich auf diejenigen Phänomene konzentrieren, die geschichtlich wirksam geworden sind und die eben deshalb dann auch eine wichtige Erläuterungsfunktion für das Verständnis der jeweiligen Gegenwart bekommen haben. Das begünstigt dann natürlich die Einwurzelung historischen Wissens ganz erheblich, weil nur das thematisiert wird, was historisch wirksam geworden ist und was eben dadurch dann auch an Fremdartigkeit verliert, weil es ja schon eine historische bzw. anthropologische Relevanz bekommen hat. Außerdem kann in der rückläufigen Geschichtsschreibung dann auch das Additionsprinzip als ein oft dominierendes Gestaltungsprinzip überwunden werden. Unter diesen Bedingungen wäre dann die analytische Hauptfrage der Geschichtsschreibung die, warum die Welt so geworden ist, wie sie in der jeweiligen Gegenwart faktisch in Erscheinung tritt.

Unter diesen Vorbedingungen würde man dann bei der Geschichtsschreibung auf dem Strom der Geschichte nicht abwärts von der Vergangenheit in die Gegenwart fahren, sondern vielmehr aufwärts. Das hätte dann natürlich auch die Konsequenz, dass in der Geschichtsschreibung eigentlich nur noch das thematisiert werden müsste, was historisch wirksam geworden ist, aber nicht das, was aus bestimmten Gründen keine offensichtliche, sondern allenfalls eine untergründige Wirksamkeit entfaltet hat. Auf jeden Fall würde sich die Frage nach der Analogie zwischen den faktischen historischen Ereignissen selbst und den geschichtlichen Vorstellunginhalten von ihnen ganz anders stellen als in der Form

---

[397] K. Tucholsky: Zitiert nach H. Fricke: Aphorismus. 1984, S. 149.

derjenigen Geschichtsschreibung, die uns im Rahmen eines rein chronologischen Darstellungsverfahrens mit dem Phänomen der Vergangenheit vertraut macht.

Den Versuch einer chronologisch rückläufigen Geschichtsschreibung hat beispielsweise Helmut Diwald in seiner ‚*Geschichte der Deutschen*' versucht.[398] Er lässt seine Darstellung der deutschen Geschichte in der Gegenwart beginnen und verfolgt sie dann retrospektivisch bis zu den Anfängen. Hinsichtlich dieser unorthodoxen Objektivierungsform von Geschichte hat Diwald allerdings verständlicherweise keine Nachfolger gefunden, da sie strukturell kaum sinnvoll durchzuhalten ist. Daher sieht Diwald sich dann auch dazu gezwungen, seine Geschichtsschreibung nach einzelnen Darstellungsepochen aufzugliedern, die er dann allerdings gegenchronologisch nacheinander aufreiht. Außerdem verzichtet Diwald merkwürdigerweise auch darauf, sein unorthodoxes historiographisches Darstellungsverfahren hinsichtlich seiner erkenntnistheoretischen und methodischen Implikationen metareflexiv zu erläutern oder gar zu rechtfertigen.

Eine gegenchronologische Form der Geschichtsschreibung kann auf den ersten Blick für das Verständnis von ganz bestimmten historischen Einzelphänomenen allerdings durchaus plausibel erscheinen, aber für die Darstellung komplexer historische Zusammenhänge wohl kaum, für die faktisch eine polyperspektivische Darstellungsweise in Form von chronologischen Längs- und Querschnitten sicherlich sehr viel sinnvoller ist. Bei Diwalds Darstellungsverfahren gerät nämlich das historische Problem ganz aus dem Blick, dass spätere historische Epochen auch als gelungene oder misslungene Antworten auf frühere Epochen ins Auge gefasst werden können und dass die handelnden Personen faktisch oft etwas verursacht haben, was sie ursprünglich gar nicht angestrebt haben.

Außerdem lässt sich geltend machen, dass in einer rückläufigen Geschichtsdarstellung kaum eine spezifische Sensibilität für den Problemzusammenhang entsteht, der in der Biologie mit Hilfe des Evolutionsgedankens bzw. mit Hilfe der Begriffe *Mutation* und *Selektion* konkretisiert worden ist. Ein solcher Denkansatz macht nämlich kraft Analogie immanent darauf aufmerksam, dass historische Entwicklungsprozesse sowohl in der Natur als auch in der Kultur im Rahmen der Interaktion von Zufall und Notwendigkeit beschrieben werden können oder sogar müssen.

Dieses Erklärungsmodell der Biologie beinhaltet, dass langfristige Entwicklungsprozesse in der Natur und Kultur nicht erschöpfend nach den logischen Analyseprinzipien von Deduktion und Induktion beschrieben und verstanden werden können, sondern sich durchaus auch als spezifische Interaktions- bzw.

---

398 H. Diwald: Geschichte der Deutschen. 1978.

Spielprozesse ansehen lassen, über die sich auch überraschende Lösungen für ganz konkrete Problemstrukturen finden lassen, die von den Beteiligten ursprünglich intentional gar nicht angestrebt worden sind. So gesehen lässt sich dann auch sagen, dass sich bestimmte Problemlösungen in der Geschichte oft auch aus Resultanten widerstreitender Einzelfaktoren ergeben können. Zumindest lässt sich sagen, dass sich die historiographische Darstellung von geschichtlichen Prozessen nicht nur mit Hilfe chronologischer Abläufe bzw. von logischen Deduktionen und Induktionen objektivieren lassen, sondern auch mit Hilfe von semiotischen Abduktionen bzw. mit Hilfe einer lebendigen historischen Einbildungs- und Perspektivierungskraft, die sich nicht scheut, auch vom Zauberstab überraschender heuristischer bzw. analogisierender Einfälle Gebrauch zu machen.

Eine chronologisch rückläufig orientierte Geschichtsschreibung erscheint nämlich in den Fällen durchaus sinnvoll zu sein, wenn die Geschichte intentional nicht in ihrer ganzen Vieldimensionalität objektiviert werden soll, sondern nur hinsichtlich ganz bestimmter Einzelphänomene. Das exemplifiziert sich beispielsweise sehr schön in Löwiths Buch, das 1949 zunächst unter dem Titel *Meaning in History* in den USA erschienen ist.[399] In dieser geschichtsphilosophischen Darstellung eines ganz spezifischen Themas bemüht sich Löwith nämlich, die religiösen und theologischen Wurzeln des europäischen geschichtsphilosophischen Denkens rückwärts in einem analytisch aufklärerischen Sinne von Jacob Burckhardt über Marx und Hegel sowie über das aufklärerische Geschichtsdenken bis zu seinen antiken bzw. biblischen Wurzeln zurückzuverfolgen.

Dieses gegenchronologische historische Darstellungsverfahren erweist sich in diesem Problemzusammenhang nämlich gerade deshalb als sinnvoll, weil dadurch die Vorstellung von der Gewordenheit und der Mehrdimensionalität des europäischen geschichtsphilosophischen Denkens verdeutlicht werden kann bzw. die Notwendigkeit, das Phänomen der Geschichte auch in heute etwas fremdartigen Wahrnehmungsperspektiven zu verstehen. Auf diese Weise lässt sich dann gut verständlich machen, dass das Phänomen der Geschichte sich nicht auf eine spiegelbildliche Weise abschließend fixiert lässt, sondern immer wieder auch in ganz andersartig orientierten Perspektiven wahrgenommen werden kann. Das impliziert dann auch, dass die Menschen sowohl als Schöpfer als auch als Produkte oder gar als Opfer ihrer eigenen Geschichte in Erscheinung treten können.

---

399 K. Löwith: Weltgeschichte und Heilsgeschehen. Die theologischen Voraussetzungen der Geschichtsphilosophie. 1953 / 1961[4]. Auch abgedruckt in: K. Löwith, Gesammelte Werke. Bd. 2, 1983.

Wenn man sich das Phänomen *Geschichte* auf diese Weise sowohl als ein Konstitut als auch als eine Prämisse der menschlichen Existenzweise vergegenwärtigt, dann ergibt sich für die Geschichtsschreibung nicht nur das konkrete Problem der Erschließung und der Kritik von Quellen, aus denen wir unser faktisches Geschichtsverständnis herleiten können, sondern auch das Problem, ob wir aus der zweckdienlichen Interpretation von ermittelten historischen Fakten, die möglichen Handlungsspielräume der Menschen zutreffend erschließen können. Die Frage ist dabei allerdings, ob solche Zielsetzungen dann zu den genuinen Problemen und Gegenständen der Geschichtsschreibung selbst gehören oder nur zu der Welt der menschlichen Spekulationen über die Geschichte, die natürlich die empirischen Grundlagen der üblichen Geschichtsschreibung transzendieren, weshalb sie von vielen Historikern dann auch als rein spekulativ angesehen werden. Solche anthropologisch akzentuierten Interessen an der Geschichte kann man natürlich methodisch ausschließen, aber sachlich kaum, wenn man sein Interesse an der Geschichte nicht von vornherein abstraktiv verkürzen will.

Diese Problematik hat der umfassend orientierte Althistoriker Alexander Demandt zur Irritation vieler seiner Zunftgenossen dankenswerterweise in seinem Buch ‚*Ungeschehene Geschichte*‘ kenntnisreich erörtert.[400] Sofern man das Phänomen der Geschichte nicht nur als ein empirisches Phänomen, sondern auch als ein kulturhistorisches und philosophisches Phänomen ins Auge fassen möchte, ist die grundsätzliche Frage nach dem Umfang unseres Geschichtsbegriffs zumindest in einem heuristischen Sinne gar nicht zu umgehen. Obwohl eine solche Frage faktisch natürlich nicht wirklich beantwortbar ist, so eröffnet sie uns aber doch Denkperspektiven, die nicht nur anthropologisch, sondern auch erkenntnistheoretisch relevant sind. Zumindest sind sie aufschlussreich dafür, in welchen Denkhorizonten sich Menschen mit dem Phänomen der Geschichte beschäftigen können und welche perspektivischen bzw. semiotischen Dimensionen dem Geschichtsbegriff grundsätzlich zugeordnet werden können. Zumindest werden wir über diese Frage dafür sensibel gemacht, dass wir zu dem Phänomen der Geschichte nicht nur die faktisch geschehene Geschichte zu rechnen haben, sondern auch die Formen der Geschichtsschreibung, in denen die Geschichte potentiell für uns in Erscheinung treten kann. Ebenso wie in der Naturgeschichte Mutationen historisch wirksam werden können, so können auch in der Geschichte Zufälle historisch wirksam werden.

Das wird auch dadurch plausibel, dass wir in der Geschichte Ereignisse nicht nur als bloße Fakten wahrnehmen müssen, sondern durchaus auch als Zeichen

---

400 A. Demandt: Ungeschehene Geschichte. Ein Traktat über die Frage: Was wäre geschehen, wenn...? 2011[4].

verstehen können, die uns Wege eröffnen oder verschließen. So lässt sich beispielsweise nach Demandt fragen, welche Folgen es gehabt haben könnte, wenn Pontius Pilatus Jesus nicht den jüdischen Priestern überantwortet hätte, sondern begnadigt hätte, wenn eines der vielen Attentatsversuche auf Hitler erfolgreich gewesen wäre, wenn Kennedy die Stationierung russischer Atomraketen auf Kuba nicht vereitelt hätte usw. Alle diese Fragen lassen sich natürlich auf seriöse Weise inhaltlich nicht wirklich beantworten, aber sie schärfen doch unser Bewusstsein für die Konsequenzen von historischen Entscheidungen und Verantwortungen, die sich sicherlich kaum aus dem Phänomen der Geschichte ausklammern lassen. Die Beschäftigung mit historischen Hypothesen und Analogien lässt sich nicht wirklich, sondern allenfalls methodisch aus der Geschichtsschreibung ausklammern. Deshalb kommt Demandt dann auch zu folgender plausiblen These, die nicht nur eine unverbindliche spielerische Hypothese ist: *„Die Analogie ist eines der wichtigsten Verfahren zur Rekonstruktion geschehener Geschichte und eignet sich darum auch zur Konstruktion ungeschehener Geschichte."* [401]

Obwohl Geschichtsdarstellungen und Geschichtsreflexionen sich in vielerlei Formen manifestieren können und von vielerlei Fragemöglichkeiten leben, so ist die chronologisch-narrative Form der Geschichtsobjektivierung sicherlich die wichtigste und umfassendste Form, sich mit dem Geschichtsphänomen in objekt- und subjektbezogener Weise zu beschäftigen, weil in dieser Objektivierungsform *Geschichte* in sehr unterschiedlichen Perspektiven bzw. in Längs- und Querschnitten objektiviert werden kann. Es bedeutet weiter, dass gerade in Geschichtserzählungen durchaus auch vom Zauberstab der Analogie Gebrauch gemacht werden kann. Analogien verdeutlichen nämlich sehr klar, dass alle historischen Tatbestände, wie schon erwähnt, nach Koselleck im Prinzip faktisch immer als unfertig und ergänzungsbedürftig in Erscheinung treten, weshalb dann natürlich auch die Wände zwischen den Lagern der Historiker und der Dichter für ihn osmotisch durchlässig werden.

Am deutlichsten hat diesen Tatbestand wohl der amerikanische Geschichtsschreibungstheoretiker Hayden White thematisiert. Seiner Meinung nach habe sich die Gestaltung von Geschichtserzählungen in der Geschichtsschreibung immer wieder an den Grundmustern und Sinnbildungsstrategien des dichterischen Sprachgebrauchs orientiert (Metapher, Vergleich, Ironie, Satire, Komödie, Tragödie, Roman). [402] Geschichtsdarstellungen ginge es nämlich keineswegs nur darum, historische Tatbestände als solche zu thematisieren, sondern immer auch darum, auf deren Prämissen, Implikationen und Konsequenzen aufmerksam zu

---

401 A. Demandt: a.a.O., S. 73.
402 H. White: Metahistory. 1991, S. 10 ff.

machen. Das bedeutet dann, dass in der Geschichtsschreibung historische Sachverhalte nicht nur als Fakten verstanden werden müssen, sondern durchaus auch als exemplifizierende ikonische oder indexikalische Zeichen für etwas Verwandtes.

> Als eine symbolische Struktur *reproduziert* die historische Erzählung nicht die Ereignisse, die sie beschreibt; sie sagt uns, in welcher Richtung wir über Ergebnisse denken sollen und lädt unser Nachdenken über diese Geschehnisse mit verschiedenen emotionalen Valenzen auf.[403]

Die erzählerische Objektivierung der Geschichte ist deshalb für White auch nicht ein Objektivierungsverfahren unter anderen, sondern ein grundlegendes Verfahren, das sich durch andere nicht ersetzen lässt, aber das andere durchaus in sich integrieren kann, eben weil das Erzählen ein grundlegendes Verfahren ist, die Objektsphäre der Welt mit der Subjektsphäre der Welt in Verbindung zu bringen. Das hat Ricœur historiographisch dann in aufschlussreicher Weise auch als eine *„Synthesis des Heterogenen"* bezeichnet.[404]

Diese Sichtweise auf die erzählerische Objektivierung der Geschichte hat auch Nietzsche geteilt. Seinen Aufsatz *„Vom Nutzen und Nachteil der Historie für das Leben"* hat er nämlich zustimmend mit einem Zitat von Goethe aus einem Brief an Schiller vom 19. 12. 1798 eingeleitet, das bereits im Kap 10.1 erwähnt worden ist. *„Übrigens ist mit alles verhaßt, was mich bloß belehrt, ohne meine Tätigkeit zu vermehren oder unmittelbar zu beleben."*[405]

Diese Sichtweise auf die Objektivierungen in der Geschichtsschreibung lässt sich sehr schön durch einen Blick auf die Anfänge der Geschichtsschreibung in Griechenland illustrieren, die ausgesprochen anthropologisch motiviert waren. In ihr hat das Erzählen und Vergleichen immer eine ganz wichtige Rolle gespielt, um die Struktur komplexer Korrelationszusammenhänge besser verständlich zu machen. Das verdeutlicht ein Blick auf die Geschichtsdarstellungen von Herodot, Thukydides, Plutarch und Sueton sehr deutlich.

Um beispielsweise das innere Anliegen von Herodots *Historien* zu verstehen, kann man sich beispielsweise vergegenwärtigen, dass der griechische Begriff *historia* nicht gleichbedeutend mit dem heutigen deutschen Begriff *Geschichte* gewesen ist. Er bezeichnete ursprünglich nämlich alle Arten von Erkundungen, die keineswegs nur den Bereich konkreter geschichtlichen Ereignisse betraf, sondern

---

403 H. White: Auch Klio dichtet oder die Fiktion des Faktischen. 1986, S. 112.
404 P. Ricœur: Zeit und Erzählung. Bd. 1: Zeit und historische Erzählung. 1988, S. 7.
405 F. Nietzsche: Vom Nutzen und Nachteil der Historie für das Leben. Werke Bd. 1, S. 209.
Goethes Briefe. Hamburger Ausgabe in vier Bänden, Bd. 2, S. 362.

auch den Bereich der Natur, der Kultur, der Geographie oder gar der Physik. Alle Phänomene, die zum menschlichen Staunen anregen konnten und die man vor dem Vergessen bewahren wollte, konnten nämlich Gegenstand der Historie sein. Das implizierte für Herodot dann auch eine große Aufgeschlossenheit für alle Formen des hypothetischen Denkens bzw. für Querverbindungen zwischen Einzelfakten sowie eine Grundspannung zu allen Autoritäten und unreflektierten Traditionen, insofern es ihm immer darum ging, die ganz spezifischen Ordnungsstrukturen von komplexen Erfahrungsphänomenen vielerlei Art herauszuarbeiten. Das ließ sich natürlich leichter mit Hilfe von Erzählungen als mit Hilfe von Begriffsanalysen bewerkstelligen, da sich Erzählungen natürlich immer besser im menschlichen Gedächtnis verankern als reine Begriffsbildungen. Deshalb steht für Herodot auch oft weniger die faktische Wahrheit von konkreten Erzählungen im Vordergrund des Interesses, sondern oft auch deren Anregungskraft für das menschliche Wahrnehmen und Denken, womit er dann sogar als ein Vorläufer Goethes ins Auge gefasst werden könnte.

Die inhaltliche Offenheit bzw. der problematische Wahrheitsstatus der faktischen Erzählungen Herodots ist allerdings auch schon in der Antike scharf kritisiert worden. Daher ist dann auch nicht Herodot, sondern Thukydides als Vater der Geschichtsschreibung angesehen worden, da letzterer einen besonderen Wert auf die Quellenkritik gelegt hat und deutlich zwischen dem Anlass und den Ursachen historischer Konflikte zu unterscheiden versuchte, um den faktischen Wahrheitsanspruch seiner Geschichtsschreibung in einem korrespondenztheoretischen Sinne einzulösen. Gleichwohl hat aber auch Thukydides sich darum bemüht, geschichtliche Prozesse und Entscheidungshandlungen so plastisch wie möglich darzustellen. Deshalb hat er sich bei der Darstellung des *Peloponnesischen Krieges* dann auch nicht gescheut, wörtliche Reden der jeweiligen Entscheidungsträger in seine Geschichtsdarstellungen einzufügen, die allerdings seiner Auffassung nach analogisch genau dem entsprechen sollten, was nach Lage der Dinge in bestimmten Situationen tatsächlich hätte gesagt werden können.

> Was nun die Reden hüben und drüben vorgebracht wurde, während sie sich zum Kriege anschickten, und als sie schon drin waren, davon die wörtliche Genauigkeit wiederzugeben war schwierig sowohl für mich, wo ich selber zuhörte, wie auch für meine Gewährsleute von anderwärts; nur wie meiner Meinung nach ein jeder in seiner Lage etwa sprechen mußte, so stehen die Reden da, in möglichst engem Anschluß an den Gesamtsinn des in Wirklichkeit Gesagten.[406]

---

406 Thukydides: Geschichte des peloponnesischen Krieges. 1962, S. 14.

Welche große heuristische Funktion das Phänomen der Analogie hinsichtlich der Beurteilung der historischen Rolle von bestimmten Entscheidungsträgern in der Geschichte hat, kommt auch darin zum Ausdruck, dass der Grieche Plutarch im 1. und 2. Jh. n. Chr. in Parallelbiographien bedeutende Griechen und Römer einander gegenübergestellt hat wie beispielsweise Alexander und Cäsar oder Demosthenes und Cicero. Er selbst sieht sich dabei zwar primär als Biograph und weniger als Historiker, aber seine Parallelbiographien verdeutlichen doch, dass die Methode, eine historische Person als Spiegelbild einer anderen zu beschreiben, ein biographisches Verfahren ist, das eine ganz spezifische historische Erläuterungsfunktion hat, weil erst in Analogie und Kontrast zu einer anderen Person die jeweils thematisierte Person ihre spezifische Kontur gewinnt.

Auf jeden Fall ist festzuhalten, dass seit Plutarch Biographien zum konstitutiven Bestandteil der Geschichtsschreibung gehören, weil über sie nicht nur bestimmte Personen präsent gemacht werden können, sondern zugleich auch bestimmte historische Epochen. Das hat nicht nur Sueton mit seinen Biographien über römische Herrscher von Caesar bis Domitian praktiziert, sondern auch Einhard mit seiner Biographie über Karl den Großen. In neuerer Zeit ist deshalb auch die große Biographie von Golo Mann über Wallenstein nicht nur eine individuell orientierte Biographie, sondern zugleich auch eine Epochendarstellung. Außerdem kann darauf aufmerksam gemacht werden, dass der Engländer Alan Bullock nicht nur eine Biographie über Hitler geschrieben hat, sondern auch eine vergleichende Biographie über Hitler und Stalin mit dem Untertitel *„Parallele Leben"*. All das verdeutlicht dann auch, dass Vergleiche bzw. die Nutzung des Zauberstabs der Analogie wichtige heuristische Verfahren sind, um das Phänomen der Geschichte plastisch werden zu lassen. Seit dem 18. Jh. hat dann die Biographik mit ihren positiv oder negativ akzentuierten Vergleichsangeboten deshalb auch ein wachsendes literarisches Interesse gefunden.[407]

Die narrative Objektivierung der Geschichte, in der das Phänomen der Geschichte eher ikonisch als begrifflich bzw. analytisch objektiviert wird, kann natürlich keinen normativen Alleinvertretungsanspruch für die Geschichtsschreibung stellen, obwohl ihr sicherlich eine große anthropologische Relevanz zukommt. Das Erzählen ist nämlich eine sehr sinnvolle Form, die Objektsphäre der Welt mit der Subjektsphäre in Verbindung zu bringen, eben weil das Erzählen natürlich vielfältige Möglichkeiten bietet, eine *„Synthesis des Heterogenen"* im Sinne von Ricœur zu ermöglichen. Diese Aufgabe ist natürlich auch in anderen Formen der Geschichtsschreibung zu meistern, aber kaum so eindrucksvoll und

---

407 Vgl. H. Scheuer: Biographie: Studien zur Funktion und zum Wandel einer literarischen Gattung vom 18. Jahrhundert bi zur Gegenwart. 1979.

plastisch wie in der narrativen Geschichtsschreibung. Dieses Urteil betrifft dann auch eine andere exemplarische Form der Geschichtsschreibung, die in der sogenannten *Annales-Schule* praktiziert wird, die sich im Umkreis der Zeitschrift *Annales* bzw. des französischen Historikers Fernand Braudel herausgebildet hat.[408]

In dieser Schule der Geschichtsschreibung spielt der Begriff der *langen Dauer* (longue durée) eine ganz zentrale Rolle. Mit seiner Hilfe soll nämlich kenntlich gemacht werden, dass die Geschichte keineswegs nur durch spektakuläre Ereignisse und Entscheidungen geprägt wird, die erzählerisch natürlich gut objektivierbar und vermittelbar sind, sondern auch durch historische Veränderungen von langer Dauer. Dieses Verständnis von Geschichte lässt sich natürlich weniger gut in Form von Ereigniserzählungen objektivieren, sondern eher in Form von feststellenden und analysierenden Strukturbeschreibungen oder sogar von Statistiken. Diese Wahrnehmungsweise von Geschichte hat große Ähnlichkeiten zu den Beschreibungen der Naturgeschichte von Ludwig Bertalanffy, insofern diese, wie bereits erwähnt, zwischen langsamen und schellen Prozesswellen unterscheidet, wobei sich die schellen Prozesswellen durchaus auf die langsamen auflagern können. Das geschieht nach Bertalanffy beispielsweise bei der Kontraktion eines Muskels, wo sich ein aktuelles schnelles Geschehen auf ein langsames Geschehen wie etwa die individuelle bzw. die evolutionäre Ausbildung von Muskeln auflagert.

Diese Vorstellung der Korrelation und Interaktion von langsamen und schnellen Dynamiken prägt sicherlich auch das Feld von historischen Interaktionsprozessen. Auch hier muss zwischen einer langfristigen Strukturbildungsgeschichte und einer kurzfristigen Ereignisgeschichte unterschieden werden. Zu der langfristigen Strukturgeschichte gehören dann beispielsweise Klimaveränderungen, die Ausbildung von Verkehrswegen, die Struktur von Handelsbeziehungen und Finanzsystemen, die Struktur von Machtsystemen, Rechtssystemen, Erbsystemen oder Schulsystemen, die Strukturen des Erbrechts, die Entwicklung von Geburtszahlen bzw. von Sterbezahlen usw. Zu der kurzfristigen Ereignisgeschichte gehören dann spektakuläre historische Einzelentscheidungen oder Naturereignisse, auf die konkret reagiert werden muss.

Bei der Analyse bzw. bei dem Verständnis beider Ereignistypen in der Geschichtsschreibung kann dann durchaus der interpretierende Zauberstab der Analogie eingesetzt werden. Immer wieder muss in der Geschichtsschreibung nämlich geprüft werden, ob und wie Ordnungsfaktoren wie Kausalität, Implikation, Interaktion oder Analogie zur Erfassung und Strukturierung komplexer

---

408 Vgl. dazu auch P. Ricœur: Zeit und Erzählung. Bd. 1: Zeit und historische Erzählung. 1988, S. 154.

Zusammenhänge herangezogen werden können. Das hat natürlich immer auch zur Konsequenz, dass die Geschichte im Verlauf der Geschichte immer wieder in anderen textuellen Formen sprachlich objektiviert werden kann oder sogar muss bzw. auf eine jeweils verjüngte Weise.

10.4 Der Mythos

Den griffigen Buchtitel von Wilhelm Nestle *Vom Mythos zum Logos* versteht man sicherlich sehr verkürzt, wenn man dahinter nur einen positivistischen Fortschrittsglauben vermutet und nicht einen Hinweis auf eine spannungsreiche Polarität zwischen zwei ganz unterschiedlichen Formen von geistigen Sinnbildungsanstrengungen, die sich eher ergänzen als ausschließen.[409] Das exemplifiziert sich recht deutlich, wenn man das mythische Denken und Sprechen mit dem begrifflichen vergleicht.

Die These von der generellen Überwindung des Mythos durch den Logos wird zwar heute im Rahmen des wissenschaftlichen und insbesondere des positivistischen Denkens oft noch vertreten, sie ist aber im Rahmen eines semiotischen und kulturhistorischen Denkens schwerlich aufrechtzuerhalten. Realistischer ist sicherlich die Annahme, dass beide Denk- und Sprachgebrauchsweisen sich im Rahmen umfassender Sinnbildungsprozesse wechselseitig ergänzen und spezifizieren. Deshalb stellt sich für ein umfassendes aufklärerisches Denken dann auch die Aufgabe, die Prämissen und Intentionen beider Denkformen zu präzisieren, um ihren jeweiligen anthropologischen Stellenwert bzw. ihre pragmatischen Funktionen genauer zu qualifizieren.

Das schließt dann auch die These ein, dass sich sowohl im begrifflichen als auch im mythischen Denken ein Wissen manifestieren kann, das auf unterschiedlichen Ebenen liegt, das sich aber wechselseitig keineswegs überflüssig macht, weil es perspektivisch nicht auf dieselben Fragestellungen bzw. Tatbestände Bezug nimmt. Die These von der Überwindung des Mythos durch den Logos ist deshalb weder historisch noch sachlich wirklich zutreffend, weil sie eine historische und inhaltliche Vereinfachung darstellt, die insbesondere kulturhistorisch und anthropologisch kaum zu rechtfertigen ist. Faktisch ist wohl eher die These zu vertreten, dass beide Denk- und Sprachverwendungsweisen einen unterschiedlichen pragmatischen Stellenwert haben und dementsprechend dann auch immer eine unterschiedliche pragmatische Wertschätzung erfahren können. Im Prinzip haben nämlich schon Sokrates und Platon postuliert, dass es

---

409 W. Nestle: Vom Mythos zum Logos. Die Selbstentfaltung des griechischen Denkens. 1975².

unterschiedliche menschliche Wissensformen für die Welt gebe, die sich nicht zwingend hierarchisieren ließen, weil sie je unterschiedliche Zielsetzungen haben. Allerdings ist die spezifische Aufklärung des Spannungsverhältnisses zwischen den unterschiedlichen Wissensformen sicherlich eine lohnende Aufgabe, die es auch erforderlich macht, sich etwas näher mit der etymologischen Herkunft beider Begriffe zu beschäftigen.

Das griechische Wort *Mythos* hat im homerischen Sprachgebrauch eigentlich nur die Bedeutung *Rede, Verkündigung, Erzählung* oder *Fabel*. Erst nach und nach wird es zur Bezeichnung für Geschichten über Götter oder Heroen gemacht, um bestimmte Handlungsweisen von ihnen als besonders bedeutsam zu akzentuieren. Die in den einzelnen Mythen repräsentierten Geschichten werden dann nicht als bloß ausgedachte bzw. erfundene Geschichten verstanden, sondern eher als *gefundene* Geschichten, deren Inhalte eine besondere anthropologische Relevanz haben, um ganz bestimmten Sach- und Lebenserfahrungen einen exemplarischen Ausdruck zu geben. Deshalb ist dann auch Herodot als ein Geschichtenerzähler bzw. als ein *Mythologikos* bezeichnet worden.[410] Aus dieser etymologischen Herkunft des Mythosbegriffs lässt sich ableiten, dass das Mythosphänomen ursprünglich der Welt des Handelns und der Prozesse zugeordnet worden ist, aber nicht der Welt der Kontemplation und der statischen Begriffe wie das Logosphänomen.

In diesem Zusammenhang ist dann auch aufschlussreich, dass nach den Recherchen von Blumenberg der spätantike Schriftsteller Sallustius in seinem Buch ‚*Über die Götter und den Kosmos*' (de diis et mundo) im Kap. 4.9 davon gesprochen hat, dass der Mythos im Prinzip von dem handele, was niemals geschah, aber dennoch immer ist.[411] Aus dieser These lässt sich ableiten, dass beim Mythos nicht die faktische Tatsächlichkeit des thematisierten Geschehens im Mittelpunkt der Aufmerksamkeit steht, sondern etwas Allgemeingültiges, das für alle Menschen von Bedeutung ist, eben weil es eine ahistorische Relevanz für alle hat.

Interessant ist nun allerdings, dass die Wurzeln des Wortes *Logos* durchaus Überschneidungen mit dem semantischen Inhalt des Wortes *Mythos* aufweisen. Es resultiert nämlich aus dem Verb *legein* (aufsammeln, aufzählen, aussagen) und beinhaltet kraft dieser Herkunft eine sprachliche Objektivierungsform, die nicht nur narrative Mitteilungsziele hat, sondern durchaus auch sachliche Unterscheidungsintentionen. Das erleichterte es dann auch, beide Begriffe in eine spezifische Kontrastrelation miteinander zu bringen.

---

410 H.-G. Gadamer: Mythos und Logos. Gesammelte Werke. Bd. 8. 1993, S. 172.
411 **H.** Blumenberg: Wirklichkeitsbegriff und Wirkungspotential des Mythos. In: M. Fuhrmann (Hrsg.): Terror und Spiel. 1971, S. 32.

Da der Mythos kulturgeschichtlich mehr und mehr als eine Erzählung in Erscheinung getreten ist, die nicht beansprucht, tatsächliche geschichtliche Ereignisse wieder ins Bewusstsein zu rufen, sondern vielmehr die Struktur von exemplarischen menschlichen Lebenssituationen, die nicht in Vergessenheit geraten sollen, hat Levi-Strauss für die Aufklärung der Sinnbildungsfunktion des Mythos den französischen Begriff ‚*bricolage*' ins Spiel gebracht, der einen Bedeutungsspektrum aufweist, das von *Tüftelei, Bastelei, Spielanstrengung* bis zu *Pfusch* reicht. So gesehen repräsentiert der Mythos dann auch keine Schöpfung aus dem Nichts, sondern eine Schöpfung aus Einzelerfahrungen, die zu einer sinnvollen Geschichte zusammengeführt werden können, die dann auch Analogien zu verdeckten Lebenserfahrungen und Denkstrukturen der Menschen hat.[412]

Das Gemeinsame von Mythos und Logos liegt offenbar darin, dass beide Begriffe auf die Gestaltung von sprachlichen Textmustern Bezug nehmen, die bestimmte Ordnungsstrukturen der menschlichen Lebenswelt zu thematisieren versuchen, wenn auch mit Hilfe von ganz unterschiedlichen semiotischen Objektivierungsstrategien, die etwas plakativ als erzählerisch oder argumentativ klassifiziert werden können, da sie ihre Hauptaufmerksamkeit auf die sinnlich wahrnehmbaren Oberflächenstrukturen bzw. auf die nur begrifflich fassbaren Tiefenstrukturen von Phänomenen richten können. Das beinhaltet dann auch, dass man den Begriff des Mythos zunehmend dem Reich des synthetisierenden und gestaltbildenden Denkens und den Begriff des Logos zunehmend dem Reich des analysierenden und beurteilenden Denkens und Sprechens zugeordnet hat.

Es impliziert weiter, dass sich das logisch orientierte Denken und Sprechen primär einem korrespondenztheoretisch orientierten Wahrheitsverständnis verpflichtet gefühlt hat und das mythisch orientierte Denken und Sprechen eher einem sinnstiftenden heuristisch orientierten Wahrheitsverständnis, dem insbesondere Analogieannahmen zugrunde liegen. Während der logisch orientierte Sprachgebrauch seine jeweiligen Gegenstände über begriffliche Ordnungsmuster beherrschen möchte, strebt der mythische eher danach, seine Denkgegenstände über die menschliche Einbildungskraft auf ikonische Weise zu erfassen und zu objektivieren.

So gesehen ist dann auch nicht überraschend, dass Vico die Metapher als „*kleinen Mythos*" qualifiziert hat. Für ihn sind nämlich metaphorische Aussagenweisen ursprünglich keine „*geistreichen Erfindungen der Schriftsteller gewesen* [...], *sondern Ausdrucksarten, die für die ersten poetischen Völker*

---

412 Vgl. K. Stierle: Mythos als ‚Bricolage' und zwei Endstufen des Prometheusmythos. In: H. Fuhrmann (Hrsg.): Terror und Spiel. 1971, S. 455–472.

Bedürfnis waren [...].[413] Das Denken hat sich nämlich nach Vico hier weniger auf das abbildende Wahr-Sein von Aussagen konzentriert, sondern eher auf die Plausibilität ihres sozial-verständlichen Gemacht-Seins.

In schriftlosen Kulturen verändern sich Mythen ständig, um den Sinnbildungsintentionen der jeweiligen Menschen gerecht werden zu können. Das ist einerseits problematisch, weil dadurch Mythen keine authentische Stabilität gewinnen können, aber andererseits auch fruchtbar, weil sie dadurch direkt auf die neuen Lebenserfahrungen und Sinnbildungsintentionen der jeweiligen Menschen reagieren können, wodurch sie dann auch ein lebendiges Traditionsgut bleiben. Historische Rekonstruktionen der ursprünglichen Gestalt von Mythen sind deshalb kulturgeschichtlich gesehen natürlich interessant, aber für die jeweiligen Kommunikanten nicht immer vorteilhaft, weil auf diese Weise ihr mögliches Analogiepotenzial zu der aktuellen Lebenswelt der jeweiligen Rezipienten durchaus geschwächt werden kann. In ihren jeweiligen Grundstrukturen müssen überlieferte Mythen zwar stabil bleiben, um ihre sozialintegrativen Funktionen aufrechterhalten zu können, aber in ihren faktischen Erscheinungsweisen müssen sie auch veränderbar bleiben, um ihre analogischen Beziehungen zu der faktischen Lebenswelt ihrer Adressaten nicht zu verlieren. Die Verschriftlichung von Mythen hat deshalb auch immer eine gewisse Ambivalenz, weil ihre Tradierungen sowohl eine gewisse Stabilität als auch eine gewisse Flexibilität haben müssen, um ihre kulturellen Funktionen lebendig halten zu können.

Die historischen Erscheinungsweisen von Mythen sind deshalb ebenso wie die von Sprache dadurch bestimmt, dass eine geprägte Form (forma formata) nur dann wirklich lebendig bleiben kann, wenn sie zugleich eine strukturbildende kulturelle Wirksamkeit auf die Lebensgestaltung der Menschen auszuüben vermag (forma formans). Generell lässt sich deshalb sagen, dass bei Mythen wie auch bei anderen Kulturphänomenen die Struktur der von ihnen thematisierten Sachprobleme nicht von der Struktur ihrer jeweiligen medialen bzw. semiotischen Objektivierungsformen getrennt werden kann. Die ikonische Objektivierungskraft von Mythen für die Thematisierung bestimmter menschlicher Lebensprobleme und Lebensstrukturen ist nämlich nur dann gesichert, wenn in der Überlieferungsgeschichte von Mythen Stabilität und Flexibilität in ein Fließgleichgewicht miteinander gebracht werden kann, da sich nur auf diese Weise die Vitalität von Mythen stabilisieren lassen. Das hat Jean Paul sehr prägnant auf

---

413 G. Vico: Die neue Wissenschaft über die gemeinschaftliche Natur der Völker. 1966, S. 81. Vgl. dazu auch K. Löwith: Vicos Grundsatz: Verum et factum convertuntur. In: K. Löwith: Sämtliche Schriften. Bd. 9. 1986, S. 195–227.

folgende Weise präzisiert: „*Wenigstens würde in Bildern sich das verwandte Leben besser spiegeln als in toten Begriffen – nur aber für jeden anders*; [...]."[414]

Odo Marquard hat diese innere Dialektik von sprachlichen Kulturformen ganz ähnlich ins Auge gefasst. Er hat nämlich Folgendes postuliert: „*Die Menschen können ohne Mythen nicht leben.*" Mythen sind für ihn nämlich Erscheinungsformen der „*Gewaltenteilung*", die verhinderten, dass ein „*Monomythos*" entstehe, der beanspruche, alle Fragen beantworten zu können. Diesbezüglich geht er dann sogar soweit, die folgende anthropologische Grundthese zu formulieren: Das Individuum brauche „*ein gewisses Maß an Schlamperei, die durch die Kollision der regierenden Gewalten entsteht*", da ein Minimum an Chaos die „*Bedingung der Möglichkeit der Individualität*" sei.[415]

Vor dem Hintergrund dieser Überlegungen zum Texttyp Mythos wird dann auch gut verständlich, warum André Jolles den Mythos einerseits mit der sprachlichen Denkform der Frage in Verbindung gebracht hat und andererseits mit dem Phänomen des Orakels. Der Mensch ist nämlich für Jolles ein fragendes Lebewesen, das sich prinzipiell nicht nur für die Oberflächenstrukturen von Phänomenen interessiere, sondern auch für deren Tiefenstrukturen. Das bedeutet für Jolles dann, dass das heuristische Spiel von Frage und Antwort für das geistige Leben der Menschen immer eine ganz grundlegende Funktion hat. „*Wo sich nun in dieser Weise, aus F r a g e und A n t w o r t die Welt dem Menschen erschafft – da setzt die Form ein, die wir M y t h e nennen wollen.*"[416]

Weder eine mythische Erzählung noch ein Orakelspruch behaupten für Jolles die faktische Existenz der jeweils thematisierten Ereignisse noch vermittelten sie uns direkte Handlungsvorschläge. Beide machten aber auf Relationszusammenhänge aufmerksam, die nicht zuletzt auch als Analogiezusammenhänge verstanden werden können. Mythen sprechen für ihn nämlich ganz ähnlich wie Metaphern gleichsam durch die Blume. Auf jeden Fall sind sie in einem hohen Maße interpretationsbedürftig. Ein apartes Beispiel dafür ist beispielsweise ein Orakelspruch der Pythia von Delphi, dessen historische Realität zwar umstritten ist, aber dessen ikonische Relevanz sicherlich nicht zu leugnen ist. Herodot berichtet darüber nämlich Folgendes.

Nach dem Einfall der Perser unter Xerxes in Griechenland seien die Athener uneinig darüber gewesen, wie sie sich am besten vor der überlegenen Streitmacht der Perser schützen könnten. Auf Anfrage der Athener bei der Pythia habe diese

414 J. Paul: Vorschule der Ästhetik. Werke. Bd. 9, S. 30.
415 O. Marquard: Lob des Polytheismus: In: O. Marquard: Abschied vom Prinzipiellen. 1981, S. 93, 98 und 108.
416 A. Jolles: Einfache Formen. 1974⁵, S. 97.

dann kundgetan, dass nur eine „*hölzerne Mauer*" Rettung für die Athener bringen könne. Diesen Orakelspruch verstand ein Teil der Athener so, dass sie sich auf dem Akropolisberg verschanzen sollten, der mit einer undurchdringlichen Dornenhecke umwachsen war. Themistokles habe die Athener dann aber davon überzeugt, dass die Pythia vorgeschlagen habe, sich mit Hilfe ihrer Schiffe vor der Übermacht der Perser zu retten. Dieses Verständnis des Orakelspruchs wurde dann allgemein akzeptiert. Die Athener wurden dementsprechend dann mit Schiffen auf die vorgelagerte Insel Salamis evakuiert und die persische Kriegsflotte wurde von der athenischen Flotte vor Salamis entscheidend besiegt, da die Athener sich mit den Windverhältnissen vor der Insel Salamis natürlich viel besser auskannten als die Perser. Xerxes musste sich nach dem Verlust seiner Kriegsflotte deshalb mit seinem Heer aus Griechenland zurückziehen, weil dessen Nachschub nun nicht mehr gesichert war.[417]

Wenn wir nach diesem Exempel nun den Mythos bzw. mythosnahe Erzählungen als einen Texttypus ins Auge fassen, in dem mehr oder weniger fiktive Denk- und Vorstellungswelten narrativ entworfen werden, die nur sehr bedingt eine faktische Korrespondenz zu konkreten historischen Tatsachen haben, so schmälert das die pragmatische Relevanz von Mythen für die Objektivierung der Strukturen der menschlichen Lebenswelt keineswegs prinzipiell. Der mythisch-narrative und der begrifflich-argumentative Sprachgebrauch ergänzen sich vielmehr, weil sie sich wechselseitig Profil und Funktion geben. Deshalb sind Mythen für umfassende menschliche Sinnbildungsanstrengungen auch unverzichtbar, in denen Fakten und Intentionen bzw. Objektwelten und Subjektwelten miteinander verbunden wenn nicht miteinander amalgamiert werden sollen.

Diese vorgetragenen Überlegungen sind von der Prämisse geprägt, dass der Begriff des Mythos nicht nur auf Geschichten über die Götter- und Heroenwelt reduziert werden sollte, sondern kulturgeschichtlich auch dazu dienlich ist, auf alle Textformen ausgedehnt zu werden, die das Ziel verfolgen, auf narrative bzw. ikonische Weise konstitutive Grundstrukturen des sozialen Lebens zu objektivieren, die in ihrer Komplexität begrifflich nicht befriedigend fassbar gemacht werden können. Das schließt dann natürlich nicht aus, dass begrifflich objektivierbare Sach- und Interaktionszusammenhänge auch bildlich bzw. ikonisch thematisiert und vermittelt werden können. Das haben auch Sokrates und Platon schon dadurch veranschaulicht, dass sie über konkrete Exempel bestimmte philosophische Problemzusammenhänge repräsentiert und objektiviert haben. Daraus lässt sich ableiten, dass die verbildlichende und die begriffliche Denkform interpretativ für die jeweils andere verwendet werden kann und dass beide

---

417 Herodot: Historien. 1963³, S. 485 ff.

sprachliche Objektivierungsformen für Sachverhalte operativ bzw. symbiotisch zusammengehören, obwohl sie methodisch durchaus unterschieden werden können.

Diese Sicht auf die Phänomene Mythos und Logos ist allerdings nicht ganz unproblematisch, da dadurch natürlich eine kognitive Hierachisierung beider Phänomene in Frage gestellt wird. Der Altphilologe und Germanist Franz Dornseiff hat deshalb das Lehnwort *,Mythos'* im heutigen Deutsch sogar als *„ein Gebilde von unsäglicher Allhaltigkeit"* bestimmt.[418] Diese Qualifizierung des Mythos kann natürlich im Rahmen einer analysierenden begrifflichen Rationalität als negativ verstanden werden, weil das textuelle Gestaltungsmittel *Mythos* zu keinen Denkergebnissen führt, die auf logisch zwingende Weise als richtig oder falsch angesehen werden können.

Im Rahmen eines heuristischen, synthetisierenden bzw. abduktiven Denkens können Mythen dagegen durchaus als positiv beurteilt werden, weil sie bestimmte Denkinhalte nicht von vornherein in das Prokrustesbett von schon vorhandenen begrifflichen Denkmustern einordnen, die notwendigerweise immer schon abstraktiv vereinfachen und schematisieren müssen, um auf nachvollziehbare Weise argumentativ verwendet werden zu können. So gesehen objektivieren Mythen dann auch immer sehr komplexe mehrdimensionale Denkinhalte, die sich einer zwingenden Wahrheitsbeurteilung entziehen, die aber gleichwohl doch das sinnbildliche abduktive Denken anregen und repräsentieren können, das sich natürlicherweise auch vor Analogien nicht scheut, da es nicht nur analysierende, sondern auch synthetisierende pragmatische Funktionen hat.

Mythen leben nämlich davon, dass sie mehrdimensional verstehbar sind. Das impliziert, dass sowohl ihre Strukturen als auch ihre Funktionen eine genuine innere Verwandtschaft mit denen der polyfunktionalen natürlichen Sprachen haben, aber nicht mit denen von formalisierten Fachsprachen. Das lässt sich phänomenologisch auch so beschreiben, dass ihre Grundstruktur nicht als eine stabile zeitlose Struktur im Sinne einer *forma formata* anzusehen ist sondern vielmehr als eine formbildende Kraft im Sinne einer *forma formans*. Das beinhaltet dann zugleich auch, dass das Verstehen von Mythen eigentlich nie zu einem endgültigen Abschluss kommt, eben weil ihre Korrelations- und Interaktionskräfte nicht endgültig fixierbar sind. Deshalb schließen Mythen Denkprozesse auch nicht ab, sondern stimulieren diese eher, weil ihr Anregungspotential immer offen bleibt und mit Hilfe neuer Erfahrungen sich auch ausweiten kann. Deshalb ist es für Mythen dann auch nicht konstitutiv, dass sie von einem faktischen

---

418 Zitiert nach Werner Betz: Vom ‚Götterwort' zum ‚Massentraumbild'. In: H. Koopmann (Hrsg.): Mythos und Mythologie in der Literatur des 19. Jahrhunderts. 1979, S. 11.

Geschehen berichten, weil ihre Interaktions- und Analogisierungsmöglichkeiten faktisch immer offen bleiben sollen. Aus diesem Grunde ist es für Mythen dann auch nicht konstitutiv, dass sie von einem faktischen Geschehen berichten, sondern nur, dass sie uns auf mögliche Korrelationszusammenhänge aufmerksam machen. Das rechtfertigt dann auch, Mythen zu den fiktiven Texten zu rechnen, denen prinzipiell sicherlich auch eine sehr große *Allhaltigkeit* zugebilligt werden kann.

So gesehen können Mythen dann sowohl als Vorstufen des begrifflichen Denkens bzw. der begrifflich verstandenen Metaphysik verstanden werden als auch als Nachstufen bzw. als Interpretationsformen des rein begrifflichen Denkens, welches immer exemplifizierender Konkretisierungen bedarf. Das bedeutet einerseits, dass begriffliche Sprachspiele mythische Sprachspiele interpretieren können, aber andererseits auch, dass mythische Sprachspiele begriffliche interpretieren bzw. in ihre Grenzen verweisen können, wodurch sich dann auch eine symbiotische Verbundenheit beider Sprachspiele herausbilden kann.

Der Physiker und Philosoph Carl Friedrich von Weizsäcker hat das wechselseitige dialektische Bedingungsverhältnis von Mythos und Logos bzw. das Interaktionsverhältnis von einem verbildlichenden und einem begrifflichen Sprachgebrauch folgendermaßen metaphorisch beschrieben und gerechtfertigt.

> Die ganz in Information verwandelte Sprache ist die gehärtete Spitze einer nicht gehärteten Masse. Daß es Sprache als Information gibt, darf niemand vergessen, der über Sprache redet. Daß Sprache als Information uns nur möglich ist auf dem Hintergrund einer Sprache, die nicht in eindeutige Information verwandelt ist, darf niemand vergessen, der über Information redet. Was Sprache ist, ist damit nicht ausgesprochen, sondern nur von einer bestimmten Seite her als Frage aufgeworfen.[419]

In Mythen kommt es in der Regel weniger darauf an, was bestimmte Götter oder Heroen faktisch getan haben, sondern eher darauf, was sie typologisch verkörpern. Das bedeutet, dass Mythen als konstitutive Beiträge zu sozial wirksamen Sinnstiftungen betrachtet werden können, insofern in ihnen mögliche menschliche Handlungsrollen exemplifiziert werden. Es bedeutet weiter, dass Mythen auch als Verkörperungen von Frage-Antwort-Spielen verstanden werden können, die sich einer vollständigen begrifflichen Analyse und Qualifizierung entziehen, da sie sehr komplexe und sehr unterschiedliche Frage- und Antwortmöglichkeiten ins Bewusstsein rufen können und sollen.

Aus diesem Grund hat Cassirer dann ja auch den *Mythos*, die *Sprache*, die *Kunst*, die *Religion* und die *Wissenschaft* zu den grundständigen *symbolischen*

---

419 C. F. von Weizsäcker: Die Einheit der Natur. 1981², S. 60.

Formen gerechnet, die allesamt exemplarische Grundformen der menschlichen Welterfassung verkörperten, wobei sie sich allerdings eher ergänzten als ausschlössen, eben weil sie allesamt unterschiedliche Exemplifizierungen der geistigen Selbstbeweglichkeit des Menschen repräsentierten, die jeweils ganz unterschiedliche Formen des *Sehen-Als* verkörperten. All diese symbolischen Formen hätten ein spezifisches Existenzrecht, solange sie keine Ansprüche auf die Objektivierung endgültiger Wahrheiten stellten, sondern sich nur als Möglichkeiten verstünden, die Welt aspektuell umfassender zu verstehen.

Gerade weil Mythen ihre ursprüngliche Heimat in schriftlosen Kulturen bzw. im mündlichen Sprachgebrauch haben, gehört das Prinzip der Variation bzw. der partiellen Umstrukturierung zu ihren Grundcharakteristika. Deshalb veralten Mythen auch nicht so schnell wie schriftlich fixierte Textmuster, da sie sich recht leicht an neue Rahmenbedingungen und Sinnbildungsziele anpassen können. Daher sind gute Mythen kulturgeschichtlich auch immer sehr wirkungsmächtig geblieben, eben weil sie offenbar anthropologische Grundfragen sprachlich artikulieren, ohne den Anspruch zu erheben, diese abschließend beantworten zu können. Ihre Stärke liegt nämlich nicht darin, menschliche Probleme abschließend zu objektivieren und zu lösen, sondern eher darin, diese exemplarisch zu konkretisieren. Aus diesem Grunde erweisen sich Mythen dann auch als ziemlich resistent gegenüber abschließenden Interpretationen, aber durchaus offen für neuartige und überraschende Analogieannahmen.

Aufschlussreich ist in diesem Zusammenhang auch, dass Mythen ziemlich resistent gegenüber der methodischen Versuchung sind, entweder den Substanzbegriff oder den Relationsbegriff oder gar den Funktionsbegriff zur Grundlage des philosophischen und erkenntnistheoretischen menschlichen Denkens zu machen. Mythen haben eigentlich keine Probleme, sowohl auf stabile Substanz- bzw. Wesensvorstellungen bei der Wahrnehmung von Menschen oder von Sachphänomenen Bezug zu nehmen als auch auf variable Relations- und Funktionsvorstellungen, weil beide Konzepte faktisch immer ineinandergreifen, wenn anthropologische Grundprobleme vielschichtig zu objektivieren sind.

Eine allgemein verständliche sprachliche Objektivierung der Strukturen von menschlich Lebens- und Denkwelten lässt sich ohne die Hilfe von Mythen und Metaphern nämlich kaum gewährleisten. Bei der Nutzung dieser Sprachformen müssen nämlich keine vorschnellen Abstraktionen vorgenommen werden, in denen beispielsweise menschliche Emotionen von vornherein ausgeklammert werden, obwohl diese sicherlich eine wichtige Regulationsfunktion für menschliche Wahrnehmungs- und Denkprozesse haben. Odo Marquard hat deshalb folgende bedenkenswerte Hypothese über die anthropologische Relevanz von Mythen formuliert.

Jeder Mythos ist ein Sieg über die angstvolle, sprachlose Verstrickung in die Zwänge überwältigender Wirklichkeit. Mythen sind geglückte Versuche, aus Zwangslagen sich herauszureden: aus dem Schrecken in Geschichten über den Schrecken auszuweichen, der dabei seinen Schrecken langsam – aber nie völlig – verliert. Weil die Angst stets noch latent präsent ist, interessieren uns Mythen; sie erleichtern und erfreuen uns, weil durch sie die Angst latent und insofern überwunden wurde. Darum nehmen diejenigen den Mythos zu leicht, die – unterm Stichwort Poesie – seinen latenten Schrecken verkennen; und es nehmen diejenigen ihn zu schwer, die – unterm Stichwort Terror – nicht sehen, daß durch die Mythen der Schrecken gebannt ist. Die Mythen sind nicht die Zwänge, sondern die Zeugnisse dafür, daß man mit Zwängen fertig geworden ist und weiterhin fertig werden kann.[420]

Diese These Marquards über die kulturellen Implikationen und therapeutischen Hilfsfunktionen von Mythen kommt ja auch in dem folgenden alten Sprichwort zum Ausdruck: *Gefahr erkannt – Gefahr gebannt.* Sie soll deshalb hier an zwei griechischen Mythen (Sisyphos-Mythos, Ikaros-Mythos) und zwei biblischen Mythen (Vertreibung aus dem Paradies, Turmbau zu Babel) exemplifiziert werden. Diese Mythen sind über Jahrtausende tradiert worden, was sicherlich die These rechtfertigt, dass sie über eine hohe erschließende Zauberkraft verfügen, um sich menschliche Lebenssituationen ikonisch zu vergegenwärtigen. Sie lösen zwar nicht bestimmte fundamentale Lebensprobleme der Menschen, aber sie exemplifizieren diese sicherlich auf eine sehr wirksame ikonische Weise und nehmen ihnen eben damit dann auch den Charakter einer beängstigenden Unübersichtlichkeit.

Allerdings unterscheiden sich die beiden griechischen und die beiden biblischen Mythen beträchtlich durch die Form ihrer ursprünglichen medialen Präsenz voneinander. Während die beiden griechischen Mythen durch ihre orale Überlieferung historisch durchaus in unterschiedlichen Varianten in Erscheinung getreten sind, gibt es für die beiden biblischen Mythen schon früh eine authentische schriftlich fixierte Fassung, die ihren kulturellen Funktionen eher engere Grenzen gesetzt haben. Gleichwohl sind aber die beiden biblischen Mythen wegen ihres ikonischen Charakters auch weiterhin in einem sehr hohen Maße interpretationsbedürftig und interpretationsfähig geblieben, obwohl sie schon früh in einer authentischen schriftlichen Fassung überliefert worden sind, die faktisch trotz unterschiedlicher Übersetzungen in andere Sprachen recht stabil geblieben ist.

---

420 O. Marquard: Einleitung zu einer Diskussion über Mythos und Dogma. In: M. Fuhrmann (Hrsg.): Terror und Spiel. Probleme der Mythenrezeption. 1971, S. 528.

10.5 Vier exemplarische Mythen

Der Reiz von Mythen besteht sicherlich nicht zuletzt darin, dass sie eine innere Ambivalenz besitzen, weil sie sie gegenläufige Faktoren und Werte in einen bestimmten Interaktionszusammenhang miteinander bringen. Das ist sicherlich auch ein Grund dafür, dass sie über Jahrhunderte hinweg ihren Reiz behalten haben. Sie sind insbesondere deshalb lebendig geblieben, weil sie in einem hohen Maße strukturell verwandte Strukturen menschlicher Lebensprobleme objektivieren. Das ist dann sicherlich auch ein Grund dafür, dass Mythen zu Teilen des kulturellen Gedächtnisses von Menschen geworden sind, weil die Rezipienten auch eigene Lebenserfahrungen in ihnen repräsentiert fanden.

Ein sehr eindrucksvolles Beispiel dafür ist der griechische Mythos vom Schicksal des Sisyphos. Dieser wird uns nämlich einerseits als König von Korinth und Stifter der isthmischen Spiele vorgestellt, der außerdem so schlau und wendig war, dass er selbst Götter überlisten konnte. Beispielsweise soll er Thatanos als den Verkünder des Todes gefesselt haben, so dass Ares, der Gott des Krieges eingreifen musste, weil nun niemand mehr sterben konnte, was natürlich alle Kriege sinnlos machte. Außerdem wird berichtet, dass Sisyphos der eigentliche Vater des listenreichen Odysseus gewesen sei. Weiterhin wird erzählt, dass er wegen seiner besonderen Schlauheit, die ganze Götterwelt gefährdet habe, weshalb er dann in die Unterwelt verbannt worden sei. Hier habe er einen schweren Stein bergauf wälzen müssen, der dann aber ständig wieder herunterrollte, so dass er seine Aufgabe faktisch nicht erfüllen konnte.

Diese Ambivalenz der Sisyphos-Gestalt und die Form seiner Bestrafung durch übergeordnete Kräfte hat dem Mythos eine variantenreiche Rezeptionsgeschichte gesichert.[421] Der besondere Reiz dieses griechischen Mythos besteht offenbar darin, dass er wie ein Zauberstab dazu dienlich sein kann, die ambivalenten Grundstrukturen menschlicher Lebensmöglichkeiten und Handlungsfreiheiten auf analogische Weise zu exemplifizieren, wodurch er dann eine besondere anthropologische Relevanz bekommen hat. Offenbar macht dieser Mythos mehrdimensionale, wenn auch ambivalente Identifikationsangebote auf psychologischen, logischen, religiösen, politischen und poetischen Ebenen, die Menschen immer wieder in ihren Bann gezogen haben. Gerade wegen seiner immanenten Paradoxien und Ambivalenzen hat deshalb dieser Mythos Menschen immer wieder neu gefesselt und inspiriert.

Deshalb ist es dann auch kein Zufall, das Novalis einige Sätze vor seiner Rede über den *Zauberstab der Analogie* den Hinweis gegeben hat, dass ihm die

---

421 Vgl. B. Seidensticker / A. Wessels (Hrsg.): Mythos Sisyphos. 2001.

Staatsumwälzer der Französischen Revolution „*wie Sisyphus*" vorkämen, weil sie Probleme letztlich nicht gelöst, sondern nur exemplifiziert hätten.[422] Einen ganz ähnlichen Hinweis findet sich auch in einem fiktiven Dialog, den die polnische Schriftstellerin Maria Kononika Prometheus mit Sisyphos führen lässt. Hier fragt Prometheus nämlich Sisyphos: „*Warum wälzt du diesen Felsen*"? Sisyphos antwortet darauf: „*Wie, wozu? Weil sie hinunterfallen, wälze ich sie. Das ist doch ganz einfach.*" Prometheus erwidert dann darauf: „*Nicht ganz. Ebenso gut könntest du sagen, weil du sie wälzt, fallen sie hinunter.*"[423]

Der Aufklärer und mögliche Weltverbesserer Kant kann den Bemühungen von Sisyphos allerdings keine große Sympathie entgegenbringen. Er spricht davon, dass „*geschäftigte Torheit*" der Charakter der menschlichen Gattung sei, die sich selbst oft die hoffnungslose Bemühung auferlege „*den Stein des Sisyphus bergan zu wälzen, um ihn wieder zurückrollen zu lassen.*" Das Prinzip des Bösen im menschlichen Geschlecht neutralisiere sich auf diese Weise mit dem des Guten zu einer leeren Geschäftigkeit der menschlichen Gattung mit sich selbst.[424]

Eine ganz andere Sicht auf Sisyphos hat sich dann im 20. Jh. angebahnt, insofern das Wälzen des Steines nun nicht mehr unbedingt als Strafe verstanden wurde, sondern sogar auch als eine Art menschlicher Selbstverwirklichung.[425] Der konsequenteste Versuch, Sisyphos nicht als einen leidenden Bestraften wahrzunehmen, sondern als einen konsequent Handelnden, hat sicherlich Albert Camus unternommen. Für Camus ist Sisyphos nämlich „*der Held des Absurden. Dank seinen Leidenschaften und dank seiner Qual. Seine Verachtung der Götter, sein Haß gegen den Tod und seine Liebe zum Leben haben ihm die unsagbare Marter aufgewogen […].*" Für Camus gibt es nämlich kein Schicksal, „*daß durch Verachtung nicht überwunden werden kann*".[426] Im Rahmen seines existenzialistischen Denkansatzes kommt Camus dann auch zu folgendem Schluss: „*Der Kampf gegen Gipfel vermag ein Menschenherz auszufüllen. Wir müssen uns Sisyphos als einen glücklichen Menschen vorstellen.*"[427]

Diese existenzialistische Umorientierung des Analogiepotentials des Sisyphos-Mythos kommt nicht von ungefähr. Sie liegt nämlich durchaus nahe, wenn man den Funktionsbegriff als Ordnungsbegriff in sehr umfassender Weise versteht. Sisyphos bildet durch seinen Kampf gegen die Götter nämlich nicht nur

---

422 Novalis: Die Christenheit oder Europa. Werke. Bd. 2, S. 743.

423 M. Kononika: Prometheus und Sisyphos. In: B. Seidensticker / S. Wessels (Hrsg.): Mythos Sisyphos. 2001, S. 91.

424 I. Kant: Der Streit der Fakultäten, A 137, 138. Werke, 1987², Bd. 11, S. 354.

425 Vgl. B. Seidensticker / A. Wessels: Mythos Sisyphos. 2001.

426 A. Camus: Der Mythos von Sisyphos. Ein Versuch über das Absurde. 1960, S. 99.

427 A. Camus: a.a.O. S. 101.

seine Muskeln für andere Aufgaben aus, sondern auch sein individuelles Selbst-
bewusstsein für die Lösung anderer Lebensprobleme, was Camus dann in seinem
Roman *Die Pest* zu exemplifizieren versucht hat.

Einen ähnlichen Status von Unvergesslichkeit wie der Sisyphos-Mythos hat
in der europäischen Kulturgeschichte auch der Ikaros-Mythos bekommen, der
insbesondere in der Malerei eine sehr große Resonanz gefunden hat. Dieser Mythos von dem unbesonnenen Ikaros und seinem besonnenen Vater Dädalos hat
auch deshalb einen so großen Widerhall in der europäischen Kulturgeschichte
bekommen, weil in ihm zwei ganz unterschiedliche menschliche Lebensformen
idealtypisch versinnbildlicht worden sind, die sicherlich beide ihr Recht haben,
aber faktisch kaum miteinander in Einklang zu bringen sind. Außerdem versinnbildlicht dieser Mythos auch, dass man sich auf den Schwingen von Analogisierungen weit über die profane Welt erheben kann, aber dabei zugleich immer auch
in die Gefahr von tödlichen Abstürzen kommen kann, weil die Grenzen menschlicher Lebensmöglichkeiten sehr leicht überschritten werden können.

Im Kontrast zu dem jugendlichen Ikaros, der die konstitutiven Grenzen seiner genuin menschlichen Erfahrungsmöglichkeiten transzendieren möchte, wird
uns dessen Vater Dädalos als ein besonnener Baumeister vorgestellt, der sich immer Rechenschaft darüber abzulegen weiß, wie man pragmatisch sinnvoll handeln kann. Er hat nämlich in Form eines Labyrinths ein sicheres Gefängnis für
den nicht zu bändigenden Stier *Minotaurus* gebaut, in das er ironischerweise allerdings später selbst mit seinem Sohn eingesperrt worden ist. Gleichwohl ist er
aber in der Lage, eine Fluchtmöglichkeit für sich und seinen Sohn zu ersinnen.
Er konstruiert nämlich für sich und seinen Sohn aus Vogelfedern und Bienen-
wachs Flügel, um aus dem selbst erbauten Gefängnis wieder entfliehen zu können. Hinsichtlich des Gebrauchs dieser Flügel schärft Dädalos seinem Sohn ein,
einerseits nicht zu tief über das Meer zu fliegen, welches das auf einer Insel erbaute Labyrinth umgibt, um die Flügel nicht durch Wellenspritzer nass und
schwer zu machen, aber auch nicht zu hoch, damit die Sonnenwärme das Wachs
der Flügel nicht wegschmilzt und die Flügel unbrauchbar macht. Während Dädalos durch seinen Realitätssinn die Flucht aus dem Labyrinth gelingt, stürzt Ikaros
ins Meer, weil er in der Euphorie des Fliegens alle realistischen Vorsichtsmaß-
nahmen vergisst, die sein Vater ihm eingeschärft hatte.

Auf diese Weise konnte dann Ikaros dann zum Sinnbild eines Menschen werden, der glaubt, sich aller Beschränkungen der menschlichen Existenzform ent-
ledigen zu können. Während Dädalos pragmatisch und rational handelt und
nicht versucht, sich gänzlich von seiner Erdenschwere zu lösen, strebt sein Sohn
Ikaros im Drang zu einer anderen Form des Lebens genau das an. Das bezahlt er
dann allerdings mit seinem Absturz und seinem frühen Tod. Dadurch ist er dann

auch in der europäischen Kulturgeschichte zu einer Projektionsfläche für eine ganz besondere menschliche Lebensform geworden, wenn nicht auch zu einem Sinnbild für einen Generationenkonflikt. Deshalb fiel es dann auch immer leicht, Ikaros mit der Gestalt Alexanders des Großen zu analogisieren, der mit seiner Idee eines universalen Weltreiches auch etwas anstrebte, was eigentlich anthropologisch und historisch gesehen ziemlich unrealistisch war, aber gleichwohl doch faszinierend. Alexander wurde daher dann ja auch immer wieder als ein zweiter Ikaros wahrgenommen, der unkonventionell handelte, um seine Träume zu erfüllen. Sei es, dass er den gordischen Knoten nicht mühsam aufzudröseln versuchte, sondern ihn mit einem spontanen Schwerthieb beseitigte, sei es, dass er zum Indus bzw. zur Grenze der damaligen Welt vorzudringen versuchte, sei es, dass er alle Völker in einem gemeinsamen Reich zu vereinigen versuchte, obwohl diese das selbst gar nicht anstrebten.

Generell lässt sich sicher feststellen, dass der Ikaros-Mythos bis heute seine Lebendigkeit behalten hat und insbesondere Kinder immer noch hochgradig fasziniert, da er auch das Spannungsfeld zwischen Kindern und Erwachsenen eindrucksvoll versinnbildlicht. Offenbar thematisiert er zugleich auch das anthropologische Spannungsfeld zwischen Hybris und Realismus bzw. zwischen Subjektorientierung und Objektorientierung im menschlichen Denken und Wahrnehmen. Deshalb ist dann ja auch dieser Mythos kulturgeschichtlich ganz unvergesslich geworden.

Ein ähnliches anthropologisches Spannungsverhältnis kommt dann sicherlich auch in der biblischen Geschichte von der Vertreibung der ersten beiden Menschen aus dem Garten Eden bzw. aus dem Paradiese zum Ausdruck. Diese Geschichte, die funktional gesehen durchaus den Mythen zugerechnet werden kann, obwohl sie in der frühen Theologie nicht selten als eine wahre historische Geschichte über den Sündenfall der ersten beiden Menschen verstanden worden ist bzw. als die Geschichte von der Erbsünde, die erst durch Christus potentiell aus der Welt geschafft bzw. abgemildert worden sei. Dieses historische Verständnis der Geschichte schließt allerdings ihr sinnbildliches Verständnis keineswegs aus, was auch für die Geschichte vom Turmbau zu Babel zutrifft. Beide Erzählungen ähneln nämlich strukturell frappierend den beiden griechischen Mythen.

Wenn man nun die biblische Geschichte über die Vertreibung von Adam und Eva aus dem Garten Eden bzw. aus dem Paradies nicht als einen faktischen Bericht über einen historischen Tatbestand versteht, sondern als eine sinnstiftende Erzählung über bestimmte anthropologische Strukturzusammenhänge, dann kann man diese Erzählung auch als eine ikonische Darstellungsform für die Situation des Menschen im Kosmos verstehen, die sinnbildlich etwas thematisiert, was sich einer begrifflichen Darstellungsform weitgehend entzieht, aber keineswegs einer mythischen bzw. einer narrativen. So gesehen lässt sich diese biblische Geschichte dann auch als ein Beitrag zur Anthropologie betrachten, obwohl er keine begriffliche, sondern eine narrative sprachliche Grundstruktur hat.

Der biblische Text (1. Mose, 2 und 3) erzählt uns, dass es im Garten Eden neben anderen fruchttragenden Bäumen auch den *Baum des Lebens* und den *Baum der Erkenntnis des Guten und Bösen* gegeben habe. Von allen Baumfrüchten hätten Adam und Eva essen dürfen. Lediglich der Genuss der Früchte vom Baum der Erkenntnis des Guten und Bösen sei ihnen strikt verboten gewesen, ansonsten würden sie nämlich des Todes sterben.

Ein anderer Bestandteil des Garten Edens bzw. der menschlichen Lebenswelt war auch die Schlange. Diese bedeutete Eva bezeichnenderweise dann, dass der Genuss der Früchte vom Baum der Erkenntnis keineswegs zum Tode führe. Vielmehr würden ihnen die Augen aufgetan. Sie würden sein wie Gott und wissen, was gut und was böse sei. Eva hält dieser Verlockung nicht stand und überredet auch Adam von den Früchten dieses Baumes zu essen. Nach dem Verzehr dieser besonderen Früchte entdecken dann beide merkwürdigerweise als erstes, dass sie nackt sind und dass sie über diesen Tatbestand zugleich auch eine gewisse Scham empfinden, was vorher überhaupt nicht der Fall gewesen war. Wegen ihres Vergehens, von den Früchten vom Baum der Erkenntnis zu essen, werden Adam und Eva dann auch von Gott aus dem Garten Eden verwiesen, um zu verhindern, dass sie auch noch vom Baum des ewigen Lebens essen würden. Beide müssen nun im Schweiße ihres Angesichts auf dem Acker durch Arbeit Vorsorge für ihren faktischen Lebensunterhalt leisten. Evas Ausrede, dass sie von der Schlange zur Übertretung des göttlichen Gebots verführt worden seien, hilft diesbezüglich dann auch nicht mehr.

Die Analogien dieser biblischen Erzählung zu den fundamentalen Lebensbedingungen des Menschen, zu denen sicherlich nicht nur die Notwendigkeit zur vorsorgenden Arbeit, sondern auch die Unterscheidung des Guten und des Bösen gehört, sind sicherlich nicht abzustreiten, obwohl diesbezüglich sicherlich auch noch ganz individuelle bzw. kulturelle Faktoren in Erscheinung treten können. Das verdeutlicht sich schon sehr deutlich in der Rezeptionsgeschichte dieses biblischen Textes im Laufe der Kulturgeschichte.[428] Für diesen Interpretationsansatz ist sicherlich auch die These des jüdischen Theologen Pinchas Lapide hinsichtlich der Sinnerschließung biblischer Texte recht aufschlussreich: *„Es gibt im*

---

428 Vgl. W. Köller: Der Baum der Erkenntnis. In: W. Köller: Narrative Formen der Sprachreflexion. 2006, S. 60–90.

Grunde nur zwei Arten des Umgangs mit der Bibel: man kann sie wörtlich nehmen oder man nimmt sie ernst. Beides zusammen verträgt sich schlecht." [429]

Zu dem Grundinventar des Garten Edens gehört neben Adam und Eva, dem Baum des Lebens und dem Baum der Erkenntnis aufschlussreicherweise außerdem auch noch die Schlange. Mythisch betrachtet sind all diese Phänomene sicherlich keine empirisch fassbaren bzw. beschreibbaren Sachphänomene, sondern vielmehr Größen, die einen spezifischen zeichenhaften Charakter haben bzw. eine typisierende Funktion. Sie sollen uns nämlich ikonisch bzw. sinnbildlich auf etwas aufmerksam machen, was nicht direkt sinnlich fassbar ist, aber was dennoch für das Verständnis der menschlichen Lebenswelt eine ganz fundamentale Rolle spielt. Recht offensichtlich ist nämlich, dass mit den Eigennamen *Adam* und *Eva* weniger zwei unterschiedliche individuelle Menschen thematisiert werden sollen, sondern vielmehr zwei unterschiedliche Typen von Menschen in ihren je verschiedenen Denk- und Handlungsmöglichkeiten.

Sehr viel schwieriger wird es dagegen, sich eine konsistente sinnbildliche Vorstellung der Schlange zu machen. Unsere Schlangenvorstellungen können nämlich auf ganz verschiedenen Ebenen liegen. Einerseits gehören Schlangen für uns nämlich zu unserer konkreten menschlichen Erfahrungswelt, in der sie allerdings immer als gefährliche Tiere angesehen werden, da sie giftige Zähne haben können und da sie in ihrer faktischen Beweglichkeit auch kaum berechenbar sind. Andererseits speist sich unsere Vorstellung von Schlangen aber auch immer wieder aus mythischen Erzählungen, in denen sie als grausam in Erscheinung treten. Das dokumentiert sich beispielsweise in dem Mythos von dem Priester Laokoon, der seine trojanischen Landsleute davor gewarnt hatte, sich das von den Griechen erbaute Pferd in die eigene Stadt zu holen. Daraufhin schickten die griechischen Götter zur Strafe nämlich Schlangen, die ihn und seine beiden Söhne töteten. Außerdem ließe sich auch an die mythische Gestalt der Medusa erinnern, die wegen ihrer schlangenartige Haare und riesigen Zähne so hässlich war, dass alle Menschen bei ihrem Anblick sofort versteinerten.

Andererseits sind Schlangen wegen ihrer spezifischen Besonderheiten aber auch immer wieder als faszinierend empfunden worden, eben weil sie nicht ganz in die übliche menschliche Lebenswelt passen. Beispielsweise wusste man, dass Schlangen sich häuteten und sich auf diese Weise immer wieder selbst regenerieren konnten. Außerdem gab es die mythische Vorstellung, dass sich Schlangen selbst in den Schwanz beißen, was ebenfalls als eine Art Regenerationsfähigkeit verstanden wurde bzw. als eine Fähigkeit, sich durch sich selbst zu ernähren.

---

429 P. Lapide: Ist die Bibel *richtig* übersetzt? 1989³, S. 12.

All das hat dann auch dazu geführt, dass die Schlange in der Gestalt der Äskulapschlange zum Sinnbild der Heilkunst und der Apotheker geworden ist.

Außerdem ist zu beachten, dass die Schlange immer wieder als ein Sinnbild für Sprache und Intellektualität in Anspruch genommen worden ist, offenbar weil sie für die Menschen einen so unfassbaren ambivalenten Charakter zu haben scheint. Dabei konnte dann nicht nur auf ihre sehr umfassende Beweglichkeit Bezug genommen werden, sondern auch auf ihre gespaltene Zunge als Hinweis auf die mögliche Doppeldeutigkeit sprachlicher Äußerungen. All diese Eigentümlichkeiten passen dann auch sehr gut für das Verständnis der Schlange aus dem Garten Eden.[430]

Auf jeden Fall gibt es in der Kultur- und Philosophiegeschichte viele Hinweise auf die sinnbildliche Ambivalenz der Schlange. Hamann spricht 1789 trotz seiner weitgehenden Analogisierungen von Vernunft, Sprache und Logos vom *„Schlangenbetrug der Sprache"*.[431] Kant redet 1797 von den *„Schlangenwindungen"* der Lüge.[432] Jacobi schreibt 1793 in einem Brief an Herder: *„Die Sprache bleibt die alte Schlange, die sie schon im Paradiese war."* [433] Bezeichnend ist weiterhin, dass Goethes Mephisto in dem Prolog im Himmel die Schlange als seine *„Muhme"* bezeichnet, also als ein Tier, das wegen seiner Intellektualität die Welt der Tiere eigentlich transzendiere.

All diese sinnbildlichen Verständnisweisen der Schlange lassen sich auch dadurch motivieren, dass die Schlange aus dem Paradiese als eine ausgesprochene Hypothesenmacherin in Erscheinung tritt, die nicht nur die Welt des faktisch Gegebenen, sondern auch die Welt des faktisch Gesagten nicht nur in einer einzigen Perspektive wahrzunehmen vermag, sondern vielmehr in sehr unterschiedlichen. Im Gespräch mit Eva stellt die Schlange nämlich ausdrücklich in Frage, dass man nach dem Essen der Früchte vom Baum der Erkenntnis keineswegs des angedrohten Todes sterben müsse. Vielmehr würden nach dem Verzehr der Früchte dieses Baumes die menschlichen Augen aufgetan werden, so dass man werde wie Gott und wisse, was gut oder böse sei, eben weil diese Früchte nicht tot, sondern vielmehr klug machten.

Diese Aussagen der Schlange ermutigen dann Eva und Adam von den verbotenen Früchten zu essen. Dadurch sterben sie dann allerdings nicht eines biologischen Todes, aber durchaus eines anderen Todes. Sie verlieren nämliche ihre

---

430 Vgl. W. Köller: Die Sprache als Schlange. In: W. Köller: Sinnbilder für Sprache. 2012, S. 120–156.
431 J. G. Hamann: Golgatha und Scheblimini. Sämtliche Werke. Bd. 3, S. 298.
432 I. Kant: Metaphysik der Sitten. B 35. Werke Bd. 8, S. 685.
433 F. H. Jacobi: Werke. 1816 / 1968, Bd. 3, S. 557.

animalische Existenzweise und treten in eine humane ein, in der das Bewusstsein vom zukünftigen Tode eine grundlegende Funktion für die Gestaltung des ganzen Lebens bekommt. Mit dieser Tat treten sie zugleich aus dem Orden der animalischen Lebewesen aus und treten in den der menschlichen ein, weil sie in ihrem neuen Bewusstseinszustand ihr ganzes Leben anders gestalten müssen, insofern sie nun ja den zukünftigen Tod irgendwie in ihr faktisches Leben integrieren müssen. Aus diesem Grund erübrigt sich dann für beide auch, vom Baum des ewigen Lebens zu essen, da sie ja mit dem Verzehr der Früchte vom Baum der Erkenntnis nun in eine ganz andere Existenzform eingetreten sind. Diese neue Existenzform wird dadurch sinnbildlich exemplifiziert, dass sie nach dem Essen der Früchte vom Baum der Erkenntnis als erstes entdecken, dass sie nackt sind und dass sie eben darüber auch eine Scham empfinden. Sie sind nämlich durch ihre Tat kulturbedürftig geworden, insofern sie nun nämlich erkennen, dass es eine Diskrepanz zwischen Sein und Sollen gibt, die es bei den instinktgesteuerten Tieren eigentlich nicht gibt.

Das Versprechen der Schlange, dass Adam und Eva nach dem Essen der Früchte vom Baum der Erkenntnis tatsächlich wissen, was gut und was böse ist, erfüllt sich faktisch nicht, aber es ergibt sich nun die Notwendigkeit, in ihrem neuen Leben ständig zwischen dem Guten und dem Böse unterscheiden zu müssen, eben weil das nun zu einer konstitutiven Grundlage der neuen menschlichen Lebensform geworden ist. Damit wird dann zugleich auch die Notwendigkeit unausweichlich, sich mit Hilfe der Sprache untereinander zu verständigen und sich nicht nur der Führung ihrer biologischen Instinkte anzuvertrauen. Diese Problematik hat Goethe mustergültig durch die Gestalt des Mephistos versinnbildlicht, der ein Meister des verführerischen Sprachgebrauchs ist und eben deshalb auch der Schlange aus dem Paradiese recht ähnlich ist.

Die Schlange führt in der Geschichte über die Verbannung des Menschen aus dem Garten Eden meisterhaft vor, was man mit Hilfe der Sprache sowie der menschlichen Vorstellungskraft alles bewerkstelligen kann, wenn man sie nicht als ein bloßes Informationsmittel gebraucht, sondern sie auch in den Dienst von menschlichen Einbildungs- und Sinnbildungskräften stellt. Auf diese Weise kann die Schlange dann nämlich auch zu einem Sinnbild für die Ambivalenz der Sprache werden, um aus den Reiz-Reaktions-Kreisen der Natur in die Interpretationskreise der Kultur vorzudringen bzw. ein Metabewusstsein dafür auszubilden, dass man die Sprache als ein sehr variables Interaktionsmittel verwenden kann, das potentiell sehr vielfältige pragmatische Funktionen ausüben kann.

Im Rahmen dieses Verständnisses des biblischen Mythos von der Vertreibung der ersten Menschen aus dem Garten Eden wird dann auch gut verständlich, warum man im Zeitalter der Aufklärung diesen Mythos nicht mehr als einen

Mythos über den Sündenfall und der Erbsünde verstehen wollte, sondern vielmehr als einen Mythos über die Menschwerdung des Menschen im Rahmen der Schöpfungsgeschichte. So ist beispielsweise für Kant die Verweisung von Adam und Eva aus dem Garten Eden *„der Übergang aus der Rohigkeit eines bloß tierischen Geschöpfes in die Menschheit, aus dem Gängelwagen des Instinkts zur Leitung der Vernunft, mit einem Worte: aus der Vormundschaft der Natur in den Stand der Freiheit gewesen [...]."*[434]

Noch enthusiastischer als Kant hat sich Schiller über die Geschehnisse im Garten Eden geäußert. Mit dem Essen der Früchte vom Baum der Erkenntnis habe der Mensch den entscheidenden Schritt aus dem Reich der Natur in das des Geistes und der Kultur getan bzw. in das Reich der Freiheit zur Entwicklung der Moral.

> Wenn wir also jene Stimme Gottes in Eden, die ihm den Baum der Erkenntniß verbot, in eine Stimme seines Instinktes verwandeln, der ihn von diesem Baume zurückzog, so ist sein vermeintlicher Ungehorsam gegen jenes göttlich Verbot nichts anders als – ein Abfall von seinem Instinkte – also, erste Aeußerung seiner Selbstthätigkeit, erstes Wagestück seiner Vernunft, erster Anfang seines moralischen Daseyns. Dieser Abfall des Menschen vom Instinkte, der das moralische Uebel zwar in die Schöpfung brachte, aber nur um das moralisch Gute darinn möglich zu machen, ist ohne Widerspruch die glücklichste und größte Begebenheit in der Menschengeschichte, von diesem Augenblick her schreibt sich seine Freiheit, hier wurde zu seiner Moralität der erste entfernte Grundstein gelegt.[435]

Auch für Hegel hat das Essen vom Baum der Erkenntnis eine wichtige Funktion, weil dadurch die Menschen in das Reich des Geistes geführt würden. *„Das Paradies ist ein Park, wo nur die Tiere und nicht die Menschen bleiben können. Denn das Tier ist mit Gott eins, aber nur an sich. Nur der Mensch ist Geist, d.h. für sich selbst. Dieses Fürsichsein, dieses Bewußtsein ist aber zugleich die Trennung von dem allgemeinen göttlichen Geist."*[436] Zu diesem Schluss kommt Hegel, weil die Bestimmung des Menschen im Gebrauch der Sprache, genauer im Gebrauch der Begriffe und der Reflexion liege, wodurch die unmittelbare Erfahrung aufgehoben werde. *„Die Sprache ist die Ertötung der sinnlichen Welt in ihrem unmittelbaren Dasein [...]."*[437]

Diese Entzweiung von Mensch und Natur, die zweifellos im Mythos von der Vertreibung des Menschen aus dem Garten Eden eine zentrale Rolle spielt, ist von Marx dann später als ein Entfremdungsprozess thematisiert worden. Dieser wird

---

434 I. Kant: Mutmaßlicher Anfang der Menschengeschichte. A.13. Werke, Bd. 11, S. 92.
435 F. von Schiller: Etwas über die erste Menschengesellschaft nach dem Leitfaden der mosaischen Urkunde. Schillers Werke, Nationalausgabe. Bd. 17, S. 399–400.
436 G. W. F. Hegel: Vorlesungen über die die Philosophie der Geschichte. Werke, Bd. 12, S. 389.
437 G. W. F. Hegel: Texte zur philosophischen Propädeutik, § 159. Werke, Bd. 4, S. 52.

von ihm dann nicht nur durch die Nutzung der Sprache bedingt wie bei Hegel, sondern vor allem durch Arbeitsprozesse und insbesondere durch Arbeitsteilungsprozesse, durch welche die Menschen ein ganz anderes Verhältnis zu ihrer Lebenswelt bekommen als im Garten Eden, weil es nun durch das Phänomen *Arbeit* zur Umgestaltung der faktischen menschlichen Lebenswelt durch den Menschen selbst komme, was sich dann sogar auch als eine Art der Selbstherstellung des Menschen als Menschen verstehen lässt. Das bedeutet dann weiter, dass die Vertreibung des Menschen aus dem Garten Eden nicht nur eine Vertreibung aus einem bestimmten Raum ist, sondern auch eine Vertreibung aus einer biologisch schon gänzlich vorbestimmten Lebensform. Diese neue Lebensweise ist nämlich insbesondere dadurch geprägt, dass die Menschen nun Vorsorge für ihre eigene Zukunft treffen müssen und dass das Phänomen der Arbeit zu einem Faktor der Selbstherstellung des Menschen wird.

Diese Interdependenz von Vorsorge, Arbeit, Denken und Bewusstsein exemplifiziert eine Episode sehr schön, die der Polarforscher Peary mit einem Eskimo erlebt hat. Auf die Frage Pearys, woran er gerade denke, soll dieser nämlich Folgendes geantwortet haben: *„Ich habe an nichts zu denken,* [...] *ich habe eine Menge Fleisch.“*[438]

Der zweite biblische Mythos, der hier näher ins Auge gefasst werden soll, betrifft den Turmbau zu Babel (1. Mose 11). Auch beim Verständnis diese Erzählung würde man es sich zu leicht machen, wenn man seinen komplexen Sinngehalt nur in einer einzigen Wahrnehmungsperspektive zu erfassen versuchte, da in ihm sowohl die menschliche Hybris als auch die menschliche Gestaltungskraft thematisiert wird. Aus der Objektivierung der Spannung zwischen diesen beiden Polen gewinnt der Turmbau-Mythos dann auch seine anthropologische Relevanz.

In diesem Mythos wird uns zunächst nur mitgeteilt, dass alle Welt einerlei Zunge bzw. Sprache gehabt habe. Einige Menschen hätten dann den Plan entwickelt, eine Stadt und einen großen Turm zu bauen, der bis in den Himmel reichen solle, um sich selbst einen Namen zu machen und um nicht in alle Welt zerstreut zu werden. Das habe dann allerdings Gott argwöhnisch gemacht, weil er annehmen musste, dass die Menschen wohl alles durchführen könnten, was sie sich vorgenommen hätten. Deshalb habe er dann beschlossen, ihre Sprache zu verwirren und sie in alle Lande zu zerstreuen, damit sie ihre Pläne nicht verwirklichen könnten.

Auf den ersten Blick erscheint uns die Geschichte vom Turmbau zu Babel und die Verwirrung der ursprünglich einheitlichen Sprache ein Hinweis auf die

---

438 Zitiert nach R. Riedl: Strategien der Genesis. 1980², S. 291.

menschliche Hybris zu sein, die Gott als eine Gefährdung seiner Allmächtigkeit nicht duldet und die er deshalb dann auch bestraft. Das ist aber sicherlich eine viel zu einfache Interpretation, die nicht erklärt, warum dieser Mythos die Menschen über Jahrtausende hinweg so fasziniert hat, da in diesem Verständnis Gott ja nur als ein rachenehmender Gott verstanden wird. Unberücksichtigt bleibt bei dieser Interpretation nämlich, dass die Geschichte vom Turmbau zu Babel eine Geschichte ist, in der Menschen eine Interpretation ihrer Lebenssituation zu objektivieren versuchen, die durch den dialektischen Widerstreit ganz unterschiedlicher Kräfte geprägt wird.

Der Historiker Arno Borst hat in einem monumentalen vierbändigen Werk die historische Rezeptionsgeschichte dieses Mythos von der Antike bis in die Gegenwart nachgezeichnet. Dabei hat er gezeigt, dass man diese Erzählung in ihrer ikonischen Komplexität nicht erfasst, wenn man die Geschichte vom Turmbau von Babel als eine bloße Bestrafungsaktion eines Gottes versteht, der die Menschen in ihre natürlichen Schranken zu verweisen versucht. Der Mythos vom Turmbau zu Babel ist wohl eher als ein Versuch zu verstehen, die menschliche Lebenssituation narrativ so zu objektivieren, dass möglichst viele Faktoren und Kräfte in ihrem funktionalen Zusammenspiel zur Sprache kommen können.[439]

Ein solcher Interpretationsansatz harmoniert dann auch mit der theologischen Hypothese vom vierfachen Schriftsinn der Bibel, der im 4. Jh. n. Chr. ausgearbeitet worden ist. Diese Theorie beinhaltet, dass biblische Texte einen wörtlichen bzw. historischen Sinn haben könnten, der uns sage, was einmal faktisch geschehen sei, einen allegorischen Sinn, der uns sage, wie die jeweils thematisierten Sachverhalte sinnbildlich zu verstehen seien, einen moralischen Sinn, der uns sage, was man zu tun habe, und einen anagogischen bzw. eschatologischen Sinn, der uns sage, wonach man zu streben habe bzw. was heilsgeschichtlich wichtig sei. Die These vom vierfachen Schriftsinn hatte nämlich das Ziel, klar zu verdeutlichen, dass biblische Texte nicht nur auf eine einzige Frage zu antworten versuchen, sondern zugleich auf sehr unterschiedlich orientierte.

Das kann für das Verständnis des Turmbaumythos nun faktisch bedeuten, dass diese Geschichte auf ganz unterschiedliche Probleme zu antworten versucht. Erstens könnte nämlich die biblische Turmbaugeschichte das konkrete Ziel haben, die beiden konkreten historischen Sachfragen zu beantworten, warum es in der Nähe von Babylon einen so gewaltigen Schuttberg gibt und warum auf Erden so viele Sprachen gesprochen werden. Zweitens könnte die Frage nach dem allegorischen Sinn des Turmbaus eine Antwort darauf zu finden versuchen,

---

439 A. Borst: Der Turmbau zu Babel. 4 Bde. 1957–1963. Vgl. dazu auch der Turmbau zu Babel. In: W. Köller: Narrative Formen der Sprachreflexion, 2006, S. 91–120.

welche ikonischen Zeichenfunktionen sich mit dem Turmbau zu Babel verbinden lassen. Drittens könnte die Frage nach dem moralischen Sinn der Turmbaugeschichte das Ziel haben zu klären, auf welche ethischen Normen mit ihr aufmerksam gemacht werden soll bzw. welche konkreten pragmatischen Sprechakte mit dieser Geschichte konkretisiert werden sollen. Viertens könnte die Frage nach dem anagogischen Sinn der Turmbaugeschichte die Zielsetzung haben zu klären, welcher faktische heilsgeschichtlicher Sinn dieser biblischen Erzählung letztlich zuzuordnen ist.

Bernhard von Clairvaux (1096-1153) hat beispielsweise den Turmbau zu Babel ausdrücklich als eine Grenzüberschreitung des Menschen gebrandmarkt. *„Indem sie Babel bauen, glauben sie zur Gottähnlichkeit zu gelangen.“* [440] Johann von Salisbury (1115-1180) brandmarkt den Turmbau zu Babel als einen Versuch, nicht durch Tugend (virtus), sondern durch eigene Kräfte (vires) das Himmelreich zu erreichen. [441]

In der Neuzeit reicht die Spannweite der Interpretationen der Turmbaugeschichte von der Angst der Menschen, ohne eine solche sozial integrierende Anstrengung ihren sozialen und geistigen Zusammenhang zu verlieren bis zu der Überzeugung, dass die Menschen durch diesen Turmbau gleichsam die Handlungen von Prometheus und Ikaros fortsetzten, weil sie durch diesen Bau konkret zeigen könnten, wozu sie grundsätzlich fähig seien, wenn sie ihren eigenen Strebungen freien Lauf ließen und sich nicht übergeordneten Instanzen und Normen beugten.

Der deutsch-amerikanische Theologe Reinhold Niebuhr hat beispielsweise 1937 postuliert, dass *„jede Kultur und Zivilisation ein Turmbau zu Babel“* sei. [442] Der überhebliche Mensch wolle durch die Türme des Geistes seine Zeiten, seine Räume und seine tradierten Denkhorizonte überschreiten und seine prinzipiell unvollkommenen Einsichten, Wahrheiten und Ziele absolut setzen. Durch solche Anmaßungen zerstörten sich aber letztlich alle Kulturen immer wieder selbst. Das Mittelalter sei der Turmbau des Feudalismus gewesen, an dem es zugrunde gegangen sei, in der Neuzeit gebe es den Turmbau des Kapitalismus, an dem man gerade zugrunde gehen könne. Der Marxismus habe seine sozialen Ideen durch den Turmbau einer klassenlosen Gesellschaft überhöht und werde eben daran scheitern. Deshalb ist der *Turmbau zu Babel* für Niebuhr auch weniger ein Mythos über die Sprache, sondern eher ein Mythos über die Geschichte, weil in ihm die

---

440 Zitiert nach A. Borst: a. a. O. Bd. 2. 1958, S. 629.
441 Vgl. A. Borst: a. a. O. Bd. 2. 1958, S. 640.
442 Zitiert nach A. Borst: a. a. O., Bd. 3, S. 1775.

Spannungen thematisiert würden, in denen der Mensch zwischen seinem Gott und seiner Welt stehe.

Für den zeitgenössischen Theologen und Tiefenpsychologen Eugen Drewermann ist die Geschichte vom Turmbau zu Babel „*nicht eine Geschichte der menschlichen Selbstüberhebung – sie ist im Gegenteil ein äußerster Kulminationspunkt individueller und kollektiver Angst.*" Gerade weil man fürchte, „*ein Niemand zu sein, muß man alles m a c h e n, um durch turmhohe Leistung doch noch ein Jemand zu werden.*"[443]

Bisher wurde die biblische Erzählung vom Turmbau zu Babel als ein Mythos ins Auge gefasst, der sich mit den anthropologischen und motivationalen Aspekten des Turmbaus beschäftigt hat. Diese perspektivische Wahrnehmung des Mythos soll nun durch eine Wahrnehmungsweise ergänzt werden, die sich auf das Problem konzentriert, welche semiotischen Implikationen diese Erzählung im Hinblick auf die Funktionalität der Sprache hat und welche Konsequenzen das Phänomen der Arbeitsteilung für die Wahrnehmung und die sprachliche Objektivierung der Welt besitzt. Dieses Erkenntnisinteresse stellt dann nicht mehr den möglichen Hochmut der Menschen in den Mittelpunkt der Aufmerksamkeit, sondern vielmehr die kulturgeschichtlichen Konsequenzen der Arbeitsteilung bzw. die Konsequenzen der Entstehung und der Nutzung von Fachsprachen. Unter diesen Rahmenbedingungen wird dann die Vielfalt von Sprachen nicht mehr als Strafe einer höheren Macht verstanden, sondern vielmehr als ein immanentes Ergebnis von evolutionären historischen Prozessen.

Auffällig ist in diesem Zusammenhang nämlich, dass der biblische Schöpfungsbericht überhaupt keine direkte Aussage über die Herkunft und Funktion der Sprache macht. Es wird lediglich berichtet, dass Gott dem Himmel und der Erde sowie dem Licht allein dadurch Existenz verleiht, dass er dafür einen Begriff bzw. einen Namen ausspricht. Das hätte dann eigentlich zu bedeuten, dass die Sprache anthropologisch gesehen als ein präexistentes Phänomen zu verstehen sei, aber nicht als ein Menschenwerk. Die Sprache werde nämlich von Gott und den Menschen einfach als kognitives und kommunikatives Mittel verwendet, ohne die Frage nach ihrer konkreten Entstehungsgeschichte bzw. nach ihren pragmatischen Funktionen zu stellen. Dadurch erübrigt sich dann auch die Frage, wie sinnvoll es ist, in sprachtheoretischen Überlegungen die Frage nach dem Zusammenhang von menschlicher Sprachfähigkeit und konkreten Sprachsystemen zu stellen.

---

443 E. Drewermann: Sprachverwirrung und Zerstreuung – Der Turmbau zu Babel: In: Werkstatt Predigt. Loccum 9, 1981, S. 29 und 35.

Die Sprache ist nach dem ursprünglichen biblischen Verständnis als Denk-
und Verständnismittel nämlich einfach da. Erst im Mythos vom Turmbau zu Babel wird sie als ein menschliches Verständigungsmittel im Kontext von Arbeitsprozessen in ihrer konkreten Geschichtlichkeit explizit thematisiert. Daraus ließe
sich dann vielleicht folgern, dass die Vielfalt von Sprachen nicht nur als Strafe
für die menschliche Hybris verstanden werden muss, sondern auch als eine Vorbedingung für die Entfaltung des kulturellen menschlichen Lebens gelten kann,
eben weil die Sprache immer auch als eine konstitutive Vorbedingung des sozialen Lebens bzw. kultureller Entwicklungen in Erscheinung tritt. Dazu würde
dann auch passen, dass Goethe seinen Faust darüber spekulieren lässt, wie der
Anfang des Johannesevangeliums zu verstehen sei: *„Am Anfang war das Wort (lo-*
gos), und das Wort war bei Gott, und Gott war das Wort." Entgegen dieser üblichen
Übersetzung aus dem Griechischen favorisiert Faust dann nämlich die folgende
Übersetzung: *„Am Anfang war die Tat!"* [444]

Wenn man sich nun die Sprache nur als ein Inventar von sprachlichen Begriffsmustern für die objektivierende Repräsentation von schon vorgegebenen
Seinsmustern vorstellt, aber nicht im Sinne Humboldts als ein Energiepotential
zur Erzeugung von variablen Denkmustern für die sprachliche Objektivierung
der menschlichen Wahrnehmung von konkreten Seinserfahrungen, dann muss
man notwendigerweise die Sprache auch mit menschlichen Sinnbildungs- bzw.
Arbeitsprozessen in Verbindung bringen. Unter diesen Umständen erscheint
dann auch die Sprachverwirrung beim Turmbau zu Babel in einem ganz anderen
Licht. Es geht nun nämlich nicht mehr um die Verwirrung der Konventionen für
die Zuordnung von Signifikanten für Signifikate im Sinne von de Saussure, sondern vor allem um die kreative Erzeugung von Signifikaten und Signifikanten in
sprachlichen Sinnbildungsprozessen.

Für solche Prozesse spielen dann natürlich sowohl manuelle als auch geistige Arbeitsprozesse als strukturierende Ordnungsprozesse immer eine ganz unabdingbare Rolle. Bei der Verwirrung der Sprache beim Turmbau zu Babel ginge
es dann semiotisch gesehen auch nicht nur um die Verwirrung der konventionalisierten Relationen von Zeichenträgern und Zeichenobjekten, sondern auch um
die Verwirrung von Zeicheninterpretanten für das Verständnis der Korrelationen
von Zeichenträgern und Zeichenobjekten. Diese Verwirrung muss sich nämlich
zwangsläufig im Zuge von Arbeitsteilungsprozessen einstellen, da in ihnen alle
Beteiligten faktisch auch unterschiedliche Welterfahrungen machen können. Arbeitsteilungsprozesse machen es nämlich eigentlich unmöglich, eine durchregulierte Einheitssprache aufrechtzuerhalten, die den Anspruch einer Abbildungs-

---

444 J. W. von Goethe: Faust. Werke Bd. 3., S. 44, Vers 1237.

sprache für vorgegebene Ordnungszusammenhänge erhebt, eben weil neue Handlungsperspektiven natürlich immer auch neue Wahrnehmungsperspektiven eröffnen. Dieser semiotische Tatbestand entzieht dann sogar der Idee einer wissenschaftlichen Universalsprache die Grundlage, die in der frühen Neuzeit sehr attraktiv geworden war. Eine einheitliche Universalsprache ist nur in einer geschichtslosen Welt denkbar, in der es keine natürlichen oder gewollten Veränderungsprozesse mehr gibt, sondern nur gleichbleibende ahistorischen Ordnungszusammenhänge, die keine großen Interpretationsspielräume beanspruchen.

Das Verständnis der Sprache als ein variables Mittel für konstruktive Sinnbildungsanstrengungen hat sich seit dem mittelalterlichen Nominalismus in der Neuzeit deutlich verstärkt. Dabei spielte dann allerdings zunächst nur die besondere Wertschätzung der menschlichen Einbildungskraft eine konstitutive Rolle, aber nicht das Phänomen der Arbeit und der Arbeitsteilung mit ihrer Notwendigkeit, Fachsprachen mit ganz eigenen Differenzierungs- und Analogisierungsintentionen zu entwickeln. Allenfalls kam es dabei zur Konzipierung von spezifischen Fachsprachen, um ganz bestimmte Informationsprozesse zu präzisieren. Nur in kognitiven Notsituationen wurden in diesen metaphorische Aussageweisen geduldet, die dann allerdings meist schnell zu Fachbegriffen bzw. zu toten Metaphern wurden, da verständlicherweise alle Fachsprachen Informationsungenauigkeiten prinzipiell kaum dulden können.

So gesehen lässt sich hinsichtlich des Mythos vom Turmbau zu Babel dann auch der Schluss ziehen, dass Gott eigentlich die Sprache gar nicht hätte verwirren müssen, weil sich die ursprüngliche natürliche Sprache durch die Entwicklung von Fachsprachen bei diesem gigantischen Arbeitsvorhaben eigentlich von selbst verwirren musste und daher auch gar nicht von einer höheren Kraft durcheinander werden musste. Ein etwas anderes Bild ergibt sich allerdings, wenn man von dem Gedanken ausgeht, dass gerade durch die Entstehung eines monoperspektivischen Sprachgebrauchs auf dialektische Weise auch immer ein immanenter Zwang entsteht, eine Allgemeinsprache zu entwickeln und zu pflegen. Diese hätte man dann als faktische Resultante von objektorientierten und subjektorientierten Sinnbildungsinteressen zu verstehen, die trotz ihrer notwendigen ikonischen und analogisierenden Implikationen dennoch allgemeinverständlich bleibt, obwohl sie keine präzise Semantik mehr besitzt.

Allerdings muss ein solcher allgemeinverständlicher Sprachgebrauch auch immer gepflegt werden, da er sich als Resultante von recht unterschiedlichen Sinnbildungsintentionen nicht von selbst ergibt. Das Lebensrecht einer allgemein verständlichen bzw. natürlichen Sprache resultiert nämlich nicht zuletzt auch daraus, dass sie als interpretative Metasprache für alle individuellen und fachsprachlichen Sondersprachen verwendbar sein muss, was nur durch ihren ikonischen bzw. analogisierenden Gebrauch sichergestellt werden kann. Dieser gehört nämlich gleichsam zu den ganz entscheidenden Lebenskräften der natürlichen Umgangssprache. Ohne diesen Fremdbezug und Selbstbezug könnte sie nämlich ihre universalen pragmatischen Funktionen überhaupt nicht erfüllen, weil dazu natürlich immanente selbstreflexive Strukturen unerlässlich werden.

Vor dem Hintergrund dieser Überlegungen wird nun auch gut verständlich, warum das Phänomen der Arbeit mit ihrer immanenten Tendenz zur Arbeitsteilung als ein fundamentaler anthropologischer und sprachtheoretischer Faktor angesehen werden kann, der nicht nur die menschlichen Lebensformen, sondern auch die menschlichen Sprachgebrauchs- und Denkformen ständig in Fluss hält. In dieser Denkperspektive wird dann auch gut nachvollziehbar, warum im philosophischen Materialismus in der Prägung von Marx und Engels das Phänomen der Arbeit als ein ganz dominanter anthropologischer Faktor angesehen worden ist. Nach Engels ist die Arbeit sogar der entscheidende Faktor, der den Menschen erst hervorgebracht habe. *„Sie ist die erste Grundbedingung alles menschlichen Lebens, und zwar in einem solchen Grade, daß wir in einem gewissen Grade sagen müssen: sie hat den Menschen selbst geschaffen."* [445]

Arbeitsteilungsprozesse führen nämlich immanent dazu, dass die physische und geistige Homogenität der Menschen sich vermindert, da sie in ihren jeweiligen Arbeitsprozessen ja unterschiedliche Welterfahrungen machen bzw. neue Weltinterpretationen entwickeln müssen, wodurch dann auch die natürliche Allgemeinsprache polyfunktionaler verwendet werden muss, um verständlich zu bleiben. Es müssen notwendigerweise neue Sprachformen und Sprachverwendungsweisen ausgebildet werden, die jeweils objekt- und subjektorientierte Informationen in ein labiles Gleichgewicht miteinander zu bringen haben. Das exemplifizieren die metaphorischen und ironischen Sprachverwendungsweisen sehr offensichtlich.

Dieser Sachverhalt hat Mario Wandruszka dann auch dazu veranlasst, die These zu vertreten, dass die Menschen bei ihrem muttersprachlichen Sprachgebrauch nicht nur eine Sprache erlernten, sondern dass es faktisch eine natürliche *„muttersprachliche Mehrsprachigkeit"* gebe. *„Eine menschliche Sprache ist kein in sich geschlossenes und schlüssiges homogenes Monosystem. Sie ist ein einzigartig komplexes, flexibles, dynamisches Polysystem, ein Konglomerat von Sprachen, die*

---

445 F. Engels: Anteil der Arbeit an der Menschwerdung des Affen. In: K. Marx / F. Engels: Werke (MEW). Bd. 20, S. 444.

nach innen in unablässiger Bewegung ineinandergreifen und nach außen auf andere Sprachen übergreifen."[446]

So betrachtet ist eine gewisse Sprachverwirrung immer der Preis für die Möglichkeit, die Sprache polyfunktional zu gebrauchen. Das hat auch Humboldt so gesehen, als er die Sprache nicht als ein Werk (Ergon), sondern als eine Sinnbildungskraft (Energeia) näher bestimmt hat. Deshalb ist für Humboldt dann *„alles Verstehen"* immer auch *„zugleich ein Nicht-Verstehen"* und *„alle Uebereinstimmung in Gedanken und Gefühlen zugleich ein Auseinandergehen."*[447]

Der biblische Mythos vom Turmbau zu Babel kann deshalb unabhängig von seinen religiösen Sinnimplikationen als Sprechakt der Warnung vor Hochmut auch immer als ein Hinweis darauf verstanden werden, dass die Menschen beim Gebrauch sprachlicher Zeichen, welchen Typs auch immer, sich auch unsinnliche Denkinhalte über die Brücke von sinnlich fassbaren Denkinhalten thematisieren und konkretisieren können. Das rechtfertigt dann auch das Verfahren, den Mythos als einen sehr komplexen ikonischen Texttyp zu verstehen, mit dessen Hilfe man Unbekanntes und schwer Fassbares kraft Analogie semiotisch über Bekanntes oder gut Vorstellbares erschließen und konkretisieren kann.

Die fundamentale anthropologische Zeichenbedürftigkeit des Menschen und die gleichzeitige Sinnoffenheit von Zeichen hat Wittgenstein sehr prägnant folgendermaßen thematisiert: *„Wenn man aber sagt: ‚Wie soll ich wissen, was er meint, ich sehe ja nur seine Zeichen', so sage ich: ‚Wie soll e r wissen, was er meint, er hat ja auch nur seine Zeichen'."*[448] Schleiermacher hat diese Problematik der Zeichenbildung und des Zeichenverstehens ganz ähnlich so beschrieben, *„daß sich das Mißverstehen von selbst ergibt und das Verstehen aus jedem Punkt muß gewollt und gesucht werden."*[449]

Vor dem Hintergrund dieser Überlegungen wird dann auch gut verständlich, warum der Mythos des Turmbaus zu Babel nicht nur ein Mythos zum Verständnis der Geschichte in religiöser Perspektive ist, sondern auch ein Mythos zum Verständnis der pragmatischen Funktionen von Sprache bzw. zum Verständnis der Historizität von Sprache. Im Prinzip zwingt nämlich die sehr große Weltoffenheit der Menschen diese faktisch immer wieder dazu, soziale Institutionen zu entwickeln, die ihnen dabei helfen, ihr faktisches Überleben zu sichern, wozu insbesondere die Sprache gehört. Diese wird nämlich für die Menschen ein unverzicht-

---

446 M. Wandruszka: Die Mehrsprachigkeit des Menschen. 1979, S. 39.
447 W. von Humboldt: Werke. Bd. 3, S. 228.
448 L. Wittgenstein: Philosophische Untersuchungen. 1967, S. 171, § 504.
449 F. D. E. Schleiermacher: Hermeneutik und Kritik. 1977, S. 92

bares Hilfsmittel, in sinnvolle Assimilations- und Akkommodationsprozesse eintreten zu können.

Steinthal, der erste umfassende Interpret Humboldts, hat deshalb dessen Konzept der *inneren Sprachform* dann auch mit dem Turmbau zu Babel in Verbindung gebracht: „*Die i n n e r e Sprachform (die Grammatik) ist der eigentliche babylonische Thurm: denn bei ihrer Bildung sind alle Kräfte des Gemüths, Gefühl, Phantasie und Verstand thätig.*"[450]

Die Pluralität von Sprachen, die im Turmbaumythos eher negativ als Strafe gekennzeichnet wird, lässt sich nach diesen Hinweisen dann durchaus auch als positiv beurteilen, insofern sich durch diesen Tatbestand der Sprachdifferenzierung auch die Notwendigkeit ergibt, sich perspektivisch auf andere Sprachen und menschliche Denkweisen einzustellen. Das hat dann insbesondere George Steiner dazu motiviert, die Sprachverwirrung zu Babel positiv zu beurteilen. „*Die Menschheit ist durch die Zerstreuung der Sprachen nicht vernichtet worden, sondern im Gegenteil lebendig und schöpferisch geblieben.*"[451] Diese Überzeugung Steiners harmoniert dann auch mit der Überzeugung von Piaget, dass menschliche Denkprozesse durch das ständige Wechselspiel von Assimilations- und Akkommodationsanstrengungen lebendig bleiben, eben weil dadurch konkrete Erfahrungen nicht zwangsläufig in das Prokrustesbett vorgegebener Denkschemata eingepasst werden müssen. Deshalb ist es dann auch von fundamentaler Bedeutsamkeit, dass Sprachen sich nicht zu völlig geschlossenen Systemen verhärten, sondern sich in ihrer semantischen und pragmatischen Polyfunktionalität über die Nutzung von ständigen Analogisierungsverfahren lebendig erhalten, was sich nicht nur durch den Gebrauch von Metaphern exemplifiziert.

Wie sehr der biblische Turmbaumythos im Laufe der Zeit lebendig geblieben ist und die Menschen zum Denken angeregt hat, dokumentiert sich auch durch einen Gegenmythos des Anglistikprofessors Salomon aus dem Jahre 1954.[452] Nach dieser Gegenerzählung habe nämlich anfangs jeder Mensch über eine individuelle Privatsprache mit einem sehr reichhaltigen Vokabular verfügt, welche allerdings für eine soziale Kommunikation nutzlos gewesen sei, da man sich durch Gestik und Mimik über alle praktischen Lebensprobleme ausreichend habe verständigen können. Als man dann allerdings angefangen habe, einen Turm zu bauen, habe dieser Bau anfangs gute Fortschritte gemacht, weil die Effizienz der

---

450 H. Steinthal: Die Sprachwissenschaft Wilhelms von Humboldt's und die Hegel'sche Philosophie. 1848/1971, S. 111.

451 G. Steiner: Nach Babel. Aspekte der Sprache und der Übersetzung. 1981, S. 243–244.

452 L. B. Salomon: A gospel-true fable. In: I. S. Hayakawa (Ed.): Selections from ETC: A Review of General Semantics, 1953–1958. 1971. S. 3–11.

konkreten Arbeiten nicht durch metareflexive Diskussionen über den Sinn dieses Bauwerks gestört worden sei. Als nun Gott diese Fortschritte sah, sei er aber bedenklich geworden, weil er zu der Überzeugung gekommen war, dass die Menschen letztlich alles verwirklichen könnten, was sie sich einmal vorgenommen hätten. Deshalb habe er sich entschlossen, ihnen eine gemeinsame Sprache zu geben. Das habe dann zur Folge gehabt, dass jetzt heftige Diskussionen darüber begonnen hätten, warum man den Turm überhaupt baue und was mit den jeweiligen sprachlichen Äußerungen jeweils gemeint sein könnte. Das habe dann sogar zu Handgreiflichkeiten geführt, so dass der ganze Turmbau schließlich eingestellt werden musste.

Dieser Gegenmythos zum biblischen Turmbaumythos macht auf den Umstand aufmerksam, dass nicht nur die vielen Individualsprachen an sich ein kooperatives Handeln erschweren können, sondern auch die ständigen Auseinandersetzungen darüber, was die einzelnen Wörter in einer Volkssprache eigentlich faktisch zu bedeuten hätten. Solche metareflexiven Dispute über die Sprache selbst konnten dann allerdings natürlich auch konkrete Arbeitsprozesse lähmen. Auf diese Problematik hat, wie schon erwähnt, ja auch schon Paul Valéry aufmerksam gemacht, als er darauf hingewiesen hat, dass die einzelnen Wörter leichten Planken glichen, auf denen man nicht herumtanzen dürfe, wenn man sie als Brücken verwenden wolle, um tiefe Spalten bei seiner Welterschließung zu überwinden (vgl. Kap. 9.3).

10.6   Das Gleichnis

Im Gegensatz zu Mythen stellen Gleichnisse von vornherein keinerlei konkrete referentielle Geltungsansprüche, sondern sind nur mit der deutlichen Intention verbunden, Unübersichtliches oder Unbekanntes mit Hilfe von Übersichtlichem und Bekanntem leichter erfassbar zu machen. Daher sind dann auch Gleichnisse hinsichtlich ihres jeweiligen Funktionspotentials auch leichter verständlich als Mythen. Das schließt allerdings nicht aus, dass auch Gleichnisse interpretationsbedürftig sind bzw. auf die menschlichen Einbildungskräfte angewiesen sind. Deshalb lassen sich Gleichnisse dann auch als Interpretationsmittel ins Auge fassen, da sie ja dazu dienlich sind, komplexe Phänomene übersichtlich zu interpretieren. Damit bestätigen sie auch eine grundlegende erkenntnistheoretische

These von Nikolaus von Kues: *„Weil alles, was gewußt wird, besser und vollkommener gewußt werden kann, wird nichts so, wie es wißbar ist, gewußt."*[453]

Diese Erkenntnisskepsis im Hinblick auf medial bedingte Erkenntnisformen hat eine lange Tradition. Sie dokumentiert sich schon in der folgenden These von Empedokles, die uns von Aristoteles überliefert worden ist: *„Die Erkenntnis des Gleichen erfolgt [...] durch das Gleiche."*[454] Ganz ähnlich hat auch Kant argumentiert als er folgende These formuliert hat: *„Gedanken ohne Inhalt sind leer, Anschauungen ohne Begriffe sind blind [...]. Der Verstand vermag nichts anzuschauen, und die Sinne nichts zu denken. Nur daraus, daß sie sich vereinigen, kann Erkenntnis entspringen."*[455]

Eine besondere Wertschätzung von Gleichnissen findet sich auch bei Musil. Er sieht nämlich im Gleichnis eine Manifestationsweise für *„die gleitende Logik der Seele, der die Verwandtschaft der Dinge in den Ahnungen der Kunst und Religion entspricht."*[456] Auch Wittgenstein ist dieses Verständnis von Gleichnissen nicht fremd. *„Ein gutes Gleichnis erfrischt den Verstand."*[457] Wittgenstein ist sich allerdings auch im Klaren darüber, dass alle Analogieannahmen immer auch einen recht konstruktiven Charakter haben. *„Alles, was mir in den Weg kommt, wird mir zum Bilde dessen, worüber ich noch denke. (Ist dies eine gewisse Weiblichkeit der Einstellung)."*[458] Diese Grundeinstellung Wittgensteins repräsentiert sich auch in dem folgenden Sprichwort: *Wer einen Nagel hat, dem wird jeder Stein zu einem Hammer.*

Prinzipiell lässt sich sagen, dass alle Gleichnisse ebenso wie alle postulierten Analogien faktisch eher einen heuristischen bzw. methodisch-hypothetischen Charakter haben als einen behauptenden und dass sie eher mit dem funktionalen als dem substanziellen Denken harmonieren. Gleichnisse sind deshalb natürlich auch nicht direkt mit der Wahrheitsfrage in einem korrespondenztheoretischen Sinne zu konfrontieren, sondern eher mit der Wahrheitsfrage in einem pragmatischen und heuristischen Sinne, der dem Fruchtbarkeitsgedanken verpflichtet ist. Eben deshalb haben Gleichnisse dann auch eine gewisse Suggestionskraft, die an die Implikationen des Fliegens bei Ikaros erinnert.

---

453 Nikolaus von Kues: Die Jagd nach Weisheit (De venatione sapientiae). In: Philosophisch-theologische Schriften. Bd. 1. 2014, S. 51.

454 W. Capelle: Die Vorsokratiker. 1968, S. 236, Nr. 157. Vgl. auch: A. Schneider: Der Gedanke der Erkenntnis des Gleichen durch Gleiches in antiker und patristischer Zeit. In: Beiträge zur Geschichte des Mittelalters, Supplement II, 1923, S. 65–76.

455 I. Kant: Kritik der reinen Vernunft. Werke. Bd. 3, S. 98.

456 R. Musil: Der Mann ohne Eigenschaften. Gesammelte Werke. Bd. 2, S. 593.

457 L. Wittgenstein: Vermischte Bemerkungen (1923). Werkausgabe. Bd. 8, S. 451.

458 L. Wittgenstein; a.a.O. (1937). S. 492.

So gesehen wird dann auch gut nachvollziehbar, warum der der Barockdichter Harsdörffer die Funktionen von Gleichnissen mit denen von Fernrohren verglichen hat. „*Dahero haben sich so manche bunten Gleichnisse mit unserer Rede verbunden / und sich zu Dolmetschern unserer Unwissenheit gemacht / daß wir das Unbekannte* mit dem *Namen seines Gleichen zu nennen pflegen.*" [459] In der Neuzeit hat der Lyriker Heinz Piontek die Funktion von Metaphern, auf ganz ähnliche Weise wie Harsdörffer mit der Funktion von Fernrohren analogisiert. [460]

Glasklar

Die Metapher ist
ein Fernrohr.

Sie bewaffnet
das Auge.

Erfasst.
Vergrößert.
Verschärft.

Deutlich nahe
Kommt uns
die Wahrheit.

Scheinbar.

Obwohl Goethe sicherlich kein Verächter der gleichnishaften Rede ist, so sieht er in einem solchen Sprachgebrauch aber doch auch die Gefahr, in ein unangemessenes spekulatives Denken zu geraten, was er dann auch am Beispiel des Gebrauchs von Fernrohren und Brillen näher erläutert. Er lässt seinen Wilhelm Meister nämlich sagen, dass der Gebrauch dieser Hilfsmittel auch Gefahren beinhalte, obwohl er recht gut begreife, dass alle Himmelskundigen große Freude am Gebrauch dieser Sehhilfen hätten, da sie ja die Wahrnehmungskraft der Augen gewaltig ausweiteten. Allerdings ermöglichten sie aber auch die Wahrnehmung von Welten, die den Menschen nicht immer angemessen seien.

Wer durch Brillen sieht, hält sich für klüger, als er ist, denn sein äußerer Sinn wird dadurch mit seiner innern Urteilsfähigkeit außer Gleichgewicht gesetzt [...]. Sooft ich durch eine

---

459 G. Ph. Harsdörffer: Frauenzimmergespräche. III Teil. 1968, S. 357 f.
460 H. Piontek: Werkauswahl in 2 Bänden, Bd. 1, 1990, S. 89

Brille sehe, bin ich ein anderer Mensch und gefalle mir selbst nicht; ich sehe mehr, als ich sehen sollte, die schärfer gesehene Welt harmoniert nicht mit meinem Innern [...].[461]

Wenn man so wie Wilhelm Meister denkt, dann sind Fernrohre und Brillen bzw. Metaphern und Gleichnisse zwar wichtige Hilfsmittel für die Ausweitung der menschlichen Wahrnehmungsfähigkeiten. Aber wenn sie überstrapaziert werden, dann können sie nämlich durchaus problematisch werden, weil sie uns in Welten führen, die einerseits zwar nicht zu der üblichen Lebenswelt des Menschen passen, aber die andererseits dennoch zur menschlichen Lebenswelt gehören, insofern zu dieser ja auch der innere Drang zur Erschließung ganz neuer oder zumindest anders gesehener Welten gehört, eben weil der Mensch ein nicht festgestelltes Lebewesen ist, sondern eines, das sich erst selbst mit Hilfe kultureller Anstrengungen herstellen muss (animal symbolicum).

Die Ambivalenz der Ausweitung der menschlichen Lebenswelten lässt sich sinnigerweise sehr gut an Platons Höhlengleichnis exemplifizieren, welches dieser ungewohnt, aber wohl recht sachadäquat nicht auf monologische, sondern auf dialogische Weise sprachlich objektiviert hat. Das hat sicherlich dazu beigetragen, dass es anthropologisch ein sehr produktives Gleichnis geworden ist, das historisch allerdings auch eine sehr unterschiedliche Rezeptions- und Beurteilungsgeschichte gefunden hat. Auf jeden Fall lässt sich sagen, dass es sich als ein aufschlussreicher Beitrag für das Verständnis des Analogiegedankens betrachten lässt.[462]

In dem Höhlengleichnis wird uns mitgeteilt, dass Menschen in einer Höhle von Kindheit an einer Mauer so gefesselt sind, dass sie nur auf eine gegenüberliegende Wand blicken können. Hinter der Mauer, an welche die Menschen gefesselt sind, brennt ein großes Feuer. Zwischen dem Feuer und der Wand werden mit Hilfe von Stangen allerlei Geräte und Skulpturen so vorbeigetragen, dass die Gefangenen nur deren Schattenbilder auf der gegenüberliegenden Wand wahrnehmen können, ohne ein realistisches Wissen davon zu haben, wie diese Schattenbilder auf der Wand zustande gekommen sind. Wenn nun die Träger ihre schattenwerfenden Dinge hinter der Mauer vorbeitragen und miteinander sprechen, dann müssen nun die Gefangenen natürlich fälschlicherweise annehmen, dass die jeweiligen Schattenbilder selbst miteinander redeten.

Wenn nun einer der gefesselten Gefangenen entfesselt würde und sich umdrehte, dann ergäbe sich für ihn natürlich eine völlig andere Wahrnehmungs-

---

461 J. W. von Goethe: Wilhelm Meisters Wanderjahre. Goethes Werke. Bd. 8, S. 120–121.
462 Platon: Politeia. 7. Buch, 514 a ff.: Werke. Bd. 3, S. 224 ff. Vgl. auch W. Köller: Das platonische Höhlengleichnis. In: W. Köller: Narrative Formen der Sprachreflexion. 2006, S. 190–221.

perspektive für seine bisherigen Wahrnehmungsgegenstände. Er könnte nun nämlich erkennen, dass das, was er vorher für eine gegebene Realität gehalten hatte, eigentlich nur eine fälschlich angenommene bzw. abgeleitete Realität gewesen ist, aber keine faktische. Seine neuen Realitätsannahmen für die Welt steigerten sich dann noch, wenn er gewaltsam aus seiner Höhlenwelt in die eigentliche Welt im Lichte der Sonne geführt würde.

Wenn nun der entfesselte Gefangene wieder in die Höhle zurückgebracht würde, dann ergäbe sich für ihn natürlich ein ganz anderes perspektivisches Verständnis von den Tatbeständen, die er vorher als Realität angesehen hatte. Er muss nämlich erkennen, dass das, was er vorher als Wirklichkeit angesehen hatte, eigentlich nur eine abstraktiv vereinfachte Wirklichkeit gewesen war, aber keine tatsächliche. Falls er nun seinen ehemaligen Mitgefangenen von der wirklichen Welt im Sonnenlicht erzählte, dann würden ihn diese vermutlich verspotten und annehmen, dass er ganz verdorbene Augen bekommen hätte bzw. gänzlich verrückt geworden sei und dass es sich gar nicht lohne, in die Oberwelt hinaufzusteigen. Jeden, der sie dahin verschleppen wolle, solle man am besten erschlagen, wenn man seiner habhaft werden könnte.

Natürlich lag es für die Zeitgenossen Platons sehr nahe, dieses Höhlengleichnis als ein Gleichnis zu verstehen, das kraft Analogie auch auf die Bemühungen von Sokrates verweisen konnte, die Menschen aus der Gefangenschaft ihrer bloßen Meinungen (doxa) zu befreien und zu einem wirklichen Wissen (episteme) zu führen. Dazu passte es dann ja auch, dass die Traditionalisten Sokrates als einen Verderber der Jugend ansahen, den man durchaus zum Giftbecher verurteilen dürfe.

Das Höhlengleichnis lässt sich aber natürlich auch als ein Gleichnis für das Bildungsgeschehen verstehen (paideia). Dann kann es kraft Analogie nahelegen, dass das philosophische Denken, die Menschen aus der Höhle ihrer bloßen Meinungen und Denktraditionen zum eigentlichen Wissen zu führen vermag. Diese Umorientierung kann von den jeweils Betroffenen individuell durchaus als schmerzlich empfunden werden, weil damit natürlich immer eine tiefgreifende Umorientierung des ganzen Denkens verbunden sein kann. Aber sie kann erkenntnistheoretisch letztlich völlig unumgänglich sein und deshalb dann auch alle Entfesselungsmaßnahmen rechtfertigen, die anfangs subjektiv natürlich zunächst als Zwänge empfunden werden können, aber die sich letztlich dann doch als individuelle Befreiungsmaßnahmen verstehen lassen.

Das Höhlengleichnis ist in seiner Rezeptionsgeschichte dann natürlich immer wieder auch als ein Mittel verstanden worden, mit dem Platon seine sogenannte Ideenlehre plausibel zu machen versucht habe. Diese sollte nämlich darauf aufmerksam machen, dass die konkreten empirischen Erfahrungen keineswegs immer die einzige zulässige Quelle von Wissen sei, weil dabei die Welt der Begriffe als grundlegende Ordnungskräfte leicht aus dem Blick geraten, ganz gleich, ob man Begriffe nun als ontische Wissensbausteine versteht oder als menschlich erzeugte Ordnungsmuster im Rahmen von ganz bestimmten Erkenntnisinteressen. Wenn man nun aber Ideen als Ordnungsmuster einer sinnlich nicht direkt fassbaren Welt betrachtet, die jenseits der sinnlich direkt erfahrbaren Welt anzusiedeln sind, dann kann man natürlich auch annehmen, dass Ideen nur mit Hilfe von analogisierenden mentalen Denkprozessen erschlossen werden können, aber nicht durch direkten Augenschein. Ideen könnten dann in religiöser Sicht gleichsam hypothetisch als Gedanken Gottes vor der sinnlich direkt fassbaren Schöpfung angesehen werden.

In seinem sogenannten *Siebenten Brief,* dessen Authentizität allerdings etwas umstritten ist, thematisiert Platon nämlich das Problem, dass sich philosophisches Wissen nicht wie übliches Sachwissen problemlos in Worten und Lehrsätzen objektivieren lasse. Es erzeuge sich vielmehr durch die intensive Beschäftigung mit bestimmten Sachverhalten *„wie ein durch einen abspringenden Feuerfunken plötzlich entzündetes Licht in der Seele"* des Menschen und erhalte dann durch sich selbst auch weitere Nahrung.[463]

Diese erkenntnistheoretische Skepsis gegenüber der Möglichkeit, grundlegendes philosophisches Wissen als ideenbezogenes Wissen mit Hilfe der konventionalisierten Begriffssprache zu objektivieren, lässt dann nur die Möglichkeit offen, zu einem analogisierenden verbildlichenden Sprachgebrauch zu greifen, aber nicht zu einem begrifflich behauptenden, eben weil dieses Wissen sich oft nur ikonisch thematisieren lässt, insofern es faktisch eigentlich nur als eine Resultante aus vielfältigen Erfahrungs- und Denkverfahren anzusehen ist. Dieses Wissen lässt sich dann für Platon auch nicht durch die üblichen Deduktions- und Induktionsprozesse objektivieren. Es könnte semiotisch gesehen allenfalls im Rahmen einer sinnbildenden Abduktionslogik im Sinne von Peirce Gestalt gewinnen, die eher einem Fruchtbarkeits- bzw. Anregungsgedanken verpflichtet ist als einem rein deskriptiven Abbildungs- oder Feststellungsgedanken.

So betrachtet lässt sich dann das sogenannte Höhlengleichnis Platons auch nicht nur als Erziehungs- und Erkenntnisgleichnis verstehen, sondern zugleich auch als ein Sprachgleichnis. Es macht nämlich auch darauf aufmerksam, dass sprachliche Begriffsbildungen keine Abbildungsformen für gegebene Realitätsformen sind, sondern allenfalls hypothetische Objektivierungsformen für Realitätsannahmen, die auf ganz bestimmte Ähnlichkeits- und Differenzrelationen aufmerksam machen sollen. Das bedeutet zugleich auch, dass die menschlichen

---

463 Platon: Siebenter Brief, 391 d. Werke, Bd.1, S. 317.

Definitionen von sprachlichen Ordnungsmustern sich nicht nur auf die zu erfassenden Objektstrukturen selbst auszurichten haben, sondern zugleich immer auch auf die menschlichen Wahrnehmungsmöglichkeiten für diese. Das bedeutet weiterhin, dass die Menschen in ihren Wahrnehmungsmöglichkeiten für etwas nicht nur in die Höhle ihrer sinnlichen Wahrnehmungsmöglichkeiten eingeschlossen sein können, sondern auch in die Höhle ihrer tradierten oder neu erzeugten Sprachmuster für die sprachliche Objektivierung ihrer jeweiligen Wahrnehmungswelten.

Aus alldem lässt sich nun ableiten, dass sich das Höhlengleichnis im Prinzip auch als ein Mediengleichnis verstehen lässt, insofern das Inventar von schon vorhandenen Zeichenformen immer vordeterminiert, was üblicherweise erkennbar ist bzw. was durch neu gebildete Zeichenbildungen erkennbarer gemacht werden kann. Dementsprechend provoziert es dann auch dazu, ganz neue Zeichenformen zu entwickeln und zu nutzen, um durch diese Eigenbewegungen des Denkens aus der vertrauten Höhle der tradierten Wahrnehmungsgewohnheiten herauszukommen. Kulturelle Institutionen wie etwa die Sprache können nämlich sowohl als Schutzhöhlen als auch als Einengungshöhlen in Erscheinung treten, je nachdem ob sie als abspringende Feuerfunken eine Erhellungs- oder auch eine Verblendungsfunktion ausüben. Aus alldem ergibt sich dann die Einsicht, dass es ohne variable Zeichenbildungen kein brauchbares und umfassendes menschliches Wissen gibt.

Wenn man nun das Höhlengleichnis Platons auch als Zeichen- oder Mediengleichnis versteht, dann kann man sich natürlich auch fragen, ob es überhaupt eine Chance gibt, aus eigener Kraft aus den sprachlich erzeugten Zeichenhöhlen hinauszukommen. Vielleicht bleiben diese Höhlen immer Gefängnisse, in denen man allenfalls die Zellen wechseln kann. Sicherlich kann man immer eine ganz bestimmte semiotische Objektivierungsweise von Welt zu Gunsten von sinnvolleren ersetzen. Aber sicherlich wird man nicht die anthropologische Grundprämisse aus der Welt schaffen können, dass jede konkrete Wahrnehmung von Welt perspektivisch und semiotisch gebunden ist und keine Erkenntnis an sich ermöglicht bzw. keinen neutralen erkennenden Blick von nirgendwo.

Auf den ersten Blick scheinen Gleichnisse das Denken archaisch und ungenau zu machen, aber auf den zweiten Blick wird man sicherlich einräumen müssen, dass sie im Hinblick auf umfassende Erkenntnisintentionen auch unersetzliche sprachliche Objektivierungs- bzw. Thematisierungsfunktionen haben können, da sich komplexe Erkenntnisinhalte durchaus einer abschließenden begrifflichen Repräsentation entziehen können. Diese können uns nach Kant nämlich im Rahmen der praktischen Vernunft durchaus dazu zwingen, sie auf ikonische Weise zu thematisieren, um sie nicht auf problematische Weise begrifflich so zu vereinfachen, dass sie ihre Erkenntnisfunktionen verlieren. So betrachtet ließen sich Gleichnisse dann auch als verdeckte, aber zugleich auch als unverzichtbare Negationen rein begrifflicher Darstellungsweisen ansehen. Das lässt sich recht gut durch ein Theorem von Kant exemplifizieren.

Kant hat nämlich darauf aufmerksam gemacht, dass es bestimmte Denkgegenstände wie etwa das Phänomen *Gott* gebe, bei dessen sprachlicher Objektivierung wir kaum mit unseren üblichen Erfahrungsbegriffen arbeiten könnten, weil solche Vorstellungsphänomen außerhalb der Reichweite unserer direkten sprachlichen Begriffe liegen. Wenn wir das versuchten, dann könnten wir nämlich sehr leicht in einen „d o g m a t i s c h e n *Anthropomorphismus*" verfallen. Bei der sprachlichen Objektivierung eines solchen Denkgegenstandes kann man sich nach Kant nämlich nur einen „s y m b o l i s c h e n *Anthropomorphism*" erlauben, „*der in der Tat nur die Sprache und nicht das Objekt selbst angeht.*"[464]

Die Verkürzung des Wahrnehmens und Denkens durch vorschnelle abstraktive Annahmen hat Kant sehr plastisch in seinem Taubengleichnis veranschaulicht. Dieses offenbart, das vorschnelle abstraktive Vereinfachungen von Problemzusammenhängen zu gänzlich unhaltbaren Vorstellungen bzw. Analogieannahmen führen können. „*Die leichte Taube, indem sie im freien Fluge die Luft teilt, deren Widerstand sie fühlt, könnte die Vorstellung fassen, daß es im luftleeren Raum noch viel besser gelingen werde.*"[465]

Wie problematisch vorschnelle Analogieannahmen sein können, die ihre eigenen vereinfachenden Denkprämissen bei der Vorstellungsbildung bzw. bei Ähnlichkeitsannahmen nicht beachten, exemplifiziert auch eine Geschichte über zwei mittelalterliche Mönche, die sich eine konkrete Vorstellung vom Himmelreich im Rahmen ihrer eigenen üblichen konkreten Lebenserfahrungen machen wollten. Um dieses Problem zu lösen, verständigten sie sich auf folgendes Verfahren. Sie entwickeln nämlich eine ganz konkrete Vorstellung darüber, wie das Himmelreich faktisch aussehen könnte und wie man das am besten erkunden könnte. Derjenige Mönch, der als erster stürbe, sollte dem anderen nämlich im Traum erscheinen und nur ein einziges Wort äußern. Er sollte diesbezüglich nur das Wort *taliter* (so ist es) äußern oder das Wort *aliter* (es ist anders). Als dann einer der Mönche stirbt, erscheint er tatsächlich dem anderen im Traum. Aber er äußert nicht nur ein Wort, sondern zwei: *totaliter aliter* (gänzlich anders). Mit dieser Geschichte wird sehr schön exemplifiziert, dass man das Himmelreich nicht zutreffend mit Hilfe unserer üblichen sprachlichen Ordnungskategorien erfassen

---

464 I. Kant: Prolegomena zu einer jeden künftigen Metaphysik, die als Wissenschaft wird auftreten können. § 57, A.176. Werke. Bd. 5, S. 233.
465 I. Kant: Kritik der reinen Vernunft. Werke. Bd. 3, S. 51.

könne, die für diesen Gegenstandsbereich faktisch unangemessen bzw. unbrauchbar sind.

Eine andere Geschichte zu der Problematik, wie man Welten ganz anderen Typs mit Sprachmustern vorstellbar machen kann, die eigentlich für ganz andere Zwecke konzipiert worden sind, stammt von dem irischen Literaturprofessor Clive Stapels Lewis, der eine bemerkenswerte Wandlung von einem überzeugten Atheisten zu einem überzeugten Theisten hinter sich hatte. In dieser gleichnishaften Geschichte wird auf aparte Weise das Problem thematisiert, wie sich Gesprächspartner über Denkinhalte verständigen können, die ihre persönlichen Lebenserfahrungen bzw. sprachlichen Sinnbildungsmittel erheblich transzendieren. In dieser Situation können sie nämlich von ihrem gewohnten Sprachgebrauch eigentlich gar keinen Gebrauch mehr machen. Selbst wenn sie Negationen und Analogien verwenden, stellt sich nämlich die Frage, ob diese Mittel tatsächlich das leisten, was von ihnen erwartet werden kann, eben weil alle Sprachverwendungsformen immer auch ganz bestimmte gemeinsame Lebenserfahrungen voraussetzen.

> Stellen wir uns ein mystisches Muscheltier vor, einen Weisen unter den Muscheltieren, der (entrückt in einer Vision) eine Ahnung davon bekommt, was der Mensch ist. In dem Bericht, den er seinen Schülern darüber gibt, die selbst Visionen haben (wenn auch seltener als er), wird er viele Negationen gebrauchen müssen. Er wird ihnen sagen müssen, dass der Mensch keine Schale habe, daß er nicht an einem Felsen klebe und auch nicht von Wasser umgeben sei. Die Schüler nun, unterstützt von ihren eigenen Visionen, bekommen eine gewisse Vorstellung vom Menschen. Doch da tauchen gelehrte Muscheltiere auf, Muscheltiere, die Geschichten der Philosophie schreiben und Vorlesungen über vergleichende Religionskunde halten, die aber niemals eigene Visionen gehabt haben. Das, was sie den Worten des prophetischen Muscheltieres entnehmen, sind ausschließlich Negationen. Unkorrigiert durch jeden wirklichen Einblick, bauen sie sich daraus ein Bild vom Menschen als eine Art amorphen Gelees (hat er doch keine Schale), der an keinem bestimmten Ort existiert (klebt er doch nicht an einem Felsen) niemals Nahrung zu sich nimmt (gibt es dort ja kein Wasser, das sie ihm zutreibt). Da sie den Menschen nun auch noch traditioneller Weise verehren, kommen sie zu dem Schluß, ein ausgehungerter Wackelpudding in einer dimensionslosen Leere sei die höchste Form der Existenz; und sie lehnen jede Lehre, die dem Menschen eine bestimmte Gestalt, eine Struktur und Organe zuweist, als rohen materialistischen Aberglauben ab.[466]

Dieser Text von Lewis zeigt sehr schön, dass die Sprache keineswegs immer einen direkten Repräsentationsanspruch für außersprachliche Sachverhalte erfüllen kann, eben weil ihr Gebrauch auch immer gemeinsame Welterfahrungen unter den Kommunikanten voraussetzt. Gleichwohl darf man aber auch nicht vergessen,

---

466 C. St. Lewis: Wunder. Möglich – wahrscheinlich – undenkbar? 1980². S. 106.

dass man beim Gebrauch der menschlichen Sprache auch mit Hilfsmitteln wie etwa Negationen, Metaphern und Analogisierungsverfahren arbeiten kann, die durchaus dabei helfen können, vorgegebene Erfahrungsdefizite hilfsweise bis zu einem gewissen Grade zu überbrücken. So betrachtet ist der gleichnishafte Sprachgebrauch ein unverzichtbares Hilfsmittel, um sich Neuartiges zumindest annäherungsweise hypothetisch erschließen zu können, gerade weil dieser Sprachgebrauch faktisch nicht der üblichen Logik von wahr oder falsch unterworfen werden muss, sondern allenfalls einer heuristischen Logik, die mit Wahrscheinlichkeiten arbeitet und sowohl von objekt- als auch subjektorientierte Erkenntnisinteressen geprägt wird.

Diese Besonderheit des gleichnishaften Sprachgebrauchs schwächt natürlich dessen argumentativen Wert im Vergleich mit dem behauptenden begrifflichen Sprachgebrauch, aber sie kann durchaus dessen pragmatischen Überzeugungswert stärken, weil sie an individuelle Erfahrungen anknüpfen kann. Ein überzeugendes Beispiel dafür hat uns der römische Schriftsteller Livius in seiner *Römischen Geschichte* überliefert. Hier berichtet er, dass der Patrizier Menenius Agrippa mit einem Gleichnis die Plebejer von Rom davon abgehalten haben soll, die Stadt dauerhaft zu verlassen und eine neue Stadt zu gründen, da sie sich von den Patriziern arg ausgenutzt fühlten. Durch folgendes Gleichnis soll er kraft Analogie die aufgebrachten Plebejer von ihrem Plan abgebracht haben. Er habe den Plebejern nämlich die folgende Geschichte über den menschlichen Körper mit seinem Magen und den mit ihm korrelierten anderen Körperorganen vorgetragen: Die Glieder des Körpers hätten sich danach nämlich immer mehr darüber geärgert, dass sie ständig ohne Gegenleistung für den gefräßigen Magen zu arbeiten hätten. Deshalb hätten sie eines Tages dann beschlossen, ihre Arbeit für den Magen einzustellen. Aber schon bald hätte sich dann herausgestellt, dass nun nicht nur der gefräßige Magen, sondern auch sie selbst immer schwächlicher geworden seien, nachdem sie ihre Arbeit für Magen eingestellt hätten. Deshalb seien sie dann auch zu dem Entschluss gekommen, doch wieder für den Magen zu arbeiten, weil offenbar alle Glieder eines Körpers einen gemeinsamen Organismus bilden würden.[467]

Die potentiellen pragmatischen Erkenntnisfunktionen von Gleichnissen machen dann auch verständlich, warum Gleichnisse in der Bibel eine so große Rolle spielen.[468] Ebenso wie Metaphern sind auch Gleichnisse nämlich dazu prädestiniert, das faktische Alltagswissen dazu zu nutzen, um transzendente religiöse

---

467 T. Livius: Römische Geschichte. 1997², Bd. 2, S. 231–235.

468 Vgl. W. Harnisch (Hrsg.): Gleichnisse Jesu. 1982. W. Harnisch (Hrsg.): Die neutestamentliche Gleichnisforschung im Horizont der Hermeneutik. 1982.

Denkinhalte verständlich zu objektivieren, die wegen ihrer transzendenten Natur empirisch schwerlich direkt verifizierbar sind. Ebenso wie man anfangs die Erkenntnisfunktion von Metaphern mit Hilfe des Substitutionskonzeptes aufzuklären versucht hat, so hat man anfangs auch versucht, den Sinn von Gleichnissen dadurch besser zu erfassen, dass man ihren inhaltlichen Gehalt in begriffliche Aussagen transformiert hat.

Gegen dieses Verständnis von Gleichnissen hat schon vor über hundert Jahren der Theologe Adolf Jülicher Stellung bezogen.[469] Er hat nämlich ausdrücklich hervorgehoben, dass Gleichnisse nicht als uneigentliche Aussageweisen zu verstehen seien, die in begriffliche übersetzt werden könnten. Für Jülicher haben Gleichnisse nämlich im Prinzip keine behauptenden bzw. analysierenden pragmatischen Grundfunktionen, sondern eher erzählende bzw. synthetisierende, eben weil sie nicht nur objektbezogene, sondern auch subjektbezogene Mitteilungsfunktionen hätten. Mit dieser Wahrnehmung von Gleichnissen wollte er verhindern, Gleichnisse nur als didaktische Vereinfachungen von komplexen Zusammenhängen zu verstehen, da sie seiner Meinung nach genuine ganzheitliche Sinnbildungsformen seien, die keine Ersatzfunktionen für begriffliche Aussageformen hätten, sondern durchaus genuine komplexe Sinnbildungsfunktionen.

Das rechtfertigt dann auch, Gleichnisse als eigenständige Sinnbildungsformen wahrzunehmen, welche die Chance eröffnen können, etwas auf ikonische bzw. ganzheitliche Weise zu verstehen. Sprechakttheoretisch ließe sich deshalb dann auch sagen, dass Gleichnisse ebenso wie Metaphern keine kognitiven Repräsentationsfunktionen haben, sondern eher pragmatische Lenkungs- und Interpretationsfunktionen für die Wahrnehmung von sehr vielschichtigen Denkinhalten. Zu dieser Einschätzung kommt Jülicher auch dadurch, dass der Adressat von Gleichnissen in der Regel der Zweifler ist, der mit ihrer Hilfe ganzheitlich überzeugt werden soll, und weniger der Ästhet, der nur ganz bestimmte Spielbedürfnisse hat.

Eine gewisse Grenze von Jülichers Verständnis von Gleichnissen liegt nun allerdings darin, dass er Gleichnisse scharf von Metaphern als rhetorischen Figuren abzugrenzen versucht. Dabei versteht er Metaphern allerdings vornehmlich als rhetorische Figuren, aber nicht als heuristische Erkenntnismittel, insofern er Metaphern ganz traditionell nur im Denkrahmen der Substitutionstheorie wahrnimmt, die auch dem traditionellen Allegoriegedanken nahesteht. Wenn man Metaphern dagegen im Rahmen der Interaktionstheorie wahrnimmt, dann vermindern sich nämlich die Unterschiede von Metaphern und Gleichnissen ganz beträchtlich. Beide unterscheiden sich dann nämlich eher dadurch, dass

---

469 A. Jülicher: Die Gleichnisreden Jesu. 1910 / 1969.

Metaphern eher der Welt des Benennens zugeordnet werden können und Gleichnisse eher der Welt des Erzählens. Das macht dann auch besser verständlich, warum Quintilian und die klassische Rhetorik Metaphern als abgekürzte Vergleiche angesehen hat, was aber natürlich nicht ausschließt, sie auch als Kerne von Gleichnissen ins Auge zu fassen.

Ricœur hat deshalb ja auch im Anschluss an Max Black und dessen Interaktionstheorie immer wieder hervorgehoben, dass gute Metaphern eher etwas Neues finden und stiften als Vorgegebenes nur nachträglich sprachlich anders zu benennen. So gesehen haben Gleichnisse dann bezeichnender Weise immer auch eine etwas verdeckte Argumentationsfunktion, die allerdings weniger begrifflich orientiert ist, sondern eher anthropologisch. Gleichnisse versuchen nämlich, menschliche Sinnbildungsprozesse eher an konkrete menschliche Lebenserfahrungen sowie an semiotische Abduktionen zu orientieren als an begriffliche Deduktions- und Induktionsoperationen, die den menschlichen Erkenntnissen immer einen ganz besonders hohen Grad an Gewissheit sichern möchten. Demgegenüber versucht Peirce seine semiotische Abduktionslogik auch dadurch zu legitimieren, dass sie ihre zugegebenen begrifflichen Ungenauigkeiten durch ihre anthropologische Relevanz und durch ihre pragmatische Fruchtbarkeit kompensieren kann, was gerade bei der Beurteilung der pragmatischen Funktionalität von Gleichnissen und Metaphern sicherlich nicht aus der Luft gegriffen ist.

10.7   Das Epos

Grundsätzlich haben wir zu beachten, dass alle Wahrnehmungs-, Denk- und Sprachmuster, seien sie nun genetisch oder kulturell bedingt, Einfluss darauf nehmen, was wir überhaupt als faktische Wahrnehmungobjekte erfassen können. Deshalb lassen sich dann auch diese Muster als Zauberstäbe werten bzw. semiotisch als Interpretanten für das, was wir als Wahrnehmungsobjekte ansehen können. Ohne solche Objektivierungsmuster mit ihren je spezifischen Analogisierungsimplikationen können wir unsere jeweiligen Wahrnehmungsgegenstände nicht kategorial einordnen.

Dieses Denkmodell bezieht sich natürlich nicht nur auf genetisch verankerte Wahrnehmungsmuster, sondern natürlich auch auf kulturell erzeugte und tradierte wie etwa Mythen, Epen und Romane, die nicht nur einen ganz bestimmten kulturellen Stellenwert und Wirkungszusammenhang besitzen, sondern auch einen anthropologisch bedingten. Dieser ist allerdings nicht so leicht zu konkretisieren, weil dabei auch die jeweiligen medialen Implikationen dieser Muster zu beachten sind. Insbesondere haben wir dabei zu berücksichtigen, ob diese konkreten Sprachmuster akustisch über die Ohren oder visuell über die Augen der

Menschen erfasst werden. Das hat nämlich immer einen ganz erheblichen Einfluss darauf, was durch diese beiden Wahrnehmungsorgane faktisch objektiviert werden kann und was nicht. Beispielsweise spielt es eine beträchtliche Rolle, dass die Inhalte von Epen ursprünglich immer über das Ohr erfasst worden sind, während die Inhalte von Romanen ursprünglich mit Hilfe der Augen rezipiert worden sind. Diese unterschiedlichen Wahrnehmungsformen beinhaltet nämlich, dass dadurch auch die jeweilige Verarbeitung von Teilinformationen auf ganz andere Art strukturiert wird (vgl. Kap. 9.2).

Wenn beispielsweise die Menschen das Textmuster *Epos* ursprünglich akustisch über ihre Ohren rezipiert haben, dann mussten sie alle Teilinformationen immer genauso schnell erfassen und verarbeiten, wie sie von dem jeweiligen Sprecher mitgeteilt wurden. Wenn sie dagegen das Textmuster *Roman* mit Hilfe der Augen erfassten, dann konnten sie alle Teilinformationen zeitgedehnt wahrnehmen und verstehen, was dann natürlich auch die Gelegenheit bot, sie mit Hilfe unterschiedlicher Reflexionsschleifen metareflexiv zu ergänzen und zu deuten. Deshalb hat man dann ja auch zu Recht von oralen und literalen Kulturen gesprochen, in denen sich dann auch ganz unterschiedliche Formen des historischen bzw. des interpretativen Bewusstseins herausgebildet haben, da beispielsweise entweder die Wiederholung des Gleichen im Mittelpunkt des Interesses stand oder der Gedanke des Fortschritts.

Mythen und Epen sind deshalb sicherlich als Textmuster anzusehen, die auf genuine Weise zu oralen Kulturen gehören, selbst wenn sie später verschriftlicht worden sind. In literalen Kulturen werden sie allerdings wegen ihrer offensichtlichen typisierenden Tendenzen meist als sehr altertümliche oder gar exotische Textmuster wahrgenommen. Aber gerade dadurch können sie dann auch wieder einen spezifischen ästhetischen Reiz bekommen, da durch sie auch unser kulturhistorisches Bewusstsein herausgefordert wird. Wie bei allen Fiktionen werden wir nämlich auch durch Epen dazu motiviert, uns auch in ganz andersartige Welten hineinzudenken. Das kann uns dann auf eine kontrastbildende Weise auch dabei helfen, unsere eigene Lebenswelt mit Hilfe von offensichtlichen Differenzen und Analogien genauer zu verstehen. Auf diese Weise kann die Welt der Epen für uns dann auch wieder sehr reizvoll werden, insofern in ihnen Lebensformen dargestellt werden, die zwar historisch vergangen sind, die aber dennoch anthropologisch durchaus relevant sein können, eben weil sie uns ganz andersartig strukturierte Lebensmöglichkeiten veranschaulichen. Deshalb lassen sich dann Epen auch nicht nur als kulturhistorische Texte rezipieren, sondern auch als ganz bestimmte Realisationsweisen von fiktionalen Texten, durch die unser Möglichkeitsdenken angeregt wird.

Gerade weil wir heute den Inhalt von Epen nicht mehr mit Hilfe unserer gewohnten Assimilationsstrategien bewältigen können, sind sie pragmatische und
ästhetische Herausforderungen, die anthropologisch eine bewusstseinserwei-
ternde Funktion entfalten können, insofern sie uns dabei helfen, menschliche
Lebensformen auch als veränderbar anzusehen. Auf jeden Fall kann die Rezeption von Epen die menschlichen Fähigkeiten für geistige Eigenbewegungen fördern, insofern sie uns anregen, die Welt nicht nur monoperspektivisch, sondern
auch polyperspektivisch zu erfassen bzw. in dialogisch oder sogar abduktiv
strukturierte Denkprozesse einzutreten. Dabei kann dann zugleich auch erprobt
werden, welche anthropologischen Resonanzen sich ergeben können, wenn wir
an Epen fruchtbare Erschließungsfragen stellen, die unser assimilierendes und
akkommodierendes Denken anregen.

Diesbezüglich hätte man dann auch folgende Strukturmerkmale von Epen zu
beachten.[470] Epen wurden ursprünglich nämlich nicht in einer alltäglichen pro-
saischen Sprache vorgetragen, sondern in einer rhythmisch gebundenen Sprache. Das hat dann den Vortragenden nicht nur die Memorierbarkeit von Texten
sehr erleichtert, sondern hat auch die ästhetische Besonderheit von Epen akzentuiert. Auf diese Weise konnte nämlich zugleich auch ein ganz bestimmter
sprachlicher Verfremdungseffekt erzielt werden, durch den der jeweilige Text
dann immer eine ganz bestimmte semiotische Besonderheit bekam. Außerdem
ist zu beachten, dass Epen durchstrukturierte hierarchische Gesellschaftsverhält-
nisse voraussetzen, durch welche die Verhaltensweisen der jeweils handelnden
Personen verständlich werden, ohne psychologisch erläutert werden zu müssen.
Das exemplifizieren sowohl die Ilias als auch das Nibelungenlied. Die ursprünglichen Hörer von Epen denken alle recht ähnlich, weshalb sie auch keine Erklärungen zu den jeweils thematisierten Vorgängen bedürfen, wie sie etwa später in
Romanen bzw. in auktorialen Erzählweisen üblich geworden sind.

In Epen spielen in der Regel ganz elementare soziale Korrelationen eine konstitutive Rolle wie etwa Sippenbeziehungen, Gefolgschaftsverhältnisse, Traditi-
onsbindungen, Wertehierarchien und ein gemeinsames Sachwissen. Das hat
dann auch zur Folge, dass Epen maßgeblich dazu beitragen, das gemeinsame
Weltwissen einer Gesellschaft zu objektivieren und zu festigen. Dieses Weltwissen betrifft dann nicht nur das Wissen über soziale Ordnungen, sondern auch das
gemeinsame Wissen über die Natur, die Geschichte, die ethischen Werte, die Religion usw. Das bedeutet außerdem, dass die Rezipienten von Epen in keinen sehr
heterogenen geistigen Welten leben, obwohl sie natürlich in unterschiedliche

---

470 Vgl. W. J. Schröder: Epos (Theorie). In: Reallexikon der deutschen Literaturgeschichte. Bd.
1, 1958², S. 381–388.

soziale und ständische Einzelwelten eingebunden sind, die dann allerdings auch mehr oder weniger auch als vorgegebene Naturwelten verstanden worden sind.

Die in Epen auftretenden Personen treten kaum als individuelle Personen in Erscheinung, sondern eher als Repräsentanten von bestimmten Funktionsrollen und menschlichen Typen, nämlich als Könige, Gefolgsleute, Ratgeber, Seher usw. Die einzelnen Menschen entwickeln sich kaum, sondern bleiben, was sie sind. Das impliziert allerdings auch, dass die Ersten in bestimmten sozialen Hierarchien nicht immer auch die Stärksten und Besten sind und dass Kriege und Konflikte zu Feldern werden, auf denen sich die Seinsweisen von einzelnen Menschen konkret exemplifizieren können. Jeder geht seinen typischen Weg und erträgt dabei sein typisches Schicksal. *„Die heroische Lebensform kennt kein Ausweichen.“* Die Helden des Epos *„erleiden das Leben, sie gehen zugrunde in der Verwirklichung ihrer selbst.“*[471]

Diese Grundstruktur des Epos hat dann zur Folge, dass das, was in Epen als etwas Vergangenes thematisiert wird, welches man kontemplativ zur Kenntnis nehmen kann, letztlich dann doch etwas Allgemeines ist, was auf ikonische Weise zum Ausdruck gebracht wird und in dem man auch immer seine eigenen Lebensbedingungen wiedererkennen kann. Dahinter steht nämlich eine Geschichtsauffassung, nach der der Verlauf von Geschichte keineswegs etwas gänzlich Neues hervorbringt, sondern nur Variationen des Gleichen, in denen sich die Menschen mit ihren je eigenen Erfahrungen und Lebenssituationen durchaus wiederfinden können. Das bekräftigt sich auch oft durch einen formelhaften Sprachgebrauch, der darauf verzichtet, eine Antwort auf ganz spezifische Warum-Fragen zu finden. Die einzelnen Begebenheiten werden in Epen zwar als etwas Vergangenes dargestellt, aber sie sind im Prinzip dann doch analogisierende Darstellungsweisen von etwas immer Wiederkehrendem bzw. von etwas permanent Aktuellem.

Das hatte dann auch zur Folge, dass Epen von ihren ursprünglichen Rezipienten nicht als Objektivierung von ganz anderen Welten wahrgenommen worden sind, sondern vielmehr als eine exemplarische Darstellung ihren eigenen Lebenswelten, in denen jeder seine vorgegebenen Aufgaben zu erfüllen hat. Die Welt der Epen ist deshalb für ihre ursprünglichen Hörer dann auch keine wirklich andere Welt, in die man kompensatorisch eintreten kann, sondern in einem zeichenhaften Sinne immer auch ihre eigene Welt, der man sich gar nicht entziehen kann, sondern vielmehr eine Welt, die man nur besser oder schlechter ausfüllen oder verstehen kann.

---

[471] W. Schröder: a.a.O., S. 384.

So betrachtet sind die Epen für ihre zeitgenössischen Hörer dann im Prinzip immer auch ikonische Spiegelbilder ihrer eigenen Denk- und Lebenswelten, während sie für die heutigen Leser eher Spiegelbilder einer historisch vergangenen Welt sind, der man nur im Denkrahmen eines anthropologische Wahrnehmungsinteresses wieder nahe stehen kann. Demgegenüber machen Romane ihren Lesern heute ganz andere Rezeptionsangebote als die inzwischen verschriftlichen Epen. Bei der Lektüre von Romanen stehen wir heute weniger vor der Aufgabe, uns in ganz andere historische und kulturelle Welten hineinzudenken wie etwa bei der Lektüre von Epen, sondern wohl eher vor der Aufgabe, in rein fiktive Welten einzutreten, durch die unsere eigenen Lebenswelten ergänzt, kontrastiert oder möglicherweise historisch ausgeweitet werden. Bei der Lektüre von Romanen werden wir dagegen heute nämlich eher mit fiktiv entworfenen Spielwelten konfrontiert, die nur mittelbar etwas mit unseren eigenen faktischen Lebenswelten zu tun haben, die diese aber gleichwohl auch ergänzen können.

10.8 Der Roman

Im Laufe der Literaturgeschichte hat der Begriff des Romans einen sehr großen Umfang bzw. viele Erscheinungsvarianten bekommen, so dass er heutzutage als literaturwissenschaftlicher Ordnungsbegriff kaum noch stringent normativ zu definieren ist. Gleichwohl hat aber der Romanbegriff noch eine sinnvolle Funktion, um einen ganz bestimmten Teil literarischer Texte historisch und systematisch von anderen abzugrenzen bzw. um die Sinnbildungsintentionen von Romanen von anderen Textmustern zu unterscheiden. Deshalb ist es dann auch sinnvoll, das Phänomen des Romans nicht nur im Hinblick auf seine Entstehungsgeschichte zu betrachten, sondern auch im Hinblick auf seine Kontraste zu verwandten Textmustern.

Wie schon erwähnt gehören Epen historisch in eine vorbürgerliche aristokratische Gesellschaft mit recht ähnlichen kulturellen Normen und einer mündlich tradierten Literatur in gebundener Sprache. Das verleiht diesem Textmuster dann natürlich auch immer einen sehr hohen Grad an innerer Homogenität und sozialer Akzeptanz. In ihm werden die jeweils handelnden Personen nämlich in einem hohen Grade als typisierte Personen vorgestellt, deren Handlungsweisen den damaligen Rezipienten auch ohne psychologische und persönliche Erläuterungen recht gut verständlich waren. Daher werden die handelnden Personen auch oft mit typisierenden Attributen versehen, weil ihre Handlungsweisen in einem hohen Grade vorhersehbar sind (der listenreiche Odysseus, der grimme Hagen). All das sichert Epen dann natürlich auch einen sehr hohen Grad an unmittelbarer Verständlichkeit.

Je mehr sich nun Kommunikationsgemeinschaften historisch ausdifferenzieren und inhomogen werden und je mehr sich orale Kulturen in literale transformieren, desto mehr verlieren Epen zu Gunsten von Romanen an unmittelbarer kultureller Relevanz. Das literarische Interesse der Menschen in der Epoche des Romans richtet sich nun nämlich zunehmend auf individuelle Lebensgestaltungen und nicht auf die exemplarische Ausprägung von vorgegebenen sozialen Lebensrollen, die eine geringere Variationsbreite haben.

All das hatte dann strukturell zur Folge, dass das Analogiepotential des Epos insbesondere daraus resultierte, dass man in den Handlungen der Menschen vorgegebene Muster wiedererkannte, die in Widerstreit zu den Mustern anderer Lebensrollen geraten konnten. Das bedeutete dann auch, dass sich für die Rezipienten in Epen Lebensformen konkretisierten, die im Rahmen des jeweils vorgegebenen kulturellen Wissens meist unmittelbar verständlich waren. Deshalb konnten dann auch Epen durchaus als Spiegelbilder von menschlichen Lebenswelten in Erscheinung treten, die prinzipiell verständlich waren, da sie ja als Exempel menschlicher Lebensmöglichkeiten in Erscheinung traten, deren spezifische Historizität allerdings kaum zur Debatte stand.

Der Roman ist dagegen nun an ein historisches Bewusstsein gebunden, das weniger durch die Denkfigur von der Wiederholung des Gleichen geprägt wird, sondern eher durch die Denkfigur von der Entstehung von etwas Neuartigem unter jeweils ganz bestimmten Rahmenbedingungen. Das bedeutet dann, dass der Roman kulturgeschichtlich in eine Welt grundlegender Veränderungsmöglichkeiten gehört, in der ein dialektisches Denken attraktiver ist als ein normatives. Es impliziert weiter, dass in der Welt der Romane Prozess- und Funktionsstrukturen wichtiger werden als Substanz- bzw. Seinsstrukturen. Vor diesem kulturhistorischen Hintergrund wird nun auch gut verständlich, warum Hegel den Roman als bürgerliche Epopöe gekennzeichnet hat, die aus dem *„Konflikt zwischen der Poesie des Herzen und der entgegenstehenden Prosa der Verhältnisse"* resultiere bzw. aus einem Zwiespalt der sich dann entweder eher tragisch oder eher komisch löse.[472]

All das bedeutet nun, dass der Roman auf ganz andere Analogiezusammenhänge in den menschlichen Lebenswelten aufmerksam zu machen versucht als das Epos. Während das Epos eine Welt objektiviert, in der die thematisierten Personen bestimmte soziale Rollen auf exemplarische Weise konkretisieren und deshalb dann auch in unmittelbar verständliche Konflikte geraten, objektiviert der Roman eine Welt, in der die handelnden Personen meist erst ihre jeweiligen

---

472 G. W. F. Hegel: Vorlesungen über Ästhetik III. Werke, Bd. 15, S. 393.

sozialen Rollen finden und ausgestalten müssen, was ja der sogenannte Bildungsroman auf ganz klassische Weise veranschaulicht.

Auf diese historisch bedingten kulturgeschichtlichen Implikationen des Romans machen dann auch schon die etymologischen Implikationen des Terminus *Roman* aufmerksam. Diese Bezeichnung lenkt unsere Aufmerksamkeit nämlich auf den Umstand, dass es sich bei diesem Typ von Texten nicht um einen Text in der klassischen lateinischen Literatursprache (lingua latina) handelt, sondern vielmehr um einen Text in einer der Volkssprachen, die sich historisch und regional aus dem Lateinischen entwickelt haben (lingua romana). Das implizierte dann auch, dass in Romanen von einer konkreten Volkssprache mit sehr variablen Sprachformen und Sprachnormen Gebrauch gemacht werden konnte. Auf diese Weise konnten dann auch die schriftlich fixierten Romane zu sehr viel flexibleren Spiegeln für sprachliche und kulturelle Denkweisen werden als die klassischen Epen mit ihren tradierten Sprachverwendungsweisen. Das hatte dann außerdem auch noch die Konsequenz, dass sich die Leser von Romanen in einem sehr viel höheren Maße als die Hörer von Epen auf die Wahrnehmung von ganz anderen Analogiebeziehungen zwischen Textwelten und Lebenswelten einzustellen hatten.

Die historische Ablösung der narrativen Gestaltungsmuster von Epen durch die von Romanen hat den frühen Georg Lukács dann auch dazu veranlasst, die sogenannten Helden von Romanen nicht wie die von Epen als Handelnde in einer vorgegeben Welt mit einem je vorgegebenen Rollenverständnissen wahrzunehmen. Sie treten für ihn vielmehr als „*Suchende*" in Erscheinung, die ihre möglichen Denk- und Handlungsformen erst finden und konkretisieren müssen, weil die alten sozialen Funktionsrollen in den neuen Lebenswelten des Romans zunehmend verblassten und die neuen erst gefunden und ausgestaltet werden mussten.[473] Das bedeutet dann auch, dass in Romanen die Kategorie des *Werdens* eine immer größere Aufmerksamkeit auf sich ziehen konnte als die des *Seins*. Das impliziert für Lukács dann ebenso wie auch für die Romantiker, dass die Kategorie der Ironie zu einem ganz konstitutiven Gestaltungsfaktor von Romanen wird, weil mit der neuzeitlichen Ironie eine ganzheitliche, aber letztlich auch unstillbare Sinnbildungssehnsucht verbunden wurde. „*Die Ironie des Dichters ist die negative Mystik der gottlosen Zeiten: eine ‚docta ignorantia' dem Sinn gegenüber[...].
Deshalb ist die Ironie die Objektivität des Romans.*" [474]

Diese strukturellen Rahmenbedingungen des Romanmusters verhindern, dass Romane als Textmuster faktisch eine Endgültigkeitsfarbe bekommen, weil

---

473 G. Lukács: Theorie des Romans. 1963², S. 58
474 G. Lukács: a.a.O., S. 90.

in ihm sehr unterschiedliche Lebensformen zum Ausdruck kommen können, die inhaltlich nicht mehr wirklich zusammenwachsen, aber sich dennoch wechselseitig erhellen können (Don Quichotte und Sancho Pansa). Unter diesen Rahmenbedingungen kann der Roman dann zu einer literarischen Gestaltungsform werden, in der Gegensätze aufeinandertreffen, die letztlich nicht als Bestandteile einer homogenen Lebenswelt angesehen werden können, die sich aber gleichwohl dennoch wechselseitig bedingen. Unter diesen Rahmenbedingungen wird der Roman zu einer literarischen Gestaltungsform, in der Gegensätze aufeinandertreffen, die nicht wie im Epos Elemente einer geschlossenen Lebenswelt sind, sondern allenfalls Bestandteile von sich ständig transformierenden Welten. Deshalb gehört zum Phänomen des Romans dann auch eine sich ständig verändernde Erscheinungswelt, die dann natürlich auch sehr unterschiedliche Nutzungsweisen des Zauberstabs der Analogie erforderlich macht.

Dementsprechend lässt sich dann auch dem Roman eine lange Entstehungs- und Transformationsgeschichte zuschreiben bzw. eine lange Interpretationsgeschichte. Diese beginnt zwar mit der Abgrenzung vom Epos, aber kann dann doch zur Ausprägungsgeschichte eines ganz neuen variablen Textmusters werden. Das lässt sich durch die folgenden Stichwörter verdeutlichen: *Volksbücher, Schelmenroman, höfischer Roman, utopischer Roman, Abenteurerroman, Bildungsroman, Gesellschaftsroman, experimenteller Roman* usw.

Romane werden als Textmuster auch maßgeblich dadurch geprägt, dass sie im Gegensatz zu Epen schon in ihrer Entstehungszeit schriftlich fixiert worden sind und dementsprechend dann auch authentische sprachliche Erscheinungsgestalten bekommen haben, die dann in den jeweiligen Rezeptionsprozessen auch hermeneutisch zu bewältigen waren, da sie ja nicht problemlos den jeweiligen zeitgenössischen Denk- und Sprachgebrauchsweisen angepasst werden konnten, wie das etwa bei der mündlichen Tradierung von Epostexten möglich war. Das hatte dann zur Folge, dass Romantexte in ihrer realen Rezeptionsgeschichte von Anfang an immer recht interpretationsbedürftig blieben und dass man sich von vornherein damit vertraut zu machen hatte, wie man bei der Lektüre von Romanen vom Zauberstab der Analogie heuristisch sinnvoll Gebrauch machen kann. Dadurch konnten Romantexte dann für die nachfolgenden Generationen immer auch zu interpretationsbedürftigen sprachlichen Stolpersteinen werden.

Aufschlussreich für das Verstehen von Teilinformationen bzw. für sinnvolle Korrelation von Einzelinformationen bei der Lektüre von Romanen ist deshalb auch, dass Thomas Mann 1940 in einem Vortrag über die Kunst des Romans im Hinblick auf Goethes *Wilhelm Meister* postuliert hat, dass dem Roman als Textform ein *„eingeborener Demokratismus"* eigen sei, der den Roman *„form- und*

geistesgeschichtlich von dem Feudalismus des Epos unterscheidet und ihn zur do-
minierenden Kunstform unserer Epoche, zum Gefäß der modernen Seele gemacht
hat."[475]

Mit dieser These nimmt Thomas Mann faktisch einen Gedanken von Friedrich
Schlegel zur so genannten *„progressiven Universalpoesie"* wieder auf, in der alle
„getrennten Gattungen der Poesie" wiedervereinigt werden könnten. Auf diese
Weise könne dann nämlich die Poesie insbesondere mit der *„Philosophie und*
Rhetorik" wieder in eine sehr viel engere Beziehung zueinander gebracht werden.[476] Sowohl für Thomas Mann als auch für Friedrich Schlegel ist deshalb der
Roman dann auch ein Paradebeispiel dafür, dass über variable Interaktionsbeziehungen Denkinhalten faktisch immer ein besonders großer Aspektreichtum
zuwachsen könne.

Diese Wahrnehmung des Textmusters *Roman* als ein Amalgat von sehr elementaren sprachlichen Objektivierungsmustern und Sprechakten (Bericht, Beschreibung, Dialog, Metapher Vergleich, Verbildlichung usw.) führt Schlegel
dann zu der Überzeugung, dass gerade in Romanen alle traditionellen literarischen Gattungsmuster transzendiert würden, da gerade in ihnen die sprachliche
Nachahmung von Gegenstandswelten (Mimesis) und deren interpretative Erörte-
rung (Digesis) aufschlussreich ineinander verwoben werden könnten. Auf diese
Weise könne dann in Romanen sowohl auf den Realitätssinn als auch auf den
Reflexionssinn seiner jeweiligen Leser Bezug genommen werden.

Diese Polyfunktionalität von Romanen impliziert für Schlegel, dass die Inhalte von Romanen einen polyphonen Charakter bekämen, insofern in ihnen
gleichsam alles mit allem in Verbindung gesetzt werden könne. Das bedeutet
dann weiterhin, dass für Schlegel das Textmuster *Roman* faktisch kaum definierbar ist, insofern sich in ihm auf immanente Weise die sprachliche Nachahmung
von Sachverhalten und die sprachliche Interpretation von Erlebnis- und Vorstellungswelten unentwirrbar überlagern bzw. miteinander verwachsen könnten.
Daher könne dieses Textmuster dann sowohl den Realitätssinn als auch den Möglichkeitssinn seiner Leser nachhaltig anregen. Aus dieser Polyfunktionalität von
Romanen ergibt sich für Schlegel deshalb dann auch die Chance, anscheinend
sehr Unterschiedliches dennoch miteinander gestalthaft zu amalgamieren

Diese sehr anspruchsvolle, wenn nicht utopische Hypothese Schlegels über
die Sinnbildungsmöglichkeiten von Romanen hat dann natürlich zur Folge, dass
dieses literarische Muster eigentlich nicht normativ nach dem üblichen Schema

---

475 Th. Mann: Die Kunst des Romans. Vortrag Princeton-Studenten1940. In: H. Steinecke / F.
Wahrenburg (Hrsg.): Romantheorie, 1999, S. 442.
476 F. Schlegel: Kritische Schriften. Athenäums-Fragmente, S. 38.

der Nennung von Oberbegriff (genus proximum) und spezifischer Besonderheit (differentia specifica) definiert werden kann. Das würde nämlich von vornherein eine methodische Vereinfachung heraufbeschwören, die Schlegel ja gerade vermeiden will. Bei Schlegels Verständnis der Romanform spielen nämlich sowohl die menschlichen Einbildungskräfte als auch das menschliche Wunschdenken von vornherein eine sehr dominierende Rolle, insofern gerade über Romane ja vielerlei Korrelationshypothesen in die Welt gesetzt werden können, die wahrheitstheoretisch allerdings kaum verifizierbar oder falsifizierbar sind. Deshalb kann dann natürlich auch danach gefragt werden, wie sinnvoll Schlegels hypothetische Beschreibung der Grundstruktur des Romans überhaupt sein kann. Sie kann zwar sicherlich neue Denkmöglichkeiten eröffnen, aber es bleibt dennoch ziemlich offen, ob dadurch dann auch pragmatisch fruchtbare Denkergebnisse zu erzielen sind.

Gleichwohl ist nun aber sicherlich auch zu beachten, dass im Sinnbildungsrahmen von Romanen sich das Analogiephänomen kaum auf empirisch direkt fassbare Ähnlichkeiten zwischen zwei konkreten Vorstellungsgrößen reduzieren lässt, da ja bei Analogiebildungen faktisch immer auch die menschliche Einbildungskraft bzw. das Wunschdenken eine ganz wichtige Rolle spielt und auch spielen muss. Dieser Gesichtspunkt ist gerade deswegen so wichtig, weil es natürlich auch ganz bestimmte Analogieannahmen geben kann, die sich in Form von Resultanten aus ganz unterschiedlichen Wahrnehmungsinteressen und Wahrnehmungsfaktoren konstituieren können. Die pragmatische Relevanz dieser Analogieannahmen lässt sich nämlich nicht nur nach dem Kriterium ihrer jeweiligen empirischen Evidenz beurteilen, sondern nur nach ihrer faktischen Inspirationskraft für die Stiftung und Wahrnehmung von neuen und überraschenden Korrelations- und Interaktionszusammenhängen.

So betrachtet lassen sich dann auch Romane als sehr komplexe Sprachspiele im Sinne Wittgensteins betrachten, bei denen nicht nur das jeweilige Ergebnis wichtig ist, sondern auch der faktische Vollzug von Analogieannahmen. Auf diese Weise können dann gerade Romane die Flexibilität des menschlichen Wahrnehmens und Denkens inspirieren bzw. den menschliche Möglichkeitssinn stärken. Das ließe sich dann sogar neurologisch als eine Herstellung und Stabilisierung von vorbewussten synaptischen Korrelationsprozessen in den neuronalen Wegenetzen des Gehirns beschreiben, bei denen dann auch Emotionen eine wichtige Rolle spielen. Diese auch emotionalen Interaktionen in den Verstehensprozessen von Romanen beinhalten dann natürlich auch, dass Romane natürlich keine abschließenden Antworten auf ganz konkrete Fragen zu sozialen, psychologischen ethischen und erkenntnistheoretischen Problemzusammenhängen geben können, aber dass Romane wie andere Kunstwerke auch die menschlichen

Sinnbildungsprozesse zu inspirieren und zu kanalisieren vermögen. Es erklärt weiter, warum Romane historisch immer auch in ganz unterschiedlichen Perspektiven wahrgenommen worden sind und dass sich gerade an ihnen auch ganz unterschiedliche objekt- und subjektorientierte Erkenntnisinteressen erproben lassen.

Gerade beim Verständnis von Romanen spielt deshalb dann ja auch das hermeneutische *Wenn-Dann-Prinzip* eine konstitutive Rolle. Aus diesem Grunde lassen sich dann Romane auch als Indikatoren für bestimmte kulturelle Transformationsprozesse betrachten, die sich nicht zuletzt auch in der konkreten Formgeschichte von Romanen widerspiegeln können. Das kann dann beispielsweise nicht nur an den Antworten abgelesen werden, die Romane faktisch oder vermeintlich auf ganz bestimmte Probleme und Korrelationszusammenhänge geben, sondern auch an den Fragen, die faktisch oder vermeintlich hinter den jeweiligen Antworten von Romanen stehen.

Wenn man nun Romane in dieser Perspektive wahrnimmt, dann werden sie zu wichtigen Indikatoren für die historischen Umbrüche im Denken bzw. für sich anbahnende kulturelle Transformationsprozesse. Deshalb hat Rilke, wie schon erwähnt, einen jungen Dichter ja auch dazu aufgefordert, Geduld gegenüber allem Ungelösten zu haben und zu versuchen, die Fragen selbst liebzuhaben (Kap. 9.11), die die Selbstbewegungen des Denkens auslösen können, um auf diese Weise auch Ähnliches im anscheinend Unähnlichen zu entdecken. Das bedeutet, dass fiktionale Texte im Allgemeinen und Romane im Besonderen vielfältige Möglichkeiten eröffnen, immer neue Analogien zwischen den jeweiligen Textwelten und den eigenen Lebens-, Denk und Erinnerungswelten aufzudecken bzw. Ähnlichkeiten im Verschiedenen.

Diese kulturhistorischen Strukturverhältnisse können sich bei Romanen insbesondere auch in den jeweiligen Erzählweisen dokumentieren, die nicht nur kulturhistorisch, sondern natürlich auch heuristisch interessant sind, da sie ja ganz unterschiedliche Auswirkungen auf konkrete Sinnbildungsprozesse haben. So ist es natürlich für Sinnbildungsprozesse nicht unerheblich, ob ein Roman in der Rückschau oder der Mitschau erzählt wird, ob es einen anonymen bzw. neutralen Erzähler gibt oder einen kommentierenden, der als Person deutlich fassbar ist, ob in neutraler Außensicht erzählt wird oder in psychologischer Innensicht, ob es einen externen Er-Erzähler gibt oder einen konkreten Ich-Erzähler, ob tendenziell parataktisch oder hypotaktisch erzählt wird, ob Ereignisse in rein chronologischer Reihenfolge oder mit Hilfe von Rückblicken und Vorausblicken erzählt werden, ob in einer deskriptiven und begrifflichen Weise erzählt wird oder in einer interpretierenden und verbildlichenden usw. All diese unterschiedlichen Erzählweisen bedingen natürlich ganz andere Verstehensweisen des jeweils

Thematisierten, weil sie ja auch andere Realisationsweisen des hermeneutischen Zirkel des Verstehens implizieren.

Ein ganz besonderes Problem bei den Erzählweisen in Romanen spielt seit dem 19. Jh. eine Erzählform, die im Deutschen als *erlebte Rede*, im Französischen als *style indirect libre* und im Englischen als *free indirect speech* oder als *double voice* bezeichnet worden ist, auf deren Komplexität schon näher eingegangen worden ist (Kap. 9.12). Bei dieser polyphonen Erzählweise in Romanen überlagern sich nämlich ganz unterschiedliche Informationsebenen, weil man oft nicht genau weiß, ob bestimmte sprachliche Vorstellungsbildungen auf den jeweiligen Romanerzähler selbst zurückgehen oder auf die Person, die jeweils ganz bestimmte Welterfahrungen gemacht hat. Diese Doppeldeutigkeit sprachlicher Mitteilungen kann dann in Verstehensprozessen natürlich auch ganz erhebliche Missverständnisse auslösen.

Die Struktur und Funktion der sogenannten *erlebten Rede* in Romanen ist durch folgende Merkmale gekennzeichnet. Der jeweilige Erzähler des Romans spricht an bestimmten Höhepunkten seiner Mitteilungen einfach in seinem üblichen erzählenden Präteritum weiter, obwohl er eigentlich nicht mehr als distanzierter neutraler Berichterstatter auftritt, sondern vielmehr als ein direktes Sprachrohr für die faktischen Wahrnehmungen und Gedanken seiner jeweiligen Romanpersonen. In diesem Fall müsste der Romanerzähler entweder in eine wiedergebende indirekte Rede im Konjunktiv übergehen oder die Mitteilungsform einer direkten Personenrede wählen, um eindeutig zu kennzeichnen, wer für den faktischen Inhalt der jeweiligen Mitteilungen die inhaltliche Verantwortung trägt. Diesen Tatbestand hat Stanzel dann in Anlehnung an Spitzer metaphorisch als „*Ansteckung*" der Erzählersprache durch die jeweilige Figurensprache bezeichnet.[477]

Es ist nun ziemlich offensichtlich, dass das erzählerische Mitteilungsverfahren der sogenannten erlebten Rede erheblich Missverständnisse auslösen kann, weil man zuweilen nicht genau weiß, wer für das jeweils Gesagte inhaltlich verantwortlich zu machen ist. Um diese Frage zu klären, muss man dann hermeneutische Metreflexionen bemühen, die folgende Fragen zu beantworten haben: Auf welche Person geht das jeweils verwendete Vokabular allem Anschein zurück? Welche idiomatischen Wendungen sind für den Sprachgebrauch des Erzählers bzw. für die von ihm thematisierte Person typisch? Auf welche Person verweisen die jeweils verwendeten Metaphern, Vergleiche, grammatischen Formen, Zeit- und Raumverweise, Modalwörter, Modalpartikeln usw.? Die Antworten auf all

---

477 F. Stanzel: Theorie des Erzählens. 1979, S. 247. Vgl. auch J. Vogt: Aspekte der erzählenden Prosa. 2014[11], S. 164.

diese Fragen können dann dabei helfen, die Herkunft und den pragmatischen Stellenwert der jeweiligen Mitteilungen hinsichtlich ihrer personalen Herkunft genauer zu qualifizieren.

Wenn man nun allerdings Erzählformen nicht als eine faktische Abbildungen einer vorgegebenen Realität versteht, sondern eher als Manifestationen sprachlicher Spielprozesse, dann bekommt die erlebte Rede bzw. die Amalgamierung von Erzählerrede und Figurenrede natürlich einen ganz anderen pragmatischen Stellenwert, der ästhetisch vielleicht eher goutiert als problematisiert werden sollte, weil dadurch unsere Aufmerksamkeit auch deutlich auf die Gemachtheit von Romaninhalten gelenkt werden kann, was natürlich gerade für fiktive Texte eine besondere Bedeutsamkeit hat. Sachtexte und Fiktionstexte unterscheiden sich diesbezüglich nämlich recht erheblich voneinander.

Wie leicht die Stilform der *erlebten Rede* zu Verstehensproblemen führen kann, hat sich beispielsweise in einem Gerichtsprozess in Frankreich sehr deutlich exemplifiziert. Hier wurde nämlich ein Prozess gegen den Romanautor Gustave Flaubert angestrengt, der als *Immoralitätsprozess* in die Justizgeschichte eingegangen ist und in dem die Stilform der erlebten Rede eine zentrale Rolle gespielt hat, die zu der damaligen Zeit als literarische Erzählform allerdings noch kaum bekannt war. Flaubert wurde vom Staatsanwalt nämlich der Vorwurf gemacht, in seinen Roman *Madame Bovary* eine Passage eingefügt zu haben, die den Tatbestand der Immoralität erfülle, wofür letztlich auch der Autor dieses Romans verantwortlich sei. Dabei ging es um eine Passage des Romans, in der die distanzierte Erzählersprache sprachlich kaum deutlich gekennzeichnet in die Form einer *erlebten Rede* übergeht. In dieser Passage spricht dann nämlich faktisch nicht mehr der faktische Romanerzähler, sondern vielmehr die fiktive Madame Bovary selbst, insofern nun ganz unmittelbar und realistisch die Gedanken sprachlich wiedergegeben werden, die Madame Bovary bei ihrem ersten außerehelichen Liebesabenteuer gehabt hat.

Diese Passage sah der Staatsanwalt dann zwar nicht als eine direkte Aussage des Romanautors Flaubert an, aber er kreidete diesem dann doch an, das er durch diese sprachliche Mitteilungsform den Ehebrauch von Madame Bovary indirekt verherrlicht habe, weil Flaubert seinem Romanerzähler keinen distanzierenden Erzählerkommentar zu diesem Tatbestand habe machen lassen, sondern es vielmehr bei sprachlichen Wiedergabe dieses Tatbestandes durch den Mund von Madame Bovary belassen habe. Flaubert hätte vielmehr seinem Romanerzähler einen wertenden Kommentar zu diesem Tatbestand in den Mund legen müssen. Diesen Verzicht auf einen wertenden Erzählerkommentar legte er Flaubert dann als eine geheime Sympathie des Romanautors mit Emmas Wahrnehmungsweise des Ehebruchs aus. Das neue erzählerische Stilmittel der erlebten Rede war dem

Staatsanwalt offenbar nicht nur gänzlich unvertraut, sondern im vorliegenden Fall auch gänzlich indiskutabel, da er offenbar noch ganz in der Tradition des auktorialen Romanerzählens stand, in der der Erzähler ständig interpretierende Kommentare zu den Handlungsweisen seiner jeweiligen Handlungspersonen abgeben konnte. Das Gericht sprach Flaubert dann gegenüber dem Immoralitätsvorwurf der Staatsanwaltschaft zwar frei, es betonte aber auch, dass Flauberts Erzählweise in seinem Roman zu einem Realismus führe, der als Negation des Schönen und Guten anzusehen sei und zu einer Beeinträchtigung der öffentlichen Moral führe.[478]

Die vielfältigen Gestaltungsformen des Romans mit Einschluss der Stilform der erlebten Rede rechtfertigen dann vielleicht auch die folgende These von Novalis: *„Ein Roman ist ein ‚Leben‘, als Buch.“*[479] Der Inhalt dieser These hat allerdings eine gewisse Ambivalenz. Einerseits wird nämlich durch sie darauf aufmerksam gemacht, dass im Roman durchaus alle sprachlichen Ordnungs- und Gestaltungsformen verwandt werden dürften, um das menschliche Leben analogisch und plastisch in Erscheinung treten lassen zu können. Andererseits wird durch diese These aber möglicherweise auch angedeutet, dass durch diesen Aspektreichtum des Romans dieses Textmuster auch Gefahr laufen könne, an Übersichtlichkeit und innerer Kohärenz zu verlieren, weil Romane eben dadurch auch eine labyrinthische Unübersichtlichkeit bekommen können, insofern man durch ihn in allzu viele Informationsgeflechte hineingezogen werde, welche die semiotische Prägnanz der Romanform natürlich schwächt. Wo alles mit allem verknüpfbar ist, da gibt es keine hilfreichen exemplarischen Vereinfachungen der Struktur des Lebens mehr. Die semiotische Polyphonie des Romans kann auf diese Weise deshalb dann durchaus auch verwirrende Konsequenzen haben, was Musils Roman *Der Mann ohne Eigenschaften* nicht nur im Titel, sondern auch im Inhalt verdeutlicht.

Deshalb ist es auch verständlich, dass Schiller in seinem Aufsatz *Über naive und sentimentalische Dichtung* den Romanschreiber als *„Halbbruder“* des Dichters angesehen hat.[480] Im Gegensatz dazu hat Friedrich Schlegel das Textmuster des Romans auf folgende Weise näher charakterisiert: *„Die Romane sind die sokratischen Dialoge unserer Zeit. In diese liberale Form hat sich die Lebensweisheit*

---

478 G. Flaubert: Oeuvres complètes. Madame Bovary. 1930, S. 566. (Im Anhang die Prozessakten)
479 Novalis: Teplitzer Fragmente. Werke, Bd. 2, S. 388.
480 Vgl. K. Friedemann: Die Rolle des Erzählers in der Epik. In: V. Klotz (Hrsg.): Zur Poetik des Romans, 1965, S. 183.

vor der Schulweisheit geflüchtet." [481] Dieses Verständnis von Romanen beinhaltet dann zugleich auch, dass der Roman diejenige Dichtungsform ist, in der sich das Phänomen der Ironie am besten entfalten könne. Deshalb merkt der begeisterte Romanschreiber Jean Paul hinsichtlich der Struktur von Romanen dann auch humorvoll Folgendes an: *„Der Roman verliert an reiner Bildung unendlich durch die Weite seiner Form, in welcher fast alle Formen liegen und klappern können.*" [482]

Wenn man in dieser Weise den Roman als eine ausgesprochen explorative dichterische Gestaltungsform betrachtet, die nicht nur dem Nachahmungsprinzip (Mimesis), sondern auch dem Gestaltungs- und Reflexionsprinzip (Diegesis) verpflichtet ist, dann wird auch gut verständlich, warum der Roman für die Gesellschaftstheoretiker und Soziologen so interessant geworden ist. Sie können die jeweiligen Romanformen nämlich einerseits als Indizien für historische und gesellschaftliche Umbrüche verstehen, aber andererseits auch als Auslöser solcher Transformationsprozesse, da Romane für sie ja auch als Manifestationsformen von gesellschaftlichen Denk- und Habitusformen anzusehen sind. [483] In Romanen wird nämlich immer wieder Altes und Neues bzw. Eigenes und Fremdes kontrastiv und ergänzend miteinander verknüpft. Dabei kann es dann sowohl zu kontinuierlichen positiven Entwicklungsprozessen kommen als auch zu negativen Prozessen des Scheiterns, was Goethes Roman *Wilhelm Meister* und Kellers Roman *Der grüne Heinrich* exemplarisch verdeutlichen. Während Goethe einen ziemlich kontinuierlichen Bildungsgang bei Wilhelm Meister mit konkreten Neuorientierungen darstellt, werden bei Keller auch Prozesse des Scheiterns veranschaulicht. Beispielsweise will *Der Grüne Heinrich* Künstler und Maler werden, aber er findet sich dann schließlich auch als ein Anstreicher von Fahnenstangen wieder.

Die Spannungen zwischen Hoffnungen und Realitäten in Romanen werden auch sehr deutlich in Johann Gottfrieds Schnabels Roman *Die Insel Felsenburg* aus dem Jahre 1732 dargestellt. [484] Hier versuchen Auswanderer, die alle unter den verkrusteten Strukturen des vorrevolutionären Europas gelitten haben, auf einer Südseeinsel ein neues Sozialleben abseits der morbiden europäischen Welt zu entwickeln, im dem Natur und Kultur in ein harmonisches Gleichgewicht gebracht werden soll. Das geht sogar so weit, dass problemlos sogar Affen zum Holzhacken animiert werden können. Die Lebensverhältnisse auf der Insel Felsenburg werden dabei immer wieder mit den Verhältnissen in Europa kontrastiert, da die einzelnen Bewohner nach und nach ihre Lebensgeschichten aus der

---

481 F. Schlegel: Fragmente. In: Kritische Schriften, S. 7. Hrsg. von Wolfdietrich Rasch: 1964².
482 Jean Paul: Vorschule der Ästhetik, § 69. Werke. Bd. 9, S. 248.
483 Vgl. M. Bauer: Romantheorie und Erzählforschung. 2005².
484 J. G. Schnabel: Die Insel Felsenburg 1732 / 1959.

alten Welt erzählen sowie auch dadurch, dass manche Inselbewohner in die alte Welt zurückreisen, um den Mangel an Frauen auf der Insel auszugleichen, wobei sie immer noch ähnliche destruktive und problematische Erfahrungen wie die ursprünglichen Auswanderer machen. Auf diese Weise wird dann immer wieder veranschaulicht, dass die durchaus recht hierarchisch geordnete Welt auf der Insel Felsenburg letztlich doch eine Insel der Glückseligen ist, die von einem sogenannten *Altvater* zusammengehalten wird.

Wenn man nun das Textmuster des Romans mit anderen literarischen Textmustern vergleicht, dann sind auch die Überlegungen des russischen Literaturwissenschaftlers Bachtin zum Roman interessant. Er begreift nämlich dieses Textmuster *„als das einzige im Werden begriffene und noch nicht fertige Genre",* das sich noch nicht wie alle anderen Textmuster verfestigt habe.[485] Das würde dann auch implizieren, dass wir den Roman nicht als einen fertigen, sondern eher als einen entwicklungsfähigen Zauberstab zu verstehen haben, dessen Analogisierungspotential nicht abschließend beschrieben werden kann, weil dieses Textmuster sich faktisch ständig verändern könne. Mit dem Textmuster des Romans könne letztlich keine dauerhafte epische Distanz aufgebaut werden, da es selbst noch in einem ständigen Wandel begriffen ist. Für Bachtin formiert sich im Roman nämlich geradezu der Prozess der Zerstörung der gewohnten epischen Distanz, da in ihm eine unfertige Wirklichkeit aufgebaut werde, die auf ständige Transformation ausgerichtet ist. Wenn der Roman einmal da ist, dann würden dadurch auch alle anderen literarischen Genres einen ganz anderen Klang erhalten.

Für Bachtin ist der Roman *„von Anfang an aus einem ganz anderen Teig gemacht als alle übrigen, fertigen Genres [...]."* Er sei *„das ewig suchende, immer wieder sich selbst erforschende und alle seine konsolidierten Formen revidierende Genre."* [486] Diese Entwicklung beginne schon in der Antike und führe in der Renaissance dann dazu, dass man sich im Grunde der Zukunft näher und verwandter fühle als der eigenen Vergangenheit.

10.9 Die Novelle

Bachtins These, dass der Roman ein unabgeschlossenes, noch im Werden begriffenes Genre sei, das sich ständig selbst revidiere und erneuere, ist insofern strukturell interessant, als damit auch die Implikation verbunden ist, dass der Roman

---

485 M. M. Bachtin: Formen der Zeit im Roman. 1989, S. 210.
486 M. M. Bachtin: a. a. O., S. 250.

als Textmuster eigentlich begrifflich kaum befriedigend fixierbar ist und insofern dann auch als literarisches Textmuster auch nicht abschließend definierbar. Durch diese These werden wir nämlich mit dem Problem konfrontiert, welcher erkenntnistheoretischer Wert Begriffen und insbesondere kulturellen Begriffen überhaupt zugeordnet werden kann bzw. ob mit ihnen bestimmte literarische Erfahrungsphänomene überhaupt befriedigend definiert werden können. Das betrifft dann natürlich auch das Problem, ob wir mit Hilfe des Begriffs *Novelle* eine literarische Form überhaupt befriedigend begrifflich fixieren können. Dieses Problem hat, wie schon erwähnt, Nietzsche ja in aufschlussreicher Weise folgendermaßen zum Thema gemacht. *„Jeder Begriff entsteht durch Gleichsetzen des Nichtgleichen."*[487] Zu dieser These kommt er insbesondere deswegen, weil für ihn Begriffe bzw. alle menschlichen Erkenntnisformen letztlich nicht auf allgemeingültige Erkenntnisse ausgerichtet seien, sondern vielmehr auf die *„Bemächtigung"* von konkreten Erfahrungsphänomenen.[488]

Wenn man nun die Denkpositionen von Bachtin und Nietzsche auf literarische Gattungsbegriffe wie etwa *Roman* und *Novelle* ausdehnt, so wird man sicherlich sehr vorsichtig sein müssen, diese Begriffe als zeitlose Wesensbegriffe zu verstehen. Man wird sie allenfalls als methodische Ordnungsbegriffe ansehen können, die ganz bestimmten literaturwissenschaftlichen und kulturhistorischen Erkenntnisinteressen dienlich sind, um historisch entwickelte literarische Texttypen sinnvoll voneinander zu unterscheiden, die bestimmte spezifische Differenzen und Analogien zueinander aufweisen.[489] Aus alldem ergibt sich dann, dass wir gerade literaturwissenschaftliche Gattungsbegriffe nicht als statische bzw. ahistorische Seinsbegriffe zu verstehen haben, sondern als veränderliche Typisierungsbegriffe, die eher eine methodische Lenkungsfunktion für die Präzisierung unserer Wahrnehmungsanstrengungen besitzen als eine Abbildungsfunktion für vorgegebene Seinsphänomene.

So gesehen haben literaturwissenschaftliche Begriffsbildungen dann auch funktionale Ähnlichkeiten mit kulturellen Institutionen, die sich im Prinzip ständig ändern müssen, um ihre pragmatischen Funktionen unter anderen Rahmenbedingungen erfüllen zu können. Das hat beispielsweise der Historiker Droysen dann auch für die Gestalt und Funktion von Kulturmuster aller Art postuliert: *„Sie verwandeln sich in dem Maße, als sie Geschichte haben, und sie haben Geschichte*

---

487 F. Nietzsche: Über Wahrheit und Lüge im außermoralischen Sinne. Werke Bd. 3, S. 313.
488 F. Nietzsche: Aus dem Nachlaß der achtziger Jahre. Werke Bd. 3, S. 442.
489 Vgl. dazu auch J. Kunz (Hrsg.): Novelle. 1968. K. K. Pohlheim (Hrsg.): Theorie und Kritik der deutschen Novelle von Wieland bis Musil. 1970.

in dem Maße, als sie sich wandeln."[490] Textmuster wie Romane oder Novellen lassen sich sicherlich auch als kulturelle Kulturmuster begreifen, die eine *„innere Form"* im Sinne von Humboldt haben, da sie ja unsere Wahrnehmungsperspektiven für die Inhalte der jeweiligen Texte immer schon auf bestimmte Weise vordeterminieren. Deshalb hat Novalis die ästhetische Funktionalität von literarischen Sprach- und Textmustern dann auch folgendermaßen beschrieben: *„Die Kunst, auf eine ‚angenehme' Art zu ‚befremden', einen Gegenstand fremd zu machen und doch bekannt und anziehend, das ist die romantische Poëtik."*[491]

Gerade das Novellenmuster ist sicherlich wegen seiner guten Übersichtlichkeit als ein literarisches Sprachspiel anzusehen, aus dem ein Leser immer anders herauskommt, als er hineingegangen ist. Ebenso wie ein Spieler ein anspruchsvolles Spiel nie völlig in der Hand hat, so hat auch ein Leser den Sinngehalt einer Novelle nie völlig im Griff, weil er in Novellen mit Handlungen konfrontiert wird, die ihn zwingen können, seine traditionell gefestigten Wahrnehmungsmöglichkeiten für ganz bestimmte Tatbestände umzuorientieren. Darauf macht ja auch schon die Bezeichnung *Novelle* aufmerksam, die ja nicht nur postuliert, dass ganz spezifische Neuigkeiten mitgeteilt werden sollen, sondern auch, dass diese unsere Wahrnehmungsmöglichkeiten für ganz bestimmte Tatbestände verändern können und sogar sollen. Das kann dann auch beinhalten, dass sich der Rezipient von Novellen selbst ändern muss, um ganz bestimmte Aspekte von Tatbeständen auf neue Weise wahrnehmen zu können. Damit entspricht die Wahrnehmung des Inhaltes einer Novelle letztlich auch der Wahrnehmung von fruchtbaren Begriffen im Sinne von Nietzsche: *„Alle Begriffe, in denen sich ein ganzer Prozeß semiotisch zusammenfaßt, entziehn sich der Definition; definierbar ist nur das, was keine Geschichte hat."*[492] Das impliziert dann letztlich auch, dass meist eher konkrete Geschichten als konkrete Begriffe faktische Zauberstabsfunktionen ausüben können.

Für das Verständnis gerade von literarischen Texten brauchen wir nicht nur eine Typologie nach äußeren Textmerkmalen, sondern auch eine Typologie von Sinnbildungsfunktionen. Dafür kann dann auch Wittgensteins Konzept der *„Familienähnlichkeit"* fruchtbar gemacht werden.[493] Er macht diesbezüglich nämlich geltend, dass es bei den Mitgliedern einer Familie sowohl Unterschiede als auch Ähnlichkeiten hervortreten können (Wuchs, Gesichtszüge, Verhaltensweisen, Denknormen, Sachwissen, Erfahrungen usw.). Das stellt allerdings für ihn den

---

490 J. G. Droysen: Historik. 1937, S. 198.
491 Novalis: Fragmente und Studien III. Werke. Bd. 2, S. 839.
492 F. Nietzsche: Zur Genealogie der Moral § 13. Werke. Bd. 2, S. 820.
493 L. Wittgenstein: Philosophische Untersuchungen. 1967. § 66 und 67, S. 48–49.

faktischen Familienzusammenhang keineswegs gänzlich in Frage. Offenbar gewinnt unsere Vorstellung von einer Familie ihre Stabilität gerade dadurch, dass sie Differenzen bis zu einem gewissen Grade nicht nur zulässt, sondern geradezu erforderlich macht, um die Familie als einen eigenen Kosmos und Ordnungszusammenhang zu konstituieren und zu festigen.

Die innere Vielfalt der faktischen Füllung von konkreten Ordnungsmustern haben sogar die Logiker indirekt akzeptiert, als sie die praktische Notwendigkeit der Existenz von Idealbegriffen anerkannt haben, um unseren Begriffen nicht nur eine schematisierende, sondern auch eine interpretierende Ordnungsfunktion zubilligen zu können. Letztlich mussten nämlich auch die Logiker einräumen, dass es neben den deduktiven und induktiven Schlüssen auch hypothetische bzw. abduktive Schlüsse geben müsse, um die Dynamik und Komplexität des menschlichen Denkens entfalten zu können. Das verdeutlicht sich dann auch in den metaphorischen Denkprozessen sehr klar, die ja durchaus auch als ganz spezifische Denk- bzw. Sinnbildungsformen anzusehen sind. Das würde dann natürlich auch implizieren, den Begriff der Novelle als typisierenden Perspektivierungsbegriff heuristisch zu nutzen, obwohl er nicht stringent begrifflich definiert werden kann. Auf jeden Fall ergibt sich unter diesen Umständen dann auch, den Begriff der Novelle nicht nur objektorientiert, sondern auch subjektorientiert zu verstehen.

Weiterhin liegt es dann nahe, die Novelle nicht nur als ein rein literarisches Textmuster zu verstehen, sondern immer auch als ein anthropologisches und kulturhistorisches, das im deutschsprachigen Kulturbereich insbesondere im 19. Jahrhundert seine Blütezeit gefunden hat. Nach Gottfried Keller repräsentiert sich in der Novelle sogar so etwas wie eine *„Reichsunmittelbarkeit der Poesie"*, wie er es in einem Brief an Paul Heyse vom 27. 7. 1871 formuliert hat.[494] Wenn man nun den Begriff der Novelle eher als einen typisierenden als einen kategorisierenden Begriff versteht, dann liegt es natürlich auch nahe, nicht vornehmlich nach einer kategorisierenden Definition für sie zu suchen, sondern eher nach Merkmalen, die man phänomenologisch nutzen kann, um Novellen sinnvoll von anderen literarischen Textmustern deskriptiv und pragmatisch abzugrenzen. Diese Merkmale müssen dann nicht in jedem Fall zwingend in Novellen vorliegen, aber sie dürfen diesem Textmuster faktisch auch nicht zuwiderlaufen.

Im Laufe solcher phänomenologischen Typisierungsanstrengungen sind dementsprechend für Novellen folgende Strukturmerkmale ins Spiel gebracht worden, die hier kurz thematisiert werden sollen: *Rahmung, unerhörte Begeben-*

---

[494] Zitiert nach K. K. Pohlheim (Hrsg.): Theorie und Kritik der deutschen Novelle von Wieland bis Musil. 1970. S. 158.

heit, Wendepunkt, Dingsymbol, Konflikte zwischen Objektwelten und Subjektwelten. Diese Leitbegriffe bzw. Wahrnehmungsperspektiven für das Verständnis von Novellen sollen hier kurz erläutert und in ihren Wirkungszusammenhängen beschrieben werden, um die konkreten literarischen Habitusformen bei der Gestaltung von Novellen in den Blick zu bekommen.

Das Merkmal der Rahmung von Novellen spielt schon in der Entstehungsgeschichte dieses Texttyps in der Renaissance bei Boccaccio in seiner bekannten Novellensammlung *Das Dekameron* eine konstitutive Rolle. Sieben junge Frauen und drei junge Männer sind vor der Pest aus Florenz in ein abgelegenes Landhaus vor der Stadt geflüchtet und erzählen sich dort in 10 Tagen jeweils 10 Geschichten, um sich auf unterhaltsame Weise von den Schrecken der realen Welt abzulenken. Diese Struktur hat dann auch als Vorbild für spätere Novellensammlungen gedient. Durch die Rahmung von Einzelnovellen kann nämlich eindrücklich verdeutlicht werden, dass Novellen immer auch eine spezifische anthropologische Intention zukommt. In ihnen werden nämlich nicht nur ganz bestimmte individuelle menschliche Schicksale thematisiert, sondern auch ganz spezifische Handlungsformen in außergewöhnlichen Lebenssituationen, aus denen dann auch wieder ganz spezifische Schicksale resultieren. Die Rahmung von Novellen bzw. ihre Einbettung in konkrete soziale Erzählsituationen ist zwar im 19. Jahrhundert nicht mehr normativ geblieben, sie hat aber dennoch indirekt nachgewirkt, insofern die Novellen auch als exemplarische Antworten auf ganz bestimmte soziale Zustände und Lebenssituationen angesehen werden können. Deshalb kann ihnen dann auch immer ein gewisser experimenteller Charakter zugeschrieben werden. Das zeigt sich beispielsweise sehr deutlich in Gottfried Kellers Novellenzyklus *Das Sinngedicht*, in dem das spannungsvolle Verhältnis zwischen Scham bzw. Erröten und Lebenslust bzw. Lachen in unterschiedlichen Einzelnovellen exemplifiziert wird.

Die experimentellen Implikationen von Novellen bedingen dann zugleich auch, dass in Novellen ganz bestimmte Neuigkeiten im Zentrum des Interesses stehen, auf welche die einzelnen Menschen dann unter ganz bestimmten Rahmenbedingungen zu reagieren haben. Dadurch können sie sich dann als individuelle Personen gleichsam selbst darstellen. Auf diese Weise bekommen Novellen dann zugleich auch ganz konkrete soziale, historische und anthropologische Implikationen. Das faktische Handeln von individuellen Personen wird auf diese Weise nämlich zu einem Symptom für deren jeweilige innere Verfasstheit bzw. für die Wahrnehmung der möglichen Strukturen ihrer konkreten Handlungsmöglichkeiten.

Obwohl die explizite Rahmung von Novellen im 19. Jh. sich immer mehr verflüchtigt hat, so hat sich dennoch ein ganz bestimmtes Strukturierungsmuster von Novellen erhalten, welches sich vielleicht durch den Begriff der *Reliefbildung* ganz gut veranschaulichen lässt. Durch diesen Begriff lässt sich nämlich darauf aufmerksam machen, dass Novellen immer einen ganz besonderen Wert auf die Korrelation und Interaktion von spezifischen Vordergrunds- und Hintergrundsinformationen legen, was ja immer auch ein ganz grundlegendes Postulat für spannende und sinnträchtige Erzählungen ist.

Neben dem formalen Merkmal der Rahmung ist für das Textmuster der Novelle auch immer wieder das inhaltliche Merkmal der *unerhörten Begebenheit* in Anspruch genommen worden, das Goethe in seinen Gesprächen mit Eckermann geltend gemacht hat: *„Denn was ist eine Novelle anders als eine sich ereignete unerhörte Begebenheit. Dies ist der eigentliche Begriff, und so vieles, was in Deutschland unter dem Titel Novelle geht, ist keine Novelle, sondern bloß Erzählung oder was Sie sonst wollen."* [495] Mit diesem Strukturmerkmal von Novellen will Goethe auf zweierlei aufmerksam machen. Einerseits hat dieses Merkmal nämlich die gestalterische Funktion, uns auf die konkrete innere Verfasstheit der Menschen aufmerksam zu machen, die in die jeweilige unerhörte Begebenheit verwickelt sind und faktisch darauf reagieren müssen. Andererseits hat es aber auch die Funktion, die Novellenleser indirekt mit der Frage zu konfrontieren, wie sie selbst auf diese unerhörte Begebenheit reagieren würden bzw. auf welche Normen und Denktraditionen sie diesbezüglich zurückgreifen können.

Durch die jeweilige unerhörte Begebenheit, die durch einen Zufall oder durch das Ergebnis menschlichen Handelns konkret in Erscheinung tritt, kann nämlich offenbar werden, was jemand ist und zu welchen Handlungen jemand fähig ist. Das hat Robert Musil auf den entscheidenden Punkt gebracht:

> Ein Erlebnis kann einen Menschen zum Mord treiben, ein anderes zu einem Leben fünf Jahre in der Einsamkeit; welches ist stärker? So, ungefähr, unterscheiden sich Novelle und Roman. Eine plötzliche und umgrenzt bleibende geistige Erregung ergibt die Novelle; eine lang hin alles an sich saugende den Roman.[496]

Eine unerhörte Begebenheit tritt insbesondere dann am klarsten in Erscheinung, wenn sie vom Novellenerzähler als bloßes Faktum ohne jegliche interpretierenden Zusatzinformationen thematisiert wird. Nur dann treffen nämlich Objektsphäre und Subjektsphäre der Welt unvermittelt aufeinander und zwingen den Novellenrezipienten, eigene Sehepunkte und Interpretationsperspektiven für den jeweiligen Fall zu entwickeln, um die Aspekte und Konsequenzen der jeweiligen unerwarteten Begebenheit abschätzen zu können.

---

495 Gespräch mit Eckermann vom 25. 1. 1827. Zitiert nach J. Kunz (Hrsg.): Novelle. 1968, S. 34.
496 R. Musil: Literarische Chronik [August 1914]. Gesammelte Werke, 1978. Bd. 9, S. 1465.

In der Sicht der jeweils betroffenen Personen wird die jeweilige unerhörte Begebenheit meist als Zufall bzw. als eine subjektunabhängige Realität wahrgenommen, auf die man allerdings direkt reagieren muss. Aus der Sicht des Novellenlesers wird sie dagegen eher als ein stilisiertes Ereignis wahrgenommen, das ganz bestimmte Sinnbildungsfunktionen hat und deshalb dann auch nicht nur als ein Zufallsereignis wahrgenommen werden kann, weil es uns entweder auf ganz bestimmte Kausalrelationen oder auf ganz bestimmte Intentionsrelationen aufmerksam macht.

Erst wenn die unerhörte Begebenheit nicht nur als eine bloße Tatsache wahrgenommen wird, sondern auch als Baustein einer Geschichte, dann kann sich ihr ganzes Sinnbildungspotential vollständig entfalten. Erst dadurch wird nämlich deutlich, in welchen Interaktionszusammenhängen das jeweilige unerhörte Ereignis potentiell stehen kann, insofern nun die vielfältigen Einzelfaktoren in einen ganz konkreten Wirkungszusammenhang gebracht werden können. Dadurch wird dann auch offensichtlich, dass Novellen in stilisierter bzw. in dramatisierter Form auf das Widerspiel von menschlichen Handlungsintentionen und menschlichen Handlungsergebnissen aufmerksam machen können. Auf diese Weise verlieren dann die unerhörten Begebenheiten für die jeweiligen Leser von Novellen im Gegensatz zu den jeweils handelnden Personen in Novellen auch etwas von ihrem Zufalls- und Provokationscharakter, eben weil letztere diese Ereignisse natürlich nicht auf rein kontemplative Weise wahrnehmen können, da sie ja direkt in sie verwickelt sind.

Die ausgesprochen fokussierende Gestaltungweise von Novellen hat deshalb dann auch den Theoretiker der Ästhetik Friedrich Theodor Vischer im 19. Jh. dazu veranlasst, die Novelle mit Hilfe der folgenden metaphorischen Analogie näher zu bestimmen: *„Die Novelle verhält sich zum Romane wie ein Strahl zu einer Lichtmasse. Sie gibt nicht das umfassende Bild der Weltzustände, aber einen Ausschnitt daraus, der mit intensiver, momentaner Stärke auf das größere Ganze als Perspective hinausweist [...].*[497]

Die konfliktträchtige Zuspitzung von gegenläufigen Faktoren und Handlungen in Novellen und den daraus resultierenden unerhörten Begebenheiten hat dann dazu geführt, Novellen auch eine dramatische Grundstruktur zuzuschreiben. So hat beispielsweise Ludwig Tieck postuliert, dass Novellen eine innere Verwandtschaft mit der dramatischen Dichtung hätten, insofern sie eine immanente Tendenz aufwiesen, inhaltlich *„in das Drama"* überzugehen, insofern beide Typen von Texten auf Polarisierungen angelegt seien und von Wende-

---

[497] F. Th. Vischer: Aesthetik oder Wissenschaft des Schönen. 1857. Zitiert nach J. Kunz (Hrsg.): Novelle. 1968, S. 63.

punkten lebten.[498] Auch Theodor Storm hat die innere Verwandtschaft von Novellen und Dramen postuliert:

> Die heutige Novelle ist eine Schwester des Dramas und die strengste Form der Prosadichtung. Gleich dem Drama behandelt sie die tiefsten Probleme des Menschenlebens; gleich diesem verlangt sie zu ihrer Vollendung einen im Mittelpunkt stehenden Konflikt, von welchem aus das Ganze sich organisiert, und demzufolge die geschlossenste Form und die Ausscheidung alles Unwesentlichen; sie duldet nicht nur, sie stellt auch die höchsten Forderungen der Kunst.[499]

Die inhaltliche Nähe bzw. die Analogie der Novelle zum Drama hat dann auch dazu geführt, dass insbesondere von August Wilhelm Schlegel und Ludwig Tieck die Existenz eines Wendepunktes zu einem konstitutiven Strukturmerkmal von Novellen angesehen worden ist. Auf solche Wendepunkte werden die Leser von Novellen oft schon durch indirekte Vorausdeutungen des Novellenerzählers vorbereitet, was den dramatischen Spannungsbogen von Novellen natürlich durchaus erhöhen kann, weil die Leser von Novellen dadurch immer schon etwas mehr als die handelnden Personen der jeweiligen Novelle wissen, aber eben nicht etwas wirklich Genaues. Die Wendepunkte von Novellen können sowohl aus ganz bestimmten menschlichen Handlungen resultieren als auch aus Zufällen und Naturkatastrophen als auch daraus, dass ganz bestimmten Sachverhalten oder Dingen plötzlich eine unerwartete Zeichenfunktion zuwächst. Diesbezüglich ist dann auch oft auf den *Falken* verwiesen worden, der in einer Boccaccio-Novelle nicht nur zu einem Angel-, sondern auch zu einem Wendepunkt eines ganz besonderen Geschehens geworden ist.

In Boccaccios Falkennovelle wird nämlich eine Geschichte erzählt, die ein sehr hohes Analogiepotenzial für die Objektivierung menschlicher Lebensumstände besitzt. Ein junger Edelmann hat sein ganzes Vermögen verloren, um eine junge Dame zu beeindrucken, die ihn allerdings auch als Witwe nicht erhört. Ihm selbst ist schließlich nur ein wertvoller Jagdfalke geblieben, an dem auch der kleine Sohn der verehrten Dame ein sehr großes Gefallen gefunden hat. Dieser Sohn wird nun allerdings sterbenskrank und glaubt, nur gesunden zu können, wenn er in den Besitz dieses ganz besonderen Falken käme. Deshalb besucht die junge Witwe den verarmten Edelmann, um ihm die Bitte ihres Sohnes vorzutragen. Dieser ist natürlich über den Besuch der Dame hocherfreut, aber er hat keine Möglichkeiten mehr, die verehrte Besucherin standesgemäß zu bewirten.

---

498 L. Tieck: Phantasus. Zitiert nach J. Kunz (Hrsg.): Novelle. 1968, S. 51.
499 Th. Storm: Eine zurückgezogene Vorrede aus dem Jahre 1881. Zitiert nach J. Kunz (Hrsg.): Novelle. 1968, S. 72.

Deshalb entschließt er sich schweren Herzens, seinen wertvollen Jagdfalken zu töten, um ihr ein angemessenes Gastmahl vorsetzen zu können. Als dann die Besucherin nach dem Festessen nun die Bitte ihres Sohnes um den Falken vorträgt, muss ihr der verarmte Verehrer dann allerdings mitteilen, dass sie diesen Falken gerade verspeist habe. Völlig enttäuscht verlässt die Edeldame dann ihren Verehrer wieder. Ihr erkrankter Sohn stirbt kurz darauf. Letztlich ist die Edeldame von der Opferbereitschaft ihres Verehrers dann aber doch so gerührt, dass sie ihren verarmten Verehrer trotz des Widerstandes ihrer eigenen Verwandtschaft heiratet und ihn in einem doppelten Sinne dadurch dann auch wieder reich macht.

Auf das sogenannte Falkenkriterium als ein konstitutives Kriterium für die inhaltliche Struktur von Novellen hat Paul Heyse eher beiläufig als argumentativ aufmerksam gemacht. Für ihn wird dieses Merkmal nämlich bei der Gestaltung von Novellen vor allem im Sinne der Malerei als eine *„starke Silhouette"* wirksam.[500] Gegen dieses Novellenkriterium ist dann allerdings immer wieder polemisiert worden. So hat beispielsweise Manfred Schunicht vorgeschlagen, dass die Novellentheorie den sogenannten *„Falken"* besser erneut schlachten solle, da weder das Falkenkriterium noch der sogenannte Wendepunkt eine wirkliche Erkenntnisfunktion für die Strukturbeschreibung von Novellen habe.[501]

Gleichwohl wird man aber sicherlich daran festhalten können, dass die Existenz von Wendepunkten, von ikonisch wirksamen Dingvorstellungen und von unerhörten Begebenheiten zumindest in phänomenologischer Sicht eine wichtige Sinnbildungsfunktion für das Textbildungsmuster *Novelle* hat. Diese Faktoren können nämlich durchaus dabei helfen, diesem Textmuster eine *starke Silhouette* bzw. einen hohen Wiedererkennungswert zu geben, der sicherlich etwas mit dem Analogieprinzip zu tun hat, das ja keine Identitäten postulieren möchte, sondern allenfalls bestimmte Ähnlichkeiten zwischen kategorial durchaus unterscheidbaren Phänomenen.

Auf den ersten Blick erscheint es so, als ob Novellen als berichtende Texte eine sehr genuine Relation zur Objektsphäre der Welt haben, weil in der Regel ja kein allwissender auktorialer Erzähler in Erscheinung tritt, sondern lediglich ein Berichterstatter, der eine Geschichte deskriptiv ohne erklärende Kommentare erzählt. Dabei ist dann allerdings zugleich zu beachten, dass in Novellen sicherlich auch immer von einer verbildlichenden bzw. ikonischen Sprache Gebrauch

---

500 Vgl. P. Heyse: Einleitung zu „Deutscher Novellenschatz" 1871. In: J. Kunz (Hrsg.): Novelle. 1968, S. 68.
501 Vgl. M. Schunicht: Der „Falke" am „Wendepunkt". Zu den Novellentheorien Tiecks und Heyses. In: J. Kunz (Hrsg.): Novelle. 1968, S. 433–462, hier S. 453.

gemacht wird, die natürlich genuine analogisierende Sinnbildungsfunktionen besitzt, durch die bestimmte Tatbestände nicht nur synthetisiert, sondern letztlich auch analysiert werden. Das bedeutet, dass das novellistische Erzählen uns auch auf hermeneutische Weise mit Sinnzusammenhängen vertraut zu machen versucht, die sich rein begrifflich kaum vermitteln lassen.

Das hat dann für das Verständnis von Novellen zur Folge, dass die jeweiligen Objektwelten nicht nur deskriptiv dargestellt werden, sondern zugleich auch in umfassendere Zusammenhänge eingeordnet werden, weil Gestaltungsformen verwendet werden, durch die sowohl konkrete Vorstellungsphänomene thematisiert werden als auch ganz bestimmte semiotische Verständnisformen für diese. Deshalb hat dann auch Friedrich Schlegel ausdrücklich hervorgehoben, dass die Novelle *„ein analytischer Roman ohne Psychologie"* sei und dass Novellen deshalb auch eine immanente *„Affinität"* zu Dramen hätten und Romanzen eine solche zur Lyrik.[502]

Wenn man nun aber die vermeintlich große Nähe der Novelle zur Objektwelt nicht aus der thematisierten Objektwelt selbst herleitet, sondern vielmehr aus der jeweiligen Gestaltungsintention des Novellenautors selbst, dann bekommen Novellen immer auch eine faktische Relation zur Subjektwelt. Daher rechtfertigt es sich dann bei Novellen auch, von einer spezifischen *„Objektivierung des Subjektiven"* zu sprechen. Diese semiotische Formel für künstlerische Gestaltungsprozesse hat der Kunsthistoriker Erwin Panofsky in Anlehnung an die Theorie der *symbolischen Formen* seines Zeitgenossen Ernst Cassirer geprägt, um insbesondere auf die erkenntnistheoretischen Implikationen der Ausbildung der Zentralperspektive in der Renaissance aufmerksam zu machen, die ja vordergründig als ein ganz objektorientierter Realismus in Erscheinung tritt, die aber hintergründig durchaus auch als eine subjektbedingte Wahrnehmung bzw. Interpretation der gegebenen Welt durch ein konkretes Subjekt qualifiziert werden kann (vgl. Kap. 6. 1.). So gesehen ist es dann auch kein Zufall, dass die zentralperspektivische Gestaltung von Welt in der Malerei und die literarische Gestaltung von Novellen in der Literatur faktisch in derselben Kulturepoche erprobt worden sind.

Das Besondere der zentralperspektivischen Objektivierung von Weltausschnitten in der Kunst liegt nämlich sowohl für Cassirer als auch für Panofsky darin, dass die jeweils objektivierten Phänomene nicht im Sinne der Repräsentation ihres vermeintlichen substanziellen bzw. ideellen Wesens an sich objektiviert werden sollen, sondern nach Maßgabe der Geflechte, die sich aus der faktischen Wahrnehmungsperspektive der jeweiligen Subjekte ergeben. Das bedeutet

502 F. Schlegel: Fragmente zur Psychologie und Literatur II. In: J. Kunz (Hrsg.): Novelle. 1968, S. 35 und 36.

dann erkenntnistheoretisch, dass in der künstlerischen Gestaltung von Welten bzw. von Weltausschnitten faktisch nur diejenigen Aspekte von Phänomenen in Erscheinung treten, die sich durch den jeweiligen Sehepunkt bzw. durch den jeweiligen Interessenhorizont des aktuell betroffenen Individuums ergeben. Dabei können dann natürlich perspektivisch immer sowohl analysierende als auch synthetisierende Zielsetzungen wirksam werden. Der vermeintliche künstlerische Realismus von zentralperspektivisch gestalteten Bildern bzw. von sprachlichen Texten ist so gesehen dann auch nicht nur objektbedingt, sondern immer auch subjektbedingt, da ja nicht nur abstrakte wesensorientierte Wahrnehmungsinteressen verfolgt werden, sondern immer auch relations- und funktionsorientierte Erkenntnisinteressen der gestalterisch oder wahrnehmend tätigen Personen.

Vor dem Hintergrund dieser Überlegungen wird nun auch besser verständlich, warum sowohl zentralperspektivisch gestaltete Bilder als auch novellistisch gestaltete Erzählungen übersichtliche Systemräume von korrelierten Einzelphänomenen repräsentieren möchten, in denen Einzelelemente nicht bloß additiv wie in einem Aggregatraum mit einander verbunden sind, sondern vielmehr konstruktiv wie in einem Systemraum. Dieses Vorhaben ist natürlich bei statischen Bildern bzw. bei sprachlichen Beschreibung von statischen Zusammenhängen noch relativ überzeugend zu verwirklichen. Es wird aber bei der Erzählung von dynamischen Ereignissen und insbesondere bei der Gestaltung von Novellen kaum noch möglich, weil hier ja alle Systemräume durch unerhörte Ereignisse in Frage gestellt werden und weil hier sowohl die jeweils thematisierten Verhaltensformen als auch die jeweils verwendeten Sprachformen nicht nur objektorientierte, sondern auch immer subjektorientierte Dimensionen haben. Das beinhaltet dann, dass gerade in Novellen der sogenannte Zauberstab der Analogie immer auch mehrdimensionale Funktionsdimensionen in konkreten sprachlichen Sinnbildungsprozessen bekommen kann.

Diesbezüglich hat Hermann H. Wetzel die interessante These vertreten, dass die Ausbildung der Novellenstruktur, der malerischen Zentralperspektive und des Kaufmannswesen in der Renaissance eine gemeinsame kulturgeschichtliche Wurzel gehabt hätten.[503] Alle drei Phänomene seien nämlich unterschiedliche Ausdrucksformen eines gemeinsamen Grundhabitus, dessen sozialgeschichtliche Wurzeln im Kaufmannswesen lägen. Die Kaufleute der Renaissance hätten sich nämlich mehr und mehr vor das Problem gestellt gesehen, weitläufige inter-

---

[503] H. H. Wetzel: Novelle und Zentralperspektive. Der Habitus als Grundlage von strukturellen Veränderungen in verschiedenen Symbolsystemen. Romanistische Zeitschrift für Literaturgeschichte 9. 1985. S. 12–30.

nationale Handelsbeziehungen auf sinnvolle Weise strukturell miteinander zu verknüpfen und ihre Tätigkeiten in der Warenproduktion, im Handel und in ihren Denkweisen miteinander zu koordinieren bzw. ihre jeweiligen Preise dann auf der Basis ganz unterschiedlicher Faktoren zu kalkulieren. All das habe dann dazu geführt, insbesondere das relationale Denken umfassend zu schulen. Dieser kaufmännische Habitus bei der Korrelation von Einzelfaktoren habe dann auf die Malerei und die Literatur übergegriffen und hier zu ganz neuartigen Gestaltungsformen geführt.

So gesehen ist es deshalb dann auch nach Wetzel kein Wunder, dass beispielsweise die Einbettung von Einzelnovellen in eine Rahmenerzählung, die spezifischen Reaktionen von Personen auf überraschende Ereignisse, die Akzentuierung von spezifischen Wendepunkten in Geschehensabläufen, die Konzentration der Aufmerksamkeit auf ganz bestimmte Entscheidungen sowie deren jeweilige Konsequenzen zu den konstitutiven Grundmerkmalen von Novellen geworden sind. Über das Habituskonzept, das seit dem Mittelalter eine lange Tradition hat, lässt sich deshalb dann auch die Genese des Erzählmusters von Novellen historisch motivieren und erklären. Wie kaum eine andere Erzählform kann nämlich diese Erzählform unsere konkreten Sinnbildungsprozesse auf ganz bestimmte Fluchtpunkte der Aufmerksamkeit ausrichten und Systemräume erzeugen (Rahmenerzählung, historische Situation, unerhörte Begebenheit, Wendepunkte, Entscheidungssituationen, sinnträchtige ikonische Dingzeichen usw.).

Plausibel ist dann auch, dass die Novelle ihren Status als eine natürliche Standardform der Literatur verliert, wenn der Denkhabitus an Bedeutsamkeit verliert, aus dem diese Erzählform hervorgegangen ist. Das illustriert sich dann auch dadurch, dass die Erzählform der Kurzgeschichte die der Novelle abgelöst hat, weil ganz neue Formen der sprachlichen Welterfassung als sinnvoller empfunden worden sind. Ebenso wie in der Malerei die Zentralperspektive die faktische Malerei nur in einer gut abgrenzbaren Kulturepoche geprägt hat, so hat auch die Erzählweise der Novelle die Literaturgeschichte auch nur in einer ganz bestimmten historischen Epoche geprägt. Das schließt dann allerdings nicht aus, dass die Erzählweise der Novelle auch Nachwirkungen gehabt hat, gerade weil sich die Erzählform der Kurzgeschichte auch als eine bewusste Negation der Erzählform der Novelle verstehen lässt. Eben dadurch hat die Novelle dann auch die Chance bekommen, als Kontrastmuster zu anderen Erzählmustern im kulturellen Gedächtnis präsent zu bleiben.

Um diese Sichtweise nicht nur kulturhistorisch, sondern auch kultursystematisch zu rechtfertigen, sind vielleicht auch die Überlegungen Friedrich Schlegels interessant, der ja nachdrücklich auf das Ironiepotential von Novellen aufmerksam gemacht hat. Für ihn sind nämlich Novellen insbesondere deshalb so faszinierend, weil es in ihnen eine *„indirekte Darstellung des Subjektiven"* gebe, obwohl sie vordergründig *„sehr zum Objektiven"* neige. Das sieht Schlegel insbesondere dadurch bedingt und ermöglicht, dass die Novelle *„die Anlage zur Ironie schon in der Geburtsstunde mit auf die Welt bringt."* [504]

Diese Aussage überrascht nur auf den ersten Blick. Sie wird aber durchaus nachvollziehbar, wenn man Schlegels Verständnis der Ironie als eine sprachliche Manifestation *„der Unmöglichkeit und Notwendigkeit einer vollständigen Mitteilung"* versteht und damit zugleich dann auch als eine spezifische Konsequenz, mit seinen faktischen Erfahrungen von Welt sprachlich auf konstruktive Weise umzugehen. [505] In der Ironie manifestiert sich für Schlegel nämlich einerseits das Streben nach einer realistischen Welterfassung und andererseits auch das Metawissen, dass dieses Ziel faktisch nicht direkt erreichbar ist, sondern allenfalls indirekt. Gerade weil sich die Novelle in ihrer äußeren Form auf die Objektsphäre der Welt zu konzentrieren scheint, provoziert sie natürlich indirekt auch die Frage, ob ein solches Vorhaben überhaupt als ein realistisches Vorhaben anzusehen ist.

Aus alldem lässt sich nun ableiten, dass die Novelle als Texttyp hinsichtlich ihrer sinnbildenden bzw. ihrer analogisierenden Zauberstabfunktionen doppelbödig ist. Einerseits scheint sie durch ihre objektbezogene Darstellungsweise einen recht realistischen Grundcharakter zu haben, weil sie ja auf faktisch gut nachvollziehbare Geschehnisse aufmerksam macht. Andererseits macht sie aber auch auf dialektische Weise auf den Umstand aufmerksam, dass es in ihr nicht nur um die Wahrnehmung denkbarer faktischer Phänomene selbst geht, sondern auch um die Wahrnehmungs- und Umgangsformen der Menschen mit diesen Phänomenen. Das bedeutet dann, dass Novellen sich nicht nur mit faktisch denkbaren Sachverhalten selbst beschäftigen, sondern auch mit den konkreten Reaktionen von Menschen auf diese. Das heißt dann, dass es in Novellen nicht nur um die konkreten Sachverhalte selbst geht, sondern auch um die Metareflexionen darüber, wie man auf Inhalte von Novellen faktisch reagieren kann oder könnte.

Das bedeutet dann faktisch, dass die objektorientierten und die subjektorientierten Wahrnehmungen von Welt sich wechselseitig bedingen und beim Verständnis von Novellen dann auch in ein ganz bestimmtes bestimmtes Fließgleichgewicht miteinander gebracht werden müssen. Auf diese Konstellation zielen dann ja auch Schlegels Überlegungen zu einer Universalpoesie ab. Ob so etwas dann faktisch gelingt, ist dann allerdings noch eine ganz andere Frage.

---

504 F. Schlegel: Nachrichten von den poetischen Werken des Johannes Boccaccio, 1801. In: J. Kunz (Hrsg.): Novelle. 1968, S. 41.
505 F. Schlegel: Kritische Schriften. 1964. Fragmente, S. 20 f.

Aber selbst wenn das nicht gelingt, so kann das dann durchaus zu einem regulativen Postulat für die Gestaltung und das Verständnis von Novellen werden. Verständlich wird in diesem Zusammenhang dann auch, dass Schlegel in dem Textmuster des Romans eine noch umfassendere Gestaltungsmöglichkeit für sein Konzept der Universalpoesie gesehen hat. Die Frage ist allerdings, ob das literarische Gestaltungsziel einer Universalpoesie nicht doch eine Überforderung für die Entwicklung konkreter literarischer Textmuster ist.

10.10 Der Aphorismus

Üblicherweise ist es nicht allzu schwer, Aphorismen spontan zu verstehen, da sie ja eine übersichtliche textuelle Struktur haben und oft elementare Alltagserfahrungen mitteilen, die keine großen Verstehensprobleme zu beinhalten scheinen. Das mögen zwei Aphorismen exemplifizieren, die im Internet kursieren und Albert Einstein zugeschrieben werden: *„Um ein tadelloses Mitglied einer Schafherde zu sein, muss man vor allem ein Schaf sein."* *„Wenn die Menschen nur über das sprächen, was sie begreifen, dann würde es sehr still auf der Welt sein."*

Diese Beurteilung von Aphorismen wird allerdings etwas anders, wenn man das Funktionspotential von Aphorismen genauer betrachtet und auch nach ihren jeweiligen Denkprämissen und kommunikativen Zielsetzungen fragt. Dann können ihre banalen Feststellungen nämlich durchaus zu interpretationsbedürftigen Orakeln werden bzw. zu provokativen Stolpersteinen, die uns sehr viel mehr ins Bewusstsein rufen können, als sie rein wörtlich besagen. Deshalb ist es dann auch gerechtfertigt, Aphorismen als semiotische Zauberstäbe ins Auge zu fassen, über die wir unsere elementaren Welt- und Spracherfahrungen beträchtlich ausweiten können.

Obwohl wir Aphorismen auf einer ganz elementaren Mitteilungsebene meist problemlos rezipieren und akzeptieren können, so sind sie aber dennoch keine direkt verwertbaren Argumentationsmittel, sondern vielmehr ikonische Zeichen, die uns bildlich etwas sichtbar machen wollen, was durchaus eine beträchtliche pragmatische und anthropologische Relevanz für uns haben kann, obwohl wir ihren konkreten Sinn inhaltlich kaum befriedigend begrifflich objektivieren können. Alle begrifflich formulierten Einsprüche oder argumentativen Rechtfertigungen von Aphorismen perlen nämlich an diesen wie Wassertropfen auf Lotosblättern ab, insofern sie Sinnbildungsprozesse eher eröffnen als abschließen möchten. Sprechaktmäßig gesehen sind Aphorismen deshalb auch nicht als verifizierbare oder falsifizierbare Sachbehauptungen zu verstehen, sondern vielmehr als sprachliche Zeichenbildungen, die uns kraft Analogie neuartige Wahrnehmungsperspektiven eröffnen wollen. Ebenso wie man Pferden Scheuklappen anlegt, um ihre Aufmerksamkeit auf einen ganz bestimmten Weg zu konzentrieren, so sind auch Aphorismen sprachliche Mittel, um unsere Aufmerksamkeit darauf zu lenken, dass konkrete Sachverhalte eine bestimmte ikonische Zeichenträgerfunktion haben können, um uns gerade über die Brücke von Analogien ganz bestimmte Sachverhalte ins Bewusstsein zu rufen, die wir uns auf andere Weise gar nicht oder zumindest nicht so klar akzentuiert vergegenwärtigen können.

So gesehen sind deshalb Aphorismen dann auch als Erscheinungsformen dialektischer Sprachspiele anzusehen, die sich nicht direkt mit der Wahrheitsfrage in einem konkreten korrespondenztheoretischen Sinne konfrontieren lassen, sondern allenfalls mit der Wahrheitsfrage in einem heuristischen Sinne, weil bei ihnen nicht der Abbildungsgedanke im Zentrum der Aufmerksamkeit steht, sondern der Fruchtbarkeits- und Anregungsgedanke. So gesehen lassen sich deshalb Aphorismen dann auch als Perspektivierungsspiele betrachten, deren Ergebnisse weniger als wahr oder falsch, sondern eher als anregend oder banal beurteilt werden sollten. Diesen Tatbestand hat Karl Kraus dann folgendermaßen aphoristisch thematisiert: *„Der Aphorismus deckt sich nicht mit der Wahrheit; er ist entweder eine halbe Wahrheit oder anderthalb."* [506]

Auf der Basis dieser Überlegungen wird dann auch verständlich, warum Aphorismen eine ganz elementare erkenntnis- und sprachtheoretische Relevanz haben, die nicht nur in unserer Alltagskommunikation eine wichtige Rolle spielt, sondern auch in unserem wissenschaftlichen, philosophischen und poetischen Sprachgebrauch. Aphorismen können nämlich auch dazu dienlich sein, in allen sprachlich manifestierten Sinnbildungsprozessen die dialektische Korrelation von Figur und Grund ständig neu auszubalancieren. Ohne solche Verfahren wäre es nämlich auch ziemlich unmöglich, in der sprachlichen Kommunikation von endlichen sprachlichen Mitteln einen unendlichen Gebrauch im Sinne von Humboldt zu machen. Aphorismen erzeugen nämlich ebenso wie Metaphern im Rahmen eines rein begrifflichen Sprachverständnisses zunächst gewisse kommunikative Turbulenzen, die sich allerdings intuitiv oder metareflexiv bis zu einem gewissen Grade heuristisch wieder auflösen bzw. abmildern lassen. Auf Aphorismen muss man nicht unbedingt alternativ zustimmend oder ablehnend reagieren, aber man kann auf ihre jeweiligen Verfremdungsprozesse durchaus mit einer Umstrukturierung des eigenen Denkens antworten. Sie setzen nämlich auf die menschlichen Fähigkeiten zu konkreten heuristischen Eigenbewegungen, um eben dadurch dann einen ganz spezifischen perspektivischen Zugang zu möglichen Denk- und Erfahrungsphänomenen zu bekommen bzw. zu deren semiotischen Implikationen.

---

506 K. Kraus: Sprüche und Widersprüche. 1984, S. 172.

Anders ausgedrückt: Aphorismen lassen sich als Mittel verstehen, die wie Metaphern ganz bestimmte Verstehensprozesse in Gang zu setzen wissen, über die dann auch neue Sinnzusammenhänge erfahrbar gemacht werden können. Das bedeutet weiter, dass Aphorismen auch eine gewisse Verwandtschaft mit Kippfiguren besitzen, weil etwas schon längst Bekanntes in ganz neuartiger Sicht in Erscheinung treten kann. Dadurch kann dann das Entweder-oder-Denken als ein pragmatisch durchaus sinnvolles Denkverfahren zwar nicht aus der Welt geschafft werden, aber doch auf ein sinnvolles Maß eingeschränkt werden.

Die innere Verwandtschaft zwischen Aphorismen und Metaphern zeigt sich auch darin, dass Aphorismen historisch betrachtet anfangs sowohl als Bezeichnungen für kategorisierende Formmuster verstanden worden sind (Lehrsatz, Sentenz, Maxime, Sinnspruch), aber auch als metaphorische Bezeichnungen für ganz bestimmte Sinnbildungsverfahren (Samenkorn, Blütenstaub, Gedankenfunke, Gedankenspiel, Fingerzeig, Zeigelicht, Lebensferment, Keimzelle usw.). Besonders aufschlussreich ist in diesem Zusammenhang dann auch, dass Aphorismen auch mit Bezeichnungen thematisiert worden sind, die erotische oder sogar sexuelle Implikationen besitzen. So hat Arthur-Hermann Fink beispielsweise 1934 die folgende Charakterisierung für einen Aphorismus in die Welt gesetzt: *„Der Aphorismus ist feinste, vergeistigte Erotik. Der Trieb zum Aphorismus ist der Geschlechtstrieb des Geistes."*[507]

Diese These von Fink macht dann auch verständlich, warum der Aphorismus als Textmuster immer wieder mit *Eros*, dem griechischen Gott der begehrlichen Liebe zwischen eigenständigen Lebewesen oder gar Denkinhalten in Verbindung gebracht worden ist. Das lässt sich ontologisch auch so interpretieren, dass Aphorismen nicht nur als spezifische Textmuster verstanden werden müssen, sondern möglicherweise auch als Manifestationen einer ganz bestimmen ontischen Verwandtschaft oder Ähnlichkeit zwischen unterschiedlichen, aber doch aufeinander bezogenen Sachverhalten und Eigenwelten. Daraus ließe sich dann vielleicht sogar ableiten, dass Aphorismen trotz ihrer analytischen Unterscheidung von Teilwelten immer auch auf faktische Entsprechungen, Analogien, Resonanzen oder Synthesemöglichkeiten zwischen Unterscheidbarem aufmerksam zu machen versuchen und dass durch sie Unterschiedliches doch irgendwie zusammengeführt werden kann, wenn es dafür auf beiden Seiten Interaktionspotentiale gibt.

Diese etwas spekulativen Hinweise auf die möglichen psychologischen und semiotischen Antriebskräfte für die Bildung von Aphorismen legen sicherlich

---

[507] Arthur Herrmann Fink: Maxime und Fragment. Grenzmöglichkeiten einer Kunstform. Zur Morphologie des Aphorismus, München 1934. Zitiert nach H. Fricke: Aphorismus. 1984, S. 2.

nahe, sich etwas näher mit der Genese dieses Textmuster zu beschäftigen. Das kann dann auch die Chance eröffnen, über die Entstehungs- und Entwicklungsgeschichte von Aphorismen auch etwas über das pragmatische Funktionsprofil dieses Textmusters zu erfahren. Ein solches Vorhaben kann dann nicht nur einem rein historischen Erkenntnisinteresse dienen, sondern auch einem systematischen, da sich dabei zugleich auch verdeutlichen lässt, welche Rolle das sogenannte *genetische Prinzip* in der Wissensbildung spielt, insofern die Entstehungsgeschichte eines Phänomens natürlich immer auch Aufschlüsse über das potentielle Funktionsspektrum dieses Phänomens geben kann. Dabei wäre dann nicht nur nach den etymologischen Hintergründen des Terminus *Aphorismus* zu fragen, sondern auch nach den möglichen Intentionen, die mit diesem Kulturmuster historisch verbindbar sind.

Der Terminus *Aphorismus* leitet sich bezeichnenderweise nämlich von dem griechischen Verb *aphorizein* ab, das so viel wie *abgrenzen, unterscheiden* und *bestimmen* bedeutet hat. Das macht dann auch verständlich, warum Aphorismen ursprünglich als Lehrsätze verstanden worden sind, in denen ein ganz bestimmtes relevantes Sachwissen systematisch zusammengefasst und von einem diffusen Alltagswissen bzw. von einer bloßen Meinung abgegrenzt werden sollte. Dementsprechend wurden dann auch im griechischen Kulturkreis die medizinischen Lehrsätze von Hippokrates als *Aphorismen* bezeichnet, mit deren Hilfe ein begründbares medizinisches Fachwissen von einem bloßen Quacksalberwissen unterschieden werden konnte, um das ärztlichen Handelns sinnvoll zu steuern. Das bedeutet, dass Aphorismen ursprünglich weniger die allgemeine menschliche Einbildungskraft inspirieren sollten, sondern eher dazu dienten, brauchbares Sachwissen von bloßen Meinungen und Spekulationen zu unterscheiden.

Dieses ursprüngliche pragmatische Relevanzprofil von Aphorismen macht dann auch verständlich, warum Aphorismen zunächst als Wissensspeicher für verlässliches Sachwissen bzw. für erprobte Lebensweisheiten verstanden worden sind ganz ähnlich wie Sprichwörter. Es bedeutet weiter, dass Aphorismen ursprünglich auch schon eine synthetisierende pragmatische Funktion hatten, die allerdings auf analysierende Denkoperationen aufzubauen hatte. Im Lauf der Zeit sind dann Aphorismen mehr und mehr zu antidogmatischen Sinnbildungsformen geworden, über die alle rein traditionellen Denkinhalte und Denkformen auf den Prüfstand gestellt werden konnten. Dadurch bekamen Aphorismen dann auch oft eher eine provokative und negierende pragmatische Grundfunktion als eine affirmierende, da sie ja durchaus als antidogmatische Denkformen angesehen werden konnten, die auch ästhetische und erkenntnistheoretische Sinnbildungsfunktionen ausüben konnten und sollten. Deshalb wurden Aphorismen im

Laufe der Kulturentwicklung dann auch immer deutlicher als ganz spezifische philosophische Denk- und Vermittlungsformen verstanden.

Für die Entfaltung dieses Verständnisses von Aphorismen als einer ganz spezifischen Vermittlungsform für das wissenschaftliche Denken in der Tradition von Hippokrates spielt dann in der Renaissance Francis Bacon und in der Aufklärung Georg Christoph Lichtenberg eine ganz zentrale Rolle. Im Zeitalter der Romantik wurden Aphorismen dann wegen ihres provokativen und antidogmatischen Charakters dann sogar als genuine Manifestationsformen des kreativen und ästhetischen Denkens angesehen, die man zugleich auch als eine Lebensform verstehen sollte, insofern man über Aphorismen Denkinhalte miteinander in Beziehung setzen konnte, die üblicherweise nicht als zusammengehörig verstanden wurden. Das hatte dann auch zur Folge, dass man Aphorismen mehr und mehr von deduktiven und induktiven Denkformen abzugrenzen versuchte, um sie eben dadurch dann auch als eine eigenständige Sinnbildungsform ins Auge fassen zu können bzw. als Manifestationsform von kreativen Einfällen.

Für diesen kulturhistorischen Wandel im Verständnis von Aphorismen hat Francis Bacon eine ganz wichtige Rolle gespielt, weil er in seiner Wissenschaftslehre (Novum organon scientarium, 1620) seine dezidierten philosophisch-wissenschaftlichen Thesen und Lehrsätze ausdrücklich als Aphorismen bezeichnet hat.[508] Dabei knüpft Bacon einerseits an das Aphorismusverständnis von Hippokrates an, da er ausdrücklich fordert, dass alle wissenschaftlichen Lehrsätze und Aussagen der Erfahrungskontrolle standzuhalten hätten. Andererseits will Bacon sich aber natürlich auch vom deduktiven Rationalismus der mittelalterlichen Scholastik absetzen, insofern er ausdrücklich betont, dass sich ein vertrauenswürdiges Wissen nicht nur über logische Schlussfolgerungs- und Systembildungsprozesse konkretisieren dürfe. Bacon betrachtet sich selbst nämlich weder als einen reinen Empiristen, der wie Ameisen Wissensinhalte nur additiv anhäufe, noch als Rationalisten, der wie Spinnen Wissensnetze aus der eigenen Substanz erzeuge. Sein Vorbild sind eher die Bienen, die Materialien sammelten, um diese dann so zu transformieren und miteinander in Verbindung zu bringen, dass sie für die Erzeugung von etwas ganz Neuem zu nutzen seien.[509]

Für Bacon als einen der Begründer des englischen Empirismus im 17. Jh. sollen Aphorismen nämlich einerseits erfahrungsgesättigte Lehrsätze sein, aber andererseits auch konstruktive Synthesen aus einem empirischen Teilwissen. Sie können dementsprechend dann auch zu Kristallisationskernen für die Aus-

---

508 F. Bacon: Neues Organon der Wissenschaften. Leipzig 1830. Nachdruck 1981.
509 Vgl. W. Krohn: Francis Bacon. In: O. Höffe (Hrsg.): Klassiker der Philosophie. Bd. 1. 1985², S. 271 f.

bildung eines verlässlichen Gesamtwissens werden, das sich in konkreten Handlungsprozessen bewähren kann und muss. Deshalb sind für Bacon die Aphorismen auch nicht nur Text- oder Stilformen, sondern zugleich auch Denkformen zum Aufbau eines komplexen Gesamtwissens, das immer auch die Prämissen und die Konsequenzen der jeweiligen Wissensinhalten mit zu bedenken hat.

Da für Bacon Aphorismen immer mit einer spezifischen Denkdynamik verbunden sind, lassen sich für ihn Aphorismen dann auch nicht nur als Antworten verstehen, sondern sogar auch als Fragen. Dadurch können sie dann sowohl in Affirmations- als auch in Negationsprozesse eine Rolle spielen, die den Prozess der Wissensbildung in Fluss halten. Das bedeutet dann, dass Individuen durch Aphorismen sowohl dazu animiert werden, neue Wissensinhalte in schon vorhandene einzufügen (Assimilationsprozesse), als auch dazu, sich selbst auch auf ganz neue Wissensinhalte einzustellen (Akkommodation) bzw. in kreative Synthese- und Amalgamierungsprozesse einzutreten.

Insofern für Bacon das menschliche Denken und Handeln letztlich immer zusammengehören, ist für ihn das aphoristische Denken und Sprechen ganz besonders wichtig, um unberechtigte Vorurteile bzw. Trugbilder (Idole) zu identifizieren und aus der Welt zu schaffen, damit diese nicht zu Formen der Gefangenschaft werden. Bei den Trugbildern unterscheidet Bacon dann zwischen recht unterschiedlichen konkreten Erscheinungsformen. Die *Idole der Gattung* resultieren für ihn aus der spezifischen Natur der Menschen, durch die den Menschen ganz bestimmte Wahrnehmungsformen aufgezwungen oder zumindest nahegelegt werden. Die *Idole der Höhle* bzw. des Standpunktes leiten sich für Bacon aus den jeweiligen individuellen Wahrnehmungsperspektiven der Menschen ab. Die *Idole der Gesellschaft* entstehen für ihn aus den sozial verfestigten Denkmustern, wie sie sich insbesondere in den sprachlichen Objektivierungsmustern niedergeschlagen haben. Die *Idole der Bühne* speisen sich für ihn aus den etablierten Denktraditionen und Denksystemen, denen sehr gerne eine zeitlose Gültigkeit zugeschrieben werde.

Die Grundüberzeugung, dass Aphorismen einerseits als Zauberstäbe in Erscheinung treten können, mit denen sich ganz spezifische Vorstellungen bilden können, aber andererseits auch als Zauberstäbe, um verfestigte Vorstellungen wieder aufzulösen, hat auch das Denken von Lichtenberg im Zeitalter der Aufklärung geprägt. Er hat allerdings seine aphoristischen Äußerungen nicht als Aphorismen bezeichnet, sondern selbstironisch und bescheiden als vorläufige Denkeinfälle, die für ihn ihren genuinen Versammlungsplatz in vorläufigen Sammlungen bzw. in *Sudelbüchern* hätten. [510] Lichtenbergs Aphorismen haben dann

---

510 G. F. Lichtenberg: Sudelbücher I und II. 2005.

allerdings zumindest in Deutschland durch die Stilnormen der Kürze, der Pointierung und der Bildlichkeit eine vorbildliche Ausprägung bekommen. Diese Form von Aphorismen hat Jean Paul dann sehr prägnant auf aphoristische Weise so gekennzeichnet: „*Sprachkürze gibt Denkweite.*" [511]

Wie lassen sich nun Aphorismen zeichentheoretisch, erkenntnistheoretisch, kulturhistorisch und phänomenologisch etwas näher als kreative Zauberstäbe kennzeichnen? Diese Frage ist sicherlich kaum umfassend normativ zu beantworten, eben weil Aphorismen offenbar nicht nur den Status eines konkreten Textmusters haben, sondern zugleich auch den Status einer kulturellen Universalie, die in allen Kulturen genutzt wird, um eindrücklich darauf aufmerksam zu machen, wie sprachliche Objektivierungs- und Sinnbildungsprozesse funktionieren, in denen etwas sprachlich nicht direkt begrifflich Objektivierbares über die Brücke von Analogieannahmen sprachlich dennoch annäherungsweise objektiviert oder zumindest thematisiert werden kann.

Rein begriffslogisch gesehen sind metaphorische und aphoristische Sprachverwendungsweisen natürlich problematisch, wenn nicht sogar degoutant, weil man das Neuartige sprachlich nicht an sich und für sich objektiviert, sondern hilfsweise und spekulativ mit Hilfe von Analogieannahmen, die oft eher subjekt- als objektbedingt sind, ganz zu schweigen davon, dass sie auch spielerischen Motiven entspringen können oder aus einer konkreten faktischen Sprachnot. Das mag ein Beispiel verdeutlichen, das ich mit meiner neunjährigen Tochter hatte. Als ich bei einer Autofahrt mit ihr vor einer roten Ampel stand, fragte ich sie, was für ein Auto rechts neben uns stehe. Da sie sich gerade für Pferde und Pferderassen interessierte, aber überhaupt nicht für Autotypen, löste sie ihr Wissensdefizit spontan durch folgende einleuchtende Antwort: „*Es ist von unserer Rasse.*"

Aphorismen sind wie Metaphern und Sprichwörter Universalien des Sprachgebrauchs, zu denen immer dann gegriffen werden kann, wenn subjektiv unbekannte oder objektiv unübersichtliche Denkinhalte in einem ersten heuristischen Schritt sprachlich objektiviert werden müssen, um sachlich irgendwie eingeordnet und intersubjektiv verstanden zu werden. Ohne dieses heuristische Verfahren kämen wir faktisch gar nicht aus, wenn wir sprachlich mit anderen kommunizieren und von unserem jeweiligen gemeinsamen Vorwissen Gebrauch machen müssen. Anthropologisch gesehen sind nämlich konkrete sprachliche Sinngestalten immer Resultanten aus objektbedingten und subjektbedingten sprachlichen Sinnbildungsstrategien.

Gerade Aphorismen sind deshalb dann auch gute Beispiele dafür, die Grundintentionen der Semiotik von Peirce zu exemplifizieren, in der die Gedan-

---

511 Zitiert nach G. Fieguth (Hrsg.): Deutsche Aphorismen. 1978, S. 300.

ken der *Relationalität* (relationship), der *Vermittlung* (mediation), der *Kontinuität* (continuity) und der *Abduktion* (abduction) im Mittelpunkt des Interesses stehen (vgl. Kap. 3), die sicherlich alle eine große Relevanz für die Strukturbeschreibung von Aphorismen haben. Ebenso wie Kant lehnt nämlich auch Peirce die Vorstellung von einer Erkenntnis der *Dinge an sich* als Leitvorstellung für konkrete Erkenntnisprozesse ab. Dadurch werde nämlich das Denkverfahren der Abduktion sträflich vernachlässigt, das Peirce für ganz konstitutiv hält, weil erst durch dieses die Denkverfahren der Deduktion und der Induktion ihren spezifischen semiotischen Stellenwert bekämen.[512]

Gerade philosophische und ästhetische Aphorismen exemplifizieren nämlich sehr gut die These von Peirce, dass das menschliche Bewusstsein keineswegs nur als ein Speicher bzw. als ein Vergegenwärtigungsraum für schon vorgegebene Denkgrößen und die aus ihnen ableitbaren Folgerungen anzusehen sei. Vielmehr möchte er es vor allem als einen Operationsraum für kreative abduktive Sinnbildungsprozesse vielfältiger Art ansehen, in die nicht nur begriffliche Vorstellungen (notions) einfließen, sondern auch Gefühle (feelings) und Bestrebungen (efforts). Gerade im Raum des menschlichen Bewusstseins könne nämlich erprobt werden, was mit etwas anderem auf welche Weise wie relationiert werden könne, um ganz bestimmte Wissensinhalte bzw. Erkenntnisse zu objektivieren.

Gerade beim Verständnis von Aphorismen kann der Begriff *Synechismus* von Peirce eine große Rolle spielen, den dieser aus der antiken griechischen Medizin entlehnt hat. Hier bezeichnet dieser nämlich aufschlussreicherweise den Tatbestand, dass alle isolierbaren Körperteile in einem ganz bestimmten Funktionszusammenhang miteinander stehen bzw. bei Störungen von einem Arzt wieder in einen solchen gebracht werden können.[513] Der Synechismusgedanke dient Peirce deswegen insbesondere dann dazu, Ganzheiten nicht nur als additive Korrelationen von Teilen zu verstehen, sondern vielmehr als Größen, die aus dem konstruktiven Wirkungszusammenhang von Teilen entstehen.

Die Vorstellung von der menschlichen Erkenntniskraft als einer Größe, die aus abduktionsorientierten Ideen und Experimenten resultiert, hat vor Peirce bereits Lichtenberg in zwei Aphorismen ikonisch sehr plastisch thematisiert. *„Durch das Planlose Umherstreifen durch die planlosen Streifzüge der Phantasie wird nicht selten das Wild aufgejagt, das die planvolle Philosophie in ihrer wohlgeordneten Haushaltung gebrauchen kann."* Außerdem betont Lichtenberg, dass

---

512 Ch. S. Peirce: Collected Papers, 5.196. „If you carefully consider the question of pragmatism you will see that it is nothing else than the question of the logic of abduction.
513 Ch. S. Peirce a.a.O., 7.565.

man insbesondere in der Chemie „*die Dinge vorsätzlich zusammen bringen*"
müsse. „*Man muß mit Ideen e x p e r i m e n t i e r e n.*"[514]
Da Aphorismen in der Regel beträchtliche ikonische Implikationen besitzen,
um gerade auf diese Weise Objektwelten und Subjektwelten auf kreative Weise
miteinander in Verbindung zu bringen, hat der Biochemiker Erwin Chargaff
Aphorismen hinsichtlich ihrer kulturellen Implikationen folgendermaßen qualifiziert: „*Aphorismen sind die Lyrik der Vernunft.*"[515] Für Chargaff erzeugen Aphorismen nämlich Vorstellungsinhalte, die einen verborgenen Fragecharakter haben, insofern sie immanent immer dazu auffordern, bestimmte Gedankenfäden
weiter zu spinnen. Vordergründig treten sie zwar als Sachbehauptungen auf,
aber hintergründig, schließen sie Einsichten nicht ab, sondern regen vielmehr
Folgegedanken an. Sie können zwar vordergründig auf Paradoxien aufmerksam
machen, aber letztlich haben sie meist eine sehr versöhnliche Intention. Das lässt
sich durch einen Aphorismus von Hugo von Hofmannsthal sehr schön illustrieren: „*Tiefe muss man verstecken. Wo? An der Oberfläche.*"[516]
Wenn man nun Aphorismen als Lyrik der Vernunft versteht, dann stehen sie
als spezifische sinnerzeugende Sprachspiele auch in einer aufschlussreichen
Spannung zu ihrer eigenen historischen Herkunftsgeschichte, die eigentlich signalisiert, dass sich in ihnen ein gefestigtes Sachwissen manifestieren solle. Unser
heutiges Verständnis von Aphorismen muss diese aber wohl eher als sinnerzeugende Sprachspiele begreifen. Sie haben zwar einen recht einzelgängerischen in-
formatorischen Charakter, da sie als faktische Sachbehauptungen ihren faktischen Wortlaut ja selbst dementieren. Aber dennoch können sie als heuristische
ikonische Hypothesen pragmatisch wirksam werden. Das wird möglich, weil sie
einen ikonischen Verweisungsanspruch stellen, der inhaltlich sehr vielfältige In-
haltsbezüge haben kann, insofern es in Aphorismen nicht um ganz spezifische,
sondern vielmehr um sehr allgemeine Sinnbildungs- und Verweisungsstrukturen
geht. Deren Plausibilität und Referenz muss dann allerdings immer erst erschlossen und legitimiert werden.
Aphorismen sind als Vermittlungsformen von rein objektorientierten Informationen nicht zureichend beschreibbar, insofern sie ja nicht nur Bestandteile
eines Systems von Sachaussagen sind, sondern zugleich immer auch implizite
metareflexive Kommentare beinhalten. Aphorismen sind strukturell deshalb
auch als spezifische sinnbildende Einzelgänger anzusehen, die allerdings genuine heuristische Setzungen beinhalten. Dabei haben sie dann immer eine

---

514 G. Ch. Lichtenberg: Sudelbücher, Bd. II, S. 286, J. 1550; sowie S. 454, K. 308.
515 E. Chargaff: Bemerkungen. 1981, S. 142.
516 H. von Hofmannsthal: Gesammelte Werke in Einzelausgaben. Bd. 15. 1953, S. 47.

konstitutive Neigung dazu, tradierte begriffliche und semantische Grenzziehungen zugunsten von neuartigen in Frage zu stellen. Daher sind sie dann auch in der Regel antidogmatisch orientiert. Sie sind faktisch Manifestationsformen einer Erfindungskunst (ars inveniendi), die über Verfremdungsverfahren neue Aspekte von anscheinend schon bekannten Phänomenen freizulegen versuchen. Deshalb lassen sich Aphorismen anthropologisch auch mit der immer wieder postulierten Weltoffenheit des Menschen in Verbindung bringen. Auf jeden Fall gehören Aphorismen in der Neuzeit nicht mehr in die Welt von Definitionen, sondern vielmehr in die Welt von plausiblen ikonischen Hypothesen. Das übliche Definitionsschema, das bei Definitionen nach einem nächst höheren Gattungsbegriff (genus proximum) und einer spezifischen Besonderheit (differentia specifica) sucht, ist bei Aphorismen zum Scheitern verurteilt. Allenfalls lassen sich Aphorismen logisch mit dem Abduktionskonzept von Peirce in Verbindung bringen, aber nicht mit dem klassischen Deduktions- und Induktionskonzept.

Wenn wir nun Aphorismen als genuine Naturformen des sprachlich fundierten Denkens ins Auge fassen, insofern sie sich ja auch als Ausdrucksformen des heuristischen und experimentellen Denkens ansehen lassen, dann verlieren sie auch ihren etwas anrüchigen Status als mögliche logische Denkformen, durch die Inanspruchname eines erweiterten Logikbegriffs. Wir können Aphorismen logisch nun nämlich nicht nur mit dem Abduktionsbegriff von Peirce in Verbindung bringen, sondern auch mit der These von Blaise Pascal, dass das menschliche Denken nicht nur von einem *esprit de géométrie*, sondern auch von einem *esprit de finesse* reguliert werde. Außerdem ließe sich auch auf Schleiermacher Bezug nehmen, der nicht nur von einem folgernden begrifflichen Denken gesprochen hat, sondern auch von einem *komparativen Denken,* das sowohl zentripetale als auch zentrifugale geistige Operationskräfte freisetzen könne.

Das Verstehen von Aphorismen als Naturformen des menschlichen Denkens und Sprechens hat nämlich faktisch eine doppelte inhaltliche Orientierung. Einerseits gibt es in ihnen nämlich eine direkte Sachorientierung (intentio recta), aber andererseits auch eine etwas quer dazu liegende Interpretationsorientierung (intentio obliqua) im Sinne eines Mitwissens (conscienta) von umfassenderen Korrelationszusammenhängen. Das offenbart dann auch, dass Aphorismen prinzipiell weniger eine monologische Repräsentationsfunktion besitzen, sondern eher eine dialogische Interaktionsstruktur. Diese betrifft dann nicht nur die pragmatische Bezogenheit von Aphorismen auf den dialogischen Umgang mit anderen Subjekten, sondern auch den dialogischen Umgang von Subjekten mit faktischen Gegenstands- bzw. Erfahrungswelten, die ja nicht einfach vorhanden sind, sondern die immer über interpretative und objektivierende Zeichen erschlossen und konstituiert werden müssen. Deshalb lassen sich Aphorismen dann auch als Keimzellen für die Erzeugung von komplexen Sinngebilden verstehen bzw. als Erscheinungsformen von erotisch akzentuierten menschlichen Korrelations- und Interaktionskräften.

Diese interne dialogische und dialektische Struktur von Aphorismen, die immer sowohl sachbezüglich als auch selbstbezüglich orientiert sind, lässt sich dann natürlich auch aphoristisch auf ganz unterschiedliche Weise thematisieren. Lichtenberg hat diesbezüglich zwei aparte Aphorismen in die Welt gesetzt: *„Neue Blicke durch alte Löcher.“ „Es regnete so stark, daß alle Schweine rein und alle Menschen dreckig wurden.“* [517] Aufschlussreich für dieses semiotische Verständnis von Aphorismen ist dann auch folgende aphoristische Verlautbarung eines anonymen Aphoristikers: *„Wer einen Engel sucht und nur auf die Flügel schaut, könnte eine Gans mit nach Hause bringen.“*

Grundsätzlich lässt sich sagen, dass in einer anthropologisch orientierten Wahrnehmungsperspektive Subjekte die Sprache nicht ohne Korrelation und Interaktion mit ihren jeweiligen Objektwelten nutzen können, aber auch nicht ohne Korrelation und Interaktion mit anderen Subjektwelten. Festzuhalten ist nämlich, dass Objektgrößen und Subjektgrößen ihre faktischen Konturen und Besonderheiten erst durch die Widerständigkeit und die Zugänglichkeit der jeweils anderen gewinnen können. Dadurch erklärt sich dann auch, warum Aphorismen immer wieder eine erotische Dimension zugeschrieben worden ist, da sie ihre konkreten Sinngestalten erst durch die Interaktion von Teilgrößen mit ergänzenden Teilgrößen fänden. Ansonsten könnten Aphorismen nämlich nur als bloße Fragmente wahrgenommen werden, die selbst keine wirklichen Interpretationsleistungen erbringen können. Diese innere Dialektik von Aphorismen, aber auch von Fiktionen, hat Friedrich Schlegel dann zu folgender These inspiriert: *„Es ist gleich tödlich für den Geist, ein System zu haben, und keins zu haben. Er wird sich also wohl entschließen müssen, beides zu verbinden.“* [518]

Diese polyfunktionale innere Spannung von Aphorismen ist dennoch nicht ganz unbedenklich, da durch sie die klassische Logik mir ihren drei Grundaxiomen außer Kraft gesetzt wird, die unser alltägliches und wissenschaftliches Denken weitgehend prägt. Diesbezüglich ist an den Satz der Identität (A ist A), den Satz vom verbotenen Widerspruch (A kann nicht zugleich A und B sein) und den Satz vom ausgeschlossenen Dritten zu denken. Für das dialektische, ästhetische und semiotische Denken ist die polyfunktionale semantische Struktur von Aphorismen dagegen weniger problematisch, da uns Aphorismen ja pragmatisch gesehen nicht auf Seiendes als solches aufmerksam machen wollen, sondern eher

---

517 G. Ch. Lichtenberg: Sudelbücher I. S. 585, F. 879; S. 475, F 100.
518 F. Schlegel: Kritische Schriften. 1964. S. 31, Athenäums-Fragment 53.

auf die vielfältigen Aspekte und Dimensionen des Seienden bzw. auf die unterschiedlichen Interaktionsmöglichkeiten zwischen einzelnen Objektwelten und Subjektwelten. Diese können dann insbesondere in Werdensprozessen in Erscheinung treten, in denen sich anthropologisch gesehen Subjekte und Objekte als solche erst manifestieren. Darin verdeutlicht sich dann auch, dass Aphorismen sich intentional gar nicht allein auf die Welt des Seins beziehen wollen, sondern vielmehr immer auch auf die Welt des Werdens. Das bedeutet dann, dass beim Verständnis von Aphorismen auch kein korrespondenztheoretisches Wahrheitsverständnis zugrunde gelegt werden kann, das für behauptende Sätze Gültigkeit beansprucht, sondern eher ein pragmatisches Wahrheitsverständnis, das sich auf den Fruchtbarkeitsgedanken gründet.

Für das Verständnis von Aphorismen ist insbesondere der normative Satz vom verbotenen Widerspruch der klassischen Logik kaum hilfreich. Diese Maxime kann nämlich eigentlich nur für die sprachliche Objektivierung von Seinsgegebenheiten in Anspruch genommen werden, aber kaum für die sprachliche Thematisierung von Werdens- und Interpretationsprozessen. Das hat Heinz Krüger dann zu folgender aufschlussreicher These veranlasst: *„Es vollzieht sich im Aphorismus mithin nichts anderes als eine Selbstkritik der Ratio."* Diese Stellungnahme zur Intention von Aphorismen hat ihn dann auch zu der Überzeugung geführt, dass der Aphorismus aus dem *„Pathos der Distanz"* lebe.[519]

Diese spezifische Struktur und Funktion des aphoristischen Sprachgebrauchs hat Nikolaus von Kues schon zu Beginn der Renaissance mit Hilfe der Denkfigur von der *„belehrten Unwissenheit"* (docta ignorantia) generell für das philosophische Denken geltend gemacht. Immer wieder hat er betont, dass die Menschen die ihnen begegnenden Phänomene nie vollständig erfassen könnten, sondern immer nur fragmentarisch hinsichtlich der ihnen jeweils zugänglichen Einzelaspekte. Deshalb gehört für ihn die Fähigkeit des Menschen zur metareflexiven Qualifizierung des Stellenwerts eines philosophischen Wissens prinzipiell zu diesem Wissen selbst. Diesen Tatbestand hat er dann auch mit Hilfe der bildlichen Vorstellung von einem *lebenden Spiegel* (vivum speculum), von einer *Jagd nach der Weisheit* (de venatione sapientia) sowie von der Vorstellung eines *Blicks aus dem Bilde* verbildlicht. Eine Ähnlichkeit mit diesen Formen menschlicher Weltbegegnung findet sich auch in der Denkfigur, die Rilke in seinem Sonett *Archaïscher Torso Apollos* konkretisiert hat: *„[...]denn da ist keine Stelle, / die dich nicht sieht. Du musst dein Leben ändern."* [520]

---

519 H. Krüger: Studien über den Aphorismus als philosophischer Form. 1957, S. 116.
520 R. M. Rilke: Werke in drei Bänden. 1991. Bd. 1. 1991, S. 313.

Wenn man nun nach den analogisierenden Zauberstabsfunktionen von Aphorismen fragt, dann darf man sein Wahrnehmungsinteresse natürlich nicht nur auf die behauptenden prädikativen Strukturen von Aphorismen richten. Man muss seine Aufmerksamkeit auch auf die ganz spezifischen grammatischen und stilistischen Formstrukturen von Aphorismen richten. So haben wir beispielsweise zu beachten, ob Aphorismen über explizite oder über implizite Prädikationen konkretisiert werden, ob sie als direkte oder als indirekte Fragen formuliert werden. Weiterhin ist zu beachten, welche konkreten Denkprämissen bzw. Denkimplikationen mit ihnen jeweils verbunden sind, welche pragmatischen Funktionen bzw. Sprechakte durch sie konkretisiert werden, welche Anregungen bzw. lichtspendenden Feuerfunken ihnen eigen sein können usw. Solche Fragestellungen können dann auch dazu dienlich sein, Aphorismen als genuine ästhetische Formen zu erfassen, da sie ja durchaus unterschiedliche Sinnbildungsfunktionen zugleich ausüben können, die nicht immer befriedigend analytisch voneinander getrennt werden können. Oft sind uns diese Sinnbildungsintentionen von Aphorismen nur über unser intuitives Sprachgefühl als unserem impliziten Sprachwissen zugänglich. Gleichwohl ist ein explizites Sprachwissen aber hilfreich, um uns selbst und anderen die komplexen Sinndimensionen von Aphorismen zugänglich zu machen.[521]

Bei der Formulierung von Aphorismen spielt beispielsweise die zeitliche Reihenfolge der einzelnen Satzglieder eine ganz wichtige sinnbildende Rolle, weil jede Teilinformation ja im Lichte der jeweils vorangegangenen Information verstanden wird. Deshalb wird dann nicht nur im erzählenden, sondern auch im aphoristischen Sprachgebrauch sehr oft von der Thema-Rhema-Relation im Sinne von Hermann Ammann Gebrauch gemacht (vgl. Kap. 9.12). Das ist auch verständlich, weil es in Aphorismen weniger um die Darstellung von sachlogischen Korrelationen zwischen Satzgliedern geht, wie es sich im grammatischen Konzept des üblichen Aussageschemas manifestiert (Subjekt-Prädikat-Objekt-adverbiale Bestimmung), sondern vielmehr um psychologische Korrelationen im Sinne von thematischer Ausgangsinformation und rhematischer Neuigkeitsinformation. Psychologisch gesehen bildet sich das kommunikative Thema einer Äußerung daher dann auch immer aus derjenigen Größe heraus, die an den Anfang einer Äußerung gesetzt wird, und das Rhema aus derjenigen Größe, die dazu anschließend als spezifische Neuigkeit mitgeteilt wird.[522]

---

521 Vgl. S. Grosse: Das syntaktische Feld des Aphorismus. In: G. Neumann (Hrsg.): der Aphorismus. 1976, S. 378–398.
522 H. Ammann: Die menschliche Rede. Sprachphilosophische Untersuchungen Teil I und II, 1925/1928. Nachdruck 1974⁴, S. 141.

Die Abfolge von Einzelinformationen in einer sprachlichen Äußerung hat daher dann natürlich auch immer Einfluss darauf, auf welche konkreten Analogierelationen in einer Äußerung aufmerksam gemacht werden soll und welche Reliefstruktur ein Aphorismus dadurch jeweils bekommt. Das lässt sich am inhaltlichen Kontrast von zwei originalen Aphorismen demonstrieren, wenn man diese in die übliche grammatische Reihenfolge von Satzgliedern transformiert.

Original: Aus dem Lande der Menschenfresser: In der Einsamkeit frißt sich der Einsame selbst auf, in der Vielsamkeit fressen ihn die vielen. Nun wähle.[523]
Transformation: Aus dem Lande der Menschenfresser: Der Einsame frisst sich selbst in der Einsamkeit auf, die vielen fressen ihn in der Vielsamkeit. Nun wähle.

Original: Vor seinem Spiegel ist ein jeder nur sein Spiegelbild.[524]
Transformation: Ein jeder ist vor seinem Spiegel nur sein Spiegelbild.

Da Aphorismen prinzipiell einen ikonischen Grundcharakter haben, sind ihre faktischen Inhalte kaum allgemeingültig zu fixieren. Ihre kommunikativen Inhalte reichen nämlich von konkreten Sachaussagen bis zu verdeckten Negationspostulaten. Deshalb können Aphorismen dann auch vielfältig nutzbare und sogar ambivalente Zauberstäbe sein, da ihre Zauberstabsfunktionen ja erst interpretativ bzw. heuristisch erschlossen werden müssen und nicht von vornherein ganz offensichtlich sind.

Um das vielfältige Analogisierungspotential von Aphorismen in den Blick zu bekommen, bietet es sich an, diese phänomenologisch so in den Blick zu nehmen, dass dadurch ihre vielfältigen Analogiebeziehungen zu unseren jeweiligen Erinnerungen, Lebenserfahrungen und allgemeinen Handlungsmöglichkeiten auch wirklich in den Blick kommen. Die textuelle Autonomie von Aphorismen ist dabei kein Mangel, sondern eher eine Stärke, weil wir dadurch nämlich dazu animiert werden, Aphorismen über die Konkretisierung von geeigneten Interpretanten auf mannigfache Weise semiotisch zu erschließen. Die Phänomenologie ist nämlich ein methodisches Verfahren, das nicht vorschnell abschließende Aussagen über bestimmte Phänomene machen möchte. Sie ist intentional weniger daran interessiert, das substanzielle Wesen bzw. das *Was* von Phänomenen zu bestimmen, sondern eher daran, über welche Fragestellungen wir das *Wie* von Phänomenen in ihren möglichen konkreten Wirkungszusammenhängen aufdecken können. Deshalb versteht sich die Phänomenologie dann auch weniger als eine Seinswissenschaft, sondern eher als eine Erscheinungswissenschaft, über

---

523 F. Nietzsche: Menschliches, Allzumenschliches. Werke. Bd. 1, S. 858, Nr. 348.
524 E. Chargaff: Bemerkungen. 1981, S. 26.

welche die zentralen Funktionsmöglichkeiten von Phänomenen von ihren rand-
ständigen unterschieden werden können, was dann ja auch als *phänomenologische Reduktion* bezeichnet wird.

Für die phänomenologische Erhellung von Aphorismen sind die scharfsinni-
gen Überlegungen des Phänomenologen und Kunsthistorikers Hermann Ulrich
Asemissen von 1949 sehr hilfreich. Er hat nämlich ausdrücklich hervorgehoben,
dass aphoristische Sätze *„betont ungesellig im Gegensatz zur Masse gewöhnlicher
Sätze"* seien, weil sie zwar als isolierte Sätze in Erscheinung träten, aber keineswegs als zusammenhangslose Äußerungen.[525] Sie hätten nämlich immer einen
sachlichen Zusammenhang mit konkreten menschlichen Lebenserfahrungen
und Wahrnehmungszielen, ohne das allerdings ausdrücklich zu betonen. Aber
gerade durch diese Besonderheit und Rätselhaftigkeit werden Aphorismen dann
für ihn auch phänomenologisch besonders interessant. Dadurch bekommen sie
nämlich immer auch ganz spezifische provokative Funktionen bzw. einen faktischen Fragecharakter, insofern ja ihre möglichen Kohärenzen mit anderen Phänomenen überprüft werden müssen. Für Asemissen ist deshalb die Autarkie bzw.
die formale Ungeselligkeit von Aphorismen auch kein Mangel, sondern eher ein
Luxus, weil dadurch ihre Korrelations- und Interaktionsmöglichkeiten eher ausgeweitet als beschränkt werden.

Auf diese Weise können Aphorismen bestimmte Wegweiserfunktionen zuwachsen, die allerdings eher heuristischer als dogmatischer Natur sind. Aphorismen können deshalb dann auch als konkrete Manifestationsformen von geistigen Abenteuern in Erscheinung treten. Das von Aphorismen vordergründig
Gesagte tritt für uns zwar oft als etwas ganz Selbstverständliches in Erscheinung,
aber hintergründig durchaus auch als etwas Zeichenhaftes und Rätselhaftes, dessen faktische Verweisungsmöglichkeiten recht offen bleiben. Deshalb kommt
Asemissen dann auch zu der folgenden These, die auf die pragmatische Verwandtschaft von Aphorismen mit Mythen und Orakeln aufmerksam macht.

> Auf solche Weise sagt der Aphorismus, was er zu sagen hat, indem er es verschweigt. We-
> niger rätselhaft, aber im Grunde den alten Orakeln ähnlich, fesselt er gerade dadurch, daß
> er von sich fort an das eigene Denken verweist. Und außerdem: da er die Einsicht nicht
> selbst gibt, sondern finden läßt, bereitet er dem Leser leicht die Illusion, sie sei die seine.[526]

Der Aphorismus ist für Asemissen deshalb auch ein Denkmal, das vor allem als
„Denkanreiz" fungiert, der durch seine spezifische Form *„ein lebhafter Wider-*

---

525 H. U. Asemissen: Notizen über den Aphorismus. In: G. Neumann (Hrsg.): Der Aphorismus.
1976, S. 156.
526 H. U. Asemissen: a. a. O., S. 164.

spruch gegen die allmächtige Tradition des deduktiven systematischen Denkens" ist. *„Und so zeigt er im Inhalt besonders gern Widerspruch gegen herrschende Meinungen, Gewohnheiten, Sitten, Konventionen und Traditionen aller Art."* [527]

Die immanente Paradoxie des Aphorismus als operatives Sinnbildungsmittel einerseits und als faktischer Denkinhalt andererseits ermöglicht diesem nach Asemissen dann auch eine *„kleine Unsterblichkeit"*. Der Aphorismus könne nämlich im Prinzip gegen alles opponieren, was ihm irgendwie kritikwürdig erscheint. Deshalb kann dann auch der Aphorismus ebenso wie der Hofnarr im Prinzip alles zur Sprache bringen, eben weil er wie dieser ja formal durchaus als *verrückt* angesehen werden kann, insofern er ja faktisch etwas ausspricht, was eigentlich nicht ausgesprochen wird oder ausgesprochen werden soll. Aus all diesen Gründen kommt Asemissen dann auch zu dem folgenden überzeugenden Schluss: *„Erst durch das Bündnis mit dem Paradoxon ist der Aphorismus als eigenständige literarische Kunstform mündig geworden."* [528] Durch diese Spielform gewinnt der Aphorismus dann auch seine pragmatische Relevanz als kulturelles Textmuster, in welchem sich gegenläufige Kräfte anregend ausbalancieren können. Das rechtfertigt es dann auch, den Aphorismus als eine sprachliche bzw. kulturelle Universalie zu verstehen, ohne die sich Sprachformen leicht versteinern würden. Deshalb kommt Asemissen dann hinsichtlich des Aphorismus auch zu der folgenden Überlegung:

> Denn wie der Aphorismus dem System widerstrebt, so widerstrebt er der systematischen Betrachtung. Ja, er widerstrebt der Betrachtung überhaupt. So wie ein Gemälde nur von einem bestimmten räumlichen Abstand aus in seiner ganzen Wirkung erfaßt werden kann, so verlangt der Aphorismus einen bestimmten Abstand der geistigen Einstellung. Nur solange dieser Abstand gewahrt bleibt, kann er seine überraschenden Denkreize bieten. Schon die schriftliche Fixierung und der Druck in Büchern vermindern seine Wirkung. Er will en passant vernommen und genossen werden, will aufblitzen im Gespräch und wieder verlöschen, ehe er im Zentrum der Aufmerksamkeit steht. Gerade sein eigentümlicher Reiz entzieht sich der bewußten Hinwendung. Sobald man ihn festzuhalten versucht, tritt an die Stelle seiner unmittelbaren Wirkung das bloße Bewußtsein seiner Wirksamkeit. Er lebt in der unmittelbaren Wirkung. Aber er läßt sich lebend nicht einfangen. Und tot ist er nicht mehr derselbe, der er in seiner Lebendigkeit war. [529]

All das bedeutet dann, dass gerade der Aphorismus ein recht gutes Beispiel dafür ist, dass Phänomene durch definierte Begriffe nicht immer fixiert und gerettet werden, sondern auch geschwächt oder sogar zerstört werden können. Daraus

---

527 H. U. Asemissen: a. a. O., S. 165.
528 H. U. Asemissen: a. a. O., S. 167.
529 H. U. Asemissen: a. a. O., S. 176.

kann sich zudem auch ergeben, dass gerade dem Zauberstab der Analogie ein historisches und kulturelles Lebensrecht zugeschrieben werden kann oder sogar zugeschrieben werden sollte, da er das Denken und Sprechen belebt und heuristische Analogieannahmen ein ganz bestimmtes Leben einhauchen kann. Diesen Tatbestand hat der Biochemiker Chargaff analytisch und synthetisch in den drei folgenden kühnen Aphorismus zusammengefasst:

> Aphorismen sind die Lyrik der Vernunft.
> Aphorismus ist die Wortwerdung der Wörter.
> Der Aphorismus ist eine freche Frühgeburt.[530]

---

530 E. Chargaff: Bemerkungen. 1981, S. 142 und 167.

11 Schlussbemerkungen

Die Schlussbemerkungen zu einem Buche haben immer eine natürliche Nähe zu den Überlegungen, die am Anfang des Buches zu dessen jeweiligen Zielsetzungen angestellt worden sind. Sie machen zugleich aber auch immer darauf aufmerksam, dass der deskriptive und interpretative Rundgang um einen ganz bestimmten Sachverhalt beendet worden ist. Das lässt sich dann zugleich auch als Abschluss eines ganz spezifischen hermeneutischen Zirkels verstehen, der allerdings immer auch darauf warten kann, zu einer möglichen hermeneutischen Spirale gemacht zu werden, über die man auf einer höheren bzw. umfassenderen Wahrnehmungsebene auch noch weitere Aspekte des irgendwie schon längst Bekannten ins Blickfeld bringen kann. Dieses Verständnis hermeneutischer Anstrengungen zum Analogiephänomen ist faktisch unausweichlich, wenn man die grundsätzliche These von Novalis ernst nimmt, dass die Analogie eine *Zauberstabsfunktion* für das menschliche Wahrnehmen und Denken habe, und wenn man zugleich auch die psychologisch-pragmatisch orientierte These von Hofstadter und Sander akzeptiert, dass die Analogie als *Herz des Denkens* anzusehen sei.

Der Weg von einem hermeneutischen Interpretationszirkel zu einer hermeneutischen Interpretationsspirale liegt zudem faktisch auch nahe, wenn man das Analogiephänomen prinzipiell als eine operative Universalie des menschlichen Wahrnehmens, Denkens und Versprachlichens versteht. Das ist nicht zuletzt dadurch mitbedingt, dass faktisch jedes menschliche Denkergebnis durchaus wieder zum Ausgangspunkt einer neuen Denkanstrengung werden kann bzw. dass jede konkrete objektbezogene Reflexion immer auch in eine Metareflexion auf die Prämissen und Funktionen der jeweiligen Sachreflexion übergehen kann, die dann natürlich faktisch sowohl subjekt- als auch kulturbezogene Implikationen haben kann. Deshalb hat Peirce dann ja auch ausdrücklich postuliert, dass die logischen Deduktions- und Induktionsprozesse im faktischen Denken immer durch Abduktionsprozesse ergänzt werden könnten und vielleicht sogar müssten. Zu diesen gehören dann sicherlich auch die Analogisierungsprozesse des menschlichen Wahrnehmens und Denkens, ohne die anspruchsvolle menschliche Sinnbildungsprozesse faktisch überhaupt nicht realisiert werden könnten.

Die Denkfigur vom Zauberstab der Analogie hat einen so umfangreichen Anwendungsbereich, das sie nicht nur im Bereich der Kunst und Ästhetik genutzt werden kann, sondern auch im Bereich der methodisch sehr viel strenger organisierten Philosophie bzw. der verschiedenen Fachwissenschaften. Obwohl sich der Gebrauch von Analogien oder gar von Analogieschlüssen im Denkrahmen der zweiwertigen Logik und der theoretischen Vernunft kaum stringent rechtfertigen lässt, so sind solche im Rahmen der praktischen Vernunft bzw. des pragmatischen Denkens dennoch unverzichtbar, wenn man mit ihrer Hilfe auch zu ganz neuartigen Wissensinhalten vorstoßen möchte, die zugleich auch die menschlichen Handlungsmöglichkeiten erweitern sollen. Deshalb konkretisieren sich viele Erfindungen dann auch mit Hilfe von heuristisch wirksamen Analogieannahmen. Das exemplifiziert beispielsweise sehr schlagend die Erfindung von Fluggeräten auf dem langen Weg von einer anfänglichen Imitation der Flugverfahren von Vögeln bis zu der Konstruktion von eigenständigen Flugzeugen.

Auch Kant sah sich mehr und mehr genötigt, analogisierende Denkverfahren nicht nur als bloße Notbehelfe des Denkens anzusehen, sondern auch als unausweichliche und legitime Denkverfahren. Diese gehören für ihn dann zwar nicht in die Welt der theoretischen Vernunft, aber durchaus in die der praktischen Vernunft, insofern letztere ja notwendigerweise immer auch mit Plausibilitätsvorstellungen arbeiten muss und nicht nur mit Gewissheitsvorstellungen. Deshalb ist es für Kant dann auch philosophisch keineswegs degoutant, in seinen Argumentationen auch auf die Nutzung von Metaphern und Gleichnissen zurückzugreifen, was beispielsweise sein schon erwähntes Taubengleichnis sehr schön veranschaulicht (vgl. Kap. 1.1).

Selbst in der Jurisprudenz hat man faktisch eingeräumt, dass ein striktes Verbot von Analogisierungen das juristische Denken und Handeln bzw. die konkrete Rechtspflege keineswegs immer nütze, sondern durchaus auch erschweren könne. Das exemplifiziert das angelsächsische Präzedenzrecht sehr deutlich, das sich ja in einem sehr klaren Kontrast zum kontinentalen Kodexrecht entwickelt hat, welches in der Tradition des römischen Rechts steht. Der hehre Grundsatz des römischen Rechts, dass es kein juristisch fassbares Delikt und keine gerichtliche Strafe ohne gesetzliche Grundlage geben dürfe (nullum crimen sine lege), ist in der praktischen Rechtspflege kaum aufrechtzuerhalten, weil es hier keineswegs immer auf den Wortlaut von Gesetzen ankommt, sondern auch auf den Sinn bzw. auf die sinnvolle faktische Regulationsfunktion von Gesetzen. Wenn beispielsweise *Diebstahl* juristisch als ,*Wegnahme einer fremden beweglichen Sache*‘ definiert wird, dann steht ein Richter nämlich vor dem konkreten logischen Problem, ob er das Anzapfen einer Stromzuleitung vor dem eigenen Stromzähler als Diebstahl werten darf oder sogar muss, obwohl das ja durchaus verständliche begriffliche bzw. rechtliche Probleme aufwirft. Aus diesem Grunde hat sich dann auch eine eigenständige juristische Hermeneutik entwickelt, die eher auf die konkreten Regulationsfunktionen von Gesetzen Bezug nimmt als auf deren faktischen Wortlaut, um gerade über hermeneutische Interpretationsverfahren im Sinne der praktischen Vernunft den allgemeinen Rechtsfrieden zu sichern. Um mit solchen begriffslogischen Problemen pragmatisch fertig zu werden, hat daher Peirce im Denkrahmen des pragmatischen Denkens bzw. der praktischen Vernunft im Sinne von Kant dann ja auch neben der Deduktions- und Induktionslogik eine heuristische Abduktionslogik für notwendig erachtet, die sich auf die bewährten Prinzipien der praktischen Vernunft stützt und nicht allein auf die theoretischen Axiome der klassischen zweiwertigen Logik.

Die Idee vom Zauberstab der Analogie ist im Prinzip eine methodische Gegenstrategie zum rigiden Gebrauch der zweiwertigen *Entweder-oder-Logik*, da ja bei der Nutzung von Analogien nicht nur rein begriffsschematisch gedacht werden muss, sondern immer auch objekt-, subjekt- und funktionssensibel. Deshalb kann die Abduktionslogik von Peirce dann auch den Blick dafür schärfen, dass selbst Denkgegenstände, die man traditionell gänzlich verschiedenen Welten zuordnet dennoch auch verborgene Gemeinsamkeiten miteinander haben können. Das ist dann ja auch eine Voraussetzung dafür, nicht nur kategorisierend und schematisch zu denken, sondern auch typisierend und funktionsorientiert, um eben auf diese Weise dann auch im faktisch Unterscheidbaren dennoch verborgene Gemeinsamkeiten entdecken zu können. Sprichwörter und Aphorismen lieben es deshalb auch, paradoxe Zuspitzungen folgenden Typs zu vorzunehmen, in denen auf jeweilige vordergründige oder hintergründige Gemeinsamkeiten aufmerksam gemacht wird: „Große *Geizhälse und fette Schweine werden erst nach ihrem Tode nützlich.*"

Der flexible pragmatische und erkenntnistheoretische Denkansatz von Peirce führt ihn dann auch dazu, dass er sowohl in der Philosophie als auch in den Fachwissenschaften Unfehlbarkeitsvorstellungen für ziemlich komisch erachtet.[530] Diese Auffassung ist nicht zuletzt auch dadurch bedingt, dass für Peirce alle Formen der Zeichenbildung einen hypothetischen und interpretativen Grundcharakter haben, den man sich immer metareflexiv präsent machen sollte. Anthropologisch brauchbare Zeichenbildungen können sich für Peirce nämlich nur dann herausbilden, wenn sich die konkreten semiotischen Denkmuster und Denkverfahren ständig einer Erfahrungs- und Fruchtbarkeitskontrolle unterwerfen.

Immer wenn in Sinnbildungs- bzw. Gestaltungsprozessen auch das Spielphänomen einen spezifischen Freiraum bekommen soll, dann werden Analogisierungsverfahren faktisch unverzichtbar, eben weil alle Sinnbildungsverfahren immer auch als Wegbildungsverfahren in Erscheinung treten. Das schließt dann auch aus, Analogiephänomene als statische substanzorientierte Seinsphänomene ins Auge zu fassen und nicht als heuristische Denkverfahren mit einer

---

530 Ch. S. Peirce; Collected Papers 1.9. „Though infallibility in scientific matters seems to me irresistibly comical."

spezifischen Erschließungsfunktion, in der dann auch das Wechselspiel von Affirmations- und Negationsprozessen immer eine ganz konstitutive Rolle spielt. Deshalb schließen Analogieannahmen konkrete Wahrnehmungsverfahren eigentlich auch nicht ab, sondern halten diese vielmehr in Gang. Das legt dann auch nahe, Analogisierungen eine ironische Grundstruktur zuzubilligen, die sowohl sachthematisch als auch reflexionsthematisch orientiert sein kann. Gerade das macht Analogieannahmen dann auch zu unersetzlichen Erkenntnismitteln, die sowohl auf die Erzeugungsprozesse von Wissen aufmerksam machen als auch auf die Ergebnisse von individuellen Denkanstrengungen.

Die in dem vorliegenden Buch angestellten Überlegungen zum Zauberstab der Analogie im Bereich sprachlicher Denkmuster und Objektivierungsstrategien lassen sich vielleicht im Rahmen von drei Stichwörtern noch etwas genauer betrachten. Durch diese können nämlich insbesondere die anthropologischen und heuristischen Dimensionen der Denkformel vom Zauberstab der Analogie näher ins Auge gefasst werden: *Wissensausweitung, Zeichenbildung, Dialog.*

Mit Hilfe der Vorstellung der Wissensausweitung lassen sich insbesondere die anthropologischen Dimensionen der Formel vom Zauberstab der Analogie genauer herausarbeiten. Analogieannahmen dienen nämlich prinzipiell immer dazu, das operative Handlungswissen von Menschen für eine mehrdimensionale Erfassung der Welt auszuweiten. Es bedeutet weiter, dass solche Wissensausweitungen nicht nur unsere Gewissheiten stabilisieren können, sondern auch unsere heuristischen Fähigkeiten und Fragemöglichkeiten, um mit Hilfe von Verähnlichungs- und Unterscheidungsprozessen unser Wissen über unsere faktischen Lebenswelten in ein spezifisches Fließgleichgewicht zu bringen. Wir müssen es nämlich immer auch lernen, dass im Verlauf von Wissensbildungsprozessen vermeintliche Paradoxien durchaus zu akzeptablen Wahrheiten werden können, wenn wir sie perspektivisch von anderen Sehepunkten her ins Auge fassen. Dabei ist allerdings immer zu beachten, dass etwas Neues zunächst oft als Feind des Alten in Erscheinung tritt, aber nicht als Ergänzung des Alten. Diese Grundstruktur der kulturellen Wissensbildung exemplifiziert sich mustergültig in Metaphern und Aphorismen, durch die etwas scheinbar völlig Unterschiedliches letztlich doch auch als etwas inhaltlich Korrelierbares wahrnehmbar wird. Jede heuristische Analogieannahme eröffnet wie ein Fischernetz die Chance, sinnvolle Wissensfänge zu machen, ohne diese allerdings zu garantieren.

Im Denkrahmen der Semiotik bzw. der Zeichenbildung stellt sich die Formel vom Zauberstab der Analogie als ein Mittel der Zeichenbildung und des Zeichenverständnisses natürlich etwas anders dar als im Denkrahmen der allgemeinen Wissensausweitung, da es nun vor allem um die konkreten Bedingtheiten von Analogieannahmen geht. Diese können nämlich dezidiert objektbedingt sein, aber durchaus auch subjekt-, kultur- und medienbedingt. Deshalb ist in diesem Buch auch immer wieder auf Cassirer verwiesen worden, der den Menschen ja als *animal symbolicum* bestimmt hat, welches nicht nur in einer Naturwelt lebt, sondern immer auch in einer zeichenbedingten Kulturwelt, die für Cassirer faktisch immer als eine höchst differenzierte Zeichenwelt in Erscheinung tritt.

Diese Zeichenwelt kann allerdings nicht nur als eine hilfreiche Zeichenwelt in Erscheinung treten, sondern auch als Welt von Trugbildern, die eine verzerrende Welterfahrung bedingen können. Das hat dann semiotisch zur Folge, dass jeder Zeichengebrauch und insbesondere der sprachliche durch Metareflexionen begleitet werden muss. In diesen müssen nämlich ständig sowohl die jeweiligen objektivierenden Leistungsfähigkeiten von Zeichen qualifiziert werden als auch deren jeweilige Analogisierungsimplikationen, eben weil Zeichen ja semiotisch gesehen keine feststellenden Abbildungsmittel sind, sondern eher heuristische Erschließungsmittel.

Die von sprachlichen Zeichen vorgenommenen Abstraktionen und Perspektivierungen von Phänomenen führen ja nicht unmittelbar zu den Phänomenen selbst, sondern eher zu subjekt- und kulturbedingten Interpretationsweisen von Phänomenen, die mehr oder weniger brauchbar sind. Diese Problemlage kann dann allerdings immer dadurch genauer aufgeklärt werden, dass die dialogischen Interaktionsmöglichkeiten von Zeichen mit ihren jeweiligen Objekt- und Subjektwelten genauer bedacht werden. Aus dieser kognitiven und kommunikativen Grundstruktur von Analogisierungsverfahren ist hier dann auch der Schluss gezogen worden, dass sich die heuristischen Zauberstabsfunktionen von Analogieannahmen insbesondere in dialogisch strukturierten Frage- und Antwortspielen entfalten können, die sowohl die Interaktionsprozesse zwischen unterschiedlichen Subjekten betreffen können als auch die Interaktionsprozesse zwischen unterschiedlichen Subjektwelten und Objektwelten. Auf jeden Fall spielen in solchen Prozessen immer die dynamischen Selbstbewegungen von Subjekten sowie die Resonanzfähigkeiten von Objekten eine konstitutive Rolle.

Diesen Tatbestand hat Novalis aphoristisch folgendermaßen charakterisiert: *„Alles was wahrgenommen wird, wird nach Maaßgebung seiner Repulsivkraft wahrgenommen."* [531] Das bedeutet faktisch, dass Analogieannahmen im Prinzip als ikonische semiotische Verfahren anzusehen sind, durch die Objektwelten und Subjektwelten auf vielfältige Weise miteinander vernetzt werden können. Diese Vernetzungsprozesse können dann je nach Wahrnehmungsinteressen sowohl als Analyse- als auch als Syntheseprozesse verstanden werden. Dieser Tatbestand macht dann auch analogisierende Sinnbildungsprozesse faktisch

---

531 Novalis: Werke. Bd. 2, S. 424

unabschließbar, aber natürlich nicht methodisch, da sie ja dialektisch und perspektivisch in der Höhle unserer jeweiligen Lebenssituationen sowohl als Fesselungs- als auch als Entfesselungsprozesse in Erscheinung treten können.

Was Hamann von der anthropologischen Relevanz und der kognitiven Herausforderung des Sprachphänomens im Allgemeinen gesagt hat, das trifft im Besonderen sicherlich auch für die Sinnbildungsfunktionen des Analogiephänomens zu: „*Vernunft ist Sprache, Logos: an diesem Markknochen nag' ich und werde mich zu Tode drüber nagen.*"[532]

In sprachlich direkt behaupteten oder indirekt vermuteten Analogien wittern wir faktisch wohl oft eine ganz bestimmte Manifestationsweise des Logos. Dessen konkrete Dimensionen und Implikationen können wir allerdings kaum abschließend fixieren, weil wir das faktische Zusammenspiel von subjektiven Vorstellungen und von objektiven Gegebenheiten immer nur ansatzweise aufklären können, insofern wir ja die Welt durchaus im Rahmen sehr unterschiedlicher hermeneutischer Interpretationsweisen lesen bzw. zur Kenntnis nehmen können. Das ist nicht zuletzt auch dadurch bedingt, dass das begriffliche Verstehen tendenziell zu analytischen Isolierungen führt und das analogisierende Verstehen tendenziell eher zur Korrelation bzw. sogar zur Amalgamierung von isolierbaren Einzelphänomenen, wozu der Mensch als *animal symbolicum* natürlich sowohl prädestiniert als auch verdammt ist.

Alle Begriffsbildungen korrespondieren tendenziell immer mit konkreten sprachlichen Mustern und damit dann zugleich auch zu objektorientierten Isolierungsprozessen. Dagegen geben Analogiepostulate Impulse für die Konkretisierung von Korrelationsannahmen bzw. zu Amalgamierungsprozessen. Während sprachliche Begriffsbildungsprozesse Phänomene an sich und für sich ins Bewusstsein zu rufen versuchen, tendieren Analogisierungsprozesse faktisch immer dazu, etablierte kategorisierende Grenzziehungen zwischen gegebenen Phänomenen zu problematisieren, um eben dadurch auf ganz bestimmte Ähnlichkeiten zwischen diesen aufmerksam zu machen, was dann Einzelphänomenen natürlich auch immer eine ganz andere pragmatische und anthropologische Relevanz bzw. Profilierung zu geben vermag.[533]

Analogieannahmen lassen sich ikonisch als Brücken bzw. als Handlungsformen für die geistige und sprachliche Erschließung der menschlichen Lebenswelt und der menschlichen Gedächtnisinhalte verstehen, da sie ja sowohl auf unsere

---

532 Brief Hamanns an Herder vom 8. 8. 1784. In: J. G. Hamann: Briefwechsel. Bd. 5, S. 117.
533 Vgl. dazu auch: U. Gebhard: Symbole geben zu denken. Zur Bedeutung der expliziten Reflexion von Symbolen und Phantasien in Lernprozessen. In: C. Spieß / K.- M. Köpke (Hrsg.): Metapher und Metonymie. 2015, S. 269–295.

sinnlichen als auch auf unsere geistigem Wahrnehmungsfähigkeiten Bezug nehmen. Deshalb haben Analogien anthropologisch und pragmatisch gesehen auch eine sehr große Ähnlichkeit mit dem Phänomen *Feuer*, dessen historische und kulturelle Funktionsgeschichte der Chemiker und Philosoph Jens Soentgen eindrucksvoll beschrieben hat.[534]

Sowohl die Nutzung des Feuers als auch die von Analogien hat nämlich eine recht ähnliche kulturelle Wirkungsgeschichte und Relevanz gehabt, eben weil beide Phänomene eine sehr weitreichende Gestaltungs- und Transformationskraft ausüben können. Sowohl das Feuer als auch die Analogie haben nämlich faktisch eine ähnlich weitreichende historische und kulturelle Gestaltungs- und Transformationswirkung gehabt. Beide Phänomene lassen sich nämlich sowohl als vorfindbare und nutzbare Erfahrungsphänomene ins Auge fassen als auch als ikonische Zeichen, die auf etwas verweisen, was sie selbst faktisch gar nicht sind, aber was sie auf konkretisierende Weise durchaus objektivieren und vermitteln können. Wenn man sich hypothetisch die beiden Gestaltungsphänomene *Feuer* und *Analogie* wegdenken könnte, dann wäre die menschliche Lebens- und Erfahrungswelt sicherlich eine vollkommen andere bzw. ärmere.

Insbesondere die Nutzung von sprachlichen und kulturellen Analogieannahmen hat die reale Lebenswelt der Menschen anthropologisch tief geprägt. Ohne diese beiden Phänomene wäre uns unsere vertraute Lebens- und Kulturwelt faktisch kaum vorstellbar und demzufolge dann auch kaum sprachlich beschreibbar, eben weil für uns alles *totaliter aliter* wäre. Ohne die Existenz von Lagerfeuern im ursprünglichen und metaphorischen Sinne gäbe es sicherlich gänzlich andere Formen des menschlichen Zusammenlebens und der menschlichen Kommunikation. Ohne Feuer ließen sich menschliche Lebensmittel nicht haltbar (Fleisch) oder genießbar machen (Kartoffeln). Deshalb hat Soentgen das Phänomern des Feuers zu Recht auch als *„ein übergriffiges, im Kern dunkles und wildes Sein"* qualifiziert, welches die menschliche Lebensweise im Vergleich mit der von Tieren erst möglich gemacht hat.[535]

Ganz ähnlich wie dem Feuer lässt sich auch der Analogie bzw. der Sprache eben wegen ihrer potentiellen Übergriffigkeit auf anderes der Status einer anthropologischen Universalie zuordnen, obwohl oder gerade weil beide Phänomene ganz unterschiedliche Ausprägungen und Funktionen haben können. Das berechtigt es dann auch, dem Phänomen der Analogie den Status einer kulturellen bzw. semiotischen Universalie zuzubilligen, die dann allerdings recht unterschiedliche faktische Erscheinungs- und Interaktionsformen finden kann.

---

534 J. Soentgen: Der Pakt mit dem Feuer. Philosophie eines weltverändernden Bundes. 2021.
535 J. Soentgen: a.a.O., S. 13.

Sowohl das Phänomen des Feuers als auch das der Analogie haben die menschlichen Kultur- und Lebensformen auf ganz fundamentale Art geprägt, eben weil bei ihnen sowohl objektorientierte als auch subjektorientierte Wahrnehmungsinteressen in ein faktisch allerdings kaum abschließbares Fließgleichgewicht gebracht werden müssen. Aus diesem Grunde sind beide Phänomene dann auch als genuine anthropologisch relevante Phänomene anzusehen. Jede Kultur und jeder Mensch muss lernen, sinnvoll mit dem Feuer und mit Analogien umzugehen. Deshalb haben auch alle Kulturen evolutionär unterschiedliche Umgangsformen mit dem Feuer und mit Analogien entwickelt, um ihre jeweiligen Ausprägungsformen polyfunktional zu nutzen bzw. um ihre immanenten Ambivalenzen zu gut wie möglich auch zu beherrschen.

Soentgen hat zu Recht auf Paracelsus verwiesen, der eindringlich betont hat, dass man lernen müsse, die Welt *„mit den Augen des Feuers"* zu sehen, um ihre inneren Ordnungsstrukturen zu erkennen.[536] Ähnliches gilt sicherlich auch für das Struktur- und Funktionsverständnis der Sprache und insbesondere für das Verständnis der von der Sprache ermöglichten Analogisierungsmöglichkeiten bzw. Wegfindungsanstrengungen. Ganz ähnlich wie der kulturelle Umgang mit dem Feuer so hat auch der kulturelle Umgang mit der Sprache und insbesondere mit deren ikonischen Sinnbildungsformen eine konstitutive Relevanz für den faktischen und semiotischen Umgang der Menschen mit ihren jeweiligen realen und kulturellen Lebenswelten gehabt. So gesehen lässt sich dann auch zu Recht die Analogie ikonisch als *Herz des Denkens* ansehen, weil durch Analogieannahmen sowohl menschliche Analyse- als auch Syntheseanstrengungen produktiv zusammengeführt werden können.

Wenn man ein Buch über den Zauberstab der Analogie bei der Nutzung von Sprache schreibt, dann gibt es natürlich auch immer eine verborgene Tendenz, insbesondere die Stärken des analogisierenden Sprachgebrauchs im Kontrast mit dem begrifflichen herauszuarbeiten. Darüber sollte allerdings nicht vergessen werden, dass auch der analogisierende Sprachgebrauch seine Schwächen hat. Während die Stärken des analogisierenden Sprachgebrauchs darin liegen, den veranschaulichende, kreativen und spielerischen Sprachgebrauch zu fördern und zu stärken, liegen die Stärken des begrifflichen Sprachgebrauchs insbesondere darin, den argumentativen Sprachgebrauch zu fördern und zu stärken, ohne den natürlich auch keine Kultur auskommt.

Dieses komplexe Funktionsprofil der natürlichen Sprache lässt sich recht gut mit Hilfe von zwei unterschiedlichen Wahrnehmungsweisen der Natur veranschaulichen, denen natürlich ebenfalls eine faktische Berechtigung zugeschrie-

---

536 J. Soentgen: a.a.O., S. 111

ben werden kann. Schon im Mittelalter ist nämlich bei der Wahrnehmung der Natur auf zwei gegenläufige Aspekte dieses Phänomens aufmerksam gemacht worden. Einerseits wurde nämlich auf die schaffende Ordnungskraft der Natur verwiesen (natura naturans) und andererseits auf die von ihr jeweils erzeugten faktischen Ordnungsgebilde (natura naturata). Dieser dialektische Tatbestand hat dann auch bei Humboldt einen konkreten Widerhall gefunden, insofern er zwischen der Wahrnehmung der Sprache als einer ordnenden Kraft (Energeia) und ihrer Wahrnehmung als eines gestalteten Werks (Ergon) unterschieden hat, wobei er der Wahrnehmung der Sprache als einer ordnenden Kraft eine grundlegendere Wertschätzung zugebilligt hat als ihrer Wahrnehmung als Summe von konkreten Ordnungsmustern.

Pragmatisch gesehen ist aber wohl kaum zu bestreiten, dass beide Wahrnehmungsaspekte von Sprache ihre faktische Berechtigung haben, um deren kognitiven und kommunikativen pragmatischen Funktionen zu erfassen. Das rechtfertigt dann auch, sowohl dem analogisierenden als auch dem begrifflichen Sprachgebrauch ein genuines Existenzrecht zuzubilligen, selbst wenn man eine besondere Vorliebe für die eine oder die andere Wahrnehmungsweise von Sprache hat. Festzuhalten wäre in diesem Zusammenhang aber sicherlich, dass zumindest die natürliche Sprache in ihren vielfältigen faktischen Verwendungsweisen auf beide Funktionsprofile der Sprache angewiesen ist. Auf diesen semiotischen bzw. ambivalenten sozialen Tatbestand hat Arthur Schopenhauer auf eine sehr prägnante Weise aphoristisch folgendermaßen hingewiesen, was dann auch sogar eine spezifische Resonanz im Internet gefunden hat.

> Was die Herde am meisten hasst, ist derjenige, der anders denkt; es ist nicht so sehr die Meinung selbst, sondern die Kühnheit, selbst denken zu wollen.

Literaturverzeichnis

Adelung, Johann Christoph: Deutsche Sprachlehre. Berlin 1781. Nachdruck Hildesheim: Olms 1977.

Admoni, Wladimir: Der deutsche Sprachbau. München: Beck 1970[3].

Ammann, Hermann: Die menschliche Rede. Sprachphilosophische Untersuchungen, Teil I und II: Lahr 1925/1928. Nachdruck Darmstadt: Wiss. Buchgesellschaft 1974[4].

Aristoteles: Philosophische Schriften in sechs Bänden. Darmstadt: Wiss. Buchgesellschaft 1995. Lizenzausgabe Meiner–Verlag Hamburg 1995.

Aristoteles: Poetik. Griechisch/Deutsch. Übersetzt und herausgegeben von Manfred Fuhrmann. Stuttgart: Reclam 1999.

Arnheim, Rudolf: Kunst und Sehen. Eine Psychologie des schöpferischen Auges. Berlin/New York: De Gruyter 1978.

Asemissen, Hermann Ulrich: Notizen über den Aphorismus (1949). In: Gerhard Neumann (Hrsg.): Der Aphorismus. Darmstadt: Wiss. Buchgesellschaft 1976, S. 159–176.

Augustinus, Aurelius: Das Handbuch des hl. Augustinus. Übertragen und erläutert von Paul Simon. Paderborn: Schöningh 1923.

Augustinus, Aurelius: Die Lüge und gegen die Lüge. Übertragen und erläutert von Dr. Paul Keseling. Würzburg: Augustinus Verlag 1953.

Augustinus, Aurelius: Der Lehrer. De magistro. Paderborn: Schöningh 1958.

Augustinus, Aurelius: Confessiones/Bekenntnisse. Lateinisch- deutsch 1966[3]. München: Kösel 1966[3].

Bachtin, Michail M.: Formen der Zeit im Roman. Untersuchungen zur historischen Poetik. Frankfurt: Fischer 1989.

Bacon, Franz: Neues Organon der Wissenschaften. Leipzig 1830. Nachdruck Darmstadt: Wiss. Buchgesellschaft 1981.

Bär, Jochen A.: Sprachreflexion in der deutschen Frühromantik. Konzepte zwischen Universalpoesie und grammatischem Kosmopolitismus. Berlin/New York: De Gruyter 1999.

Bartlett, Frederic C.: Remembering. A study in experimental and social psychology. Cambridge University Press 1932. Reprint 1967[2].

Bauer, Matthias: Romantheorie und Erzählforschung. Eine Einführung. Stuttgart/Weimar: Metzler 2005[2].

Baumgarten, Franziska: Die Lüge im Beruf. In: O. Lipmann/P. Plaut (Hrsg.): Die Lüge. Leipzig: Barth 1927, S. 505–531.

Belting, Hans: Bild und Kult: Eine Geschichte des Bildes vor dem Zeitalter der Kunst. München: Beck 1991[2].

Benz, Ernst: Geist und Leben der Ostkirche. Hamburg: Rowohlt 1957.

Bertalanffy, Ludwig von: Das biologische Weltbild. Bern: Franke 1949.

Betz, Werner: Vom ‚Götterbild‘ zum ‚Massentraumbild‘. Zur Wortgeschichte von Mythos. In: H. Koopmann (Hrsg.): Mythos und Mythologie in der Literatur des 19. Jahrhunderts: Frankfurt: Klostermann 1979, S. 11–24.

Bichsel, Peter: Schulmeistereien. Darmstadt/Neuwied: Luchterhand 1983[3].

Black, Max: Die Metapher. In: Haverkamp, Anselm (Hrsg.): Theorie der Metapher. Darmstadt: Wiss. Buchgesellschaft 1983, S. 55–79.

Blumenberg, Hans: Wirklichkeitsbegriff und Wirkungspotential des Mythos. In M. Fuhrmann (Hrsg.): Terror und Spiel: München: Fink 1971, S. 11–66.

Blumenberg, Hans: Die Lesbarkeit der Welt. Frankfurt: Suhrkamp 1981.

Blumenberg, Hans: Ausblick auf eine Theorie der Unbegrifflichkeit. In: A. Haverkamp (Hrsg.): Theorie der Metapher. Darmstadt: Wiss. Buchgesellschaft, 1983, S. 438–454.

Blumenberg, Hans: Paradigmen zu einer Metaphorologie. Frankfurt: Suhrkamp 1999[2].

Blumenberg, Hans: Ästhetische und metaphorologische Schriften. Frankfurt: Suhrkamp 2001.

Bodenheimer, Aron Ronald: Warum? Von der Obszönität des Fragens. Stuttgart: Reclam 1984.

Bollnow, Otto Friedrich: Die Ehrfurcht. Frankfurt: Klostermann 1947.

Boost, Karl: Arteigene Sprachlehre. Vom Wirkungszusammenhang der deutschen Sprache. Breslau: Hirt 1938.

Boost, Karl: Die mittelbare Feststellungsweise. Eine Studie über den Konjunktiv. Zeitschrift für Deutschkunde 54, 1940, S. 284–294.

Borchert, Wolfgang: Das ist unser Manifest. In: Draußen vor der Tür und ausgewählte Erzählungen, S. 112–117. Reinbek: Rowohlt 1969.

Borst, Arno: Der Turmbau von Babel. Geschichte der Meinungen über Ursprung und Vielfalt der Sprachen und Völker, 4 Bde. Stuttgart: Hiersemann 1957–1963.

Bresch, Carsten: Zwischenstufe Leben. Evolution ohne Ziel? München/Zürich: Piper 1977.

Brinkmann, Hennig: Die deutsche Sprache. Gestalt und Leistung. Düsseldorf: Schwann 1971[2].

Bruner, Jerome S.: Der Verlauf der kognitiven Entwicklung. In: Dieter Spanhel (Hrsg.): Schülersprache und Lernprozesse. Düsseldorf: Schwann 1973, S. 49–83.

Bruner, Jerome S./Olson, D. R.: Symbole und Texte als Werkzeuge des Denkens. In: S. Steiner (Hrsg.): Die Psychologie des 20. Jahrhunderts, Bd. 7: Piaget und die Folgen. Zürich: Kindler 1968, S. 306–321.

Büchner, Wilhelm: Über den Begriff der Eironeia. Hermes 76/77, 1941, S. 339–358.

Bühler, Karl: Sprachtheorie. Die Darstellungsfunktion der Sprache. Stuttgart: Gustav Fischer 1965[2].

Busch, Wilhelm: Schein und Sein. Leipzig: Insel 1940.

Buytendijk, Frederik Jakobus Johannis: Wesen und Sinn des Spiels. Das Spielen des Menschen und der Tiere als Erscheinungsformen der Lebenstriebe. Berlin: Wolff 1933.

Camus, Albert: Der Mythos von Sisyphos. Ein Versuch über das Absurde. Hamburg: Rowohlt 1960.

Capelle, Wilhelm (Hrsg.): Die Vorsokratiker. Die Fragmente und Quellenberichte. Stuttgart: Kröner 1968.

Cappeletti, Vincenzo: Humanistische und aufgeklärte Wissenschaft. In: R. Toellner (Hrsg.): Aufklärung und Humanismus. Heidelberg: Schneider 1980, S. 251–260.

Carnap, Rudolf: Überwindung der Metaphysik durch logische Analyse der Sprache. Erkenntnis 2, 1931, S. 219–241.

Carroll, Lewis: Alice hinter den Spiegeln. Übersetzt von Christian Enzensberger. Insel Verlag 1980[4].

Cassirer, Ernst: Individuum und Kosmos in der Philosophie der Renaissance (1927), Darmstadt: Wiss. Buchgesellschaft 1987[6].

Cassirer, Ernst: Philosophie der symbolischen Formen, 3 Bde.: Darmstadt: Wiss. Buchgesellschaft 1964[4].

Cassirer, Ernst: Wesen und Wirkung des Symbolbegriffs. Darmstadt: Wiss. Buchgesellschaft 1976[5].

Cassirer, Ernst: Versuch über den Menschen. Hamburg: Meiner 2007[2].

Celan, Paul: Büchner-Preis-Rede 1960. In: Büchner-Preis-Reden 1951–1971, Stuttgart: Reclam 1972, S. 88–102.

Celan, Paul: Die Gedichte. Hrsg. von Barbara Wiedemann. Frankfurt: Suhrkamp 2003.

Chargaff, Erwin: Bemerkungen. Stuttgart: Klett-Cotta 1981.

Chladenius, Johann Martin: Einleitung zur richtigen Auslegung vernünftiger Reden und Schriften. Leipzig 1742. Nachdruck: Düsseldorf: Sternverlag Janssen & Co. 1969.

Chladenius, Johann Martin: Allgemeine Geschichtswissenschaft. Leipzig 1752. Nachdruck Wien, Köln, Graz: Böhlau 1985. Mit einer Einleitung von Ch. Friedrich und einem Vorwort von R. Koselleck.

Coenen, Hans Georg: Analogie und Metapher. Grundlegung einer Theorie bildlicher Rede. Berlin/New York: De Gruyter 2002.

Coulmas, Florian: Alternativen zum Alphabet. In: K.-B. Günther/H. Günther (Hrsg.): Schrift, Schreiben, Schriftlichkeit. Tübingen: Niemeyer 1983, S. 169–190.

Daiber, Jürgen: Experimentalphysik des Geistes. Novalis und das romantische Experiment. Göttingen: Vandenhoeck & Ruprecht 2001.

Debatin, Bernhard: Die Rationalität der Metapher. Eine sprachphilosophische und kommunikationstheoretische Untersuchung. Berlin/New York: De Gruyter 1995.

Demandt, Alexander: Ungeschehene Geschichte. Ein Traktat über die Frage: Was wäre geschehen, wenn ...? Göttingen: Vandenhoeck & Ruprecht 2011[4].

Deutscher, Guy: Im Spiegel der Sprache. Warum die Welt in anderen Sprachen anders aussieht. München: Beck 2010.

Drewermann, Eugen: Sprachverwirrung und Zerstreuung. Der Turmbau zu Babel. Eine Meditation zu Gen. 11, 1–9. Werkstatt Predigt. Loccum 9, 1981, S. 26–39.

Diwald, Helmut: Geschichte der Deutschen. Frankfurt a. Main/Berlin/Wien: Propyläen 1978.

Dostojewskij, Fjodor Michailowitsch: Die Brüder Karamasoff. Gütersloh: Sigbert Mohn Verlag o. J.

Droysen, Johann Gustav: Historik. Vorlesungen über die Methodologie der Geschichte. München/Berlin: Oldenbourg Verlag 1937.

Eckermann, Johann Peter: Gespräche mit Goethe in den letzten Jahren seines Lebens. Hrsg. von Heinz Schlaffer. In: J. W. von Goethe: Sämtliche Werke, hrsg. von Karl Richter. München: Hanser 1986.

Eddington, Arthur Stanley: The nature of physical world. Cambridge: Scholars Publishing 1930.

Engels, Friedrich: Anteil der Arbeit an der Menschwerdung des Affen. In: Marx-Engels-Werke, Bd. 20. Berlin: Dietz 1973, S. 444–455.

Esser, Josef: Wert und Bedeutung von Rechtsfiktionen. Frankfurt: Klostermann 1969[2].

Fehling, Detlev: Zur Geschichte des bestimmten Artikels in Europa; ein Versuch, historisch zu erklären. In: P. Baerentzen (Hrsg.): Aspekte der Sprachbeschreibung. Akten des 29. Linguistischen Kolloquiums Aarhus 1994. Tübingen: Niemeyer 1995, S. 43–46.

Feyerabend, Paul: Wider den Methodenzwang. Skizze einer anarchistischen Erkenntnistheorie. Frankfurt: Suhrkamp 1976.

Fieguth, Gerhard (Hrsg.): Deutsche Aphorismen. Stuttgart: Reclam 1978.

Flaubert, Gustave: Oeuvres complètes. Madame Bovary. Moeurs de province. Paris 1930: Edition Louis Conard.

Foucault, Michel: Die Ordnung der Dinge. Frankfurt: Suhrkamp 1974.

Fouconnier, Gilles/Turner, Mark: Conceptual integration networks . In: Geeraerts, Dirk (ed.): Cognitive linguistics. Basic readings. Berlin/New York: Mouton De Gruyter 2006, S. 303–371.

Fricke, Harald: Aphorismus. Stuttgart: Metzler 1984.

Friedemann, Käte: Die Rolle des Erzählers in der Epik. In: Volker Klotz (Hrsg.): Zur Poetik des Romans. Darmstadt: Wiss. Buchgesellschaft 1969, S. 162–196.

Friedrich, Alexander: Metaphorologie der Vernetzung: Zur Theorie kultureller Leitmetaphern: Paderborn. Fink 2015.

Friedrich, Hugo: Die Struktur der modernen Lyrik. Von Baudelaire bis zur Gegenwart. Reinbek bei Hamburg: Rowohlt 1956.

Gadamer, Hans-Georg: Mythos und Logos (1981). Gesammelte Werke, Bd. 8. Tübingen: Mohr/Siebeck 1993, S. 170–173.

Gamm, Gerhard: Nicht nichts. Studien zu einer Semantik des Unbestimmten. Frankfurt: Suhrkamp 2000.

Gamm, Gerhard: Flucht aus der Kategorie. Die Positivierung des Unbestimmten als Ausgang der Moderne. Frankfurt: Suhrkamp 1994.

Gauger, Hans Martin: Durchsichtige Wörter. Zur Theorie der Wortbildung. Heidelberg: Winter 1971.

Gebhardt, Ulrich: Symbole geben zu denken. Zur Bedeutung der expliziten Reflexion von Symbolen und Phantasien in Lernprozessen. In: C. Spieß/K.-M. Köpke (Hrsg.): Metapher und Metonymie. Berlin: De Gruyter 2015, S. 269–295.

Gernhardt, B./Eilert, B./Knorr P.: Es ist ein Has' entsprungen und andere schöne Geschichten zum Fest. Frankfurt: Fischer 2004.

Gießmann, Sebastian: Die Verbundenheit der Dinge. Eine Kulturgeschichte der Netze und Netzwerke. Berlin: Kulturverlag Kadmos 2014.

Glinz, Hans: Die innere Form des Deutschen. Bern/München: Franke 1973[6].

Goethe, Johann Wolfgang von: Goethes Werke, Hamburger Ausgabe in 14 Bänden, hrsg. von Erich Trunz. Hamburg: Christian Wegner Verlag 1964[7].

Goethes Briefe: Hamburger Ausgabe in 4 Bänden. Bd. 2, hrsg. von Karl Robert Mandelkow. Hamburg: Wegner Verlag 1986[2].

Goodman, Nelson: Sprachen der Kunst. Ein Ansatz zu einer Symboltheorie. Frankfurt: Suhrkamp 1973.

Goodman, Nelson: Weisen der Welterzeugung. Frankfurt: Suhrkamp 1990.

Grassi, Ernesto: Macht des Bildes: Ohnmacht der rationalen Sprache. Zur Rettung des Rhetorischen. Köln: DuMont Schauberg 1970.

Greenfield, Patricia M.: Oral or written language: The consequences for cognitive development in Africa, the United States and England. Language and Speech. 1972, S. 169–178.

Grimm, Jacob: Rede auf Wilhelm Grimm. Rede über das Alter. Gehalten in der Königlichen Akademie der Wissenschaften von Jacob Grimm. Kassel: Bärenreiter Verlag 1963.

Grimm, Jacob: Deutsche Grammatik Bd. IV, Nachdruck: Hildesheim: Olms 1967.

Grosse, Siegfried: Das syntaktische Feld des Aphorismus. In: Gerhard Neumann (Hrsg.): Der Aphorismus: Zur Geschichte, zu den Formen und Möglichkeiten einer Gattung. Darmstadt: Wiss. Buchgesellschaft 1976, S. 378–398.

Hamburger, Käte: Die Logik der Dichtung. Stuttgart: Klett 1968[2].

Haecker, Hans Joachim: Lautloser Alarm. Gedichte. Calatra Press 1977.

Halbwachs, Maurice: Das kollektive Gedächtnis. Stuttgart: Enke 1967.

Hamann, Johann Georg: Sämtliche Werke, hrsg. von Joseph Nadler, Wien 1949–1957. Nachdruck: Wuppertal: Brockhaus 1999.

Hamann Johann Georg: Briefwechsel. Hrsg. von W. Ziesemer und A. Henkel, 9 Bde. Frankfurt: Insel Verlag 1955–1959.

Hamann, Johann Georg: Schriften zur Sprache. Frankfurt: Suhrkamp 1967.

Harnisch, Wolfgang (Hrsg.): Gleichnisse Jesu. Positionen der Auslegung von Adolf Jülicher bis zur Formgeschichte. Darmstadt: Wiss. Buchgesellschaft 1982.

Harnisch, Wolfgang (Hrsg.): Die neutestamentliche Gleichnisforschung im Horizont von Hermeneutik und Literaturwissenschaft. Darmstadt: Wiss. Buchgesellschaft 1982.

Harsdörffer, Georg Philipp: Frauenzimmer Gesprächsspiele, hrsg. von I. Böttcher. III Teil. Tübingen: Niemeyer 1968.

Hayakawa, S. J.: Sprache im Denken und Handeln, 4. Auflage: Darmstadt: Verlag Darmstädter Blätter, o. J.

Hedrich, R.: Analogien in der Welt oder im Geiste? Praxis der Naturwissenschaften. Physik 43, 1994, S. 16–26.

Hegel, Georg Wilhelm Friedrich: Werke in 20 Bänden. Frankfurt: Suhrkamp 1986.

Heidegger, Martin: Was ist Metaphysik? Frankfurt: Klostermann 1960[8].

Heidegger, Martin: Sein und Zeit. Tübingen: Niemeyer 1963[10].

Heine, Heinrich: Sämtliche Schriften in zwölf Bänden. München/Wien: Hanser 1976.

Heinroth, Johann Christian August: Die Lüge. Ein Beitrag zur Seelenkrankheitskunde, für Aerzte, Geistliche, Erzieher etc. Leipzig: Fleischer 1834.

Heisenberg, Werner: Der Teil und das Ganze. Gespräche im Umkreis der Atomphysik. München: Piper 1996. Taschenbuchausgabe.

Helbig, Gerhard: Partikeln als illokutive Indikatoren im Dialog. Deutsch als Fremdsprache 13, 1976, S. 30–44.

Helbig, Gerhard: Die deutschen Modalwörter im Lichte der modernen Forschung. Beiträge zur Erforschung der deutschen Sprache, 1, 1981, S. 5–29.

Helbig, Gerhard/Helbig, Agnes: Lexikon deutscher Modalwörter. Leipzig: Enzyklopädie 1990.

Herder, Johann Gottfried: Herders Sämmtliche Werke, hrsg. von B. Suphan. Berlin: Weidmannsche Buchhandlung 1877 ff.

Herder, Johann Gottfried: Werke in zehn Bänden. Frankfurt: Deutscher Klassiker Verlag 1985 ff.

Herkommer, Hubert: Buch der Schrift und Buch der Natur. Zeitschrift für Schweizer Archäologie und Kunstgeschichte, 49, 1986, H. 1, S. 167–178.

Herodot: Historien. Stuttgart: Kröner 1993[3].

Herold, Norbert: Bild der Wahrheit – Wahrheit des Bildes. Zur Deutung des „Blicks aus dem Bild" in der Cusanischen Schrift „De visione dei". In: V. Gerhard/N. Herold (Hrsg.): Wahrheit und Begründung. Würzburg: Königshausen & Neumann, 1985, S. 71–98.

Hochstaffel, Josef: Negative Theologie. Ein Versuch zur Vermittlung eines patristischen Begriffs. München: Kösel 1976.

Hofmannsthal, Hugo von: Aufzeichnungen. Gesammelte Werke in Einzelausgaben Bd. 15. Frankfurt: Fischer 1973.

Hofstadter, Douglas/Sander Emmanuel: Die Analogie. Das Herz des Denkens. Stuttgart: Klett-Cotta 2014.

Hölderlin, Friedrich: Sämtliche Werke. Große Stuttgarter Ausgabe, hrsg. von F. Beißner. Stuttgart: Kohlhammer 1946 ff.

Hörisch, Jochen: Kopf und Zahl. Die Poesie des Geldes. Frankfurt: Suhrkamp 1998.

Huizinga, Johan: Herbst des Mittelalters. Studien über Lebens- und Geistesformen des 14. und 15. Jahrhunderts in Frankreich und in den Niederlanden. Stuttgart: Kröner 1975[11].

Huizinga, Johan: Homo ludens. Vom Ursprung der Kultur im Spiel. Reinbek bei Hamburg: Rowohlt 2013[23].

Humboldt, Wilhelm von: Gesammelte Schriften, hrsg. von der Königlich Preußischen Akademie der Wissenschaften. Berlin 1903. Nachdruck Berlin: De Gruyter 1968.

Humboldt, Wilhelm: Werke in 5 Bänden, hrsg. von A. Flitner und G. Giehl. Darmstadt: Wiss. Buchgesellschaft 1969[3].

Hume David: Ein Traktat über die menschliche Natur, Bd. 1: Über den Verstand. Hamburg: Meiner 1978.

Ihering, Rudolf von: Scherz und Ernst in der Jurisprudenz. Leipzig: Breitkopf und Härtel 1898[7].

Jacobi, Friedrich Heinrich: Werke, hrsg. von F. Roth und F. Köppen. Leipzig: 1816. Nachdruck Darmstadt: Wiss. Buchgemeinschaft 1968.

Jakobson, Roman: Form und Sinn. Sprachwissenschaftliche Betrachtungen. München: Fink 1974.

Jakobson, Roman: Linguistik und Poetik. In: Blumensath, Heinz (Hrsg.): Strukturalismus in der Literaturwissenschaft. Köln: Kiepenheuer & Witsch 1972, S. 118–147.

Jensen, Hans: Die Schrift in Vergangenheit und Gegenwart. Berlin: Deutscher Verlag der Wissenschaften 1969[3].

Jolles, André: Einfache Formen. Legende, Sage, Mythe, Rätsel, Spruch, Kasus, Memorabile, Märchen, Witz. Tübingen. Niemeyer: 1974[5].

Jülicher, Adolf: Die Gleichnisreden Jesu. Tübingen 1910. Nachdruck Darmstadt: Wiss. Buchgesellschaft 1969.

Kainz, Friedrich: Über die Sprachverführung des Denkens. Berlin: Dunker und Humblot 1972.

Kant, Immanuel: Kant's Gesammelte Schriften, hrsg. von der Königlich Preußischen Akademie der Wissenschaften Bd. X. Briefwechsel, Bd. 1, 1747–1788, Berlin 1900.

Kant, Immanuel: Werkausgabe in 12 Bänden, hrsg. von Wilhelm Weischedel. Frankfurt: Suhrkamp 1978[2].

Kartagener, Manes: Zur Struktur der hebräischen Sprache. Studium Generale, 15, 1962, S. 31–39.

Keller, Gottfried: Sämtliche Werke. Historisch-Kritische Ausgabe, hrsg. von Walther Morgenthaler. Bd. 3, Der Grüne Heinrich, vierter Band. Basel: Stroemfeld 2006.

Keller, Rudi: Das epistemische *weil*. Bedeutungswandel einer Konjunktion. In: H. J. Heringer/G. Stötzel (Hrsg.): Sprachgeschichte und Sprachkritik. Festschrift für Peter Polenz zum 65. Geburtstag. Berlin/New York: De Gruyter 1993, S. 219–247.

Kierkegaard, Sören: Über den Begriff der Ironie. Mit ständiger Rücksicht auf Sokrates. Frankfurt: Suhrkamp 1976.

Klemperer, Victor: LTI [Lingua Tertii Imperii/Sprache des Dritten Reiches]. Leipzig: Reclam 1996[15].

Klotz, Peter: Beschreiben. Grundzüge einer Deskriptologie. Berlin: Erich Schmidt Verlag 2013.

Klotz, Volker: Erzählen als Enttöten. Vorläufige Notizen zum *zyklischen*, *instrumentalen* und *praktischen* Erzählen. In: E. Lämmert: Erzählforschung. Ein Symposium; Stuttgart: Metzler 1982, S. 319–324.

Koch, Klaus: Der hebräische Wahrheitsbegriff im griechischen Sprachraum. In: H. R. Müller-Schwefe (Hrsg.): Was ist Wahrheit? Ringvorlesung der Evangelisch-Theologischen Fakultät der Universität Hamburg. Göttingen: Vandenhoeck & Ruprecht 1965, S. 47–65.

Kolb, Herbert: Der inhumane Akkusativ. Zeitschrift für Wortforschung 16, 1960, H.3, S. 168–177.

Köller, Wilhelm: Semiotik und Metapher. Untersuchungen zur grammatischen Struktur und kommunikativen Funktion von Metaphern. Stuttgart: Metzler 1975.

Köller Wilhelm: Der sprachtheoretische Wert des semiotischen Zeichenmodells. In: K. H. Spinner (Hrsg.). Zeichen, Text, Sinn. Zur Semiotik des literarischen Verstehens. Göttingen: Vandenhoeck & Ruprecht 1977, S. 7–77.

Köller, Wilhelm: Dimensionen des Metaphernproblems. Zeitschrift für Semiotik. 8, 1986, S. 379–410.

Köller, Wilhelm: Philosophie der Grammatik. Vom Sinn grammatischen Wissens. Stuttgart: Metzler 1988.

Köller, Wilhelm: Perspektivität und Sprache. Zur Struktur von Objektivierungsformen in Bildern, im Denken und in der Sprache. Berlin/New York: De Gruyter 2004.

Köller, Wilhelm: Narrative Formen der Sprachreflexion. Interpretationen zu Geschichten über Sprache von der Antike bis zur Gegenwart. Berlin/New York: De Gruyter 2006.

Köller, Wilhelm: Sinnbilder für Sprache. Metaphorische Alternativen zur begrifflichen Erschließung von Sprache. Berlin/Boston: de Gruyter 2012.

Köller, Wilhelm: Die Anregungskraft des „genetischen Prinzips" für die Sprachdidaktik und Sprachwissenschaft. In: Kruse, N./Messner, R./Wollring, B. (Hrsg.): Wagenschein – Faszination und Aktualität des Genetischen. Hohengehren: Schneider 2012, S. 175–192.

Köller, Wilhelm: Formen und Funktionen der Negation. Untersuchungen zu den Erscheinungsweisen einer Sprachuniversalie. Berlin/Boston: De Gruyter 2016.

Köller, Wilhelm: Die Zeit im Spiegel der Sprache. Untersuchungen zu den Objektivierungsformen für Zeit in der natürlichen Sprache. Berlin/Boston: De Gruyter 2019.

König, Gert: Theorie. In: Historisches Wörterbuch der Philosophie. Bd.10. Sp. 1128–1146. Darmstadt: Wiss. Buchgesellschaft 1998. Lizenzausgabe: Basel: Schwabe 1998.

Konrad von Megenberg: Buch der Natur. Frankfurt: Inselverlag 1990.

Koselleck, Reinhart: Vergangene Zukunft. Zur Semantik geschichtlicher Zeiten. Frankfurt: 1989.

Kraus, Karl: Sprüche und Widersprüche. Frankfurt: Suhrkamp 1984.

Krohn, Wolfgang: Francis Bacon. In: O. Höffe (Hrsg.): Klassiker der Philosophie, Bd. I. München: Beck 1985[2], S. 262–279.

Krüger, Heinz: Studien über den Aphorismus als philosophischer Form. Frankfurt: Nest-Verlag, 1957.

Kunz; Josef (Hrsg.): Novelle. Darmstadt: Wiss. Buchgesellschaft, 1973[2].

Lakoff, George/Johnson, Mark: Metaphors we live by. Chicago/London: University Press 1980. Dt. Leben in Metaphern. Heidelberg: Auer Verlag 2004[4].

Lambert, Johann Heinrich: Neues Organon oder Gedanken über die Erforschung und Bezeichnung des Wahren und dessen Unterscheidung von Irrtum und Schein. 2 Bde. Leipzig 1764. Neudruck: Berlin. Akademie-Verlag 1990.

Landmann, Michael: Der Mensch als Schöpfer und Geschöpf der Kultur. München/Basel: Ernst Reinhardt Verlag 1961.

Lapide, Pinchas: Ist die Bibel richtig übersetzt? Gütersloh: Verlagshaus Mohn, 1989[3].

Larenz, Karl: Methodenlehre der Rechtswissenschaft. Heidelberg/New York: Springer 1969[2].

Laub, Gabriel: Verärgerte Logik. Aphorismen. München: Hanser 1969.

Leisegang, Hans: Denkformen: Berlin/Leipzig: De Gruyter 1928.

Lenneberg, Eric H.: Biologische Grundlagen der Sprache. Frankfurt: Suhrkamp 1972.

Leonardo da Vinci: Der Denker, Forscher und Poet. Nach den veröffentlichten Handschriften. Auswahl, Übersetzung und Einleitung von Marie Herzfeld. Leipzig: Diederichs 1904.

Lessing, Gotthold Ephraim: Werke in 8 Bänden. München: Hanser 1974.

Lessing, Theodor: Geschichte als Sinngebung des Sinnlosen (1919). Nachdruck München: Matthes und Seitz 1983.

Lewis, Clive Staples: Wunder: Möglich – wahrscheinlich – undenkbar? Basel/Gießen. Brunnenverlag 1980[2].

Lichtenberg, Georg Friedrich: Sudelbücher I und II. München: dtv 2005.

Liebrucks, Bruno: Sprache und Bewußtsein. Bd.1. Frankfurt: Akad. Verlags Gesellschaft 1964.

Livius, Titus: Römische Geschichte Buch I–III, lateinisch-deutsch, hrsg. von Hans Jürgen Hillen. Düsseldorf/Zürich: Patmos Verlag 1997².

Locke, John: Über den menschlichen Verstand. In vier Büchern. 2 Bde. Hamburg: Meiner 1976³.

Lorck, Etienne: Die „erlebte Rede". Eine sprachliche Untersuchung. Heidelberg: Carl Winter Verlag 1921.

Lorenz, Konrad: Die Rückseite des Spiegels: Versuch einer Naturgeschichte des Erkennens. München: dtv 1977.

Löwith, Karl: Weltgeschichte und Heilsgeschehen. Die theologischen Voraussetzungen der Geschichtsphilosophie. Stuttgart. Kohlhammer 1961⁴. Auch abgedruckt in: K. Löwith: Sämtliche Schriften, Bd. 2, Stuttgart: Metzler 1983.

Lukács, Georg: Die Theorie des Romans. Ein geschichtsphilosophischer Versuch über die Formen der großen Epik. Neuwied: o. J. [1965²]

Lukian: Wie man Geschichte schreiben soll. Griechisch und Deutsch, hrsg. von H. Hohmeyer. München: Fink 1965.

Lurija, Aleksander Romanovič: Die historische Bedingtheit individueller Erkenntnisprozesse. Weinheim VCH 1986.

Maeder, Hannes: Versuch über den Zusammenhang von Sprachgeschichte und Geistesgeschichte. Zürich: Atlantis Verlag 1945.

Mann, Thomas: Gesammelte Werke in 12 Bänden. Frankfurt: Fischer 1960.

Mann, Thomas: Die Kunst des Romans. Vortrag für Princton-Studenten 1940. In: H. Steinecke/F. Wahrenburg (Hrsg.) Romantheorie. Texte vom Barock bis zur Gegenwart. Stuttgart: Reclam 1999, S. 441–445.

Marquard, Odo: Einleitung zu einer Diskussion über Mythos und Dogma. In: M. Fuhrmann (Hrsg.): Terror und Spiel. München: Fink 1971, S. 527–530.

Marquard, Odo: Lob des Polytheismus: In: O. Marquard: Abschied vom Prinzipiellen. Stuttgart: Reclam 1981, S. 4–22.

Marquard, Odo: Kunst als Antifiktion – Versuch über den Weg der Wirklichkeit ins Fiktive. In: D. Henrich/W. Iser (Hrsg.): Funktionen des Fiktiven. München: Fink 1983, S. 35–54.

Marquard, Odo: Religion und Skepsis. In: P. Koslowski (Hrsg.): Die religiöse Dimension der Gesellschaft. Religion und ihre Theorien. Tübingen: Mohr, 1985, S. 42–47.

Marquard, Odo: Narrare necesse est. In: O. Marquard: Philosophie des Stattdessen. Studien. Stuttgart: Reclam 2000, S. 60–65.

Marquard, Odo: Die Denkformen und die Gewaltenteilung. Zur Aktualität der Philosophie von Hans Leisegang. In: O Marquard: Individuum und Gewaltenteilung. Philosophische Studien. Stuttgart: Reclam 2004, S. 114–123.

Marx, Karl: Zur Kritik der politischen Ökonomie: In Marx-Engels-Werke, Bd. 13. Berlin: Dietz 1974.

Mauthner, Fritz: Beiträge zu einer Kritik der Sprache, 3 Bände (Nachdruck). Frankfurt /Berlin/Wien: Ullstein 1982.

Mittelstraß, Jürgen: Die Rettung der Phänomene. Ursprung und Geschichte eines antiken Forschungsprinzips. Berlin: De Gruyter 1962.

Mommsen, Wolfgang J.: Die Sprache des Historikers. Historische Zeitschrift 238, 1984, S. 57–81.

Musil, Robert: Gesammelte Werke in neun Bänden, hrsg. von Adolf Frisé. Hamburg: Rowohlt 1981².

Neisser, Ulric: Kognitive Psycholgie. Stuttgart: Klett 1974.

Nestle, Wilhelm: Vom Mythos zum Logos. Die Selbstentfaltung des griechischen Denkens von Homer bis auf die Sophistik und Sokrates. Stuttgart: Kröner 1975².

Neumann, Gerhard: Die ‚absolute Metapher'. Ein Abgrenzungsversuch am Beispiel Stéphane Mallarmés und Paul Celans. Poetica 3, 1970, S. 188–225.

Neumann, Gerhard (Hrsg.): Der Aphorismus. Zu den Formen und Möglichkeiten einer literarischen Gattung. Darmstadt: Wiss. Buchgesellschaft 1976.

Neumeyer, Alfred: Der Blick aus dem Bilde. Berlin: Mann 1964.

Nietzsche, Friedrich: Werke in drei Bänden, hrsg. von Karl Schlechta. München: Hanser 1973⁷.

Niederhauser, Jürg: „Kleine Pinseldrücke des Gedankens" (Johann Karl Wezel 1781). Ein Zeugnis früher Beschäftigung mit Modalpartikeln. Zeitschrift für Literaturwissenschaft und Linguistik 22, 1992, H. 87–88, S. 249–255.

Nikolaus von Kues: Philosophisch-theologische Schriften. Herausgegeben und eingeführt von Leo Gabriel, 3 Bände. Sonderausgabe Darmstadt; Wiss. Buchgesellschaft 2014.

Nobis, Heribert Maria: Buch der Natur. In. Historisches Wörterbuch der Philosophie, hrsg. von J. Ritter. Bd.1. Darmstadt: Wiss. Buchgesellschaft 1971. Lizenzausgabe von Schwabe, Basel 1971, Sp. 957–959

Novalis: Werke, Tagebücher und Briefe Friedrich von Hardenbergs, hrsg. von Hans-Joachim Mähl und Richard Samuel. Darmstadt: Wiss. Buchgesellschaft 1999, 3 Bde., Lizenzausgabe von Carl Hanser, München 1878.

Oelmüller, Willi: Negative Theologie heute. Die Lage der Menschen vor Gott. München: Fink 1999.

Ohly, Friedrich: Zum Buch der Natur. In: F. Ohly: Ausgewählte und neue Schriften zur Literaturgeschichte und zur Bedeutungsforschung. Stuttgart/Leipzig: Hirzel 1995, S. 727–843.

Ostrogorski, Georg: Studien zur Geschichte des byzantinischen Bilderstreites. Breslau 1929. Nachdruck Amsterdam: Hackkurt 1964.

Panofsky, Erwin: Die Perspektive als „symbolische Form". Vorträge der Bibliothek Warburg, hrsg. von F. Saxel: Leipzig/Berlin 1927, S. 258–330. Auch abgedruckt in: E. Panofsky: Aufsätze zu Grundfragen der Kunstwissenschaft. Berlin: Spiess, 1980³, S. 99–167.

Pascal, Roy: The dual voice. Free indirect speech and its functioning in the nineteenth-century European novel. Manchester University press 1977.

Paul, Jean: Werke in zwölf Bänden, hrsg. von Norbert Miller. München: Hanser 1975.

Peirce, Charles Sanders: Collected Papers, Vol 1–6 ed. by Ch. Hartshorne and P. Weiss, 1931–35. Second Printing 1960. Vol. 7–8 ed. by A. W. Burks. Cambridge Harvard University Press 1958.

Physiologus. Übertragen und erläutert von Otto Seel. Stuttgart: Artemis/Winkler 1960

Piaget, Jean: Einführung in die genetische Erkenntnistheorie. Frankfurt: Suhrkamp 1973.

Piaget, Jean: Der Aufbau der Wirklichkeit beim Kinde. Stuttgart: Klett 1974.

Piaget, Jean: Sprechen und Denken des Kindes. Düsseldorf: Schwann 1976³.

Piaget, Jean/Inhelder, Bärbel u.a.: Die Entwicklung des räumlichen Denkens beim Kinde. Stuttgart: Klett 1971.

Picasso, Pablo: Wort und Bekenntnis. Die gesammelten Zeugnisse und Dichtungen. Zürich: Verlag der Arche 1954.

Piontek, Heinz: Werkauswahl in 2 Bänden. Würzburg: Bergstadt Verlag Korn 1990.

Platon: Sämtliche Werke, in der Übersetzung von F. Schleiermacher. Reinbek bei Hamburg: Rowohlt 1959.

Plinius Secundus, Gaius: Naturalis historia – Naturkunde, lateinisch – deutsch, Buch XXXV, Farben, Malerei, Plastik. Hrsg. und übersetzt von R. König. München: Artemis & Winkler 1978.

Pohlheim, Karl Konrad (Hrsg): Theorie und Kritik der deutschen Novelle von Wieland bis Musil. Tübingen: Niemeyer 1970.

Polenz, Peter von: Verdünnte Sprachkultur. Das Jenninger Syndrom in sprachkritischer Sicht. Deutsche Sprache 17, 1989, S. 289–316.

Popper, Karl R.: Alles Leben ist Problemlösen. Über Erkenntnis, Geschichte und Politik. München: Piper 1994.

Ranke, Leopold von: Englische Geschichte, vornehmlich im XVIII Jahrhundert, 2 Bde. Stuttgart: Koehler 1955.

Ranke-Graves, Robert von: Griechische Mythologie. Quellen und Deutung. 2 Bde. Hamburg: Rowohlt 1965.

Rausch, Hannelore: Theoria. Von ihrer sakralen zur philosophischen Bedeutung. München: Fink 1982.

Raynauld, Franziska: Noch einmal Modalverben! In: Deutsche Sprache 1977, S. 1–30.

Reiners, Ludwig: Stilkunst. Ein Lehrbuch deutscher Prosa , 1. Auflage 1943. München: Beck 1976.

Reiss, Angela: Schriftgeschichte und Denkentwicklung. Kassel: Gesamthochschulbibliotek Kassel 1986.

Révész, Géza: Die Trias. Analyse der dualen und trialen Systeme. Bayrische Akademie der Wissenschaften phil.-hist. Klasse 1956, H. 10. München 1957.

Ricœur, Paul: Die Schrift als Problem der Literaturkritik und der philosophischen Hermeneutik. In: Jörg Zimmermann (Hrsg.): Sprache und Welterfahrung. München: Fink 1978, S. 67–88.

Ricœur, Paul: Die lebendige Metapher. München: Fink 1986.

Ricœur, Paul: Zeit und Erzählung. Bd. 1: Zeit und historische Erzählung, 1988. Bd. 2: Zeit und literarische Erzählung, 1989. Bd. 3: Die erzählte Zeit, 1991. München: Fink.

Riedl, Rupert: Die Strategie der Genesis. Naturgeschichte der realen Welt. München/Zürich: Piper 1980².

Rilke, Rainer Maria: Werke in drei Bänden. Frankfurt/Leipzig: Insel 1991.

Rilke, Rainer Maria: Briefe an einen jungen Dichter. Mit Briefen von Franz Xaver Kappus. Göttingen: Wallstein 2019.

Ritter, Joachim: Vorwort zum Historischen Wörterbuch der Philosophie, Bd. 1, S. VIII f. Darmstadt: Wiss. Buchgesellschaft 1971. Lizenzausgabe von Schwabe, Basel 1971.

Rombach, Heinrich: Substanz, System, Struktur. Die Ontologie des Funktionalismus und der philosophische Hintergrund der modernen Wissenschaft. 2 Bände. Freiburg/München: Karl Alber 1965/1966.

Rothacker, Erich: Das „Buch der Natur". Materialien und Grundsätzliches zur Metapherngeschichte. Aus dem Nachlaß herausgegeben und bearbeitet von Wilhelm Perpeet. Bonn: Bouvier/Grundmann 1979.

Rougier, Louis Auguste Paul: La metaphysic et le langage. Paris: Flammarion 1960.

Rovelli, Carlo: Die Ordnung der Welt. Reinbek bei Hamburg: Rowohlt 2018.

Rupp, Heinz/Köhler, Oskar: Historia – Geschichte. Saeculum 2, 1951, S. 627–638.

Russell, Bertrand: Die Philosophie des logischen Atomismus. Aufsätze zur Logik und Erkenntnistheorie 1908–1918. München: Nymphenburger Verlagsbuchhandlung 1976.

Russell, Bertrand: An inquiry into meaning and truth. London: Routledge 1980.

Salomon, Louis B.: A gospel-true fable. In: I. S. Hayakawa (Ed.): Selections from ETC: A Review of General Semantics. 1953–1958. New York 1971, S. 3–11.

Saussure, Ferdinand de: Grundfragen der allgemeinen Sprachwissenschaft. Berlin: De Gruyter 1972².

Schädlich, Hans-Joachim: Der Sprachabschneider. Mir Zeichnungen von Amelie Glienke. Reinbek bei Hamburg: Rowohlt 1980.

Schanz, M.: Die analogisten und die anomalisten im römischen Recht. Philologus 42, 1884, S. 309–318.

Schapp, Wilhelm: In Geschichten verstrickt. Zum Sein von Mensch und Ding. Frankfurt: Klostermann 2012⁵.

Scheler, Max: Die Wissensformen und die Gesellschaft. Gesammelte Werke, Bd. 8. Bern/München: Franke 1960².

Scheuer, Helmut: Biographie: Studien zur Funktion und zum Wandel einer literarischen Gattung vom 18. Jh. bis zur Gegenwart. Stuttgart: Metzler 1979.

Scheuerl, Hans: Das Spiel. Bd. 1, Untersuchungen über sein Wesen, seine pädagogischen Grenzen. Bd. 2, Theorien des Spiels, hrsg. von H. Scheuerl. Weinheim/Basel: Beltz 1990/91.

Schiller, Friedrich von: Schillers Werke. Nationalausgabe. Weimar: Böhlau 1943 ff.

Schlegel, Friedrich: Kritische Schriften, hrsg. von Wolfdietrich Rasch. München: Hanser 1964².

Schleiermacher, Friedrich: Hermeneutik und Kritik, hrsg. und eingeleitet von Manfred Frank. Frankfurt: Suhrkamp 1977.

Schmandt-Besserat, Denise: Vom Ursprung der Schrift. Spektrum der Wissenschaft 12, 1978, S. 5–12.

Schnabel, Johann Gottfried: Die Insel Felsenburg (1732). Stuttgart: Reclam 1959.

Schneider, Arthur: Der Gedanke der Erkenntnis des Gleichen durch Gleiches in antiker und patristischer Zeit. In: Beiträge zur Geschichte des Mittelalters, Supplement II, Münster 1923, S. 65–76.

Schröder, Walter Johannes: Epos (Theorie). Reallexikon der deutschen Literaturgeschichte. Berlin: De Gruyter 1958², S. 381–388.

Schwarzlose, Karl: Der Bilderstreit. Der Kampf der griechischen Kirche um ihre Eigenart und um Freiheit. Gotha: Parthes 1890. Nachdruck: Amsterdam 1970.

Schweitzer, Bernhard: Platon und die bildende Kunst der Griechen. Tübingen: Niemeyer 1953.

Schwinger, Reinhold: Innere Form. Ein Beitrag zur Definition des Begriffs auf Grund seiner Geschichte von Shaftesbury bis W. von Humboldt. In: R. Schwinger/H. Nicolai: Innere Form und dichterische Phantasie. Zwei Vorstufen zu einer neuen deutschen Poetik. München: Beck 1935, S. 1–89.

Seel, Martin: Am Beispiel der Metapher. Zum Verhältnis von buchstäblicher und figürlicher Rede. In: Intentionalität und Verstehen, hrsg. vom Forum für Philosophie, Bad Homburg. Frankfurt: Suhrkamp 1990, S. 237–272.

Seel, Otto: Der Physiologus. Übertragen und erläutert von Otto Seel. Zürich/Stuttgart: Artemis 1960.

Segebrecht, Wulf (Hrsg.): Auskünfte von und über Hans Joachim Schädlich. Fußnoten zur Literatur H. 32. Bamberg: Universitätsverlag 1995.

Seidensticker, Bernd/Wessels, Antje (Hrsg.): Mythos Sisyphos. Texte von Homer bis Günter Kunert. Leipzig: Reclam 2001.

Sellin, Gerhard: Allegorie und „Gleichnis": Zur Formenlehre der synoptischen Gleichnisse. In: Harnisch, Wolfgang (Hrsg.): Die neutestamentliche Gleichnisforschung im Horizont von

Hermeneutik und Literaturwissenschaft. Darmstadt: Wiss. Buchgesellschaft 1982, S. 367–429.

Simmel, Georg: Gesamtausgabe. Hrsg. von Ottheim Rammstedt. Frankfurt: Suhrkamp 1989 ff.

Snell, Bruno: Die Entdeckung des Geistes. Studien zur Entdeckung des europäischen Denkens bei den Griechen. Göttingen: Vandenhoeck & Ruprecht 1975⁴.

Soentgen, Jens: Konfliktstoffe. Über Kohlendioxid, Heroin und andere strittige Substanzen. München: oekom verlag 2019.

Soentgen, Jens: Pakt mit dem Feuer. Philosophie eines verändernden Bundes. Berlin: Matthes & Seitz, 2021.

Sommer, Volker: Die evolutionäre Logik der Lüge bei Tier und Mensch. In: Ethik und Sozialwissenschaften, 4, 1993, S. 439–508. (Mit Repliken)

Sommer, Volker: Lob der Lüge. Täuschung und Selbstbetrug bei Tier und Mensch. München: dtv 1994.

Spencer, Herbert: The principles of psychology, 1855. Auszug in: Spiele als Sekundärbetätigungen bei Kraftüberschuß. In: H. Scheuerl (Hrsg.): Das Spiel. Bd. 2: Theorie des Spiels. Weinheim/Basel: Beltz 1991¹¹.

Spengler, Oswald: Der Untergang des Abendlandes (1923). München: Beck 1963.

Springer, Sally P./Deutsch, Georg: Linkes - rechtes Gehirn. Funktionelle Asymmetrien. Heidelberg: Spektrum der Wissenschaft, Verlagsgesellschaft 1987.

Stanzel, Franz Karl: Theorie des Erzählens. Göttingen: Vandenhoeck & Ruprecht 1979.

Stegmüller, Wolfgang: Das Problem der Kausalität. In: E. Topitsch (Hrsg.): Probleme der Wissenschaftstheorie. Festschrift für Victor Kraft. Wien: Springer 1960, S. 171–190.

Steiner, George: Nach Babel. Aspekte der Sprache und Übersetzung. Frankfurt: Suhrkamp 1981

Steinthal, H.: Geschichte der Sprachwissenschaft bei den Griechen und Römern. 2 Bde. 1890². Nachdruck: Hildesheim: Olms 1971.

Steinthal, H.: Die Sprachwissenschaft Wilhelms von Humboldt's und die Hegel'sche Philosophie. Berlin 1848. Nachdruck: Hildesheim: Olms 1985.

Stierle, Karlheinz: Mythos als ‚Bricolage' und zwei Endstufen des Prometheusmythos. In: W. Fuhrmann (Hrsg.): Terror und Spiel. Probleme der Mythenrezeption. München: Fink 1971, S. 455–472.

Strub, Christian: Kalkulierte Absurditäten. Versuch einer historisch reflektierten sprachanalytischen Metaphorologie. Freiburg/München: Albert 1991.

Thukydides: Geschichte des peloponnesischen Krieges. Hamburg: Rowohlt 1962.

Trendelenburg, Adolf: Geschichte der Kategorienlehre. Berlin: Bethge 1846.

Tucholsky, Kurt: Gesammelte Werke in 10 Bänden, hrsg. von M. Gerold-Tucholsky/F. J. Raddatz. Reinbek: Rowohlt 1985.

Tulving, Endel: Episodic and semantic memory. In: Tulving, E./Donaldson, W. (Hrsg.): Organization of memory. New York: Academic Press 1972, S. 381–403.

Vaihinger, Hans: Die Philosophie des Als Ob. System der theoretischen, praktischen und religiösen Fiktionen der Menschheit auf Grund eines idealistischen Positivismus. Berlin. Reuther & Reichard 1911.

Valéry, Paul: Windstriche. Aufzeichnungen und Aphorismen. Wiesbaden: Insel 1959.

Valéry, Paul: Dichtkunst und abstraktes Denken. In: Hausmann, F. R. u.a. (Hrsg.). Französische Poetiken, Teil II. Stuttgart: Reclam 1978, S. 361–392.

Vargas Llosa, Mario: Die Wahrheit von Lügen. Essays zur Literatur. Frankfurt: Suhrkamp 1994.

Vico, Giambattista. Die neue Wissenschaft über die gemeinschaftliche Natur der Völker: Reinbek: Rowohlt 1966.

Vischer, Friedrich Theodor: Aesthetik oder Wissenschaft des Schönen. In: J. Kunz (Hrsg.): Die Novelle. Wiss. Buchgesellschaft Darmstadt 1968. S. 63–65.

Vogt, Jochen: Aspekte erzählender Prosa. Eine Einführung in die Erzähltechnik und Romantheorie. München: Fink 2014[11].

Wagenschein, Martin: Naturwissenschaftliche Bildung und Sprachverlust. In: Sprache – Brücke oder Hindernis. Eine Sendereihe des Süddeutschen Rundfunks. München: Piper 1972, S. 71–86.

Wandruszka, Mario: Etymologie und Philosophie. Der Deutschunterricht, 10, 1958, H. 4. S. 7–18.

Wandruszka, Mario: Die Mehrsprachigkeit des Menschen. München/Zürich: Piper 1979.

Weinrich, Harald: Linguistik der Lüge. Kann Sprache die Gedanken verderben? Heidelberg: Lambert Schneider 1970[4].

Weinrich, Harald: Sprache in Texten. Stuttgart: Klett 1976.

Weinrich, Harald: Tempus. Besprochene und erzählte Welt. München: Beck 2001[4].

Weisgerber, Leo: Die vier Stufen in der Erforschung der Sprachen. Düsseldorf: Schwann 1963.

Weizsäcker, Carl Friedrich von: Die Einheit der Natur. München: Hanser 1981[2].

Wetzel, Hermann H.: Novelle und Zentralperspektive. Der Habitus als Grundlage von strukturellen Veränderungen in verschiedenen symbolischen Systemen. Romanistische Zeitschrift für Literaturgeschichte 9, 1985, S. 12–30.

Wezel, Johann Carl: Kritische Schriften 3 Bände. Leipzig 1781. Nachdruck Stuttgart: Metzler 1971–75.

White, Hayden: Auch Clio dichtet oder die Fiktion des Faktischen. Studien zur Typologie des historischen Diskurses. Stuttgart: Klett-Cotta 1986.

White, Hayden: Metahistory. Die historische Einbildungskraft im 19. Jahrhundert in Europa. Frankfurt: Fischer 1991.

Wieland, Wolfgang: Die aristotelische Physik. Göttingen: Vandenhoeck & Ruprecht. 1970.

Wieland, Wolfgang: Platon und die Formen des Wissens. Göttingen: Vandenhoeck & Ruprecht. 1982.

Wittgenstein, Ludwig: Tractatus logico-philosophicus, logisch-philosophische Abhandlung. Frankfurt: Suhrkamp 1968[5].

Wittgenstein, Ludwig: Philosophische Untersuchungen. Frankfurt: Suhrkamp 1967.

Wittgenstein, Ludwig: Werkausgabe in 8 Bänden. Frankfurt: Suhrkamp 1984.

Woodbury, Hanni: The strategic use of questions in court. Semiotica 48, 1984, S. 297–228.

Wunderlich, Dieter: Tempus und Zeitreferenz im Deutschen. München: Hueber 1970.

Wygotski, Lew Semjonowitsch: Denken und Sprechen (1934). Frankfurt: Fischer 1971[2].

Personenregister

Sachregister

Milton Keynes UK
Ingram Content Group UK Ltd.
UKHW041835220923
429235UK00003B/55

9 783110 784435